本书出版获国家文物局

专项资金资助

四 川 文 庙

四川省文物考古研究院　编著

文物出版社

北京·2008

封面设计：周小玮
责任编辑：郭维富
　　　　　王　伟
责任印制：陈　杰

图书在版编目（CIP）数据

四川文庙/四川省文物考古研究院编. —北京：文物
出版社,2008.4
ISBN 978 - 7 - 5010 - 2400 - 1

Ⅰ. 四… Ⅱ. 四… Ⅲ. 孔庙 - 简介 - 四川省 Ⅳ. K928.75

中国版本图书馆 CIP 数据核字（2007）第 199161 号

四 川 文 庙

编　　者：四川省文物考古研究院
出版发行：文物出版社
地　　址：北京东直门内北小街 2 号楼
http://www. wenwu. com
E-mail：web@ wenwu. com
邮　　编：100007
经　　销：新华书店
制版印刷：北京市达利天成印刷有限公司
开　　本：889×1194 毫米 1/16
印　　张：31　插页：2
版　　次：2008 年 4 月第 1 版　第 1 次印刷
书　　号：ISBN 978 - 7 - 5010 - 2400 - 1
定　　价：320.00 元

目　　录

《四川古建筑大系》序 ………………………………………………………………… (1)

序 ………………………………………………………………………………………… (3)

四川文庙概述 …………………………………………………………………………… (5)

德阳文庙 ………………………………………………………………………………… (53)

犍为文庙 ………………………………………………………………………………… (100)

富顺文庙 ………………………………………………………………………………… (145)

渠县文庙 ………………………………………………………………………………… (192)

附　录 …………………………………………………………………………………… (221)

附录一：四川省现存文庙一览表 ……………………………………………………… (221)

附录二：《明一统志》四川儒学资料辑录 ……………………………………………… (223)

附录三：万历《四川总志》四川儒学资料辑录 ………………………………………… (227)

附录四：清代及民国时期各府(州)、县文庙资料 …………………………………… (232)

后　记 …………………………………………………………………………………… (333)

Abstract ………………………………………………………………………………… (335)

《四川古建筑大系》序

巴山蜀水，钟灵毓秀，西有青藏高原扼控，东有长江三峡险守，南为云贵高原拱卫，北倚秦岭巴山屏障，自古人称"天下山水之胜在蜀"。盆地气候湿润，土地肥沃，水利丰富，在这块富饶、美丽的土地上呈现出经济繁荣、文化灿烂、人文荟萃的生动景象。

巴蜀文化是灿烂中华文化的源头之一，巫山、资阳人头盖骨化石的发现，证明了川渝地区在数百万年前便有人类的繁衍生息。旧石器、新石器时代的文化遗址散布在四川各地广阔的地区。巴蜀先民从远古、奴隶和封建社会的历代王朝，经过多民族、多文化的融合和发展，创造了博大精深的巴蜀文化，在巴蜀大地留下了灿烂丰富的历史文化遗产。

中国古建筑是中国文化的重要组成部分，几千年来一脉相承，在世界建筑史中形成独特而又完整的建筑体系。在历史的长河中，四川古建筑兼容并蓄，以巴蜀文化为根，将建筑、文化、艺术、宗教、绘画、雕塑等熔为一炉，内涵丰富，形式多样，姿态万千。四川古建筑具有鲜明的文化特性和地域特性。建筑因地制宜，与地形巧妙结合，布局视功能需要和环境情况，既有严谨对称又有自由灵活。结构精巧，工艺精湛，选材多样，散发着朴素的乡土气息和极其鲜明的地方特色，在我国古建筑中占有重要地位。

四川的历史文物、古遗址、古建筑、古墓葬、石刻非常之多，价值很大，可以构成一部几千年连续不断的巴蜀建筑实物历史。由于风雨的侵蚀、战火的硝烟、各种自然与人为的破坏，早期的遗物毕竟已经非常稀少了，但是以木石砖构为体系的古建筑在四川保存尚多。我到过的渠县汉阙、宋代江油窦圌山转轮经藏、元代峨嵋大庙飞来殿、明代泸县龙脑桥、隆昌石牌坊，这些都是全国之最，特色非常鲜明。为了更好地加以保护，扩大宣传教育，提供研究参考和旅游参观需要，以便更好地发挥古建筑文物的作用，四川省文物考古研究院以其长期从事和关心与四川地面文物保护工作的心得和感情，编辑了《四川古建筑大系》丛书，囊括了古代寺庙、道观、文庙、民居、会馆、古桥、古塔、祠堂、古代牌坊、装饰艺术等，煌煌十大册，构思新颖、图文并茂，对国保单位和重要建筑都有详细的测绘图和较多的照片，生动形象的介绍四川现存不同类型古建筑的不同风格，深入探讨其历史源流和科学艺术价值等等，对弘扬四川的建筑传统，保护建筑文物，意义很大。

古建筑文物在我国的不可移动地面文物中占有重要位置。几十年来，众多的文物考古工作者为古建筑文物保护呕心沥血，成绩斐然，特别是在古建筑本体维修保护方面，探索出了一条符合我国实际保护维修之路。不过古建筑文物在维修保护工程方案和古建文物资料的整理出版方面还是略为滞后。国家文物局多年来就关心此事，特别是近年来针对大量多年重要资料积压，不能得到及时整理和出版，出台了一系列的政策，采取了积极鼓励的措施，有力的推动了这一工作的开展。有鉴于此,今年初我曾和几位同行老友发出呼吁,希望充分重视并加快古建文物保护资料的整理出版。据悉,四川省文物考古研究院已经高度重视整理出版工作,几年前就将古建筑文物保护资料整理出版列入计划并获得到了省文物局的有力支持,安排专人负责,持之以恒。几年足踏实地走过来,终有今天的收获。作为地处我国西部的四川省文物考古研究院,除了古建,还肩负了考古、文物保护等方面工作,对文物资料的整理出版如此用心,是十分难能可贵的。

编者知我六十年来一直从事于古建筑的学习、调查研究和保护工作,特嘱我为这套丛书写序。作为蜀中儿女,我对四川的古建筑还特别有着深厚的感情和热爱,对此书的出版倍感欣慰,这使我忆想起了40年代在四川宜宾李庄"营造学社"的日子,和前辈们一起用足迹丈量巴山蜀水,测绘记录学习了该书收录的许多建筑,60多年过去了,四川许许多多的古建筑虽然得到了很好的保护和修缮,但由于各种原因,也有不少受到改变或消失,由此我想到若在60年前,能出版这样一套书的话,将会更多地保存一些历史的形象资料。抚今追昔,感慨不已。我想此书的出版不仅对今天,而且为后世留下珍贵的资料,意义非常重大。出于对古建筑事业的热爱和家乡的感情,于是写下了上述感言,请教方家高明和蜀中父老,并借此表示对《四川古建筑大系》出版的祝贺;至于书中精美的图像、生动的文字和创新的见解,还请读者自己去欣赏和评说。以上所言,不当之处敬请批评指正。

罗哲文

2007 年 11 月 17 日

序

　　我国是一个有着独特的文化多样性的国家。民族和地区文化的多样性构成了整个中华民族文化的丰富多彩。这种丰富多彩的文化随着历史的变迁成为了一种影响人们生活、思维的传统，也构成了地方的文化的独特魅力。四川是我国历史上文明发展最早的地区之一，由于环境、社会发展而形成的文化传统独具魅力，而这种独特的魅力又由于四川地区文化的高度发展、社会相对富足等各种原因，使人们对这种文化所拥有了一种强烈的自豪感而得到长期的传承，并在很大程度上影响了中华民族整体文化的发展和演变。

　　四川作为我国历史上文化高度发达的地区，文庙是一个重要的建筑类型。四川文庙的历史可以上溯到唐代，宋代重文兴教则是四川文庙兴建、发展的高峰时期。四川文庙尽管遵从中央王朝相关的建筑制度，如在建筑群的整体规模、建筑大小等方面，但在与环境的结合、细部的处理上仍然显示出了四川建筑的个性和四川文化本身的多样性。这种多样性对四川文庙而言，显然是其价值的重要体现。

　　从文化遗产保护的角度，看待四川文庙的保存问题，最基本的工作是档案记录、研究和价值的评估，只有在对四川文庙举行深入研究、记录的基础上才有可能真正充分认识其价值，采取有效的保护措施，使之得以妥善的保护。姚军、唐飞两位先生长期从事四川文化遗产的保护工作，所著《四川文庙》一书是他们多年研究的成果。这一著作对于人们认识四川文庙的总体状况，认识四川文庙所具有的重要而独特的价值有重要的作用。

　　富顺文庙和德阳文庙是四川文庙中最有代表性的重要案例，也是全国重点文物保护单位。它们无论在形制作法还是细部雕饰、平面布局等方面都是我国文庙建筑遗存中不可多的实例，《四川文庙》一书对这两座文庙做了全面的研究，使得我们有可能对这两座文庙所反映的四川文庙的特征有更为清楚的认识。

　　文庙反映的是中国传统社会重要的主体文化，四川文庙在这样一个大背景下又反映了四川自身文化的独特性，以及四川各地文化的多样性。同时四川文庙无论在建造思想、规制、建造方法、工艺传统以及各种祭祀活动等方面蕴含着丰富的非物质文化遗产的内容，认识四川文庙在物质和非物质文化遗产上的价值，全面整理和记录四川文庙发展演变的历史，正是《四川文庙》一书所要达到的目的。

2007 年 12 月 3 日

四川文庙概述

一

　　四川省是我国现存古代地面建筑较多的一个省,不仅数量大,而且种类也较齐全。四川地区的文庙建筑即为具有代表性的一类建筑群。

　　文庙是祭祀我国春秋时期的大思想家、教育家孔子的祠庙(彩图一),故又多称孔庙。

　　孔庙有家庙和官庙之分。所谓家庙指曲阜的孔子本庙和南宋时孔端友随高宗南渡定居于浙江衢州,后被允准在衢州建立的孔氏南宗家庙[1]。曲阜家庙之设始于春秋时期,鲁哀公十六年(公元前479年)孔子卒后葬于曲阜城北泗上,其弟子皆心丧三年,丧毕乃去,独子贡筑室于墓,"独居三年,然后归"[2]。曲阜家庙即在此基础上扩建、逐渐发展起来的。据说孔庙东南五百步有双石阙,故夫子之宅又称阙里[3]。官庙即指建立于京城和地方各州、县奉祀孔子的祠庙。四川文庙即属于官庙。

　　官庙之设始自北魏。北魏文帝太和十三年七月立孔子庙于京师[4],除了在曲阜孔子旧宅的家庙进行祭祀外,首次在京城设庙祭祀孔子,但当时的官庙不是祭拜孔子的专庙,仍与周公并祀。孝文帝的这一举措,改变了祭祀孔子不出阙里的成规,对后世祭拜孔子产生了重大的影响。十六年(492年),改谥孔子为"文圣",并将孔子的父亲、后人都封侯。从汉至北魏,由于孔子曾被加封为先师、宣尼、宣父,其庙汉代又称"仲尼庙",北魏时称"孔子庙"[5]、"宣尼庙"[6]、"孔父庙"[7]、"孔颜庙"[8]。

　　唐初在国学中仍立周公、孔子庙[9]。后将周公、孔子分开,分别为他们立庙祭祀,以周公为先圣,孔子为

〔1〕　明·陆容:《菽园杂记》:"宋建炎初,孔子四十八代孙袭衍圣公端友驾南渡。端友殁,子玠袭封,始寓衢州。绍兴六年,诏权以衢州学为家庙,赐田五顷。"中华书局,1985年,137页。

〔2〕　《孟子·滕文公上》:"昔者孔子没,三年之外,门人治任将归,入揖于子贡,相向而哭,皆失声,然后归,子贡反,筑室于场,独居三年,然后归。"宋·朱熹:《孟子集注·滕文公章句上》,齐鲁书社,1992年,71~72页。

〔3〕　《水经注》卷25,杨守敬引"《阙里文献考》谓古阙里以双石阙得名。"杨守敬、熊会贞:《水经注疏》,江苏古籍出版社,1989年,2111页。

〔4〕　《魏书·高祖纪》:"(太和十三年秋七月丙寅)立孔子庙于京师。"中华书局,1974年,165页。

〔5〕　《魏书·高祖纪》:"(太和十三年秋七月丙寅)立孔子庙于京师。"中华书局,1974年,165页。

〔6〕　《南齐书·礼志》:"陆纳、车胤谓宣尼庙宜依亭侯之爵"(144页)。《南齐书·王晏、萧谌、萧坦之、江谧列传》:"治下有宣尼庙,久废不修,祀更开扫构立"(752页)。中华书局,1972年。

〔7〕　《隋书·礼仪志》:"后齐将讲于天子,先定经于孔父庙",中华书局,1973年,180页。

〔8〕　《隋书·礼仪志》:"后齐制,……郡学则于坊内立孔颜庙",中华书局标点本作"孔、颜庙",误。中华书局,1973年,181页。

〔9〕　《旧唐书·礼仪四》:"高祖武德二年,国子立周公、孔子庙。"中华书局,1975年,916页。

先师。贞观年间,周公从国学中移出,尊孔子为先圣,颜回为先师。后又于贞观四年(630年),诏令天下各州、县都立孔子庙,从此在地方设立祭祀孔子专祠[1]。"咸亨元年,诏州、县皆营孔子庙"[2],玄宗开元十三年(725年),再令天下各州、县立孔庙,此后,文庙在唐帝国及唐势力影响所能及的朝鲜半岛、日本等地都逐渐修建起来。开元二十七年(739年),追谥孔子"文宣王",进升孔子爵位为"王",升孔子祀典为中祀。同时赠十哲侯爵,曾子以下六十七子伯爵;又将两京国子监孔子庙改为坐北朝南式,孔子像衣"王者衮冕之服""南面而坐",并让"天下诸州亦准此"[3]。孔庙因此又称"文宣王庙"[4]。

北宋真宗咸平三年(1000年)追谥孔子为"元圣文宣王"。大中祥符二年(1009年),又改谥为"至圣文宣王"[5]。崇宁初,又将孔子塑像之冕增为"十有二旒"[6]。孔庙因此又称"宣圣庙"[7],又称"夫子庙"[8]。元成宗大德十一年(1307年)七月,追封孔子为"大成至圣文宣王",并祀以太牢[9]。孔庙亦有称"先圣庙"者[10]。

明代孔庙又称"先师庙"[11]、"文庙"[12]。"文"与"武"相对,武庙是祭拜武圣关羽的专祠,与明代以来兴盛的为古代先贤、先圣立庙祭祀之风相关。嘉靖年间,世宗朱厚熜对国家祭礼进行改制,对孔庙的祀典进行了降杀:"孔子宜称先圣先师,不称王",取消其王号及大成、文宣之称;"祀宇宜称庙,不称殿",改大成殿为孔子庙;"祀宜用木主,其塑像宜毁",庙内不用塑像,而用木主,并对木主的规格作了规定;祭祀礼仪由原来的"乐舞八佾,笾豆各十二"减为"十笾十豆。天下各学,八笾八豆。乐舞止六佾"[13]。有清一朝,孔子的地位又有上升,世祖顺治二年(1645年),谥"大成至圣文宣先师孔子",十四年(1657年)改谥"至圣先师孔子",并通行全国。各州、县地方官的一项职责就是负责文庙的修葺。康熙至道光时期,先后御书颁赐"万世师表"等十匾额悬于文庙正殿。光绪三十二年冬(1906年)将祀孔升为大祀,乐舞中又增加了武舞[14],与郊庙的规格、等级相同。

〔1〕《新唐书·礼乐志》"(贞观)四年,诏州、县学皆作孔子庙。"中华书局,1975年,373页。

〔2〕《新唐书·礼乐志》,中华书局,1975年,374页。

〔3〕《旧唐书·礼仪四》,中华书局,1975年,920～921页。

〔4〕《册府元龟》卷五十"帝王部·崇儒术":"(大历)三年八月丁未,释奠于文宣王庙"。台湾中华书局股份有限公司、宗青图书出版有限公司影印本,1996年,第一册,563页。

〔5〕《宋史·礼志八·文宣王庙》:真宗大中祥符元年追谥"玄圣文宣王",后即因"玄"犯国讳而改谥为"至圣文宣王"。中华书局,1977年,2547～2548页。

〔6〕《宋史·礼志八·文宣王庙》,中华书局,1977年,2550页。

〔7〕明·陈镐纂修:《阙里志·礼乐志》:"宋淳化四年,从监库使臣请先圣庙六衙朔望焚香。"山东友谊出版社影印本,1989年,243页。

〔8〕宋·欧阳修《襄州谷城县夫子庙记》:"谷城令狄君栗,为其邑未逾时,修文宣王庙,易于县之左,大其正位,为学舍于其旁,藏九经书,率其邑之子弟兴于学。"肖丁等整理《欧阳修集》,收余冠英、周振甫等主编《唐宋八大家全集》,国际文化出版公司,1998年,1128页。

〔9〕《元史·祭祀志·宣圣》:中华书局,1976年,1893页。

〔10〕《元史·选举志》:"又择日,诸进士诣先圣庙,行舍菜礼。"中华书局,1976年,2026页。

〔11〕《明史·太祖纪》:(洪武三十年)"乙未,重建国子监先师庙成。"中华书局,1974年,54页。

〔12〕《明会要·礼六》:"(洪武十五年)诏仲质等与儒臣共定释奠仪,颁之天下,令每岁春秋以上丁日通祀文庙。"中华书局,1956年,176页。

〔13〕《明史·礼志》,中华书局,1974年,1298～1300页。

〔14〕《清史稿·礼志·吉礼三·至圣先师孔子》,中华书局,1977年,3537～3538页。

　　家庙、官庙不仅名称有别，在功能上也有区别。家庙是"正父子，以叙彝伦"，主要侧重于对祖先的祭祀。由于孔庙是以孔子为主要祭祀对象，因此按儒家的伦理及礼的思想，只祭祀其先祖五代，但在建筑布局上仍突出了孔子的地位，主要体现于大成殿建筑的等级、体量上。如清代曲阜孔庙按皇家宫室之制，中轴线上共有九进院落，从大成门起分三路，中路有大成门、杏坛、大成殿、寝殿、圣迹殿，是祭祀孔子及先儒、先贤的地方，这也是曲阜孔庙建筑群的主体部分；东路是祭祀孔子五代祖先的地方；西路是祭祀孔子父母的地方（图一）。衢州孔庙布局大体类似，只是规格要低得多（图二）[1]。

　　官庙自唐以来即形成庙堂和学馆相结合的布局，将祭拜孔子与国家培养人才之所合一，除祭祀孔子外还兼有学校教育之功能，因此唐以来凡"县必有学，学必有庙"渐成定式。四川地区文庙与学宫布局关系有以下几种情况：（一）左庙右学，如清代的成都县、岳池县、洪雅县、纳溪县（今泸州纳西区）、安县、安岳县等（图三～五）；（二）左学右庙，如清代的高县、新宁县（今开江）、雷波厅、庆符县（今高县庆符镇）、射洪县、西充县均采用这种布局（图六～八）；（三）庙居中，两翼为学署，如江安文庙旧在东关外，康熙年间改迁为南关外学署，在左右。咸丰九年乱后于城内西南重建，两旁仍以学署翼之；（四）前庙后学，如夹江县文庙。还有一类，就是文庙、学署、文昌宫集于一地，文庙居中，左、右分别为文昌宫、学署，如清代冕宁县的文庙东侧为学署，西侧为文昌宫，但严格来说仍然属于左学右庙布局（图九）。

二

　　四川文庙和全国文庙状况一样，早期文庙在被毁后重建或在后期的维修中，建筑的结构也随着重建或维修而被改变成当朝的风格；加之天灾人祸的损、毁，早期的文庙没有保存到现在的。在现存的文庙中，更多的是清代的建筑。

　　民国时期，虽然修葺了一些文庙建筑，但是由于人祸、天灾，损的程度远远大于修的程度。

　　解放后，大量的古代建筑遗存随着大规模的城市建设消失了，又有一部分文庙建筑也成为城市现代化的牺牲品。

　　四川省现存文庙37处，其中建筑群布局、结构完整或相对完整的仅10处左右，其它的或仅存部分建筑甚至于仅存其中的一座单体建筑，如射洪县文庙仅存尊经阁，金堂县文庙、蒲江县文庙、夹江县文庙、南充顺庆府文庙、宜宾叙州府文庙等仅存大成殿，其中夹江县文庙大成殿、成都文庙大成殿、洪雅县文庙大成殿、青神县文庙泮池、戟门、大成殿，均为易地迁建保护，更有甚者，迁建后建筑的性质都被改变，将祀奉孔子的大成殿改为供佛之所[2]（图一〇）。

〔1〕　清·杨廷望纂修：《康熙衢州府志》，清光绪八年（1882年）刻本。参见杨新平：《东南阙里——衢州孔氏南宗家庙》，中国建筑学会建筑史学分会编：《建筑历史与理论》（第6、7合辑），中国科学技术出版社，2000年，第53页。
〔2〕　夹江县文庙大成殿在迁建千佛崖后，大成殿内供佛像，成为佛教场所。

1	万仞宫墙	27	观德门
2	金声玉振坊	28	毓粹门
3	桥	29	大成门
4	下马碑	30	启圣门
5	棂星门	31	承圣门
6	太和元气坊	32	玉振门
7	至圣庙坊	33	金声门
8	圣时门	34	孔子故宅门
9	道冠古今坊	35	故宅门碑亭
10	德侔天地坊	36	礼器库
11	阙里坊	37	诗礼堂
12	仰高门	38	乐器库
13	快靓门	39	金丝堂
14	新建汉石人亭	40	杏坛
15	璧水桥	41	大成殿
16	弘道门	42	启圣殿
17	大中门	43	寝殿
18	同文门	44	右掖门
19	弘治图碑	45	左掖门
20	角楼	46	崇圣祠
21	明斋宿院旧址	47	家庙
22	斋宿所	48	土地庙
23	驻跸厅	49	燎所、瘗所
24	钟楼	50	圣迹殿
25	奎文阁	51	神厨
26	执事房	52	神疱

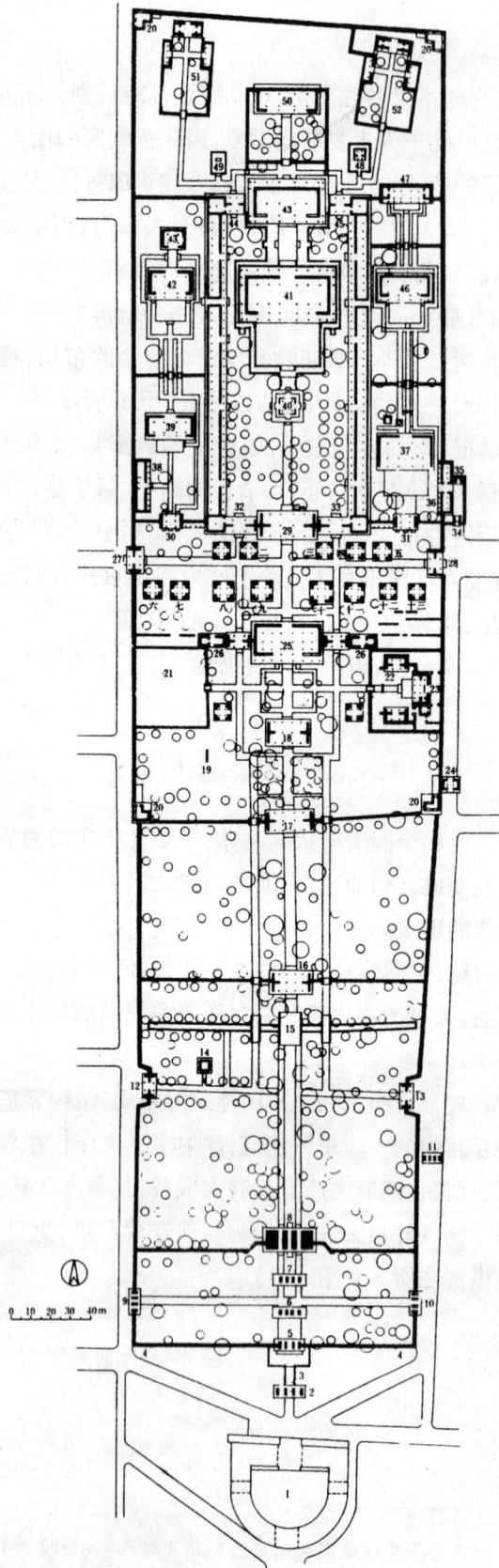

图一　曲阜孔庙总平面图(采自南京工学院建筑系、曲阜文物管理委员会:《曲阜孔庙建筑》,中国建筑工业出版社,1987年,315页)

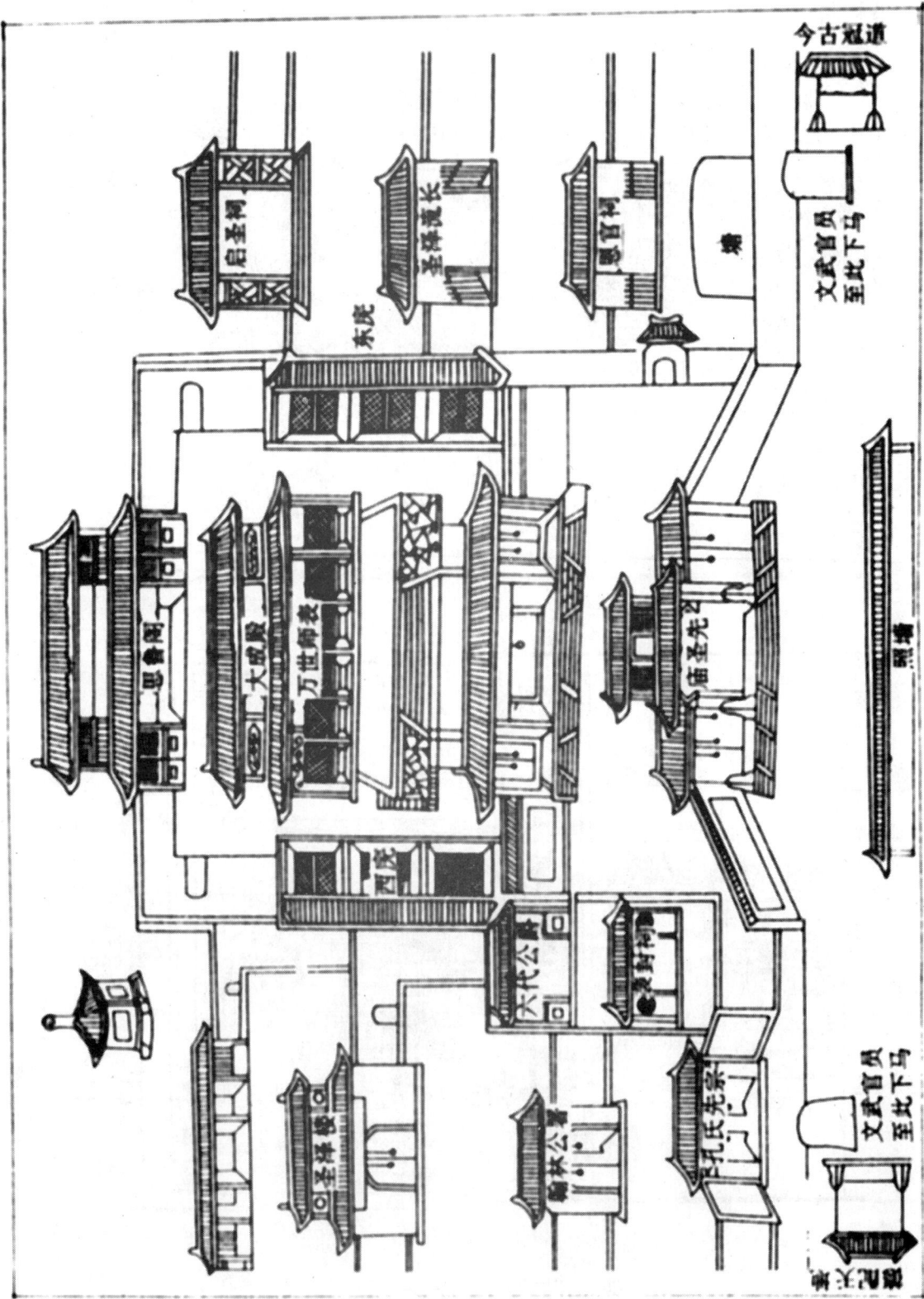

图二　清康熙衢州孔氏家庙图（转引自杨新平《东南阙里——衢州孔氏南宗家庙》）

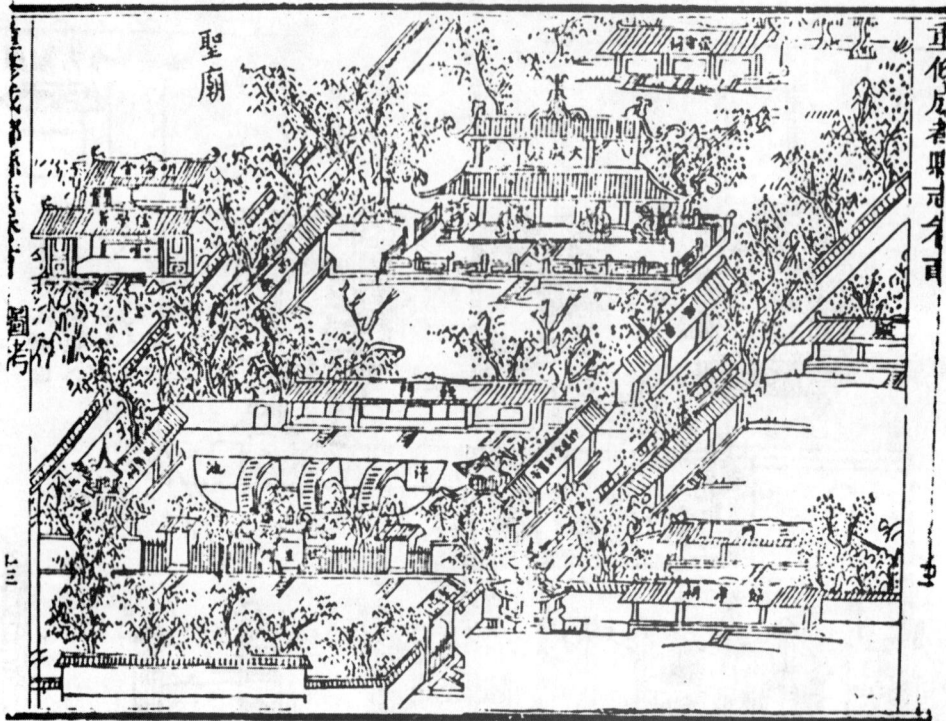

1

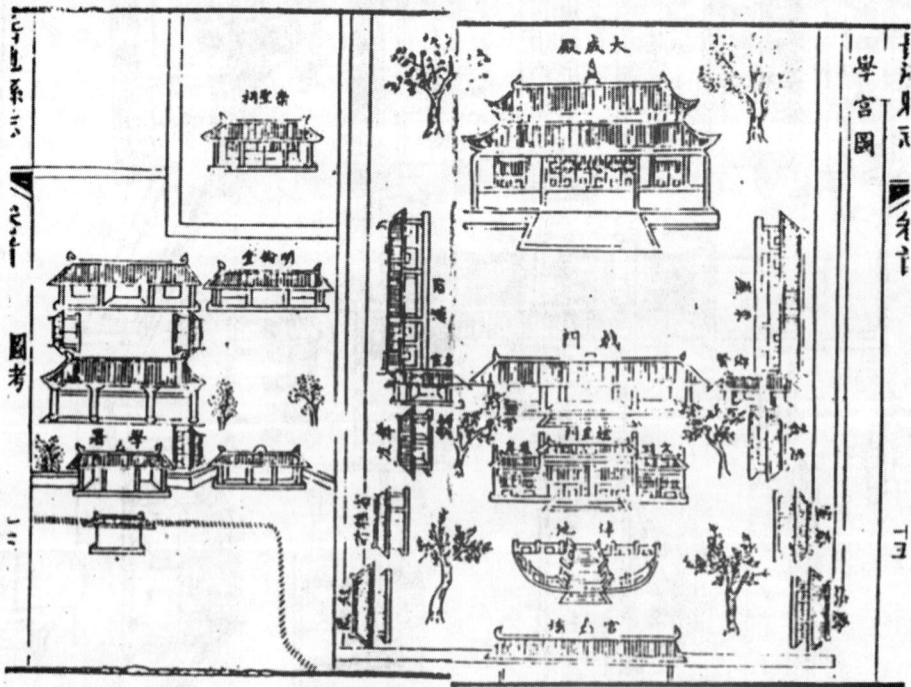

2

图三　学署与文庙布局——左庙右学

1. 同治成都县文庙　2. 光绪岳池县文庙

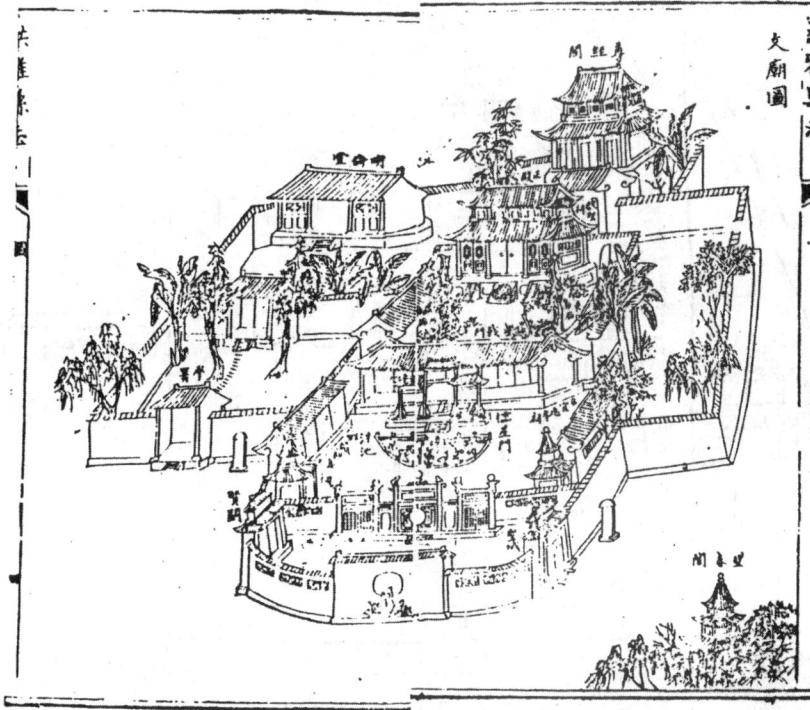

1

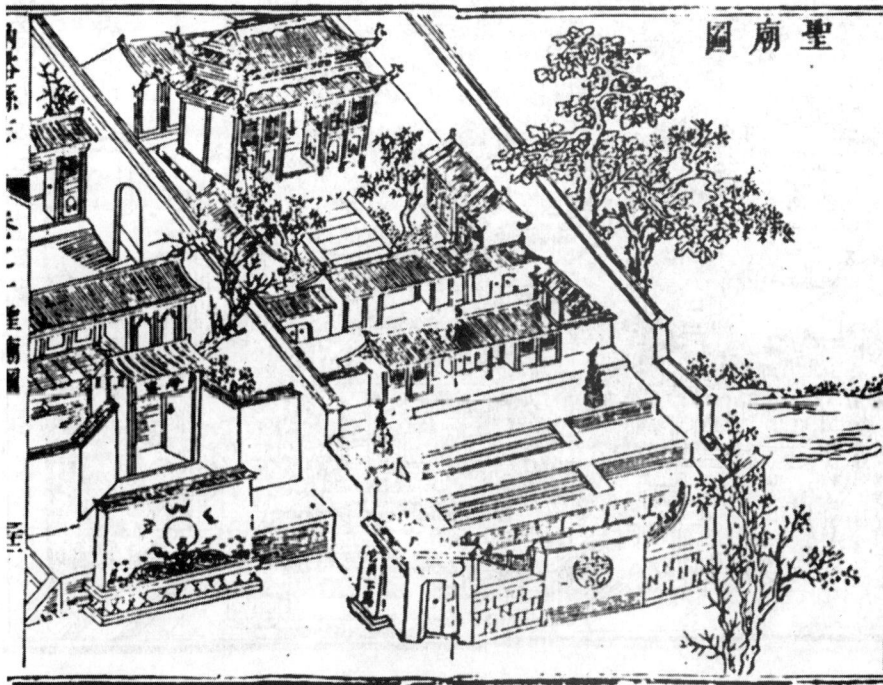

2

图四　学署与文庙布局——左庙右学

1. 嘉庆洪雅县文庙　2. 嘉庆纳溪县文庙

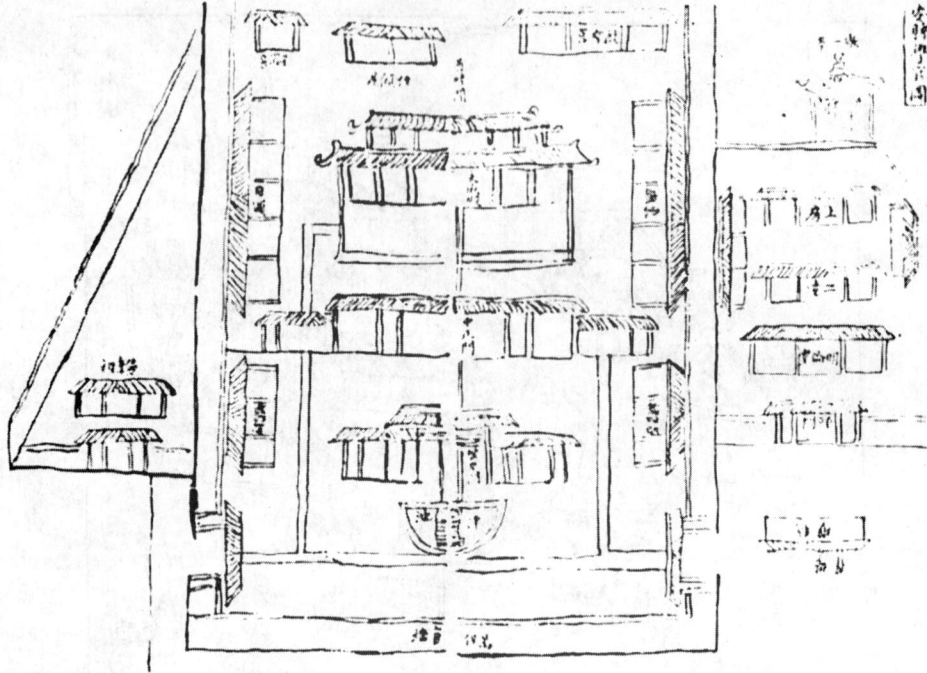

1

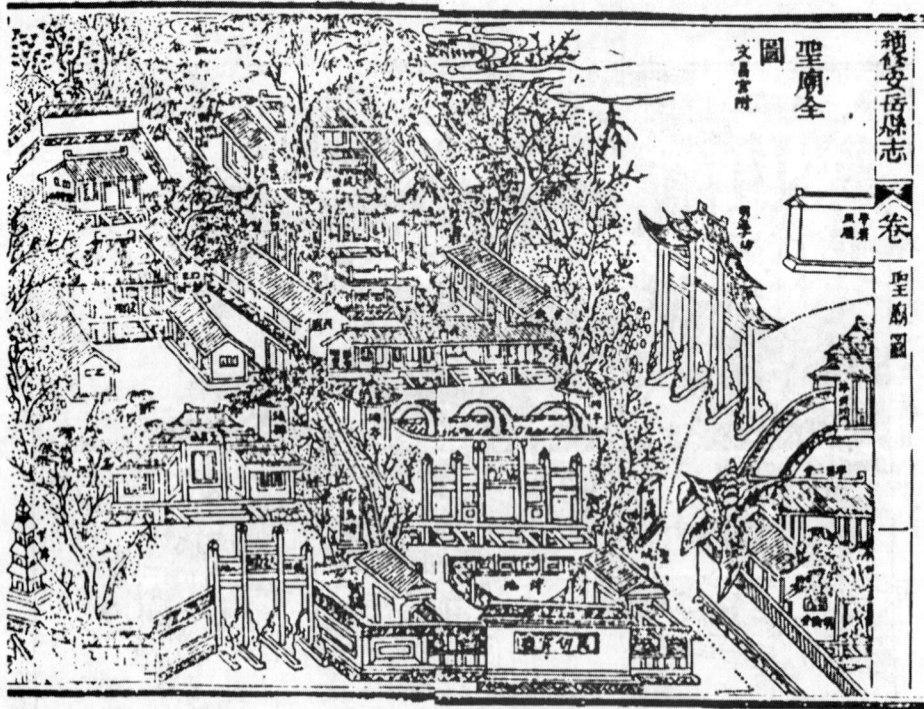

2

图五　学署与文庙布局——左庙右学

1. 嘉庆安县文庙　2. 光绪安岳县文庙

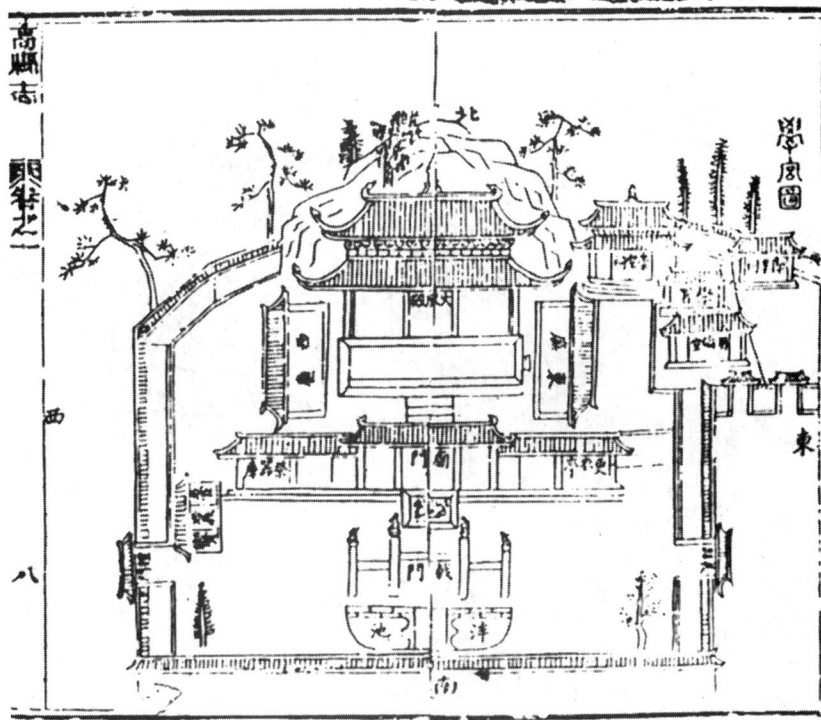

1

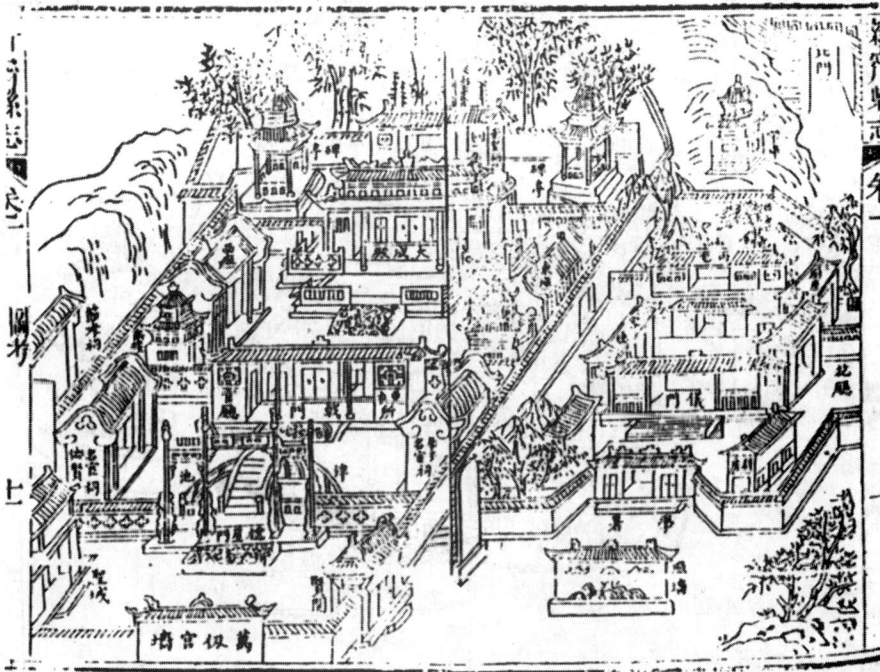

2

图六 学署与文庙布局——左庙右学

1. 同治高县文庙 2. 同治新宁县文庙

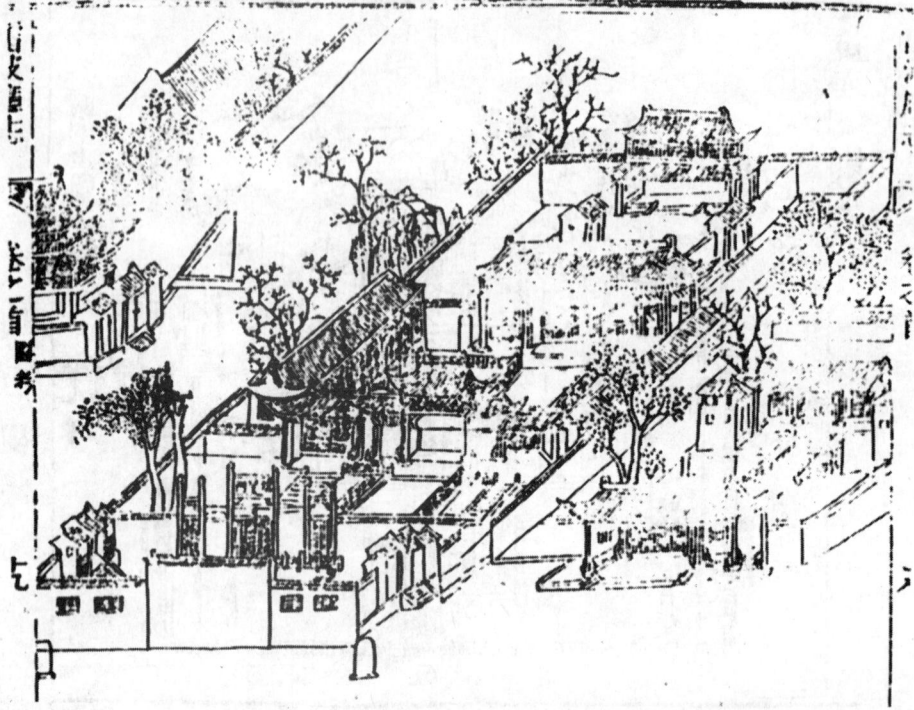

1

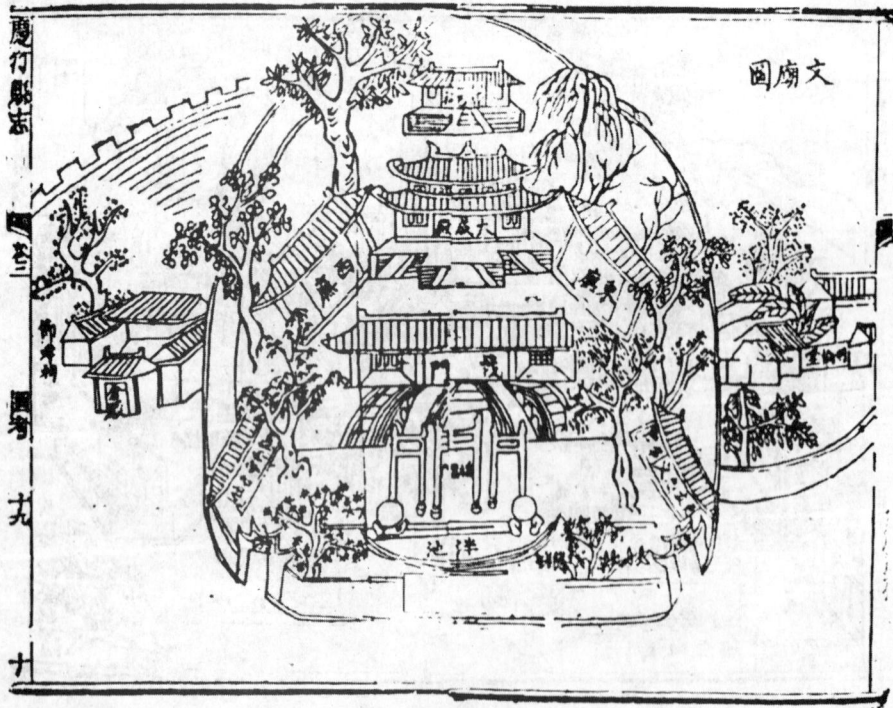

2

图七　学署与文庙布局——左庙右学

1. 光绪雷波厅文庙　2. 光绪庆符县文庙

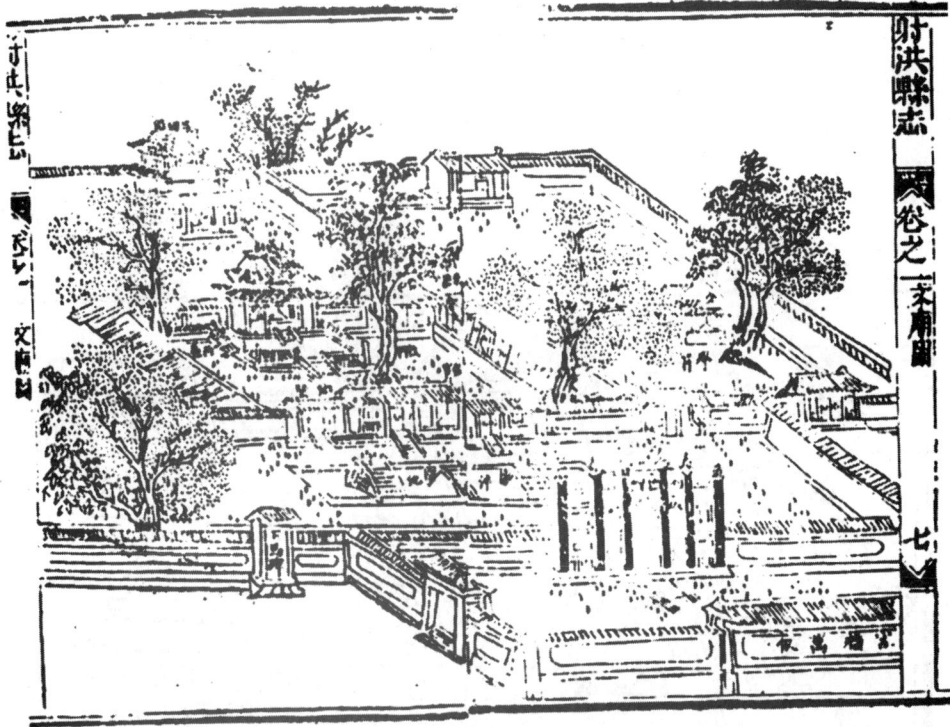

1

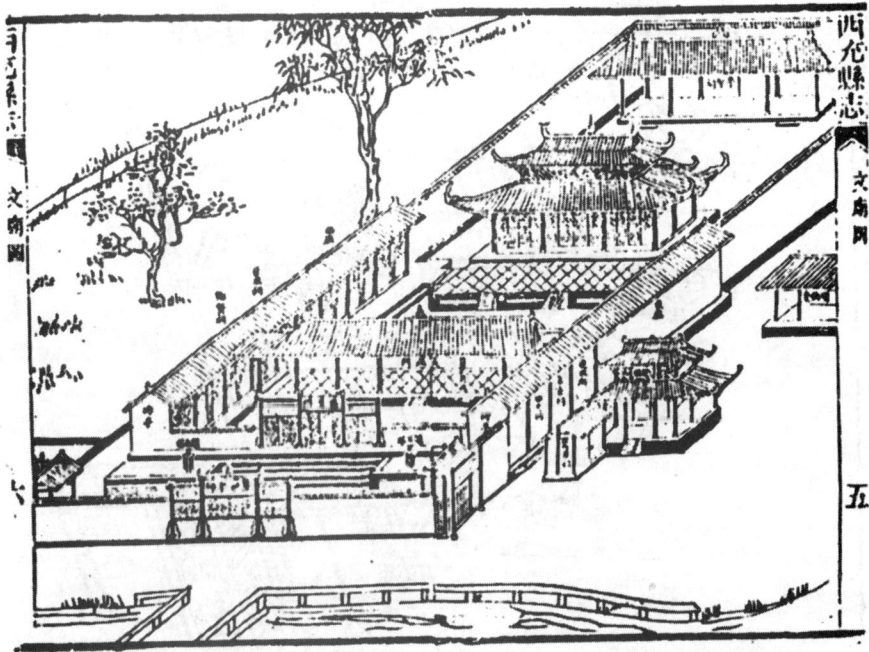

2

图八　学署与文庙布局——左庙右学

1. 光绪射洪县文庙　2. 光绪西充县文庙

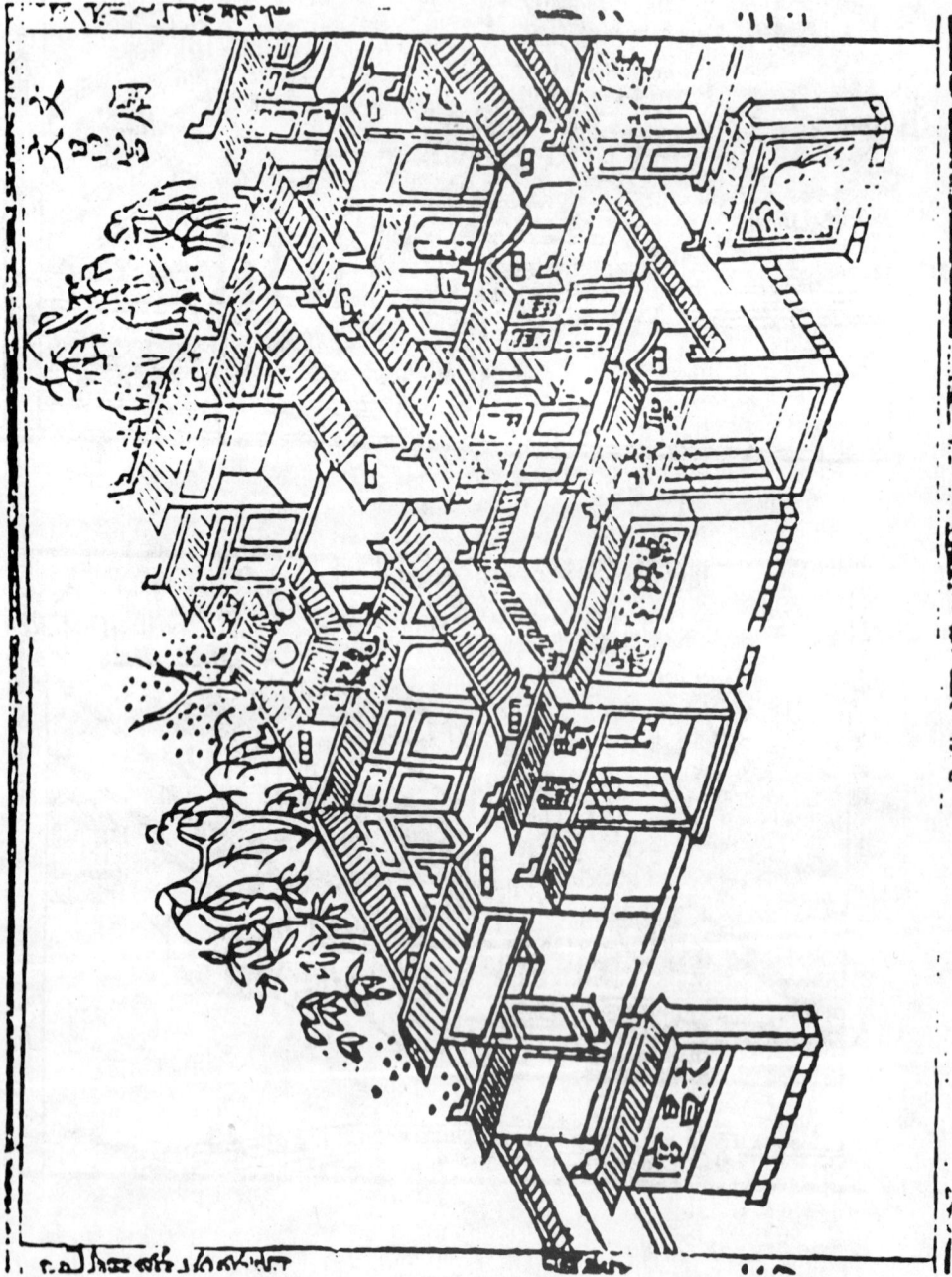

图九 清代冕宁县的文庙布局

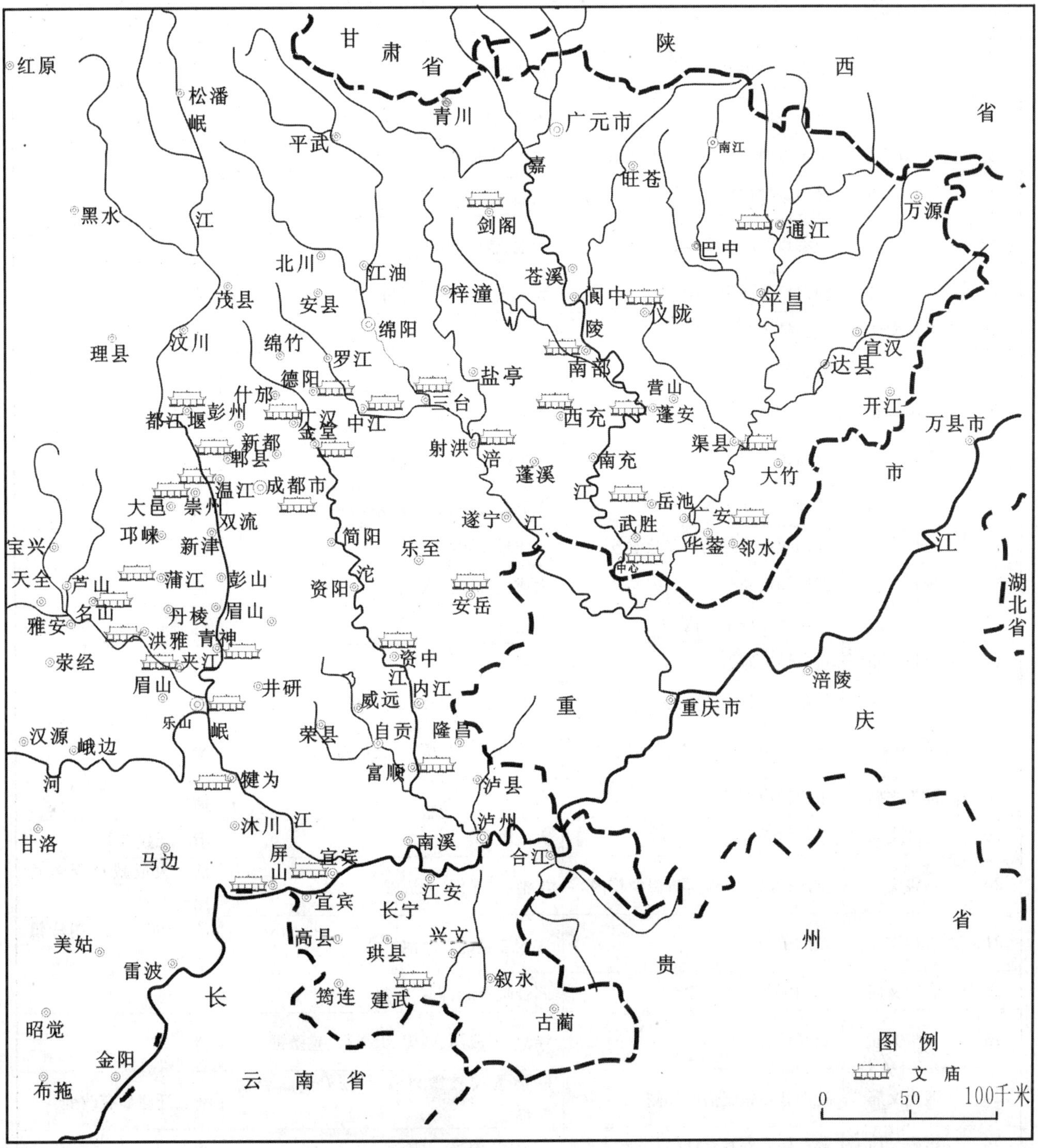
甘
肃
省
陕
西
省
红原
松潘
岷
青川
广元市
南江
平武
嘉
旺苍
黑水
江
剑阁
万源
通江
巴中
北川
江油
苍溪
茂县
安县
梓潼
阆中
仪陇
平昌
绵阳
陵
理县
汶川
绵竹
罗江
宣汉
盐亭
南部
达县
德阳
营山
什邡
三台
都江堰
彭州
广汉
中江
西充
蓬安
开江
万县市
新都
金堂
射洪
渠县
郫县
涪
南充
大竹
市
温江
成都市
蓬溪
江
岳池
大邑
崇州
双流
遂宁
江
广安
武胜
邛崃
简阳
宝兴
新津
乐至
华蓥
邻水
江
天全
芦山
蒲江
彭山
沱
中心
湖北省
资阳
名山
丹棱
眉山
安岳
雅安
洪雅
青神
资中
荥经
夹江
江
内江
涪陵
井研
威远
重
眉山
重庆市
乐山
岷
荣县
自贡
隆昌
庆
汉源
峨边
河
富顺
犍为
泸县
江
甘洛
沐川
泸州
马边
屏
宜宾
南溪
合江
山
宜宾
江安
长宁
省
高县
珙县
兴文
州
美姑
雷波
贵
长
筠连
叙永
建武
昭觉
古蔺
图例
金阳
文庙
布拖
云
南
省
0
50
100千米

图一〇　四川文庙分布图

四川省现存文庙统计表

序号	名 称	地理位置	现存状况	备 注
1	成都文庙	成都大科甲巷	大成殿	清。今迁至金堂县赵镇十里大道北侧
2	崇庆文庙	崇阳镇罨画池公园内	布局完整	清
3	金堂县文庙	成都青白江区城厢镇下北街	戟门、大成殿、崇圣祠	清
4	灌县文庙	灌口镇都江堰市中学内	照墙、泮池、大成殿	清
5	温江文庙	成都市温江区文庙街	泮池、戟门、两庑、两亭、大成殿	清。1987年恢复大成殿。疑被改变
6	郫县文庙	唐昌镇西街唐昌中学内	大成殿、泮池、状元桥	清
7	蒲江文庙	鹤山镇大北街	大成殿	清
8	富顺文庙	城关镇解放街大南门	布局完整,分三庭院	清
9	德阳文庙	旌阳区文庙街133号	布局结构完整	清
10	广汉文庙	雒城镇房湖公园内	棂星门、戟门、大成殿、名宦祠、两庑	清
11	中江文庙	凯江镇下南街	布局较完整,保存较差	清
12	三台文庙	潼川镇三台外国语实验学校内	大成殿、泮池	清
13	剑州文庙	普安镇剑阁中学校园内	大成门、两庑、大成殿	清
14	射洪文庙	金华镇金华中学内	尊经阁	清
15	资州文庙	重龙镇文庙街1号	布局结构完整	清
16	安岳文庙	岳阳镇海慧路紫竹公园前	布局较完整保存较好。围墙不存	清
17	嘉定府文庙	乐山市中区田家炳实验中学内	泮池、棂星门、两庑、大成殿、崇圣祠	清
18	犍为文庙	玉津镇南街	布局完整	清
19	夹江文庙	千佛村千佛崖	大成殿	清。迁建今处
20	洪雅文庙	洪川镇洪雅县教师进修学校内	泮池、棂星门、大成殿	清。大成殿迁至苦竹岗村三组
21	青神文庙	城厢镇南	大成殿、戟门、泮池	清。1988年迁瑞峰镇中岩
22	名山文庙	蒙阳镇北名山中学	四合院布局,保存完好	清
23	仪陇文庙	金城镇县粮食局	泮池、大成门、两庑、大成殿、崇圣祠	清
24	西充文庙	迁建晋城镇纪信广场侧	除崇圣祠被毁外保存较好。四合院布局	清。迁建后有改变
25	蓬州文庙	锦屏镇蓬安县监狱内	大成门、两庑、大成殿	清
26	南部文庙	县委大院西侧、蓓蕾幼儿园内	照墙、泮池、两庑、大成殿	清
27	叙州府文庙	翠屏区宜宾市八中校内	大成殿	清
28	屏山文庙	中都镇笑和村二组	大成殿	清。故马湖府文庙

序号	名 称	地理位置	现存状况	备 注
29	长宁文庙	双河镇中心小学校内	大成殿	清
30	建武厅文庙	兴文县九丝城镇龙泉村十一组	棂星门、泮池(局部)	故明建武厅文庙
31	广安文庙	广安区浓洄镇西	大成殿、崇圣祠	清
32	岳池文庙	九龙镇中南街	大成门、两庑、大成殿	清
33	武胜文庙	中心镇	大成殿、两庑、戟门	清
34	南江文庙	南江镇南江县委党校内	大成门、两庑、大成	清
35	渠县文庙	渠江镇文庙街	四合院布局,保存完好	清
36	通江文庙	诺江镇广场	大成门、两庑、大成	清
37	清溪文庙	汉源县清溪镇新黎村	四合院布局,保存完好	清

从历史来看,文庙建筑、布局,经历了一个由小到大,由阙里到京城、再到地方的过程,而文庙建筑群布局的最终定式化大约是在明代。从春秋时期至清代,文庙建筑群的数量越来越多,建筑的规模也越来越大。作为地方官庙之一的四川文庙,由于现存文庙几乎皆为清代所建,对于其早期的建筑布局及建筑形制以及文庙布局、结构的发展、演变的过程,我们难窥其貌,然借助文献记载,我们可以了解文庙建筑布局的历史状况,从面更好地理解四川地区文庙的特点。

春秋时期,鲁哀公在孔子旧宅设立的拜祭孔子的祠庙,只是孔子的三间故居[1]。汉、唐以来,孔子与周公并祀辟雍、国子监、国学,但具体对于孔庙的布局、殿庑规格、结构布局等史载不详。根据支离的文献记载推测,唐以前孔子与周公并祀国学之一室,且周公为主位,为先圣,孔子从祀,为先师。唐开元年间,由于周公迁出国学,别立庙祭祀,孔子地位随即上升。两京国子监中,设专殿祀孔子,殿内以孔子为主,颜回配坐,十哲弟子列像庙堂,而七十子仅仅是把他们的像画于壁上。接着,又诏孔子南面而坐,十哲等东、西列侍,文庙坐北朝南成为定式,并令天下诸州遵行[2]。可见唐时的孔庙很可能为一座单独的殿堂,并有坐侍及殿堂布局的定式。

宋以来随着孔子的追谥规格的增高,孔庙建筑的规格也随之上升,出现"庙庭"和专祀孔子的"文宣王殿"[3],也就是说不再是单体的庙堂,而是一组建筑,这组建筑包括棂星门[4]、戟门[5]、两庑[6]、文宣王殿等建筑。

---

〔1〕《水经注》:"台南四里许则孔庙,即孔子之故宅也。宅大一顷,所居之堂,后世以为庙。""庙屋三间,夫子在西间东向。……鲁人藏孔子所乘车于庙中,是颜路所请者也。"杨守敬、熊会贞:《水经注疏》,江苏古籍出版社,1989年,2108页。

〔2〕《旧唐书·礼仪四》,中华书局,1975年,918~921页。

〔3〕《宋史·礼志·吉礼八》:"元祐六年,幸太学,先诣国子监至圣文宣王殿,行释奠礼。"中华书局,1977年,2550页。此外,《宋史》中多次出现"文宣王殿"记载。如《宋史·真宗本纪》:"辛酉,诏颜子、孟子配享孔子庙庭。"

〔4〕元人鲜瑁《庙学门记庙》云,元贞初职教成都,视绵州学,瓦砾中得宋故石碑"修学门记",磨灭殆半,而门制可考。云古《营造法式》以上天帝座前三星曰"灵星",王者之居象之,故以名门。可见宋时文庙建筑中已有棂星门。参见明·杨慎编、刘琳、王晓波点校:《全蜀艺文志》,线装书局,2003年,1026页。

〔5〕《宋史·礼志·吉礼八》:议礼局言:"建隆三年,诏国子监庙门立戟十六,用正一品礼。"中华书局,1977年,2550页。

〔6〕《宋史·礼志·吉礼八》中明确记载有东、西两庑列祀的先贤和先儒。中华书局,1977年,2554~2555页。

　　宋以来,官建孔庙的布局是统一的,其规格、规模都由皇帝亲自过问并颁布天下,遵照执行。到明、清时期,孔庙建筑、布局进一步完备,形成四合院(或廊院)式、多进院落的结构布局,如明洪武十五年(1382 年)新建的京师孔庙,由北向南分别为棂星门、牺牲厨、祭器库、大成门。大成门内左右列戟二十四;东、西两庑,正中为大成殿。洪武三十年(1397 年),又嫌其不够气派,命工部改作,将大成殿、大成门各改为六楹,棂星门三楹,东、西庑七十六楹(面积如此之大,其内应该是塑像),神厨库八楹,宰牲所六楹[1]。

　　启圣殿(崇圣祠)是文庙建筑群最后一进院落中的主体建筑。宋真宗大中祥符元年十一月幸曲阜谒文宣王庙,追封叔梁纥为齐国公,颜氏鲁国太夫人[2]。元文宗至顺元年(1330 年),加封叔梁纥为启圣王,鲁国太夫人颜氏启圣王夫人[3],在大成殿西创殿即启圣殿祭拜。显然,官庙设学兴教之外,将儒家礼教中的“父子”观念纳入祭祀范畴,实则是将家庙的部分功能融合于官庙,这也是文庙建筑布局的一个新现象。明正统二年(1437 年),有人认为官庙中颜子、曾子、子思配享殿廷,而其父无繇、子晰、伯鱼从祀廊庑,名分不正,于是将无繇等俱配大成殿西侧的启圣王殿,与孔子父同祀于一室[4]。嘉靖九年(1530 年)在重新确定孔子祀典时,张璁建议“于大成殿后另立一堂祀叔梁纥,而以颜路、曾皙、孔鲤配之”,改启圣王为启圣公[5],形成以崇圣祠为中心的一进院落。次年国子监建启圣祠,接着地方庙学亦建启圣祠。雍正元年(1723 年),以“五伦为百行之本”,追封孔子五代王爵:锡木金父公曰肇圣,祈父公曰裕圣,防叔公曰诒圣,伯夏公曰昌圣,叔梁公曰启圣,将启圣祠更名为崇圣祠,以肇圣居中,按左昭右穆的顺序,裕圣左,诒圣右,昌圣次左,启圣次右,设木主祭祀,木主均为南向。颜回父无繇等配享。殿前的东、西配殿则从祀周辅成(周敦颐父)、程珦(程颐、程颢父)、蔡元定(蔡沈父)、朱松(朱熹父)等先儒[6]。

　　明洪武二年(1369 年)令天下学校皆建祠祀贤牧和乡贤,即建名宦祠和乡贤祠,将本州、县杰出官员、人物列祀,接受人们的拜祭,乡贤祠和名宦祠成为文庙的附属建筑,一般对称分布于第一进院落中。

　　明代晚期以后(大约是嘉靖对孔庙祭礼改制后)直到清代,文庙的布局基本确定:坐北朝南,形成以大成殿为中心,一般由前后三进院落组成的四合院(或廊院)式的布局结构,四周有垣墙,大成门、大成殿等主体建筑位于中轴线上,神库、神厨、宰牲亭、井亭、东西庑、配殿等次要建筑对称分布于中轴线的两侧。

　　由于孔子教学的内容为礼、乐、射、御、书、数等六种才艺即“六艺”,因此在学宫侧还设射圃,射圃内有箭亭。学宫设射圃约始于宋绍兴年间,目的是以“教学生员习射”。元代禁止百姓不得持弓矢,因此一度“射息而圃废”。明代在诏郡、县兴学置师的同时,要求讲习“六艺”,射圃又成为学宫不可或缺的组成部分。射圃的位置或在庙侧,或在学侧,似乎因地而设。

〔1〕《明史·礼志·吉礼四·至圣先师孔子庙祀》,中华书局,1974 年,1296～1297 页。

〔2〕《宋史·志·吉礼八》,中华书局,1977 年,2555 页。

〔3〕《元史·志·祭祀五·宣圣》,中华书局,1976 年,1893 页。

〔4〕《明史·礼志·吉礼四·至圣先师孔子庙祀》,中华书局,1974 年,1297 页。明·余继登《典故纪闻》亦引之,中华书局,1981 年,191～192 页。

〔5〕《明史·礼志·吉礼四·至圣先师孔子庙祀》,中华书局,1974 年,1298 页。

〔6〕《清史稿·礼志·吉礼》,崇圣祠从祀张载于雍正二年入配,中华书局,2534～2535 页。

三

可以说，文庙是与中国古代的教育制度和科举取士制度分不开的。文庙建筑群布局严整，规模宏大，一般而言是地方行政区划单位相当重要的建筑群，兴建、修葺文庙是地方官员的重要职责之一，对百姓来说，孔庙的兴与衰与当地文运是紧密相关的，并由此而产生了一些派生的建筑，如奎星阁、文峰塔等。

那么，文庙建筑群中，除了入学要祭拜的先师孔子外，到底还有哪些人呢？

孔子是文庙系统的第一个等级。对孔子以塑像的膜拜，似乎在汉代就已开始了。佛教传入中国后，初铸金为像，后又用土木塑像。偶像崇拜，实为受佛教影响。关于孔子之像，有用土木塑者，有用石雕者，也有雕刻于石或木者，亦有用铜、铁铸造者，而以土木塑像居多。四川安岳县文庙"明末兵燹后学宫、两庑、斋坊、堂舍尽毁，惟大成殿尚存，有先师像刻于石"[1]。

孔子偶像，时代不同，塑像也有区别，大概是与当时人们的起居习惯密切相关的。汉代为席地而跪坐，双膝着地，臀部压于脚跟上[2]。随着人们起居生活习惯的改变，孔子像亦改为坐像，但弟子颜回等诸贤为立像。唐开元八年(720 年)，将陪祀的四配(颜回、曾参、孔伋、孟轲)、十哲(即德行科颜回、闵损、冉耕、冉雍四人，言语科宰予、端木赐二人，政事科冉求、仲由二人，文学科言偃、卜商二人。宋时升颜回为四配之首，补颛孙师为十哲。清康熙、乾隆先后增朱熹、有若而最终成十二哲)的立像改为坐像[3]。开元二十七年(739 年)八月，又下诏改孔子西坐为南面而坐，十哲等东、西列侍[4]。但无论塑像如何，孔子塑像是着当朝官服的[5]。

宋大中祥符二年(1009 年)(一说五年)，诏改孔子谥"至圣文宣王"，孔子之像"执桓圭、冕九旒、服九章"，仅次于皇帝。神宗崇宁初又增冕为十二旒[6]，孔子一跃而成为"帝王"。

明成祖时，又认为塑像的衣冠不合古制，将文庙内的塑像、绘像一律改正，使合古制。后来有人认为塑像只有人之形，而不具真圣贤之容；且就先师孔子塑像而言，天下郡、县各异，或高或矮，或胖或瘦，全取决于塑工的理解和技术。加之皇帝祭拜时，以皇帝之尊而拜坐像，于先师孔子则无可非议，而两庑先儒或为前朝之名儒，或为当朝臣子，天子祭拜于前，不仅名分不正，而且观瞻亦不雅[7]，因此一度局部毁孔子等塑像，而

---

〔1〕 清·濮瑗修、周国颐纂：《道光安岳县志》，清道光十六年(1836 年)刻本。

〔2〕 关于汉时孔子塑像曾有激烈的争论，子言作《白鹿礼殿》辩及此事。后有见成都府学雕像者，乃认为汉时孔子像为席地而坐。参见宋·赵与旹：《宾退录》卷七、宋·岳珂《愧郯录》卷九"礼殿坐像"等。

〔3〕 《旧唐书·礼仪四》，中华书局，1975 年，919 页。

〔4〕 《旧唐书·礼仪四》，中华书局，1975 年，920 页。

〔5〕 《宋史·礼志·吉礼八》：(崇宁初)国子监丞赵子栎言："唐封孔子为文宣王，其庙像，内出王者衮冕衣之。今乃循五代故制，服上公之服。七十二子皆周人，而衣冠率用汉制，非是。"诏孔子仍旧，七十二子易以周之冕服。国子司业蒋静言："先圣与门人通被冕服，无别。配享、从祀之人，当从所封之爵，服周之服，公之衮冕九章，侯、伯之衮冕七章。衮，公服也，达于上。郑氏谓公衮无升龙，误矣。考《周官》司服所掌，则公之冕与王同；弁师所掌，则公之冕与王异。今既考正配享、从祀之服，亦宜考正先圣之冕服。"于是增文宣王冕为十有二旒。中华书局，1977 年，2549～2550 页。

〔6〕 《宋史·礼志·吉礼八》，中华书局，1977 年，2550 页。

〔7〕 参见明·黄训：《名臣经济录》卷三十引邱浚《释奠先圣先师之礼》，《四库全书》本。

设以木主。但此次毁像的影响似乎很有限,京师文庙中塑像因是元代所塑而得以保存[1]。明嘉靖九年(1530年)厘正祀典,又认为塑像有亵渎圣贤之嫌,将塑像撤除,一律用木主。曲阜孔庙因是孔子家庙,塑像得以保留,一直没有被毁。厘定后的木主包括座和牌位,在尺寸上加以区分:孔子牌位高二尺三寸七分、阔四寸、厚七分,座高四寸、长七寸、厚三寸四分,约合今制高74.04、宽12.5、厚2.19厘米,座高12.5、长21.87、厚10.62厘米(彩图二~四)。牌位朱地金书"至圣先师孔子",将王号及大成、文宣之称俱去掉。四配称复圣颜子、宗圣曾子、述圣子思子、亚圣孟子,木主高一尺五寸、阔三寸二分,约合今制高46.86、宽10厘米,牌位赤地墨书[2]。此制清代一直沿用。

关于孔子塑像和木主,根据文献的记载和调查可知,大抵有以下几种情况:(一)设立牌位,牌位前有供案,上陈设祭品,这是明代以来最常见者。(二)设龛,龛内有塑像也有牌位。如四川广元文庙,龛内供木主及塑像各一,但左、右四配均用木主[3]。(三)塑像或雕像。

关于孔子之像,也是很不统一。常见者为"执桓圭、冕十二旒、服九章"坐像,为帝王之像(彩图五)。其二是布衣之象,坐于几上,如四川广汉文庙大成殿孔子像(彩图六)。还有一种是学者立像,广衣博带,立于须弥座上,如四川资中县文庙大成殿中孔子像即为石雕学者型立像,为国内最大的一尊立像(彩图七)。

颜回及后来的四配、十哲弟子为文庙祭祀系统的第二个系统。四配十二哲初虽列像庙堂,但不预享祀,也就是说开始仅仅是列侍,而不接受祭祀。魏晋时期于每月朔祭拜孔子时,对孔子行"拜"礼,而对配享的颜回也仅为"揖"礼,师、生之分故也[4]。开元八年(720年)始,改颜回等十哲为坐像,列祀两旁。

先贤、先儒是孔庙配祀的第三、第四个等级。唐时诏天下州县立庙,并以左丘明等二十二位先贤配享。配祀的名贤(孔门弟子)、大儒历代在人员和人数上有增损变化。但一般在位置的设置上,南端为孔子弟子,北端为名贤大儒。在从祀的先贤先儒先后位次上,开始是以师弟关系为原则,到清康熙二十五年(1686年),又将"师弟"关系改为以"道德为先后"[5]。在祭拜的过程中,两庑的先贤、先儒至少在宋代还是以绘像的形式出现,但"冠服各从封爵"。嘉庆九年(1530年)四川安岳知州摄县事刘有仪率全邑绅庶更改文庙旧制时,掘得先贤石像五十余尊,可见两庑的先贤、先儒也曾有过偶像祭拜[6]。明嘉靖九年(1530年)同样以塑像亵渎神灵为由,将塑像更换为木主,同时去掉先贤、先儒的公、侯、伯爵号,而称孔门弟子为先贤某子,左丘明以下为先儒某子。所有木主高一尺四寸、阔二寸六分、厚五分,座高二寸六分、长四寸、厚二寸,约合今制高43.74、宽8.12、厚1.56厘米,座高8.12、长12.5、厚6.25厘米。木主名为赤地黑书。至清代末年,两庑从祀人数最终为156人,其中东庑从祀先贤40人、先儒39人,西庑从祀先贤39人、先儒38人。

如前文所述,在官庙中设立启圣殿(后改为崇圣祠),实际是儒家礼教中"父子"伦理观念的融入,启圣殿不仅在文庙中设立,在武庙中亦设启圣殿。文庙中的崇圣祠中初仅祭拜孔子父、母。明正统年间,将颜回、

---

〔1〕 明·黄训:《名臣经济录》卷三十,《四库全书》本。

〔2〕 《明史·礼志·吉礼四·至圣先师孔子庙祀》,中华书局,1974年,1298~1300页。

〔3〕 谢开来等修、王克礼、罗映湘纂:《民国重修广元县志稿》,民国二十九年(1940年)铅印本。

〔4〕 《隋书·礼仪志》:"后齐制,新立学,必先释奠礼先圣先师,每岁春秋二仲,常行其礼。每月旦,祭酒领博士已下及国子诸学生已上,太学、四门博士升堂,助教已下、太学诸生阶下,拜孔揖颜。"中华书局,1973年,181页。

〔5〕 《圣祖仁皇帝圣训》三一:"康熙二十五年丙寅八月戊寅,上谕大学士等曰:先儒、先贤从祀位次应视其道德为先后,不可援师弟为定例。其酌议奏闻。"《四库全书》本。

〔6〕 清·濮瑗修、周国颐纂:《道光安岳县志》,清道光十六年(1836年)刻本。

孟子等人之父也纳入崇圣祠,作为配祀。东、西配殿中以宋名儒周敦颐等四人之父从祀。雍正时,将孔子先祖五代即所谓的"五服"纳入祭祀系统,又将宋儒张载入配殿享祀。

明以来对本地有贡献的官宦及当地有名望的乡贤亦被纳入文庙祭祀,亦有为"忠"、"孝"、"义"等立祠于文庙祭拜的,如渠县文庙中曾于戟门外两廊建名宦祠、乡贤祠、昭忠祠、节孝祠[1]。但这些都是文庙中次要的祭祀系统,在其建筑布局也位于中轴线的两侧。

四

关于四川最早建立文庙的时间,历来多认为是在汉代,此说法值得商榷。

据有见之者说,汉文翁所立石室,全壁上图绘古代圣贤之像,梁上刻孔子及其七十弟子像[2]。东汉兴平元年(194年),太守高瞬于石室东作周公礼殿,因其时以周公为先圣,孔子为先师,故周公位在孔子之上。至迟到了宋代,礼殿被改为大成殿,以祀孔子,并置学官弟子,讲习传授。宋人李石《府学十咏·礼殿》:"蜀侯作頖锦水湄,先圣先师同此室。巍然夫子据此座,殿以周公名自昔。"[3]即指此。宋绍兴六年(1136年)十一月,府学教授范仲㧑以成都府学大成殿年代久远但无题榜为由,请当朝皇帝高宗赵构御书匾额,"以示人文化成,流道德之富,罩及远方之意",此事席益有记[4]。可见,说成都府孔子庙建于汉代是基于文庙大成殿(即原周公礼殿)建于汉代这个史实。宋代还有相当一部分人这样认为,如韩绛《复修府学故事》云"文翁石室已千秋,世有兴衰化自流"[5]。淳熙二年(1175年)杨甲在其《修学记》中仍说"成都学宫自汉至今千余岁,祠殿、讲室岿然独存"[6],亦即指此。

从学、庙的历史发展来看,先有学,学中设有专庙以祭拜周公和孔子,后周公被迁出另设专庙祭拜,原学内所设之庙成为祭拜孔子的专庙,于是在学中出现了专门祭拜孔子的专庙。唐以前之"学"当是指地方儒学,是以教育为主要功能的,但学中有孔子画像或塑像。唐贞观以来,凡地方郡、县必有学,学必有庙,以祀孔子,"庙学合一"格局逐渐形成,或称"儒学",或称"学宫",在很大程度上是指地方的儒学,包含了祭祀区的文庙部分和教学区的学署部分。后人的记载中多有庙、学相提并论者,如说"孔庙"或"圣庙",实际包含了"庙"与"学";说"儒学"也是包含了"庙"与"学"两部分,给人庙即学、学即庙的感觉。但事实上,如前文我们所论及的,"庙"与"学"在功能上是有区别的,文献中的这种记载,很象是文学手法上的"借代",以部分借代全体。因此,还有文献中所说双流县、郫县等地在汉代建学,也是指单纯的"学"而不包括庙。此外,还有建

---

〔1〕 杨维中等修、钟正懋等纂、郭奎铨续纂:《民国渠县志》,民国二十一年(1932年)铅印本。

〔2〕 唐·李吉甫《元和郡县图志·剑南道·成都府》:成都县南外城中有文翁讲堂,一名周公礼殿。李膺记云:"后汉中平中,火延学观,厢廊一时荡尽,惟此堂火焰不及。构制虽古,而巧异特奇,壁上悉图古之圣贤,梁上则刻文宣及七十弟子。齐永明中,刘填更图焉。"中华书局,1983年,768页。

〔3〕 明·杨慎编、刘琳、王晓波点校:《全蜀艺文志》,线装书局,2003年,252页。

〔4〕 宋·席益:《御书大成殿额记》,明·杨慎编、刘琳、王晓波点校:《全蜀艺文志》,线装书局,2003年,998页。

〔5〕 宋·韩绛:《复修府学故事》,明·杨慎编、刘琳、王晓波点校:《全蜀艺文志》,线装书局,2003年,251页。

〔6〕 宋·杨甲:《修学记》,明·杨慎编、刘琳、王晓波点校:《全蜀艺文志》,线装书局,2003年,1006页。

于晋[1]、隋[2]、唐武德年间[3]所建儒学之说亦当是指学。可见，四川最早建立文庙的时间在汉代的说法，是基于汉代文翁在成都建石室兴教这个史实之上的。

　　基于文庙建置、发展的历史及文献的记载，四川地区最早兴建文庙是在唐代，仅仅在一些重要的州如绵州（今绵阳，贞观三年建[4]）、遂州（今遂宁，贞元年间建[5]）、泸州（咸亨年间建[6]）、巂州（今西昌[7]）等设立了学，此为四川建置文庙最早的一批。到了宋代，四川各府、县的学中基本都建有祭拜孔子的专庙——文庙，文庙在宋王朝的势力范围内基本普及。元成宗即位，诏修在战争中毁坏的庙学，"自是天下郡邑庙学，无不完葺"[8]。明初洪武年间，一方面大力修葺旧庙，部分在元末战乱中毁坏的文庙得以修葺、重建，同时又在原来没有建文庙的地方行政单位修建新庙。明朝末年，张献忠入川，又使部分文庙毁于兵燹。清初又陆续修建了被毁的文庙，并在今阿坝、凉山州等势力之所及之处，皆建学设庙，以兴文教。

四川府、县儒学建筑年代一览表

学　宫	明一统志	万历四川总志	大清一统志	四川通志	府（州、县）志
成都府	汉守文翁建，永乐间重建	宋初	宋初	宋初建	
成都县	宋政和间	宋政和间	宋政和中	宋政和间	后蜀建，宋代改（《同治重修成都县志》）
华阳县	后蜀	宋以孟蜀大学故址为之	后蜀	后蜀	宋前《嘉庆华阳县志》
双流县	汉建	汉建	雍正九年因故址重建	汉时建	唐（《嘉庆双流县志》）
温江县	宋咸平间	宋咸平元年	宋咸平初	宋咸平初	宋咸平初（《嘉庆温江县志》）
新津县	宋明道初	宋明道初	宋明道初	宋明道初	宋明道初（《道光新津县志》）
金堂县	宋	宋嘉祐二年	宋嘉祐初	宋嘉祐初	宋嘉祐初（《民国金堂县续志》）
新都县	宋	宋乾德二年	明初	明初建	唐咸亨元年（《道光新都县志》）

---

〔1〕　明·李贤等撰：《明一统志·潼川州》："中江县学，在县治南。晋时建。本朝洪武七年重建。"

〔2〕　明·李贤等撰：《明一统志·保宁府》："南部县学，在县治南。隋开皇元年建。本朝洪武十五年重建。""巴州学，在州治东。隋开皇中建。本朝洪武十七年重建。"《邛州》"蒲江县学，在县治南。隋建。本朝洪武十七年重建。""威远县学，在县治东。隋开皇间建。本朝洪武十四年重建。"

〔3〕　明·李贤等撰：《明一统志·邛州》："邛州学，在县治南。唐武德间建。本朝洪武九年重建。"《嘉定州》："荣县学，在县治东。唐武德间建。本朝洪武九年重建。"《泸州》："荣经县学，在县治南。唐武德二年建。本朝洪武八年重建。"《嘉定州》："嘉定州学，在州治西。唐武德初建于州治南。本朝洪武二十七年徙建于此。"《钦定清一统志》及《四川通志》均沿用该说。

〔4〕　清·文榜、董贻清修、伍肇龄、何天祥纂：《同治直隶绵州志·学校》，清同治十二年（1873年）刻本。

〔5〕　清·阿麟修、王龙勋等纂：《光绪新修潼川府志·学校志》，清光绪二十三年（1897年）刻本。

〔6〕　清·田秀栗等修、华国清、施泽久纂：《光绪泸州直隶州志·学校》，清光绪八年（1882年）刻本。

〔7〕　郑少成等修、杨肇基等撰：《民国西昌县志·祠祀志》，民国三十一年（1942年）铅印本。

〔8〕　《元史·志·祭祀五·郡县宣圣庙》，中华书局，1976年，1901页。

学 宫	明一统志	万历四川总志	大清一统志	四川通志	府(州、县)志
简 州	建	宋开宝初	宋	宋开宝初	宋开宝初(《咸丰重修简州志》)
崇庆州	宋至和间	洪武三年	明洪武初	明洪武初	明洪武初(《民国崇庆县志》)
崇庆县		宋开宝初			
郫 县	汉	汉元和初年建。宋淳化三年徙于县治南	宋	汉元和初	汉元和初建,明隆庆中迁东门外(《同治郫县志》)
灌 县	五代	五代	明洪武初	五代	五代(《光绪增修灌县志》)
崇宁县	宋	宋元祐二年	宋元祐初	宋元祐初(《嘉庆崇宁县志》)	
新繁县	汉	汉永平初	宋乾德初	宋乾德二年	宋乾德三年(《嘉庆新繁县志》、《同治新繁县志》、《民国新繁县志》)
汉 州	宋嘉泰间	宋嘉泰二年	宋嘉泰中	宋嘉泰中	宋嘉泰中(《嘉庆汉州志》)
什邡县	宋祥符间	宋祥符二年	宋大中祥符二年	宋大中祥符二年	引《汉州旧志》,宋祥符二年(《嘉庆什邡县志》)
彭 县	宋	宋天圣元年	宋	宋天圣元年	宋天圣元年(《嘉庆彭县志》)
保宁府	宋大观四年	宋大观四年	宋大观四年	宋大观四年	宋大观四年(《道光保宁府志》)
阆中县	宋	宋	明崇祯间迁建	明崇祯间迁今所	始建不详,明弘治中迁今所(《道光保宁府志》)
苍溪县	宋绍兴中	宋	明正德中迁建	明洪武间建	明正德七年迁建今所(《道光保宁府志》)
南部县	隋开皇元年	隋	隋创	创于隋	隋(《道光保宁府志》)
广元县	宋	唐	明天启中迁建	唐颜鲁公建	唐建(《道光保宁府志》)
昭化县	宋庆历中	宋	宋	宋	宋(《道光保宁府志》)
巴 州	隋开皇中	明洪武中	?	元改迁城西	元迁建城西(《道光保宁府志》)
通江县	宋嘉祐中	宋	宋	宋	宋壁州旧学(《道光保宁府志》)
南江县	明	?	明正德中	明正德中	明正德间(《道光保宁府志》)
剑 州	宋庆历中	宋	宋	宋	宋庆历中迁于州治西(《道光保宁府志》)
顺庆府	宋庆历间	宋庆历间	宋庆历中	宋庆历间	宋庆历间(《康熙顺庆府志》)
南充县	?	?		明洪武初始迁今所	洪武初建(《嘉庆南充县志》)
西充县	宋淳祐间	宋淳祐间	宋淳祐中	宋淳祐间	宋淳祐间(《康熙顺庆府志》)
蓬 州	宋淳祐间	宋淳祐间	宋淳祐间	宋淳祐间	宋淳祐间(《康熙顺庆府志》)

学　宫	明一统志	万历四川总志	大清一统志	四川通志	府（州、县）志
营山县	元至顺间	元至顺间	元至顺中	元至顺间	元至顺间（《康熙顺庆府志》）
仪陇县	宋嘉定间建	宋嘉定间	？	宋嘉定间改迁今所	宋嘉定间迁城东北（《康熙顺庆府志》）
广安州	宋嘉祐间迁南冈	宋嘉祐间迁治南	宋嘉祐中	宋嘉祐间建	宋嘉祐间迁南岗（《康熙顺庆府志》）
渠　县	宋嘉定间	宋嘉定间建	？	宋嘉定间	宋嘉定间（《康熙顺庆府志》、《同治渠县志》）
大竹县	宋嘉定间	宋嘉定间建	宋嘉定中	宋嘉定间	宋嘉定间（《康熙顺庆府志》）。元至元初（《道光大竹县志》）
岳池县	宋太平兴国间	宋太平兴国间	宋太平兴国中	宋太平兴国间	宋太平兴国间（《康熙顺庆府志》）
邻水县	宋	宋崇宁初	宋崇宁中	宋崇宁初	宋崇宁间（《康熙顺庆府志》）
定远县（武胜县）					明嘉庆三十年（《民国新修武胜县志》）
叙州府	宋庆历间	宋庆历间	？	明永乐间建	万历中改建（《嘉庆宜宾县志》）。旧在府治南，明永乐间建，万历中迁今所（《光绪叙州府志》）
宜宾县	宋庆历间	宋庆历间	？	宋庆历间	宋庆历间建，明洪武时附于府学，万历中迁府学之南（《嘉庆宜宾县志》）
南溪县	宋熙宁间	宋熙宁间	？	宋熙宁间	宋熙宁间（《嘉庆南溪县志》）
富顺县	宋庆历间	宋庆历间	宋	宋庆历四年	宋庆历四年（《光绪叙州府志》）
长宁县	宋淳祐间	洪武七年	明洪武七年	宋淳祐间	建设无考，元泰定四年因之（《嘉庆长宁县志》）
隆昌县	明	明隆庆初	明隆庆初	明隆庆初	明隆庆初（《咸丰隆昌县志》）
庆符县	元大德初	元大德初	明建文三年	元大德间	元大德间（《光绪庆符县志》）
高　县	洪武八年	洪武八年	明洪武八年	明洪武八年	洪武八年（《光绪叙州府志》）。康熙五十六年创建（《同治高县志》）
筠连县	洪武七年	洪武七年	明洪武七年	明洪武七年	洪武七年（《同治筠连县志》）
珙　县	元	洪武一十二年	明洪武二十二年	元	元（《光绪叙州府志》）
兴文县	元至元间	元至元间	？	元至元间	元至元间（《光绪兴文县志》）
建武（所）厅		明万历初			明万历二年（《光绪兴文县志》）
马湖府（屏山县）		元末	元	元	元末，旧马湖府学（《乾隆屏山县志》）
叙永厅			康熙九年建	康熙九年	康熙二十年（《民国叙永县志》）

学 宫	明一统志	万历四川总志	大清一统志	四川通志	府(州、县)志
永宁宣抚司（永宁县）		明洪武初	明正统八年	明正统八年	
雷波司(厅)	未设				嘉庆三年(《光绪雷波厅志》)
龙安府	宋大中祥符	宋祥符	明隆庆中	宋祥符间	?(《道光龙安府志》)
平武县			?	明万历间建	?
江油县	元至元中	元至正间	?	元至正间	元至正间(《道光江油县志》)
石泉县	明洪武初重建	宋绍兴中	?	宋绍兴中	?(《道光石泉县志》)
彰明县	唐大中间	唐大中十三年	明洪武初建	唐大中十三年	唐大中十三年(《同治彰明县志》)
青川所		明洪武初			
松潘卫（厅）	明景泰三年	明景泰三年	明景泰三年	明景泰三年	明景泰三年(《民国松潘县志》)
越嶲卫	明洪武二十八年	明洪武二十九年	清康熙三十年迁建	?	万历四年(《光绪越嶲厅全志》)
建昌卫（宁远府）	元	元至元间	?	?	唐(《民国西昌县》)。清嘉庆十四年(《咸丰邛嶲野录》)
宁番卫	明洪武二十九年	明洪武二十九年	清康熙二十三年	明	明(《咸丰邛嶲野录》)
盐井卫	明洪武二十九年	明洪武二十九年	清康熙二十三年	清雍正五年	雍正五年(《咸丰邛嶲野录》)
会川卫	明洪武二十九年	明洪武二十九年	明洪武二十九年	明洪武二十九年	明洪武二十八年(《同治会理州志》)
雅州府	宋绍兴间	明洪武初	?		明洪武初建(《乾隆雅州府志》)
雅安县			?	未设	清道光间(《民国雅安县志》)
名山县	宋绍兴间	明洪武中	明洪武中	明洪武中	明洪武间(《乾隆雅州府志》)
荥经县	唐武德二年	明洪武中	唐武德初设学宋淳熙间	宋淳熙间建	宋淳熙间(《乾隆雅州府志》)
芦山县	宋宝元间	明永乐间	?	明永乐间	明永乐间(《乾隆雅州府志》)
天全州				未设,附雅州府学	乾隆十八年(《咸丰天全州志》)
清溪县			清雍正七年	宋绍圣二十年	宋绍兴二十年(《乾隆雅州府志》)
嘉定州	唐武德初建	明洪武中徙治西	? 乐山县学附	宋	唐武德初,乐山县新设未建,附于府庙(《同治嘉定府志》)。民国省府文庙属县(《民国乐山县志》)

学　宫	明一统志	万历四川总志	大清一统志	四川通志	府（州、县）志
乐山县			乐山县学附		县学附于府学。唐武德初（《嘉庆乐山县志》）
峩眉县	宋庆历二年	明洪武初建	？	宋庆历元年	宋庆历元年（《嘉庆峨眉县志》）
峨边厅					学宫儒学均在峨眉，城内无文庙（《民国峨边县志》）
马边县					万历十七年（《嘉庆马边厅志略》）
夹江县	隋开皇间建	明洪武中	明洪武中	明洪武中建	隋开皇中（《嘉庆夹江县志》）
洪雅县	唐建，元废，明复建	明成化末	明成化十九年	宋绍兴元年迁今所	唐时旧址在城西，宋绍兴元年迁今地（《嘉庆洪雅县志》）。隋址在城西宋绍兴元年迁今地（《同治嘉定府志》）
犍为县	汉	明洪武间	明洪武初	明万历间	唐以前无考，宋祥符间旧在沉犀东，左震迁之城南（《嘉庆犍为县志》）
荣县	唐武德间	明洪武初	康熙初迁建	唐武德元年	唐武德元年（《同治嘉定府志》）
威远县	隋开皇间	明洪武中	明成化中迁建	隋开皇	隋开皇旧址在县东，雍正八年改建紫金山前（《同治嘉定府志》）。明宏治十三年改建紫金山（《光绪威远县志》）
眉　州	宋	宋仁宗时	宋	宋仁宗时	宋仁宗时（《嘉庆眉州属志》）
彭山县	元天历二年	元天历中	？	康熙元年并眉州学	雍正八年复设（《嘉庆彭山县志》）
丹棱县	宋绍兴十二年	宋绍兴中	宋绍兴中	宋绍兴十二年	宋绍兴间（《嘉庆眉州属志》、《光绪丹棱县志》）
青神县	元至元二年	元至元二年	雍正八年	？	创自唐宋（《嘉庆眉州属志》）
卭州	唐武德间	明洪武初	明洪武初	明洪武初	唐武德（《嘉庆卭州直隶州志》）
大邑县	唐咸亨间	明正统间	明正统中	明正统中	明正统（《嘉庆卭州直隶州志》）。明洪武初（《同治大邑县志》）
蒲江县	隋	明洪武中	明万历初迁建	明洪武中	宋（《嘉庆卭州直隶州志》、《光绪蒲江县志》）
潼川州（府）	宋熙宁间	宋大观初	宋大观初。三台县学附	宋大观初	宋庆历中（《光绪新修潼川府志》）
三台县					未别立文庙（《嘉庆三台县志》）
射洪县	宋元符间	宋元符间	宋元符中	宋元符间	宋熙宁九年（《光绪射洪县志》）
盐亭县	唐贞观间	唐贞观间	明洪武九年自县南迁此	唐贞观中	唐贞观中（《乾隆盐亭县志》）

学　宫	明一统志	万历四川总志	大清一统志	四川通志	府(州、县)志
中江县	晋	晋	明洪武中建	明洪武中	创建无考(《道光中江县志》)
遂宁县	唐贞元间	唐贞元间	唐贞元中	唐贞元间	唐贞元间(《光绪新修潼川府志》)
蓬溪县	唐开元间	唐开元间	唐开元中	唐开元间	宋绍兴间建,祥符十七年徙此(《道光蓬溪县志》)
安岳县	宋元祐间	宋元祐间	明嘉靖中迁建	宋元祐间	唐以前在治北岳山下,宋元祐间移建龙泉山麓(《道光安岳县志》)
乐至县		正德间迁治南	康熙五十年改建今所	明正德间	引《四川通志》,明正德间(《道光乐至县志》)
泸　州	唐咸亨间建	唐咸亨间	康熙二十三年迁建	唐咸亨间	唐咸亨间建(《嘉庆泸州直隶州志》)
纳溪县	元至正间	元至正间	元至正中建	元至正间	元至正间(《嘉庆纳溪县志》)
合江县	宋元祐间	宋元祐间	宋元祐中	宋元祐间	宋元祐间(《嘉庆直隶泸州志》)
江安县	宋大观间	宋大观间	宋大观中	宋大观间	宋大观间(《嘉庆直隶泸州志》)
九姓司		明洪武初	明洪武中	明洪武	明洪武初(《嘉庆泸州直隶州志》)依旧《通志》
古宋县					明洪武六年建(《民国古宋县志初稿》)
资(县)	宋	宋雍熙二年	宋雍熙中	宋雍熙中	宋雍熙间(《光绪资州直隶州志》)
内江县	宋	宋乾德元年	宋乾德初	宋乾德初	宋乾德初(《光绪资州直隶州志》)
资阳县	明	宋景元年	宋嘉祐初	宋嘉祐初	宋景祐初(《咸丰资阳县志》)
仁寿县	宋淳化间	宋淳化二年	宋淳化初	宋淳化初	宋淳化间(《光绪资州直隶州志》)。宋乾德初建(《光绪补纂仁寿县原志》引《通志》)
井研县	宋		宋乾德初	宋乾德初	引《明一统志》宋乾德元年建(《光绪井盐县志》)
绵　州	唐	唐贞观三年建	宋熙宁二年建	唐贞观三年	唐贞观三年(《同治直隶绵州志》)
德阳县	宋开禧间	宋开禧五年	宋开禧五年	宋开禧五年	宋开禧五年(《同治直隶绵州志》)
罗江县		宋熙宁二年		宋熙宁二年	宋熙宁三年(《嘉庆罗江县志》)
安　县	宋	宋熙宁二年	宋开禧五年	宋熙宁初	宋熙宁初(《嘉庆安县志》)
北川县					咸丰?(《民国北川县志》)
绵竹县	宋景德间	宋景德元年	宋景德初	宋景德初	宋景德元年(《道光绵竹县志》)
梓潼县	宋淳熙中	宋	宋	宋	宋(《咸丰重修梓潼县志》)
茂　州	明洪武八年	明洪武八年	洪武八年	明洪武八年	宣德三年(《道光茂州志》)
威　州		明洪武中			

学　宫	明一统志	万历四川总志	大清一统志	四川通志	府(州、县)志
威远县	明洪武十五年		保县,?	明洪武中	雍正八年(《嘉庆威远县志》)
汶川县	明	明嘉靖二年	明嘉靖二年	明嘉靖二年	明嘉靖二年(《民国汶川县志》)
理番厅					?《同治直隶理番厅志》)
达　州		明洪武四年	明洪武四年	明洪武四年	
达　县					不详(《民国达县志》)
东乡县		明洪武中		明洪武中	嘉庆十七年(《民国宣汉县志》)
太平县		明正德中	明正德十年	明正德十年	唐(《光绪太平县志》)
新宁县		明洪武二年	明洪武中		明洪武十五年(《同治新宁县志》)
乌撒卫		明正统八年			
镇雄军民府		明万历元年			
播州宣慰使司		明洪武三十三年			
永宁宣抚司		明洪武初			
溪守御军民千户所	景泰三年				

《四川通志》为雍正七年本。同一处文庙,前后时代有不同者,时代后者当为迁建或重修的年代。

　　四川文庙属于地方官庙。因此在文庙的规模、建筑规格等方面,都要遵从中央王朝颁发的"图式",不得有僭越:地方文庙规格不得超过京师文庙规模;地方文庙中,县一级建置中的文庙规模又不得大于州、府级文庙的规模。从文献记载和现存文庙的调查看,四川文庙似乎相对严格地遵守着这个"图式",作为主体建筑的大成殿,面阔一般是三间或五间,最多为七间,屋顶一般为等级较高的单檐歇山顶,也有重檐的。但事实上,文庙的规模除了较多地符合规制外,还有其他一些因素,如财力或人为等因素,使文庙没有"如制"。或者减小文庙规模,如中江文庙,道光十六年知县林振荣重建大成殿,"旧制三楹,改修高四丈二尺、深五丈六尺、宽六丈六尺、东、西两庑十楹改为四楹,大成门五楹改为三楹"[1]。或者将规模增大,如盐亭文庙,以前由于地势卑下,文庙殿宇湫隘。清同治年间另选址于城西北隅,并改变原来建筑规格,"卑者增之,狭者阔之",使大成殿的规模达到面阔七间,"规模旧制,焕然改观"[2]。又如什邡县文庙,"乾隆四十二年,知县任思正以旧制湫隘,楹柱将圮",重修时"增其基址,高其垣墉"[3]。后者即"扩建"较为常见,如将面阔三间的大成殿改为五间,而改变大成殿的开间面阔意味着本县文庙等级的提高,这在清代地方官员中似乎是一种政绩的体现,尤其是在清代晚期,更是如此。

---

〔1〕　谭毅武修、陈品全等纂:《民国中江县志》,民国十九年(1930年)铅印本。
〔2〕　清·邢锡晋修、赵宗藩等纂:《光绪盐亭县志续编》,清光绪八年(1882年)刻本。
〔3〕　王文照修、曾庆奎、吴江纂:《民国重修什邡县志》,民国十八年(1929年)铅印本。

部分文庙中轴线上建筑的规格

（据相关县志，参见附录）

文庙名称	棂星门	大成门	大成殿	崇圣祠	时　代	备注
成都	三座		重檐,五间	三间	清同治	据县志图
新都		五间	五间		清民国	坐北朝南
新津	三间	五间	重檐,五间	三间	清道光	坐北朝南
蒲江	三间	五间	五间	三间	清光绪	坐北朝南
温江	五间	五间	重檐,七间	三间	民国	坐北朝南
大邑	三间	三间	三间		清嘉庆	坐北朝南
金堂		三间	三间		清嘉庆	坐北朝南
郫县	一座	三间	五间		民国	坐北朝南
彭县	三座		七间	五间	清光绪	坐北朝南
彰明	三间	三间	五间	三间	清同治	坐北朝南
盐亭	一座	五间	七间	三间	清光绪	坐北朝南
安县	三间	三间	五间	三间	清嘉庆	坐北朝南
广汉		五间	五间		清嘉庆	坐北朝南
中江	五间	三间	三间	三间	清同治	坐北朝南
北川	三间	三间	重檐,三间	三间	？	坐北朝南
南充	三座	九间	五间		清嘉庆	坐北朝南
西充	三间	五间	三间	三间	清光绪	坐北朝南
营山	三间	三间	五间	三间	清同治	坐北朝南
广安	三间	五间	五间		清宣统	坐北朝南
邻水	一间		三间	三间	清道光	坐北朝南
资阳	三间	三间	三间		清光绪	坐北朝南
安岳	五间	五间			清光绪	坐北朝南
乐至	三间	五间	三间	三间	明天启	坐北朝南
达县	五间	三间	一间？	三间	清嘉庆	坐北朝南

文庙名称	棂星门	大成门	大成殿	崇圣祠	时　代	备注
新宁		五间	三间	三间	清道光	坐北朝南
渠县	三间	三间	五间	三间	清嘉庆	坐北朝南
大竹		三间	三间	三间	清道光	坐北朝南
通江	/	五间	五间	/	清道光	坐北朝南
广元			两间		清光绪	？
乐山	三间	三间	三间		清同治	坐北朝南
峨眉	三座	？	重檐,三间？	重檐,三间？	清同治	坐北朝南
井盐	三间	三间	五间	三间	清光绪	坐北朝南
夹江			三间		清同治	坐北朝南
犍为	三间	三间	三间	三间	清同治	坐北朝南
洪雅	三间	五间	五间	？	清同治	坐北朝南
仁寿	三间	三间	三间		清光绪	坐北朝南
彭山	一座	五间	三间	三间	清嘉庆	？
荣县	三间		三间		清道光	坐北朝南
富顺	三座	五间	五间	三间		坐北朝南
威远	三间	三间	三间		清光绪	坐北朝南
资州	三间	三间	三间		清光绪	坐北朝南
内江	三间	三间	三间		清光绪	坐北朝南
南溪		三间	三间		清嘉庆	坐北朝南
江安		三间	五间	三间	清光绪	坐北朝南
纳溪			三间		清光绪	坐北朝南
屏山		五间	五间		清乾隆	？
高县	三间	三间	重檐,三间	重檐,三间	清同治	据县志图
会理	一座	三间	三间	三间	清咸丰	坐北朝南
冕宁		三间	三间	三间	清咸丰	坐北朝南
盐源		三间	三间		清光绪	坐北朝南

文庙名称	棂星门	大成门	大成殿	崇圣祠	时　代	备注
越儁厅		三间	五间	三间	清嘉庆	坐北朝南

温江文庙大成殿1984年火灾后重建,疑有改变。"时代"为县志所载最后维修时间。

在选址、布局上,四川文庙大多仍能够遵守朝廷的坐北朝南"图式",但有些州、县由于受到地形、地势的影响,没有遵循这个定制,如创建于清嘉庆十七年(1812年)的四川宣汉文庙就是坐东向西的[1],明正德时所建四川万源县文庙,"坐艮面坤"[2],清代的江油县文庙"道光二十年雨水连绵,庙宇倾圮,地势山向失宜,知县桂星移建城西学道街,改为坐西向东"[3]。这在全国地方官庙中也是常见的现象。

另外明代盛行的风水术对文庙的选址也有一定的影响,如犍为文庙,明初是在宋旧址(县城南)重建的,万历三十九年(1611年)县令陈懋功迁于城南门外半里许的罗盘坝,但是遭到堪舆家的非议,认为"非正脉",影响全县的文运,因此其离任后继任县令吴道美于万历四十六年(1618年)又迁还旧址[4]。荣县文庙在改建时"以形家言"而于道光十八年(1838年)改癸丁(东西)为子午(南北)[5]。苍溪县文庙明正德七年(1512年)县令刘鸿迁于城内西北,坐西向,取震卦文□之象[6]。

文庙建筑群的纵向布局有两种方式:其一是平地布局,即通过逐级加高建筑台基的方式,从万仞宫墙、棂星门、大成门、大成殿至现存最后的一座建筑崇圣祠(崇州文庙最后一座建筑为尊经阁,富顺文庙最后一座建筑为敬一亭)而逐级升高,与台基上的建筑相呼应来体现建筑的规格、体量。这种类型见于地势平坦之地,在四川文庙中占多数,如犍为县文庙、德阳县文庙、郫县文庙、崇州文庙等均属于这种类型。

其二,背山营建。一般是沿着山势由下到上逐级布局建筑。这种布局多见于有山地、丘陵的地区,如安岳县文庙、渠县文庙(图一二)、资中县文庙、嘉定府(今乐山市)文庙、灌县(今都江堰市)文庙等。

这两种建筑群的布局方式,都突出大成殿的主体建筑的地位。虽然建筑的台基逐级增高,但就建筑体量而言,大成殿是一个界限,由棂星门、大成门至大成殿,建筑体量有逐渐增大之感,而大成殿之后的建筑,体量则又逐渐变小。之所以这样规划,因先师孔子是圣人,由万仞宫墙至大成殿,通过台基的逐级抬升,给祭拜者形成一种"渐进"的庄严和崇敬,尤其是依地势起伏而构筑的文庙,这种感觉更为明显。同时这又是儒家的"礼"的体现:文庙是祭拜先师孔子的地方,大成殿是整个文庙建筑群的主体,但同时由于大成殿后面的崇圣祠又是祭拜孔子先世五祖及先儒朱熹等人之父的地方,其台基高于大成殿,以显示儒家礼教中"父子"伦理观念;但台基的抬高并没有使崇圣祠成为整个文庙建筑群中的主体,而是通过减小建筑本身的体量来突出主体建筑大成殿,这样的处理可以说是十分巧妙而又得休的。

平面布局上,建筑群采用中国传统的四合院(或廊院)式,一般由三进院落组成。主体建筑位于中轴线上,次要建筑位于中轴线的两侧,并呈对称分布。有的建筑群中东、西两庑面阔开间较多,形成廊院式布局。

---

〔1〕　汪承烈修、邓方达等纂:《民国宣汉县志》,民国二十年(1931年)石印本。

〔2〕　刘子敬修、贺维翰纂:《民国万源县志》,民国二十一年(1932年)铅印本。

〔3〕　清·武丕文修、欧培槐等纂:《光绪江油县志》,光绪二十九年(1903年)刻本。

〔4〕　陈谦、陈世虞修、罗绶香、印焕门等纂:《民国犍为县志》,民国二十六年(1937年)铅印本。

〔5〕　廖世英等修、赵熙等纂:《民国荣县志·社祀》,民国十八年(1929年)刻本。

〔6〕　熊道琛、钟俊等修、李灵椿等纂:《民国苍溪县志》,民国十七年(1928年)铅印本。

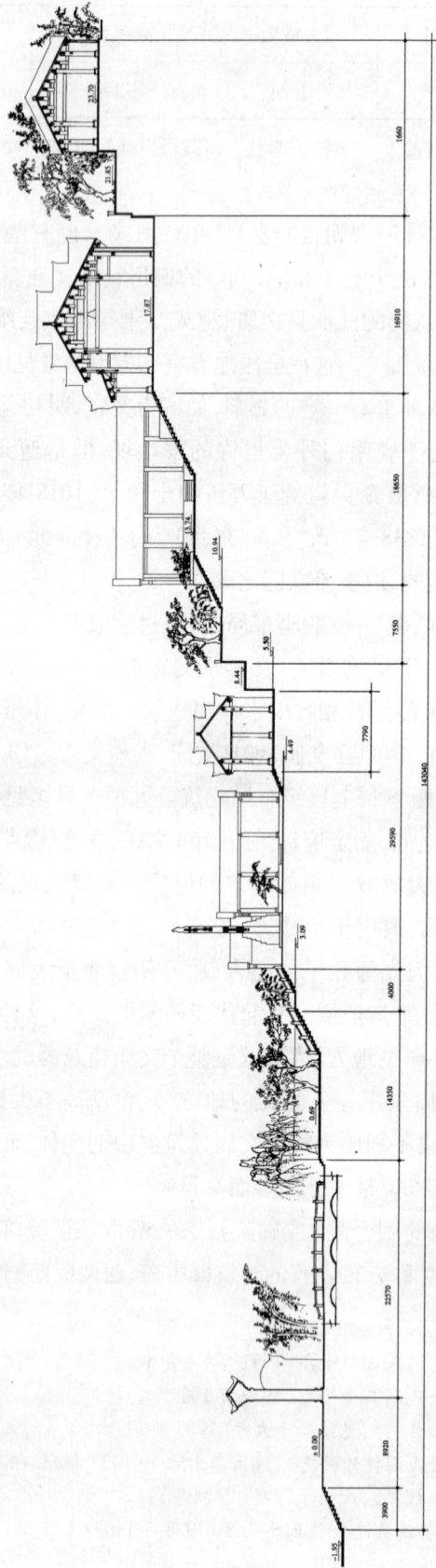

图一二 渠县文庙剖面图

　　第一进院落建筑包括照墙、泮池、棂星门、戟门,两侧建筑包括圣域、贤关两坊(有的为礼门、义路或德配天地、道冠古今坊等)、乡贤祠、名宦祠、更衣所、陈设所、神厨、祭器库等。第二进院落是文庙的主体部分,大成殿位于中轴线上,前有拜台,台周设栏板;两侧为两庑。亦有在此进院落内附属其他建筑者,如德阳文庙在第二进院落内还有礼乐亭、钟鼓楼和御碑亭;资中文庙在大成门后、两庑前附钟、鼓楼等(图一三)。第三进院落以崇圣祠为主,东、西两侧为配殿。

　　(一)"万仞宫墙"

　　文庙最前面的主体建筑,具照壁、屏风之作用。正面一般镌刻"万仞宫墙"或"宫墙万仞"或"宫墙数仞"四个大字。"万仞宫墙"语出《论语·子张》:"叔孙武叔语大夫于朝,曰:'子贡贤于仲尼。'子服景伯以告子贡。子贡曰:'譬之宫墙,赐之墙也及肩,窥见室家之好。夫子之墙数仞,不得其门而入,不见宗庙之美、百官之富。得其门者或寡矣。'"[1]引用此语,意在勉励学习。照墙一般为一字式,一般由下碱、墙身、墙檐、顶几个部分组成。富顺文庙墙心书"数仞宫墙",渠县文庙为"宫墙万仞"。德阳文庙、汉源清溪文庙照墙墙心由上、下两部分组成,上面镌书"万仞宫墙",下面为贴饰,且下面的装饰部分占据了墙心三分之二左右的面积(彩图八)。安岳文庙万仞宫墙为石砌,下碱作须弥座式,墙身两端有撞头,墙心上部嵌石三块,正中为"万仞宫墙",两边为鱼化龙雕刻,高度为正中嵌石的一半(彩图九)。墙檐多为冰盘檐,资中文庙作菱角檐。墙顶多为庑殿顶。崇州文庙照墙作落膛式砖心,上部二分之一嵌"宫墙万仞"四字,左右为砖砌撞头(彩图一〇)。资中文庙宫墙作一字式,无撞头,在墙面嵌"万仞宫墙"四字(彩图一一)。

　　(二)圣域、贤关或礼门、义路

　　位于照墙的两侧,是文庙的出入口。金章宗明昌二年,孔子庙门置下马牌[2],后改为碑,官员至此或过此都得下马。故门前立有"文武官员至此下马"碑。德阳文庙为"德配天地"、"道冠古今"。建筑没有定式,或作前坊后屋式,如德阳文庙(彩图一二);或作门庑式,如资中文庙(彩图一三)、犍为文庙、崇州文庙;或为随墙拱形门,如富顺文庙。资中文庙照墙两侧的门作"礼门"、"义路",圣域、贤关位于棂星门的两侧。

　　(三)棂(灵)星门

　　古代重要的祭祀性建筑如太庙等都设棂星门。"灵星"即天田星,是天帝座前三星,宋时因"王者之居象之,故以名门"[3]。宋《营造法式》云"乌头门","今呼为棂星门",认为乌头门是棂星门的官方称呼,梁思成先生在《营造法式注释》中亦承该说,并认为"到清代,它(乌头门)就只有'棂星门'这一名称"[4]。张亦文先生提出不同意见,认为"乌头门"与"灵星门"非同一类门,灵星门使用等级规格要高于乌头门,只限于高等级祭祀性建筑,且结构上要远比乌头门宏丽豪华[5]。张说应该是正确的。

---

〔1〕《论语·子张第十九》,宋·朱熹:《论语集注》,齐鲁书社,1992 年,197 页。

〔2〕清·孔毓圻:《幸鲁盛典》:"(泮)桥之前复为大门五间,门圆洞如城门制。东西各为一坊,曰'德侔天地'、'道冠古今';其前有石坊曰'太和元气',前为棂星门,东西大道也,左右各竖下马牌,金章宗明昌二年立。南有石坊,镌'金声玉振'四字,坊与城南门相直,门上镌'万仞宫墙'四字。"《四库全书》本。

〔3〕元·鲜瑁《庙学门记庙》,明·杨慎编、刘琳、王晓波点校:《全蜀艺文志》,线装书局,2003 年,1026 页。

〔4〕梁思成:《营造法式注释》卷上"乌头门",《梁思成全集》第七卷,中国建筑工业出版社,2001 年,169 页。

〔5〕张亦问:《〈营造法式注释〉卷上"乌头门与灵星门"误作同类门的献疑》,《古建园林技术》2004 年第 4 期,18 页。

北

崇圣祠

节孝祠

石屋

大成殿

西庑

东庑

鼓楼

钟楼

名宦祠

乡贤祠

义路

礼门

照壁

华表　　华表

月　池

万仞宫墙

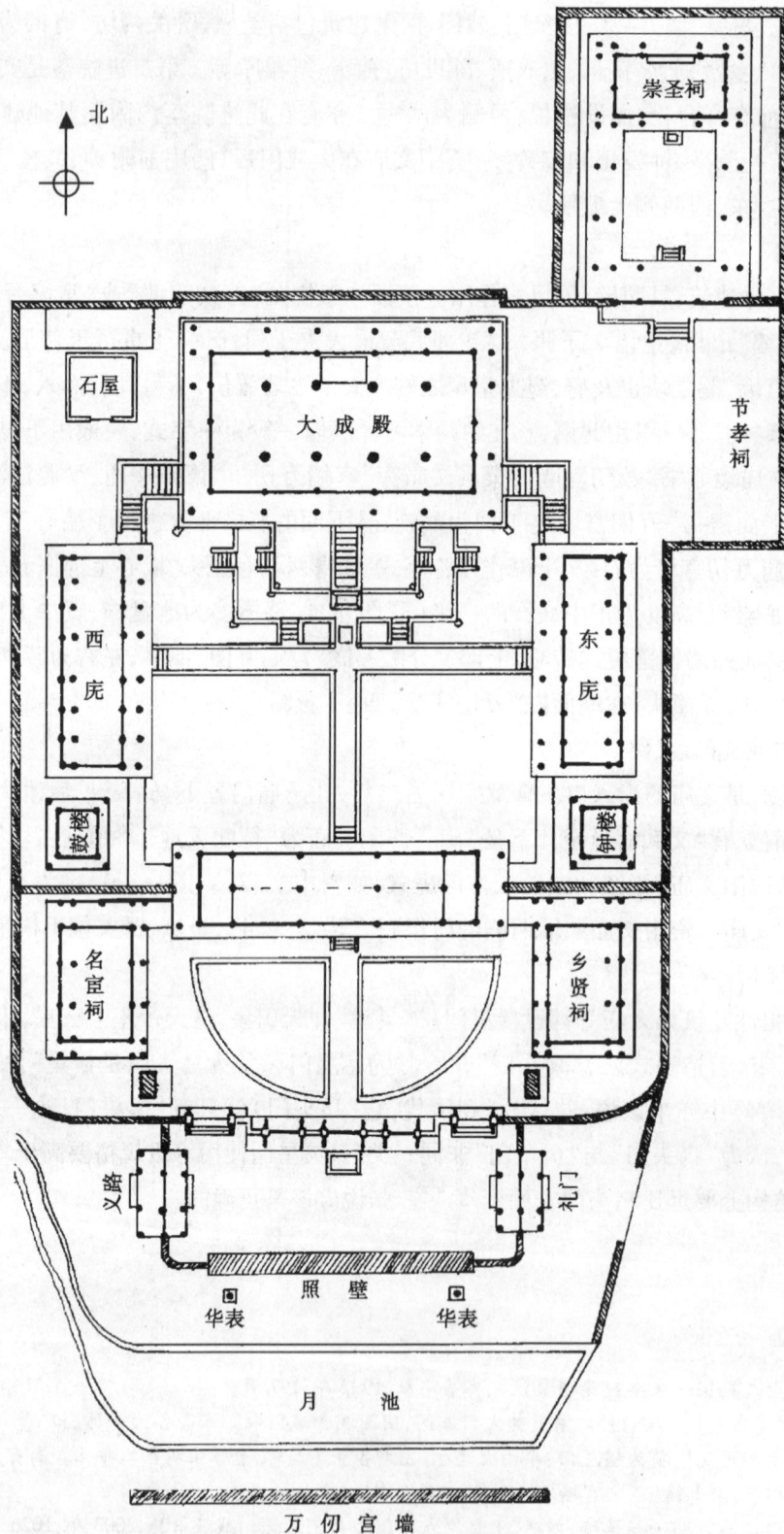

图一三　资州文庙总平面图

宋仁宗天圣六年（1028 年）筑郊台外垣，置灵星门[1]。文庙置灵星门，以"先圣为万世绝尊，古今通祀，衮冕南面，用王者礼乐"，故"庙门之制悉如之"[2]，可见，孔庙置棂星门是高规格、等级的一个标志。后世"灵星"或作"棂星"、"櫺星"，"棂"（繁体作櫺）当为"灵"之误，有一种说法认为灵星门多作"棂星门"，可能与建筑门形如窗棂有关[3]。

棂星门是文庙建筑群中轴线上的重要建筑。四川文庙棂星门多为石构冲天柱牌坊或牌楼式，柱头浮雕蟠龙或云龙，柱前后施抱鼓石。有木构者，但现存更多的是石构。调查的保存有棂星门的 14 座文庙中，坊心为"棂星门"者 11 座，为安岳、崇州、德阳、富顺、广汉、清溪（汉源）、建武厅、乐山、西充、名山、渠县，仅资中、名山、犍为三处作"灵星门"。坊心一般为横式，唯安岳（彩图一四）、渠县（彩图一五）文庙棂星门作竖额式。"棂（灵）星门"三字多为镌刻，如安岳、德阳、富顺、清溪（汉源）、乐山、西充、名山、犍为、渠县（彩图一六～二二）等，减地浮雕 2 座，如广汉、建武厅（彩图二三、二四）文庙棂星门。洪雅文庙"棂星门"三字采用古代书法中的"双钩"，平地钩出字形（彩图二五）。崇州文庙棂星门为木构牌楼式，"棂星门"采用突出字形而不减地的雕刻技法（彩图二六），该技法宋《营造法式》中称"剔地洼叶花"[4]。

棂星门是四川文庙建筑中较有特点的一个建筑，有单座、并列三座两种基本形式。无论是单座还是并列三座，中间一间的坊心镌书"棂星门"或"灵星门"，坊心边框雕刻精美。安岳县文庙棂星门为牌楼式（彩图二七），柱子不出头。崇州文庙棂星门为木构牌楼式（彩图二八）。

现存的单座棂星门中，除汉州（广汉）文庙棂星门（彩图二九）和渠县文庙棂星门（彩图三〇）为六柱五间外，其余多为四柱三间冲天柱式，正间坊心镌刻"棂星门"或"灵星门"。兴文县明代建武所文庙次间正面分别镌书"德配"、"天地"，背面分别镌书"道冠"、"古今"（彩图三一）。犍为文庙棂星门两次间正面分别镌书"德配天地"、"道冠古今"，背面为"江汉秋阳"、"玉振金声"[5]。名山县文庙明间坊心用蜀柱分隔成三块，分别镌书"棂星门"三字，次间亦作三块，但仅雕刻花草装饰（彩图三二）。

由三个并列的牌坊（楼）组成的棂星门中，正中一间为主坊（楼），坊心镌书"棂星门"，主坊（楼）与其两侧的次坊（楼）或用透雕墙相连，或不连。又有以下几种情况：

1. 三座牌坊（楼）均为单间即两柱一间。如安岳文庙棂星门为并列的三座两柱一间三楼的牌楼，主楼与两侧的次楼用透雕麒麟的花墙连接。嘉定府（彩图三三）、资中文庙的棂星门主坊与次坊间以实墙相连。洪雅县文庙棂星门亦由三座单体的两柱一间冲天柱式牌坊组成，但牌坊之间并不相连（彩图三四）。

2. 三座牌坊（楼）中，主坊为四柱三间冲天柱式，两侧的牌坊（楼）为两柱一间。如德阳文庙棂星门为四柱三间冲天柱式牌楼，明间坊心镌书"棂星门"，次间额心正面分别镌书"德配天地"、"道冠古今"；两侧的牌楼的坊心不作雕饰，但上、下枋有精美雕刻（彩图三五）。

3. 主坊和两边的坊均为四柱三间冲天柱式，但建筑体量上中间的坊明显较两边的坊大。如富顺文庙棂星门，就由"棂星门"主坊和两侧的"德配天地"和"道冠古今"坊组成，坊间互不连接（彩图三六）。

〔1〕《宋史·礼志·南郊》，中华书局，1977 年，2433 页。

〔2〕元·鲜瑹《庙学门记庙》，明·杨慎编、刘琳、王晓波点校：《全蜀艺文志》，线装书局，2003 年，1026 页。

〔3〕《辞源》（修订本）"棂（櫺）星门"条注释，商务印书馆，1980 年，1647 页。

〔4〕《营造法式》卷 12"雕作制度"："剔地洼叶花，凡雕剔地洼叶花，先于平地隐起禾头及枝条，减压下四周叶外空地。"中国书店影印本，2006 年，254 页。

〔5〕详细情况下文有介绍。

棂星门的雕刻装饰较为精美。雕刻主要见于上下石枋和坊心的边框。就内容题材而言,明间枋上多采用浮雕技法雕刻龙、凤题材,如双龙戏珠、双凤朝阳,次间枋上浮雕卷云、祥禽瑞兽、祥花瑞草等装饰。明间坊顶部或不施任何装饰,或施宝顶。乐山文庙棂星门明间顶部正中施鲤鱼跳龙门雕刻,两侧各雕刻一鱼龙,朝向正中鲤鱼跳龙门雕刻:嘉定府正中黄河河面有一座四柱三间的牌坊,即龙门,河中一鲤鱼作奋力跳跃状(彩图三七)。

(四)泮池

又称泮水,是地方官学的标志。由于古代帝王立学名"辟雍",四周环水,中央建堂,俯瞰如玉璧。诸侯所设学校在等级上低于皇帝,因此只能以半水环之,称"泮水"。古时生员(秀才)入学第一天,由所在的地方官领着绕行泮池一周,称"游泮"。因此入学又称"入泮"。

泮池一般为半圆形,壁为石砌。邛崃文庙"华表之前有池,形如半月,内衡外规,圈以石栏,谓之泮池,围径十亩,文脉堰水灌注此池"[1]。也有的将"文脉堰水灌注"处圆雕成龙头,水通过龙头注入池中,为文庙之一景(彩图三八)。池上有桥,称泮桥,桥为拱形或平桥,或一路,或三路,获得功名的人才可以由此通过,因此又叫"青云桥"。民间又多称其为"状元桥"。

文庙建筑群中,一般只有一个泮池。泮池或位于棂星门前面,或位于棂星门后面。前者即棂星门位于泮池的前面,这是文庙建筑群中常见的布局,如犍为文庙、德阳文庙、名山县文庙、温江县文庙、明建武厅文庙、中江文庙、资中文庙、清溪县文庙等均是;后者即泮池位于棂星门的前面,如富顺文庙、乐山文庙和渠县文庙等,这类不是文庙通常所采用的布局,可能与地形、地势或在后期增建、扩建中地形所限等因素有关。

四川文庙的泮池亦均作半圆形,池上纵跨三路或一路圜桥。其中跨三路圜桥者常见,中间一路圜桥即主桥的桥面宽度要宽于两侧的圜桥桥面宽度。桥面或作台阶式,如德阳文庙、灌县文庙、中江文庙等(彩图三九、四〇),更多的是桥面作拱形慢道,如名山文庙、郫县文庙、渠县文庙、清溪(汉源)文庙、崇州文庙(彩图四一、四二)等,唯资中文庙的泮桥桥面是平的。

池边及桥上均施望柱、栏板,栏板一般为整石,不施雕刻。清溪文庙泮桥桥栏作花栏杆(彩图四三)。名山县文庙、资中县文庙的泮桥以圆雕的龙身作桥栏,两龙相背而行,穿行于云间,龙首向前(彩图四四、四五)。富顺文庙的泮桥无栏杆,桥面浮雕五龙(原有九龙,后毁,现雕刻为后来新置者,但仍不失为一件艺术品),中间一龙,两边各两龙,龙身或露或没于水,龙首朝向中间一龙(彩图四六)。

除一庙一池外,还有一庙两池者,即有内、外两个泮池,如广汉文庙、绵竹文庙[2]等,是为特例,但严格意义上的泮池仍旧是内泮池,外泮池或以湖为池,或以溪为池,前者如广汉文庙,后者如资中文庙,资中文庙的池前还立有华表。

(五)大成门(戟门)

《孟子·万章》:"孔子之谓集大成。集大成也者,金声而玉振之也。金声也者,始条理也。玉振之也者,

---

〔1〕 刘夔等修、宁缃等纂:《民国邛崃县志·建置志·庙祀篇》,民国十一年(1922年)铅印本。

〔2〕 王佐、文显谟修、黄尚毅等纂:《民国绵竹县志》:"(光绪)二十五年知县文纬等建修外泮池、华表",民国九年(1920年)刻本。

终条理也。"[1]"大成"语出于此。大成门由正门与侧门构成,平时侧门开启,正门只有在祭祀孔子的时候才开启。宋太祖建隆三年(962年),诏庙门立戟十六,用正一品礼。徽宗大观四年(1110年)又增加到二十四戟[2]。这种戟是一种礼仪器,木制,无刃,在门庭设专架而列,称"棨戟",列戟的多少与官职的高低相关,因此大成门又称"戟门"。大成门左、右设更衣所、陈列所或斋宿所或宰牲亭或祭器库、礼器库等附属建筑,虽然并列一排,但建筑体量要低于大成门。这类也是四川文庙中常见的布局形式,如犍为文庙大成门东侧为礼器库,西侧为乐器库。富顺文庙大成门两侧为更衣所和祭器库等。也有在大成门左、右设乡贤祠、名宦祠等祠的[3]。

四川文庙大成门的建筑结构基本相同,为门庑式,屋顶多作歇山式,前后金柱减去,中柱间施木板门。建筑内部顶或施木板天花,或为彻上露明造。唯犍为县文庙戟门正面屋顶作歇山式,明间屋顶又作牌楼式建筑,后屋面作悬山式,建筑形制独特,为四川甚至全国仅见(彩图四七)。

(六)大成殿

大成殿是孔子的享殿,也是文庙建筑群最重要的建筑。殿前有月台,与大成殿形成"凸"字形布局。拜台是举行祭孔仪式的主要场所。四川文庙拜台多在正面及两侧设踏道,正中为垂带御路踏道,两侧为普通的垂带踏道。台基角柱下置圆雕龙头,台周以望柱、栏杆,崇州文庙台基为两重,每重台基的角柱下均施龙头(彩图四八)。富顺文庙的拜台御路踏道两侧各施一圆雕龙头(彩图四九)。犍为文庙的拜台台角龙上分别立有一文官和一武将(彩图五〇)。

大成殿之名始于宋,根据前引《孟子·万章》语,下诏改文庙大殿为"大成殿",政和三年(1113年)颁"大成殿"名于诸路、州学。明嘉靖年间又将大成殿改为"先师庙",大成门为"庙门"[4]。明嘉靖以来,殿内正中供孔子牌位,两侧为四配、十二哲的牌位。

大成殿与拜台相连,但台基要高于拜台。台基一般为青石砌筑,有的作须弥座式。德阳文庙大成殿台角各置一石兽,与角檐柱呈45°角(彩图五一)。

四川现存文庙大成殿中,从梁架结构上大体可分为两种类型:一是抬梁、穿斗混合式梁架结构,这是大成殿建筑的主要类型。一般带回廊,廊为双步,廊顶施龙骨。此类型建筑柱网采用减柱,除山柱外减去中柱。在梁架结构上,明间、次间用穿斗、抬梁混合式,前、后金柱为通柱,近柱端设抬梁枋,抬梁枋下设穿枋,穿枋与抬梁枋间施驼峰或柁橔,抬梁枋以上形成抬梁式构架。稍间由于有山柱,则用穿斗式。在建筑平面布局上,明间中间部分的进深宽度(金柱间进深)为其前后间进深的2倍多。这种结构主要是建筑的功能所决定的:孔子及四配、十二哲的牌位(有的还设有龛)及其前供案、祭品一般占据大成殿前金柱至后檐柱(有的当不过后檐柱)空间,形成"冖"形,因此,除山面有中柱外,其余中柱均被减去。这是四川文庙大成殿常见

---

[1] 朱熹认为"此言孔子集三圣(伯夷,圣之清者也。伊尹,圣之任者也。柳下惠,圣之和者也)之事而为一大圣,犹作乐者集众音之小而为一大成也。"宋·朱熹:《孟子集注·万章章句下》,齐鲁书社,1992年,142页。因此"金声玉振"与"江汉秋阳"亦常出现于棂星门次间的坊心雕刻。清代灌县文庙亦设金声亭、玉振亭(参见叶大镕等修、罗骏声纂:《民国灌县志》,民国二十二年(1933年)铅印本),即源于此。

[2] 元·马端临:《文献通考·学校五》:"大观四年,诏先圣庙用戟二十四,文宣王执镇圭并如王者之制。"中华书局影印本,1986年,415页。

[3] 清代盐源县文庙戟门左右为名宦、乡贤、忠义、节孝祠各一间。参见清·辜培源等修、曹永贤等纂:《光绪盐源县志》,清光绪二十年(1894年)刻本。

[4] 《明史·礼志四·至圣先师孔子庙祀》,中华书局,1974年,1299页。

的平面布局和梁架结构,但南部县文庙大成殿既使用了减柱,又使用了移柱,颇具特点,惜其在作为县礼堂时被改造,殿内顶部施顶棚,梁架结构不详。

其二是前、后檐柱间施斗栱。檐柱柱头有卷杀,柱端施额枋,柱头上施平板枋,平板枋上施斗栱,通过斗栱出挑承托屋檐重量。斗栱一般为七踩,明间补间施斗栱两朵,次间、稍间各一朵。广安文庙大成殿和屏山县文庙大成殿均如此(彩图五二、五三、图一四)。

大成殿的屋顶很少用建筑等级最高的庑殿式,以单檐或重檐歇山式最常见,屋面不拘一格,或铺黄色琉璃瓦,或铺青筒瓦,或铺青板瓦(蝴蝶瓦),地方特色较为浓厚。正脊多装饰云龙,正中置宝顶,两端施鱼龙吻。广汉文庙大成殿正脊上施马、狗动物灰塑,戗脊上施人物(彩图五四、五五)。此外,屏山县文庙大成殿、渠县文庙的大成殿为硬山式,通江县文庙大成殿、蓬安县文庙大成殿为悬山式(彩图五六),是较少见的类型。

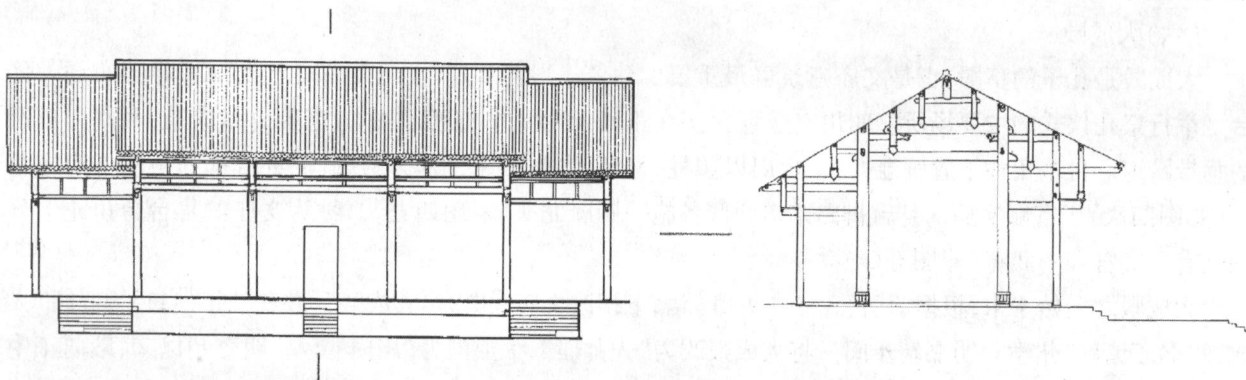

图一五　蓬安县文庙大成殿檐部细部

蓬安县文庙大成殿立面呈一正两耳式,即明间与次间要高于稍间(图一五)。由于出檐深远,屋檐用两檩,金柱与檐柱施穿插枋,穿插枋延伸出檐柱的部分宽度加大,前端下部做卷杀,上端截取部分置大斗,枋上置木板,板上施座墩,上立短柱承屋檐的内檐檩。约在短柱的一半处又施宽厚的穿插枋,与短柱透榫相交,承挑外檐檩(彩图五七)。角檐柱的上穿插枋不出头,而施斜穿插枋以承外檐檩,下枋与檐柱间施撑栱(彩图五八)。从调查的情况看,蓬安县文庙大木做法与民居做法基本相同,体现了平民化的特点。

四川现存文庙大成殿规格统计

序号	大成殿名称	规　格	备　注
1	成都县文庙	面阔五间,单檐歇山青筒瓦顶	
2	崇庆县文庙	面阔五间,重檐歇山黄色琉璃瓦顶	
3	灌县文庙	面阔五间,重檐歇山青板瓦顶	
4	金堂县文庙	面阔五间,重檐歇山黄色琉璃瓦顶	
5	郫县文庙	面阔五间,重檐歇山绿色琉璃瓦顶	
6	蒲江县文庙	面阔五间,重檐歇山绿色琉璃瓦顶	
7	温江县文庙	面阔七间,重檐歇山黄色琉璃瓦顶	

序号	大成殿名称	规　格	备　注
8	德阳县文庙	面阔五间,重檐歇山黄色琉璃瓦顶	
9	富顺县文庙	面阔五间,重檐歇山黄色琉璃瓦顶	
10	广安州文庙	面阔五间,单檐歇山青板瓦顶	
11	汉州文庙	面阔五间,单檐歇山青筒瓦顶	
12	洪雅县文庙	面阔三间,重檐歇山青板瓦顶	
13	夹江县文庙	面阔三间,重檐歇山青板瓦顶	
14	犍为县文庙	面阔五间,单檐歇山黄色琉璃瓦顶	
15	嘉定府文庙	面阔五间,单檐歇山黄色琉璃瓦顶	
16	名山县文庙	面阔五间,重檐歇山青板瓦顶	
17	屏山县文庙	面阔五间,单檐硬山青板瓦顶	
18	渠县文庙	面阔五间,硬山青板瓦顶	前有副檐
19	潼川府文庙	面阔五间,重檐歇山黄色琉璃瓦顶	
20	武胜县文庙	面阔三间,重檐歇山青板瓦顶	
21	叙州府文庙	面阔五间,单檐歇山黄色琉璃瓦顶	
22	长宁县文庙	面阔五间,单檐歇山顶	
23	岳池县文庙	面阔五间,重檐歇山青筒瓦顶	
24	中江县文庙	面阔三间,单檐歇山黄色琉璃瓦顶	
25	清溪县文庙	面阔五间,重檐歇山黄色琉璃瓦顶	
26	仪陇县文庙	面阔五间,重檐歇山青板瓦顶	
27	西充县文庙	面阔三间,重檐歇山青筒板瓦顶	维修时屋面有改动
28	南部县文庙	面阔五间,单檐歇山黄色琉璃瓦顶	
29	南江县文庙	面阔五间,单檐歇山青筒瓦顶	维修时屋面有改动
30	蓬安县文庙	面阔五间,单檐悬山青板瓦顶	
31	剑州文庙	面阔五间,单檐歇山青筒瓦顶	
32	资州文庙	面阔五间,重檐歇山黄色琉璃瓦顶	
33	安岳县文庙	面阔三间,单檐歇山黄色琉璃瓦顶	
34	汉源县文庙	面阔五间,重檐歇山黄色琉璃瓦顶	
35	通江县文庙	面阔五间,悬山青筒瓦顶	疑维修中有改动
36	青神县文庙	面阔三间	

　　大成殿的装修和装饰题材、内容多为等级最高的龙、凤装饰。但四川地区的建筑似乎不重彩画而重雕刻,装饰部位包括御路、柱础石、柱、撑栱、雀替、脊部等。装饰技法除了雕刻外,还有灰塑、嵌瓷。广汉文庙大成殿的明间檐柱和明间金柱施贴雕蟠龙,在四川其他文庙中还没有见到过(彩图五九、六〇)。

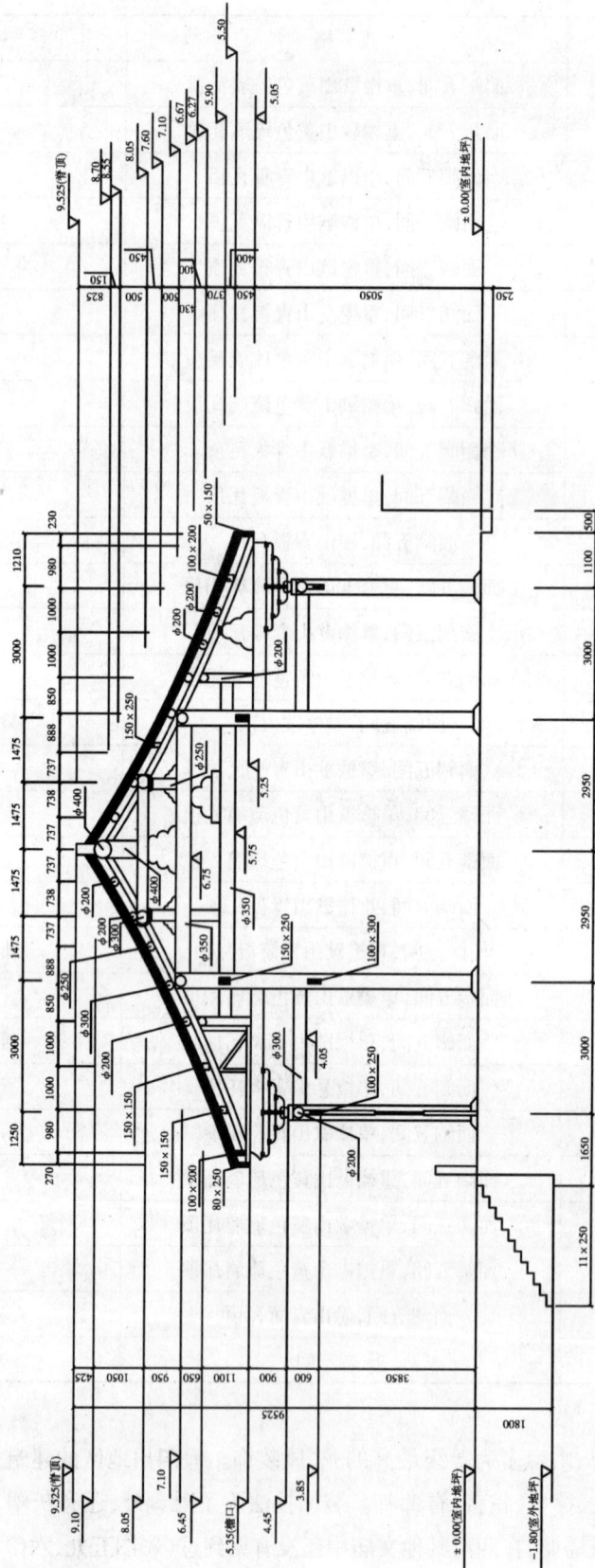

图一四 广安文庙

（七）东、西庑

位于大成殿与大成门之间的两侧，是附祭孔子弟子及历代名贤大儒之所。在位置的设置上，南端为孔子弟子，北端为名贤大儒（彩图六一）。关于两庑祭祀的先贤先儒的人数和位次，历代多有变化，清初东、西庑从祀先贤、先儒人数为97人，到清末人数达到156人。

四川文庙的两庑建筑以悬山式较常见，多带前廊。廊顶多施卷骨装饰。减柱、彻上露明造，穿斗式梁架结构。廊柱或檐柱与挑枋间施雕刻的扁平撑栱，形成一个稳顶的三角形结构，以承托屋檐重量。前金柱间施隔扇门，门上施长窗。廊柱或檐柱间施雕刻挂落。

屋顶以青板瓦较常见，也有铺黄色琉璃瓦者（富顺文庙）。由于四川地区多雨的地理气候，悬山部分出挑较为深远。

（八）崇圣祠

崇圣祠亦称启圣宫、启圣殿、启圣祠，是文庙建筑群最后一进院落中的主体建筑。崇圣祠是"传道"同时注重"孝道"的产物，为祭祀孔子先祖五世的场所。

现存文庙崇圣祠多位于大成殿后，这也是官定的位置。但也有例外，如资中文庙崇圣祠则居于大成殿后右侧。《光绪资州直隶州志》载，"崇圣祠在大成殿后"[1]，今不知何时因何原因而置于大成殿的后右侧。

崇圣祠多为带前廊或回廊建筑。减柱柱网结构，彻上露明造。梁架结构采用抬梁、穿斗混合式梁架结构。一般为单檐歇山式建筑，屋面或覆盖琉璃瓦，或覆盖青筒瓦、板瓦。

东、西配殿从祀宋代名儒周敦颐等五人之父。四川现存该类建筑数量不多，一般进深一间，梁架结构均用穿斗式。

以上是文庙建筑群的主要建筑。另外文庙还有些重要的附属建筑，如礼器库、乐器库、更衣厅、致斋所、宰牲亭、钟鼓楼、乡贤祠、名宦祠等，多位于第一进院落中，对称分布于中轴线的两侧。

第二进院落中一般没有其他附属建筑，德阳文庙第二进院落有四座礼乐亭、两座御碑亭，崇州文庙则在大成殿前侧对称分布礼、乐楼。

此外，有的文庙在崇圣祠后还有尊经阁或敬一亭。调查中发现前者有两处，即崇州文庙和射洪文庙（仅存尊经阁），后者仅富顺文庙一处。但两者均为单体建筑，不形成院落。尊经阁与敬一亭因其功能而一般附于学中，但也有附于庙者，比较少。在四川现存文庙中还没有发现两者共处于一庙中的例子。

按，尊经阁始建于宋代，宋称"御书阁"，似乎是受到佛教和道教的影响。附于庙者，或在文庙正殿右，或在崇圣祠后，或在庙东北，但以位于崇圣祠后较多。阁中藏御赐、钦定如《钦定学政全书》、《圣谕广训》、《四书讲义》、《朱子全书》、《礼部则例》、《学宫图考》等"惟经、惟四书、惟性理、惟孝顺"图书，种类单一。由于是"阁"，一般高两层，除了上层藏书外，下层也有供奉孔子和一些名儒塑像者。如浙江嘉禾（今桐乡）县文庙尊经阁下正中安奉孔子燕居像，两旁祠北宋名儒邵康节、张载、周敦颐、程颢、程颐、谢良佐及南宋名儒朱熹、张（栻）、吕祖谦等十大名儒[2]。崇州文庙的尊经阁高两层，平面为六边形，攒尖顶（彩图六二）。

敬一亭建于明嘉靖年间，初仅在翰林院，后推及两京国学及地方各学。在学宫建筑中，多建于学署中。亭内竖世宗御制的《敬一箴》及注解的宋儒范浚"心箴"和程颐的"视、听、言、动"四箴（即《五箴注》）摹刻七

〔1〕　清·刘炯原本、罗廷权续修、何衮等续纂：《光绪资州直隶州志》，清嘉庆刻，光绪二年（1876年）增刻本。

〔2〕　元·徐硕撰：《至元嘉禾志》卷七"学校"，《四库全书》本。

碑（即御制敬一箴、世宗圣谕、御注程子四箴、范氏心箴。亦有将前两碑合刻一碑而成六碑者）。也有将世宗御制《敬一箴》与《四箴注》单独建亭者[1]。有学者认为世宗此举是想通过立敬一亭来重建道统象征，从而否定儒士构建的道统[2]。

从文献记载看，四川文庙中还有部分文庙建有题名雁塔。唐进士张莒进士及第后，题姓名于慈恩寺雁塔下。后来"进士及第，皆列名于慈恩寺塔，因此谓之雁塔题名。自神龙以来进士登科，皆锡燕江上题名塔下，由是遂为故事。"[3]此即文庙或学宫中建雁塔之源。从文献记载看，四川的雁塔题名碑或建于学中，或建于庙，数量有一座或两座或四座者。建于"学"者如富顺县儒学，有宋、明两处雁塔，位于明伦堂前[4]；资中县"明伦堂在学宫左，前有宋、明雁塔四"[5]。较多的是建于"庙"内，资阳县文庙"棂星门有雁塔二，志甲、乙科姓氏"[6]。眉山县文庙有"雁塔亭二，在棂星门外左、右"[7]。有的建于泮池上，内江县文庙"有雁塔二，志甲、乙科姓氏[8]"，"见存泮池上"[9]。清代泸州文庙的雁塔题名碑共两座，分树泮池左、右[10]。武胜文庙的两座雁塔，位于崇圣祠前[11]。但无论在学还是在庙，可惜都没有保存到现在的题名塔实物，因此其形制不详，但因其题名的功能，应该是有塔形而塔身为碑状，因为这样才能题名。加之其上可覆亭[12]，因此建筑的体量并不大。

五

由于文庙建筑有朝廷颁发的"图式"可遵循，因此原则上是不能随意变更的。但四川地处我国西南，气候等自然因素使得文化面貌呈现地域性特点，同时四川又是南北交通的中间地带，南北文化的交流又使文化面貌呈现出一定的多样性。建筑亦不例外。

考察四川地区的文庙建筑，基本可以了解明、清以来四川地区官式建筑的一些做法、特点。而这些做法、特点，与清代《工部工程做法》官式建筑有别，与苏式建筑之《营造法原》也有不同，表现出较强的个性，同时在建筑装饰上又吸收了明、清以来广东潮、汕一带的嵌瓷工艺，表现出个性中的包容性。

（一）建筑平面柱网结构及开间比例

四川文庙建筑中，就各单体建筑的开间关系来看，一般明间大于次间，次间与稍间的面阔相等或基本相

[1]　明李时芬任咸阳令时，在咸阳建尊经阁、敬一亭、四箴亭。参见《陕西通志》卷53"名宦"，《四库全书》本。
[2]　赵克生：《明朝嘉靖时期国家祭礼改制》，社会科学文献出版社，2006年，173页。
[3]　宋·王观国《学林》卷二"雁塔"，《四库全书》本。
[4]　彭文治、李永成修、卢庆家、高光照纂：《民国富顺县志·坛庙》，民国二十一年（1932年）刻本。
[5]　清·刘炯原本、罗廷权续修、何衮等续纂：《光绪资州直隶州志》，清嘉清刻光绪二年（1876年）增刻本。
[6]　清·刘炯原本、罗廷权续修、何衮等续纂：《光绪资州直隶州志·学校志》，清嘉清刻光绪二年（1876年）增刻本。
[7]　王铭新等修、杨卫星、郭庆琳纂：《民国眉山县志·典礼志上》，民国十二年（1923年）铅印本。
[8]　清·刘炯原本、罗廷权续修、何衮等续纂：《光绪资州直隶州志·学校志》，清嘉清刻光绪二年（1876年）增刻本。
[9]　曾庆昌原本、易元明修、朱寿朋、伍应奎纂：《民国内江县志·学宫》，民国三十四年（1945年）石印本。
[10]　清·田秀粟等修、华国清、施泽久纂：《光绪泸州直隶州志·学校》，清光绪八年（1882年）刻本。
[11]　罗兴志等修、杨葆田、孙国藩等纂：《民国新修武胜县志·建置》，民国二十年（1931年）铅印本。
[12]　王铭新等修、杨卫星、郭庆琳纂：《民国眉山县志·典礼志上》："雁塔亭二，在棂星门外左、右，宋乾道间建，二苏及州之士登科者题名于上。景泰四年作亭覆之。"民国十二年（1923年）铅印本。

等。富顺文庙东、西两庑的面阔差别较大,东庑明间面阔 5.35 米,西庑明间面阔 5.7 米,相差 0.35 米,可能与后期的改建有关。

部分文庙建筑开间统计表

单位:毫米

		明 间	次 间	稍 间	尽 间	
渠县文庙	大成殿	5450	3750	3750	/	
	两庑	4150	2960	2950	/	
	崇圣祠	5320	3250;3300	/	/	
富顺文庙	名宦祠	4150	2960	2960	/	
	大成门	5330	4020;4050	4020;4000	/	
	东庑	5350	4200;4170	4180;4200	/	
	西庑	5700	4200	4200	/	
	大成殿	6200	4009	4009	/	
德阳文庙	大成门	6200	5200	5000	/	
	大成殿	6450	5200	5200	/	
	崇圣祠	5700	4600	4100	/	
	东西庑	5050	4150	4120	3950	
犍为文庙	大成门	6800	5250	4850	/	
	大成殿	6800	5220	4450	/	
	两庑	5450	5400	5400	/	
	崇圣祠	5580	4200	/	/	
崇庆文庙	戟门	5330	4600	/	/	
	两庑	3960	3960	3960	3960	
	大成殿	5960	4290;4300	3290;3420	3380;3330	
	崇圣祠	6760	4100	/	/	

表中数据系实测数据,相差数厘米者,可能与测量时产生的误差有关。

从比例关系看,明间与次间的比例多为 10∶7—10∶8,犍为文庙东、西庑明间与次间面阔比例接近 1∶1,崇州文庙两庑的明、次间面阔比例为 1∶1,比较特殊。但仅从一组建筑群中,各单体建筑的明间与次间的面阔比例似乎保持在某一个比例,或接近于该数,或 10∶7,或 10∶8,如犍为文庙,除两庑的比例接近 1∶1 外,其余各建筑的明间与次间比例基本为 10∶8,德阳文庙各建筑亦约为 10∶8,富顺文庙大多建筑的明、次间面阔比例也约为 10∶8。

部分文庙建筑明间与次间面阔比例对比表

	建筑	明间（毫米）	次间（毫米）	比　例
渠县文庙	大成殿	5450	3750	10：6.9
	两庑	4150	2960	10：7.13
	崇圣祠	5320	3250；3300	10：6.1
富顺文庙	名宦祠	4150	2960	10：7.13
	大成门	5330	4020；4050	10：7.6
	东庑	5350	4200；4170	10：7.85
	西庑	5700	4200	10：7.37
	大成殿	6200	4009	10：6.47
犍为文庙	大成门	6800	5250	10：7.72
	大成殿	6800	5220	10：7.68
	两庑	5450	5400	10：9.9
	崇圣祠	5580	4200	10：7.53
德阳文庙	大成门	6200	5200	10：8.39
	大成殿	6450	5200	10：8.06
	崇圣祠	5700	4600	10：8.07
	东西庑	5050	4150	10：8.22
崇庆文庙	戟门	5330	4600	10：8.6
	两庑	3960	3960	1：1
	大成殿	5960	4300	10：7.21
	崇圣祠	6760	4100	10：6.07

　　此外，在建筑面阔的确定上，似乎也受到民间流行的门光尺的影响。门光尺是专门用来定裁门户的一种用尺，古人认为按此尺确定门户，可以光宗耀祖，故称"门光尺"。门光尺尺长一尺四寸四分，尺间分八寸，暗含八卦，分财、病、离、义、官、劫、害、吉八字，数字落于第一、四、五、八为吉，否则为凶。还有一种用来度量房屋高低、面阔、进深等各种尺寸的度量尺即"营造尺"，一尺为十寸，与门光尺之间有如下换算关系：门光尺一尺为八寸，一寸相当于营造尺的一寸八分，故门光尺一尺相当于营造尺的一尺四寸四分。

　　根据上述原则，我们考察渠县、犍为、富顺、德阳、崇州文庙之部分建筑的明间数据关系换算，发现与民间的鲁班尺基本吻合。

部分文庙建筑明间面阔折、换算表

建筑		明间(厘米)	营造尺(尺)	折合门光尺		
				折合(寸)	所余尾数	所合门字
渠县文庙	大成殿	545	17.1	95	7.0	吉字门
	两庑	415	12.9	72.05	0.5	财字门
	崇圣祠	532	16.1	89.44	1.4	财字门
富顺文庙	名宦祠	415	12.9	72.05	0.5	财字门
	大成门	533	16.7	92.78	4.8	官字门
	东庑	535	16.8	93.33	5.3	官字门
	西庑	570	17.9	99.44	3.4	官字门
	大成殿	620	19.5	108.33	4.3	义字门
犍为文庙	大成门	680	21.6	120	0.0	财字门
	大成殿	680	21.6	120	0.0	财字门
	两庑	545	17.1	95	7.0	吉字门
	崇圣祠	558	17.5	97.22	1.2	财字门
德阳文庙	大成门	620	19.5	108.33	4.3	义字门
	大成殿	645	20.3	112.78	0.8	财字门
	崇圣祠	570	17.9	99.44	3.4	义字门
	东西庑	550	15.8	87.78	7.8	吉字门
崇庆文庙	戟门	533	16.7	92.78	4.8	官字门
	两庑	396	12.4	68.89	4.9	官字门
	大成殿	596	18.7	103.89	7.8	吉字门
	崇圣祠	676	21.1	117.22	5.2	官字门

　　注:清营造尺1尺=31.84厘米。具体算法是在得到门光尺的数后除8或8的倍数,剩余的尾数与门光尺对照即可得到所合门字。如崇州文庙大成殿明间面阔折合门光尺为103.89寸,减去8的倍数96,剩余尾数7.8,对照门光尺门字为"吉"字,则合吉字门。

　　另外,从表中情况来看,同一处建筑群的单体建筑似乎存在着统一的规划,如渠县文庙、犍为文庙,基本为"财"字门,富顺文庙、崇州文庙为"官"字门,德阳文庙为"义"字门。还有,一般而言,大成殿的"门"似乎与其他建筑的"门"有别,这可能是要体现大成殿在整个文庙建筑群中的不同地位。

　　上述所举,仅为问题的提出,门光尺的运用要复杂得多,还有待于进一步的研究。

　　(二)梁架结构

　　由于建筑本身的功能决定,文庙建筑的柱网一般采用减柱。东、西庑等次要建筑减去中柱,各柱间用枋联结;大成殿、崇圣祠等主体建筑的平面柱网结构,亦是将中柱减去,形成一个宽敞的平面和空间,且前、后金柱的柱径明显大于其它各柱的柱径,是因为该柱在梁架结构上形成了抬梁式,承受较多屋面的重量。但南部县文庙大成殿的平面柱网结构既采用减柱,又将里金柱略向内移,采用了移柱,是个特例。由于大成门为门庑式结构,一般在中柱间施门,故中柱不减。

四川文庙建筑从建筑的风格上属于南方系统,在梁架结构多采用穿斗式或穿斗、抬梁混合式。

穿斗式构架见于建筑群中的次要建筑即中轴线两侧的建筑如东、西两庑、乡贤祠、名宦祠等,建筑前面有廊,三面墙体围护,廊用双步,廊顶加龙骨(四川称"捲骨子"或"捲棚肋巴")装饰(彩图六三),廊柱与挑枋间施雕刻的扁方撑栱(彩图六四)。穿斗式构架有个特点,就是可以根据需要而增加建筑的进深,故此建筑内部根据建筑功能需要,通过减少落地柱、增加穿的方式,改变屋架跨度的大小。穿有单穿、双穿、三穿甚至四穿之别,与建筑本身密切相关。

穿斗式梁架结构建筑一般为悬山顶,出山也较深,檩头封于博封板内。越是多雨的地区,出山越深(彩图六五)。屋顶多覆盖小青瓦。中轴线上的主体建筑之一的戟门也采用穿斗式构架,但装修、装饰和屋顶结构等级、规格要高于两侧的次要建筑,如歇山式构架,屋面覆琉璃瓦,装饰使用高等级的龙、凤装饰等等。

四川地区建筑的出檐宽大、深远,也是与多雨的气候密切相关的。在檐部出挑的做法上,多通过一重或多重挑枋及撑栱来达到。在挑檐方式上有硬挑和软挑之分,前者是在穿枋与檐(廊)柱间施撑栱,檐柱、穿枋和位于两者之间的撑栱,共同形成一个稳固的三角形构架,一方面增加出檐,另一方面承托屋檐的重量。有时在挑枋、挑檐桁(檩)与撑栱相交处施垂花柱,既有固定之功能,又有装饰之效果。后者则是穿枋延长挑出,或者是另加挑木从檐(廊)柱挑出(彩图六六～六九)。文庙建筑中,以前者较常见。也有施斗栱出跳以撑屋檐的,如三台县文庙大成殿、中江县文庙大成殿等(彩图七〇)。

穿斗、抬梁混合式构架见于中轴线上的主体建筑,包括大成殿、崇圣祠。尤其是大成殿,由于要突出建筑的体量,通过抬梁来增加建筑的高度。其一般做法是,金柱直通屋顶,在金柱近柱头部位设抬梁枋,枋上施短柱、短柱间施枋,枋上又施短柱,最上面一层枋上施短柱承脊桁而逐层形成抬梁式构架。我们在这里说"抬梁式"构架,与严格意义上的抬梁式梁架结构有别,即不是通过柱上架梁、梁上承桁、桁上铺椽以承屋顶,而是在抬梁枋上立蜀柱,柱上直接承桁,两柱间用枋相联,又于枋上立柱,柱上承桁,以此逐层抬升建筑高度。另外,有些由于上、下枋间距离较小,以柁墩取代蜀柱。因此,这种构架在严格意义上仍是穿斗式,只是为了扩大地面的空间,抬梁枋上的柱子不落地,因此是形似抬梁而已(图一六)。

大成殿还有使用斗栱的,一般地,使用斗栱者无回廊或前廊,前、后檐柱间施额枋,柱头上施平板枋,斗栱即施于平板枋上。如屏山县文庙、广安文庙等。屏山县文庙面阔五间,各间前、后补间均施斗栱。广安文庙大成殿前檐明间补间施两朵斗栱,次间、稍间各施一朵,而后檐补间均不施斗栱。山面施鎏金斗栱,鎏金斗栱的昂分为两段,不具备昂的杠杆功能,为假昂,是清代常见的做法(彩图七一)。

(三)屋顶

四川文庙建筑的屋顶较为简单,一般是柱上承桁(檩),桁(檩)铺椽,椽上一般不再铺望板等,而是顺着椽间空隙直接铺瓦。椽前端又施飞椽,将屋檐前端抬升。椽间不用椽椀和里口木,在椽头和飞椽头施遮椽板,既遮护椽头,又将椽联为一体。由于是直接铺瓦,因此椽多为方形或矩形,椽较密集,椽距小于瓦口宽度,相邻瓦陇间的瓦错缝,再于两瓦陇间覆筒瓦或板瓦,不致雨水从瓦缝隙间下渗,以保护木构件。飞椽上亦多不施瓦口。

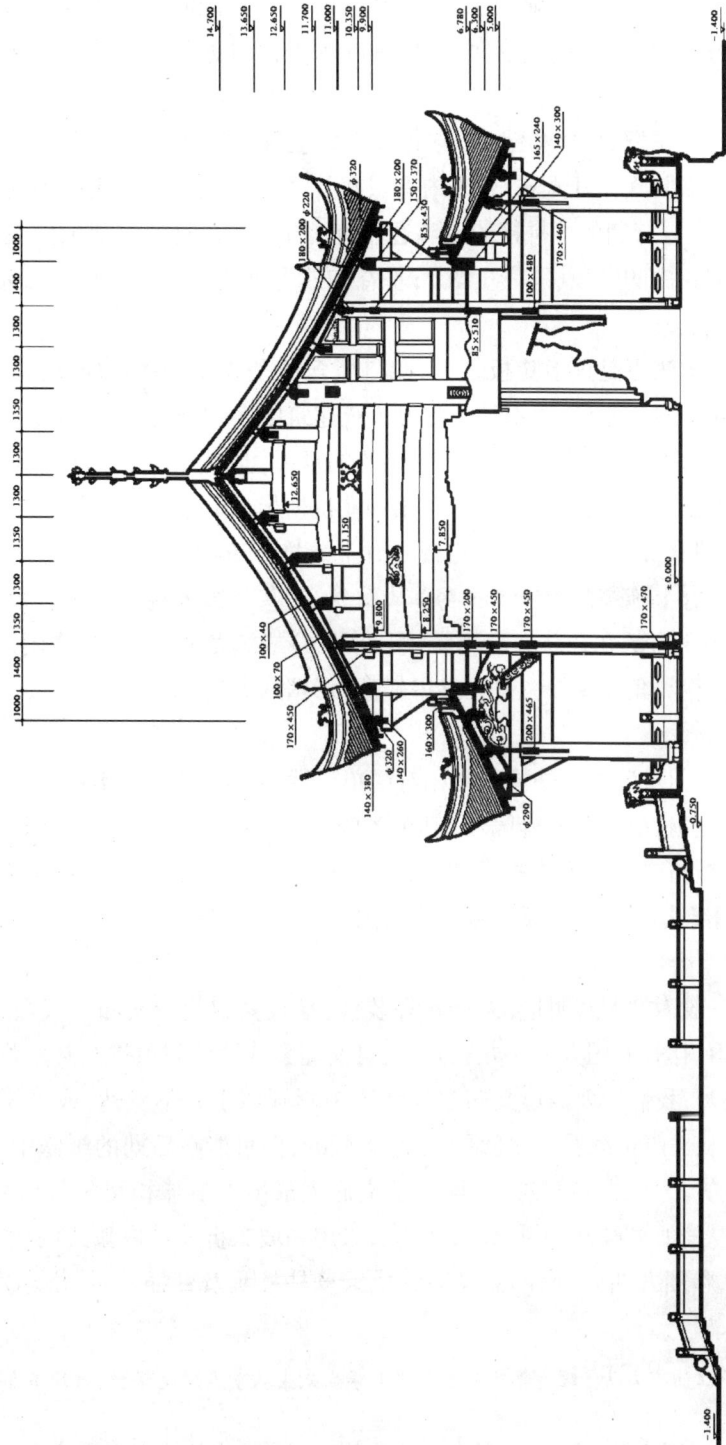

图一六　德阳大成殿明间横剖面图

以文庙大成殿为代表的四川地区大式建筑,在屋面的做法上似乎没有北方官式建筑之举折做法。由于使用抬梁与穿斗混合的梁架构架,各步架的宽度基本保持一致,宽度基本在1.1米左右,檐步和廊步一般为双步。各椽即密布于檩上,以斜搭掌方式联结各步架之椽。只是在铺瓦时,将屋顶正脊下的瓦通过垫瓦的方式[1],将屋顶的后部抬高,使整个屋面显得相对陡峻(彩图七二),同时在屋檐部分通过飞椽等构件,又使整个屋面在屋檐形成一定的反举,所谓"上尊而宇卑,则吐水疾而霤远"[2]。屋面的这种做法,似乎也与多雨的气候有关。

在屋脊的做法上,脊包括正脊、垂脊和戗脊,与北方于脊上置盖筒的做法有别。一般于当沟上置陡板,当沟多密闭,或作勾滴装饰。陡板作开光式,开光内有灰塑装饰(彩图七三)。垂脊前置靠背,多作花瓶插花或花篮(彩图七四)。陡板上置烧制的可拼接的琉璃透雕砖,脊的位置不同,透雕的图案也有差别:正脊一般为行龙,龙昂首、舞爪,朝向正中的宝顶(彩图七五);垂脊和戗脊则为植物、卷草,末端延长、上举,形成轻盈反翘的翼角装饰(彩图七六)。

另外,正脊两端的鱼龙大吻也是置于陡板之上,龙口所含的是烧制的透雕琉璃砖,而不是整个正脊,就其功能作用而言,也仅仅是个装饰而已,并不具备北方传统建筑中大吻的功能(彩图七七~七九)。

四川地区歇山式建筑和攒尖顶建筑翼角具有明显的的反举,虽然很夸张,但又不失轻盈之感(彩图八〇)。这种夸张而又不失轻盈反举的翼角,除了子角梁和在挑檐桁(檩)上施枕头木以形成反举外,还有就是在戗脊装饰的处理上。一般脊部由上、下瓦条、陡板及脊上装饰几部分组成,陡板或灰塑或素饰,瓦条讲究的使用嵌瓷,而主要的是在脊上施烧制的连续的卷草或螭龙,这些装饰末端伸出于子角梁并向上反翘,增加了翼角的反举(彩图八一);也有的在脊前端置卷草(彩图八二)或螭龙或鱼龙吻(彩图八三、八四)。这样通过子角梁和脊上的装饰,使得翼角反举较大但又显得轻盈(彩图八五)。

(四)装修、装饰

四川文庙建筑不重装修但重装饰。外檐装修相对简单。戟门安装棋盘门实榻大门,门上施走马板。其余各殿、庑、祠多安装六抹隔扇,也有明间施隔扇,其余各间施槛窗者(彩图八六)。门上施横披窗。带廊建筑多在前廊廊顶施龙骨。檐枋或廊枋下或施雀替(彩图八七),或施挂落,但以施挂落者较常见。挂落或平面浮雕(彩图八八),或透雕(彩图八九),或透雕绘彩(彩图九〇),题材内容有博古、瑞草、祥禽瑞兽及寓意祝福读书士子美好前程的组合图案等。

内檐装修除戟门外,一般为彻上露明造,无天花等装修,唯宜宾叙州府文庙大成殿顶施方形天花,天花上用金线描绘龙、星象及山川图(彩图九一~九三)。渠县文庙大成殿明间顶作八卦藻井,亦为特例。

通过对现存文庙的调查,我们发现四川文庙建筑装饰中彩画似乎并不发达,或者说整个四川地区的建筑中彩画装饰都不发达。从文献记载看,建筑原来是有彩画的,但可能在后期的维修中,彩画被毁或在被重新刷红而覆盖了。所调查的37处文庙建筑中,屏山县文庙大成殿的后檐枋可见旋子彩画,用蓝色和白色(原颜色怀疑脱落)绘制,从彩画的技法和风格看,枋心头采用一坡二折外挑内弧式画法,具有早期旋子彩画的特点,疑为明代之遗作(彩图九四)。南部县文庙大成殿檐柱柱头及穿插枋、撑拱亦发现有彩画(彩图九

---

〔1〕 屋面后面垫瓦的做法,承江油市文物管理所李生先生相告。李生先生从事古建筑保护、维修多年,此为他在工作中注意到的现象。

〔2〕 这原是说古代的车盖的。古代车盖用麻布之类制作,顶上比较陡,边缘向上挑起,这样做的目的是,既不遮挡乘车人的视线,又可以使雨水排的更远。古代建筑在屋顶的处理上当吸取了这个经验。见《周礼·冬官考工记第六》。

五）。蒲江县文庙大成殿廊柱六棱柱头为沥金"双龙戏珠",龙为五爪龙,显示大成殿等级的高贵(彩图九六)。

　　较多地使用雕刻是四川文庙建筑的一个特点,几乎每一处的文庙建筑中,雕刻是其必用的装饰,仅仅是在使用多少、繁简上有区别。雕刻不仅仅见于建筑木构件、装修如撑栱、挂落、隔扇等木作上,还见于包括台基、柱础石、棂星门抱鼓石及石枋等石作上。在雕刻技法上,有浮雕,包括浅浮雕和高浮雕,还有透雕和圆雕,前者见于撑栱(彩图九七)、隔扇的裙板(彩图九八)及大部分石雕中(彩图九九~一〇二)。透雕主要见于挂落雕刻,锦地透雕也是挂落中常见的雕刻装饰技法,锦地以"卐"字多见(彩图一〇三)。圆雕相对少见,有的大成殿的圆形撑栱即采用圆雕技法(彩图一〇四、一〇五),有的圆雕并绘彩(彩图一〇六)。

　　在建筑屋顶的脊部和宝顶装饰上较普遍地运用灰塑和嵌瓷工艺,也是四川文庙建筑的一个特点。灰塑多见于建筑的脊部和屋顶,如脊陡板开光内(彩图一〇七),屋面固定宝顶置于素钉之上的花篮、狮、兽等(彩图一〇八~一一〇)。嵌瓷装饰部位则为建筑的正脊、垂脊和戗脊及墙面、墙顶,既可以运用于主要建筑的装饰,也可以运用于中轴线两侧的次要建筑的装饰。

　　嵌瓷工艺是明末清初源于广东潮、汕一带的一种装饰工艺,系采用各种釉彩光泽的陶瓷片,经剪取、敲制、镶嵌、粘接、堆砌而成人物、花鸟、虫鱼、走兽、博占、山水等半浮雕或立体圆雕效果装饰的工艺技法,其特点是色彩浓艳、质感坚实,久经风雨、烈日曝晒而永不褪色,装饰效果极强。一般是先灰塑,再嵌瓷。四川文庙建筑嵌瓷工艺包括平嵌、浮嵌和圆嵌,多见于琉璃瓦屋面的建筑。大多是灰塑、平嵌、浮嵌或圆嵌结合运用。

　　嵌瓷中平嵌操作起来比较简单,用于脊部的瓦条装饰,包括正脊、垂脊、戗脊(彩图一一一)和围脊(彩图一一二),直接用瓷片粘贴。浮嵌即为半立体的装饰,是在灰塑的基础上的再装饰,于灰泥未干时直接组拼、粘贴,如陡板开光内(彩图一一三)、垂脊前的靠背花篮等(彩图一一四)。圆嵌即立体嵌瓷,先用铁线扎好骨架,然后先用筋灰塑成雏形,再于其表面嵌贴瓷片(彩图一一五、一一六)。

　　嵌瓷不仅见于中轴线上的主体建筑如大成殿、崇圣祠等,还见于中轴线两侧的次要建筑,如犍为文庙的圣域、贤关坊,德阳文庙的德配天地、道冠古今坊,崇州文庙部分建筑亦使用嵌瓷工艺(彩图一一七~一二〇)。

　　(五)装饰题材、内容

　　四川文庙建筑的装饰题材内容可以分为以下几类:

　　等级较高的装饰题材,如龙、凤。主要有云龙、螭龙、拐子龙、二龙戏珠、双凤朝阳、龙凤呈祥等,主要见于中轴线上主体建筑的装饰。但建筑的等级规格不同,龙的形象也区别,主要体现在龙的爪的数量上。如大成殿的龙的装饰多用五爪龙,寓意孔子享有九五之尊,而其他中轴线上的建筑如戟门、崇圣祠等,龙一般为四爪,严格地说是螭,与龙相比还差一个等级。装饰技法上雕刻、灰塑、嵌瓷等都有使用。

　　祥禽、瑞兽、仙花,包括仙鹤、凤、喜雀、麒麟、狮、羊、灵芝、牡丹、菊、松、兰等,装饰部位较广,或位于建筑的脊部,或位于雀替、挂落,或位于台基,装饰技法主要是雕刻和灰塑。

　　具有一定寓意的组合图案,多为寓意祝福读书士子美好前程、吉祥喜庆的组合图案。这类装饰题材是文庙建筑装饰中最为常见的,装饰范围广,主体建筑和次要建筑都可以使用,但以中轴线上的建筑较多见,如台基、撑栱、屋脊、挂落等,装饰技法有雕刻、灰塑、嵌瓷等。这些装饰题材都围绕着"学"与"仕"的中心,学的内容有"六艺"、"四艺",而"学"的目的为"入仕",成为国家的有用之材。这类装饰题材寄托着人们对学子们的祝福、鼓励、期望等涵义。因此"入仕"的题材很普遍,常见的题材主要有以下几类。

鱼化龙,即"鲤鱼跳龙门"。俗传鲤鱼善跳跃,明李时珍《本草纲目》称,鲤鱼为百鱼之长,形状可爱,常飞跃于江湖。《太平广记》引《三秦记》:"龙门山在河东界,禹凿山断门,阔一里余。黄河自中流下,两岸不通车马。每暮春之际,有黄鲤鱼逆流而上,得上者便化为龙。注:龙门之下,每岁季春有黄鲤鱼,自海及川争来赴之。一岁中,登龙门者不过七十二(一作十一)。初登龙门,即有云雨随之,天火自后烧其尾,乃化为龙矣。其龙门水浚箭涌,下流七里,逆流三里。"《艺文类聚》引《三秦记》:"河津一名龙门,巨灵,迹犹存,去长安九百里,江海大鱼俱集门下数千,不得上。上者为龙,故云曝鳃龙门。"[1]鲤鱼多能跳跃而过,后世以此比喻高升,也作祝贺高升、幸运之辞。富顺文庙的装饰中,无论石雕、木雕还是建筑脊部的灰塑装饰,都有"鱼化龙"题材,以祝贺、鼓励士子十年寒窗,跃过龙门,鲤鱼就能化成龙,从此进入仕途,成为国家的人才(彩图一二一~一三〇)。

麒麟吐书。麒麟是传说中的神兽、瑞兽、仁兽,是儒家所倡导的"中庸"、"礼乐"及"仁慈"的化身。麒麟吐书传说与孔子有关,前秦王嘉《拾遗记》:"夫子未生时,有麟吐玉书于阙里人家,文云:'水精之子,系衰周而素王'"[2]。"素王"即有王之德而无王之实。又相传孔子有一天白日做梦,梦见一小孩用石砸麒麟。孔子非常生气地阻止了小孩,并耐心地为受伤的麒麟疗伤,用自己的长袍给麒麟御寒。麒麟很感动,口吐天书三卷以授孔子,成就了一代儒家圣贤(彩图一三一~一三七)。

太师少师。即一大一小两只狮子,此即寓意"太师少师",因"狮"与"师"谐音,而"太"与"大"通。太师、少师是古代的官名,始置于周代,是辅佐帝王之官,分列"三公"(太师、太傅、太保)和"三孤"(少师、少傅、少保)之首,是官位显赫、地位崇高的象征。是中国传统装饰纹样中较为广泛的题材(彩图一三八~一四一)。

更多的题材通过谐音的方式寓意。一只喜雀和一只豹子谐"报喜";喜雀登于梅梢寓意"喜上眉梢"(彩图一四二、一四三);猴子向枫树上挂印寓意封(枫)侯(猴)挂印(彩图一四四);以一只鹭鸶、莲花和荷叶组成的图案寓意"一路(鹭)连(莲)科(荷谐科)"(彩图一四五),等等。此外常见的还有"三阳(羊)开泰"、"一品(瓶)富贵(牡丹)"、"平升三级(瓶内插三戟)"等等。

四川文庙建筑总体上属于南方建筑系统,如穿斗式梁架体系,深远的出檐,高举反翘的翼角,精美的雕刻装饰等;同时有些地区的建筑在做法又具有北方建筑的特点,如斗栱的使用,装饰上又采用了广东潮、汕一带盛行的嵌瓷工艺,表明四川建筑除了具有鲜明的地域性特点外,它还是一个开放型的体系。究其原因,一是四川地区地处我国南、北地域的过渡地带,也是南、北文化交流的发生地之一;其二是与该建筑的主持者、修缮者有一定的关系。

---

〔1〕 汉·辛巳纂、张澍编辑:《三秦记》,《知夫斋丛书》光绪十七年(1891年)刻本。

〔2〕 上海古籍出版社编:《汉魏六朝笔记本小说大观》,511页,上海古籍出版社,1999年。

德阳文庙

德阳文庙建于宋开禧二年(1206年),一说开禧五年[1],时建于德阳县治东。明洪武元年(1368年)知县温文改建于治南。明初改建后的文庙直至成化二十年(1484年)规制尚未完全,仅有大成殿、戟门、棂星门等建筑,"草创之初,宫室制度率尚苟简,沿至于今,未有能兴",建筑规模也较小。知县吴淑到任后,在当地士绅的建议、请求下,于成化二十三年(1487年)九月开始对县学进行扩建、修葺[2]。鉴于"大成殿廷乃独置于偏隅汙浊之地",位置较偏,且"东、西二斋僭与延讲之堂并列,馔、库诸旧址悉为豪右之徒所占",先将侵占的土地收归国有,再将大成殿周边的环境进行整治,"乃用勒归于官,为辟芜秽";又"定方向,次第而易置之",遵坐北朝南的模式,在戟门外开凿泮池,池上架石桥三路,与南面的棂星门相通。为弥补教学资费之不足,又在棂星门外置学田。据记载,这次修葺、扩建历时三月,"为屋总一百总楹,为垣总三百余丈"[3]。虽如此大的工程,但多利用旧材,所用新材约占一半,因此工程"日财无过,伤人无过,度材无过费",既没有劳民,也没有伤财,可谓喜功。

从吴淑的描述看,明代初创的儒学可能是庙、学合一的,也就是说作为教学区的讲堂(明伦堂)可能还位于祭祀区即"庙"内,还没有独立成单独的院落,这种布局结构在明嘉靖时期礼制改革前似乎比较普遍,或者说是地方特点之一:明伦堂或是位于大成殿与崇圣祠之间(广东龙川县学宫、广东连平州学宫)、或是明伦堂位于崇圣祠之后(广东河源县学宫)[4]。建筑"草创"之说可能与明初废德阳入广汉,又于洪武辛酉(1381年)复设德阳县有关。明初的学宫包括:

1. "大成殿廷",廷即庭,既为庭,当包括大成殿及两庑。

2. 还有戟门,棂星门,东、西二斋,讲堂,会馔厅、神库等建筑。东、西二斋与讲堂并列,不符合规制("东、西二斋僭与延讲之堂并列"),应该是明嘉靖后对学宫布局的看法。"东、西二斋"当指"进德"、"修业"之类与教学相关的建筑。

3. 建筑的方向不符合规制。

4. 馔、库诸旧址为豪右占据,学宫周围当没有垣墙。

县令吴淑的重建,除了"定方向,次第而易置之",使建筑符合规制外,还增加了一些建筑,包括在戟门外辟泮池,池上架梁桥三路,建筑群周围修筑垣墙。经过此次重修,德阳儒学"规模宏敞,祠神有宫,敦教有堂,

〔1〕　清·文榮、董贻清修、伍肇龄、何天祥纂:《同治直隶绵州志·学校》:"(德阳)学宫在城南,宋开禧五年建,明洪武元年重建。"按开禧为宁宗赵扩年号,仅存三年,五年当有误。清同治十二年(1873年)刻本。

〔2〕　《同治直隶绵州志》云吴淑重修儒学在弘治元年(清·文榮、董贻清修、伍肇龄、何天祥纂,清同治十二年(1873年)刻本),当误。1487年9月9日宪宗朱见深驾崩,其17岁的儿子朱祐樘继位,即孝宗,次年改年号"弘治"。

〔3〕　明·吴淑:《儒学碑记》,同治《德阳县志·艺文志·记》。亦参见熊卿云、汪仲虁修、洪烈森等纂:《民国德阳县志·艺文志》,民国二十八年(1939年)铅印兼石印本。

〔4〕　参见司雁人:《学宫时代:古代中国人怎样考大学》第246～247、278、252～253附图,中国社会科学出版社,2005年。

诵习徒众之有其处,庖湢藏储之有其所"[1],可见祭祀功能"庙"与教育功能的"学"的建筑基本齐备。

万历三年(1575 年),知县傅顺孙重修启圣祠,"开新门于明伦堂之左,修堂前之路,各砌以石。修斋房数楹,堂下直前左右新开二门以便通行",这是对教学区的增修。同时"修两庑及乡贤、名宦祠,修学门三楹,棂星门前新建一坊,复请于巡道李公题曰'仰圣'。去丈许凿泮池。"[2]可见万历时文庙已有宫墙、泮池、棂星门、戟门、东西两庑、大成殿、启圣祠、乡贤祠、名宦祠、忠孝义祠、节孝祠[3]等建筑,文庙规制渐全。

明朝末年,由于战乱,文庙遭到严重毁坏,很多建筑成为废墟。

清顺治初,知县李如梴重修文庙[4]。顺治十八年(1661)余国揭任德阳知县,对儒学进行了修葺,这次修葺包含了部分建筑的重建,但仍有诸多不合规制的地方,如"大成殿卑隘不中制"[5],建筑体量小。康熙四十三年(1704 年)知县孙复兴莅任,着手对学宫进行修葺、重建。这次修葺、重建工作历时一年,除在原址修建大成殿、戟门、泮池,又建东、西两庑和明伦堂。由于原"名宦祠、乡贤祠列启圣祠旁,非制也",将乡贤祠、名宦祠移至戟门东、西。修葺后的文庙,规模宏大,入庙祭拜者大有登"阙里之堂"之感觉[6]。孙复兴的修葺、重建基本奠定了现在文庙的格局。

乾隆二十二年(1757 年)周际虞在任德阳知县六年后,以文庙"年久,风雨剥蚀,墙壁砖瓦朽蠹,零落过半",对文庙进行续修、改建。周际虞的这次续修将原在大成殿后的启圣祠改建于殿东,"不但体制允协,亦与各郡邑学宫相同,用昭画一"[7]。后又经乾隆、嘉庆数朝历任知县的多次修缮、补葺甚至重葺[8],但大体的布局基本没有变化。这就是我们看到的成书于嘉庆二十年(1815 年)的《德阳县志》所附的"圣庙图"的布局。庙与学的布局关系为:孔庙在东,学署在西,即左庙右学。孔庙的建筑群采用四合院布局,主要建筑位于中轴线上,由南向北依次为万仞宫墙、棂星门、泮池、戟门、大成殿,启圣祠位于大成殿的东北;次要建筑分布于中轴线的两侧,主要有德配天地坊、道冠古今坊,坊前有"文武官员至此下马"碑,神厨、官厅、钟鼓楼、乐楼,东、西庑等建筑,乡贤祠、名宦祠分别位于戟门的西、东两侧,节孝祠、孝子祠位于泮池两侧,对称分布(图一七)。明傅顺孙曾于棂星门前建"仰圣"坊,清嘉庆九年(1804 年)于玉振门右碑亭置"重定回疆碑"[9],可见文庙内当还有牌坊,但今已不存。

[1] 明·吴淑:《儒学碑记》,《同治德阳县志·艺文志·记》。熊卿云、汪仲夔修、洪烈森等纂:《民国德阳县志·艺文志》亦收录,民国二十八年(1939 年)铅印兼石印本。

[2] 清·傅顺孙:《重修儒学启圣祠记》,《同治德阳县志·艺文志·记》。

[3] 四祠均为傅顺孙创建,但不在文庙内,而在戟门前左墙外或前墙外。参见《同治德阳县志·祠庙志》。

[4] 清·文棨、董贻清修、伍肇龄、何天祥纂:《同治直隶绵州志》,清同治十二年(1873 年)刻本。但康熙时提学刘谦为知县孙复学修学宫所作的《重修儒学记》中说"乃学宫自兵燹后未经修葺",至知县余国揭时始修大成殿,且"卑隘不中制",则《同治直隶绵州志》记载当有误。按修于雍正间的《四川通志》中所列举的知县中无李如梴其人,所列最早的一任知县为余国揭,不知《同治直隶绵州志》何所本。

[5] 清·刘谦:《重修儒学记》,《同治德阳县志·艺文志·记》。亦见熊卿云、汪仲夔修、洪烈森等纂:《民国德阳县志·艺文志》,民国二十八年(1939 年)铅印兼石印本。

[6] 清·刘谦:《重修儒学记》,《同治德阳县志·艺文志·记》。亦见熊卿云、汪仲夔修、洪烈森等纂:《民国德阳县志·艺文志》,民国二十八年(1939 年)铅印兼石印本。

[7] 清·周际虞:《德阳县重修学宫碑记》,《同治德阳县志·艺文志·记》。

[8] 清·文棨、董贻清修、伍肇龄、何天祥纂:《同治直隶绵州志》,清同治十二年(1873 年)刻本。

[9] 清·何庆恩:《同治德阳县志·祠庙志》,同治十三年(1874 年)刻本。

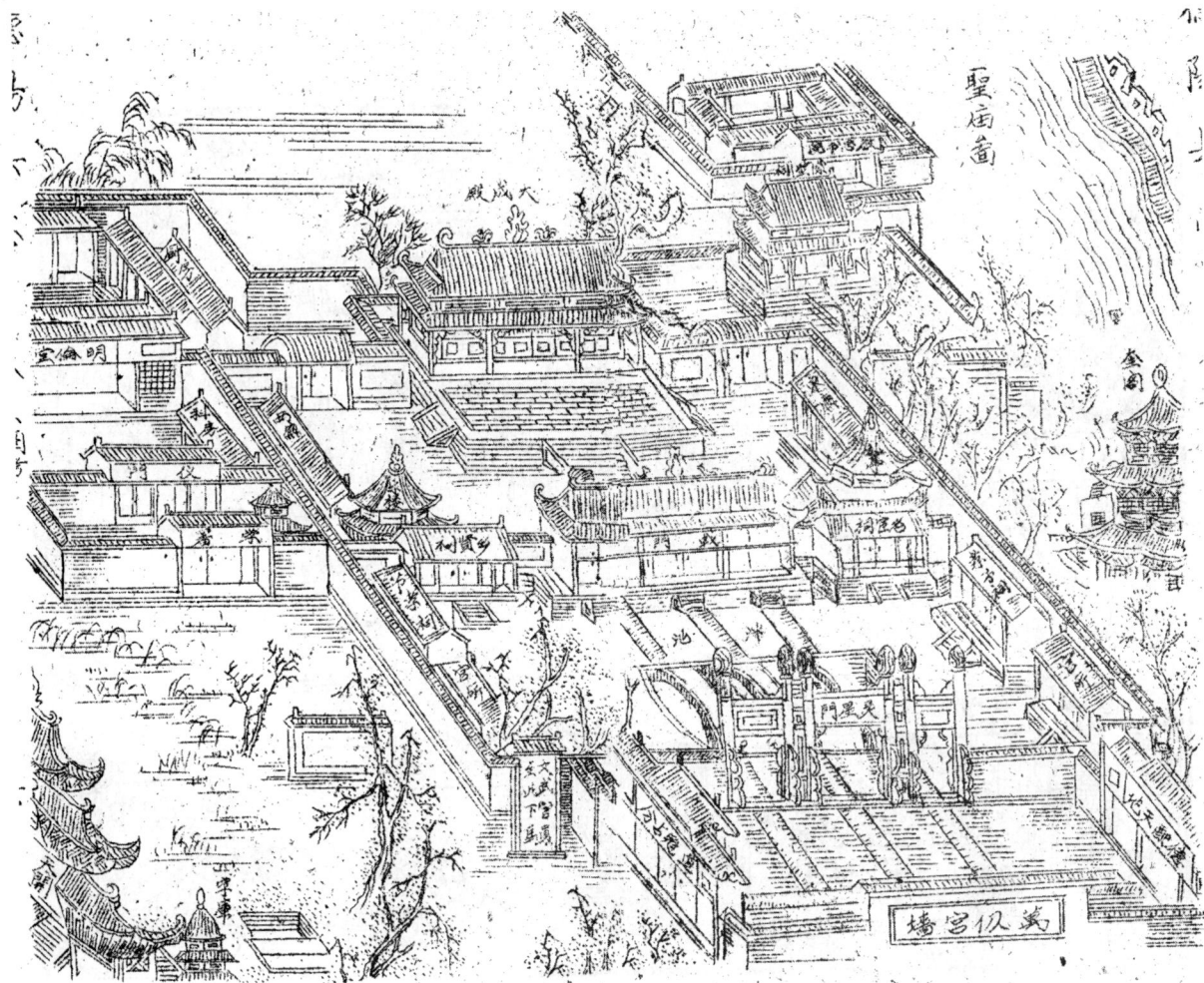

图一七　嘉庆年间德阳文庙布局

　　约近半个世纪后,文庙因年久失修而有祠殿倾圮。至道光二十八年(1848年)知县盛昺任,倡修文庙,但未来得及实施即去任。继任知县张行忠率当地的士绅田瀛等对文庙进行了一次大的维修。张行忠此次修缮,"就余地旧址廓而大之",可以说是对学宫的一次扩建。扩建后的大成殿"高四丈之二,长七楹,柱径围十尺,覆用黄琉璃瓦。螭殿崇阶,周阔丈余。殿左右分御碑亭八。殿后高爽处建崇圣五王祠于其上,覆以绿琉璃瓦,两翼列舍东、西配殿,前丹墀下皆以石栏围之。分建东、西庑各十楹。戟门五楹,覆仍黄瓦。戟门外列神库、神厨十楹,最下建更冠亭、省牲所。中为泮池,圜桥三道。前竖棂星门。宫墙内前后皆周以回廊。墙外东偏建名宦、乡贤、忠孝三祠,西偏建节孝祠;上西偏建斋宿所。又于其西建明伦堂一院。缭垣内植桧、柏、楠、杏千余株,制礼器以百数十。计间架一百数十,宫墙周三百九十丈,园三十余亩。壮丽甲全川"[1](图一八)。张的这次扩建,工程浩大,召集木工、瓦工、石工等工匠数百人,前后历时三年,耗资五万多金钱。

　　张行忠的此次大修,一改乾隆时期周际虞的文庙格局,将启圣殿又置于大成殿后,应该说,这种布局是

---

〔1〕　清·刘宸枫:《建学宫记》,见熊卿云、汪仲夔修、洪烈森等纂:《民国德阳县志·艺文志》,民国二十八年(1939年)铅印兼石印本。

大多数文庙所采用的。万仞宫墙宫墙外又辟外泮池。还修建有花园。现文庙基本保存了当时的规模与格局。

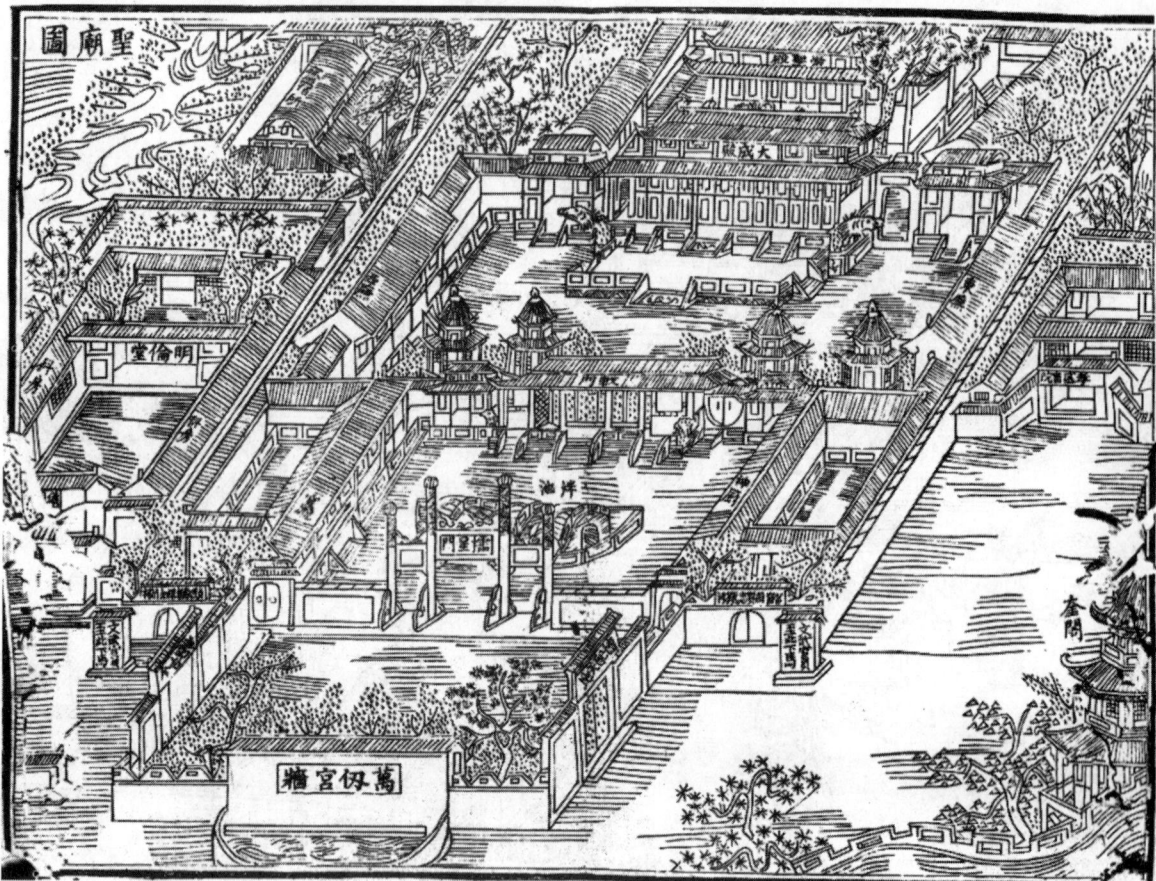

图一八　同治年间德阳文庙图

　　此后历任知县多有培修,直至民国时期,建筑格局没有改变过。民国时期,德阳文庙以规模"崇宏壮丽""为全蜀冠"[1],文庙以公园的形式对外开放。

　　建国初期,由于文物保护知识的匮乏,文庙曾先后被改建为动物园、图书馆、球场和办公场所,在"文化大革命"期间,文庙广场被改建成为露天的大会场。部分附属建筑被毁。

　　改革开放后,德阳文庙的文物保护工作得到了各级政府的重视。1991年4月,德阳文庙被四川省人民政府公布为省级文物保护单位。2001年6月又被国务院公布为第五批全国重点文物保护单位;先后多次拨款,对文庙建筑进行抢救性维修。2003年,德阳市重点工程——文庙文化广场工程动工修建,该项工程,既是对文庙周边环境的全面清理整治,也大大提升了德阳市的文化形象。

　　1990年以来,德阳文庙先后召开了一些在国内有影响的孔庙及儒学学术研讨会。现在的德阳文庙为儒学研究中心,四川省孔子研究会即常设于此,德阳文庙现为中国孔庙保护协会副会长单位。

　　现在,文庙大成殿内新塑了孔子、四配、十二哲像共17尊,并将祭孔典孔必备的祭礼、乐器按古代格局陈

---

[1]　熊卿云、汪仲夔修、洪烈森等纂:《民国德阳县志》,民国二十八年(1939年)铅印兼石印本。

列于像前。西庑辟为《孔子生平事迹陈列馆》,东庑辟为《七十二贤人陈列馆》,加上古建筑群,成为颇具地方特色的孔庙博物馆。

现德阳文庙位于今德阳市市区南街,坐北朝南,占地面积 28000 平方米(其南面的文庙广场占地面积6000 平方米),共有建筑三十余座,是省内保存较完好、规模较大的文庙之一(图一九)。

德阳文庙以中国传统建筑群的布局方式由三进院落组成,主要建筑居中轴线,次要建筑两侧对称分布。由南向北位于中轴线上的建筑有:万仞宫墙、棂星门、泮池、戟门、大成殿、启圣殿;分布于两侧的建筑有"道冠古今"坊、"德配天地"坊、神库、神厨、东西庑、礼乐亭、御碑亭、东、西配殿等。建筑群四周有围墙。启圣殿北面为后花园,照墙外为文庙广场(图二〇、二一)。

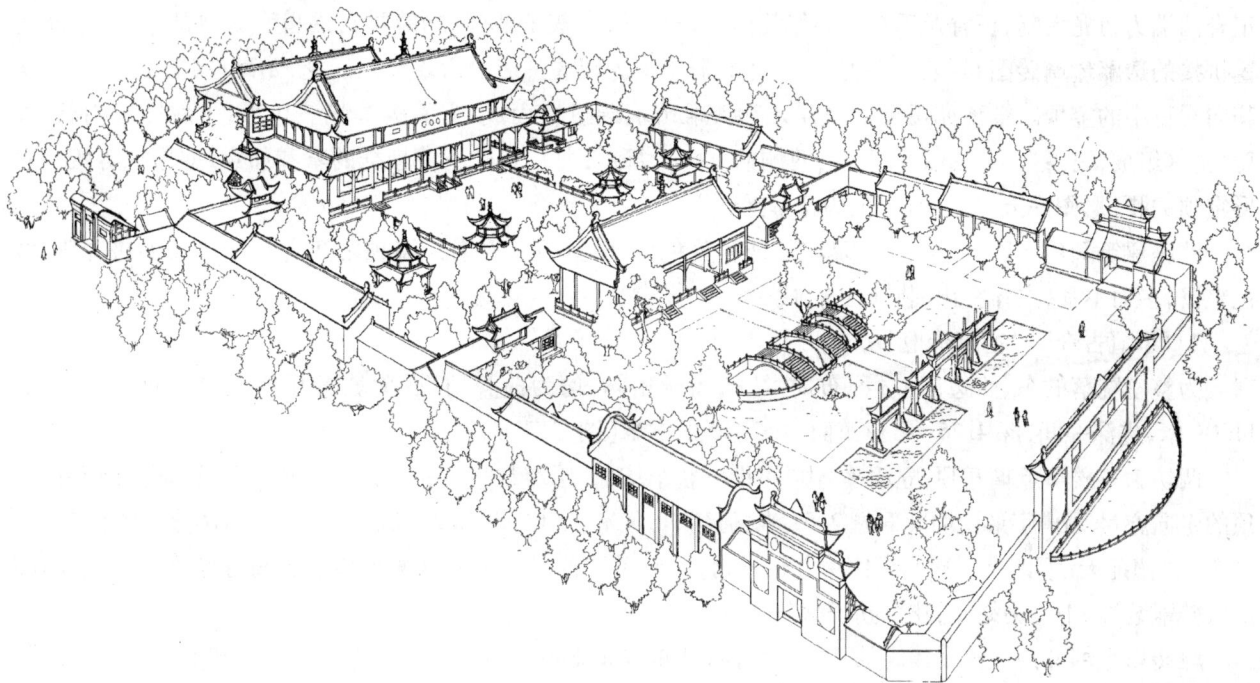

图二一　德阳文庙鸟瞰

在建筑的布局方式上,德阳文庙属平地起建,即通过台基来表现建筑等级的高低(图二二)。

一. 第一进院落

由万仞宫墙、"道冠古今"、"德配天地"两坊、神库、神厨、棂星门、泮池、戟门、更冠亭、省牲所等建筑组成,除神库、神厨两建筑已毁不存外,其余建筑均保存较好。

1、万仞宫墙

位于建筑群的最南端。建于清咸丰初年。为庑殿一字式照壁,长 29.64 米、高 9.95 米、厚 1.4 米,占地面积 42 平方米。下碱高 1.07 米,砂岩砌筑。照墙为红地(清代光绪末年升为大祀后,照墙改为黄色,现墙刷红),在装饰上可以分为左、中、右三个部分,中间部分约占整个照墙的二分之一(图二三)。影壁中部及岔角嵌砖雕,撞头宽 2.75 米。照墙心嵌琉璃贴饰。正面构图分三部分,正中由上、下两部分构成,下部约占三分之二(彩图一四六)。壁心装饰均为"中心四岔"式,即中间为主体图案,边框四角饰岔角装饰。在饰图案组合上,中间为拼贴的黄色琉璃砖雕"双龙戏珠",图案为菱形,居中(彩图一四七);两侧砖雕嵌饰为圆形,分为三层,以竹节纹相隔:中间为主要构图,砖雕绘彩牡丹插花及琴剑戟如意等,寓意"一品(瓶)富贵(牡丹)"、"吉祥如意";中间一层为祥花瑞禽、兽,外层为如意纹(彩图一四八、一四九)。岔角亦贴琉璃卷草。上面部分嵌"万仞宫墙"四字,总长度与下面部分等长。左、右两侧的图案约为中间主体部分的三分之一,亦由上、下两部分组成,高与正心相等。下部贴饰为四块琉璃砖组成的菱形"云龙吐火珠",图案,龙首左、右相对,岔角贴饰束花;上部堆塑船、高峡、楼阁(彩图一五〇)。背面贴饰与正面构图布局相同,但相对简单一些:墙心中部为琉璃贴饰"双龙戏珠",两侧均为龙吐宝珠。有意思的是,照墙中的龙均为五爪,此帝王之龙,暗示孔子享有帝王之尊(彩图一五一)。

墙顶部作"须弥式",束腰饰连续大小相间的灵芝纹。墙檐为菱角砖檐。庑殿顶墙帽,面覆黄琉璃瓦。正脊两端为鱼龙大吻,正脊及垂脊陡板作几何形开光式,内灰塑麒麟、狮等祥禽瑞兽和人物故事,脊眉子上置拼接的透雕琉璃砖图案(彩图一五二)。正脊眉子上为琉璃拼接的八条黄色云龙,龙昂首,口衔宝珠,相向朝向脊正中的宝顶。宝顶亦用十一块浮雕和透雕琉璃砖拼接而成,立面为等腰三角形,主题图案由戟、如意、磬等组成,寓意"吉庆如意",左、右两侧的龙张牙舞爪,龙首相向正中悬挂的磬和如意,并形成等腰三角形宝顶的腰(彩图一五三)。垂脊上为花草拐子。

整座建筑颜色丰富,红墙,黄色琉璃贴饰和黄色琉璃瓦墙顶,庑殿式墙顶之灰脊和绿色琉璃拼饰等,颜色丰富,多而不乱,主体突出,装饰性极强。

2."道冠古今"、"德配天地"坊

为整座院落的东、西边门,对称布局,结构式样相同,均为前牌坊、后单坡青瓦顶建筑。面阔三间,宽11.01米,进深一间,深4.75米,建筑面积52.20平方米(图二四、二五)。

两坊为三楼黄琉璃瓦顶,立面呈"山"字形。整个坊面,用雕刻"丂"字的砖分隔成上下两部分,雕砖依楼顶的走向亦呈"山"字形。明间面阔2.51米,通高10.9米。门高3.18米,施两扇板门,门额分别镌刻"道冠古今"、"德配天地"四字。次间全部用方砖封砌,下肩系红砂岩砌筑的素面须弥座。墙身作落膛心式,膛心镶嵌砖雕装饰:中心为蟠龙,花草拐子岔角(彩图一五四)。

雕砖以上部分约占整个建筑的三分之一,墙身亦作落膛心式,内有堆塑,或作舟行于峡谷间,崖壁陡峻,山上石径盘旋,舟略倾表明水流湍急,整个构图新颖,颇有国画中的山水画意境;或作群山流水。由于是高浮雕式,因此膛心较深(彩图一五五)。明间膛心两侧或浮雕两花篮,篮身用彩色瓷片或青花瓷片浮嵌("德配天地")(彩图一五六、一五七)或花瓶插牡丹及剑、琴和戟、如意组合构图("道冠古今")(彩图一五八)。砖檐截面呈"〕"形,中间束腰部分正面、侧面均浮雕卷草装饰。

屋顶为庑殿顶,黄色琉璃瓦,正脊置鱼龙吻。脊陡板间施灰塑,脊眉子(瓦条)上置透雕云龙、卷草(彩图一五九)。明间正脊中部置透雕双龙拱寿宝顶。需要注意的是,除明间落膛的两侧的花篮和瓶插牡丹使用了嵌瓷工艺外,建筑的装饰题材、装饰手法都与万仞宫墙接近,但次间贴雕琉璃龙为四爪,显示出建筑等级的差别(彩图一六〇)。

后面建筑为一正两耳式,即明间高于次间。梁架为穿斗式,一端以墙体承重,梁架用一柱,四檩,三步。挑檐檩下施垂花柱(四川俗称吊墩子),挑枋与檐柱和垂花柱相交,枋与檐柱间施有雕刻的扁方承栱以承屋檐(图二六)。次间为单间房屋,四周用砖墙围护,墙体刷红,外设门。小青布瓦顶(彩图一六一)。

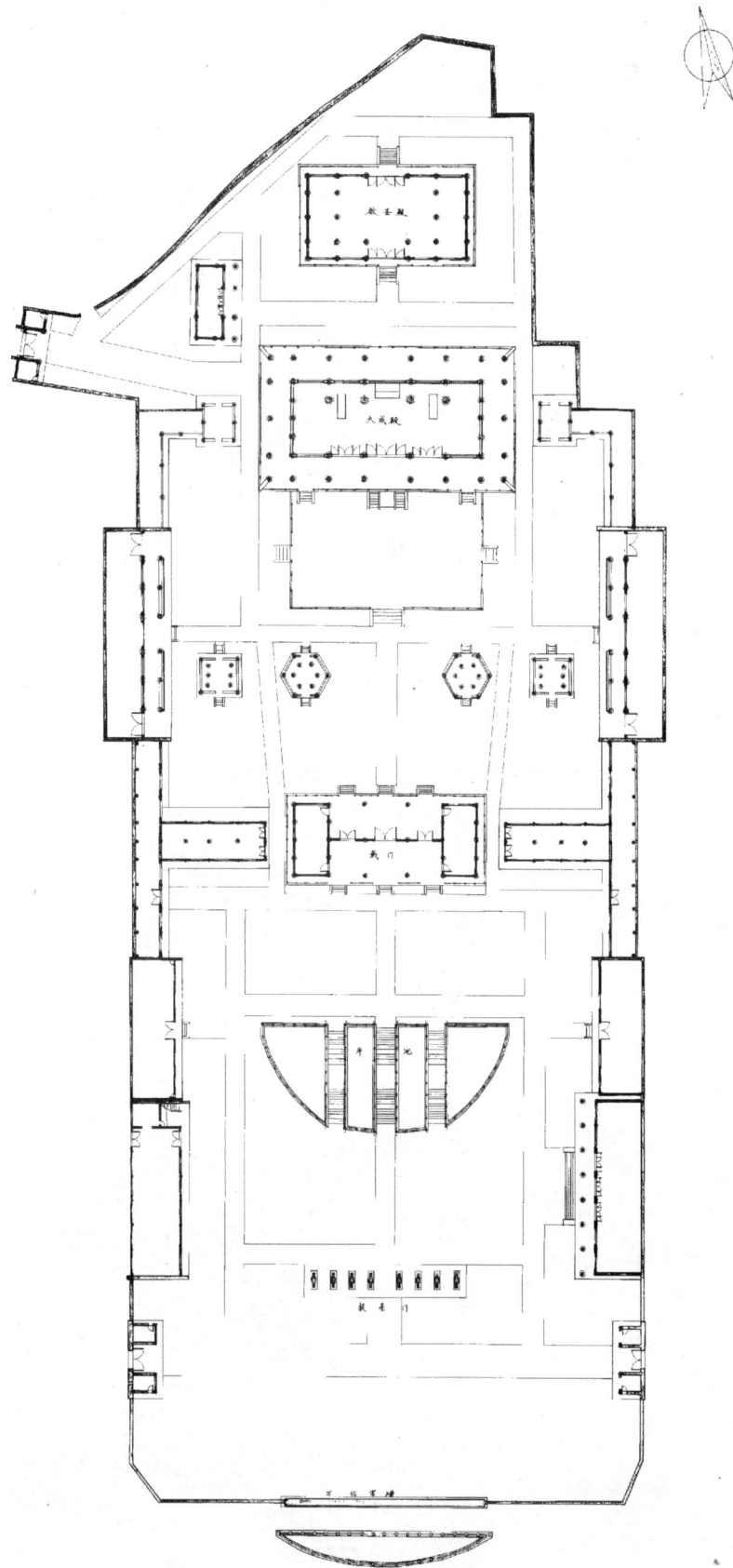

图一九 德阳文庙总平面图

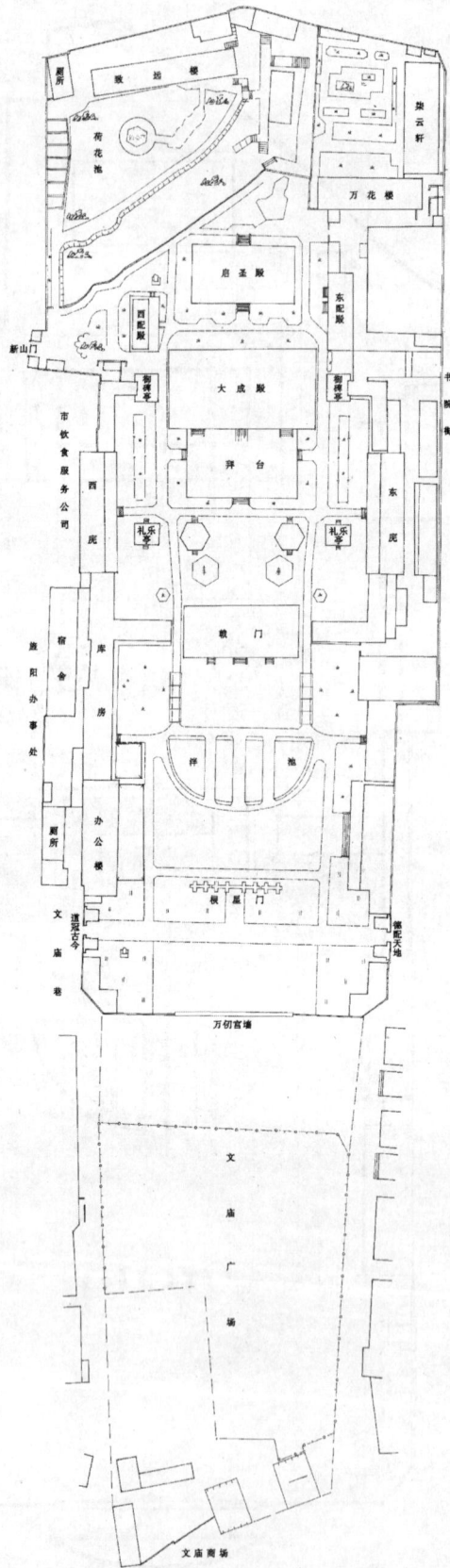

图二〇　德阳文庙现状总平面图

图二三 万仞宫墙正、侧、平面图

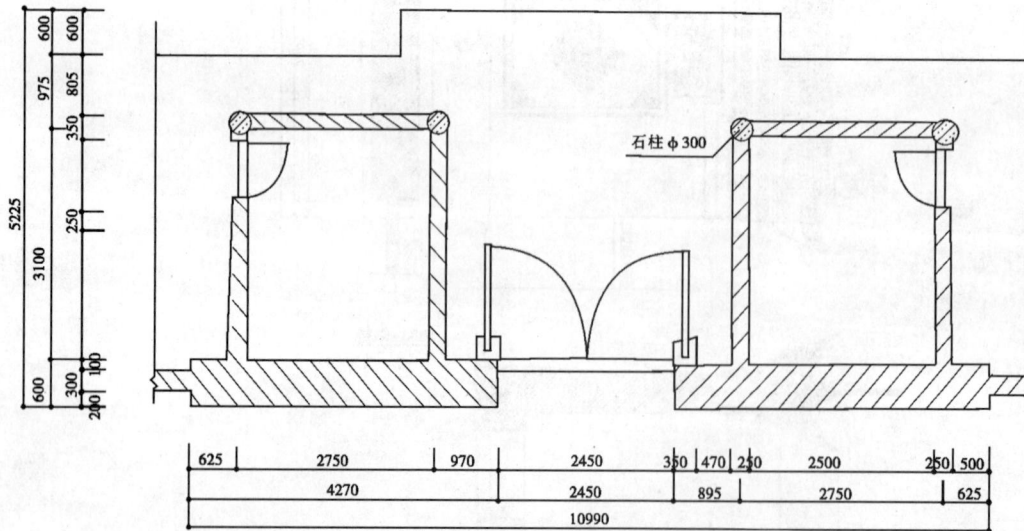

图二四　道冠古今平面、立面图

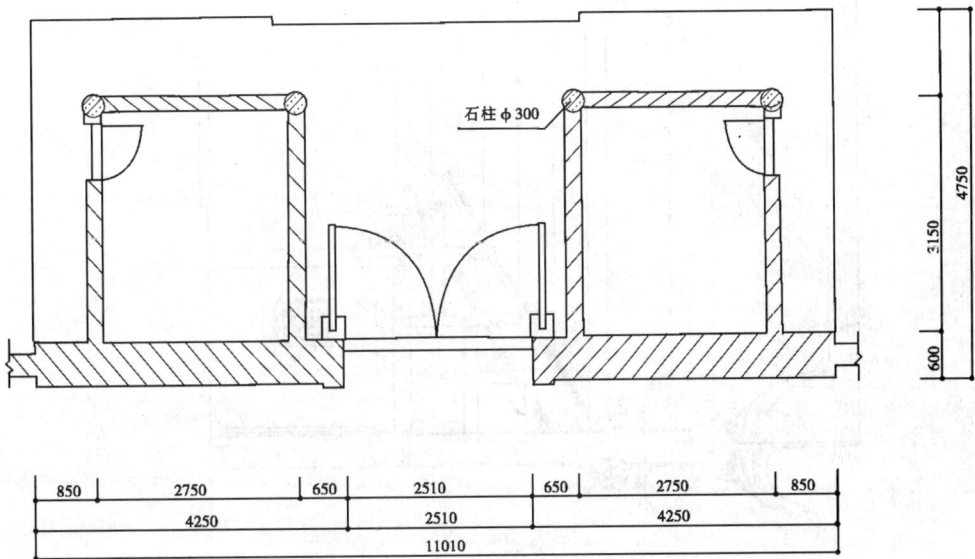

图二五　德配天地平面、立面图

10.90
10.55
7.94
6.60
3.18
±0.00

4.13
3.30
3.01
-0.10

11.85
11.35
9.15
8.47
7.15
6.85
6.33
5.64
4.98
4.53
4.03
3.43
±0.00

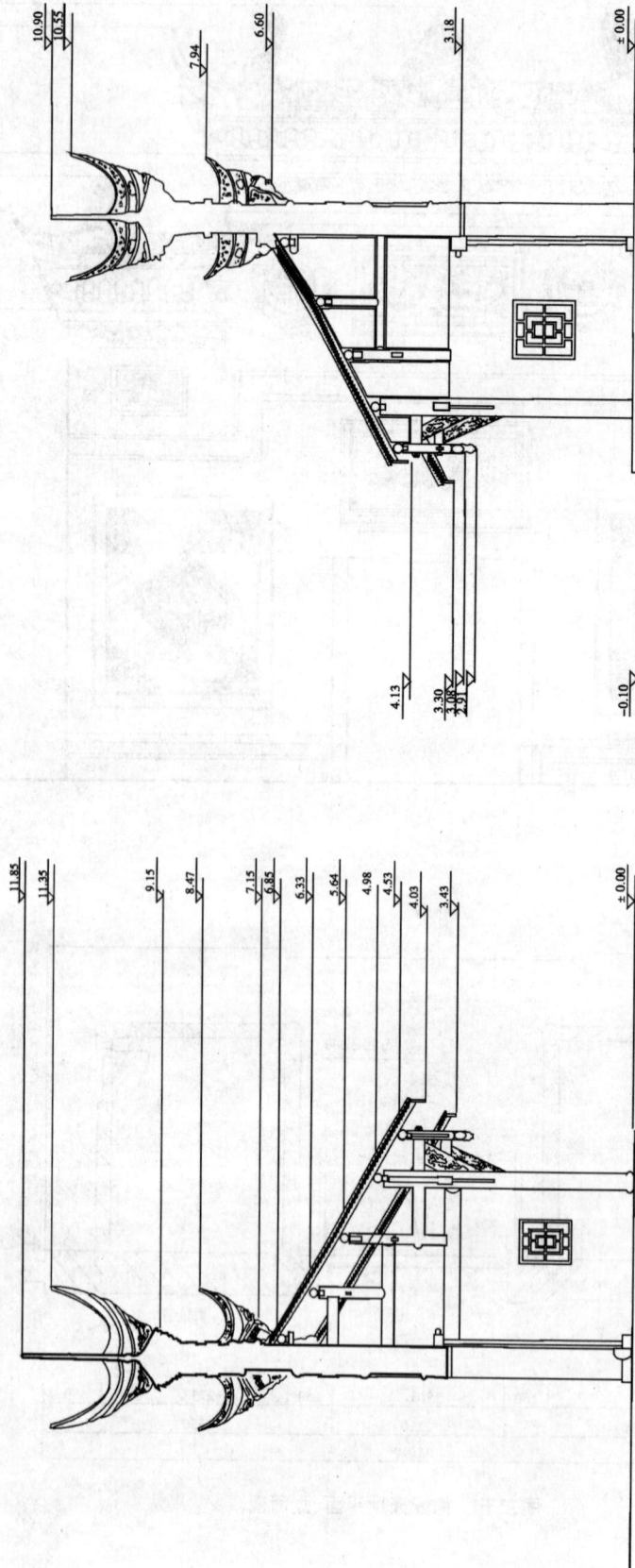

图二六　德配天地、道冠古今剖面图

3. 棂星门

建于清咸丰元年(1851年)。由三座冲天柱式石牌楼组成,红砂岩铺筑海墁,面积39.52平方米(图二七)。

中间一座牌楼为四柱三间三楼,两边均为二柱单间单楼。各坊由柱、雀替、枋、匾额及檐楼几部分组成。柱均为方柱,柱顶雕刻蟠龙。各柱前后均施抱鼓石,鼓上各有伏卧狮一只。枋有上、下两个,上枋出头,除中间牌楼的明间上枋外,其余各枋头均圆雕衔珠龙头(彩图一六二),枋面均有平面减地浮雕图案。石雕檐楼均作庑殿顶式,仿木雕刻出筒瓦顶。檐下有四根方摺柱,柱间施透雕华版。檐下均施垂花柱。屋顶正脊正中有透雕宝顶(彩图一六三)。

棂星门的雕刻颇具特色,施雕刻的位置包括抱鼓石、柱头、雀替、枋、楼匾周围的龙边、檐楼的柱间华版以及屋顶,可以说整个建筑基本都施雕刻。雕刻的技法有浮雕、透雕、圆雕。雕刻以枋上最具特点,构图方式基本一致:中间为主体部分,占整个枋长度的2/3以上,两端各占1/3部分的一半,采用开光构图方式。雕刻采用浮雕,题材、内容包括二龙戏珠(均上枋正面)(彩图一六四)、双凤朝阳(均上枋背面)(彩图一六五)及寓意祝福、吉祥含义的组合图案如鱼化龙(彩图一六六)、海屋添筹(彩图一六七)、麒麟吐书(彩图一六八)、一路连科(彩图一六九)等,既具有装饰功能,又暗含对读书士子的祝福。透雕见于牌楼楼顶的华版,棂星门的明间檐楼华版透雕刻云龙,中间为正面龙,两侧为行龙,其余部分或雕插花或雕"寿"字等。

德阳文庙由三座牌楼组成棂星门结构,也见于四川地区的其他文庙,如安岳县文庙、资州(资中)文庙、洪雅县文庙、乐山嘉定府文庙等,但在具体形式上又有不同。安岳县文庙、资州(资中)文庙、乐山嘉定府文庙棂星门之间或用透孔花墙相连,或用矮墙相连,洪雅县文庙为结构最为简单的相互独立的三座单体牌坊。

3. 泮池

位于棂星门后,戟门前,是为内泮池。池为半圆形,弦长35.66米,建筑面积418.80平方米。池邦、池底均用砂岩砌筑。池上架三座单孔石券桥,中间一路宽3.36米,两侧券桥各宽2.76米。两侧券桥的券脸石(石券最外端的一圈券)略缩进于桥身。桥面均为台级式。桥上及泮池四周施望柱、栏板,望柱及栏板阴刻简易线条,柱头雕刻蹲狮或作幞头式。券桥两头的栏杆望柱前置抱鼓石(图二八、二九、彩图一七〇)。

4. 戟门

位于泮池后,是第一进院落和第二进院落之间的过渡建筑。戟门建于须弥座台基上,台基长29.5米、宽12.9米、高0.7米,台基前、后设垂带踏跺各三路,台基四周施望柱栏板,高1.2米(图三〇)。

戟门面阔五间,通面阔26.6米,通进深10米。建筑面积266平方米(图三一)。戟门为彻上露明造,柱均为圆柱,多边形柱础。歇山式,穿斗式梁架。明间和次间中柱施棋盘门,门上施菱花横风窗。前后梁架均为三步(图三二、彩图一七一)。脊檩上绘阴阳八卦,两侧有"大清道光岁次己酉廿九年十一月二十八日吉时建修"题记(图三三)。檐柱间施透雕挂落。檐柱上施浮雕扁承栱以承挑檐檩(彩图一七二)。梢间中柱减去,四周用墙体维护,前、后檐墙安装四扇什锦嵌花槛窗,两侧设月洞形门(彩图一七三)。

黄色琉璃筒屋面。正脊当沟施装饰,陡板为线雕、绘彩砖拼接的花草,眉子上(瓦条)置烧制的透雕琉璃砖拼接的图案,脊两端施鱼龙大吻,鱼背上有宝剑(彩图一七四)。正中为两层六边形楼阁式宝顶,楼阁有中心柱,各角柱均施蟠龙(彩图一七五)。宝顶两侧分别为两条行龙和一立凤,均两两相对,昂首朝向宝顶。垂脊前置靠背,靠背雕刻花瓶内插牡丹,寓意"一品富贵"(彩图一七六)。垂脊及戗脊陡板上施琉璃番草。

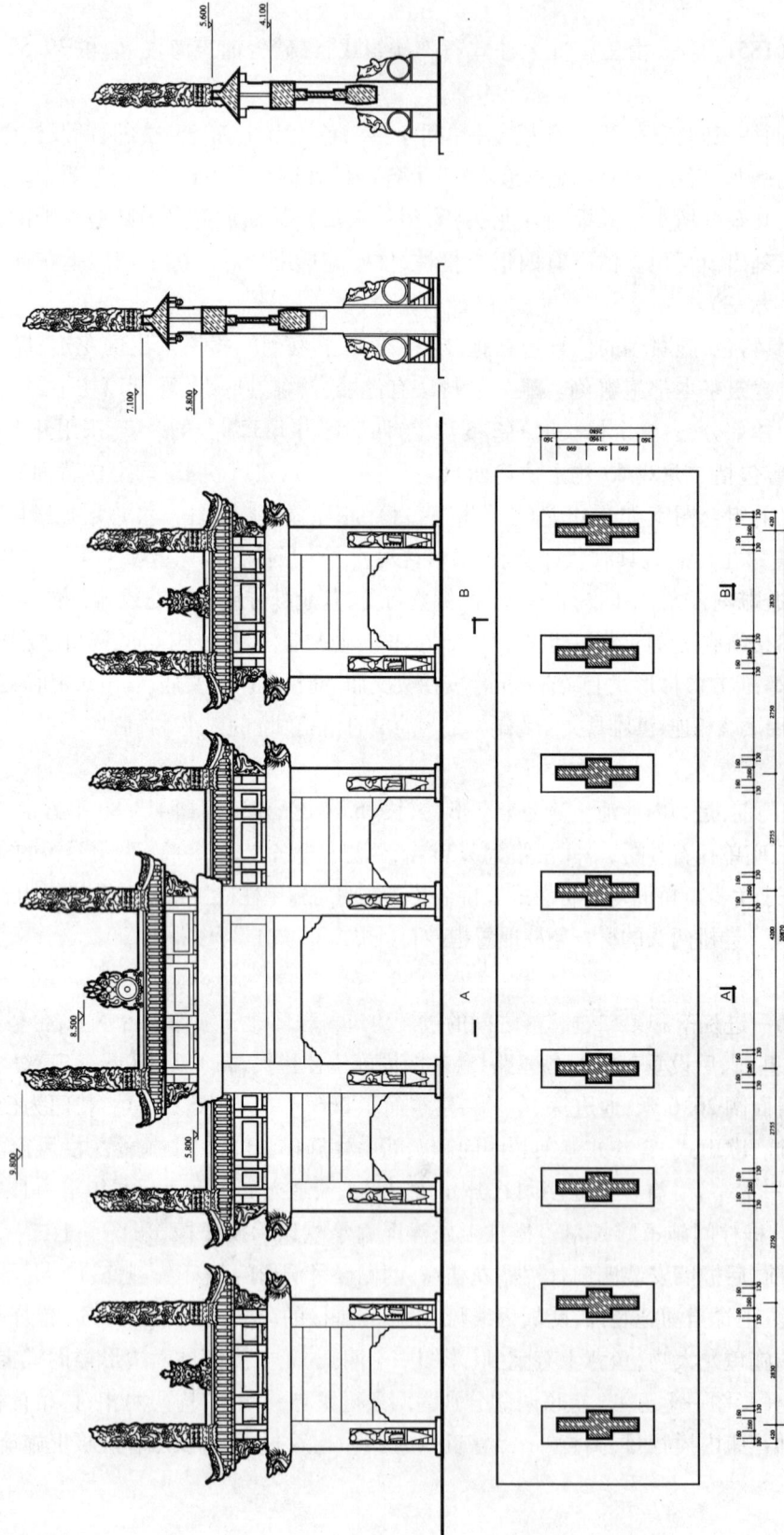

图二七　棂星门平面、立面、侧面图

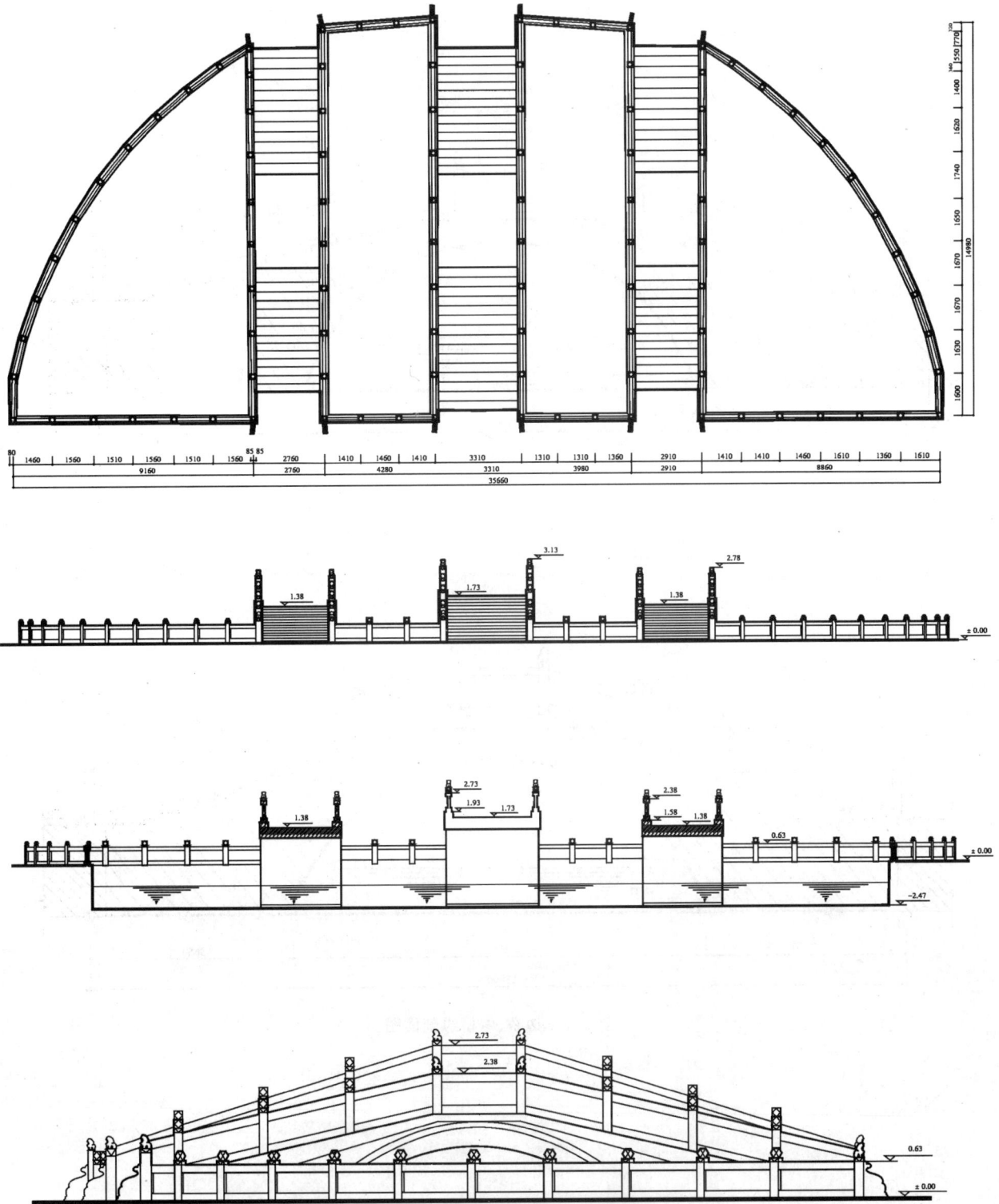

图二八　泮池平面、立面、剖面、侧视图

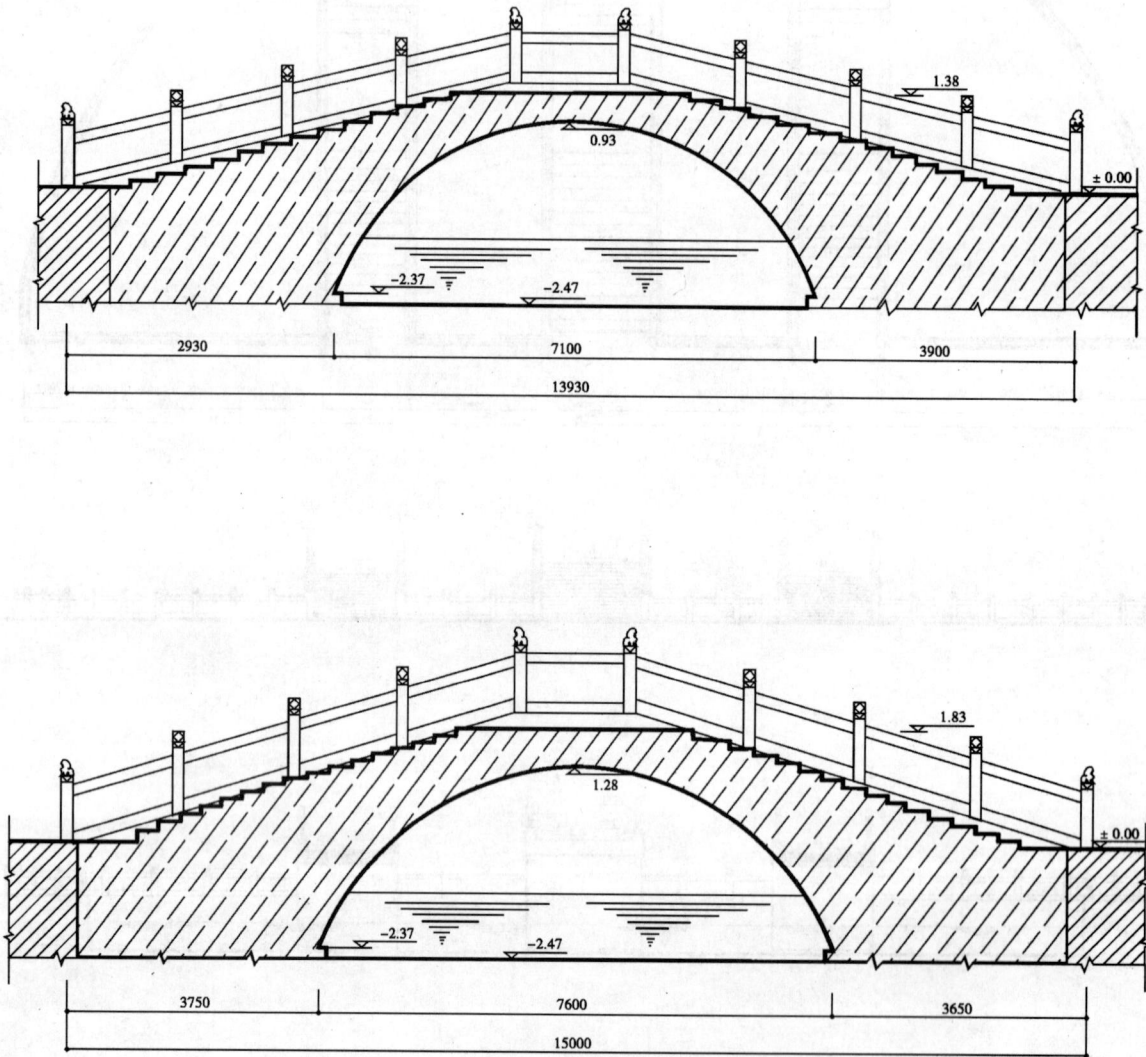

图二九　边桥、中桥纵剖面图

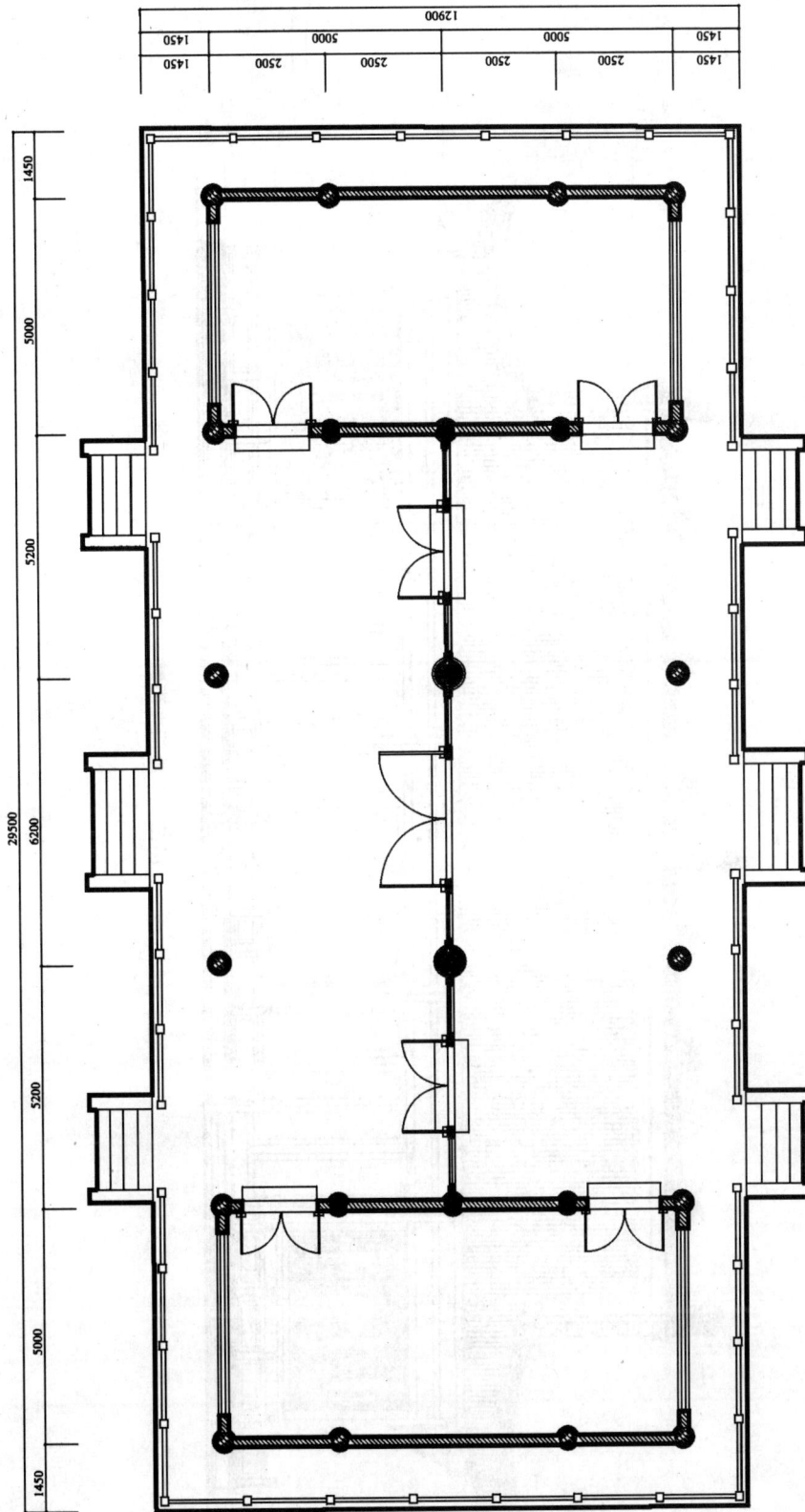

图三〇　戟门平面图

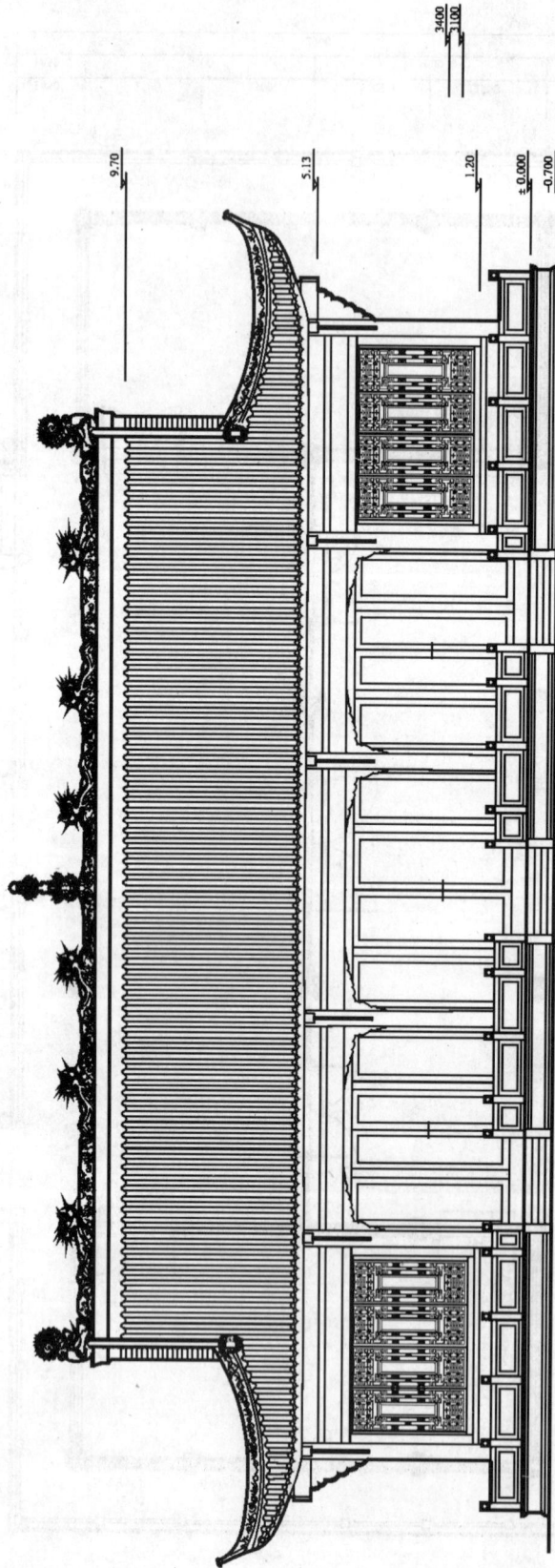

图三一　戟门立面图

9.710
8.900
7.960
7.100
6.250
5.780
5.280
1.100
±0.00
-0.750

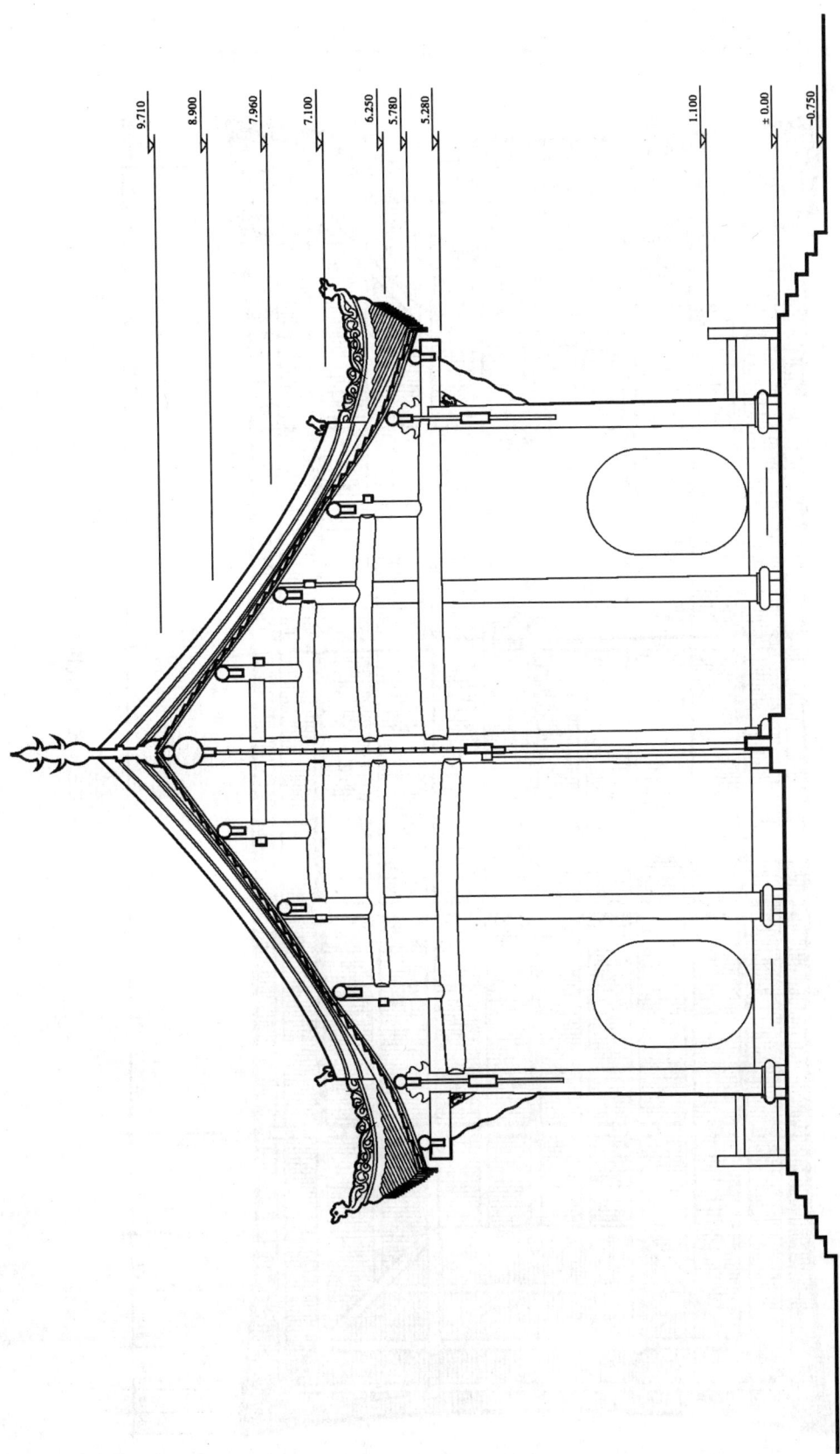

图三二　戟门剖面图

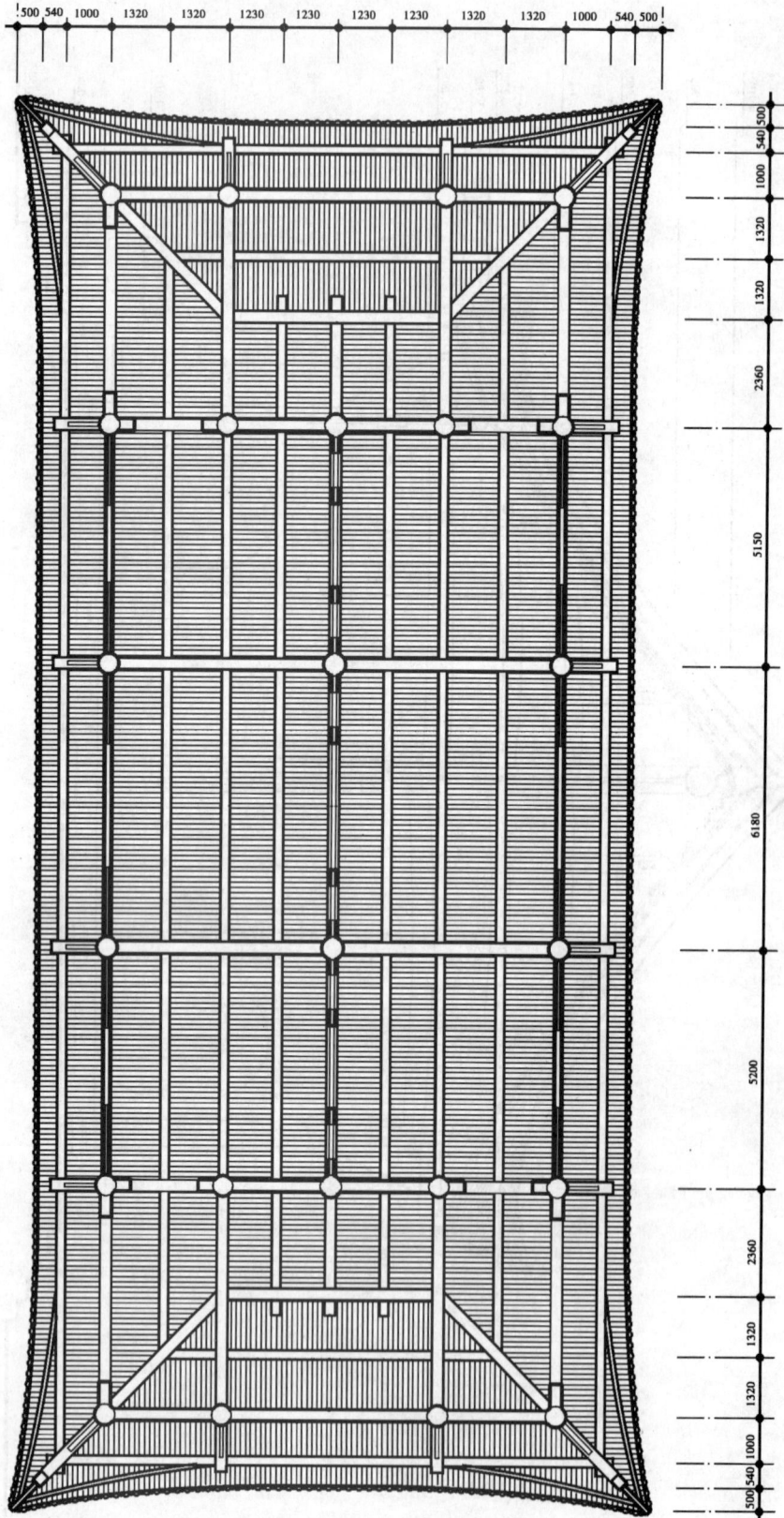

图三三　戟门仰视图

德阳文庙戟门为歇山建筑,在屋顶山面排山的处理上略与其它同类建筑有别:其排山与垂脊垂直,而不是平行(彩图一七七)。博脊上施拼接连续卐字砖。

二、第二进院落建筑包括主体建筑大成殿和位于其前面的礼乐亭、东西御碑亭及东、西两庑,均对称分布于中轴线的两侧。大成殿前有举行祭祀仪式的拜台。

1. 碑亭、礼乐亭,东、西御碑亭

礼乐亭是现在的俗称。据清道光年间刘宸枫《建学宫记》记载,当时有八座御碑亭。这八座御碑亭分别为大成殿左右各一座,殿左亭为"敕建平定溯漠碑",殿右亭为"敕建平定青海碑"。中间四亭,中左一亭立乾隆十四年"敕建平定金川碑",中左二亭立乾隆二十二年"敕建平定准喀尔碑",中右一亭为乾隆二十四年"敕建平定回疆碑",中右二亭为乾隆四十一年"敕建平定两金川碑"。另外还有两亭位于金声门左、右,分别立乾隆五十五年"敕建平定廓尔喀碑"和"敕建重定回疆碑"[1]。后来可能碑失而成为祭孔时乐队的演奏场所,故约定俗成称为礼乐亭。从现在的布局看,中间四亭和大成殿两侧的亭即为现在所称的礼乐亭和御碑亭,还有两亭即金声门左右的两亭因金声门位置不详而不能确定。现存的六亭形制不同,各有特点。中间四亭分别为六角和四角亭,大成殿两侧的御碑亭则为歇山卷棚顶。

关于位于戟门两侧,与戟门位于同一水平线上的两座建筑,一直认为是八座碑亭中的两座[2]。这两座建筑素面台基,与戟门台基不相连。建筑面积126.16平方米。建筑结构相同,均为面阔四间、进深三间,穿斗式梁架构架。中部一间为重檐歇山琉璃瓦顶,上檐梁架9檩用3柱,下檐梁架7檩用5柱。其余各间为单檐悬山顶。中一间前檐施四扇六抹隔扇,其余各间前、后檐及明间后檐施菱花槛窗,两山面用墙体维护(彩图一七八)。盘龙透雕脊饰,中部施宝塔形宝顶。如果作为亭,则面积过大,且八亭中有六亭的位置是清楚的,另外两亭位于金声门左、右[3],那么这金声门的位置又位于何处?根据建筑对称分布的原则,是否还有"玉振门"?据嘉庆版《德阳县志》所附圣庙图,戟门两侧为乡贤祠和名宦祠,但在后来的重建、改建中,这两祠均不在原处而另建于戟门前了。此外,根据大多数建筑的布局,这两座建筑是否为礼器库和乐器库?。在没有确切的证据前,我们暂从这两座建筑为碑亭说。

这八座亭子位于大成殿和戟门之间、中轴线的两侧及大成殿两侧,前面六座,分两排,第一排两座,六边形;第二排四座,排列在一条线上,中间两座为六角亭,面积35.4平方米,外侧两座为四角亭,面积40.5平方米。大成殿两侧的碑亭为四边形。

礼乐亭即指第二排并列的四座,均为重檐攒尖顶建筑,屋面六坡,覆黄色琉璃瓦,相交成六条檐,攒尖处安装宝顶。亭通高9.25米,宝顶高1.85米(彩图一七九、图三四)。六角亭平面为正六边形,须弥座台基高0.63米,台基南、北各设踏跺一路(图三五)。礼乐亭梁架结构采用较为简单的一种,由檐柱、金柱两圈十二棵柱子构成,金柱直通上层额枋,作为上层檐的檐柱。额枋上施斜承,做攒尖梁架。一层金柱与檐柱间施两重穿插枋,将檐柱和金柱两圈柱子联系成为一个整体。上层穿枋延长出挑,上承挑檐檩和屋檐,挑檐檩下施垂花柱,与穿枋相交,穿枋与檐柱间又施斜撑栱。檐柱间施挂落和美人靠。上层梁架结构基本与下层相同,承椽枋上施柱,构成二层的金柱,施穿插枋与檐柱(即下层金柱)相连,下重穿插枋延长,下与檐柱间撑栱形

[1] 清·何庆恩:《同治德阳县志·祠庙》,同治十三年(1874年)刻本。
[2] 刘章泽:《德阳孔庙布局及其与各地孔庙形制的比较研究——关于孔庙形制演变的探讨》,四川省孔子研究学会:《孔学孔庙研究》,巴蜀书社,1991年,390页。
[3] 清·何庆恩:《同治德阳县志·祠庙》,同治十三年(1874年)刻本。

成三角形,以承托檐檩和屋檐,挑檐檩下施垂花柱。护栏施步步锦(图三六)。

四角亭各对称分布于六角亭的一侧(图三七)。一层平面为四方形,台基南、北各设踏跺一路。建筑面积151.8平方米(图三八)。一层额枋上做顺梁,支撑上层檐柱,上层变为六角形,二层梁架结构与六角亭相同(图三九)。

大成殿的东、西两侧的碑亭,台基长7.2米、宽6.9米,台高0.4米。建筑面积34平方米。平面两排六柱,为下层的檐柱,柱间用枋相连接;下层檐高4.1米。四角柱施撑栱,挑出角梁。额枋上施步步锦横披,柱间施美人靠。

二层为穿斗式梁架,系在一层的额枋上立柱,形成二层的廊柱;又在承椽枋上立柱,形成二层的金柱,金柱与廊柱间施抱头梁和穿插枋;穿插枋出头,上承挑檐檩,与檐檩下所施垂花柱相交。四檐柱施撑栱以承上层角梁。金柱间用枋相连,柱头上施三架梁。二层四周出廊,金柱间施木槛墙和直棂槛窗。

东、西御碑亭为小式歇山式建筑,正脊为过垄脊,琉璃瓦屋面,垂脊脊尖为罗锅卷棚式,前端置靠背。博脊四角置合角吻兽。戗脊前端起翘明显,角梁与翼角的尖端高度相差2.1米,使整个翼角如鸟张开的双翼(图四〇)。

东、西御碑亭建筑小巧、灵活,檐面的曲线和飞翘的翼角,使建筑静中有动,动中有静(彩图一八〇、一八一)。

2. 大成殿

大成殿南与拜台相连。拜台长28.15、宽17.95米,台帮青石砌筑,素面,台高0.95米,台面铺方砖,台缘施望柱栏板;台正前设御路踏跺,两侧各设一路垂带踏道,垂带上施望柱栏板,前端望柱前置抱鼓石(彩图一八二)。御路踏跺的御路石为两石拼砌,平面高浮雕双龙抢宝。两龙均为五爪,一升一降,张牙舞爪,朝向正中的火珠;边饰螭龙戏珠(彩图一八三)。

大成殿台基通高1.4米,与南面拜台的高差0.75米。石砌台明,均不饰雕饰。台长37.25米,宽20.6米,台角各施一蹲石兽,与角柱呈45°角,台沿施望柱栏板。台前设踏道三出,正中为御路踏道(图四一)。踏跺两侧的垂带上施栏杆,与台沿勾栏相连,前端置抱鼓石。台基望柱栏板与垂带望柱栏板装饰简单、朴素:望柱柱身阴线雕刻出池子,狮子柱头。栏板为寻杖式,净瓶当为地方之做法,其与寻杖、盆唇为整石板雕刻,以两个椭圆将净瓶分隔为三个,减地浮雕花瓶内插牡丹,寓意"一品(瓶)富贵";面枋亦为整石板,阴线雕刻出蜀柱和盘子,盘子内不作雕饰(彩图一八四)。两侧的踏道位于梢间前,为普通垂带踏道,垂带上不施望柱栏杆。

大成殿为带回廊的重檐歇山式建筑,面阔五间,28.15米,进深四间,10.6米,廊深3.35米。建筑面积554.27平方米。明间面阔6.45米,次间、梢间均面阔5.2米,明间与次间面阔比为10:8。大成殿为彻上露明减柱造:山柱为五柱,内部仅设前、后檐柱和后金柱,减去前金柱和中柱(图四二)。无楼板或天花。

大成殿梁架采用穿斗与抬梁混合式构架。柱为圆柱,多边形石柱础,鼓形鼓磴。前檐柱与后金柱间施两重穿枋,枋下施随枋,枋间施柁墩。上层枋上施短柱和柁墩,以承抬梁枋,抬梁枋为弧形,下施随枋;随梁枋上施柱、檩,形成抬梁,抬梁共三架,柱间用枋联结。由于采用减柱,步架较大,因此上、下层枋间施柁墩、枋下施随枋以加强承重(图四三、四四)。前檐柱与廊柱间施挑尖梁和穿插枋,挑尖梁及角梁梁头帖饰龙、草等雕刻(彩图一八五)。挑尖梁与廊柱间施撑栱。撑栱减地浮雕,题材有龙(升龙、降龙)、喜报三元、麒麟吐书等(图四五)。挑檐檩出头,檩头亦贴雕饰。

11.100

9.250
8.500

7.800
7.500
6.900
6.550
6.200

5.200

4.500

3.900
3.550
3.400

2.900

1.250
1.000

±0.000

-0.630

500 500
650 650
550 550
925
925
550 550
650 650
500 500

950

520
320
500

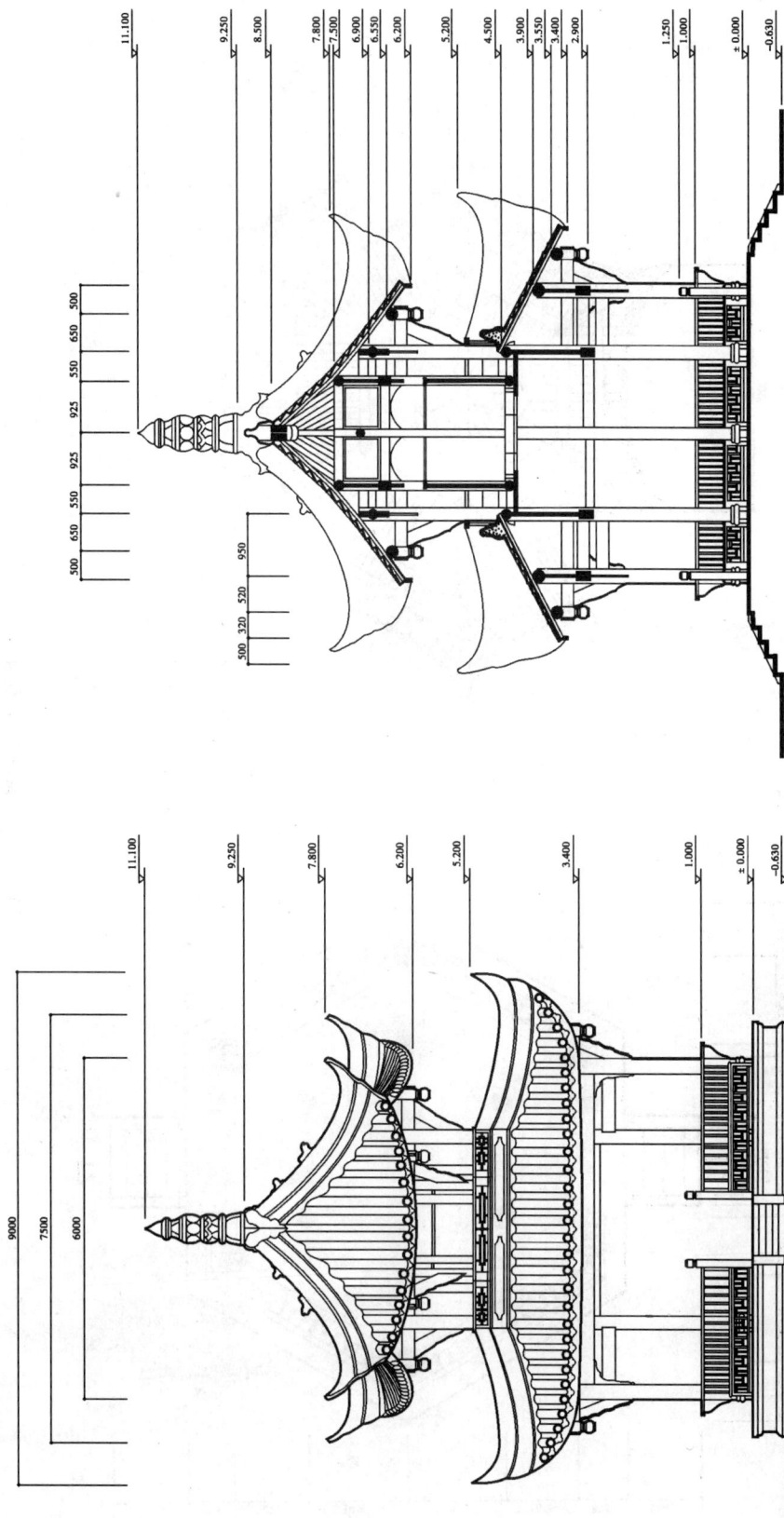

图三四　礼乐亭立面、剖面图

11.100

9.250

7.800

6.200

5.200

3.400

1.000

±0.000

-0.630

9000
7500
6000

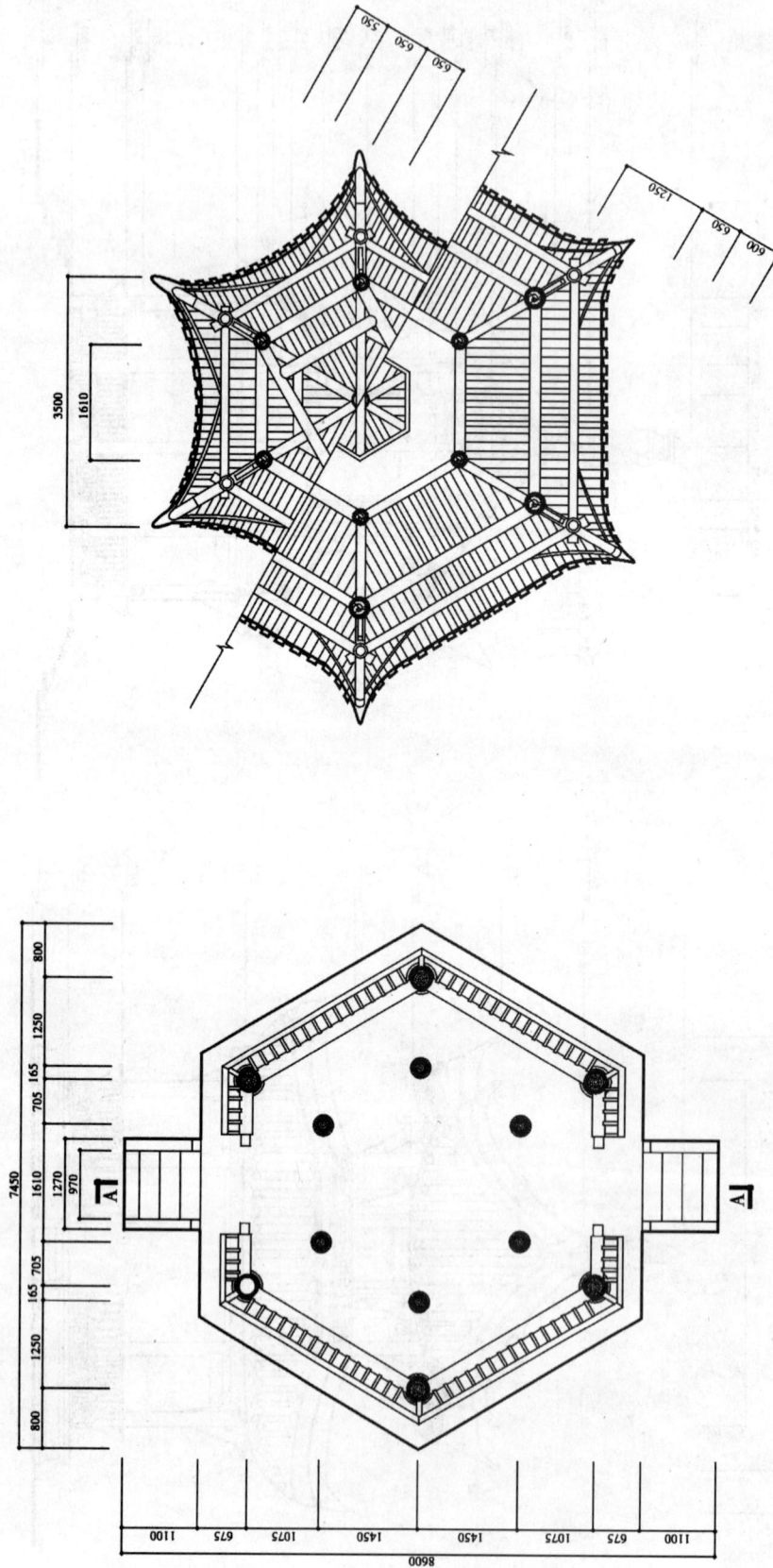

图三五　六角亭平面、仰视图

9000

7500

6000

11.100

9.250

7.800

6.200

5.200

3.400

1.000

± 0.000

−0.630

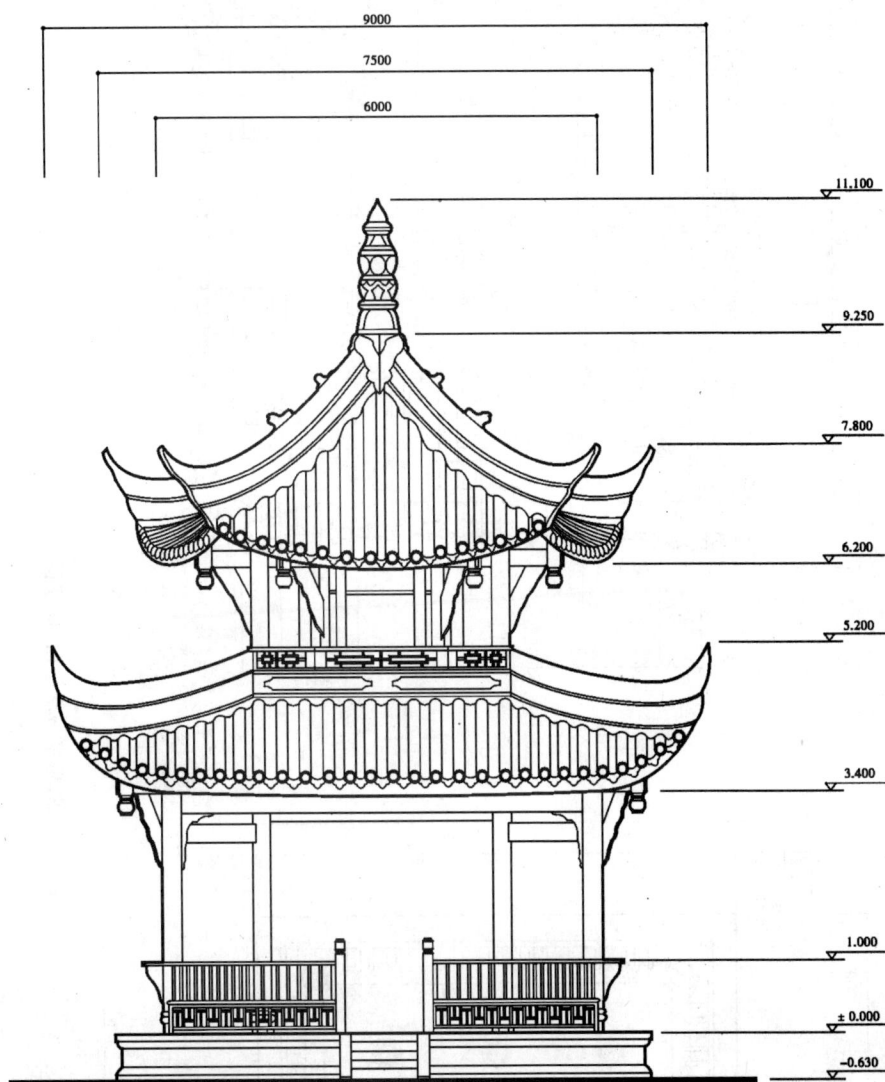

图三六　四角亭立面图

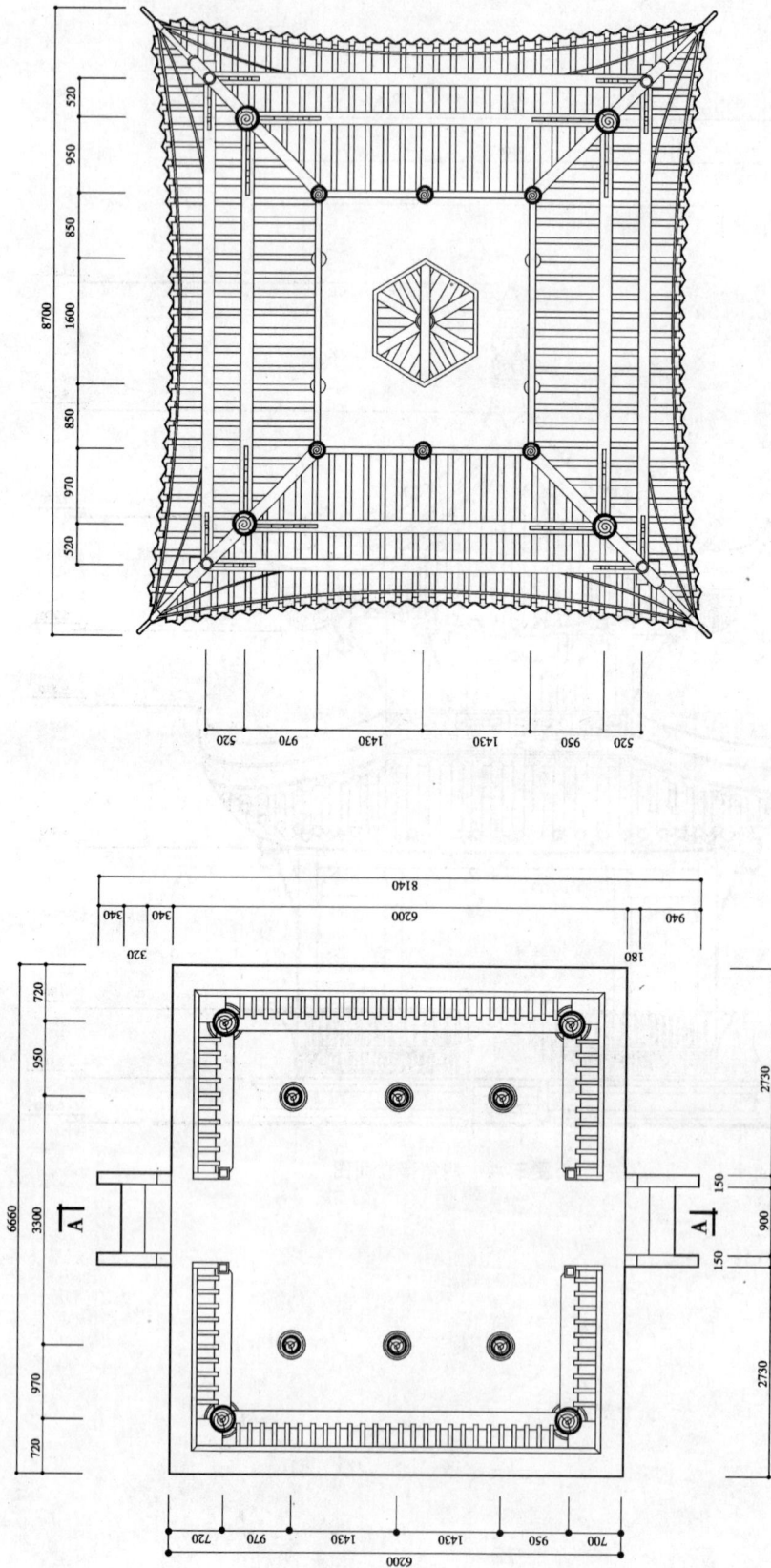

图三七　四角亭一层平面、仰视图

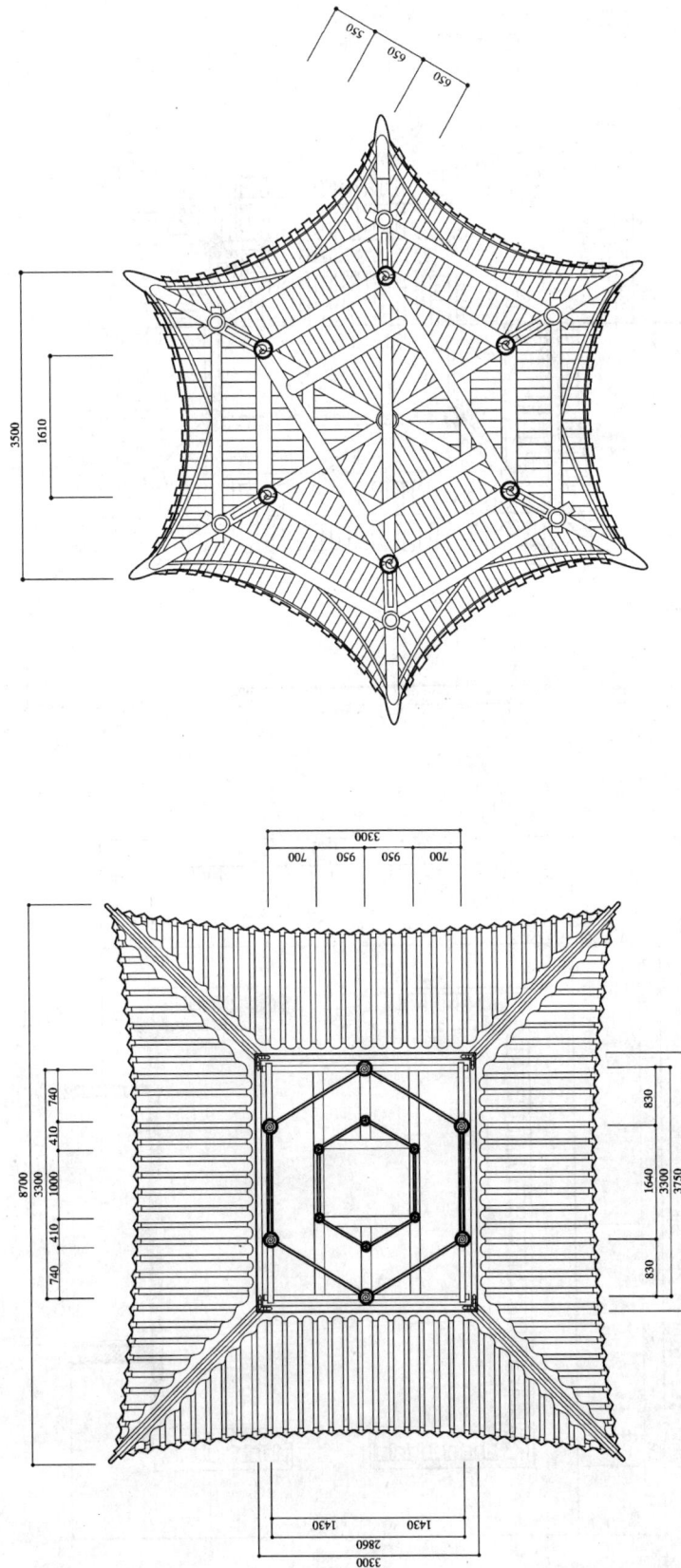

图三八　四角亭二层平面图、仰视图

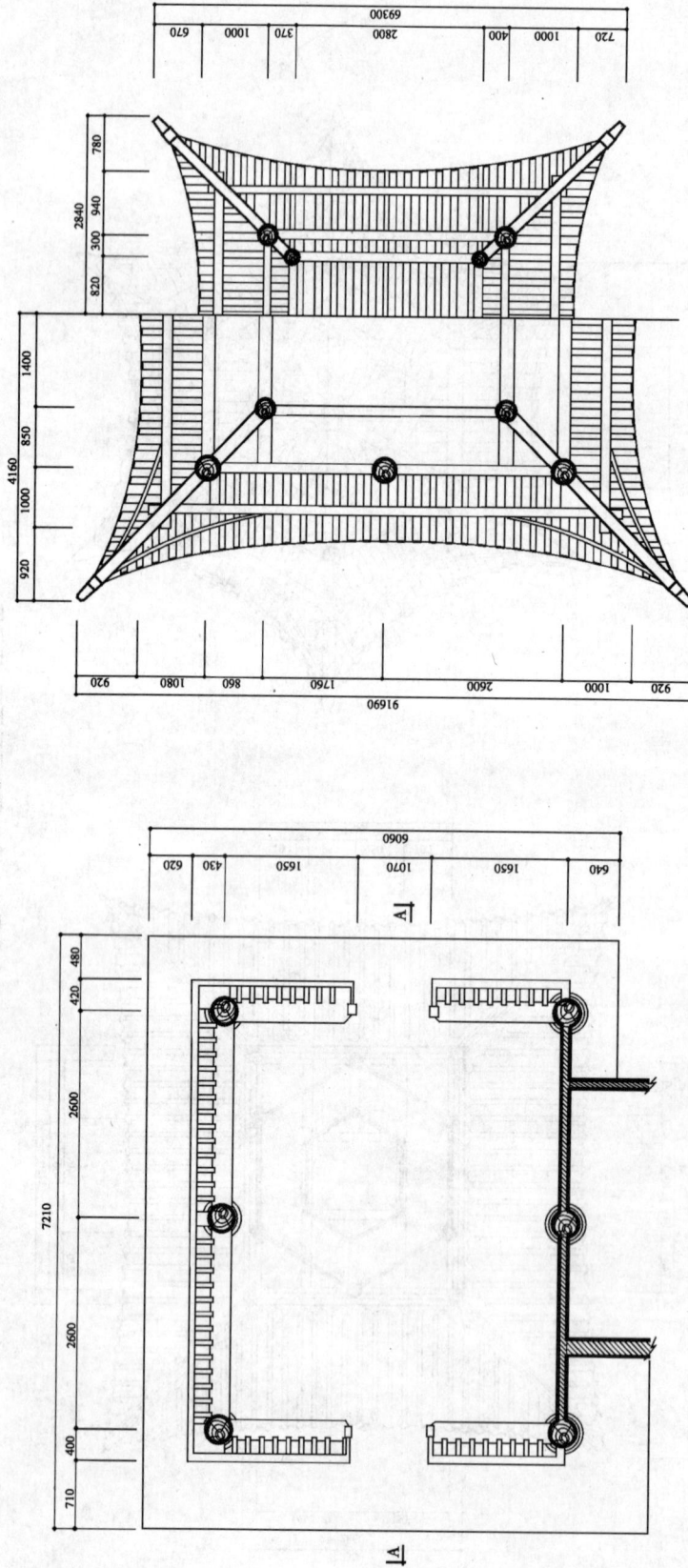

图三九　御碑亭平面、仰视图

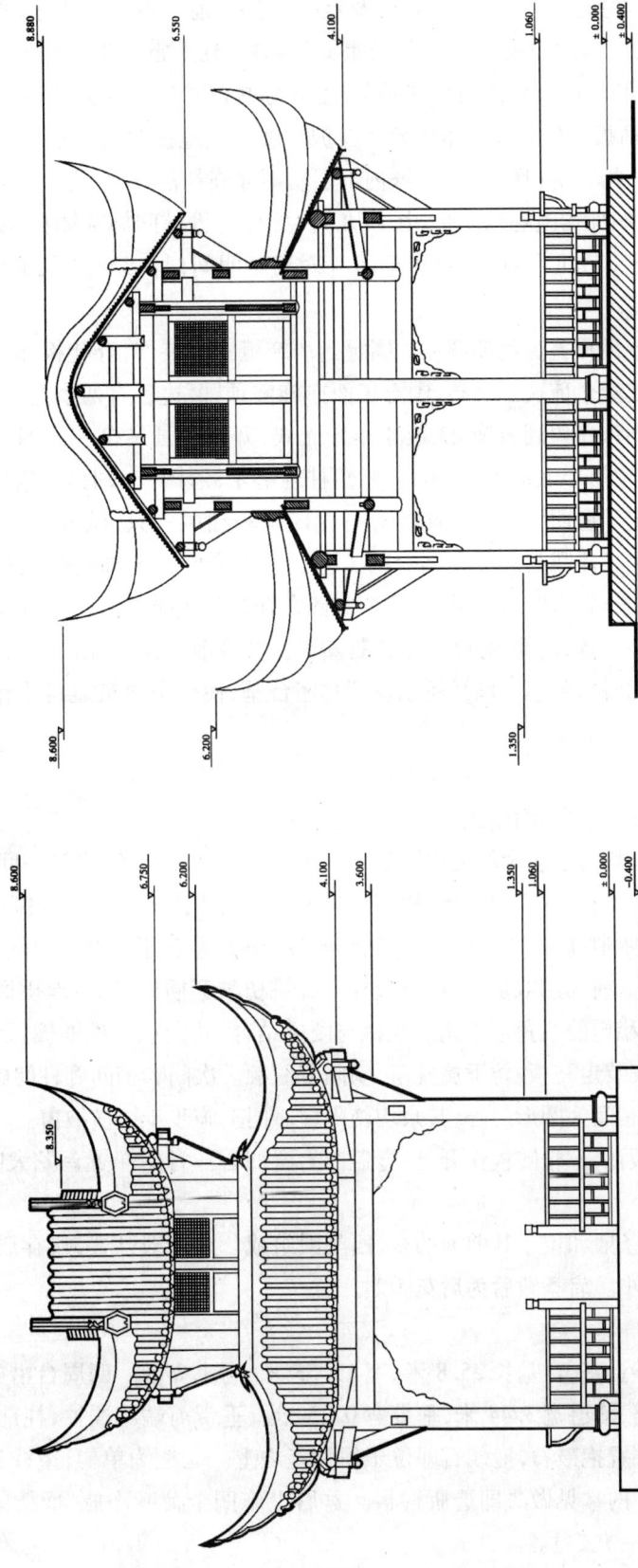

御碑亭立面、剖面图

图四○

8.880
6.550
4.100
1.060
±0.000
±0.400

8.600
6.200
1.350

8.600
6.750
6.200
4.100
3.600
1.350
1.060
±0.000
-0.400

8.350

挑尖梁上施有雕刻的弯月形轩梁,上承廊檩及重檐檐柱。前廊顶施捲骨子,作船棚式。山面及后檐廊步深三步,顶部不作卷棚装饰,挑尖梁上承廊桁及重檐的廊柱,柱下施墩斗。

一层前檐明间、次间和梢间均施四扇六抹隔扇,隔扇为单心嵌花边寿字格心,裙板和绦环板均素面无装饰(图四六)。门上施走马板。山面及后檐用墙体围护。廊枋上施横风窗(图四七),枋下施浮雕雀替,题材有龙吐火珠、鲤鱼跳龙门、博古等(图四八)。殿内下层枋下亦施挂落,浮雕龙、凤等题材内容(彩图一八六)。

重檐部分亦带回廊,四面均施隔扇围护(图四九)。廊柱与檐柱间施穿插枋,枋与廊柱间亦施有雕刻的扁方承栱。檐柱间施隔扇,明间八扇,次间和梢间各六扇。明间门上悬挂"大成殿"匾额。山花贴塑衔磬蝙蝠。

大成殿通高21米,屋顶覆盖黄色琉璃瓦。围脊当沟施植物纹装饰,脊陡板作开光框式,框内无装饰,开光框两端作雕刻。脊上施黄色琉璃卐字砖,围脊正面亦施宝顶,两边各有两螭龙,合角处又置花草拐子。正脊两端置鱼龙吻。正脊当沟作勾滴装饰,陡板亦作开光式,开光内画琴棋书画四艺及博古图等。脊顶施琉璃脊饰:正中为透雕三层宝塔形宝顶,塔有中心柱,角柱施蟠龙(彩图一八七)。塔座下为龙吐火珠雕饰。宝顶前、后用铁索牵引、固定于屋面。宝顶两侧各有行龙四条和翔凤一只,凤位于正脊的末端,与走龙一样均朝向宝顶。走龙与凤采用了浮雕与圆雕相结合的工艺。垂脊和戗脊装饰较为简单,脊上施花草拐子,垂脊前置靠背,其上施升龙一条,脊上置琉璃狮、兽两个。戗脊脊饰为透雕,翼角上施龙(彩图一八八)。

殿内现新塑孔子坐像一尊,两侧为四配、十二哲塑像。塑像前设案,根据古代祀孔仪式陈设祭器、祭品。

大成殿建筑体量大,红柱、黄色琉璃瓦屋顶及须弥座台基,使整个建筑显得雄伟、庄重,同时建筑构件上的雕刻又使得建筑于庄重中显华丽。

3. 东、西两庑

分别对称分布于大成殿的东、西两侧。

东、西两庑结构一致,均为带前廊的硬山式建筑。面阔七间,29.5米,进深一间,5.65米,廊深2.14米。明间台基前设垂带踏道一路。通高9.86米,檐高5.83米,三面墙体围护,后檐墙砌至椽下(彩图一八九)。

两庑为穿斗式构架,距地高4.75米施一枋,联结两柱,枋上施三穿。由于内部空间进深间距较大,在檩下又施随檩,以增加承重。前廊用双步,廊柱与金柱间施挑枋与穿插枋,挑枋承挑檐檩,檐檩下施垂花柱,与挑枋前端相交,组成一个稳定的三角形结构。软挑与硬挑结合,共同承托挑檐檩,是四川地区古建筑较为常见的一种做法。廊枋上安装走马板,枋下施挂落,明间置匾额。次间和梢间廊柱间施美人靠(图五〇)。

东、西两庑金柱间除梢间为圆形门外,其余均施隔扇。门上施步步锦横披窗。

现两庑屋面覆小青板瓦,正脊陡板作开光,脊盖筒上置四兽。脊两端置鱼龙大吻。垂脊陡板亦作开光,其上亦置一蹲兽。

三、第三进院落由启圣殿和位于其前面的东、西配殿组成。东配殿已毁,仅存启圣殿和西配殿。在三进院落中,此进院落面积最小。启圣殿后为后花园。

4. 启圣殿

启圣殿为石砌须弥座台基,台基长25.8米、宽19.53米,高1.2米。四周台沿施寻杖栏杆。正中前、后设九级台阶垂带踏道一路,踏道宽3.44米,垂带宽0.35米。垂带前端施蜀柱,柱前设须弥座。垂带上施勾栏,与台沿勾栏相连,前端置抱鼓石,抱鼓石即位于须弥座之上。勾栏为单勾,望柱身池子内施花草雕刻,方柱头。栏板为寻杖栏板中的常见做法即透瓶栏板。盆唇上施四个荷叶净瓶,面枋间不施蜀柱,盘子中浮雕龙、狮、花草等图案(彩图一九〇)。

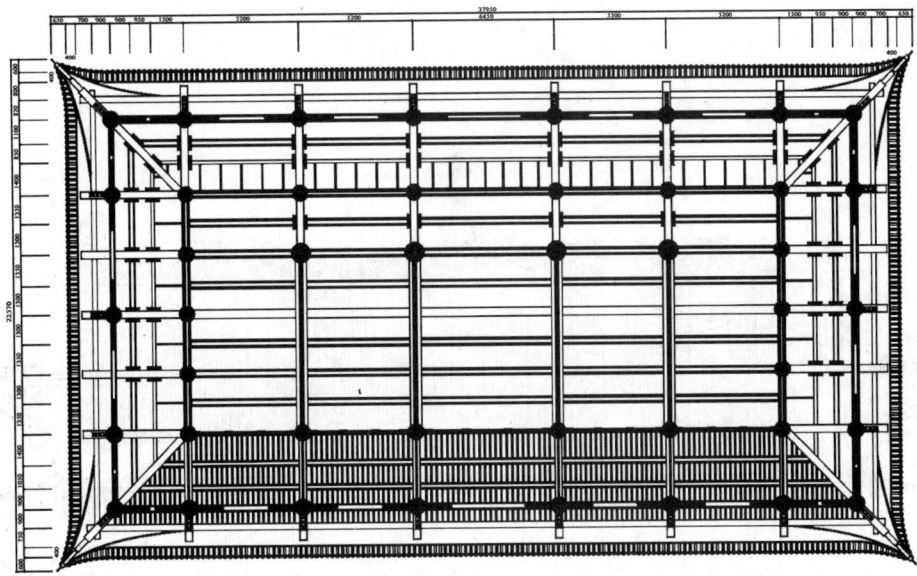

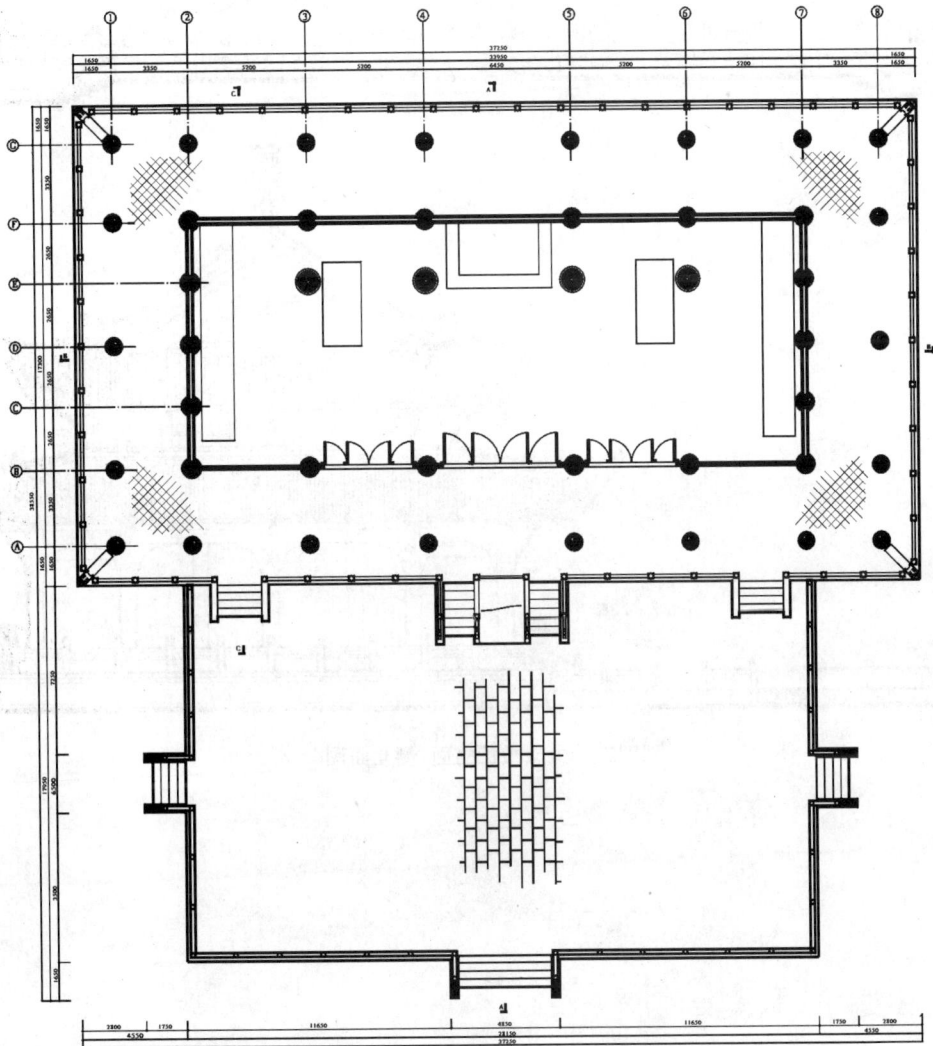

图四一 大成殿一层平面图、仰视图

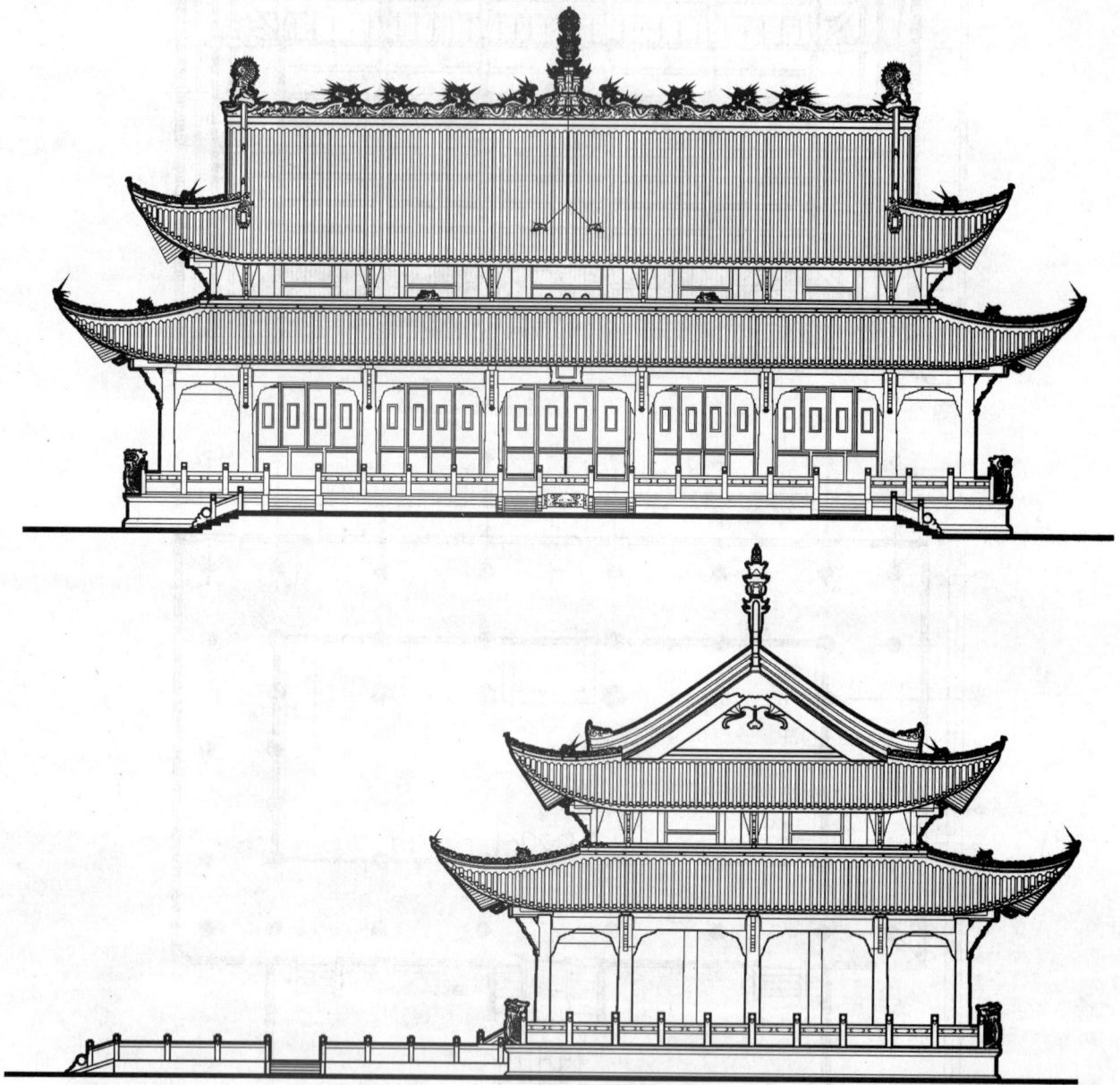

图四二　大成殿正立面、侧立面图

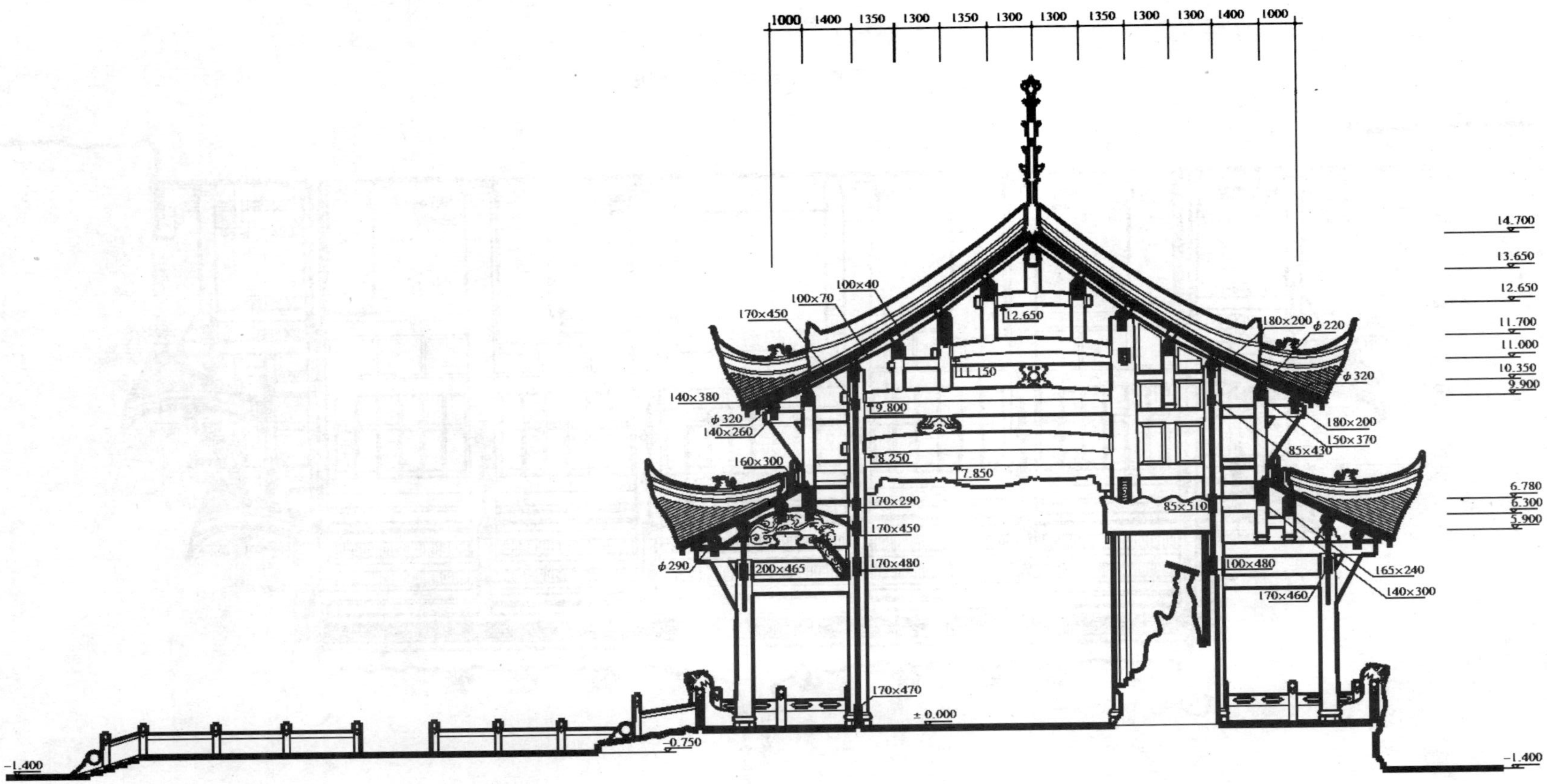

图四三 大成殿横剖面图

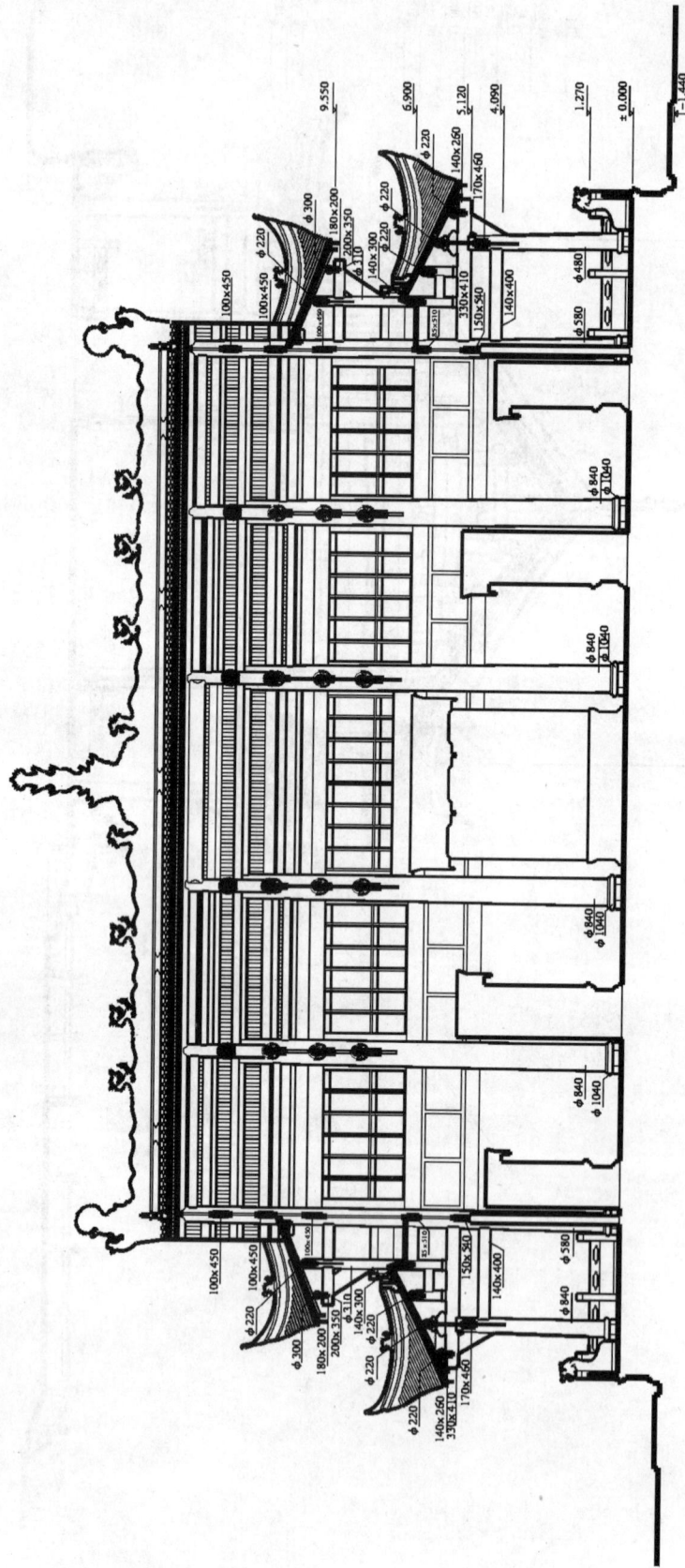

图四四　大成殿纵剖面图

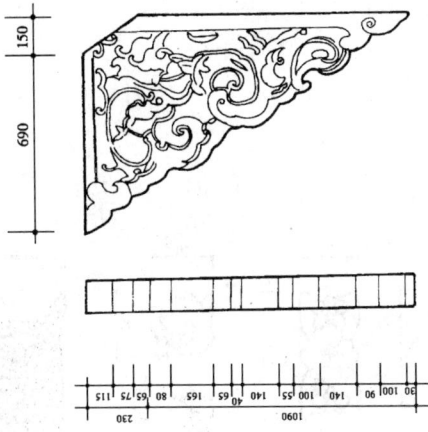

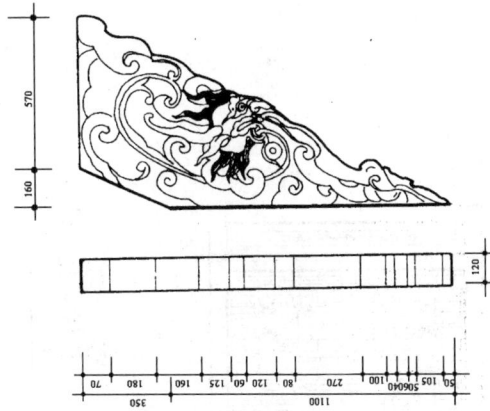

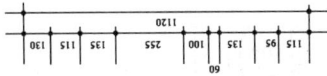

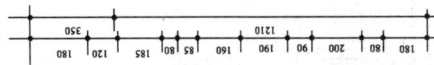

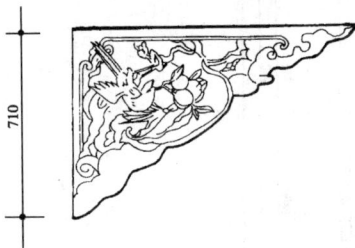

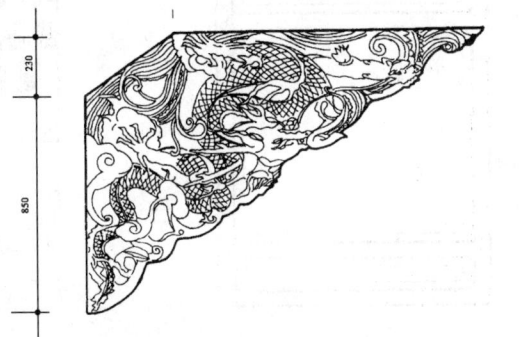

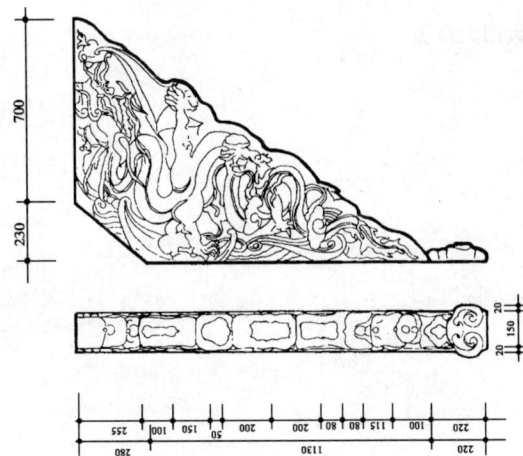

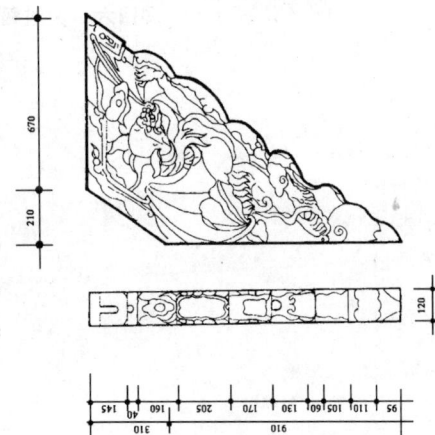

图四五 大成殿撑拱大样

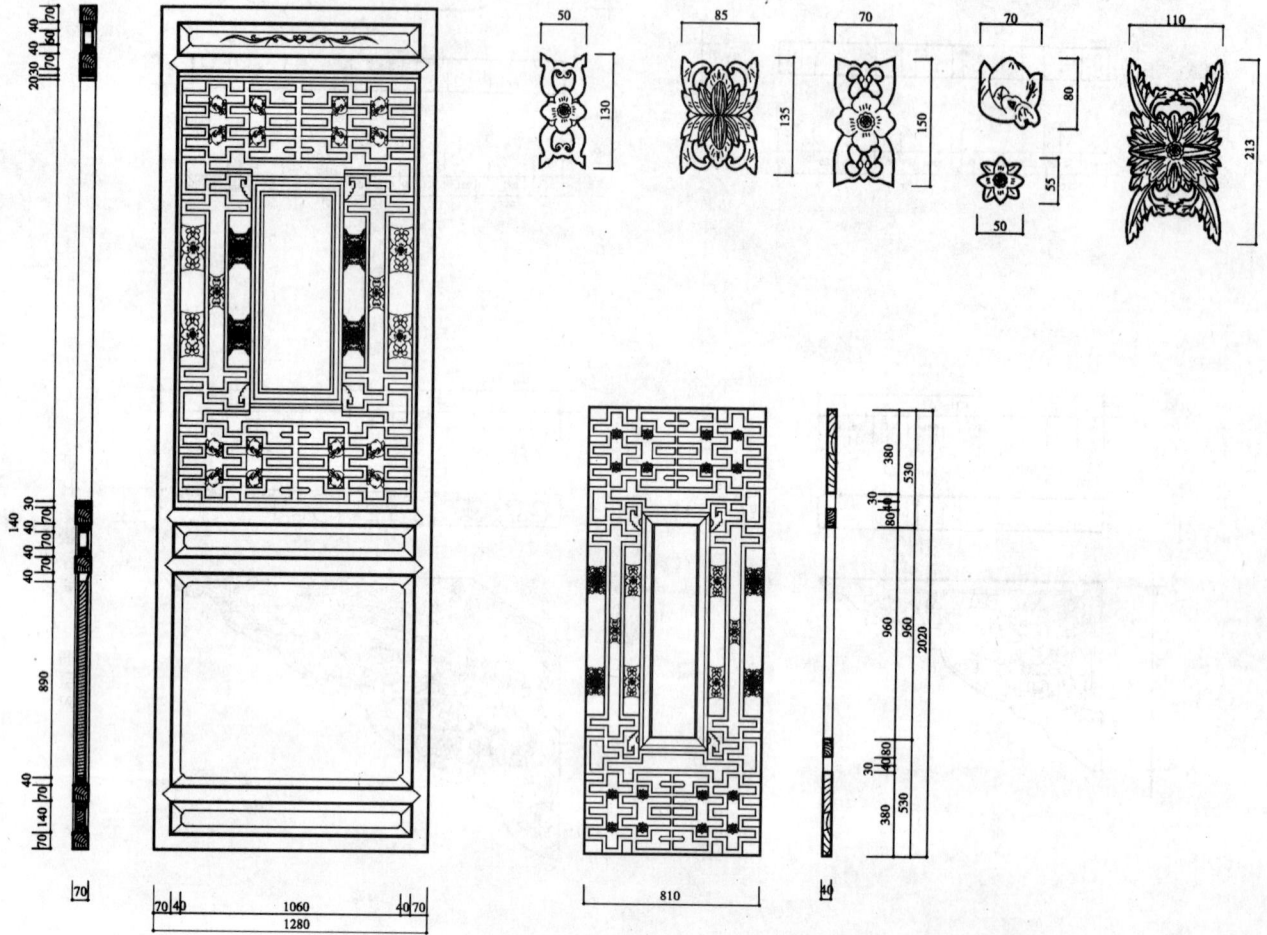

图四六　大成殿大门大样图

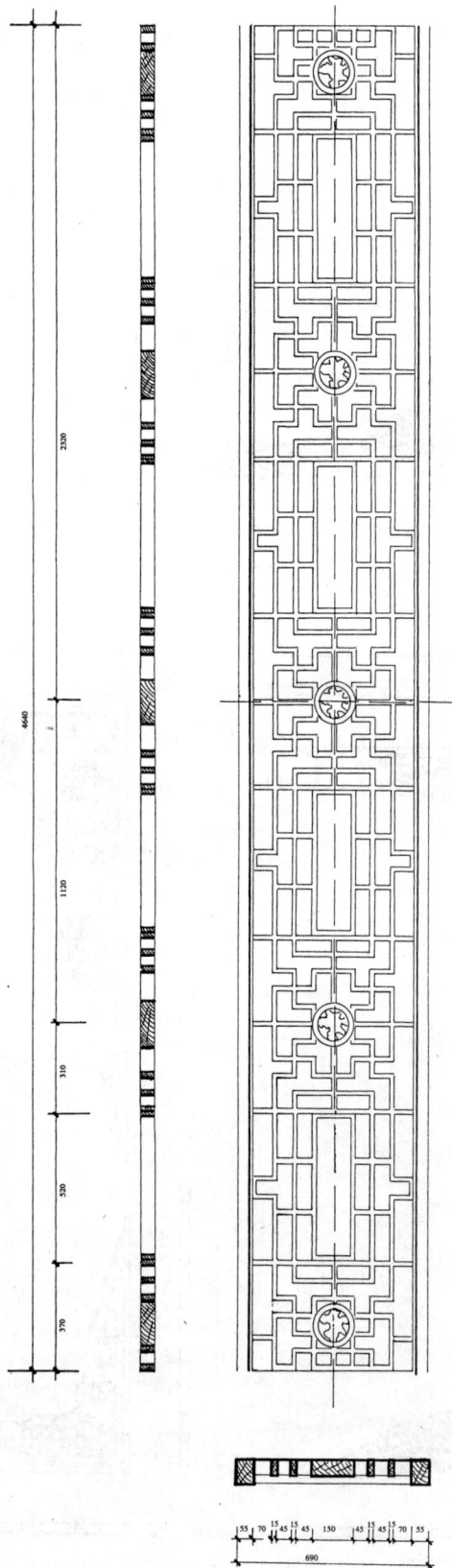

图四七　大成殿长窗图

3

1760

1670

1170

1090

2

1520

1

1410

5

1040

4

1050

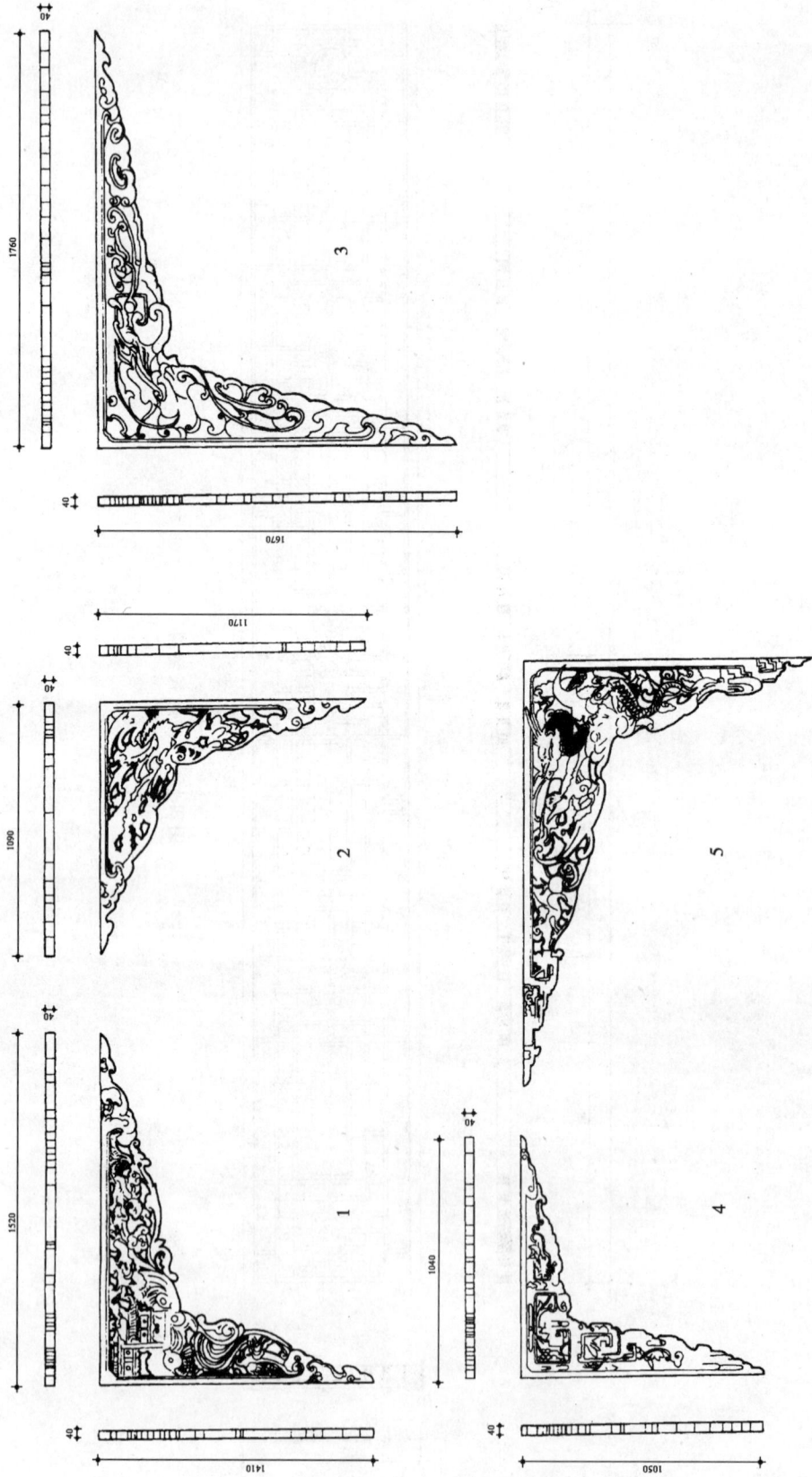

图四八 大成殿雀替大样

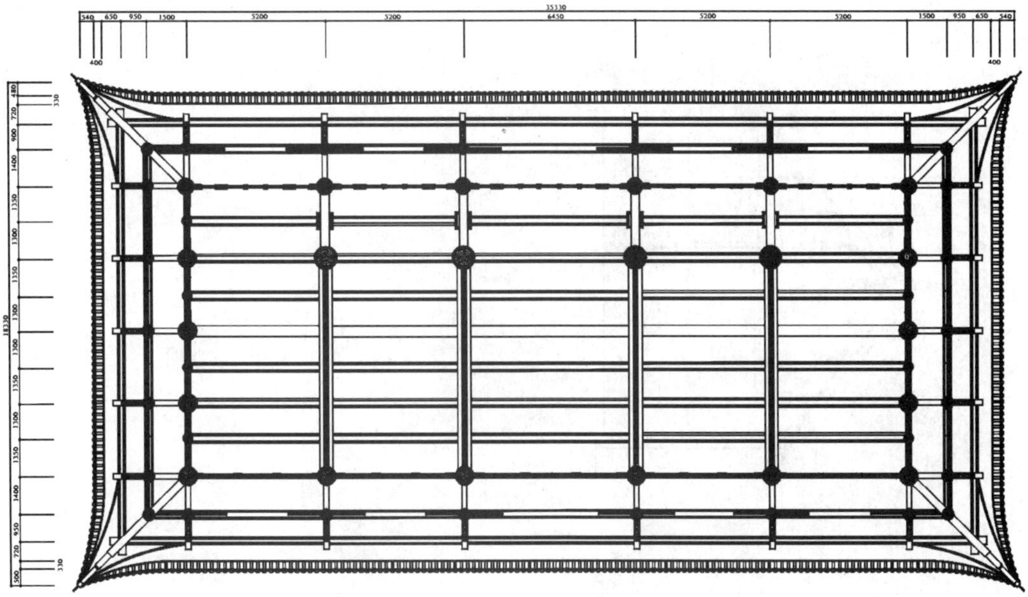

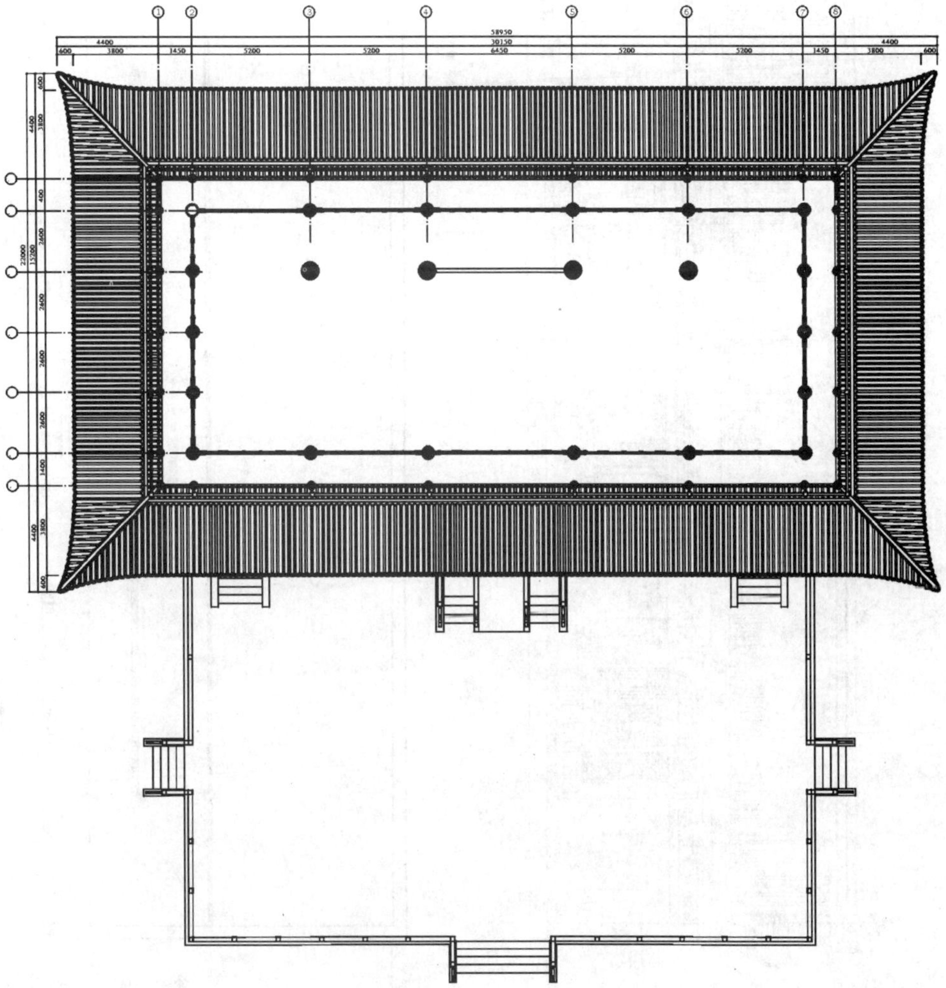

图四九　大成殿二层平面、仰视图

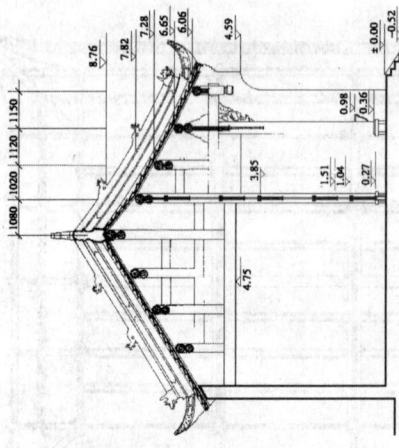

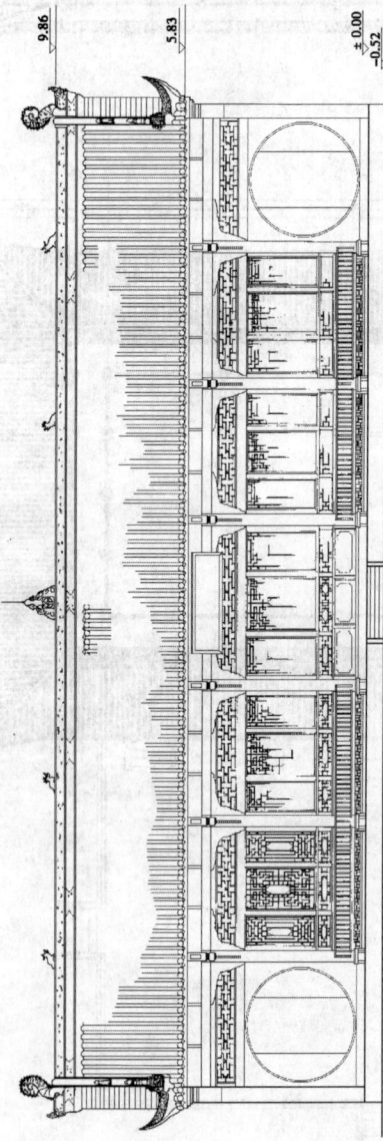

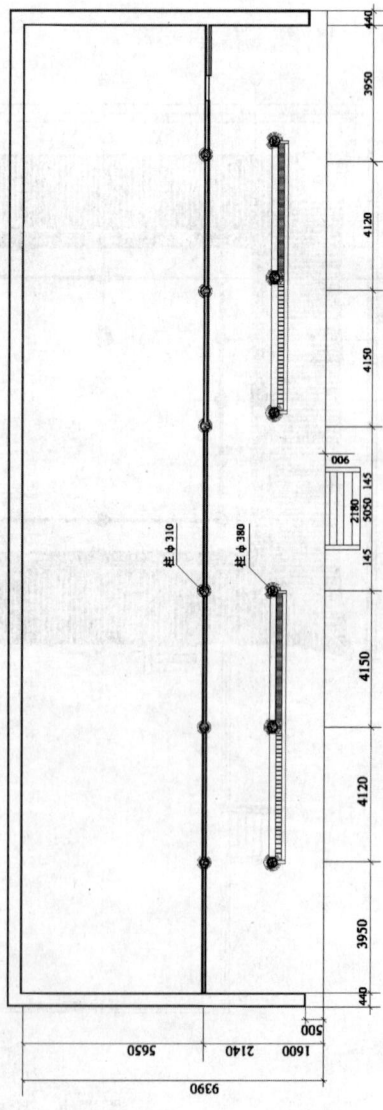

图五〇 东(西)房平面、立面、剖面图

从启圣殿台基的勾栏看,与大成殿的台基勾栏风格迥然不同,且其垂带勾栏的做法亦与大成殿有别,似为后期改造者。

一般在文庙建筑中,启圣殿后檐不设门和踏道,而该启圣殿后檐墙设门,可能与启圣殿后面为后花园有关。

启圣殿面阔五间,通面阔23.1米,进深四间,通进深11.7米,建筑面积270.27平方米(图五一)。单檐歇山式,穿斗式梁架,彻上露明减柱造。金柱间距地表4.98米施枋连接两柱,枋上置驼峰承抬梁枋,抬梁枋以上形成抬梁式,构成四步架。但在具体的做法上,仍为穿斗式,即枋上施蜀柱,柱上承檩,柱间用枋相联,枋出头,头作麻叶式。为了增加承重强度,金柱间各枋为两层,即枋下又施枋;上面四步架的檩下又施随檩。各柱之左右施使蜀柱稳固的角背,角背两面施雕刻。金柱与前、后檐柱间施抱头梁和穿插枋,抱头梁上置墩斗、蜀柱构成双步承重结构。抱头梁与穿插枋间施墩斗与驼峰。前檐双步与前檐顶施捲骨子(龙骨),形似苏式建筑中的鹤胫一枝香轩式。前、后檐柱和角柱均施撑栱(图五二)。

启圣殿的装修简单。前、后檐明间施六扇六抹隔扇,裙板不作雕饰;次间和梢间施槛窗。中槛上施横披窗。

屋面覆盖绿色琉璃瓦。正脊陡板作开光,内无装饰。脊顶正中置两层宝塔形宝顶,左、右两侧个有两条昂首朝向宝顶的行龙(彩图一九一);两端置鱼龙大吻(彩图一九二)。垂脊前端靠背作匾式,匾内雕"寿"字;陡板上置绿色琉璃透雕卷草,前端为螭龙,龙昂首,龙身与卷草巧妙地结合,整体如一沿着垂脊向下的螭龙。戗脊装饰与垂脊相同(彩图一九三)。

5. 西配殿

位于启圣殿的西侧,根据文庙布局的特点,被毁的东配殿形制当与西配殿相同。

西配殿为带前廊单檐悬山式建筑。素面台基高0.6米,石砌台明。台基长13.45米、宽7.38米,台正中及廊两端各设踏道一路,中间为垂带式,廊道两端为如意式踏道(图五三)。

西配殿面阔三间,通面阔11.85米,进深一间,通进深3.8米,廊深1.7米。在平面柱网分布上,两山柱为三柱,但非对称分布。

穿斗式梁架结构。前廊为双步,金柱与廊柱间施抱头梁和穿插枋,抱头梁前端承挑檐檩,檐高4.56米,梁与廊柱间亦施撑栱。廊枋下施挂落。后檐柱柱头施柁墩上承檐檩,檐高4.25米,檐柱施撑栱,与挑檐枋形成三角形构架,以承后檐。建筑高7.0米(图五四)。

前檐明间施六扇六抹隔扇,次间施四扇槛窗,槛墙为木质。其余各面均用板墙围护。

屋面为青板瓦仰合瓦顶。正脊正中为宝顶,两侧各施兽三只,均朝向宝顶,两端为鱼龙吻。

6. 后花园

文庙后带后花园,为四川现存文庙中德阳文庙所仅有。德阳文庙的后花园自成单元,与文庙一墙之隔(图五五)。那么,后花园作何用途呢?

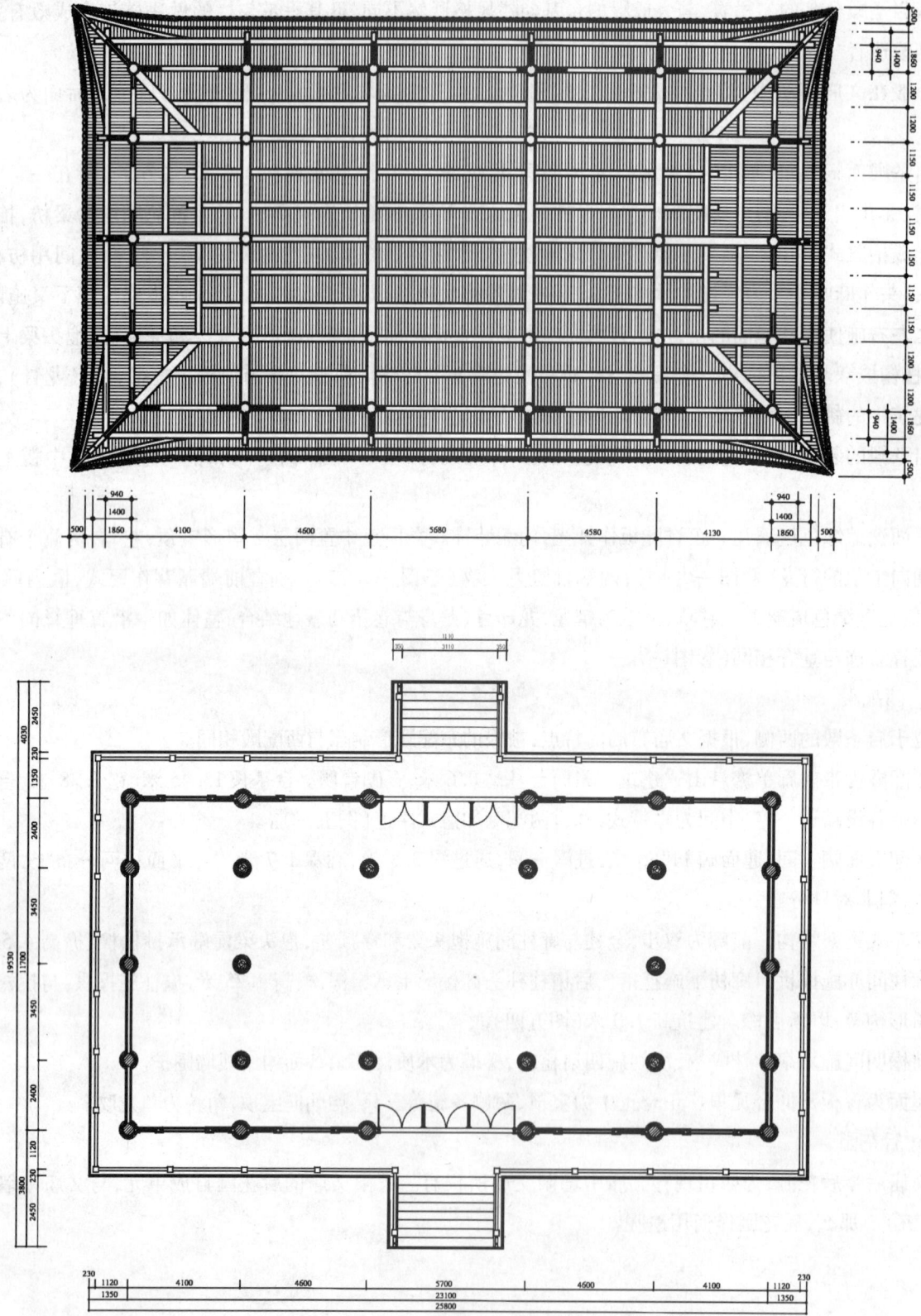

图五一　启圣殿平面、仰视图

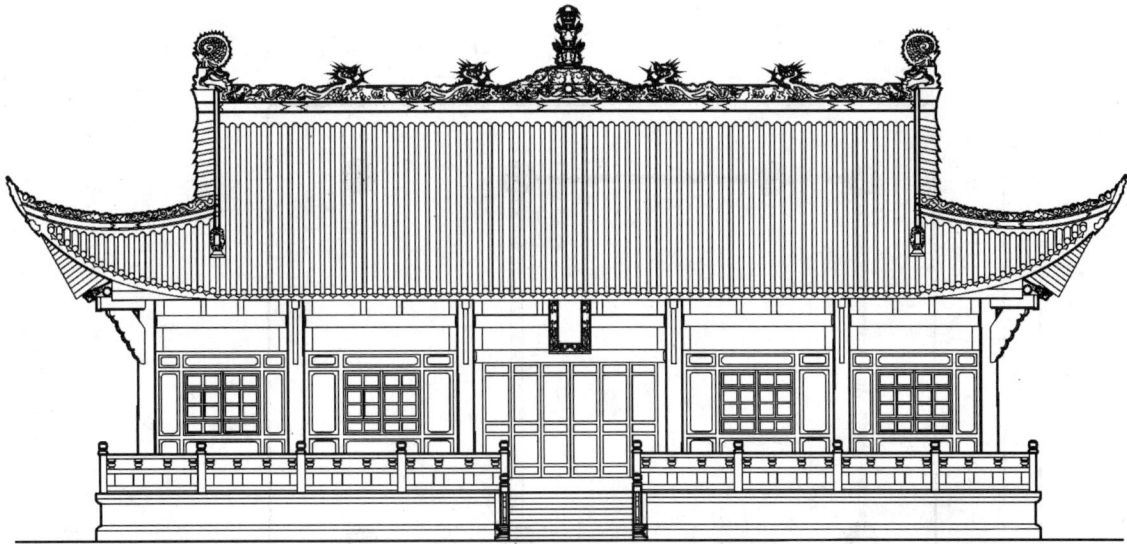

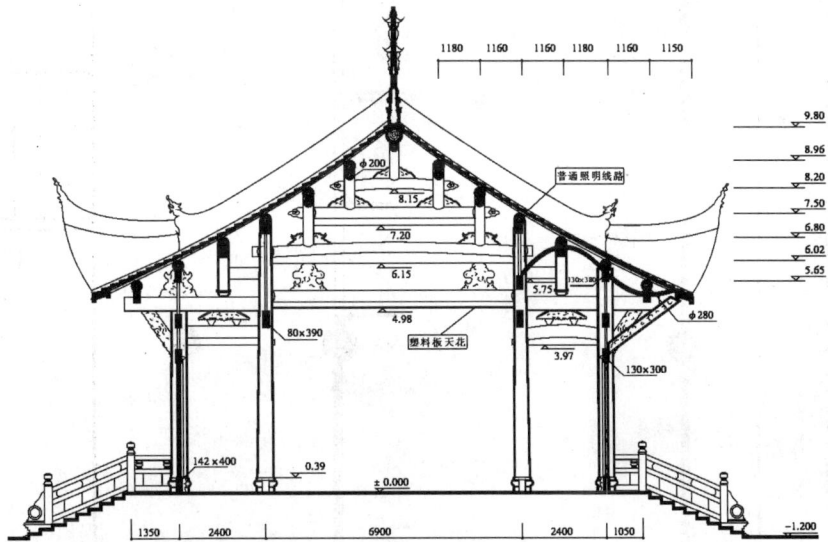

图五二　启圣殿立面、横剖面图

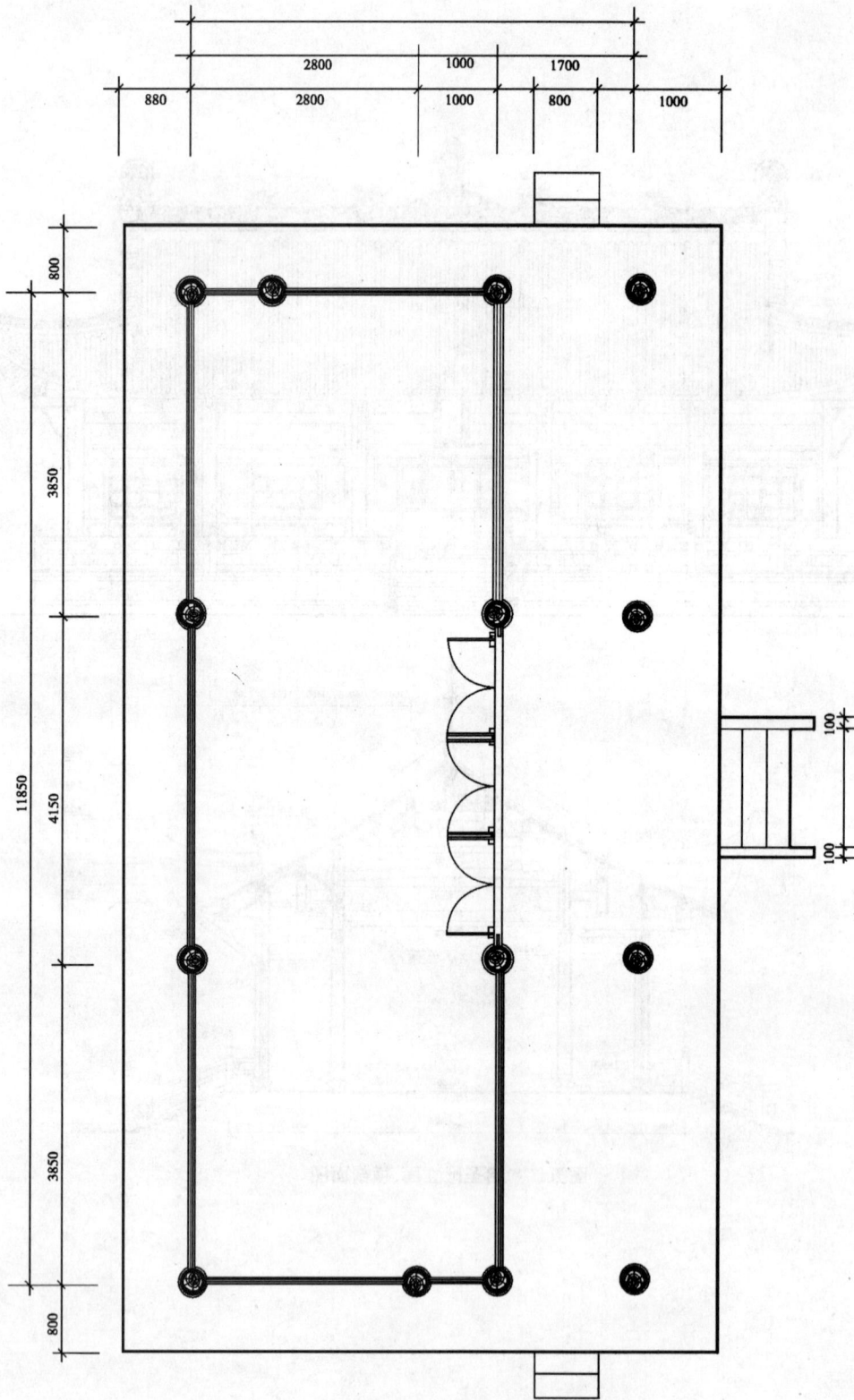

图五三　西配殿平面图

西配殿

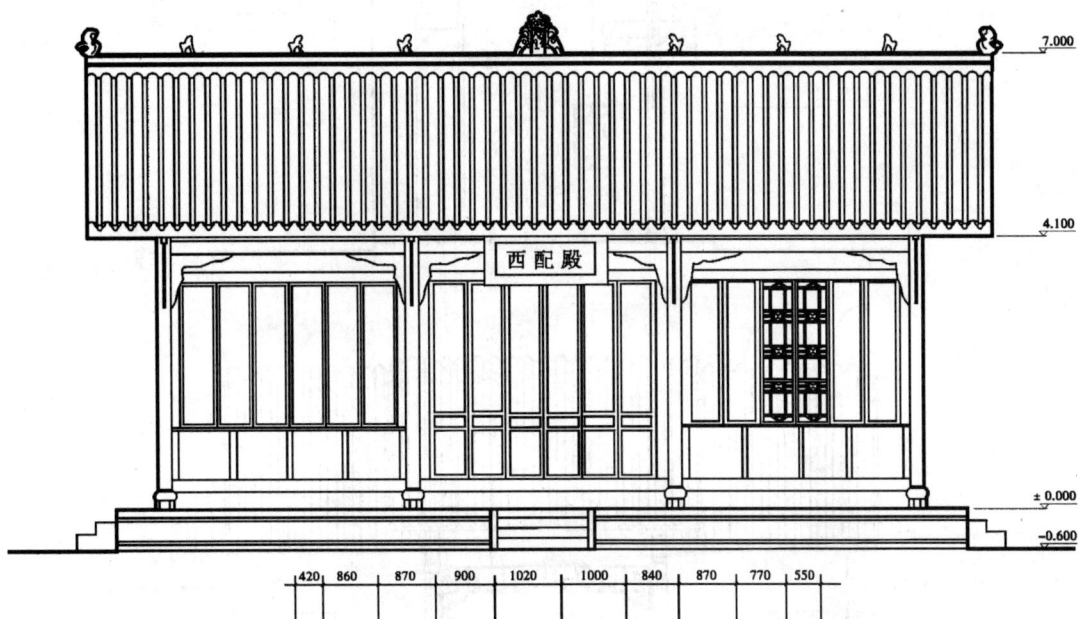

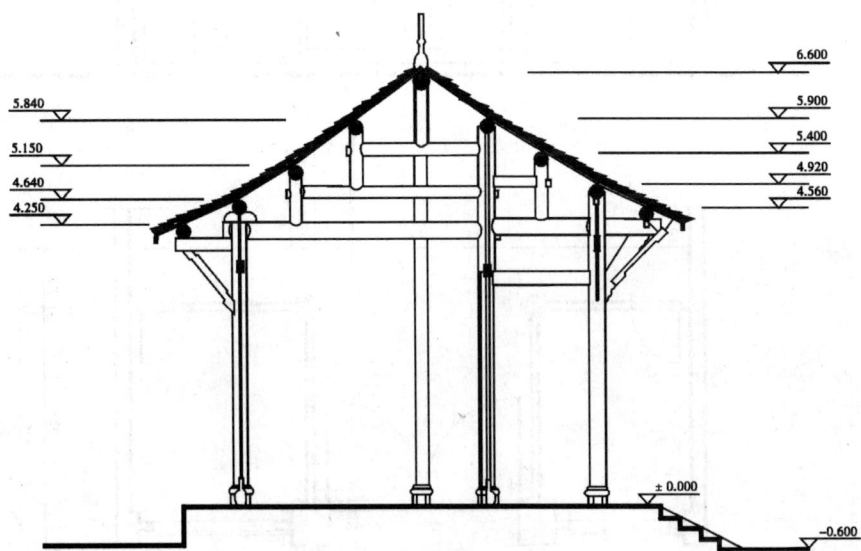

图五四　西配殿立面、剖面图

5.930
5.360
4.250
3.400
3.100

3.270
3.000
2.620
1.930

± 0.00
-0.100

880
3250
5080
950

390　180　260　180　2830　180　260　180　390
2650　　3450　　2960
9060

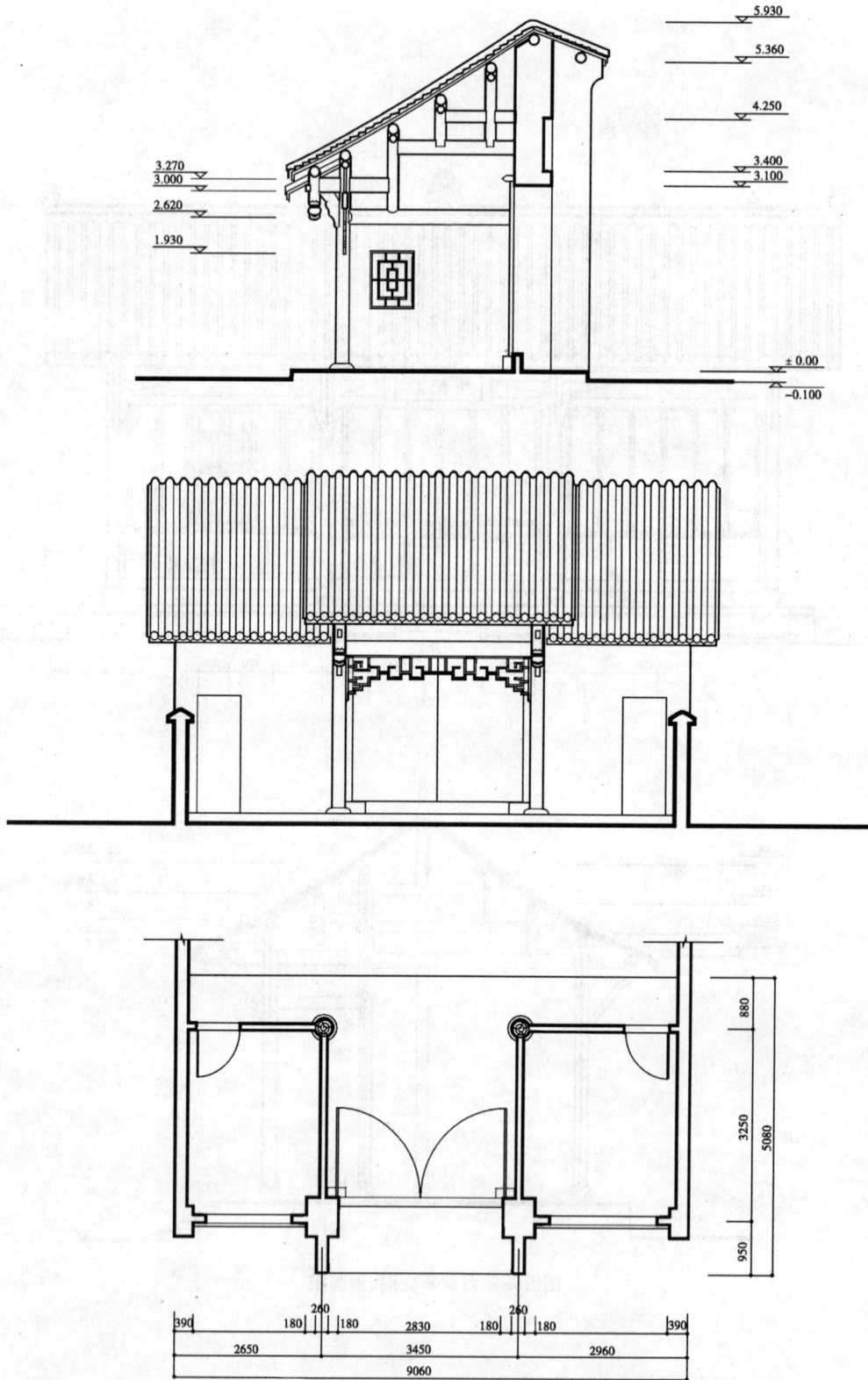

图五五　花园门平面、立面、剖面图

　　有学者认为是德阳儒学旧明伦堂所在地,清乾隆元年重修德阳儒学时,将前庙后学的格局改为左庙右学,明伦堂之地改为后花园,仍为师生游息之处[1]。我们注意到,现孔庙与后花园围墙呈不规则形,有后花园补孔庙形制之感。嘉庆版《德阳县志》所附学宫图,大成殿后即为围墙,启圣祠位于大成殿的东北角。大成殿两侧有便门可通学署和启圣祠。启圣祠北为书院,自成单元。书院、孔庙和学署之间为一片隙地。从其所处的位置看,可能为射圃。学宫置射圃主要训练学生的骑、射等技艺,是孔子教学内容之一。射圃位置不定,或在学侧,或在庙侧,或在学前,或在学后。道光年间,知县张行忠修缮时"就余地旧址廓而大之",启圣宫的位置才可能移至大成殿后,射圃被改造为花园,"园三十余亩",据此推测后花园即在此次扩建中所建。

　　后花园平面呈不规则形,由东、西两部分组成,西部分以荷花池为中心,池北为志远楼,池中为六角沁心亭;东半部则以建筑为主,包括柒云轩和万花楼,从布局看以柒云轩为主。从整个花园的布局、规划看,为坐东朝西,也就是说与文庙坐北朝南的布局相垂直。园门设于西偏隅,从园门进入,有路可通达各建筑(图五六)。但其为"师生游息之处"的功能大致不会有疑问。

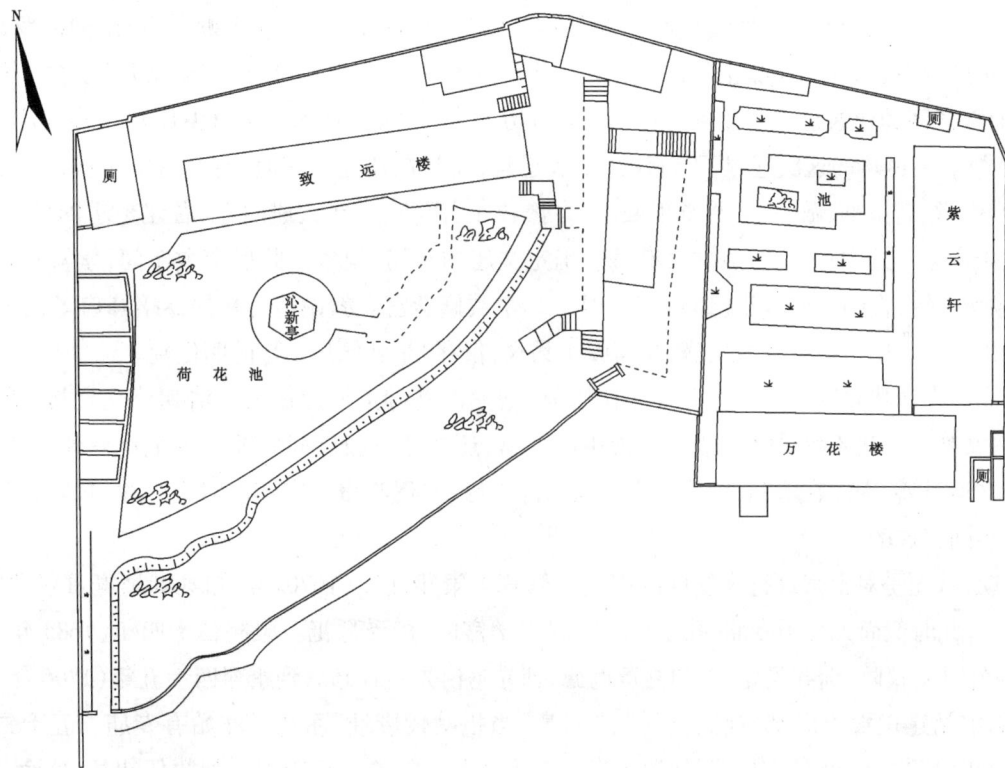

图五六　后花园平面图

　　德阳文庙仿自曲阜阙里孔庙,整个建筑群规模宏大,布局规整,是我国现存同类建筑中具有代表性的一处。

---

〔1〕 刘章泽:《德阳孔庙布局及其与各地孔庙形制的比较研究——关于孔庙形制演变的探讨》,四川省孔子研究学会:《孔学孔庙研究》,巴蜀书社,1991年,401页。

犍为文庙

犍为县文庙举凡数迁,明万历四十六年(1618 年)始最后确定,即现在的位置犍为县城玉津镇南街。

犍为县文庙原在沉犀镇(宋称惩非,今清溪镇)西沉犀山东,建于宋大中祥符间(1008~1016 年)。南宋宁宗嘉定十四年(1221 年),县令左震将文庙迁至县城南。元朝末年,文庙毁于战火。

明洪武初,由于原沉犀镇在元末的战火中遭到严重破坏,故县治由沉犀镇迁至玉津镇,即今县治所在地。县佐陈兴在新筑县城的同时,在城南重新修建了文庙[1]。知县钱承德又于成化间(1465~1487 年)重新修葺。万历三十九年(1611 年),知县陈懋功迁文庙于南城外一里文豹山(今狮子山)南面的罗盘坝,但随即遭到堪舆家的反对,认为此地非正脉,风水不好,会影响犍为县的文运,因此当时祭祀区的文庙仅仅修建了大成殿,而教学区的建筑也没有完备。数年后即万历四十六年(1618 年)吴道美任知县时,再次将文庙迁回城南旧址[2]。吴道美的这次迁建,不仅仅是一次迁建,而是在迁建的同时,对学宫的规模进行了扩大、改造:修建了明伦堂、启圣祠、敬一亭,并于正殿左、右修建东、西两庑,在大成门左、右建奎星阁和文昌阁。启圣祠建于明伦堂东。这次扩建、改造并没有最后确定文庙的布局、规模。此后十数年间,学宫建筑"木植多朽腐,渐就倾圮"[3],直到崇祯八年(1635 年),县令胡学戴修学宫。教谕何孟麟捐俸培修启圣祠[4],将启圣祠改建于明伦堂后。明末战乱延及文庙,文庙毁于兵火,仅存"半就倾圮"[5]的明伦堂。

现存文庙是在清代重新恢复创建并经多次维修、增建的基础上而形成的。清朝建立之初,就在全国兴建学校,以兴文教。清代不仅维修了毁于战火中的学宫,还在今甘孜、阿坝、凉山等地也修建了学校。由于犍为县历来文运昌盛,因此在清初,犍为学宫得以局部重修,并逐渐得以完善。对文庙建筑的增修是在康熙年间和乾隆年间完成的。

康熙一朝,首先是对学宫进行恢复性的创建和修葺。康熙九年(1670 年)知县刘靖寰重建学宫,"权奉先师于内"[6],此时似尚无孔子专庙,孔子被临时置于学宫内,接受拜祀。康熙二十四年(1685 年)、三十九年(1700 年)知县王仪陛、训导吴之彦、知县董世德、训导赵模先后补修。到康熙四十五年(1706 年),教谕杨栋荣"始督诸生鼎建正殿于旧基,规制全新","旧基"当指明代废址,而孔子亦始有专庙。五十二年(1713 年)和六十一年(1722 年)知县宜思荣、何源溥先后捐俸修葺和补葺。经康熙一朝数任知县、教谕、训导等人

---

〔1〕 清·文良、朱庆镛等修、陈尧采等纂:《同治嘉定府志·营建志·学校》,清同治三年(1846 年)刻本。
〔2〕 陈谦、陈世虞修、罗绶香、印焕门等纂:《民国犍为县志·建置·学校》,民国二十六年(1937 年)铅印本。
〔3〕 清·吕朝恩、王梦庚纂修:《嘉庆犍为县志·建置志》,清嘉庆十九年(1814 年)。
〔4〕 清·吕朝恩、王梦庚纂修:《嘉庆犍为县志·官师志》,清嘉庆十九年(1814 年)。
〔5〕 清·王梦庚:《重修犍为儒学记》,清·吕朝恩、王梦庚纂修:《嘉庆犍为县志·建置志》。亦见《民国犍为县志·建置·学校》,作《重修学宫记》,民国二十六年(1937 年)铅印本。
〔6〕 清·吕朝恩、王梦庚纂修:《嘉庆犍为县志·建置志》,清嘉庆十九年(1814 年)。

的努力,"或建启圣祠、礼门、义路坊,或建大成殿、两庑、戟门","多所补葺",文庙渐有规模,"观成则有间焉"[1]。

乾隆三年(1738年),宋锦至犍为任县令,"下车后只谒学宫,见圮废不治",乃"与司铎杨先生率僚属绅士各捐资,悉心筹画",对文庙的修葺、增建,包括几个方面的内容:

1. "易礼殿以筒瓦,饰门阙以丹艧","泮池、露台甃以砖石"。将大成殿的屋面换为筒瓦,髹饰门、阙;泮池、露台用砖砌筑,是为修葺。

2. "重修东、西两庑及名宦、乡贤等祠,创建棂星门、义路、礼门各一"。此为增建部分。

3. "改造崇圣祠于殿后;移置明伦堂于殿西,堂前为学门,堂后为学署"。这是改建。

宋锦的这次盛举,"经营六载,约费钱百二十万有奇"[2],一改明代前庙后学的格局,形成左庙右学的布局,基本奠定了犍为县文庙的格局:四周墙垣围绕,庙在左、学在右,祭祀区与教学区相对分开。文庙部分建筑由南向北依此包括圣域门、贤关坊,棂星门(四柱三间),泮池,戟门三间,更衣所三间,斋、室各一间,东、西两庑各三间,后面是面阔三间的正殿大成殿,最后为崇圣祠。另外还有一些附属建筑,包括名宦祠、乡贤祠,分别位于戟门的左、右。"周遭迤池,缭以墙垣。其他供帐、祭器之属无不焕然从新。""落成之日,虽深山穷谷、白叟黄童咸跂踵延颈,愿得一至,以观学校之隆也"[3]。

乾隆至嘉庆年间,由于文庙"上雨旁风,多历年所,渐不可支"。嘉庆九年(1804年),县令程尚濂因邑人士之请,筹划修葺文庙,然苦于经费不足而未能如愿。此后张熙庚、吕朝恩等谋继修葺,"多方擘画垂就",但最终亦未能成其事[4]。嘉庆十八年(1813年),王梦庚莅往知县,"适际其后,为建万仞宫墙以符庙制而崇拱卫",而且对"俎、礼器、工歌之节,复谨为辨订"[5]。王梦庚此举或是仍由于经费的原因,于祭礼则用心良多,而于建筑工程则不大,仅建万仞宫墙,但此举使文庙的建筑始全,符合文庙之制。文庙位于学署之左,系左庙右学格局。文庙建筑由南向北依次为为万仞宫墙照墙,圣域、贤关门位于照墙东西两侧;照墙后为棂星门、泮池,泮池上有平桥三路。泮池后为戟门,三间,戟门东西两侧为名宦祠和乡贤祠,戟门前两侧西为忠孝祠,东侧一祠不详,与忠孝祠对称分布,可能是孝义祠。从戟门而入,即进入文庙的主体建筑区,包括重檐歇山顶的大成殿,殿前为三出陛、周环栏楯的拜台,两侧为东、西两庑。大成殿后为崇圣祠。节孝祠位于文庙宫墙外东,文庙东南角为奎阁(图五七)。

〔1〕 清·王梦庚:《重修犍为儒学记》,清·吕朝恩、王梦庚纂修:《嘉庆犍为县志·建置志》。《民国犍为县志·建置》作《重修学宫记》,民国二十六年(1937年)铅印本。

〔2〕 清·李拔:《重修犍为县学碑记》,《嘉庆犍为县志·建置志》。《民国犍为县志·建置》作《重修学宫记》,民国二十六年(1937年)铅印本。

〔3〕 清·李拔:《重修犍为县学碑记》,《嘉庆犍为县志·建置志》。《民国犍为县志·建置》作《重修学宫记》,民国二十六年(1937年)铅印本。

〔4〕 清·吕朝恩、王梦庚纂修:《嘉庆犍为县志·建置志》,清嘉庆十九年。

〔5〕 清·王梦庚:《重修犍为儒学记》,清·吕朝恩、王梦庚纂修:《嘉庆犍为县志·建置志》。《民国犍为县志·建置》作《重修学宫记》,民国二十六年(1937年)铅印本。

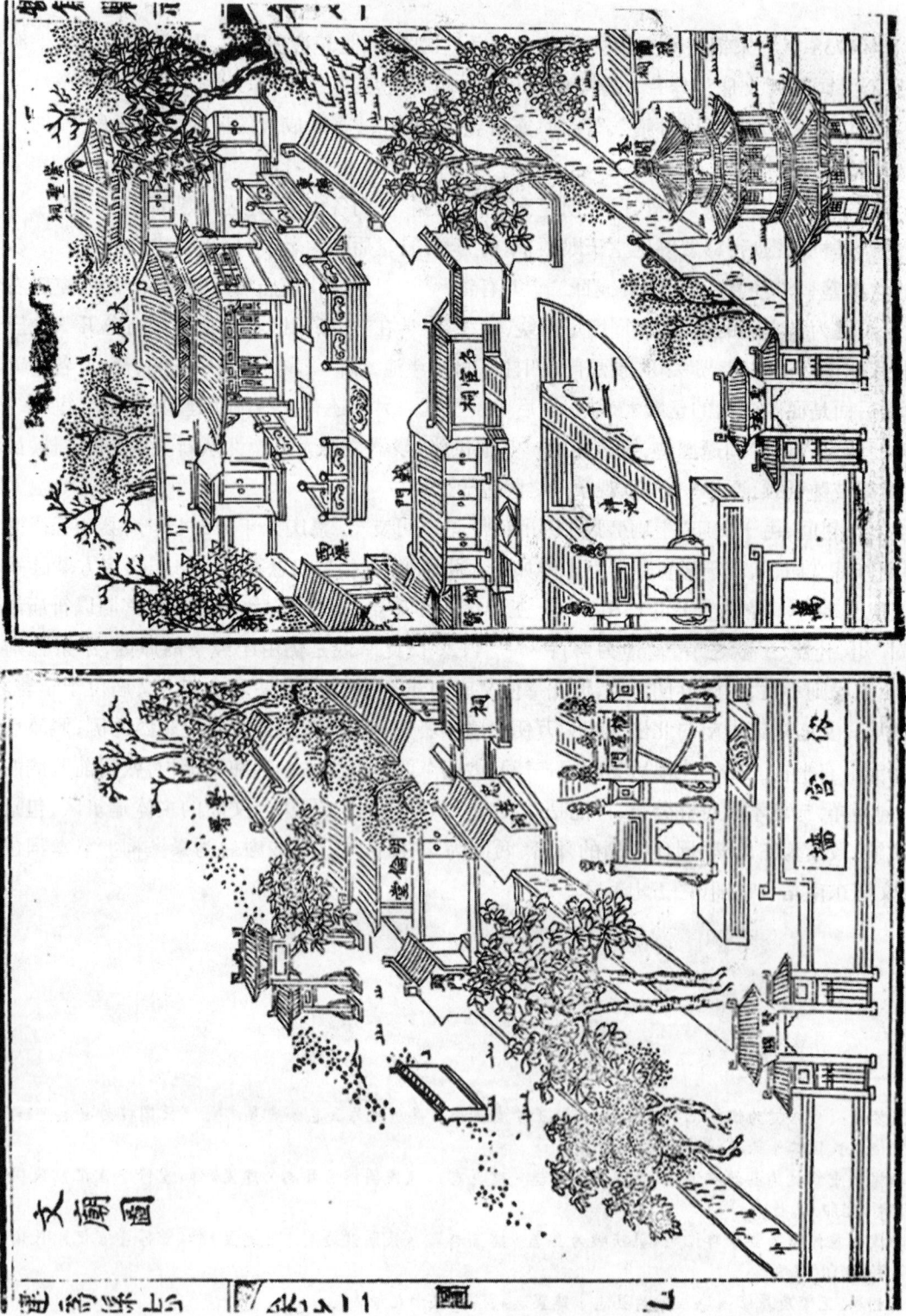

图五七　嘉庆犍为县文庙

　　到了道光时,文庙经数十年风雨飘摇,建筑大多朽败,"时见礼殿三楹,孤立卑隘,与两庑暌隔,两庑又与戟门不相连",且门、路不正,"由殿视门,门皆倚斜;由门视路,则路不正直,朔望趋跄,舍门亦可出入"[1],四周围墙倾圮。道光二十九年(1849年)冬,知县杨炳锃与张培、熊润基集绅士杨恒裕等对文庙再次进行大修,至咸丰元年(1851年)六月,历时两年多,整个工程才完成。维修前用罗盘校对,发现文庙旧址"坐亥向己",且"前后不兼,形势乖舛,奎文阁建于辰方,与河洛生成之理不相协。"虽然如此,杨知县也无力重建,只是对其进行修葺[2]。大修后的文庙"猗欤壮哉! 绚紫缭青、周遭郛卫者,万仞宫墙也;吞日纳月、左右翼张者,圣域、贤关门也;龙亘狮蹲、石阙嵯峨者,棂星门也;含圭映璧、芹藻交芬者,泮池也;阖阴辟阳,制侔皋应者,大成门也;长廊广厦、夹辅尊严者,东西庑也;螭盘鼍负、轩霍光明者,露台也。至于岳立天中、闳深肃穆,千载伟材,萃为梁栋,四山清椒,相与萦回,八柱擎天,五楹拓地,鸳瓦陆离,射曦耀目者,大成殿也。后之崇圣殿,前之名宦、乡贤各祠,亦靡不抚规定制,而妥侑咸宜也。堂哉皇哉,不与旧时! 庙貌大改厥观矣哉!"[3]四周有围墙,前为万仞宫墙。宫墙两侧为圣域、贤关门。宫墙后为石棂星门,抱鼓石雕刻精美。棂星门后为泮池。大成门前两侧为乡贤祠、名宦祠。其后两侧与东、西两庑相连。两庑开间较多,形成廊院式布局。大成殿前有拜台,台角圆雕螭龙。大成殿由面阔三间扩建为五间,屋顶覆盖琉璃瓦。大成殿后为崇圣祠。文庙东南为奎文阁。

　　清宣统元年(1909年),县令宝震、谢汝霖先后募款,对文庙再次进行培修,并将启圣宫、大成殿、大成门等建筑屋顶按大祀的规制,换盖绿色、黄色琉璃瓦。

　　据民国十六年测绘的犍为文庙图,可知清末、民国以来,犍为文庙坐向为北偏西,平面呈纵长方形,自南向北由三进院落组成,中轴线上的建筑包括万仞宫墙、棂星门、泮池、大成门、大成殿、启圣宫,第一进院落两侧建筑包括圣域、贤关、礼门、义路、乡贤祠、名宦祠、忠孝祠等祠及位于大成门东、西两侧的礼器库和乐器库;第二进院落中东、西两庑与大成殿等组成廊院式布局;第三进院落为启圣宫及东西配殿。奎阁位于万仞宫墙东南,东为节孝祠(图五八)。从测绘图来看,从棂星门至大成殿,整个建筑群布局紧凑,比例关系协调;启圣宫院落自成单元,与大成殿相距较远;万仞宫墙及两侧的围墙又似乎形成一个院落,且平面为弧形,两者与中间部分的建筑群有明显的不协调,显然不是一次性规划、布局的结果,而与乾隆三年(1738年)和嘉庆十八年(1813年)的两次修葺、重建有关。

　　民国二十三年(1943年)创办犍为女子中学,长期办学于文庙(1950年为犍为一中),直至1997年。

　　1996年四川省人民政府公布犍为文庙为四川省文物保护单位。1997~2001年,省、市、县级政府先后拨款300余万元,对大成殿、贤关、圣域、礼门、义路及万仞宫墙、棂星门、泮池等进行了维修。2003年又对文庙的主体建筑大成殿、东西庑、启圣宫等进行了全面维修,这是历来规模最大的一次维修,并以山东曲阜文庙和北京文庙塑像为蓝本,新塑孔子、十二哲及先子先儒的塑像。2006年6月被公布为第六批全国重点文物

---

〔1〕 清·杨炳锃:《重修学宫记》,陈谦、陈世虞修、罗绶香、印焕门等纂:《民国犍为县志·建置》,民国二十六年(1937年)铅印本。

〔2〕 从现存文庙状况看,与杨炳锃所述一致,除了堪舆上的原因外,还有不合规制的地方。杨只是对建筑进行了修葺,但并没有也无力改变整个建筑的布局方式。关于犍为文庙的兴建历来似乎很注重风水,如清乾隆时修奎星阁即带有很大的迷信色彩。参见清·张官五:《募修奎阁引》,《嘉庆犍为县志·艺文志》。

〔3〕 清·杨炳锃:《重修学宫记》,陈谦、陈世虞修、罗绶香、印焕门等纂:《民国犍为县志·建置》,民国二十六年(1937年)铅印本

保护单位。

犍为文庙基本为坐北向南,平面呈长方"凸"字形,南北全长 200 米,东西宽 120 米,占地面积 24000 平方米(图五九)。

文庙建筑群所在地地势平坦,整个建筑群在规划上,属于平地起建的类型,即通过逐层抬高主体建筑的台基,增加建筑的体量,也给祭拜者形成一种渐进的庄严和神圣之感(图六〇)。整个建筑群按照中国古代建筑的传统布局,采用四合院的模式,主要建筑位于中轴线上,次要建筑对称分布于两侧,形成以大成殿为中心、由三进四合院落组成的宫殿式的古建筑群。如果加上后来加筑的凸出的"万仞宫墙"部分,似乎是四进院落。但实际上,在嘉庆十八年(1813 年)修筑万仞宫墙"以全庙制"之前,犍为文庙建筑群已经是从棂星门到崇圣祠平面呈长方形、由三进院落组成的布局,而犍为文庙与省内其它文庙不同之处还在于棂星门位于泮池之前而不是之后,这可能与崇祯八年(1635年),县令胡学戴,教谕何孟麟再对文庙各建筑进行大举的改正、重修时在大成门前凿泮池,乾隆三年(1738 年)知县宋锦大举维修、扩建时由于泮池与大成门之间空间有限,只能将棂星门置于泮池之南有关。棂星门东、西分别为券门的"礼门"和"义路",此即建万仞宫墙之前的日常出入口。有趣的是县令王梦庚在加筑万仞宫墙照墙时,巧妙地处理照墙与建筑布局的关系,照墙及其两侧的围墙没有与建筑等宽,而是形成了一个曲弧,其宽约为围墙宽度的三分之一;在与旧文庙围墙连接处修筑了圣域、贤关两坊,将文庙的出入口(圣域、贤关两门只在祭孔时才开,平常出入口在坊门的北面随墙开设的一道券门)移至外面,既"全"了庙制,同时又避免了单独形成一进院落以与传统布局相违的嫌疑。文庙东南为奎星阁和节孝总坊(图六一)。

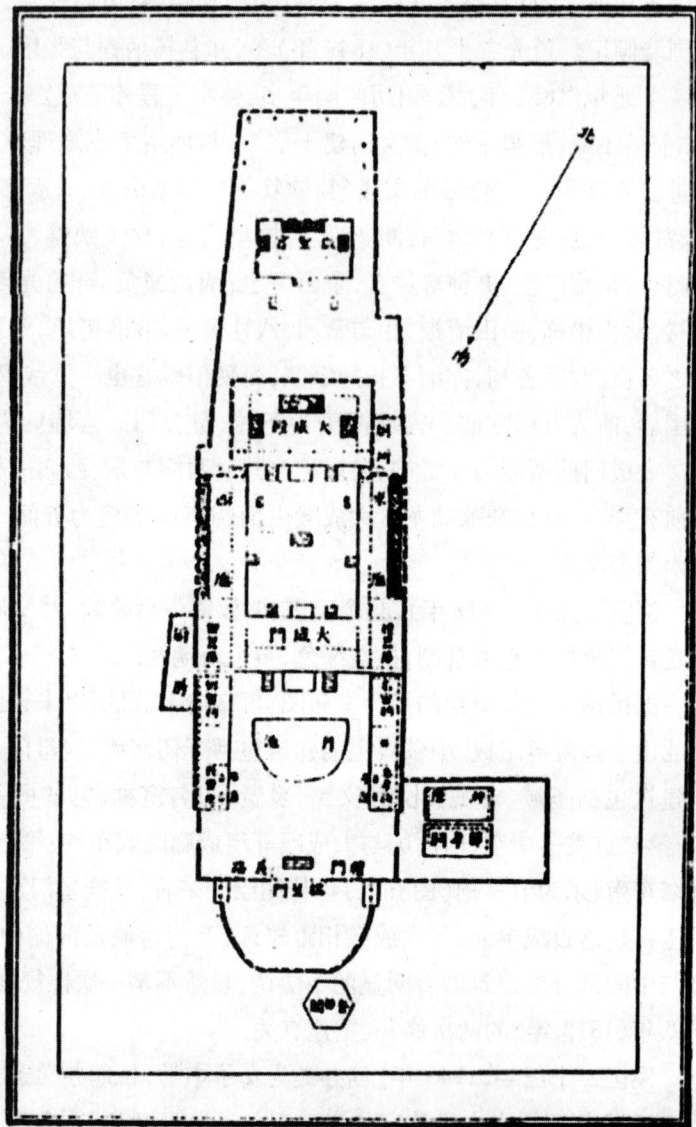

图五八　民国时期犍为文庙实测图

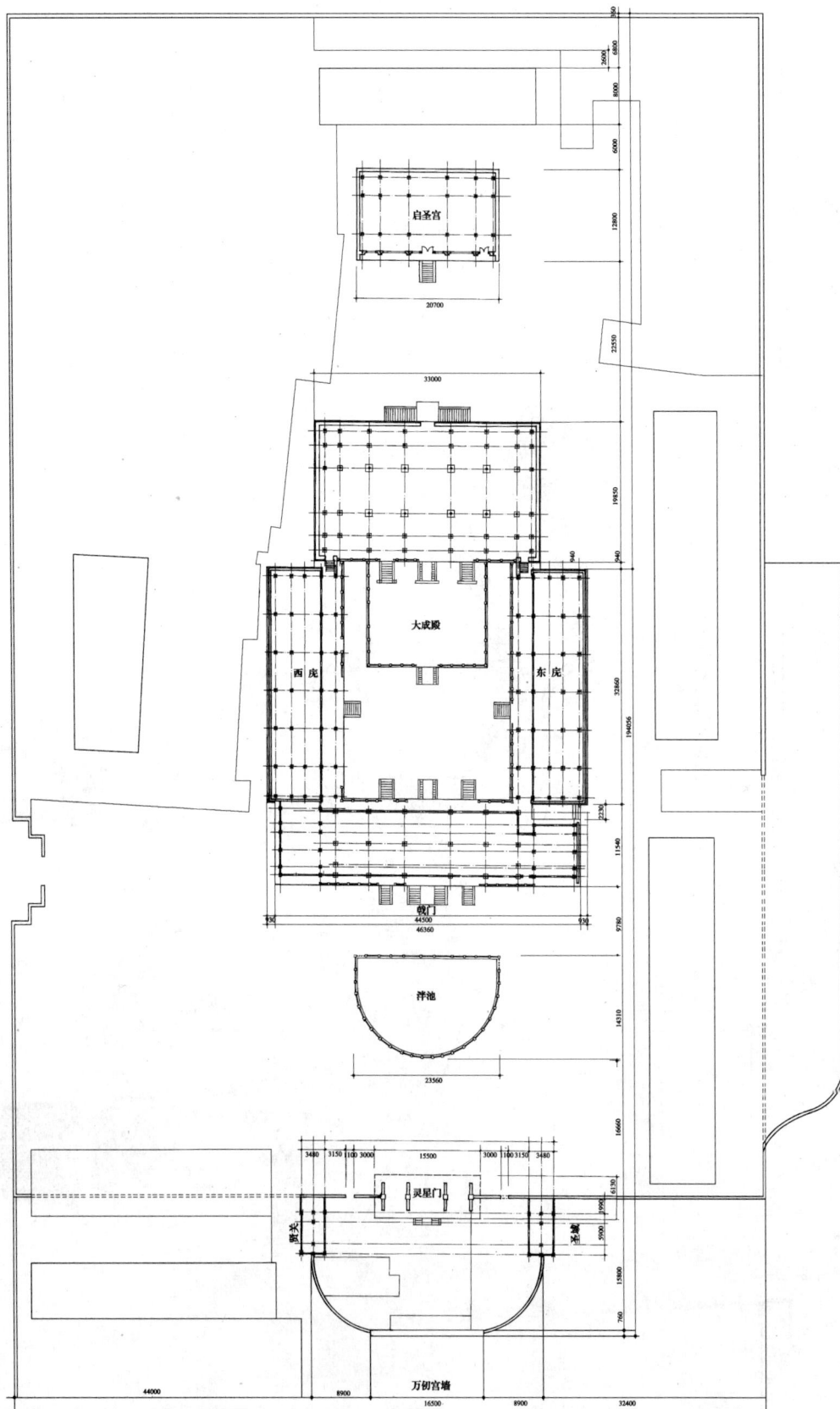

图五九 犍为文庙总平面图

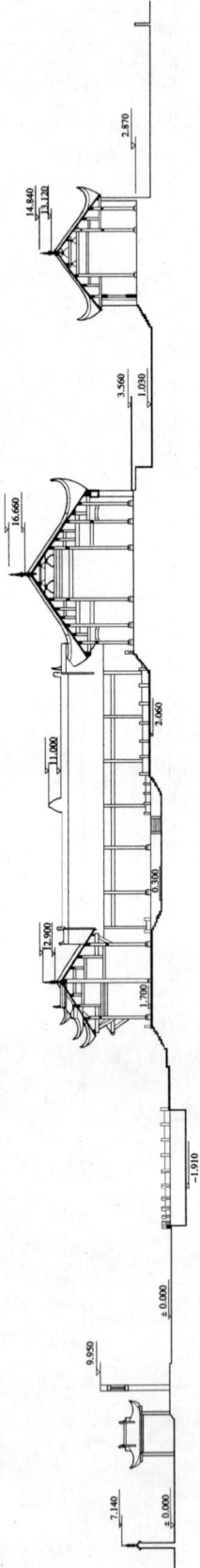

图六〇 犍为文庙总纵剖面图

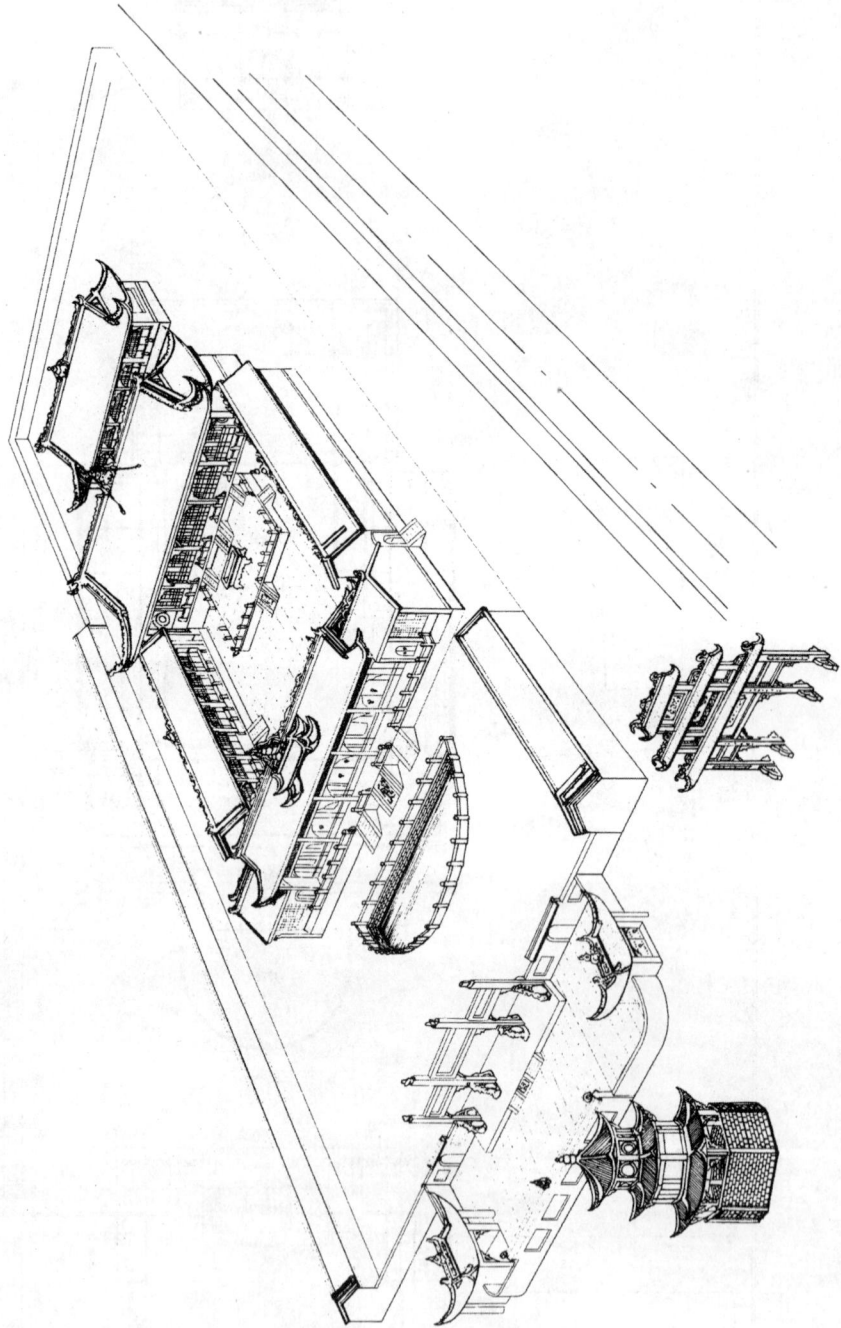

图六一 犍为文庙鸟瞰图（木刻）

位于中轴线上的主体建筑从"万仞宫墙"照墙开始,向北依此为灵星门、泮池、大成门、大成殿、启圣宫。从"万仞宫墙"照墙到大成门,是第一进院落。建筑包括照墙,圣域、贤关坊,棂星门、礼门、仪路,泮池,乡贤祠、名宦祠、忠孝祠等四祠(位于泮池左右,后毁,今重建),大成门。进入大成门,即为犍为文庙的主体部分,包括大成殿和东、西两庑,大成门、两庑、大成殿台基相连。这部分既是整个建筑群的中心所在,也是祭拜孔子的场所。大成殿后为以启圣宫为中心形成的第三进院落。

1. "万仞宫墙"照墙

"万仞宫墙"照壁与其两侧的弧形墙壁和位于北端的圣域、贤关坊门即为平面布局中凸出的部分。该凸出部分东、西两侧的圣域、贤关坊门北与礼门、义路所在的墙体相接,从布局上看,此即后来加筑的部分,即清嘉庆十八年(1823)县令王梦庚督造"以全庙制"的部分。咸丰元年(1851),县令杨炳锃重修"万仞宫墙",由本县三江镇平民彭山重书"万仞宫墙"四字(彩图一九四)。

"万仞宫墙"照墙为硬山顶,一字式,面南而立,是建筑群中轴线最南端的建筑。墙体为青砖砌筑,长18.07米,墙高5.05米,厚0.76米。照墙底部有高0.06米的台基,无下碱。清光绪年间升祀孔为大祀时,墙面改为黄色。现墙面为赭红色。墙心素面边框,内横嵌边长2.1、厚0.2米的方形青石四块,撞头宽1.05米。青石四周嵌厚2.5厘米的青石为框,框与墙面平齐;青石间距不等。石面镌刻正楷"万仞宫墙"四字,字高1.7米(图六二)。两层琉璃直檐砖出檐。绿色琉璃筒瓦顶,正脊为黄色上、下缘绿色镂孔琉璃砖拼接,两端为黄色琉璃鱼龙大吻。中置宝顶,系用瓷片浮嵌的双龙捧三重琉璃葫芦宝瓶,通高约2.1米(彩图一九五)。

"万仞宫墙"两侧为弧形围墙,墙的北端分别与圣域、贤关两坊连接,各长17米。墙体呈青灰色,无底座,下碱高0.21米。墙心距地面高1.5米,墙心镂空十字花窗,高1.3米,素面框。墙体通体刷红。普通青砖出檐,墙脊陡板上雕塑毛笔、摺扇、花瓶、兰草、寿字等图案(彩图一九六)。

2. 圣域、贤关坊

圣域、贤关,系清代道光至咸丰年间县令杨炳锃主建,有150余年的历史。

圣域、贤关坊位于"万仞宫墙"两侧弧形围墙的北端,一东一西分布于中轴线两侧,各距中轴线15米。圣域在东,东向;贤关在西,西向。

圣域和贤关两坊形制相同,均系单檐歇山式,黄色琉璃瓦屋顶(彩图一九七)。石台基高0.35米,通面阔5.9米,通进深3.48米,通高7.01米。进深两间,前、后檐柱中间两柱减去。中间四柱,圆形,柱径25—27厘米,角檐柱柱径27厘米。明间两柱柱距3.1米,次间柱距均为1.4米;山柱与前后檐柱柱距为1.74米。中柱上安装实榻木门,正中两扇的门面上有门钉四排及铺首衔环,中槛上置"圣域"、"贤关"匾额。门上为走马板。两山墙施木板。

圣域、贤关为门庑式歇山结构,在梁架结构做法上,中柱为通柱,上承脊檩。从中柱前、后垂直施穿插枋,前挑檐檩;又以45度方向施斜穿插枋,与角檐柱斜交并与翼角处垂花柱相交。斜穿插枋上施短柱,柱间以枋连接,成为歇山山面的撑椽构件。短柱上承檩和角梁。又于枋上施脊瓜柱,上承脊檩。穿插枋与跳檐檩下的垂花柱相交(彩图一九八)。正面檐柱间施额枋,枋下装饰透雕挂落。枋上施平板枋,枋上施如意斗栱。如意斗栱的上面置压斗枋和压斗板。压斗板与跳檐檩下皮平齐(图六三)。由于正面施有斗栱,正面均不施垂花柱(图六四)。翼角部分用扁浮雕鱼龙栱硬挑,内侧角檐柱挑檐檩下饰垂花柱(彩图一九九、图六五)。

屋脊的装饰采用嵌瓷工艺。正脊及垂脊、戗脊用青花瓷片平嵌变体"回"纹和勾连"T"形纹。正脊两端为鱼龙大吻,鱼背上有宝剑,龙齿、鱼鳞用瓷片平嵌。正中为圆嵌葫芦宝瓶宝顶,置于灰塑绘红彩的卷云、花萼之上。戗脊反举,四角飞檐若鹏翼伸张。角梁前置灰塑套兽,张口獠牙,鼻顶又置一小鱼龙吻,口含戗脊的末端,鱼尾上举,鱼鳞为瓷嵌;该鱼龙与其下的套兽使建筑的翼角反举更甚,但又不失轻巧,处理巧妙(彩图二〇〇)。

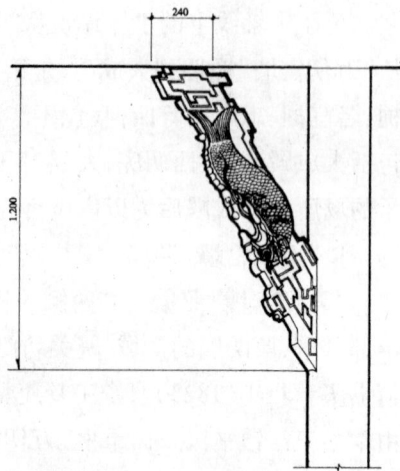

图六五　圣域撑栱

圣域、贤关建筑小巧,黄色的琉璃筒瓦屋顶与嵌瓷的五条脊和宝顶,及戗脊前端的嵌瓷鱼身,使得屋顶的颜色对比明显,相得而益彰。

贤关阶下,竖有"文武官员至此下马"的石碑一通,更显示出文庙的尊严。圣域、贤关平时关闭,仅在祭拜孔子或有其它重大礼仪时开启,故在其北侧各随墙开设券门一道,以供平时出入。

3. 灵星门

灵星门,南距照墙 20 米,北距泮池 20 米,是中轴线上的主体建筑之一。

根据县志记载,灵星门原非南向,崇祯八年(1635 年),县令胡学戴等人对文庙改正、重修时,将灵星门改为南向,则灵星门可能是重建,或者是用旧料改建。明末,文庙建筑毁于兵火,仅存明伦堂。清乾隆三年县令宋锦对文庙进行大修时,又新建了灵星门、礼门、义路等。

灵星门矗立于台基之上。台基为青石所砌,矩形,东西长 15.5 米,南北宽 6 米,高 0.5 米。明间前后设御路踏道,中间御路浮雕正面云龙(彩图二〇一)。

灵星门为四柱三间冲天柱式石坊,四边形倭角石柱,柱前、后各置抱鼓石,鼓厚 0.45 米,鼓径 1.42 米,鼓上伏卧石狮一头,连兽带鼓分别高 3.13、2.9 米。石坊通高 10.64 米,宽 13.24 米。中间二柱高 9.45 米,柱顶置圆雕昂首蟠龙。两侧柱高 7.75 米(图六六)。

明间宽 4.91 米,高 4.85 米。两枋间坊心原被白灰覆盖,上朱书"百草园"三字,维修时对其进行清理。坊心镌刻"灵星门"三字,龙边雕饰龙凤呈祥、双龙捧寿及"四艺"图案。上、下石枋雕刻梅、鹿、松(正面上枋)狮舞(正面下枋)(彩图二〇二)。次间上枋位于明间坊心的中部,高 4.4 米,宽 3.25 米,坊心正面分别镌刻"德参天地"(彩图二〇三)、"道冠古今"(彩图二〇四),背面镌刻"金声玉振"(彩图二〇五)、"江汉秋阳"(彩图二〇六)。"道冠古今""江汉秋阳"等枋上雕刻凤凰、麒麟,盖取"感麟叹凤"之意,其余各坊石枋浮雕鹿、羊、豹等瑞兽及喜雀、鹤等祥禽。

整个灵星门结构简洁,唯其石枋装饰内容丰富,动物形态栩栩如生,于简洁中见复杂。但令人生趣的是明间坊心镌刻为"灵星门"而非更多文庙同类建筑中的"棂星门"。关于文庙仪门作"灵星门"或"棂星门",前文有论及[1]。

灵星门两侧为礼门、义路。礼门、义路系在原文庙的南墙随墙开设的门,嘉庆十八年(1823)县令王梦庚建灵星门"以全庙制"前,是日常的出入口。门一侧与灵星门次间的石柱相接(彩图二〇七)。券拱形门洞,门额楷书"礼门""义路",门顶为三层普通青砖出檐(图六七)。

---

〔1〕　参见本书《四川文庙概述》。

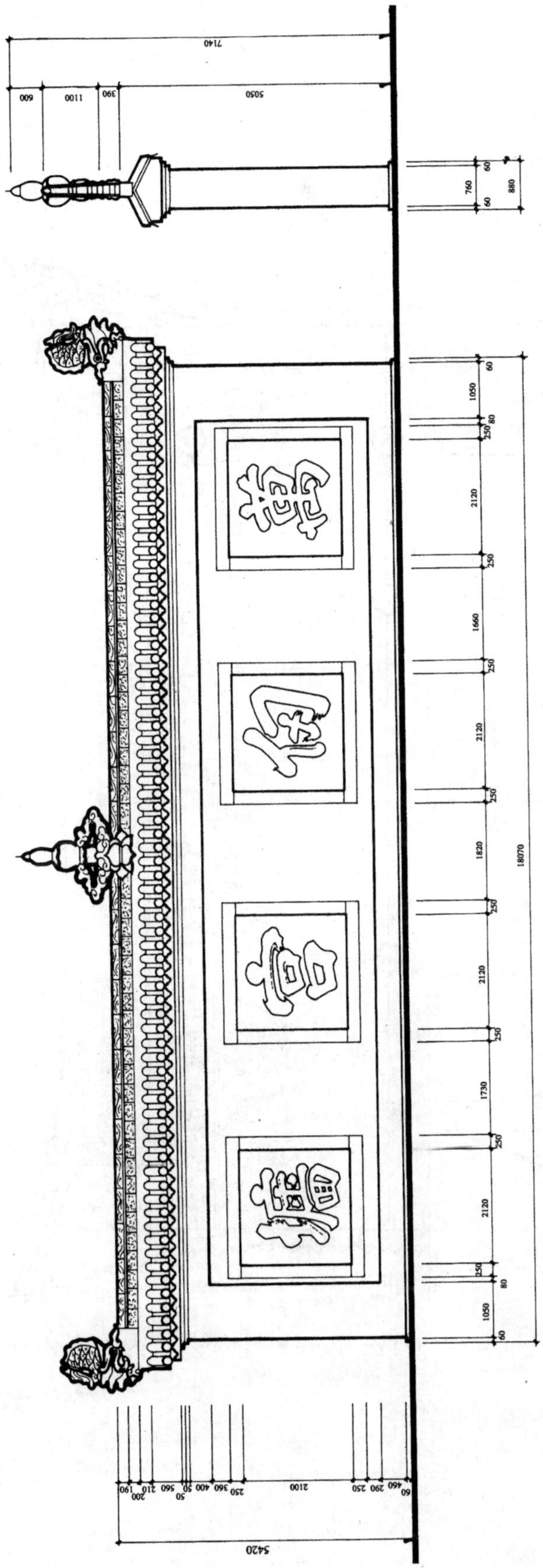

图六二　万仞宫墙正立面、侧立图

斗栱垫板15厚

压斗枋35×70

挑枋240×70

飞檐板120×25

檐　板120×200

板100×45

215 215

椽距

1740

1600

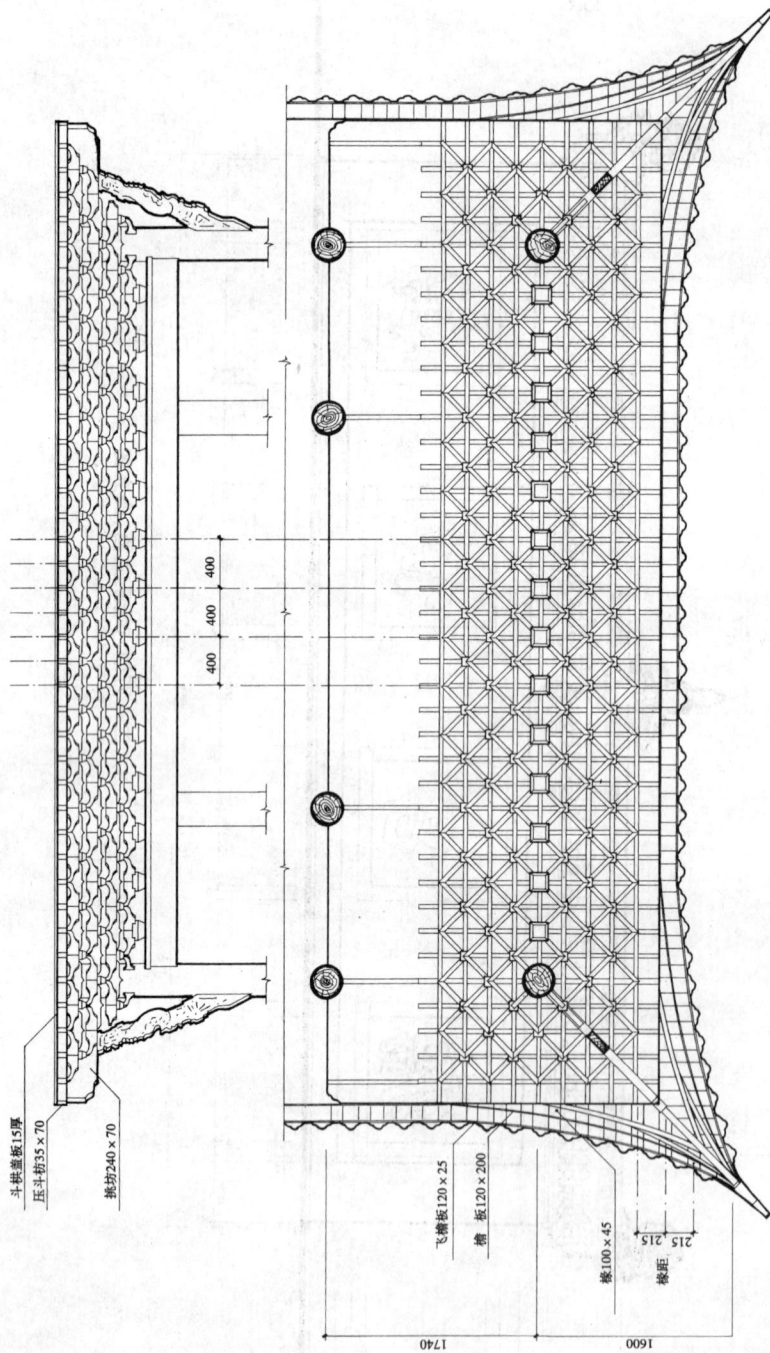

图六三　圣域正面斗栱大样及仰视图

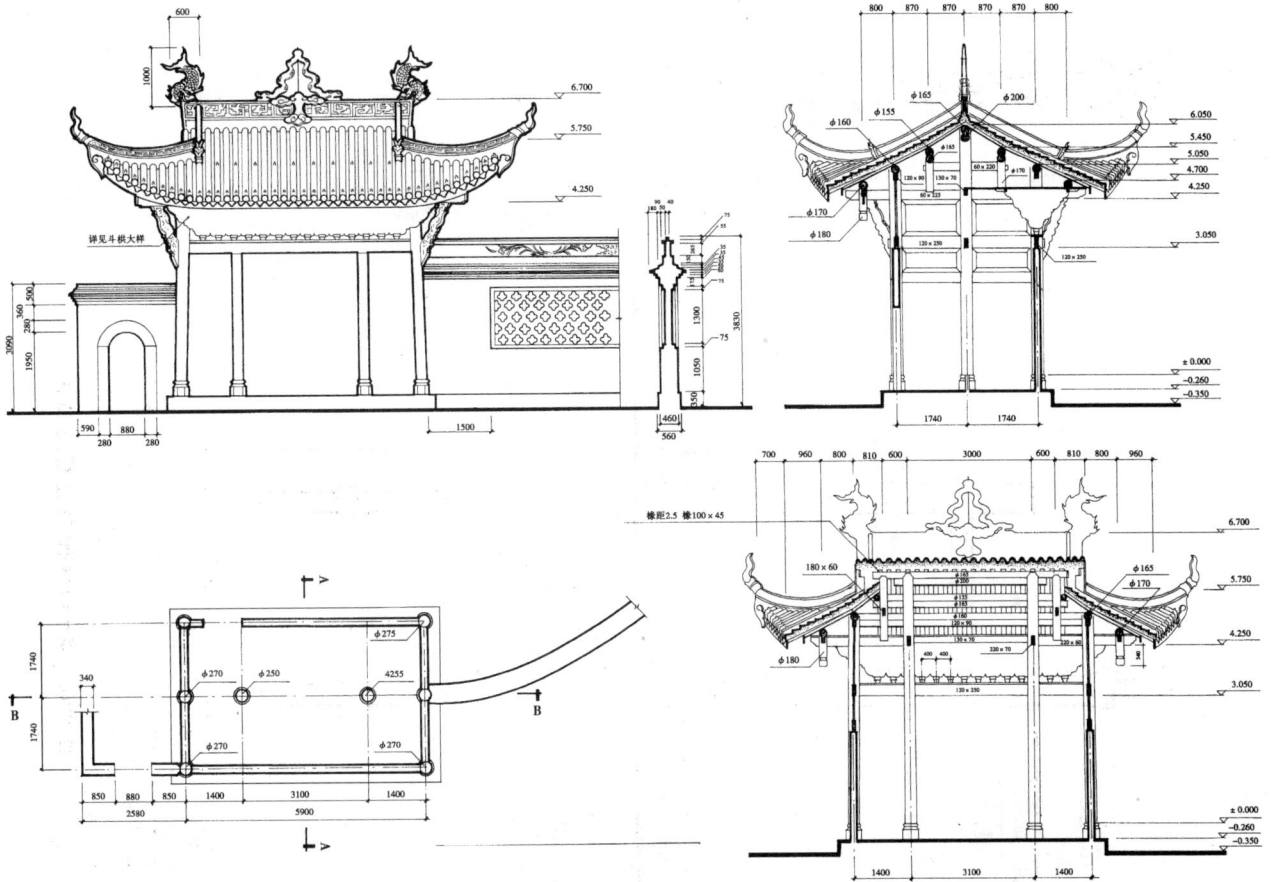

图六四　圣域、贤关平面立面、剖面图

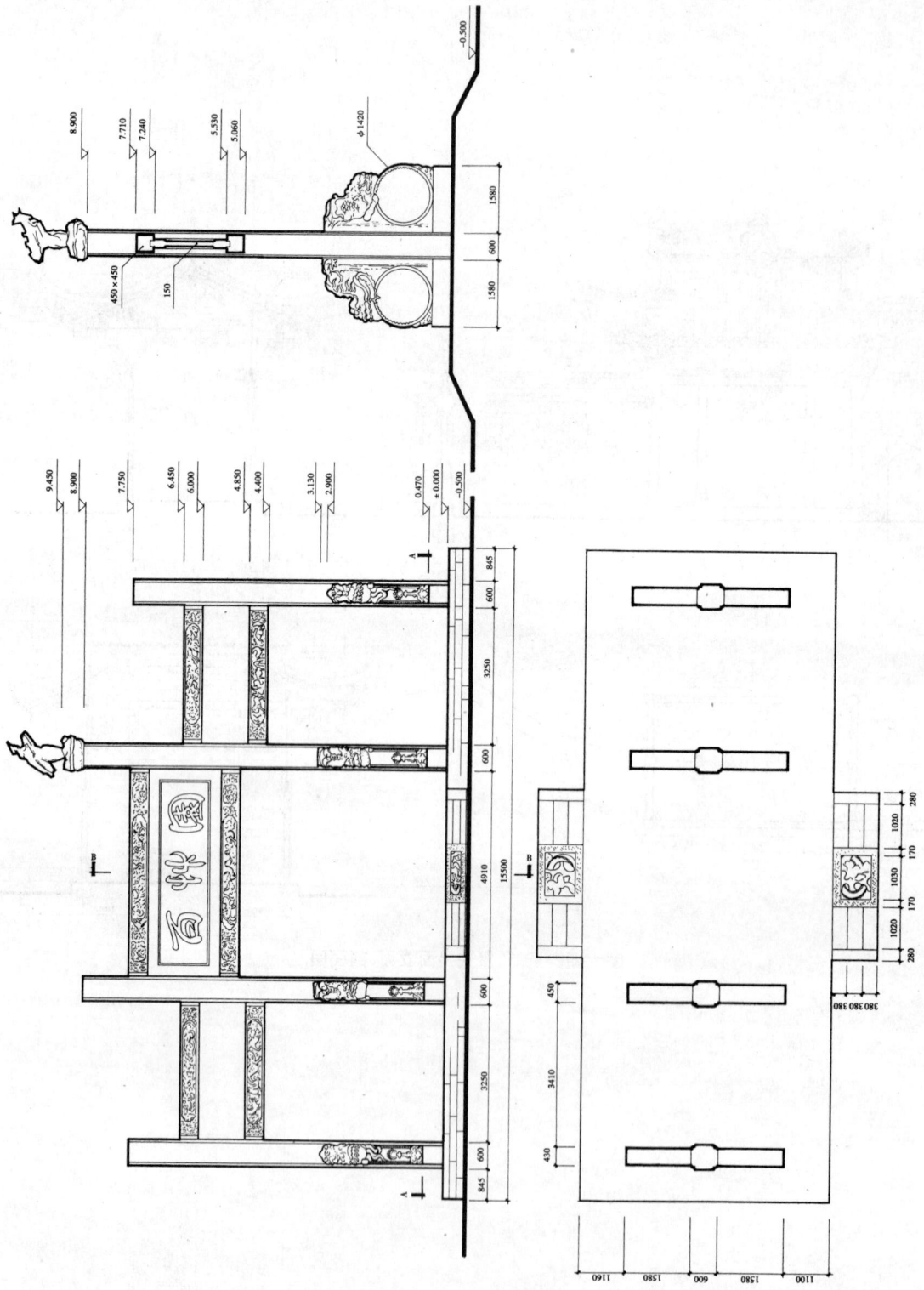

图六六　棂星门平面、正立面、剖面图

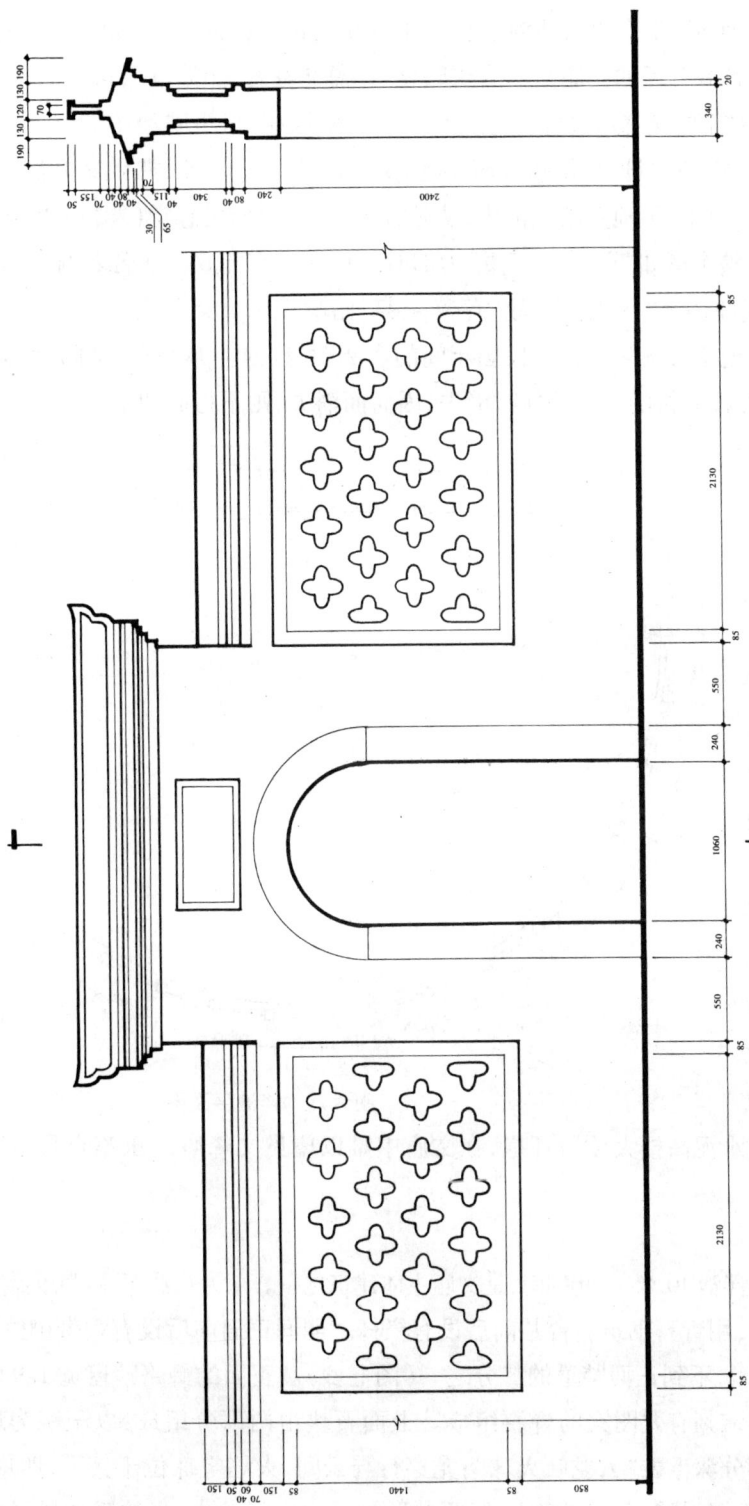

图六七 义路立面、剖面图

4. 泮池

位于灵星门北20米、大成门南10米。

据嘉庆版《犍为县志》所附"学宫图",泮池上有三座三孔平桥,现存犍为文庙泮池则有池无桥。咸丰元年(1851年),知县杨炳锃誉修茸后的文庙云:"含圭映璧、芹藻交芬者,泮池也",按,"含圭映璧"当写泮池之形与景:"圭"当指位于江对岸的文峰塔,塔高九层,与文庙隔岷江相对,塔映池中如圭。"玉笔点丹池"曾为犍为县城一景,玉笔即指文峰塔,"丹池"即指文庙泮池,文峰塔投影于泮池,如做文之前润笔于墨池。"璧"当指泮池本身,泮池虽为半月形,但池壁映入池中,从弦方远看,有圆形之感觉(彩图二○八);且池壁映入水中,色深,余为水面,色浅,整个形如"璧"。"芹藻"为旧时生员入学宫即取得功名之喻,得功名者才可从桥上过,泮桥又称"青云桥",民间俗称"状元桥",故"芹藻交芬"暗喻犍为文运昌盛。因此,对泮池的描述,前句写实,后句为虚,据此则泮池上似无桥。另据民国年间的实测图,泮池上亦无桥。可见犍为文庙泮池是清嘉庆十九年(1814年)以后才没有桥的。但桥何时消失、因何而消失,则不得而知了。

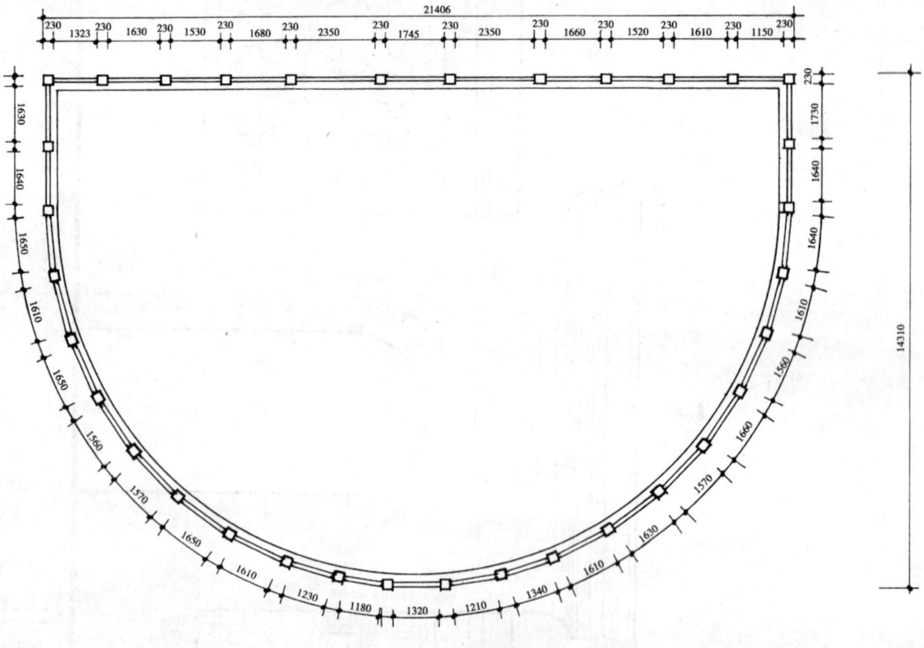

泮池呈半月形,北为弦,长21.4米;弧长40米,弓高14.31米。面积约330平方米(图六八)。现泮池周绕围栏,施望柱32根,柱头浮雕狮、象、果蔬、花卉等。华版为红砂岩加工,矩形,素面,宽1.7米、高0.54米,厚0.1米(图六九)。

池壁青石砌筑,深2.5米。泮池既无注水由来,也没有泄水孔道,但终年池水保持半深,旱时水不消,涝时水不涨,乡人以

图六八 泮池平面图

之为奇。可惜文庙为现代水泥高楼大厦所环抱,在文庙中难以望见文峰塔,"玉笔点丹池"已成供人凭吊的历史景观!

5. 大成门

大成门又称戟门,南距泮池10米,坐北朝南,是文庙主体建筑之一。东为礼器库,西为乐器库(彩图二○九)。

大成门台基高1.3米,用青石砌筑。台基前后设有栏杆。明间正面前后设有垂带御路踏道,正面踏道宽5.72米,后面踏道宽2.8米,不到正面踏道的二分之一(图七○)。正面的御路踏道宽1.92米,垂带浮雕龙、凤。御路由上、中、下三块雕刻有龙图案的青石组成。上面石块由两部分组成:以卍字为地,中间嵌浮雕福山寿海螭龙戏水。中间部分深浮雕"云龙吐火珠":龙穿行与云间,火焰宝珠位于其下;四周装饰有螭龙、凤、牡丹、兰等图案。最下一石深浮雕"双龙戏珠",但两龙形象远比中间龙小,也缺乏威风;两侧及下部雕刻祥花瑞草(彩图二一○)。北面的御路踏道由上、下两部分组成,上面部分约为下面的三倍,浮雕四龙抢珠图

案,下面部分浮雕双狮戏绣球。周栏雕刻龙、凤、瑞兽、祥草等(彩图二一一)。次间的台基前、后亦设垂带踏道一路,此为平常上下之通道。

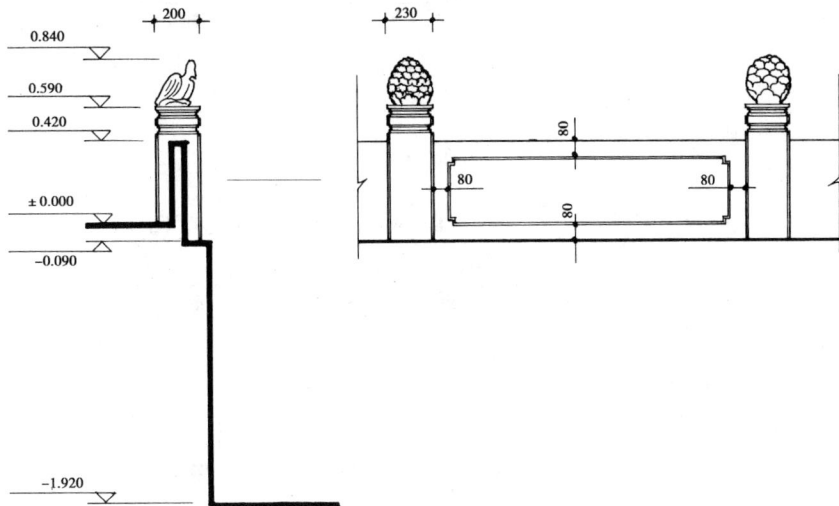

图六九　泮池剖面及华版图

大成门面阔五间,总面阔 26.95 米,进深两间,总进深 9.2 米,其中明间面阔 6.8 米,次间 5.25 米,稍间4.8 米(图七一)。

大成门为彻上露明造。七檩穿斗式梁架结构,通天中柱高达 11.20 米。距地面 5.85 米柱间施穿插枋,连接中柱与檐柱,枋上施短柱,柱上托檩,柱与中柱间施枋联结、固定,形成三步梁构架(图七二)。

檐柱间施额枋,枋上置平板,其上安置如意斗栱,顶部与挑檐檩下皮平齐(彩图二一二)。檐柱与挑檐枋间施撑栱,形成三角形构架撑托屋檐。前檐的挑檐枋枋端下部雕刻龙头,后檐挑檐枋端作霸王拳。撑栱为扁平栱,雕刻龙、花草等图案(图七三)。枋下装饰有雕刻挂落。中柱上安装实榻木门,上施横披窗,明间中槛置“大成门”匾额。山墙亦安装木板,绘出门的样式。后檐施宫式花窗(图七四)。

大成门结构颇具特点,将歇山、庑殿牌楼、悬山三种屋面融为一体。正面屋顶为歇山式(彩图二一三),明间屋顶正中增设庑殿牌楼式建筑两层(彩图二一四),背面屋顶为简单的悬山式。整个屋面造型丰富多彩,正面和背面的对比分明,建筑个性浓厚。

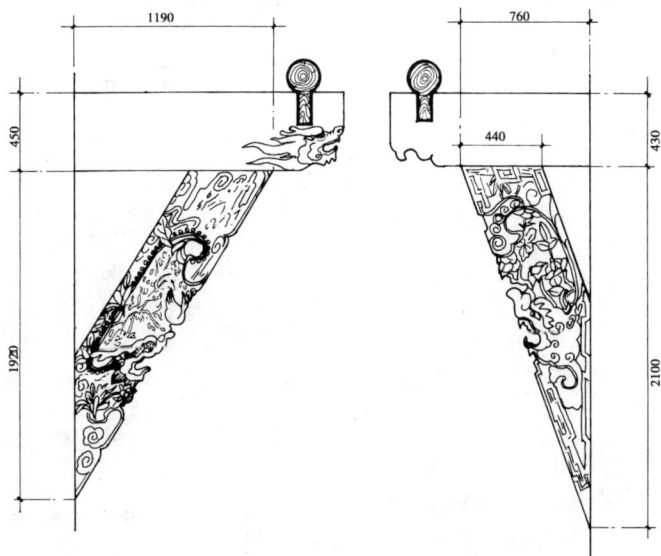

图七三　大成门前檐后撑栱大样

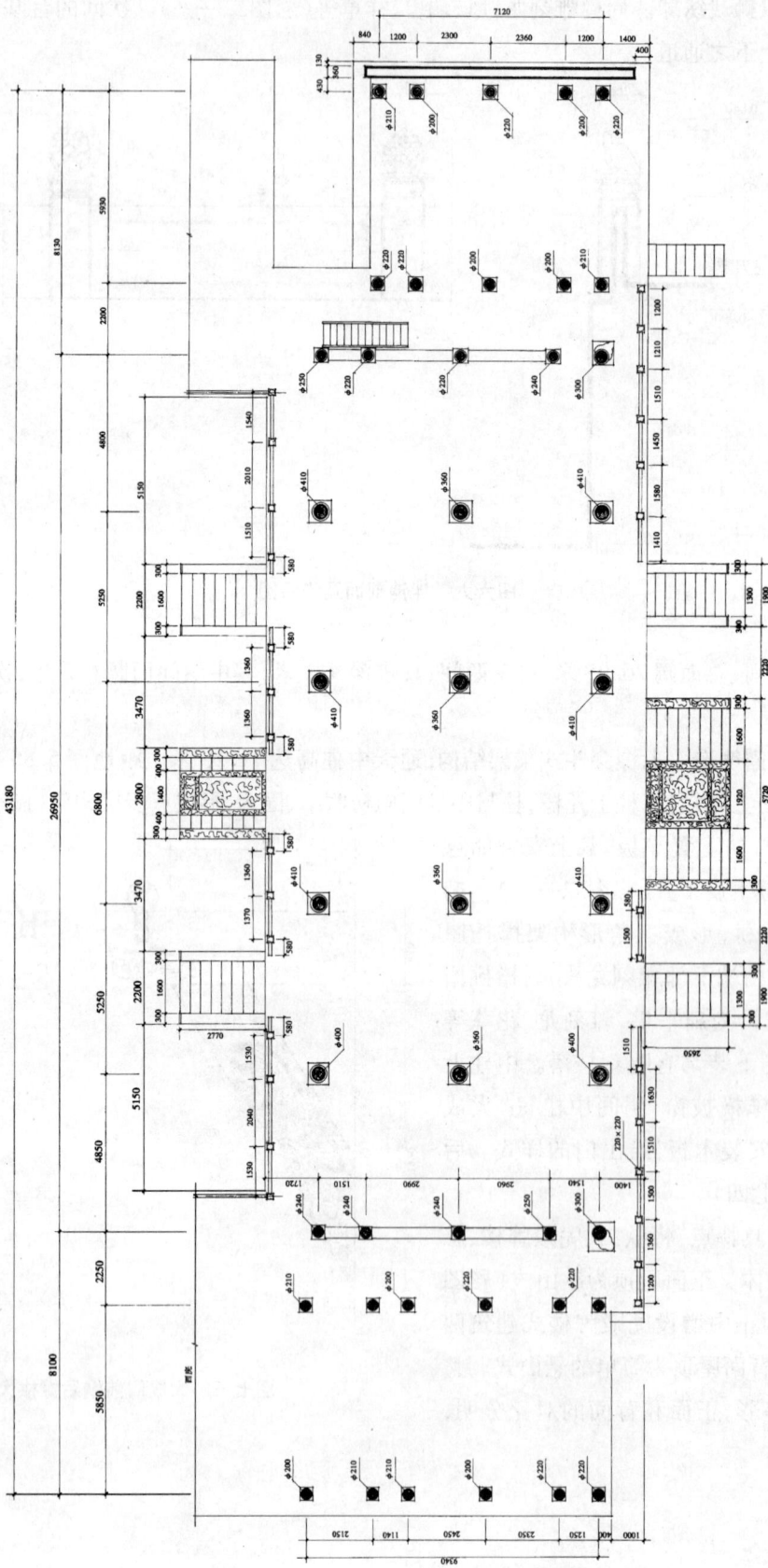

图七○　大成门平面图

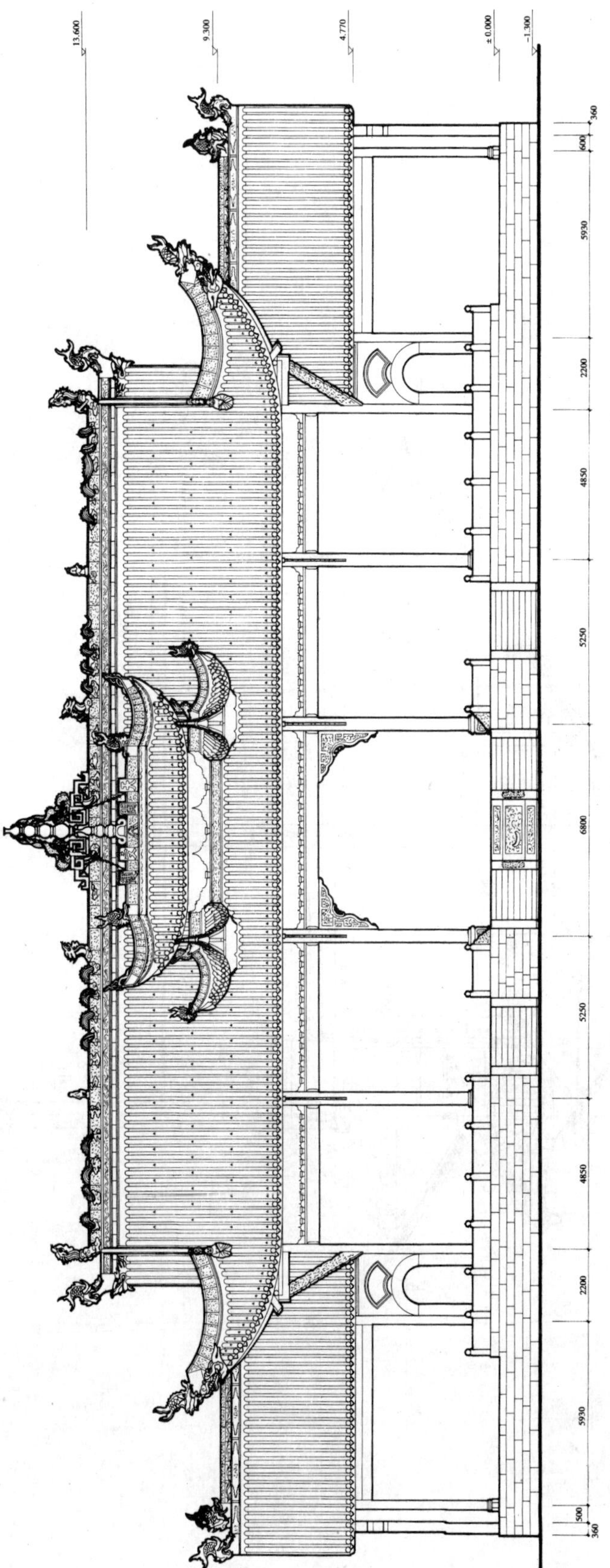

图七一　大成门正立面图

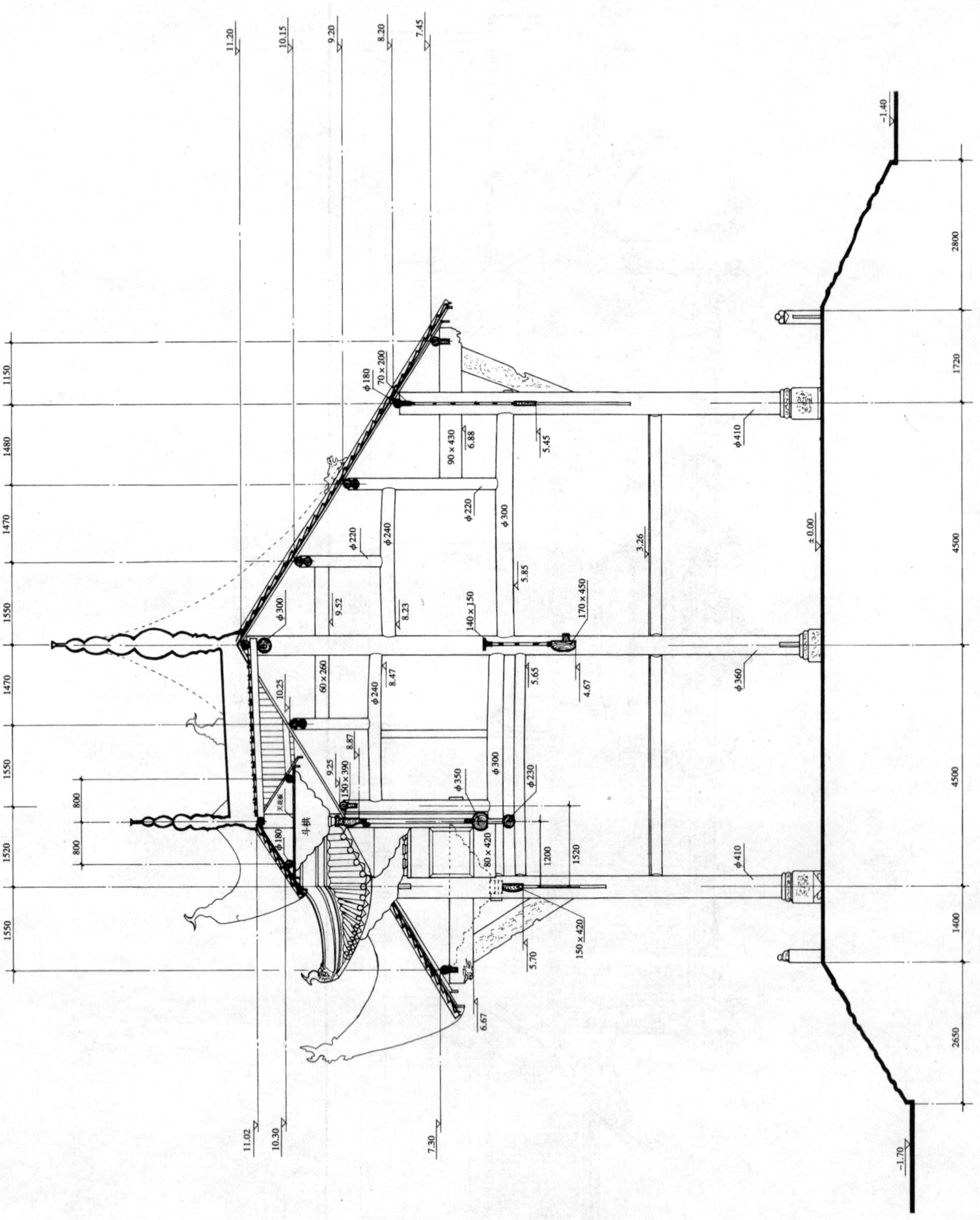

图七三　大成门明间剖面图

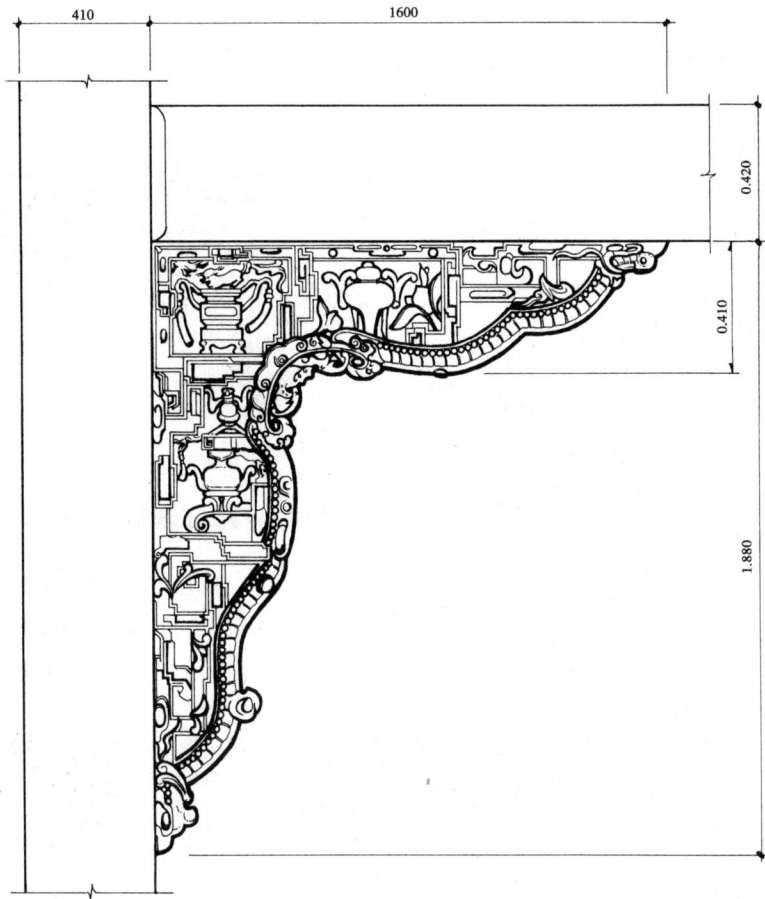

1

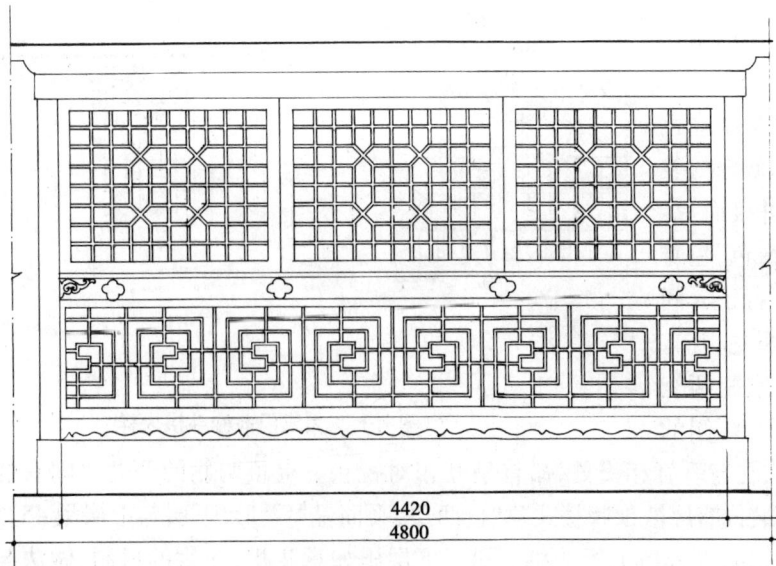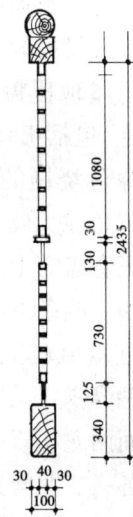

2

图七四　大成门挂落大样、后檐花窗大样

犍为文庙大成门的特点在于对屋顶的处理上。从外观看，大成门的前、后屋面分别为歇山顶和悬山顶，而内部的梁架结构上仍旧是穿斗、抬梁混合式，也就是说中柱（脊柱）前、后的梁架结构是一样的，前面并没有出现歇山建筑特有的踩步金构件，而是在处理上巧妙地借用了其两侧祭器库的构架。大成门与其两侧的祭器库位于同一平面上，从立面看，为一正带两耳房的样式，建筑体量上，祭器库远比大成门小。大成门与祭器库间设有券门，是日常出入通道（彩图二一五）。大成门与祭器库均为穿斗式构架，祭器库的脊檩位于大成门脊桁与上金桁1/2处，前檐柱与大成门的前檐柱位于同一条线上，后檐柱较大成门山面金柱还内缩一点。祭器库为悬山顶，正脊与大成殿的

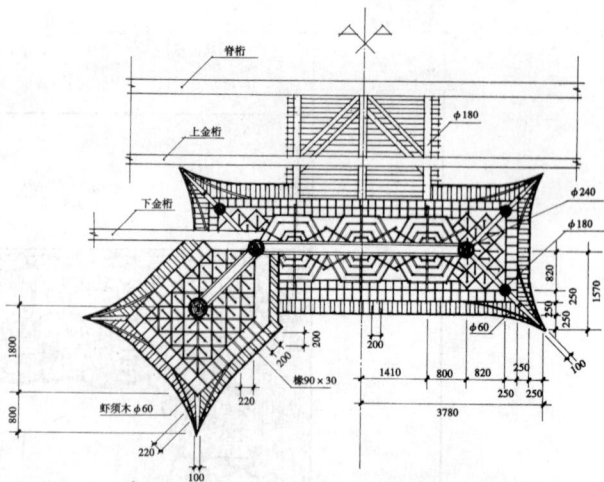

图七五　大成门屋顶仰视图照片

山墙相接。大成门在下金桁距山墙1.5米处45度搭建角梁，梁头亦雕刻含珠龙首；又于角檐柱间施搭角额枋，枋端雕刻含宝珠龙头，上托歇山山面的挑檐桁与屋顶正面的挑檐桁及角梁，再施椽及遮椽板，作出反翘的翼角。为了加固，在搭角额枋与角檐柱间施撑拱。大成门山面的博脊后端与祭器库正脊相交，山面部分

亦以祭器库的屋顶为依托。最后在处理屋顶，在屋面排山第四排筒瓦上施瓦条，上置烧制的琉璃构件，前置靠背，形成"垂脊"，"戗脊"在实施木构架时就已形成，交于"垂脊"前部。这样，大成门前面屋面的歇山式顶就形成了。后面屋面则仍为悬山式，与祭器库的屋面平行，高低层次分明。与之类似的歇山屋顶的做法也见于成都武侯祠的个别建筑。

大成门屋顶覆盖琉璃瓦，整体颜色以绿色为主，包括正脊、垂脊和戗脊的装饰都使用绿色烧制的琉璃砖拼接而成。正脊两端置鱼龙大吻，龙头为绿色，鱼身为黄色。正脊盖筒上施四条穿行于云间的行龙四条。四条龙中，中间两龙相向，朝向正中五重琉璃宝瓶宝顶，宝瓶两侧对称嵌瓷两条头下尾上的螭龙；两侧的

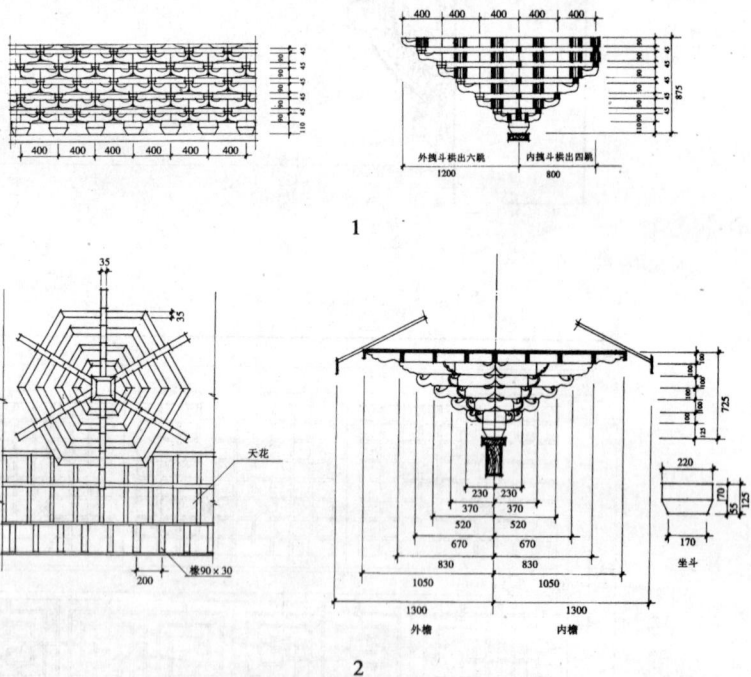

图七七　大成门前檐斗栱大样

两龙与中间两龙相背而行，龙头在与垂脊相交处，昂首呈互相对视状。宝顶两侧的两龙之间有烧制的绘彩琉璃人物各一。明间正面屋顶装饰有庑殿顶牌楼式建筑，两层，平面呈"冖"形，下层与上层呈45°相交（图七五）。上层于柱头上设枋和平板枋，平板枋上置斗栱三攒。下层施如意斗栱，斗栱的形制、做法与圣域和贤关的类似，也是拱上有压栱枋和压栱板（图七六、七七）。

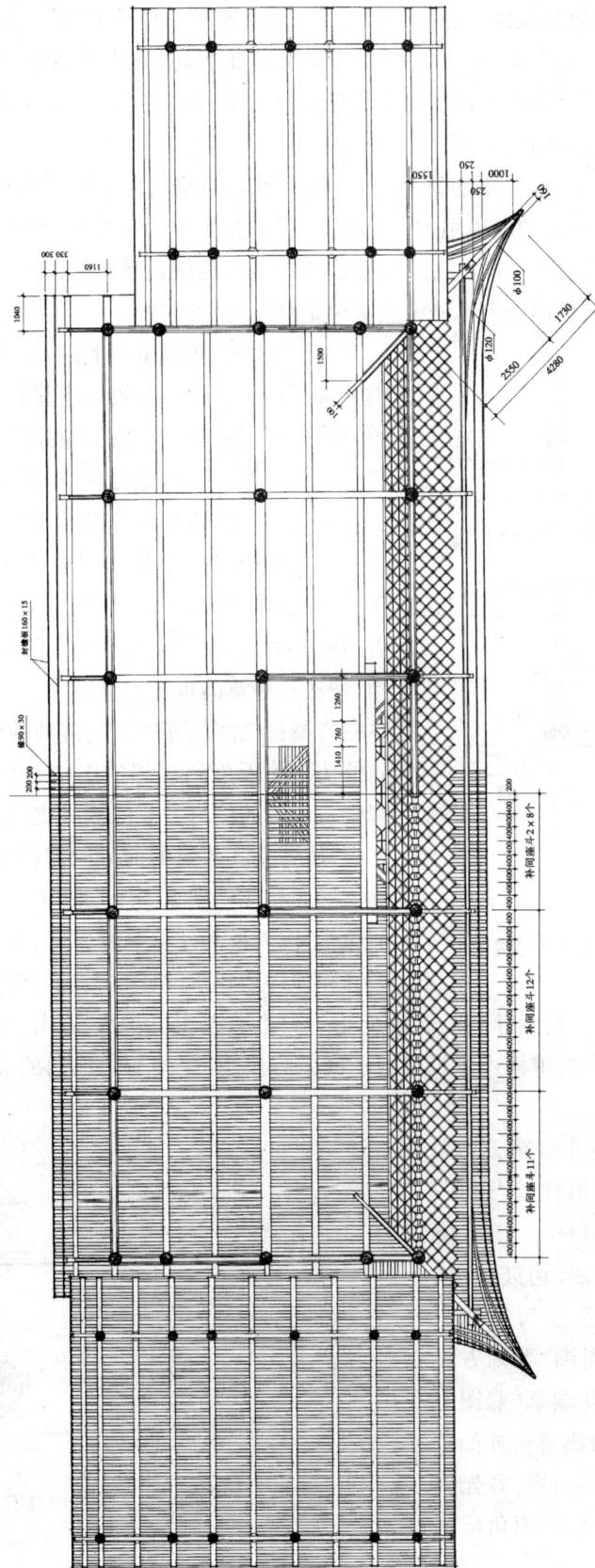

图七六　大成门仰视图

　　牌楼式建筑为黄色琉璃筒板瓦顶,上层正脊为绿色镂空图案的琉璃砖拼接,正面有"天开文运"四块绿地黄字的琉璃砖,正中置三重葫芦宝瓶宝顶,两端为琉璃鱼龙大吻,龙头为绿色,黄色鱼身(彩图二一六)。垂脊亦施拼接镂空图案的绿琉璃砖,前设有绿头黄身的鱼龙垂兽。下层屋脊的装饰均用剪黄边的绿色镂空图案的琉璃砖,前端为黄身绿头的鱼龙吻兽(彩图二一七)。

　　整个大成门的屋顶颜色丰富,整体色调为绿色,包括屋面的琉璃瓦和屋脊的琉璃装饰,又用黄色点缀,即正面明间屋顶上的牌楼式建筑的屋顶用黄色琉璃瓦,同时在屋顶的正脊和牌楼式建筑上层的正脊和垂脊及下层牌楼的垂脊的前端都使用了嵌瓷工艺,牌楼式建筑下面的绿色琉璃瓦经刷白处理,形成投影效果,加上牌楼式建筑斗栱的红褐色,整体如万木丛中点缀朵朵鲜花,极具装饰。

　　由于正面明间的屋顶上附加有牌楼式建筑,在梁架的结构上就存在一个如何有效处理其与整体梁架结构之间的关系的问题,即既要相协调,又有稳固性的问题。该双层牌楼式建筑位于五架檩与七架檩之间,其屋顶的重量由两部分承担:上层牌楼式建筑的柱与五架檩承重的短柱相贴,柱高与五架檩承重的蜀柱约略相等,柱脚落在架于枋上的一根纵向的枋上,该枋下又有一小枋,两者之间夹有垫板。下层牌楼式建筑则借用檐柱为柱,由于其本身重量较小,没有增加其它构件。这样,牌楼式建筑的重量通过几个构件而被分解了:其一,通过中柱与檐柱之间的穿插枋又落到两柱上;其二,通过柱脚下纵向的枋与垫板落到相邻的中柱和檐柱上,分解了部分重量。牌楼式建筑的柱与大成门檐柱之间用两层扁木枋,木枋间夹木板,使牌楼式建筑的前倾问题得到有效解决。下层牌楼式建筑的如意斗栱则置于上层枋上。抱头梁一端承檩,其下又加撑栱,以软挑和硬挑两种方式,承托屋檐的重量;一端连于檐柱和牌楼式建筑的柱与大成门的蜀柱,对牌楼式建筑也有

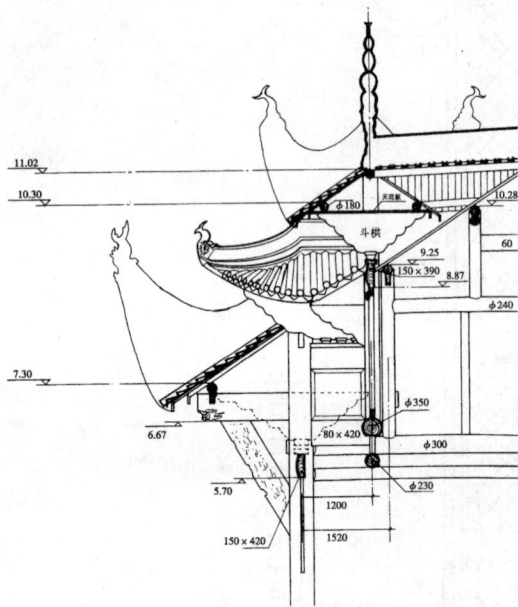

图七八　大成门牌楼梁架局部结构图

加固作用。同时上层牌楼式建筑的脊檩架于大成门的脊檩上,其上又为大成门的正脊所压,正是通过枋、抱头梁等构件的共同相互作用,对牌楼式建筑起到了稳固的作用,使其与大成门的关系得到巧妙而又有效地处理(图七八)。

　　大成门的柱础石雕刻也非常精美。大成门的柱础石分为三种:圆形柱础石和四边形柱础及雕刻动物的柱础(图七九)。但无论哪种柱础,都用整石雕成,由鼓镜、柱础身和座三部分构成。底座多为须弥座式。雕刻即分布于柱础身周围,雕刻方式以开几何形光,内部浮雕祥花瑞草(彩图二一八)、瑞兽(彩图二一九)及寓意吉祥如意的组合图案(彩图二二〇)等内容,开光周围饰变形卐字,有的还在柱础的四角雕刻

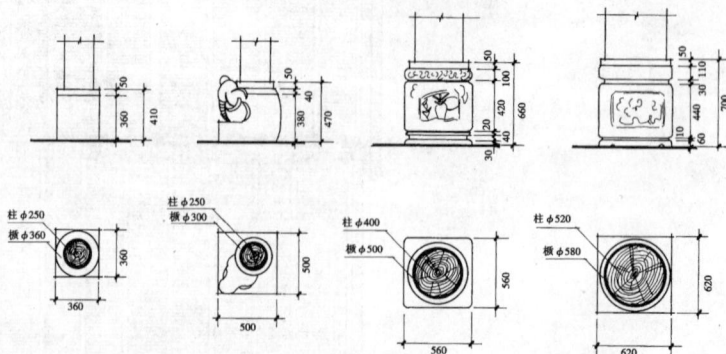

图七九　大成门柱石大样

兽头（彩图二二一）。动物柱础石用圆雕的技法雕刻成卧牛（彩图二二二）或象的形状。也有雕刻成桌形，四角雕刻兽头与兽足。

大成门以其丰富的屋面立体造型显示华丽高雅，雄厚阶基、粗犷石刻显示其庄严稳重，是四川古代建筑中难得的上乘佳品，具有很高的文物价值和艺术价值。

6. 腋门、乐器库和礼器库

腋门、乐器库和礼器库与大成门位于同一直线上，实际形成第一进院落与第二进院落的隔墙。腋门位于大成门的两侧，乐器库和礼器库又位于腋门的东面和西面（彩图二二三）。

腋门实际是借助于大成门和乐器库、礼器库的山墙而形成的一个夹道，宽1.2米，石砌券顶拱形门。乐器库、礼器库均面阔一间，柱网较密，均为穿斗式单穿构架，彻上露明造，软挑檐。悬山式屋顶，顶覆盖琉璃筒瓦。山柱每面五柱。左侧（乐器库）带前廊，廊步为双步。面阔8.1米，通进深7.2米，廊宽2.14米。右侧（礼器库）无廊，面阔5.93米，进深7.12米。内设楼板，底层高1.5米，后有楼梯可达上层（图八○）。

腋门、乐器库和礼器库外观对称分布于大成门东、西两侧，屋脊装饰与大成门相近，但建筑体量远远小于大成门，主次比例协调。

7. 东、西庑

东、西两庑分别位于大成门后的东、西两侧，东、西庑南、北两端分别与大成门和大成殿相连，形成一个"四合院"，四者之间的台基的护栏亦相互衔接。东、西庑的台阶前各设一路垂带踏道，北端可达大成殿。北端廊墙上开设随墙拱形门，台阶连接处亦设一路垂带踏道，从两庑廊道通过拱形门可至大成殿（彩图二二四）。现存建筑系清代乾隆三年（1738年）所建。

东、西庑的台基高1.4米，与大成殿的台基高差0.8米。两庑两庑形制、结构相同，为单檐歇山式，面阔六间，通面阔31米，进深两间，6.8米，带前廊，廊深2.05米。廊前阶沿置石望柱、栏板，望柱头圆雕石榴等果蔬，栏板不施雕刻（图八一）。柱网布局为减柱造，除山面外，内部的中柱全部减去。但是两庑南端尽间的中柱又没有减，因此从建筑的柱网布局上看，两庑原来当为五间，南端一间为后来增筑，是为了与大成门连为一体。两庑的踏道也偏南，疑为后来所改（图八二）。

东、西两庑为穿斗、抬梁混合式木构架，除梢间外，其余各间的脊檩和三架梁为抬梁式，由于梁间距离较小，没有使用蜀柱，用五山驼峰抬梁，其余各檩都用落地通柱或架于穿插枋上的蜀柱（图八三）。山面梁架为穿斗式，单穿（图八四）。后面两排柱间使用三穿，以形成一个进深相对较大的空间（彩图二二五）。现新塑的72位名贤大儒的塑像即居于此（彩图二二六）。

前廊廊柱圆形，柱径0.27米，高四边形柱础石，圆形鼓镜，柱身四面有雕刻，内容、题材以戏剧人物、祥花瑞草等（图八五、彩图二二七）。挑尖梁上架座斗，上承轩梁，轩梁中置一方形轩檩，轩的弯椽（四川称"捲骨子"或"捲骨肋巴"）作鹤胫式，形与苏式建筑中之"鹤胫一枝香轩"相近（彩图二二八）。抱头梁承檐檩，其下随梁枋前端雕刻龙头装饰。廊柱间用枋相联，枋上安装套方、套方穿栀花等图案的横风窗，枋下施有挂落。

金柱间安装六抹宫式隔扇门，裙板素面无雕刻（彩图二二九）。中槛安装"一马穿三箭"直棂横披窗（图八六）。

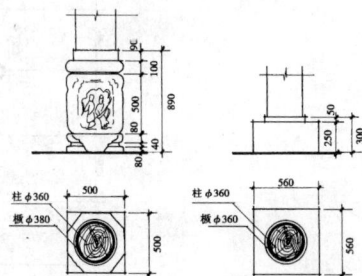

图八五　两庑柱础大样图

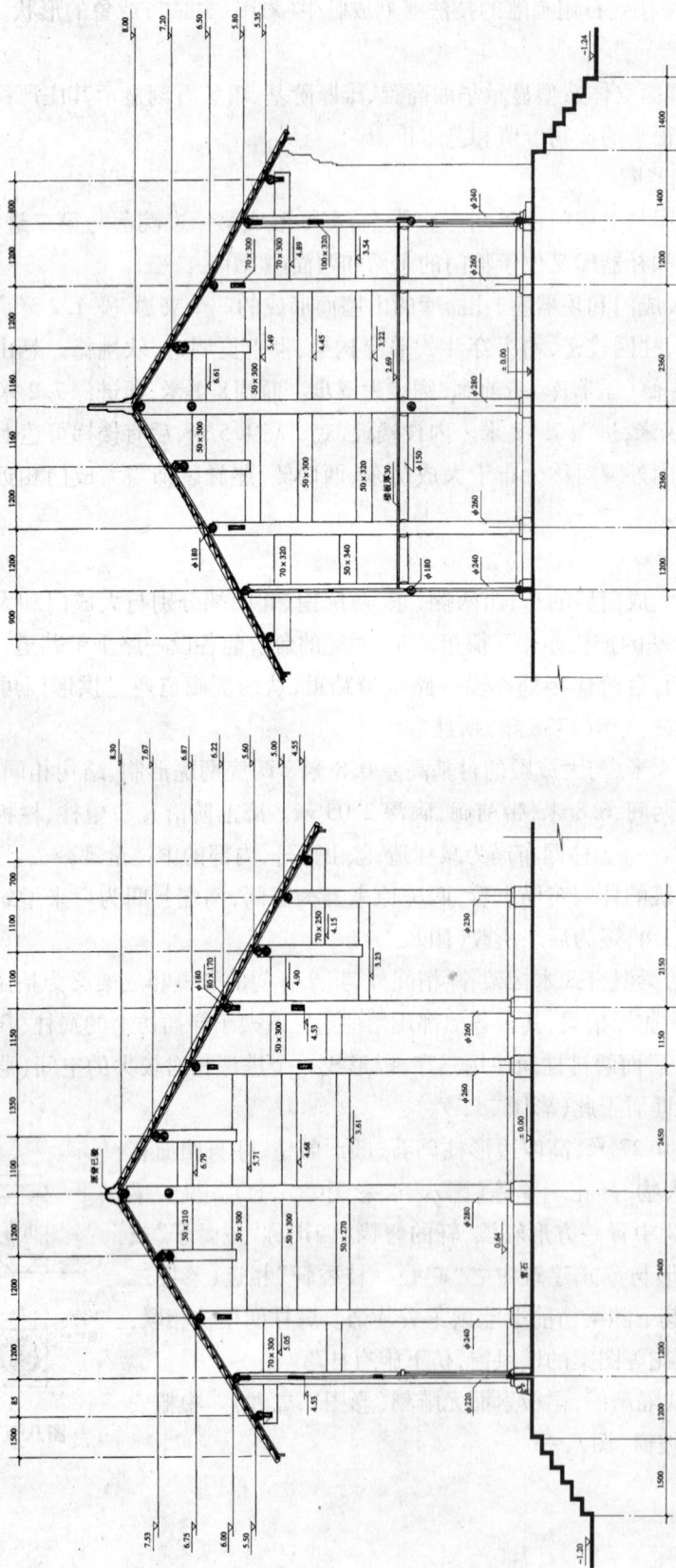

图八〇 礼器库、乐器库剖面图

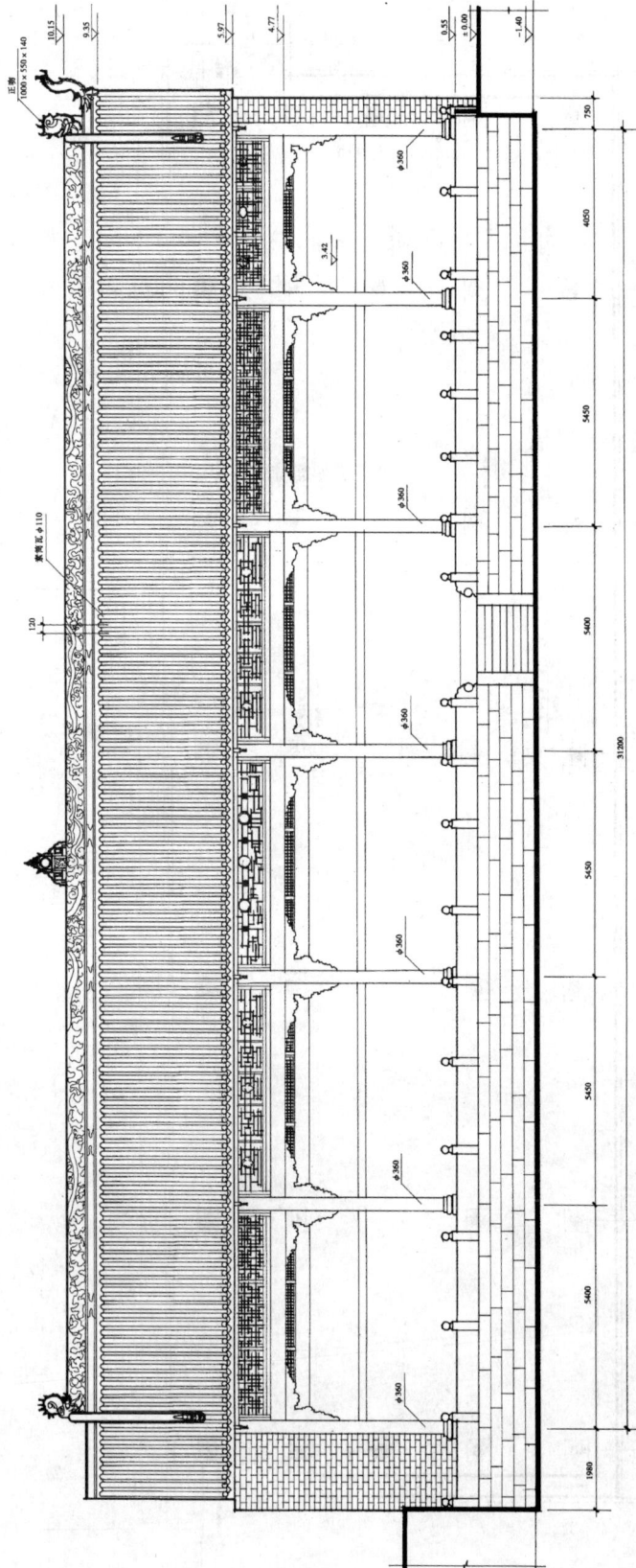

图八一　东庑立面图

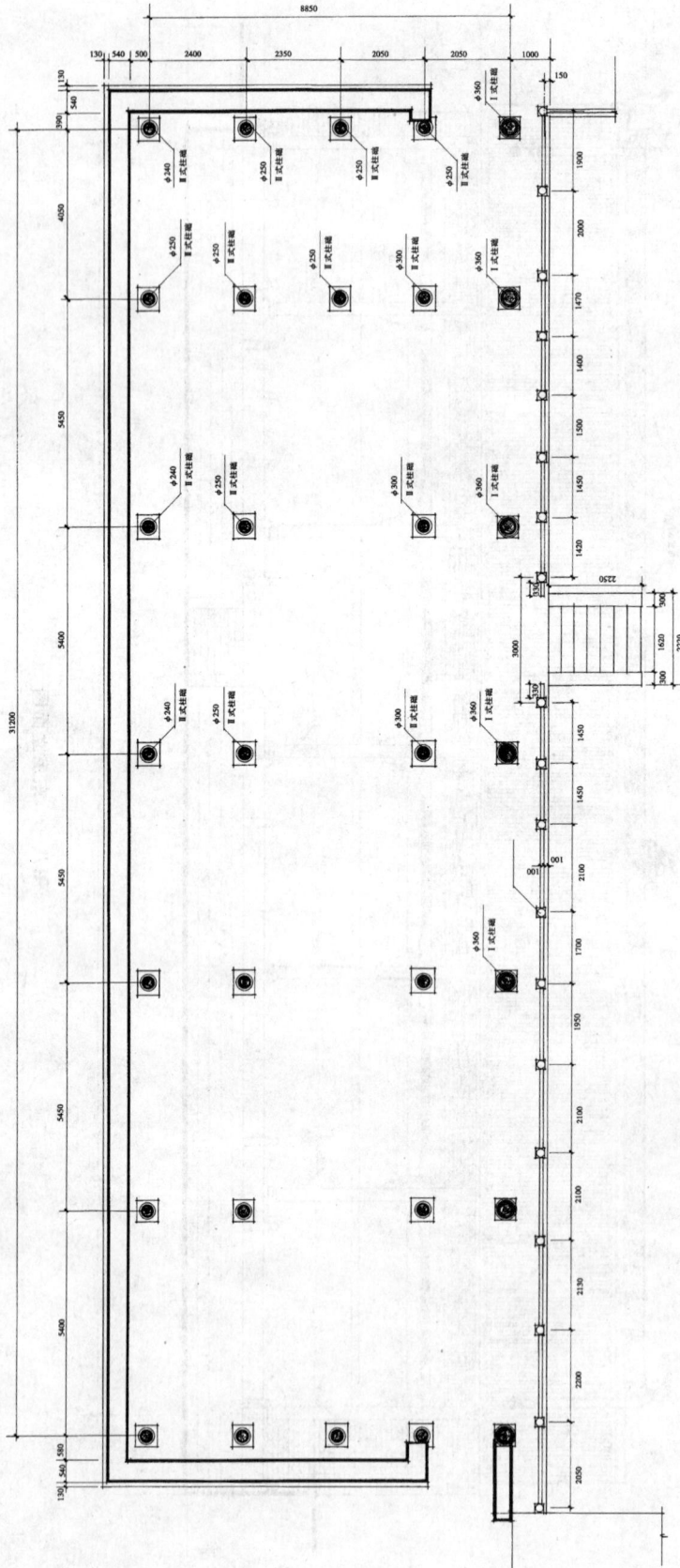

图八二　东庑平面图

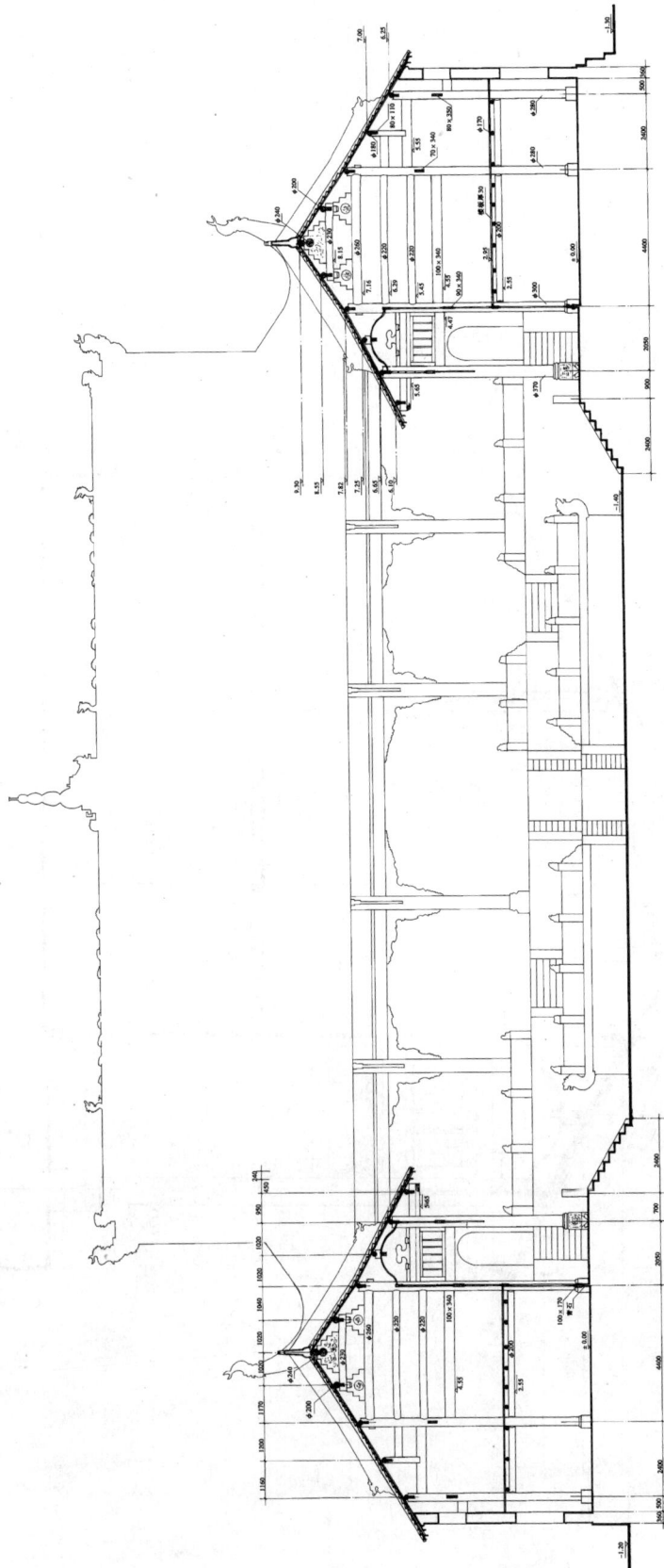

图八三　东(西)庑明间横剖面图

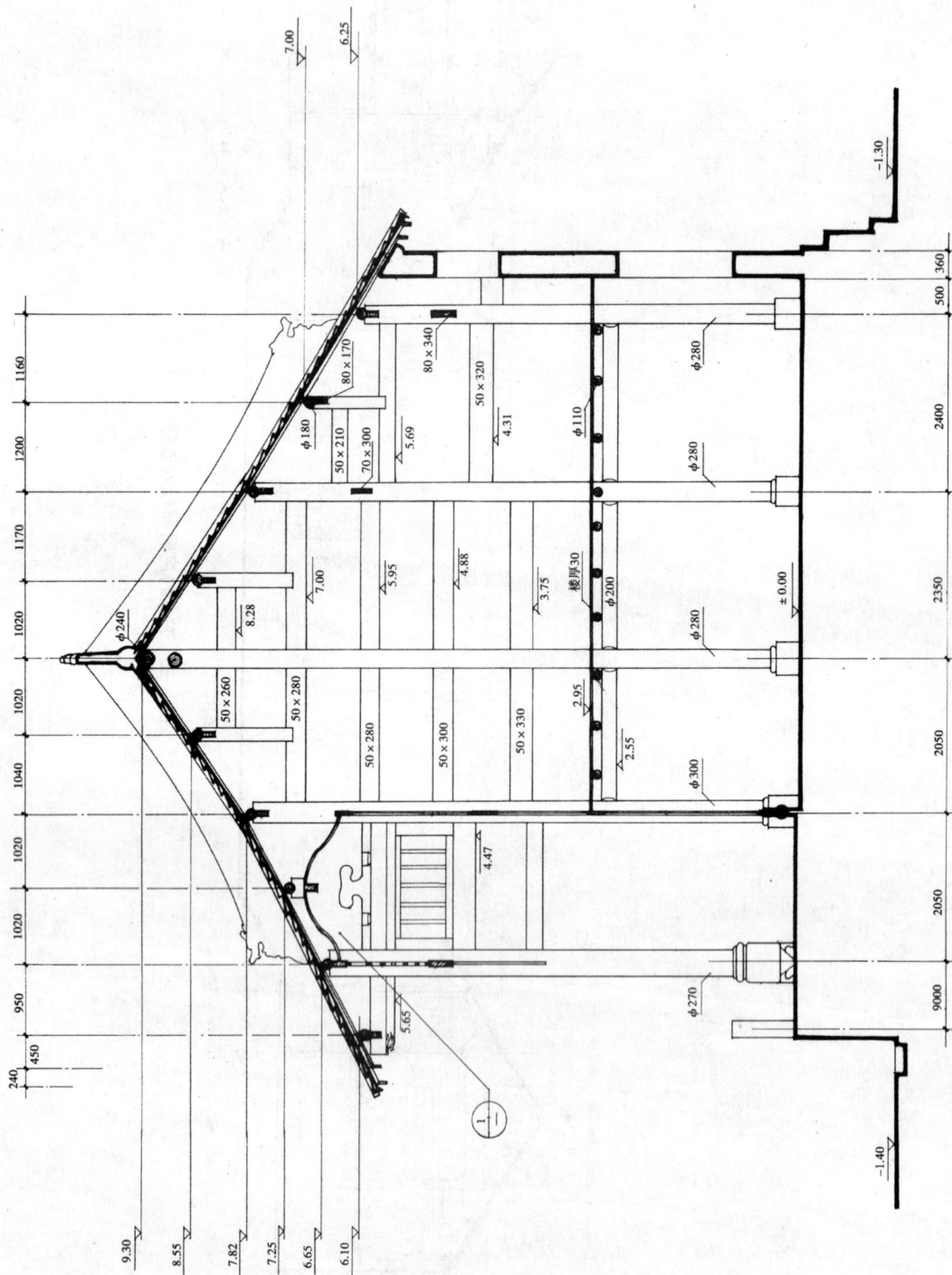

图八四 东(西)庑稍间横剖面图

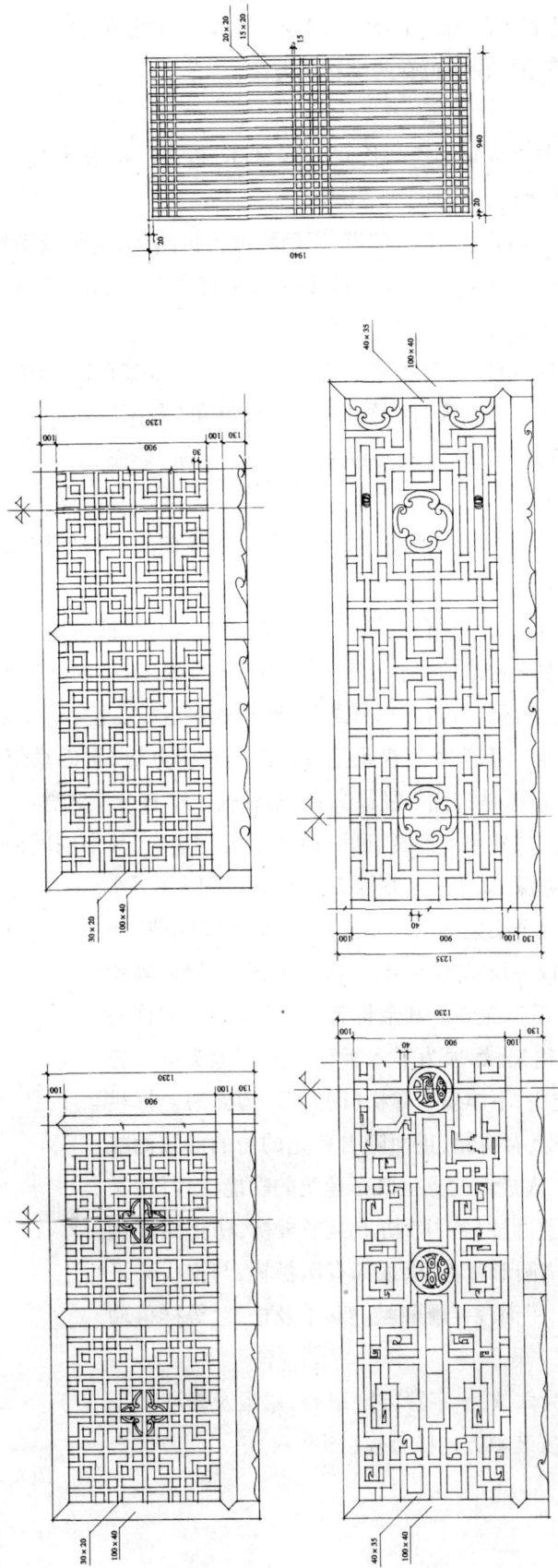

图八六　东（西）庑横披窗、隔窗大样图

屋顶为素筒瓦屋面,三面为封火砖墙。正脊脊高1米,正中为螭龙捧寿宝顶,宝顶用嵌瓷装饰。宝顶两侧各有云龙两条,龙首均相背正中宝顶。正脊两端置鱼龙吻。

8. 拜台及大成殿

拜台,位于大成殿的南面,与大成殿相连。长方形,东西长17.61米,南北宽14.56米,面积约256平方米。台高1.5米,用加工的青砂岩砌筑(彩图二三〇)。

拜台为"三陛",即正面、东、西各设一垂带踏道:正面踏道为御路式,垂带及御路均雕刻有图案。御路镂空雕刻五龙,御路两侧为九级台阶,五龙与九级台阶寓孔子享有帝王"九五"之尊。东西两侧踏道为后期维修恢复。

拜台东、西、南三面绕以栏杆,望柱正面雕刻漫漶不详,柱头上圆雕石犼;华版正、背面均浮雕四蝠团寿图案,四蝙蝠形态各异,栩栩如生。四周为"回"纹边框,云纹岔角(彩图二三一)。台角栏杆下置圆雕昂首、张口石龙一个,龙上立一文一武人物,文官一手抓龙角,一手抓龙须(彩图二三二)。武将着甲、露腹,一手抓龙角,一手扶玉带(彩图二三三)。

拜台北面为大成殿,大成殿坐北朝南,是文庙中轴线上的主体建筑,也是祭祀孔子的主要场所。现存大成殿为清康熙四十五年(1706年)所建。

大成殿建在3.26米高的台基上,与拜台台基高差1.76米。台基正面有护栏,望柱柱头雕蹲狮,华版作几何形开光,内雕花草。明间、次间台基前各设有踏道,明间前为御路石,御路用整石,四周浮雕博古、四艺图案,中心由上、下两部分构成:上部约占石之三分之二,镂空雕刻五龙,龙穿行于云间,正中一龙,两侧各两龙,争夺中间的宝珠(彩图二三四);下部雕刻双龙抢珠。次间台阶九级,素面垂带。如加上东、西两庑通向大成殿的台阶,构成"五陛","九五"是古代等级最高者,暗示孔子享有帝王之尊。

大成殿为带回廊的单檐歇山式建筑。面阔五间,通面阔26.14米,其中明间面阔6.8米,次间5.22米,稍间4.45米。进深三间,房间进深12.7米。廊深2.1米(图八七、八八)。

大成殿采用抬梁和穿斗式混合梁架结构。无天花,为彻上露明造(图八九)。中间两排金柱为通柱,以三层枋连接,抬梁枋出头,其上以驼峰抬梁,因梁架间距小,故不用蜀柱而用驼峰。其余构架均为穿斗式,因柱间距离较大而用双穿。廊为双步构架,廊顶为平木板顶。正面抱头梁下施随梁枋,枋的前端雕刻含宝珠龙头,下施扁平撑栱(图九〇~九二)。撑栱侧面雕刻成鱼龙形状,龙头,鱼身,背有鳍,正面随着鱼龙的身的曲线而雕刻花草(彩图二三五、图九三)。大成殿的撑栱既是建筑的功能性构件,又极具装饰效果。正面及山面的前廊柱(檐柱)枋上施平板枋,枋正面雕刻卷草,其上架设如意斗栱,栱间饰圆形莲花,栱顶部有压栱板,与抱头梁平齐(图九四)。枋下柱间施挂落,平面浅浮雕麒麟、鹿、羊及松、兰等祥兽瑞草(彩图二三六、图九五)。

后廊柱间安装隔扇门。门为六抹,十字穿方隔扇心,裙板及绦环板上没有装饰(彩图二三七)。门上安装斜方格横披窗(图九六)。

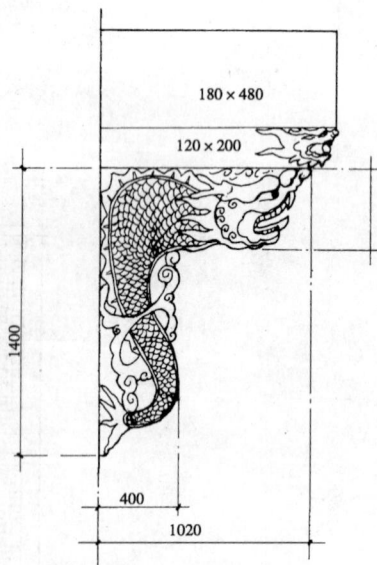

图九三 大成殿撑栱大样图

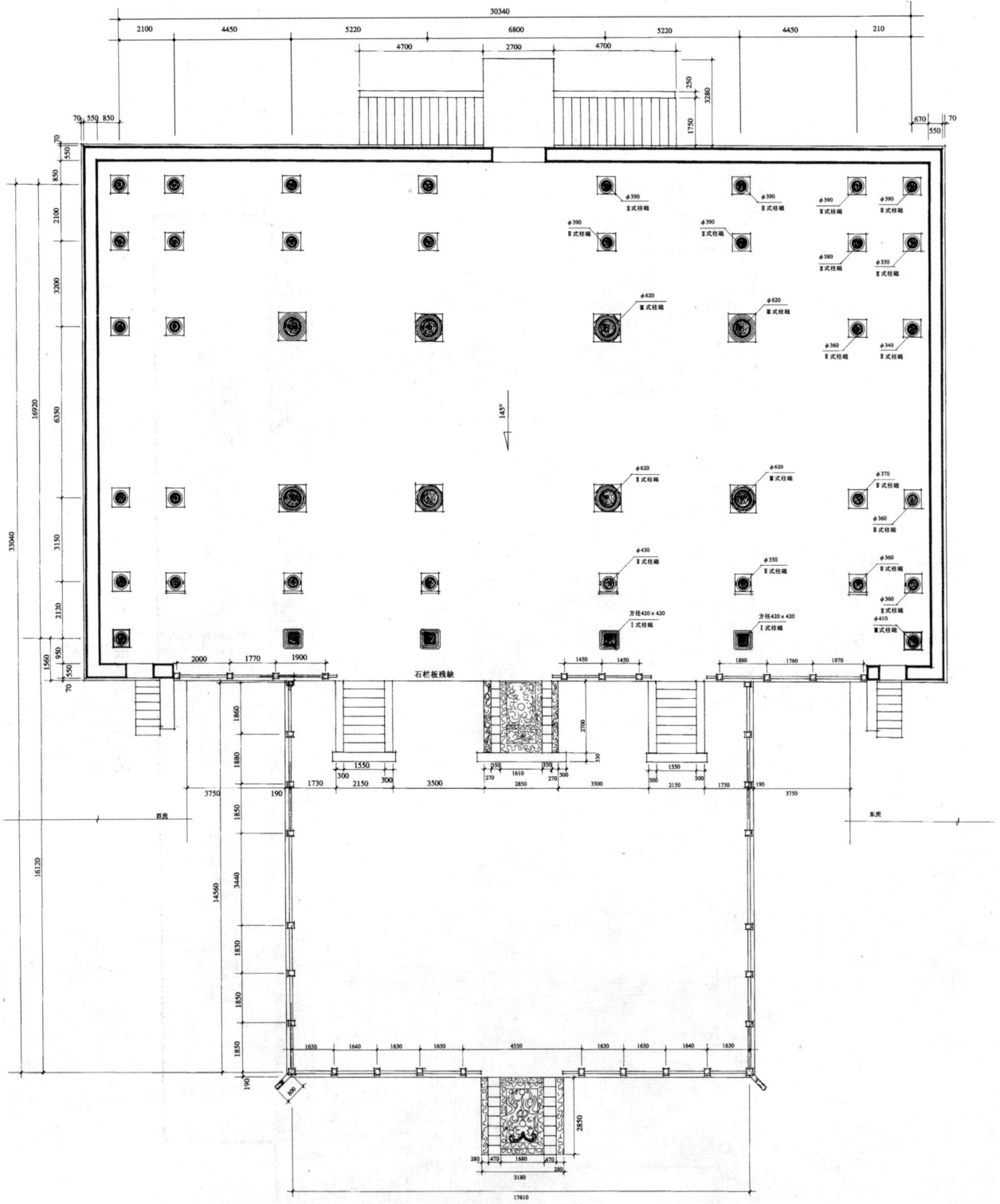

图八七　大成殿平面图

图八八　大成殿正立面图

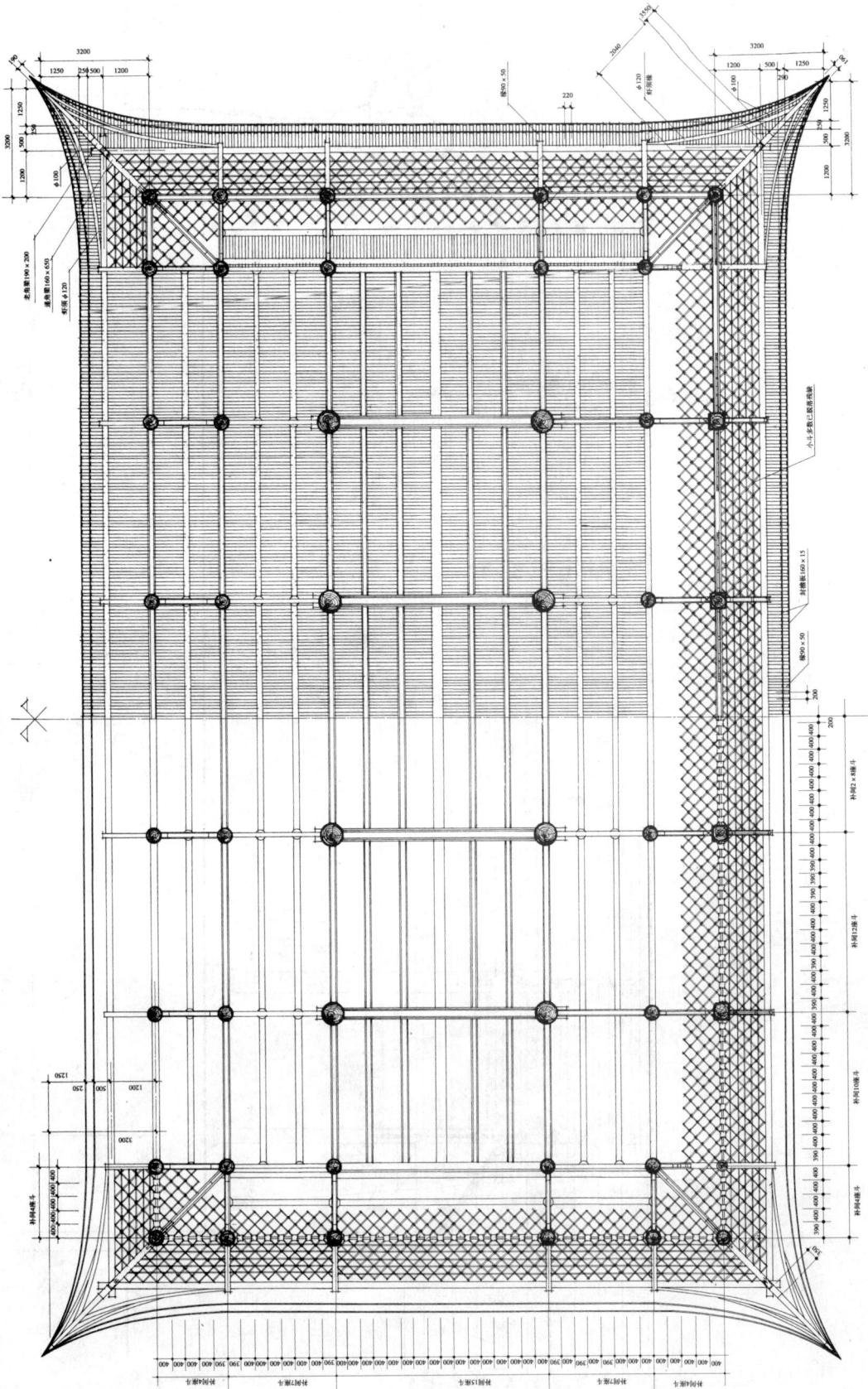

图八九　大成殿仰视图

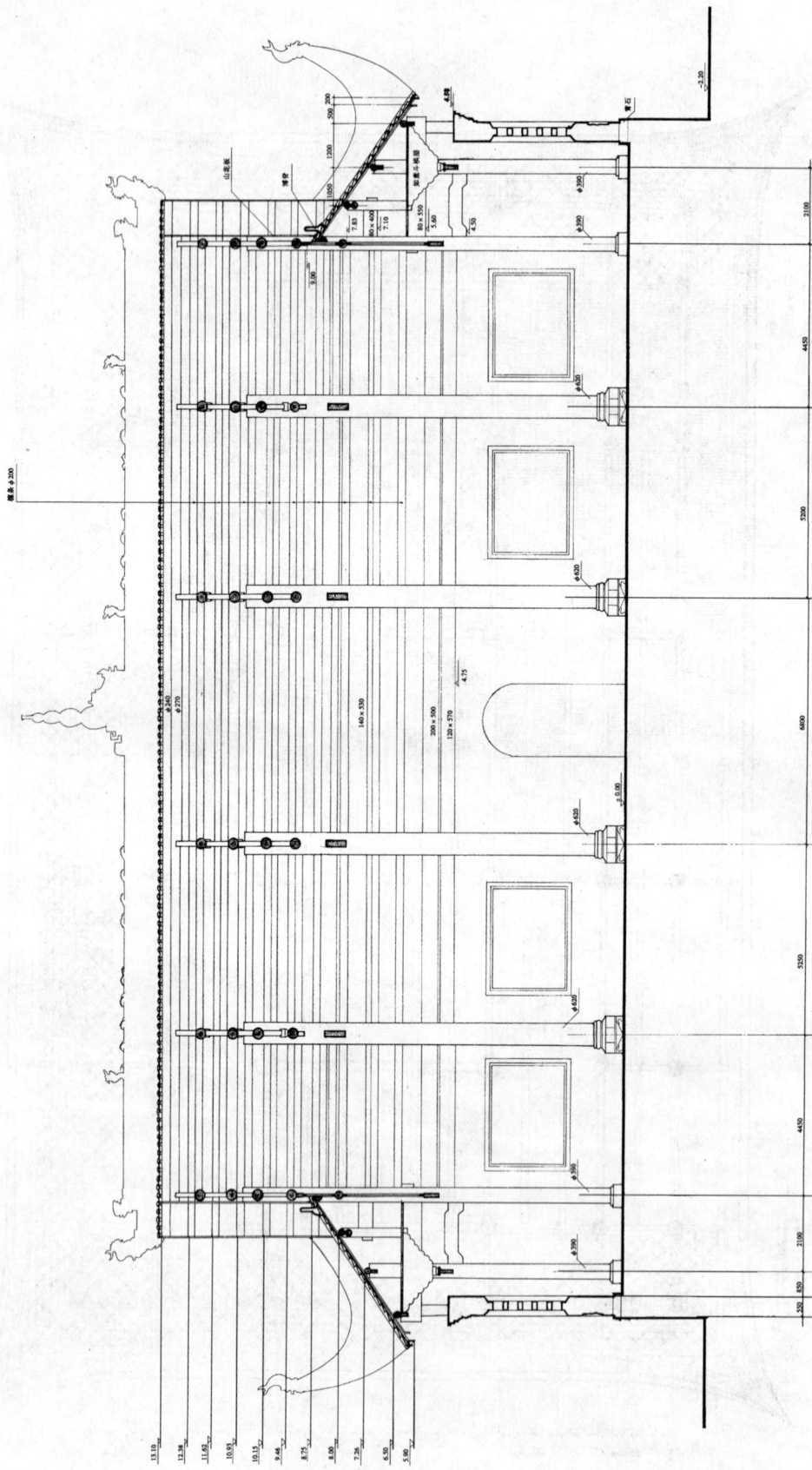

图九○　大成殿纵剖面图

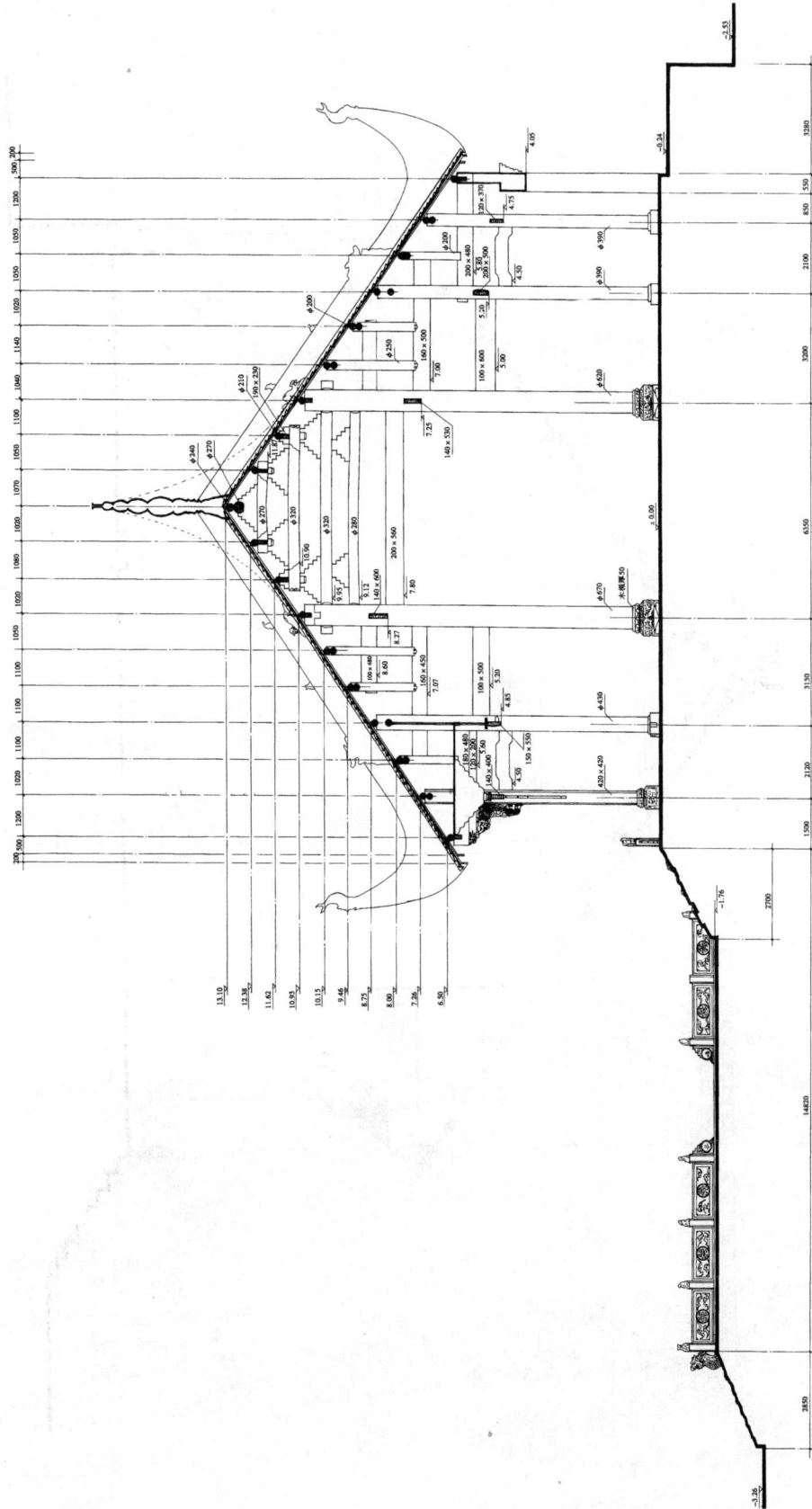

图九一　大成殿明间横剖面图

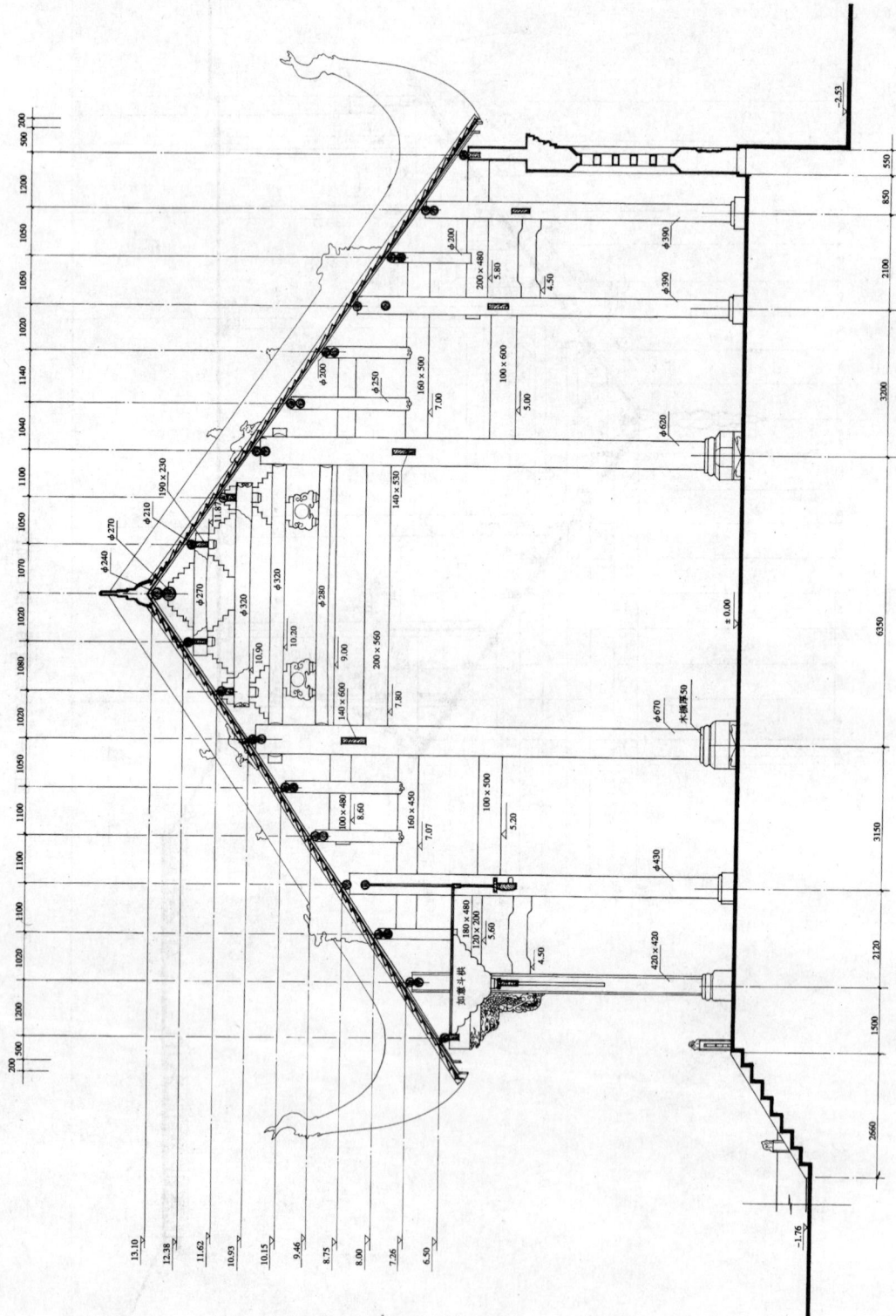

图九二　大成殿次间横剖面图

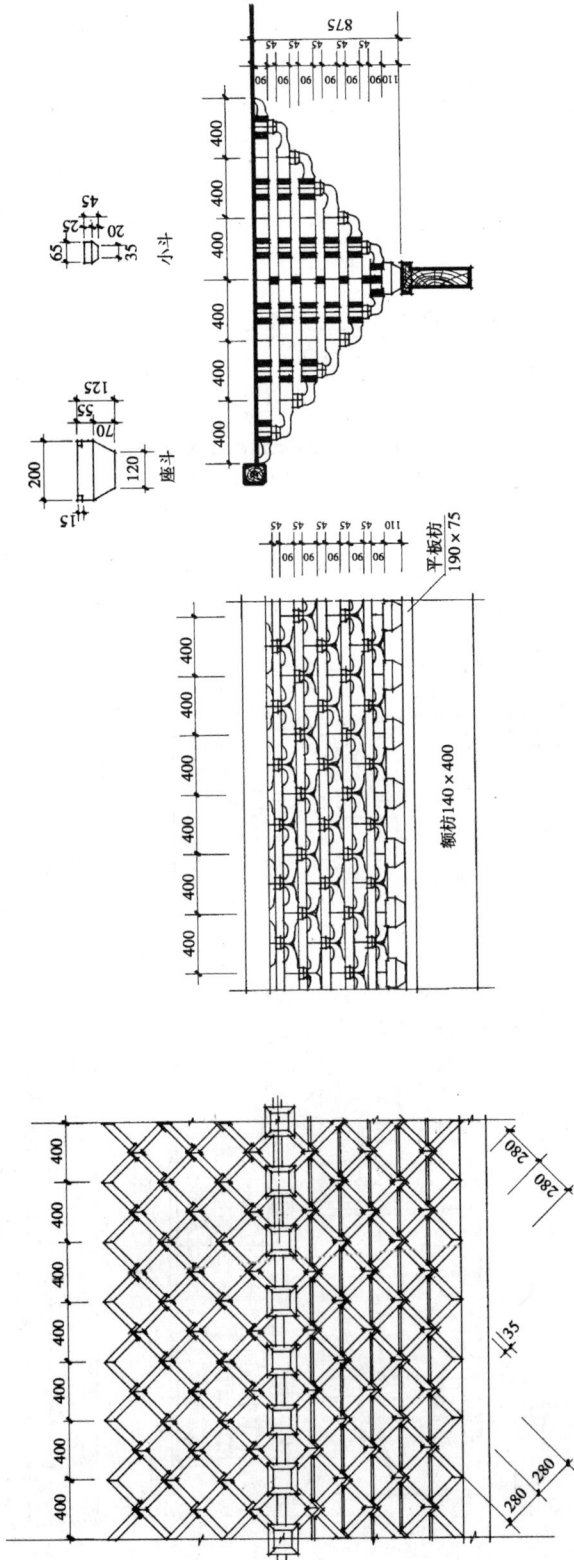

图九四　大成殿前檐斗拱仰视、立面、剖面图

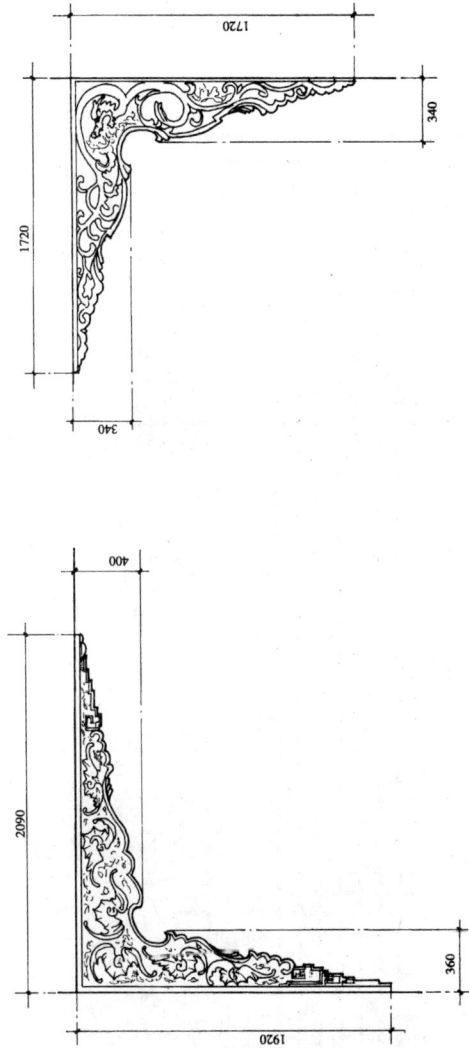

图九五　大成殿明间、次间雀替大样

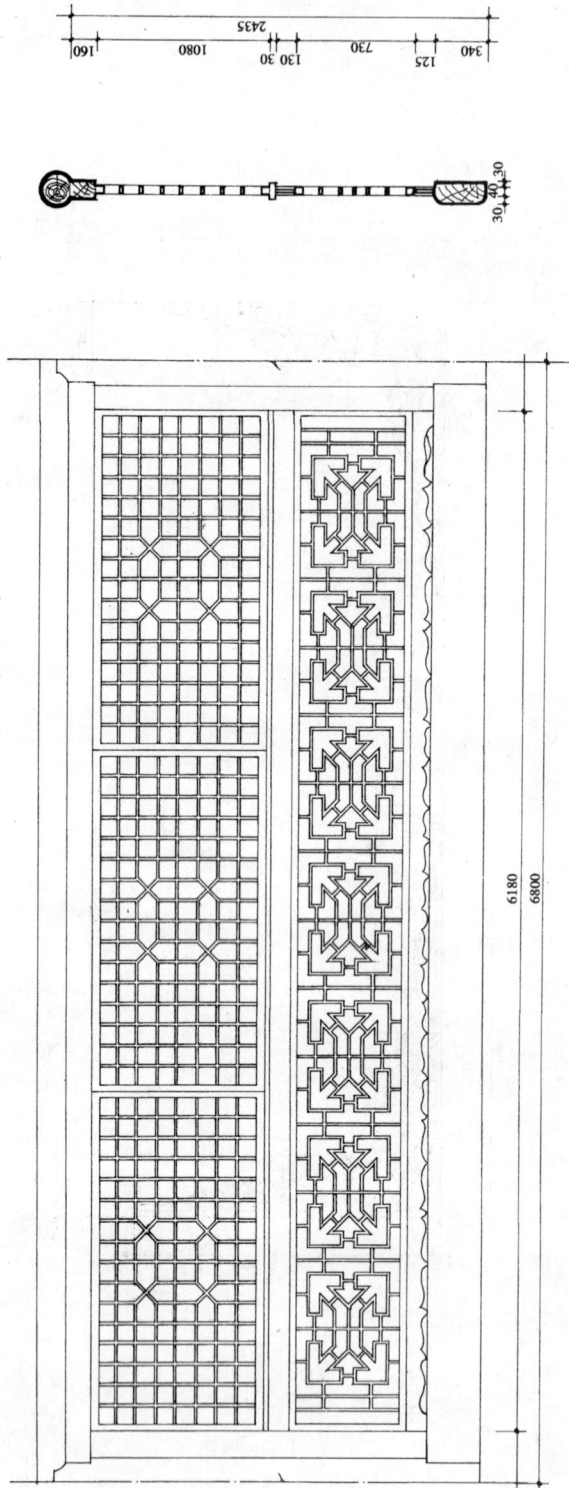

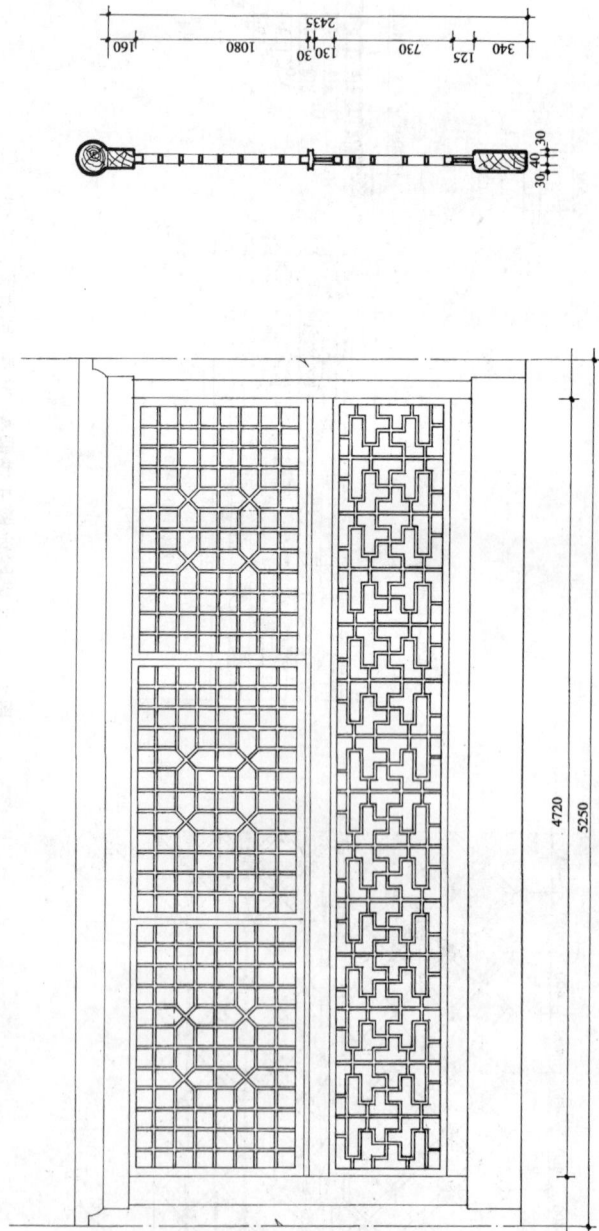

图九六 大成殿横风窗大样

东、西、北三面砌墙,墙裙肩为石砌,卷草砖雕腰线,墙身为青砖砌筑(彩图二三八)。后墙正中开设一券形门,门两侧有踏道。后檐墙位于挑檐檩下,次间、稍间墙身各有梅花嵌寿字漏窗,"寿"字为嵌瓷(彩图二三九)。

前廊廊柱为倭角方形石柱,其余各柱均为圆形石柱。明间两排八柱最大,柱径0.62米,为通柱。柱础石均为方形,最高者0.8米,用整块青石凿成,由鼓镜、鼓身和座三部分构成(图九七)。除中间八柱浮雕龙外(彩图二四一、二四二),其余各柱础石的四面作长方形开光,内浮雕戏剧人物和寓意吉祥的图案(彩图二四〇)。

大成殿高14.27米,加上宝顶则通高17.17米。屋面铺盖黄色琉璃瓦,筒瓦垄用瓦钉固定,黄色琉璃钉帽,相邻两陇瓦上钉帽错落分布,但稍垄即位于飞椽前端的瓦钉整齐一致(彩图二四三)。大成殿的脊饰整体为绿色,即用烧制的绿色琉璃镂空砖等构件构成。正脊滚筒表面雕塑卷草、花卉,上、下瓦条平嵌瓷片,盖筒上置琉璃镂空砖,有行龙四条,正中为宝顶,宝顶两侧各两条,两两相背,但龙首均朝向宝顶。宝顶为五重琉璃宝瓶式,两侧为灰塑、嵌瓷拐子龙(夔龙),前、后各用两条铁锁牵引于屋面,素钉上置一琉璃狮固定(彩图二四四)。垂脊、戗脊上均于滚筒上置绿色琉璃镂空砖拼接,垂脊前置靠背。

屋面正脊和排山脊上各有一鱼龙大吻,似乎构成双吻结构。但实际上,排山脊端的大吻为正脊的正吻,该吻置于正脊两端,绿色龙头,口中含正脊,鱼身为黄色,绿色鱼尾朝上叉开;而位于正脊与垂脊的交界处的鱼龙大吻,乍看似为正脊的大吻,但从其结构与位置上,其是置于正脊的盖筒之上的,是纯粹的装饰构件,与严格意义上的大吻有着功能上的区别;高度上正好与排山脊上吻兽相差琉璃镂空砖的高度。而正是这样的处理,却给人以主次分明的感觉。仔角梁头施琉璃龙套兽,戗脊上施绿色拼接琉璃镂空砖,前端施鱼龙吻,鱼龙吻与套兽形成反举较大的弧度,使翼角显得轻盈而又优美(彩图二四五)。

殿内原供孔子木主神位及四配、十二哲牌位。现改塑孔子坐像,基座高1.5米,塑像高3.5米,两侧为四配、十二哲塑像。

9. 启圣宫

启圣宫位于大成殿后20米,是文庙最北端的建筑(图九八)。

启圣宫台阶高1.84米。崇圣祠面阔五间,通面阔20.72米,进深三间,通进深为11.54米。明间面阔5.58米,台前设长3米、宽2.38米垂带踏道一条。次间4.2米,稍间2.57米(图九九)。

启圣宫为单檐歇山式建筑,抬梁、穿斗混合承重梁架结构(图一〇〇)。金柱为通柱,直通屋顶,无天花。柱间用枋相联,上端为抬梁枋,枋上架驼峰或蜀柱以承三架梁,用驼峰者其上还设座斗。枋两端刻云头;三架梁上亦以驼峰、座斗承脊檩。金柱与檐柱间为单穿穿斗式构架(图一〇一、彩图二四六)。

整个建筑平面为满柱造,用18根圆柱,柱础石为青石,有方形和八边形两种,雕刻精美。从柱础石的分布情况看,崇圣祠有后期改建的可能。抱头梁下与檐柱间施撑栱挑檐,檐柱以额枋横向联结,枋上施横风窗,枋下施浮雕挂落。门、窗安装于金柱,柱间安装隔扇门,明间、次间中槛浮雕双凤朝阳,龟背锦横披窗。隔扇门六抹,扇心亦为龟背锦,裙板素面(彩图二四七)。东、西、北三面为砖墙。墙体由下碱(裙肩)、墙身和檐子三部分组成,檐子为无砖椽冰盘檐式。山墙正面砌盘头,戗檐装饰羊、梅、喜雀等雕刻,山墙墙身砌海棠池子,墙体现刷红。

崇圣宫高10.3米。通高11.97米。绿色琉璃瓦盖面,正脊正当沟按筒瓦刻花瓣,脊陡板作花瓣开光,内浮雕竹、菊、喜雀梅花等图案。脊筒上为拼接的灰塑装饰,灰塑浮雕和圆雕结合,正中为宝顶。宝顶作双层六角宝塔式,塔身玲珑空透,立于莲花座上,莲座上立圆雕仙人两位。座下为一正面龙头(彩图二四八)。宝顶高 1.67 米,前后用四条铁索牵引、固定于屋面,素钉上置绿色琉璃狮。宝顶两侧为相向宝顶、穿行于云间的行龙两条及立于座上的狮子各一。脊上的灰塑装饰图案以浮雕为主,以寓意吉祥的题材为主,如麒麟、凤凰等祥禽、瑞兽及"寿"字等。脊两端为鱼龙大吻。垂脊前置花瓶靠背。戗脊装饰亦为拼接的螭龙图案,翼角上置灰塑绘彩龙首,龙张口含珠,翘举的长鼻为一小龙所含,小龙龙身用白瓷片嵌瓷工艺,做三个圆球形。灰塑、彩绘和嵌瓷相结合的龙首及嵌瓷的小龙,使整个翼角造型小巧而灵活,静中有动(彩图二四九)。

10. 奎星阁

犍为文庙建奎星阁出于很强烈的风水迷信色彩。清乾隆时知县张官五在募修奎文阁时以"事实"陈述建奎阁的重要性和必要性:"明太常卿周继之治江宁也,以文庙坐乾开巽门,不吉,乃于坎起青云楼,震建尊经阁,离早聚星亭。又因泮水不蓄,造文德桥以通其六。工既竣,周谓当出鼎甲。明年己丑焦若侯大魁天下,乙未朱之蓄复得状元,戊戌顾起元又登探花。每科乡、会中者亦以十数。"又列举蜀中数例,"永川以甲午春于学宫侧建奎星阁,秋魏儆祖领解。…乐山以丁亥年建奎星阁,冷时蕠于戊子获解,同捷者四人;庚寅王文权又获解,历科蝉联不绝。"而犍为自乾隆二十七年(1762 年)以来近二十年"乡榜寂然","事之所急"是"于学宫吉秀方建奎阁以培之。"于是犍为建修奎星阁。奎阁建成当年和次年,便有士子登科[1],此后一直文运不断。

奎星阁位于文庙照墙东南,相距不足五米(彩图二五〇)。奎星阁为八边形,高三层。底层用砖墙围砌,正面即北面开一牌楼门,门为券拱形,门额镌书"奎阁"。牌楼柱不落地,系用砖砌假柱,额枋施雕刻,庑殿顶(彩图二五一)。

奎阁屋面八坡,相交成八条脊,八角在顶部交汇于一点,攒尖处安置三重琉璃宝瓶宝顶。三层建筑逐层内收,飞檐反举。柱间以枋相围,柱间施挂落,角梁与柱间施撑栱。绿色琉璃瓦屋面,脊上施拼接琉璃镂空砖(彩图二五二)。

犍为文庙是四川现存文庙中建筑群保存较好的一处,属于平地起建类型。整个建筑的梁架结构与四川地区同类建筑的梁架结构基本相同,中轴线上的主要建筑一般为彻上露明造,柱网结构根据建筑功能采用减柱,采用抬梁和穿斗混合式梁架结构。次要建筑带前廊,则采用穿斗式构架。挑檐枋与檐柱(或廊柱)间施撑栱,也是四川地区常见的做法。

除了具有明显的四川地方特色外,犍为文庙还使用了潮、汕地区常见的极具装饰效果的嵌瓷工艺,装饰的部位主要是屋脊,还见于大成殿后墙的镂空"寿"字,表明犍为文庙在本土特色的基础上,还有对本地以外文化因素的吸纳。

---

[1]　清·文良、朱庆镛等修、陈尧采等纂:《同治嘉定府志》,清同治三年(1846 年)刻本。

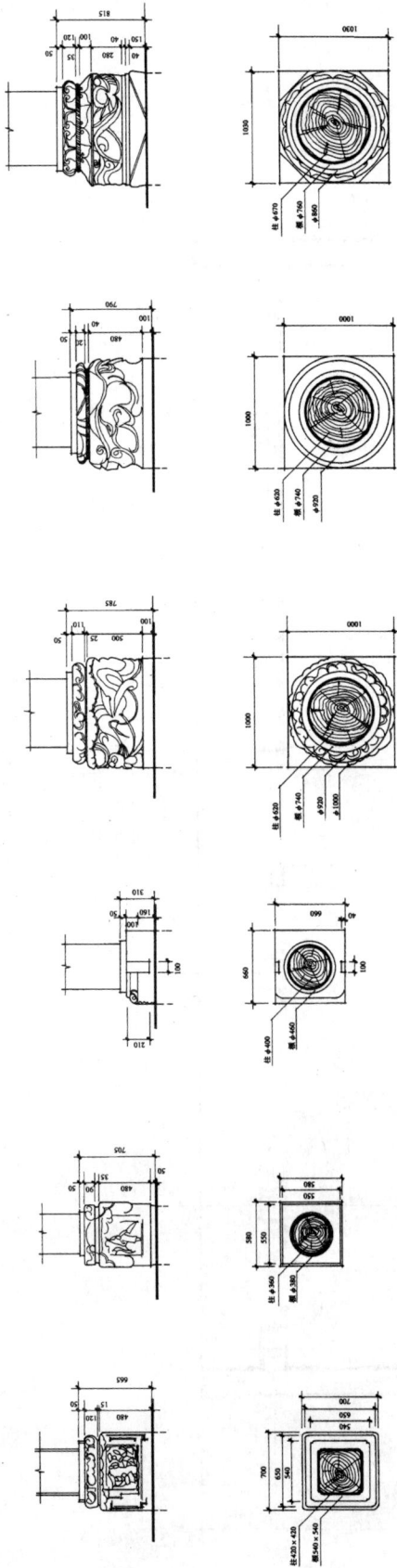

图九七　大成殿柱础大样

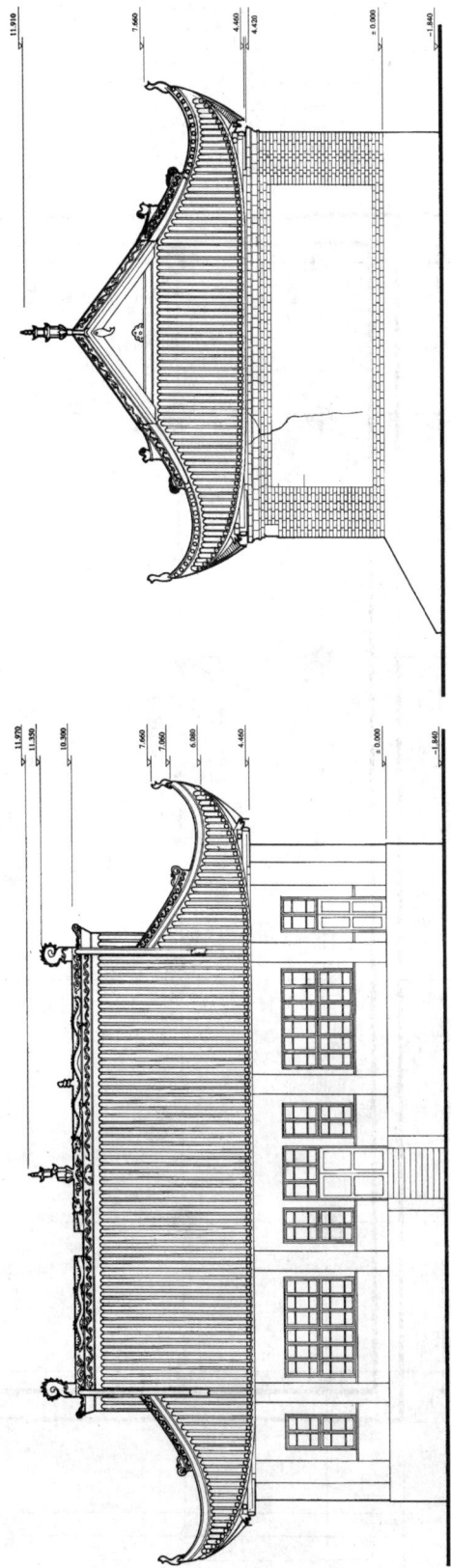

图九八　崇圣祠正立面、侧立面图

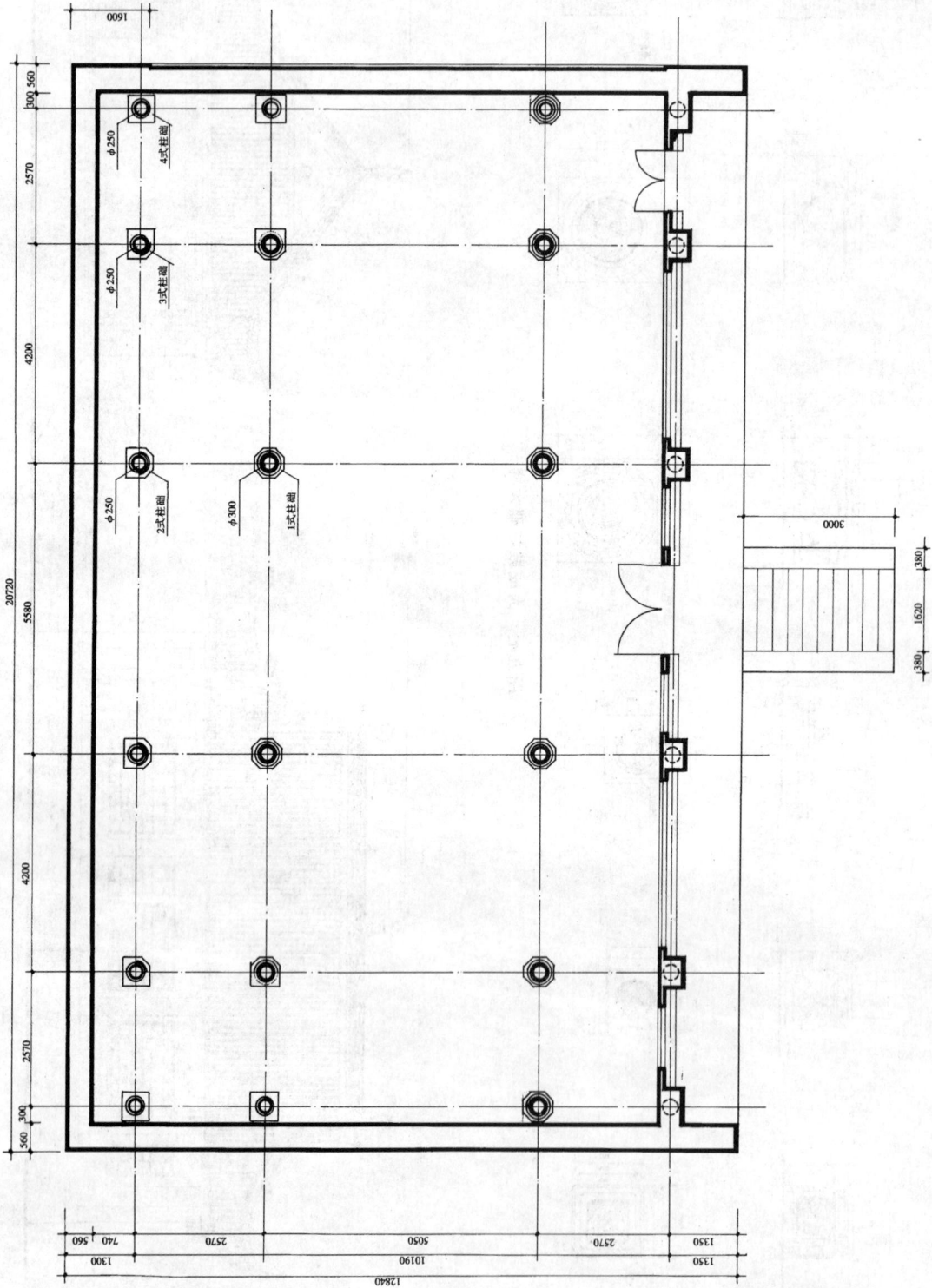

图九九 启圣宫平面图

11.970
11.350
10.300
7.600
6.610
5.720
4.950
4.460
4.160
3.650
±0.000
-1.840

1060
1280
1280

2750
1280
1600

6.500

6.750

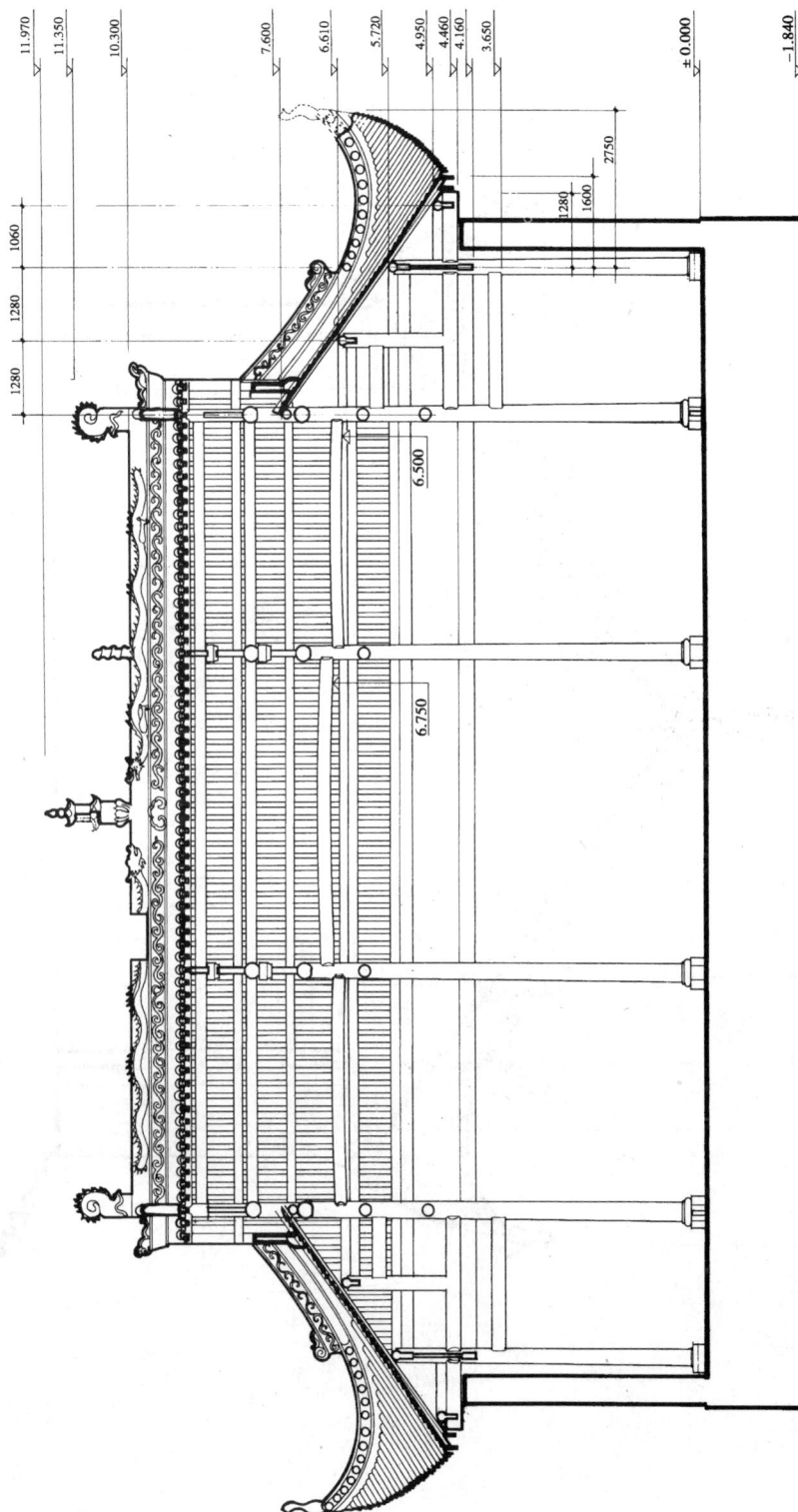

图一〇〇　启圣宫纵剖面图

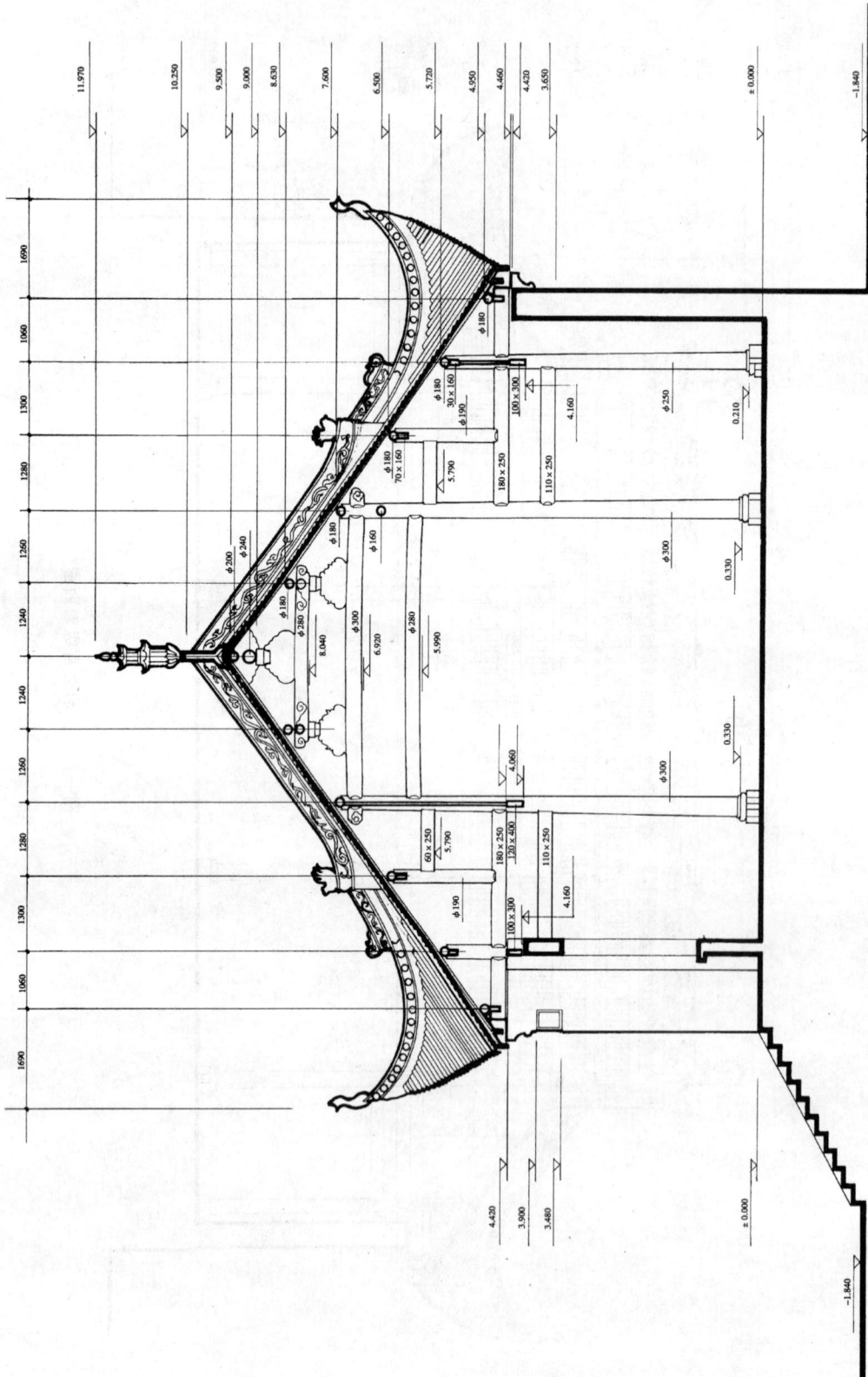

图一○一 启圣宫横剖面图

富顺文庙

　　有人如是评价富顺："四川郡、县学百有三十余处,而人才之多,风化之盛,未有过于富顺者也!"[1]富顺在明代即有"才子之乡"之称。作为一县教育的中心——学宫,自宋庆历四年(1044年)创建以来,自宋历元、明、清各代,先后扩建、修葺达二十一次,亦是富顺历来重视教育之体现。

　　据文献记载,宋时文庙建于县治东,坐北向南,后倚神龟山,前面正对大南门,历元、明、清各朝,虽然历代多有修补,但位置一直没有改变。"宫墙对翠屏山如展榜然,县中科甲相承,咸以为是山之胜"[2],从风水的角度看,富顺文庙地处形胜之地。

　　学宫在宋代有三次扩建和修葺。第一次是在乾道元年(1165年),时为知监的史全在明伦堂前修建了题名塔。在高宗绍兴年间(1131~1161年)和理宗宝庆年间(1225~1227年),当时的知县都对文庙进行过修葺[3]。

　　元立国以来,比较重视兴学。元世祖忽必烈至元辛卯(1291年),富顺建学,但为兴学权宜之计,因为十年后即仁宗至大四年(1311年),武略将军任显忠所见的学宫是"正殿渗漏,礼器不修,戟门未建,讲堂尚虚";鉴于学校乃"风化所基之地,政治所出之原",于是着手"鼎新涂盖",于次年修建两庑和棂星门[4]。到英宗至治元年(1321年)王纳速主政时,又"建御书之碑亭,刻褒封之诏旨",在两庑前加筑了栏杆,在讲堂旧基新构筑了讲堂。元代经此三人修建,学宫只是初具规模而已。另外,这时的庙与学还有可能是合一的。就祭祀区的文庙看,建筑基本上只有大成殿这一院落,包括大成殿和两庑,殿前还有棂星门。

　　到了泰定二年(1325年),由于沱江大水"泛流湍悍",将文庙基址崩摧,大成殿等毁于水灾,仅存棂星门,后修复。顺帝至正九年(1349年)夏,"专兴学校为先务"的知州李奉元"作成庙学"时,只是按图制竹木祭器和更造"正、配位凡五,从祀凡十二"[5],而没有对文庙进行修葺,可见此时文庙"殿宇门庑"俱完好。至正十一年,"留心学校"[6]的知州蒲善继构筑大成殿。

　　有明一朝,从洪武六年(1373年)至崇祯十年(1637年),除了对原有建筑进行修葺外,还对文庙的建筑进行了增建,前后共计九次。

---

[1]　清尚书长宁周洪谟《修学记》,参见清·王麟祥修、邱晋成等纂:《光绪叙州府志·学校志》,清光绪二十一年(1895年)刻本。

[2]　彭文治、李永成修、卢庆家、高光照纂:《民国富顺县志·坛庙志》,民国二十一年(1932年)刻本。

[3]　彭文治、李永成修、卢庆家、高光照纂:《民国富顺县志·坛庙志》,民国二十一年(1932年)刻本。

[4]　元·赵祖仝:《富顺州修学记》,《四川通志·学校》,2580页,巴蜀书社,1984年;清·王麟祥修、邱晋成等纂:《光绪叙州府志·学校志》(清光绪二十一年(1895)刻本)亦收录。

[5]　元·赵祖仝:《富顺州学礼器记》,《四川通志·学校》,2580页,巴蜀书社,1984年;清·王麟祥修、邱晋成等纂:《光绪叙州府志·学校志》(清光绪二十一年(1895)刻本)亦收录。

[6]　清·王麟祥修、邱晋成等纂:《光绪叙州府志·宦绩志》,清光绪二十一年(1895年)刻本。

正统八年(1443年),知县李真到任三日后谒庙学,视庙学虽"地位爽垲,规制鸿壮",然"历岁久而日就敝陋",感叹"是皆有司之责",乃将修葺学宫"毅然为己任"。李的此次修葺包括几个方面:其一,修治毁坏残缺建筑,"以隆以挺其栋楹之下压者,以鳞以翼其覆瓦之缺坏者"。其二,改建东西庑凡二十四楹。其三,制备祭器。其四,在明伦堂南创建抱厅三间,"皆极轩敞"。其五,将建于宋代因"字画漫没不可辨"的雁塔"琢石重镌,并续洪武以来举人、进士名于其上",以励学者。其六,于棂星门北建泮池,池上"架石为梁,而环以栏楯"。此外还有诸如将明伦堂内外皆铺石,在神道两旁植松柏等,可谓"凡可以致力学校者,靡不悉心为之"[1]。

宣德七年(1432年)县丞李孟谦重建明伦堂。景泰时知县李真拟对学宫进行修葺,然苦于没有工料,直至其任满终未能如愿。

天顺初,孙璃主县事,此时文庙已是"庙宇倾颓,神像剥落",加之当地生员多次以"文庙倾颓不足以栖神、享祀",要求对文庙进行修葺。孙璃计划修葺过程颇费周折[2],但终于天顺三年(1459年)用时半载,完成了对学宫的修葺。大成殿由单檐改建为重檐,高及面阔较以前旧殿增加三分之一。"两庑、仪门(戟门)则撤腐换新。棂星门则别为改造。明伦堂、会馔厅则仍前制而加修葺"。修葺一新的学宫"栋宇楹龛金碧焜耀,圣贤之像为之精神,祭享之具为之壮观"[3]。成化八年(1472年)知县李嵩修葺泮池。接着,知县李廷聪、梁文先后修葺庙学。梁文重修明伦堂,"规模尤极宏伟";又展学地十丈,造石香炉等器,并将木构棂星门改为石构,新建育才坊、丛桂坊两坊[4]。

嘉靖二年(1523年),"加意民事,于学校尤所关心"的知县周夔,重建明伦堂,浚治泮池。嘉靖二十四年(1545年)知县严清修名宦祠、乡贤祠,继任知县曾省、吴建撰儒学题名碑[5]。天启年间,云南、兴文一带少数民族发生变乱,延及富顺,文庙亦未能幸免,"圮坏荒唐,鞠为茂草"。崇祯十年(1637年)贡其志由屏山县调任富顺知县,即着手学宫的修葺。首先对学宫的现状进行详细的考察,"先区文庙两庑,从后观明伦堂,登文昌阁,左顾宦祠并射圃与龙门。前怜泮水之浊淖,索问奎楼之有无","何创,何兴,何扶,何葺,计物料、材用确画在心"。随之"文庙两庑及明伦堂、文昌阁、名宦祠、奎星楼、射圃、鲤门、泮池等皆从新",同时又将在明伦堂西北角的龙池清理出来[6]。此时为明以来富顺文庙规模最大之时。

从洪武六年(1373年)至崇祯十年(1637年)经九次修葺、重建、增建,至明末崇祯时,文庙建筑包括棂星门、泮池、戟门、大成殿、东西两庑,而明伦堂还没有从文庙建筑群中独立出来与学署等形成独立的建筑群。此外还有一些次要建筑如文昌阁、奎星楼、名宦祠(当还有乡贤祠)、射圃、龙门坊和龙池等。

明末,富顺文庙罹张献忠的农民起义军之难,"数千里内城郭无烟,荆棘之所丛、狐狸豺虎之所游",富顺

〔1〕　明·汪回显:《富顺县修学记》,《四川通志·学校》,2580页,巴蜀书社,1984年,亦见清·王麟祥修、邱晋成等纂:《光绪叙州府志·学校志》,清光绪二十一年(1895年)刻本。

〔2〕　孙璃于其《修学记》中载:"方欲经营以举其事,奈何异途同宦者从而挟主之,事将寝,适遇侍御王公用宪、副高公澄维持其际,力勉为之。时邑人熊福能率慨然捐资来助。兴工间横逆之民又复迭相诬过。"参见清·王麟祥修、邱晋成等纂:《光绪叙州府志·学校志》,清光绪二十一年(1895年)刻本。

〔3〕　孙璃《修学记》,参见清·王麟祥修、邱晋成等纂:《光绪叙州府志·学校志》,清光绪二十一年(1895年)刻本。

〔4〕　参见周洪谟为梁文修学宫所作碑记,清·王麟祥修、邱晋成等纂:《光绪叙州府志·学校志》,清光绪二十一年(1895年)刻本。

〔5〕　清·王麟祥修、邱晋成等纂:《光绪叙州府志·宦绩志》,清光绪二十一年(1895年)刻本。曾省吴撰《儒学题名记》,见《光绪叙州府志·学校志》。

〔6〕　参见清·王麟祥修、邱晋成等纂:《光绪叙州府志·宦绩志》、《学校志》陈盟"记",清光绪二十一年(1895年)刻本。

学宫"倾圮无存","其鞠为茂草者盖数十年"[1]。吴三桂叛乱时期,富顺一带又为其所据。

康熙十九年(1680年),浙江海盐人、癸丑进士钱绍隆主富顺县事,进行战乱后的恢复工作,并着手富顺庙学的重建[2]。从二十一年(1682年)起的三年间先后重建大成殿、明伦堂。可能还有经费上的原因[3],钱绍隆此次重建,教学功能建筑和祭拜功能建筑各建一座[4],但"规制俱伟"。四十四年(1705年)知县满云鹏建两庑各五间,按列牌位于内[5]。四十八年(1709年)知县钱经绅建名宦、乡贤祠[6]。雍正六年(1728年)知县俞起运修补大成殿、两庑。乾隆三年(1738年)当地士绅张崇仁、刘绍祖等募金遵诏将文庙大成殿、大成门全部换为黄琉璃瓦,其余仍旧覆绿瓦,同时将大成殿前的露台进行了拓建。乾隆十九年(1754年)知县熊葵向见文庙破损严重,"围垣多缺,榱栋欲颓,阶级、台墀存毁不一",于当年春天捐俸金对文庙进行修葺,包括修砌围墙、对破损建筑进行维修,"造木架覆以瓦甓",同时对建筑进行髹饰[7]。接着又在当地士绅刘安贵、郭育等人捐资和帮助下,于二十二年(1757年)春开始对大成殿进行"更新"和"两庑、戟门以及月台、丹墀、木石"的整饬,历时近一年。更新后的大成殿的高度较旧殿增高五尺,但面阔和进深仍保持旧制。十九年后即乾隆四十一年(1776年),知县段玉裁、教谕江文炅以"文庙壮丽,明伦堂高敞,但庙中丹墀荒芜,明伦堂墙垣未筑,兼少二门,书役无办事处",捐俸倡修,将庙中丹墀全部用石葺补,戟门、两庑重加修葺,"启圣祠、明伦堂以次修正",并增置书房三间、偏厦一间,同时对学宫"墙壁、沟渠、什物一并清理"[8]。

嘉庆六年(1801年),署县曾自柏将位于大成殿后的明伦堂迁于殿大成殿侧,原明伦堂改建为崇圣祠。新建明伦堂位于奎星阁的右后、教谕署之右、训导署之前[9]。曾自柏重新改建明伦堂当与原明伦堂面积太小、不能容纳更多的生员有关,加之明伦堂在祭祀区,与教学区相对孤立,因此也是对学宫布局的一次合理化调整。这是清代以来对学宫、文庙布局的一次改建。

富顺文庙改建最大也是最为有名的一次是在道光十六年(1836年),此次改建由当地的贡生萧永昇"独肩改建之任","木、石、砖、瓦、砵、漆、铁炭、匠作、会计,悉为画一",并承担一切费用。萧永昇不惮劳瘁,事无巨细,亲自督工造作,"展拓庙基,高其址",前后历时四年,耗资三万二千余缗,终使富顺文庙焕然一新,"自崇圣祠、大成殿、月台、两庑、戟门、更衣祭器所,下至棂星门、乡贤、名宦祠、礼门、义路、泮池、桥栏、宫墙外贤关、圣域门,皆高广坚致"[10],远过于旧时文庙规模。这也是我们看到的富顺文庙现在的格局。

光绪二十二年(1896年)知县江仁葆同邑绅陈渊等募金修葺,主要是对文庙建筑进行髹饰,"寝楹庑祠,

---

[1]　清·徐乾学:《富顺县修学记》,《四川通志·学校志》,2581页,巴蜀书社,1984年。

[2]　清·徐乾学:《富顺县修学记》:"钱子披榛莽,抚创痍,招流散,重以兵车之往来,两年间方噢咻供应之不暇,而独能急所先务。"《四川通志·学校志》,2581页,巴蜀书社,1984年,又见《光绪叙州府志·学校志》。清光绪二十一年(1895年)刻本。

[3]　康熙四十八年知县钱绍隆的《修乡贤祠、名宦祠记》中明确说,绍隆公任富顺知县时财政"拮据"。参见《光绪叙州府志·学校志》。清光绪二十一年(1895年)刻本。

[4]　钱绍隆在其记中称"时以糗粮刍荛之供,未建建立",加之其"戎马倥偬,劳心保障,安戢残黎。掩遗骸,周贫乏",于经济、精力似均不济。参见《光绪叙州府志·宦绩志》,清光绪二十一年(1895年)刻本。

[5]　满云鹏记,《四川通志》,巴蜀书社,1984年。

[6]　清·钱绍隆为修乡贤、名宦二祠所作《记》,《光绪叙州府志·学校志》。清光绪二十一年(1895年)刻本。

[7]　参见熊葵向修学之《记》,《光绪叙州府志·学校志》。清光绪二十一年(1895年)刻本。

[8]　见江文炅为修明伦堂所作之记,彭文治等纂:《民国富顺县志·学校志》,民国二十一年(1932年)刻本。

[9]　《四川通志·学校》,巴蜀书社,1984年。

[10]　秦树庠撰有记,见《光绪叙州府志·学校》,清光绪二十一年(1895年)刻本。

焕赫严翼",并置钟鼓等礼、乐器[1]。光绪三十二年(1906年)十一月,因升祀孔为大祀,于是所有殿、庑、门、祠(崇圣祠)、墙、垣等遵照谕旨,全部换用黄瓦。

民国年间,明伦堂附近的部分建筑包括博文斋、约礼斋(位于明伦堂左右)、鲤门(位于明伦堂左,学署之前)、奎星楼(位于明伦堂前)和文庙东侧的射圃及建于明成化年间的育才坊、丛桂坊等建筑已倾圮、废弃外,其它建筑基本保存了清以来规制[2]。由南向北,建筑的布局为:数仞宫墙,墙左、右随墙开圣域、贤关二门。宫墙以北为泮池,其上有三孔圜桥。泮池两侧为礼门、义路门厅,门前各有下马碑一。泮池北为棂星门,两侧为乡贤祠、名宦祠。棂星门以北为戟门,戟门左、右为东、西更衣所、祭器所。戟门向北正中为大成殿,殿外为丹墀,墀左、右列东、西阶,阶下左、右为东、西两庑。大成殿后为崇圣祠,其前左、右为东、西会馔亭。建筑群的最北端为敬一亭,亭前西南为龙池。整个建筑群四周围以红墙。1940年,日军飞机轰炸富顺,文庙西庑被毁,1946年修复。

50年代初,文庙几经劫难。先是文庙东西庑、乡贤祠、名宦祠、泮池等石栏被拆除,接着大成殿、东西庑、乡贤祠名宦祠等建筑的隔扇被拆除用作燃料。为建群众集会活动的广场,泮池被填平,圜桥被拆毁,后在群众的强烈要求下又重新恢复。

1980年7月富顺文庙被公布为四川省文物保护单位。1986～1992年,先后对大成门、大成殿、崇圣祠及后山宝坎进行维修、翻砌。1998年9月～2000年7月,又对数仞宫墙、前院的东、西厢房、名宦祠、乡贤祠及东、西更衣祭器所进行了维修。2001年6月,富顺文庙被公布为全国重点文物保护单位。

富顺文庙现存建筑多为清道光十六年(1836年)至二十年(1840年)所建。文庙后倚神龟山,前临大街,所在地势开阔、平坦。在建筑的布局上,由南而北,位于中轴线上的主要建筑随地势和台基逐层升高,但在建筑的体量上,都没有超出文庙的主体建筑——大成殿,体现出大成殿在整个布局中的重要性。戟门的台基高0.72米,大成殿前月台高出戟门平面1.98米,大成殿台基又高出月台0.63米,崇圣祠台基高出大成殿台基1.3米,位于建筑群最后面的敬一亭建于用条石砌筑的高3.5米的保坎之上,但是中轴线上建筑群中体量最小者(图一〇二)。

富顺文庙采用中国传统四合院式布局,四周红墙环抱,建筑平面布局紧凑。主要建筑位于中轴线上,其他建筑对称分布于两侧,形成三进庭院。中进和后进院落的主体建筑与两侧次要建筑都有廊道相连。文庙总宽46米,纵深150米,占地约11亩,其中建筑面积3000余平方米,是我省保存较完整的一座文庙(图一〇三)。

---

〔1〕　节录拔贡张世方《记》,《民国富顺县志·坛庙》,民国二十一年(1932年)刻本。

〔2〕　《民国富顺县志·学校志》,民国二十一年(1932年)刻本。

图一○三　总平面图

从"数仞宫墙"照壁至戟门为第一进庭院。

1. 数仞宫墙

富顺文庙的"数仞宫墙"照墙原比棂星门石坊高,民国年间修马路时将墙降低近三分之一,原墙上的一人多高的"数仞宫墙"四字被毁。1952年墙体又被降低三分之一,直到1959年宫墙上的"数仞宫墙"四字才被补上,但因墙矮字小,很不协调。1980年培修时将墙体加高,并在墙顶加了一层墙帽,"数仞宫墙"四字为当地人肖尔诚撰写,这就是现在我们看到的照墙[1]。"数仞宫墙"宽37米,高8米,墙厚0.4米。壁正中塑有"数仞宫墙"四个金色大字,字径1米见方。墙顶为庑殿式,覆盖黄色琉璃瓦。数仞宫墙东、西两侧分别为"圣域"、"贤关"。宫墙两端为"礼门"、"义路"(图一〇四)。

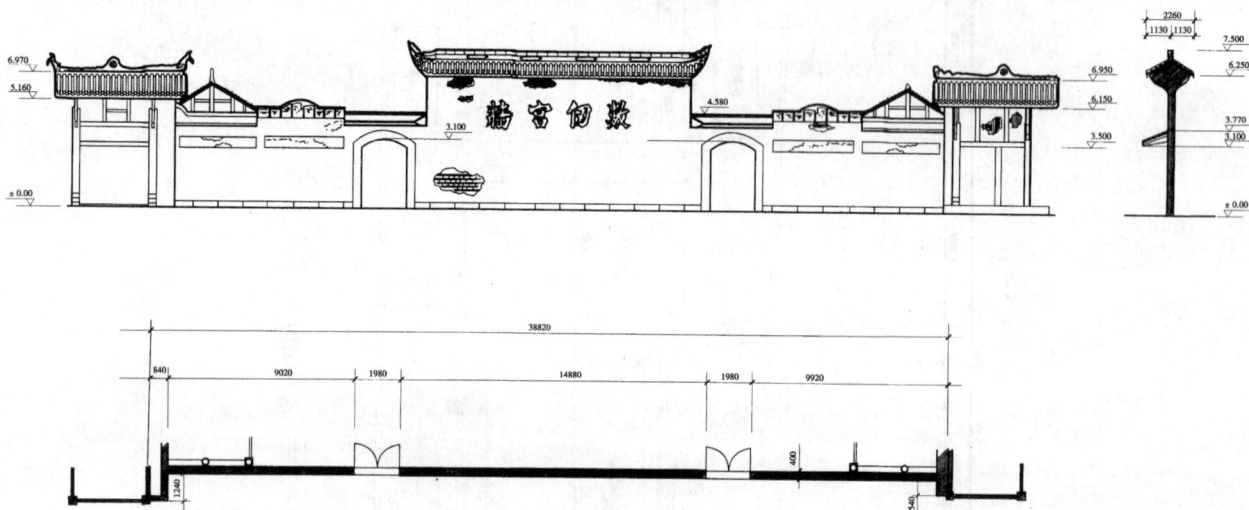

图一〇四　数仞宫墙、礼门、义路平面、立面图

2. "圣域"、"贤关"

"圣域"、"贤关"系随墙开设门:门顶均为拱形,高3米,宽2米。实榻板门(彩图二五三)。

3. 礼门、义路

礼门、义路入口结构相同,面阔一间,山柱三柱,柱间以木板为墙。穿斗式构架,出檐部分采用四川地区常见的的双挑挑檐构造。悬山式,屋面铺黄色琉璃瓦(图一〇五)。门侧原有"文武官员至此下马"石碑,今失。出口分别位于东、西厢房的南侧,与东西厢房相连,北与乡贤祠、名宦祠相连,屋面高出厢房与乡贤祠和名宦祠,与厢房有门可通。面阔4.5米,进深5.2米,减柱,彻上露明造,山面四柱(图一〇六)。悬山式屋顶,正脊嵌瓷装饰。通高6.2米。上、下瓦条平嵌青花瓷片,陡板开光内灰塑松、鹿、鹤等吉祥题材内容。脊正中作弧形卷轴式,卷轴上下平嵌青花瓷片为为框,轴内灰塑如意、狮、花瓶、蝙蝠等内容,有吉祥如意的寓意。脊上灰塑、圆嵌相向正中三重圆嵌宝珠宝顶的两龙。龙身用青花瓷片,龙头用白瓷片,龙爪灰塑,不饰嵌瓷,爪部关节清晰。龙尾作蔓草,无嵌瓷,末端为嵌瓷鱼龙。宝顶三重宝珠中,下面的宝珠较大,用彩色瓷片圆嵌,与两龙实为"二龙戏珠"的组成部分,第一、二重宝珠间灰塑一蝙蝠。整个屋顶运用灰塑、嵌瓷装饰工艺,与屋面黄色琉璃瓦相辉映,颜色丰富,对比强烈,尤其是正脊龙的装饰,将龙身与蔓草尾相结合,末端的嵌瓷鱼龙吻,使得整个脊部活泼起

---

[1]　林永年:《富顺文庙历劫记》,《富顺文庙》宣传册,73～74页。

来(彩图二五四)。

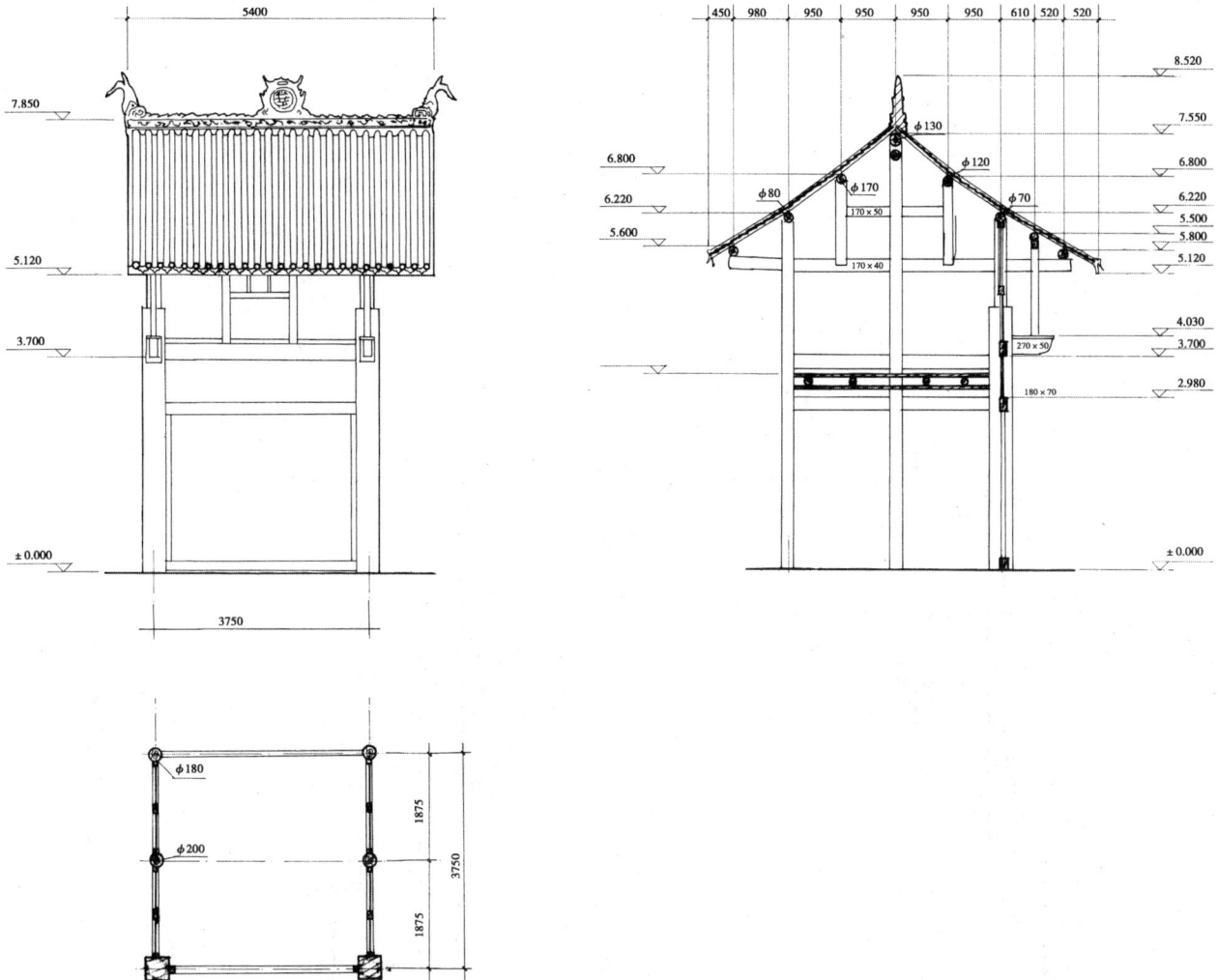

图一○五　礼门入口平面、正立面、剖面图

4. 东、西厢房

东、西厢房面阔三间。穿斗式构架,悬山顶。穿枋下加一挑枋,出挑前檐屋面。后檐用砖墙封护(图一○七)。青筒板瓦屋面,正脊陡板灰塑寓意吉祥的组合图案,脊一端与礼门、义路相接,一端置鱼龙吻。厢房、礼门(义路)、乡贤祠(名宦祠)三个建筑构架相似,但高低有差。

5. 泮池

泮池,呈半月形,周围有石栏环绕,长24米,宽9.5米。池上架设三座石拱桥,俗称"状元桥",桥两侧亦设石栏。中间一桥长9.02米、宽1.74米,拱高1.85米,两侧桥长8.25米、宽1.8米,拱高1.3米(图一○八、一○九)。中间圜桥桥面原浮雕"龙戏珠"图案,现在图案为后来恢复的。由十一块雕有龙的石块砌筑,组成石龙五条:两边各两条,龙首均朝向中间仅露出头部的龙,两侧四龙宛然游于云中,龙身若隐若现,但龙的神态远不如以前矫健灵活(彩图二五五)。左、右两侧圜桥的桥面为平桥(彩图二五六)。

图一○六　义路出口、东厢房、平面、剖面图

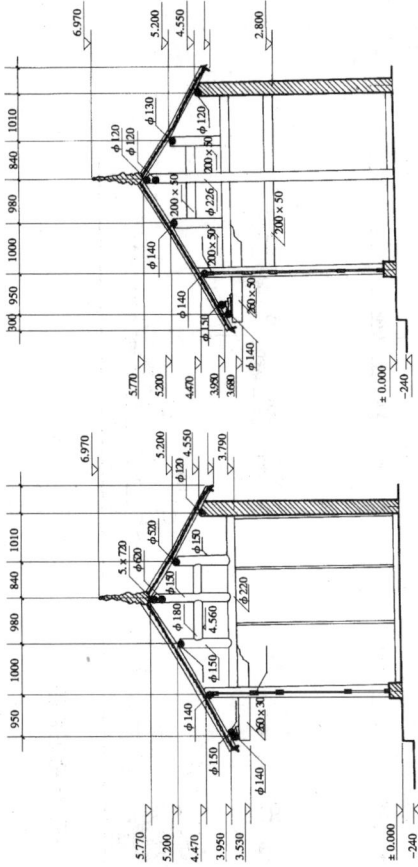

西厢房次间剖面图

西厢房横剖面图

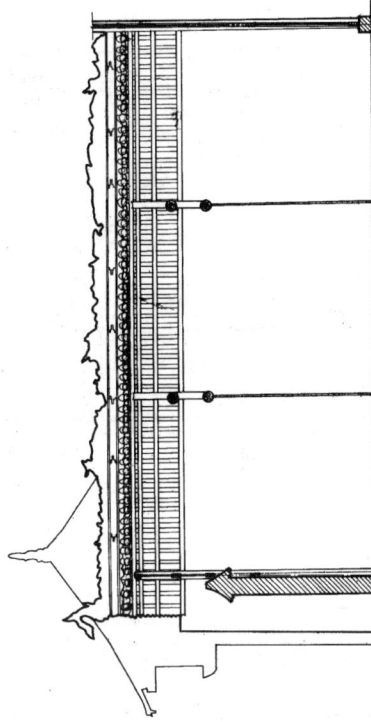

西厢房纵剖面图

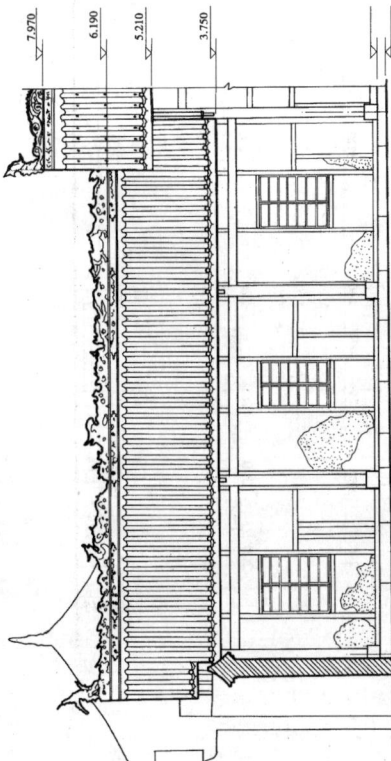

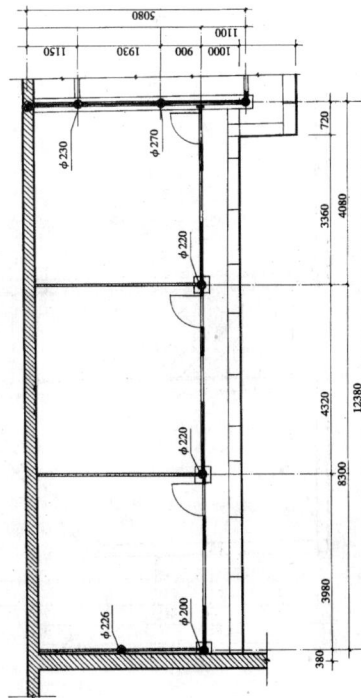

西厢房平面、立面图

图一〇七 东(西)厢房平面、立面、剖面图

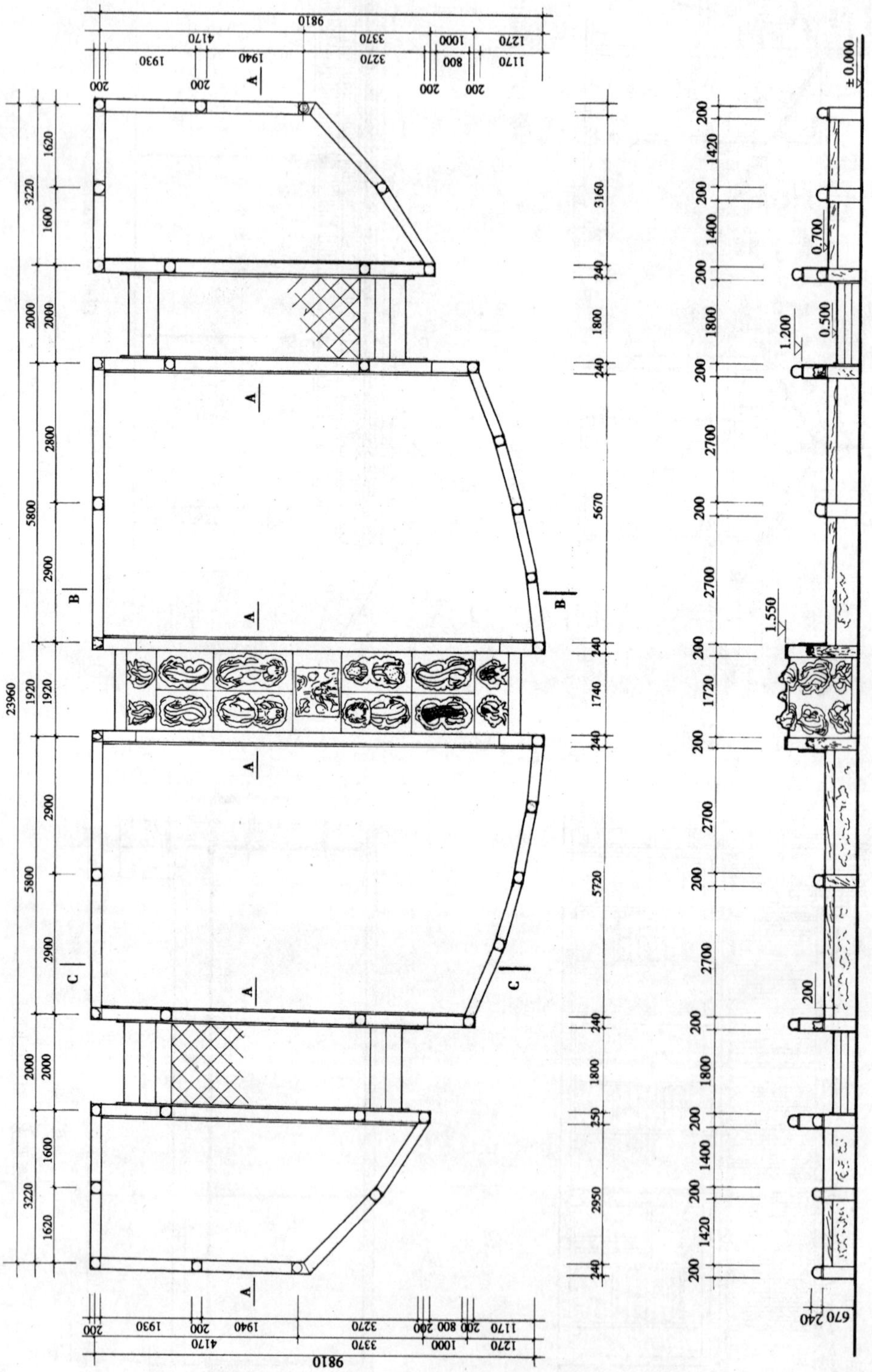

图一〇八 泮池平面、泮桥正视图

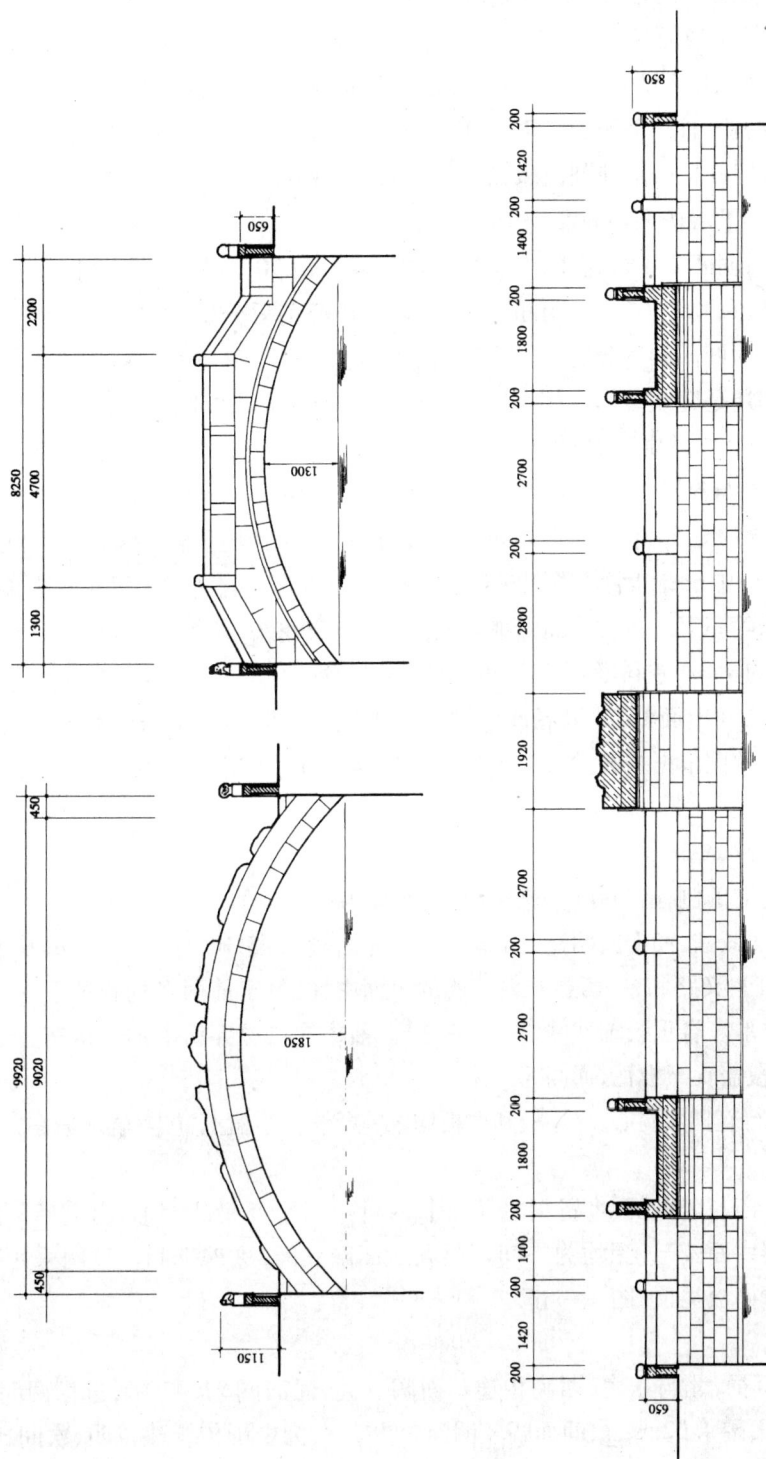

图一○九　泮池剖面、泮桥剖面图

6. 棂星门

"棂星门"是富顺文庙甚至四川现存文庙中同类建筑中颇具特点的一座建筑。由三座四柱三门冲天柱式石坊并峙组成,柱为方柱(彩图二五七),柱顶端刻蟠龙,龙腾云绕,龙昂首冲天,两两相对(彩图二五八)。柱前后有抱鼓石(彩图二五九)。通面阔22.15米(图一一〇)。居中石坊通面阔7.1米,明间2.54米,次间1.22米。中心两柱高12.65米,柱宽53.5厘米。前抱鼓石雕青狮伏鼓,后抱鼓石雕麒麟伏鼓,通高2.38米。狮与麒麟均前肢上举,仰首注视着柱顶的腾龙。明间四石坊,枋雕刻精美,坊心前后刻"棂星门"三字。次间柱高10.36米,坊高7.07米,门柱抱鼓上前刻白象,后刻青狮,象与狮亦上伏,昂首注视柱顶之龙。三素面石坊。坊顶圆雕下伏麒麟一个。下层枋下均施雕刻精美的雀替。

左、右石坊通面阔6.5米,明间2.3米,次间1.6米,方形石柱边宽0.5米,规模小于正中石坊。抱鼓石为不规则的矩形,上刻禽兽花草,高2.17米。明间三素面石坊,坊心前后分别刻"德配天地"、"道冠古今"。次间亦三素面石坊,但面阔仅为明间的三分之一。下层枋下均施有雀替(图一一一)。

三座石坊,无论建筑规模还是建筑装饰上都突出中间石坊即"棂星门"的尊崇。正中"棂星门"坊当心间处于整个建筑群的中轴线上,前与泮池正中的圜桥正对,后与戟门、大成殿等建筑的明间相对;"道冠古今"坊和"德配天地"坊当心间分别与泮池两侧的平桥及宫墙两侧的"圣域"、"贤关"门正对。"棂星门"雕刻精美,刻饰以龙为主,有形态各异的龙50余条。当心间用四石坊隔成三花版,上额素面,顶部浮雕正面坐龙一条。坊心镌刻"棂星门"三字。中层花版浮雕"十八学士"图,下层花版浮雕"五老祝寿"图(彩图二六〇)。石枋浮雕双凤朝阳、二龙戏珠等图案。雀替背面浮雕"鱼化龙":鱼身龙头,作鲤鱼跳过龙门之后化作龙的情形,构图别致,寓意求学寒窗的学子"登科及第日",正是他们"鱼龙变化时"(彩图二六一)。次间坊额透雕"寿"字。两侧石坊的坊额当心间上面刻有"道冠古今""德配天地"楷体字外,下坊额和石枋均素面,雀替雕刻龙、缠枝花草等。抱鼓石的两面根据抱鼓的形状采用传统建筑彩画中软卡子与硬卡子方式雕刻龙、凤(棂星门)及瑞草、祥花等。

7. 乡贤祠、名宦祠

位于棂星门两侧、大成门前两侧,南与礼门、义路相连,北面为更衣祭器所。

乡贤祠和名宦祠均为平面减柱、彻上露明造,面阔五间。通面阔12.5米,进深一间,深6米。穿斗式梁架(图一一二)。脊檩架于礼门、义路和东、西更衣祭器所的山面中柱,位于前两者的脊檩下,故屋面低,与礼门、义路和更衣祭器构成马鞍形。脊顶装饰残缺(图一一三)。前檐在二层穿枋下加一挑枋,承挑屋面,后檐墙体封护。单檐悬山屋顶。覆盖青筒板瓦,通高5.4米。

前檐柱间施六抹隔扇,平行直棂隔扇心,绦环板和裙板均未施雕饰。中槛上置走马板(彩图二六二)。

8. 东、西更衣祭器所

位于戟门的东、西两侧。南与名宦祠、乡贤祠毗邻(图一一四)。平面呈凸字形,由前后两间组成,前面为祭器库,后为更衣所。祭器库面阔、进深均为一间。更衣所面阔三间,进深一间。柱网采用减柱和移柱。穿斗式梁架构架,单檐歇山青筒板瓦顶(图一一五)。

9. 大成门

大成门南为名宦祠、乡贤祠,北与东庑、西庑相连。面阔五间,通面阔21.42米,进深两间,通进深8.6米。明间面阔5.33米,次间面阔4.02米,次间面阔较明间减少1/8,为中国传统建筑明、次间比例之常见做法。稍间宽4米,基本与次间相等(图一一六)。明间的台基前设御路踏道及垂带踏道,御路1.78米,中高浮雕正面升龙,四周浮雕双龙戏珠(彩图二六三)。稍间台基前设垂带踏道。

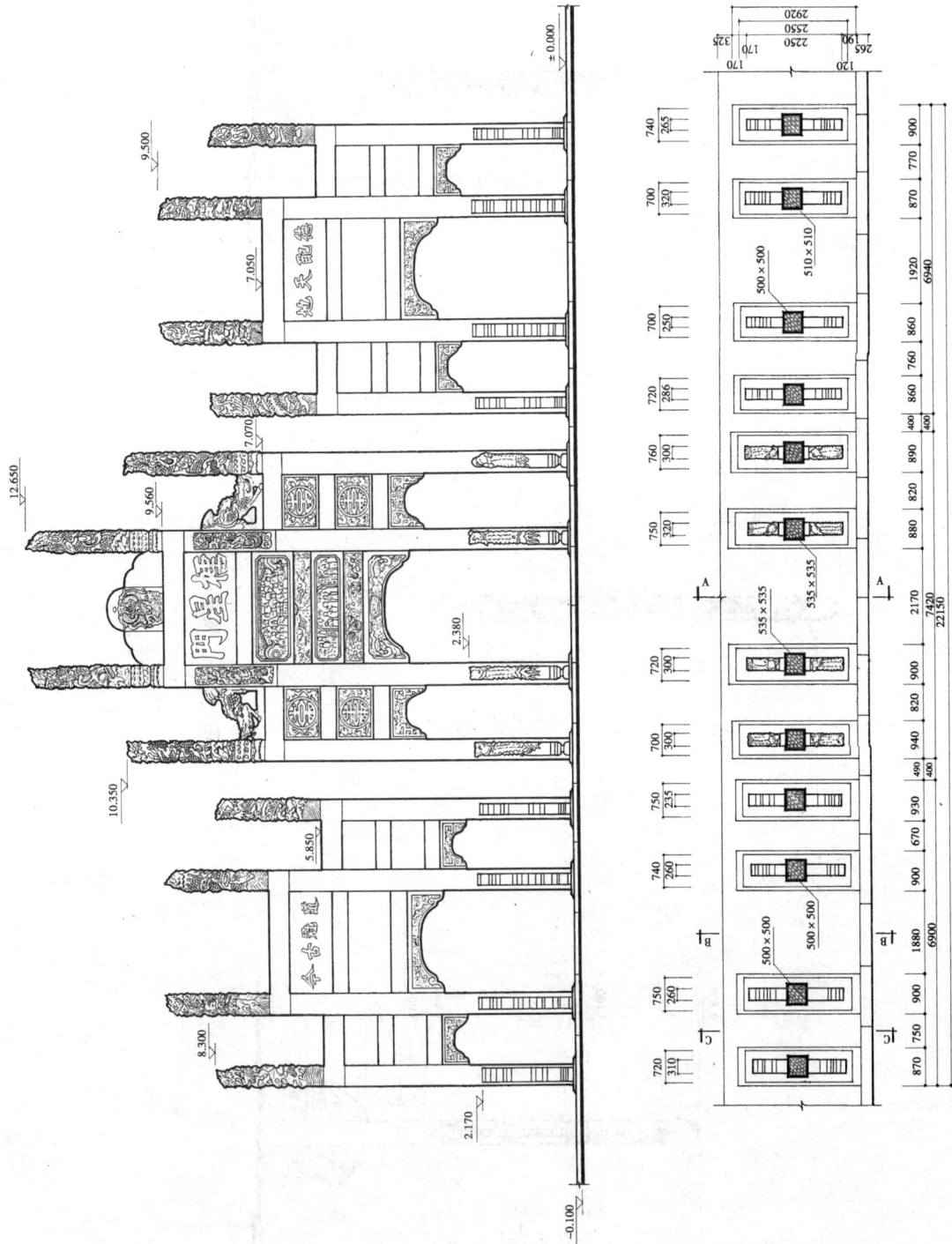

图一一〇　棂星门平面、正立面图

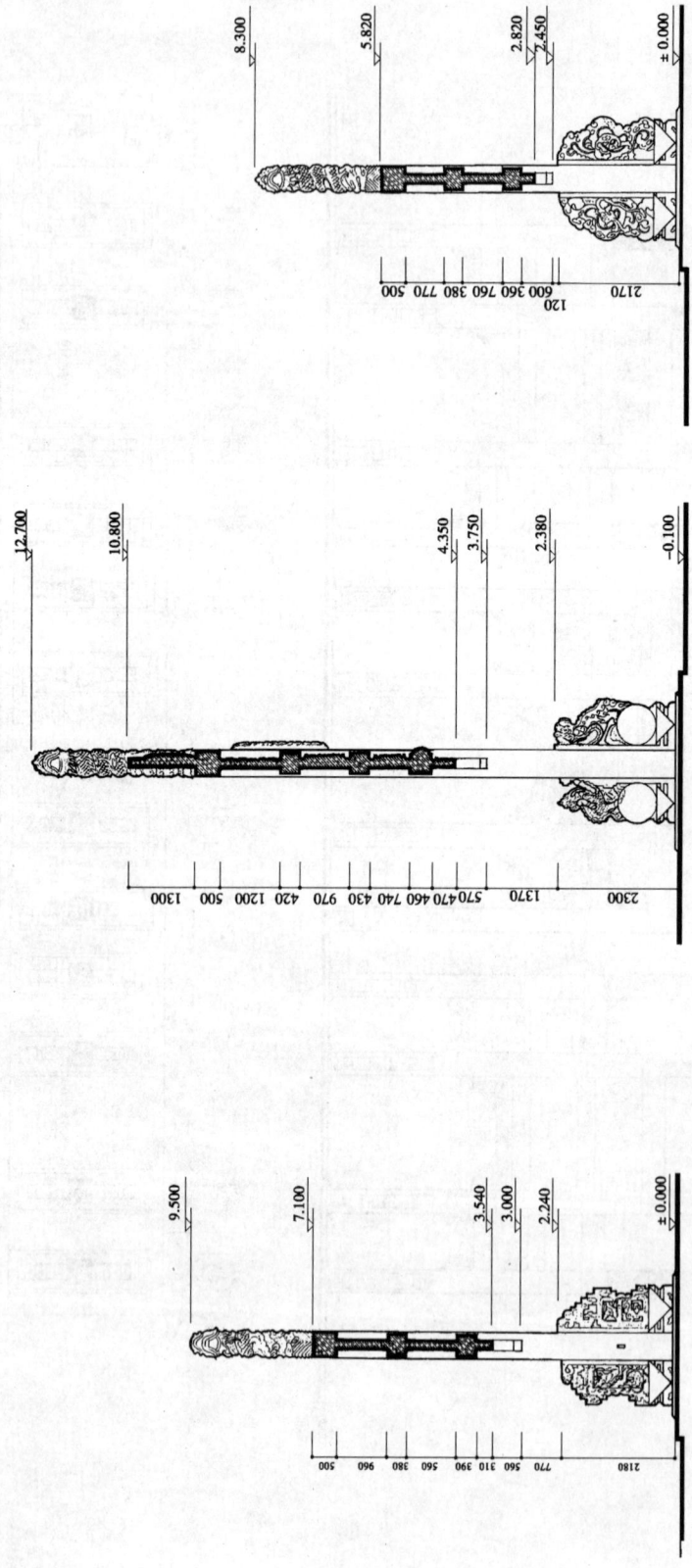

图一一一 棂星门剖面图

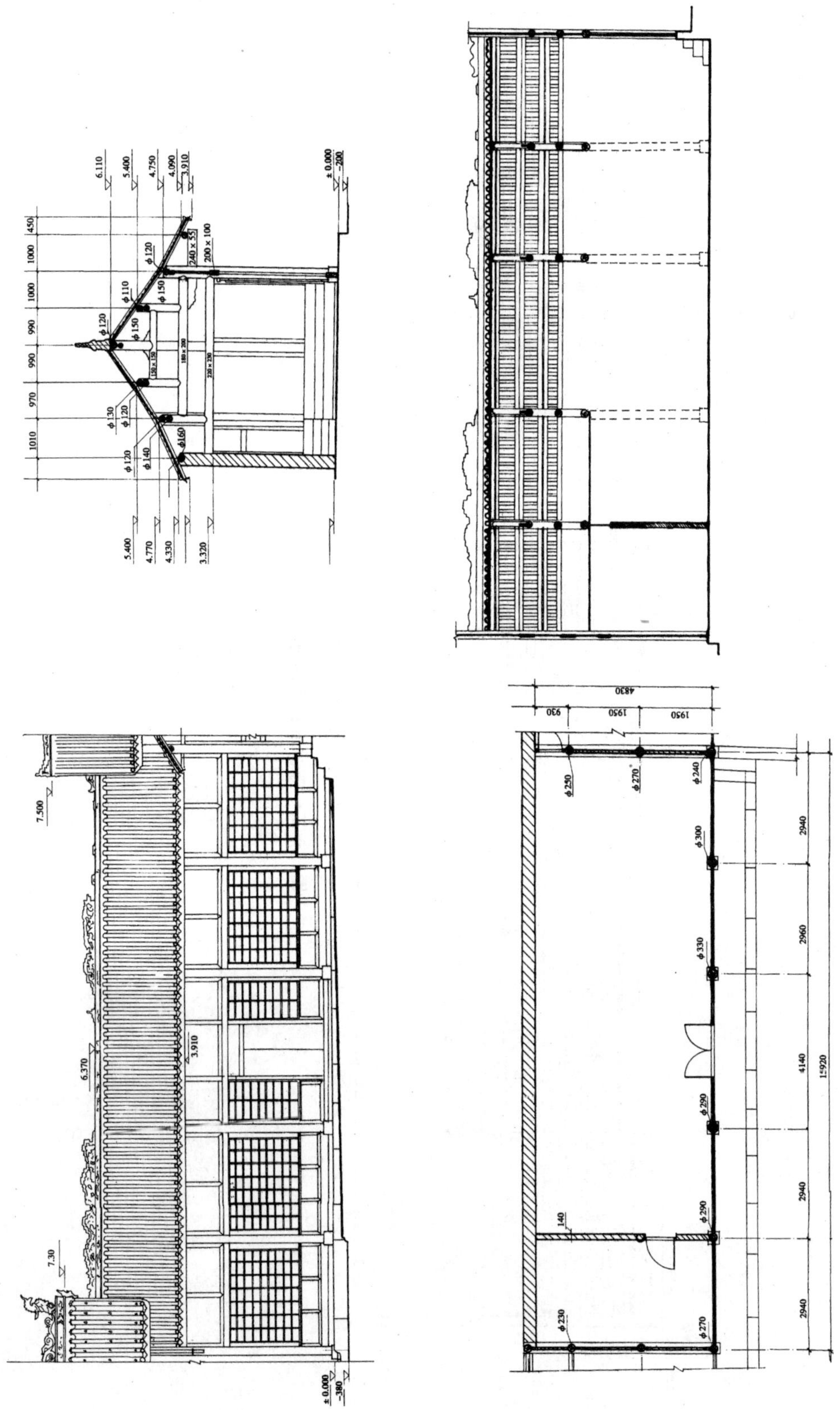

图一一二 乡贤祠平面、立面、剖面图

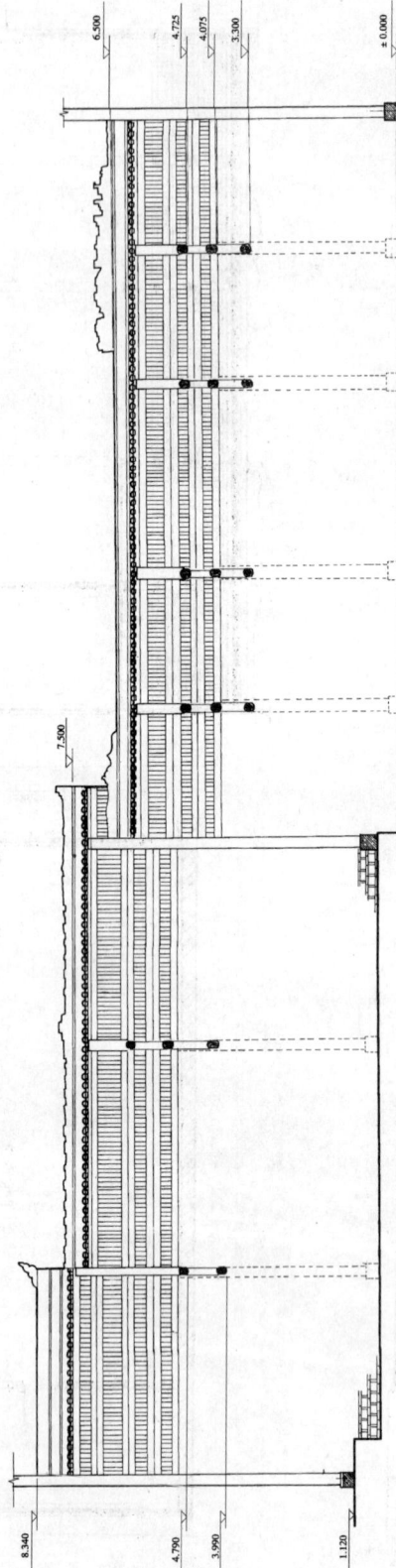

图一一三 东更衣祭器所与名宦祠剖面图

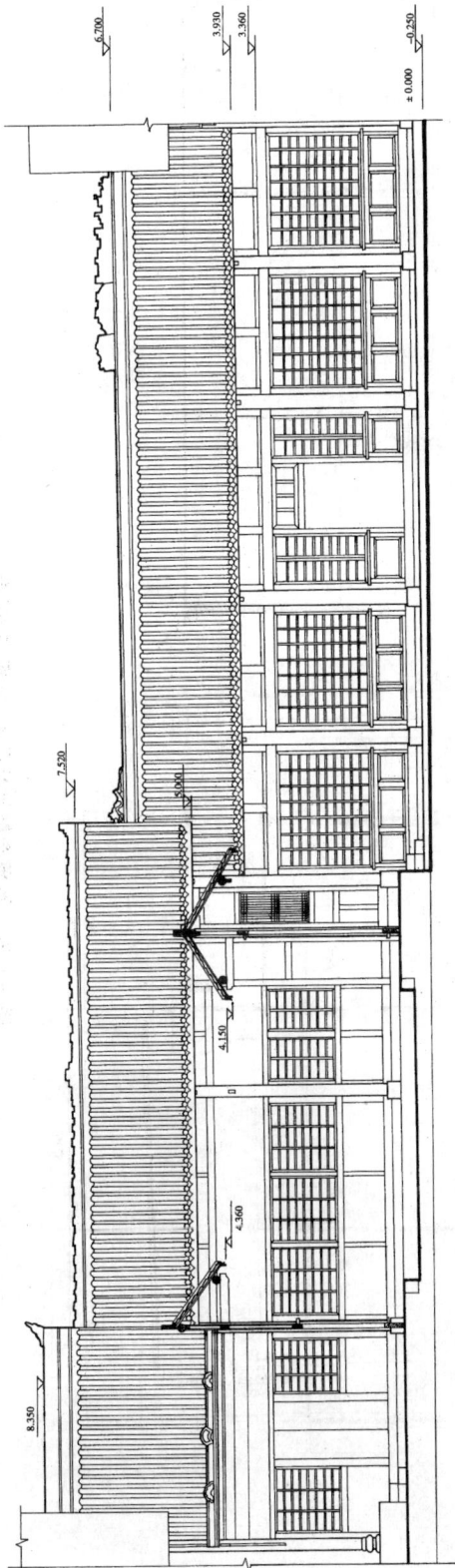

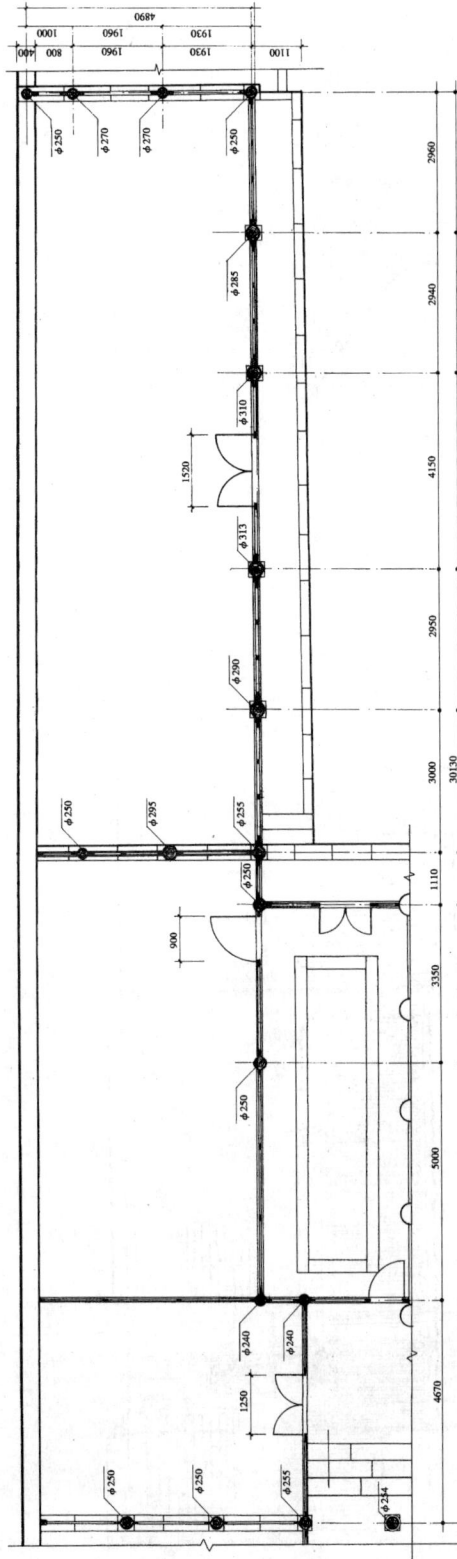

图一一四　东更衣祭器所与各宦祠平面、立面图

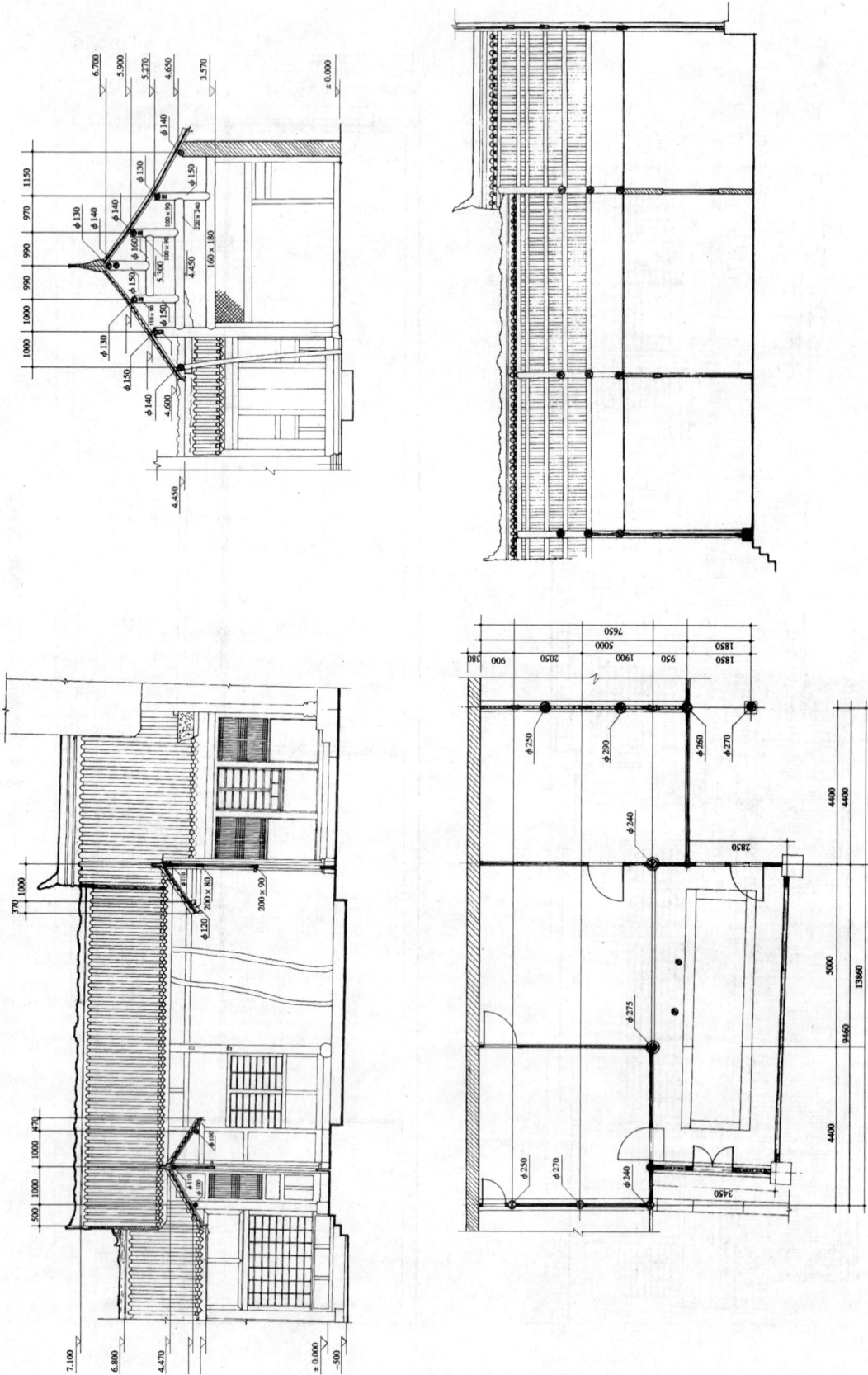

图一一五 西更衣祭器所平面、立面、剖面图

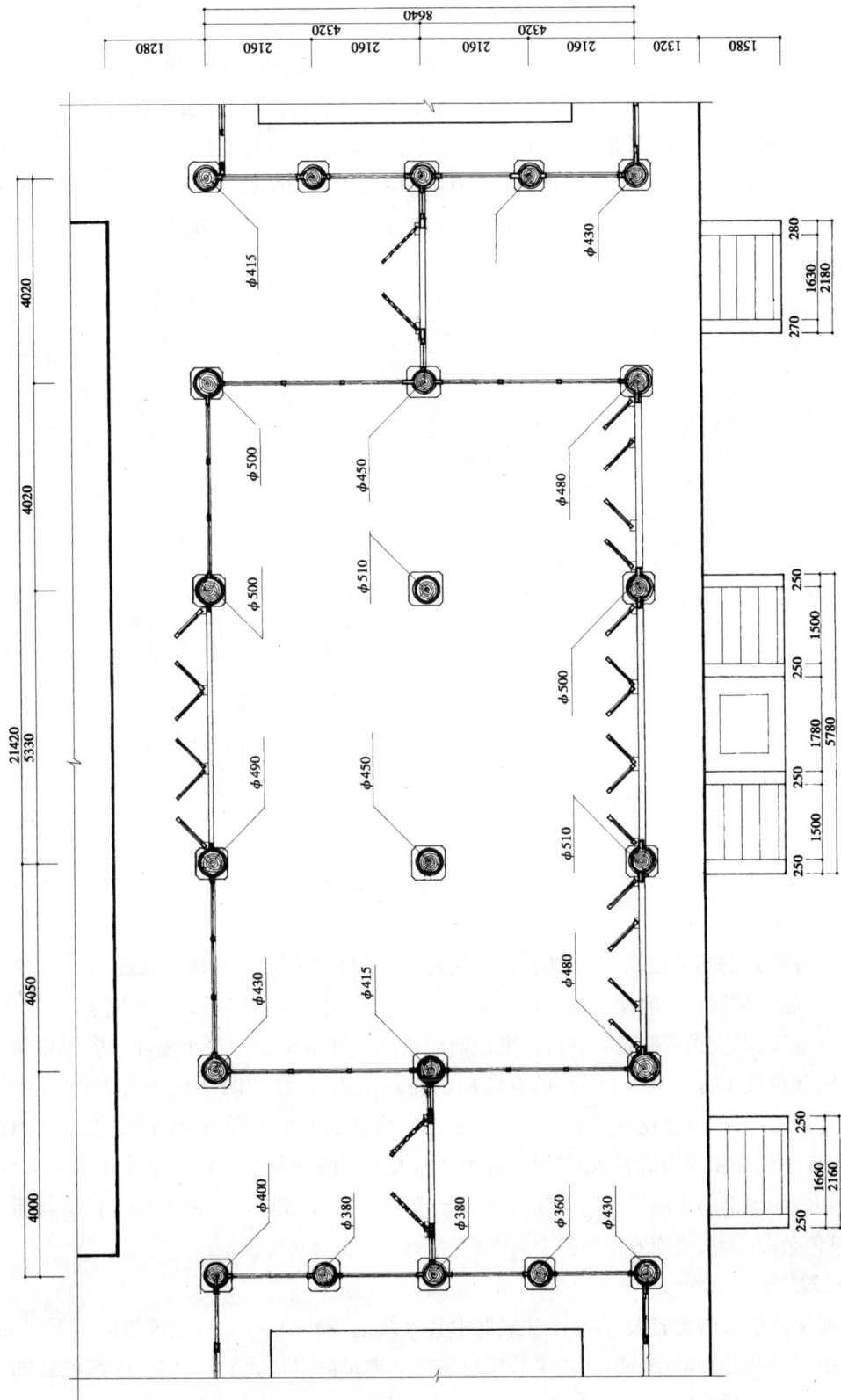

图一一六　大成门平面图

　　大成门为单檐歇山式建筑,穿斗式梁架构架。除檐步架外,其余各步架基本相等(图一一七、图一一八)。

　　由于是门类建筑,内部中柱未减。室内顶安装天花,中柱天花枋下安装横披窗,次间柱间施绘彩透雕花卉、博古挂落。明间、次间前檐施六抹隔扇,明间六扇,次间四扇。直棂方格隔扇心,绦环板和裙板均素面。隔扇高4.45米,中槛以上高度较低,故未施横风窗,而代之以枋。后檐墙除明间施六扇棋盘门,次间用木板和菱形嵌花花窗封护,山墙均施木板。稍间在中柱施直棂门,上置横披窗,为日常出入通道(图一一九)。檐柱间施雕刻彩绘花草、博古的挂落。挑檐桁与檐柱间施扁平浅浮雕、绘彩花草及寿字图案撑栱,角柱撑栱圆形浮雕、绘彩狮子戏绣球(图一二〇)。

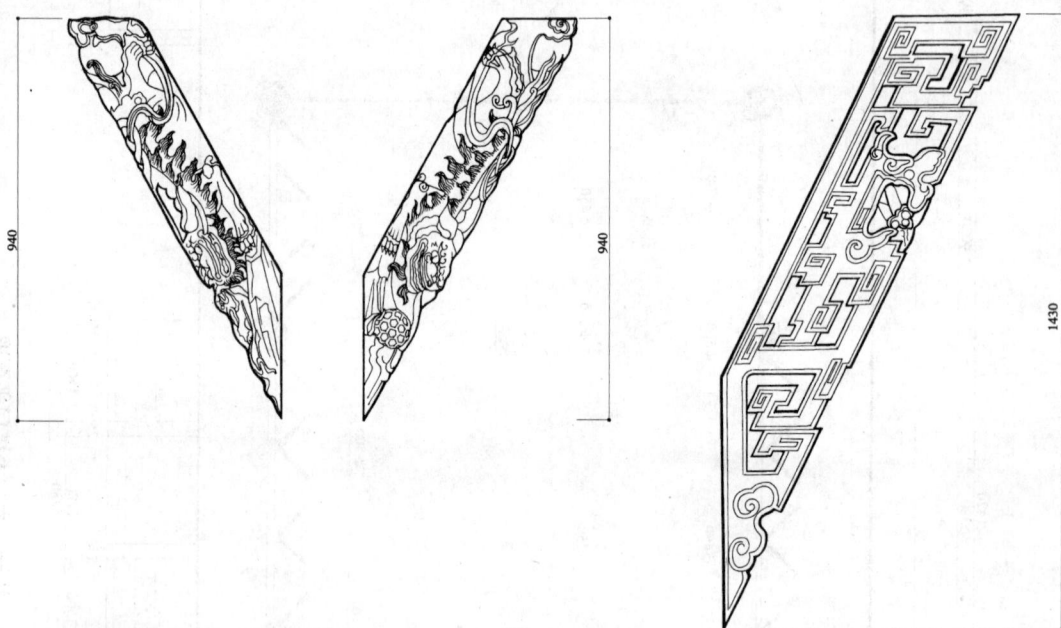

图一二〇　大成门撑栱大样

　　大成门正脊较其他同类建筑多增加了一层花瓦,也就是说在陡板盖板上又施一层嵌瓷几何图案花瓦脊,花瓦脊上再施一层绿色琉璃镂空"T"形连续勾连装饰,最上面才是拼接的云龙琉璃砖:脊上四龙,昂首朝向正中六重宝珠宝顶,宝顶两侧各有一孔。宝顶前后用四条铁链牵引固定于屋面。脊两端置鱼龙吻。整个大成门屋顶的颜色极丰富:正脊和垂脊、戗脊均用白瓷嵌瓦条,正脊的四个瓦条均如此,陡板的几何形外框部分均用青花瓷镶嵌,框内莲花等图案用白瓷浮嵌。正脊的花瓦脊也是如此,但采用平嵌和浮嵌相结合的装饰技法,脊顶为黄绿相间的琉璃砖。另外,富顺文庙大成门屋面装饰上较多地使用仙人形象,如垂脊的嵌瓷靠背上部和砖的顶部均灰塑福、禄、寿星等单人形象(彩图二六四)。脊部的青、白、绿与屋面的黄色琉璃瓦相辉映,颜色杂而不乱,装饰效果极强。

　　10.大成殿

　　作为文庙主体建筑的大成殿,在整个建筑群中其等级是最高的。其一,建筑为面阔五间、进深三间带回廊的重檐歇山式,屋顶铺黄色琉璃瓦,建筑的开间是整个建筑群中最大的。其二,建筑的装饰上以龙为主要装饰题材,包括撑栱、挂落等雕刻、台基护栏上的雕刻、月台装饰和位于其前正中的丹陛石及两侧的垂带踏道的台级数。丹陛石由三重龙云环绕中间高浮雕的正龙，总共九条龙，垂带踏道也是九级，数字"九"暗含其等级是最高的。

大成殿与其前面的拜台组成"凸"形平面（彩图二六五）。拜台用青砂岩砌筑，通高1.9米，面积326.97平方米，台边置石护栏。拜台有两层、五个踏道，两侧踏道的垂带亦雕刻装饰图案，上为铺首衔四方连续万字纹，侧面为卷草牡丹。拜台正面丹陛石两侧各圆雕一龙头，龙口中含珠，一爪衔珠（彩图二六六）。丹陛石宽4米，高3米，浮雕九龙，雕刻精细，形态生动。从与拜台前的雕刻看，其叠压于雕刻上，并打断了雕刻的连续性，似为后来所放置的（彩图二六七）。拜台周缘的雕刻图案系用多块砂岩拼接而成，采用平面浮材有鱼化龙（彩图二六八）、雕技法，题封官得禄、二龙戏珠（彩图二六九）、双凤朝阳、祥瑞、植物花卉、四艺（彩图二七〇）及博古。第二层台基两侧为素面，正面浮雕漫漶不详，正中置一整石雕刻笔架山，正面浮雕双龙（螭龙）抢宝（彩图二七一）。

丹墀右侧有一水井，名曰"芹井"，专供洗涤祭祀器皿用。

大成殿台基用青砂岩砌筑，台基长30.2米，宽21.3米，通高2.5米。正面亦圆雕含珠龙头一个，两侧各设一垂带踏道。稍间及两侧台缘绕以花栏杆。大成殿为带回廊的重檐歇山式建筑，明间面阔6.2米，次间和稍间面阔相同，4.1米，廊深2.6米，通面阔30.2米，通进深18.8米（图一二一）。平面柱网采用减柱造，共用柱五十根，其中殿中心四柱最粗，直径0.7米，柱础石也大于其它柱石，浮雕"二龙戏珠"、"封官得禄"等图案（彩图二七二）；其余立柱直径在0.5米左右，柱础为多边形，浮雕"鱼化龙"、瑞兽、花草等（彩图二七三）。

大成殿为带回廊的重檐歇山式建筑，建筑等级较高（图一二二）。穿斗、抬梁混合式梁架结构，彻上露明造（图一二三）。金柱间施两重穿插枋和一重抬梁枋，抬梁枋上托五架檩，形成抬梁式构架，由于梁架的间距较小，梁间使用柁橔。各步架间距较窄，这是四川地区同类建筑的做法（图一二四）。

檐柱与廊柱间施两层穿插枋，两侧回廊的的下层枋作月形。上层枋上施两个座斗，上托绘彩荷包梁。廊顶施龙骨，作船蓬式。上层枋下又施一枋，外端压于挑檐桁下，廊内的一端雕刻象头，象鼻上卷贴于枋下。挑檐桁与穿插枋相交处施垂柱，挑檐桁下施挂落。枋与廊柱间又施雕刻、彩绘的扁平撑栱。穿插枋、廊柱和撑栱形成一个稳固的三角形结构，撑托屋檐（彩图二七四）。

下层廊柱间额枋雕刻、绘彩丹凤朝阳、双龙戏珠、三龙戏珠、鱼化龙等图案，枋下施雕刻、绘彩的挂落。前檐柱间施六抹隔扇，套方隔扇心，绦环板减地浅浮雕博古、"琴棋书画"四艺等，裙板雕刻精美，题材以寓意祝福的吉祥图案为主，仍采用浅浮雕技法。中槛上施走马板。

重檐无回廊，柱间施宫式嵌"寿"窗。挑檐桁与檐柱间施雕刻撑栱、垂花柱，檐下亦施龙骨，其装修基本与一层相同，而角檐柱的撑栱上圆雕展翅欲飞的凤而不是龙。

屋顶铺黄色琉璃瓦。正脊高2.8米，结构与装饰技法与大成门的正脊相同，只是在宝顶下以白瓷平嵌几何形框，框内灰塑、浮嵌"麒麟吐书"（彩图二七五）。宝顶前后用四条铁链固定于屋顶坡面，索钉处置一圆嵌瓷卧狮固定（彩图二七六）。两端为鱼龙吻。垂脊前置花瓶靠背。

围脊、垂脊、戗脊及正脊均采用嵌瓷装饰，题材有花卉、博古等，脊上施烧制的琉璃砖拼接图案。围脊滚筒底瓦处流空，上、下瓦条及陡板的几何形框均使用青花瓷片平嵌，脊正面有"天开文运"四字，黄字绿地，很是醒目。脊正中立浮嵌瓷双狮拥"一品（瓶）富贵"宝顶。合角处置合角吻兽。戗脊前置戗兽，翼角上置灰塑夔龙。

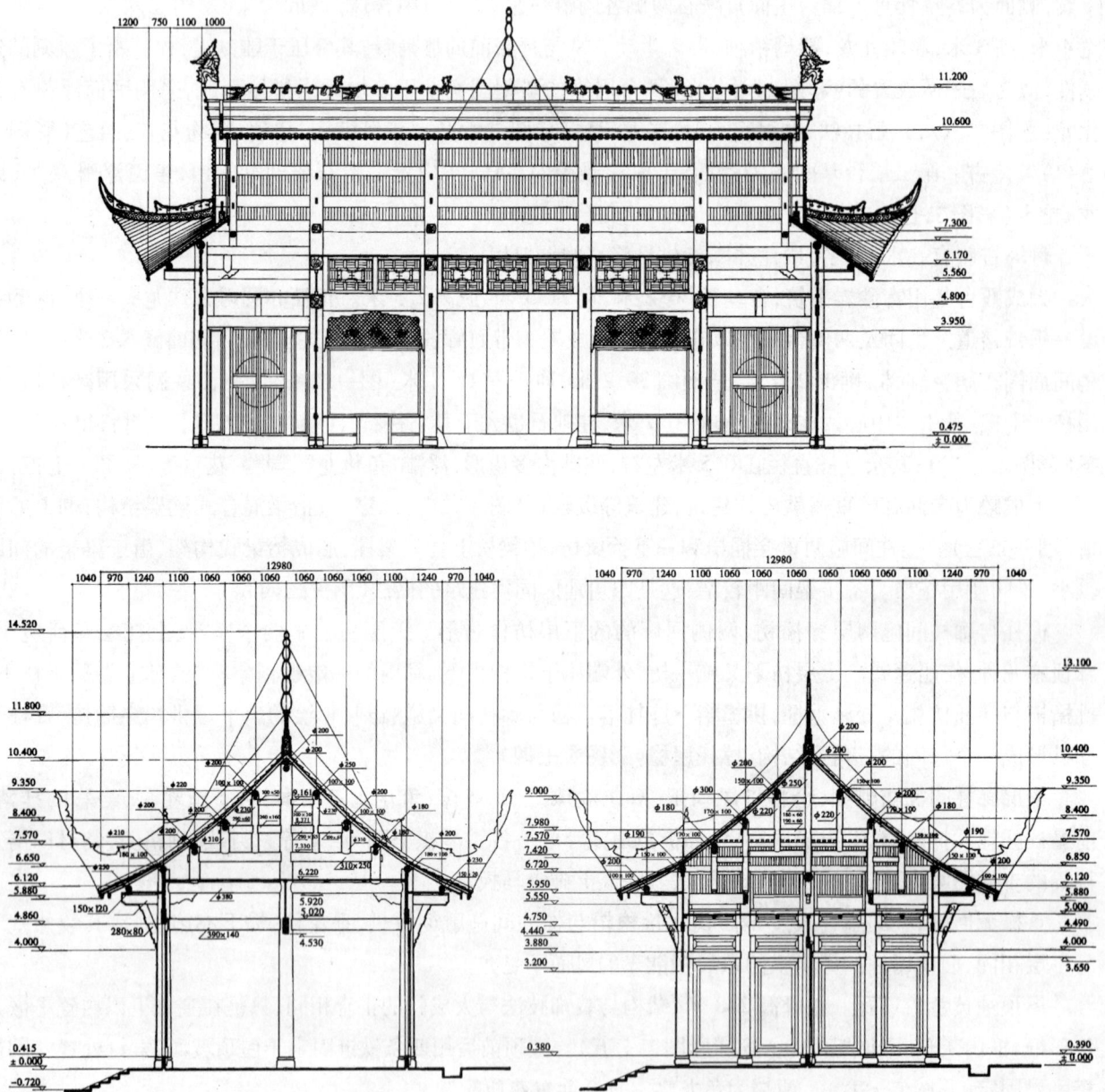

图一一七 大成门纵剖面、明间、次间剖面

11.200

10.600

7.300

6.170

5.560

4.800

3.950

0.475

±0.000

1000

1100

750

1200

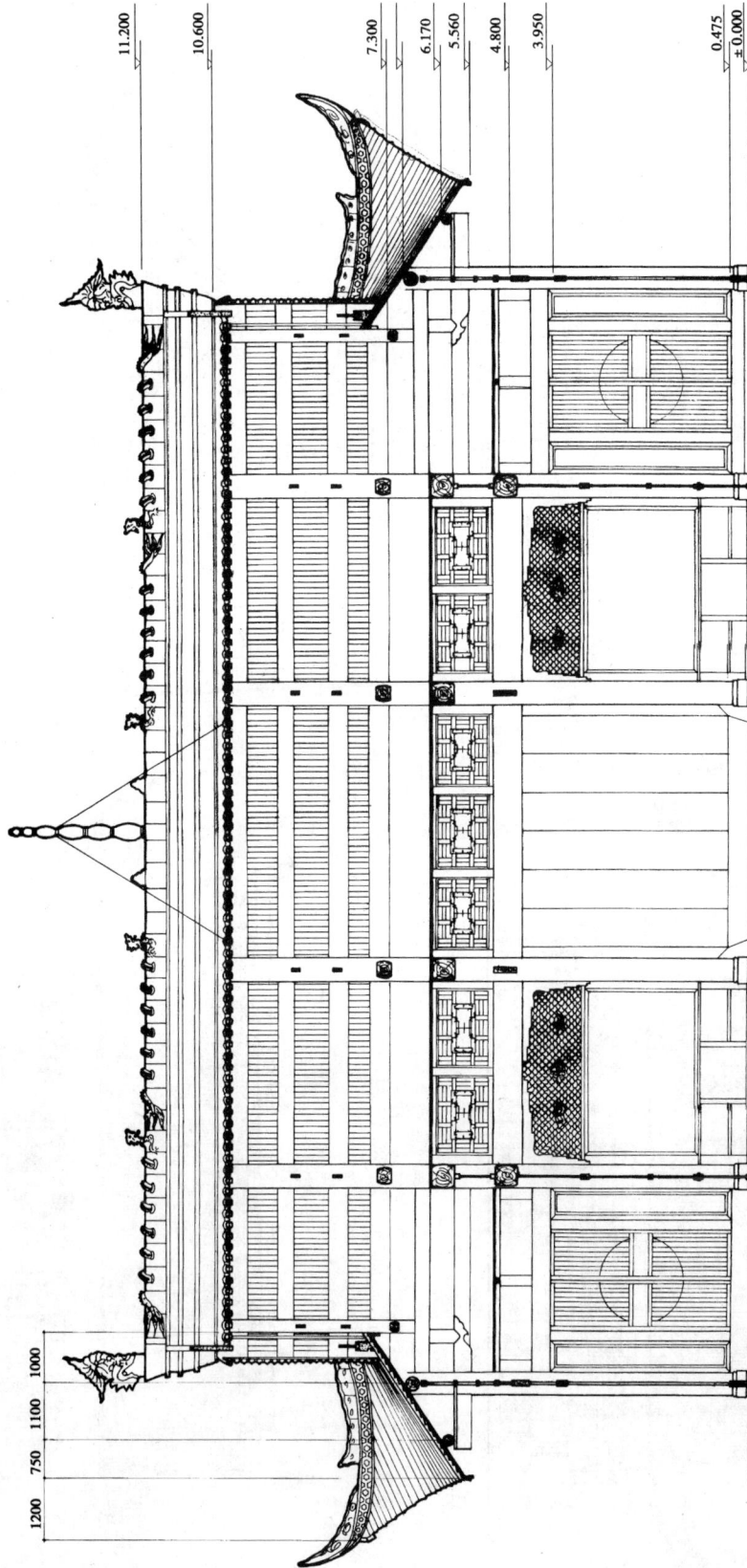

图 一 一 八　大成门纵剖面

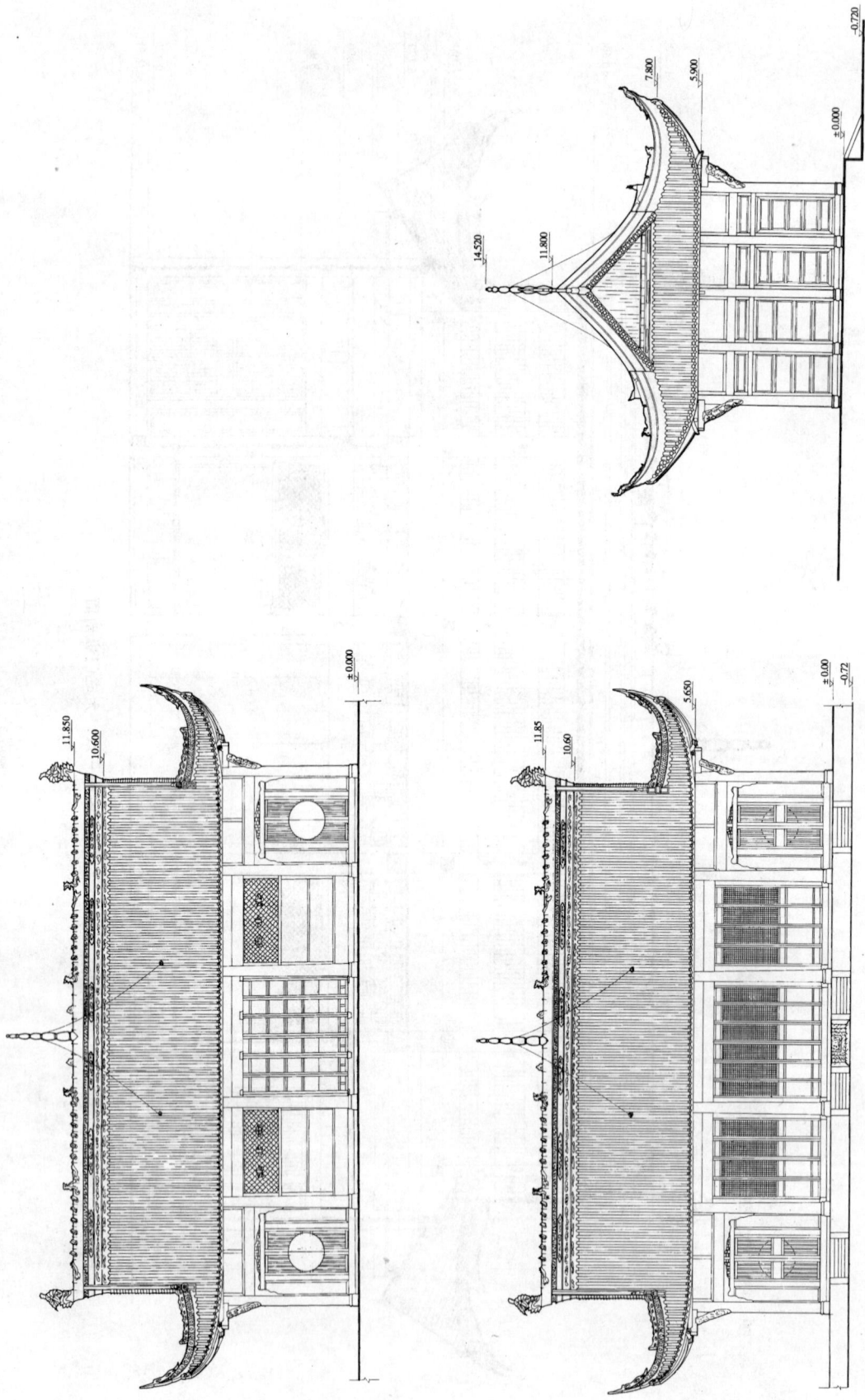

图一一九 大成门正立面、背立面、侧立面

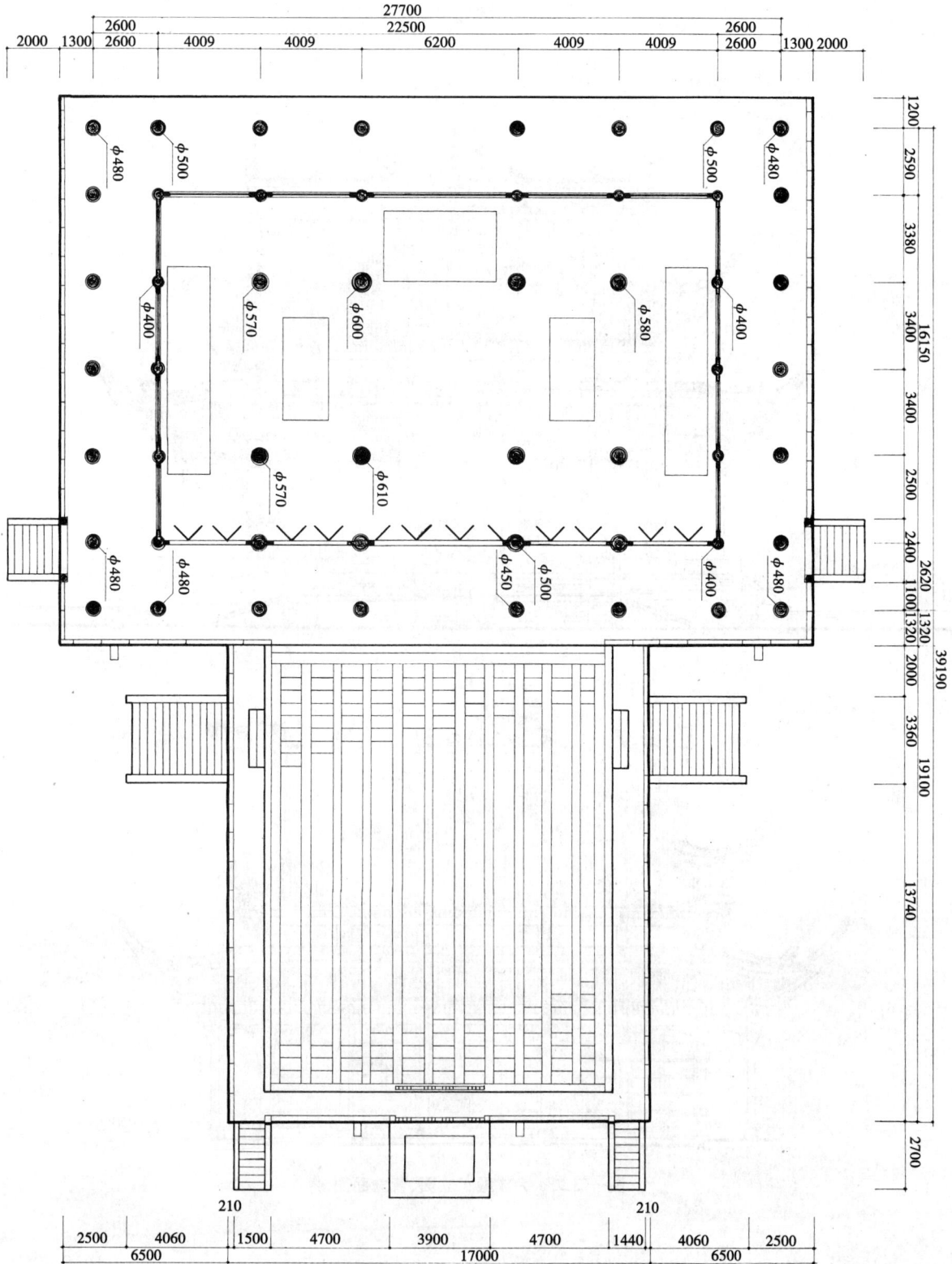

图一二一　大成殿平面图

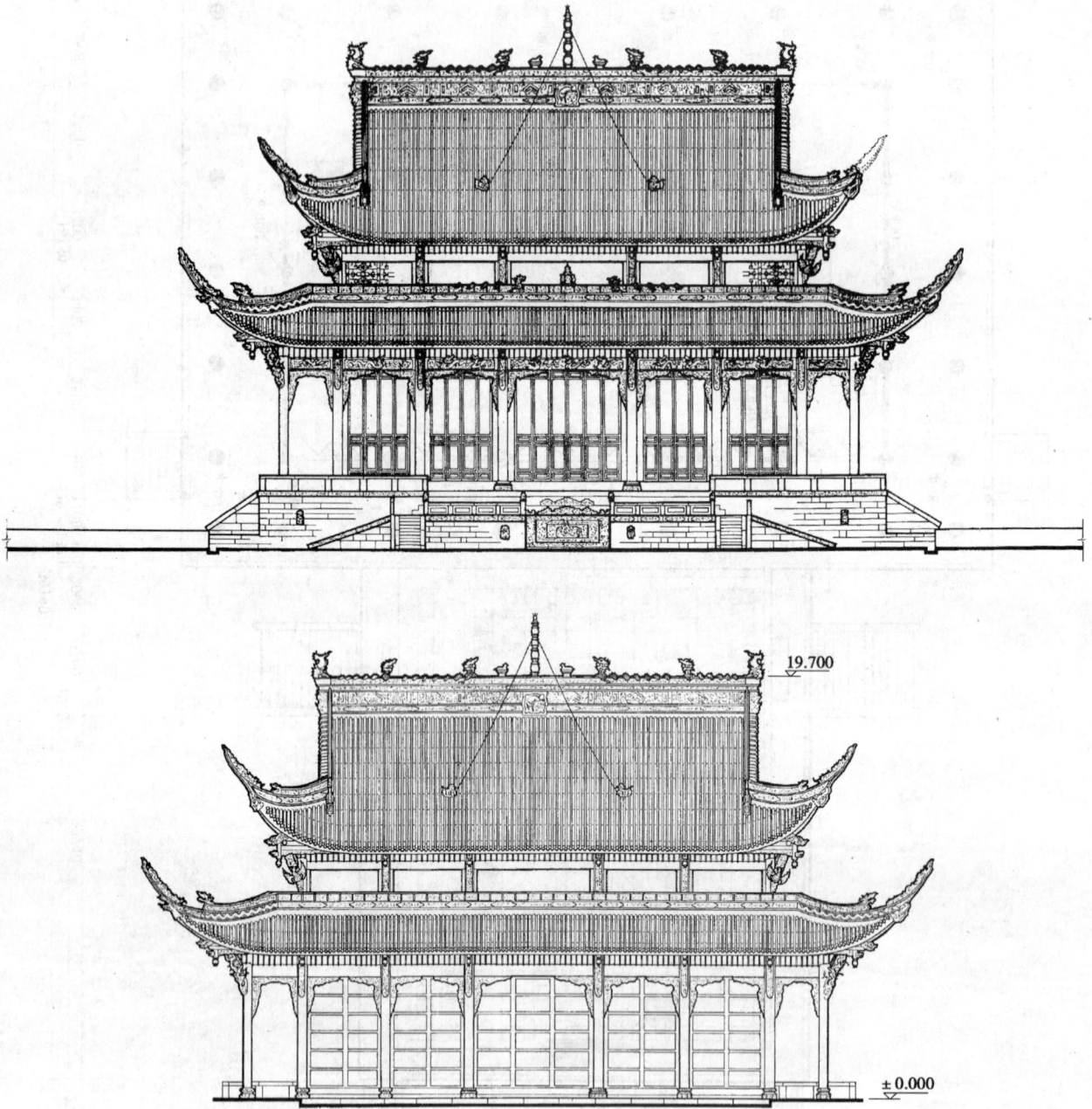

19.700

±0.000

图一二二　大成殿正立面、背立面图

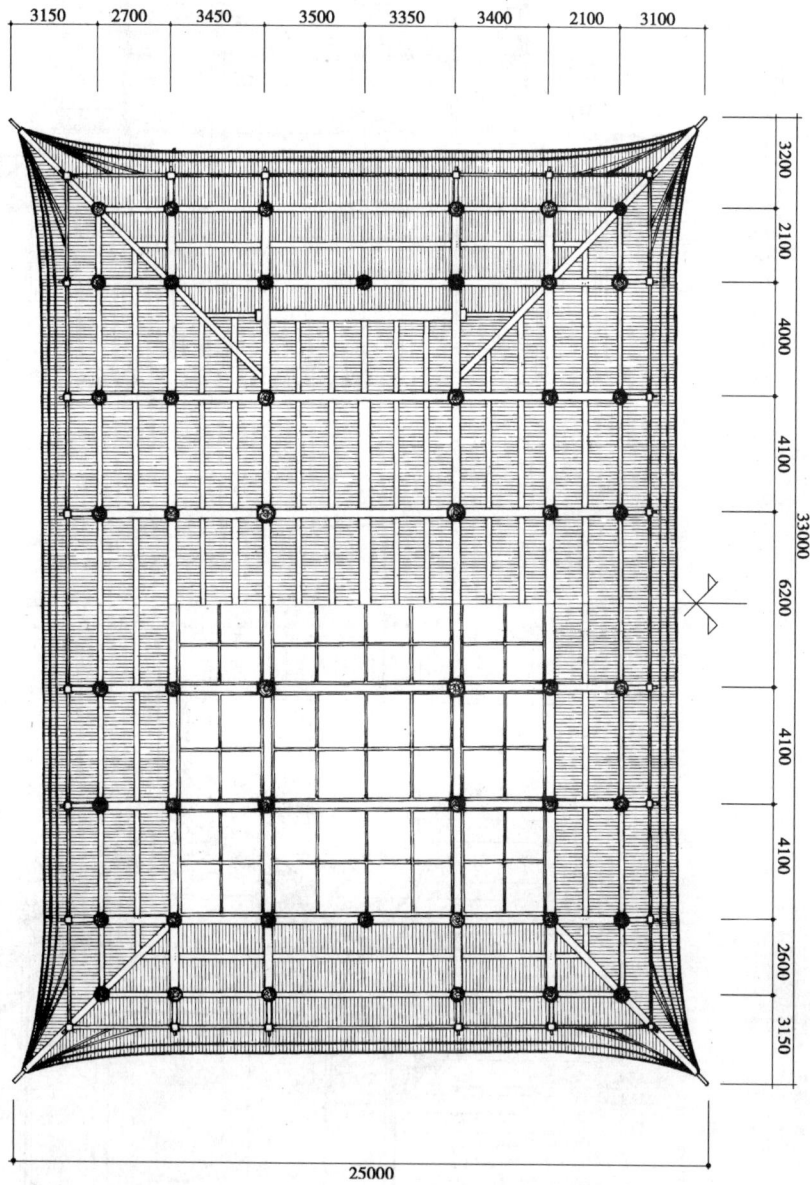

图一二三 大成殿仰视图

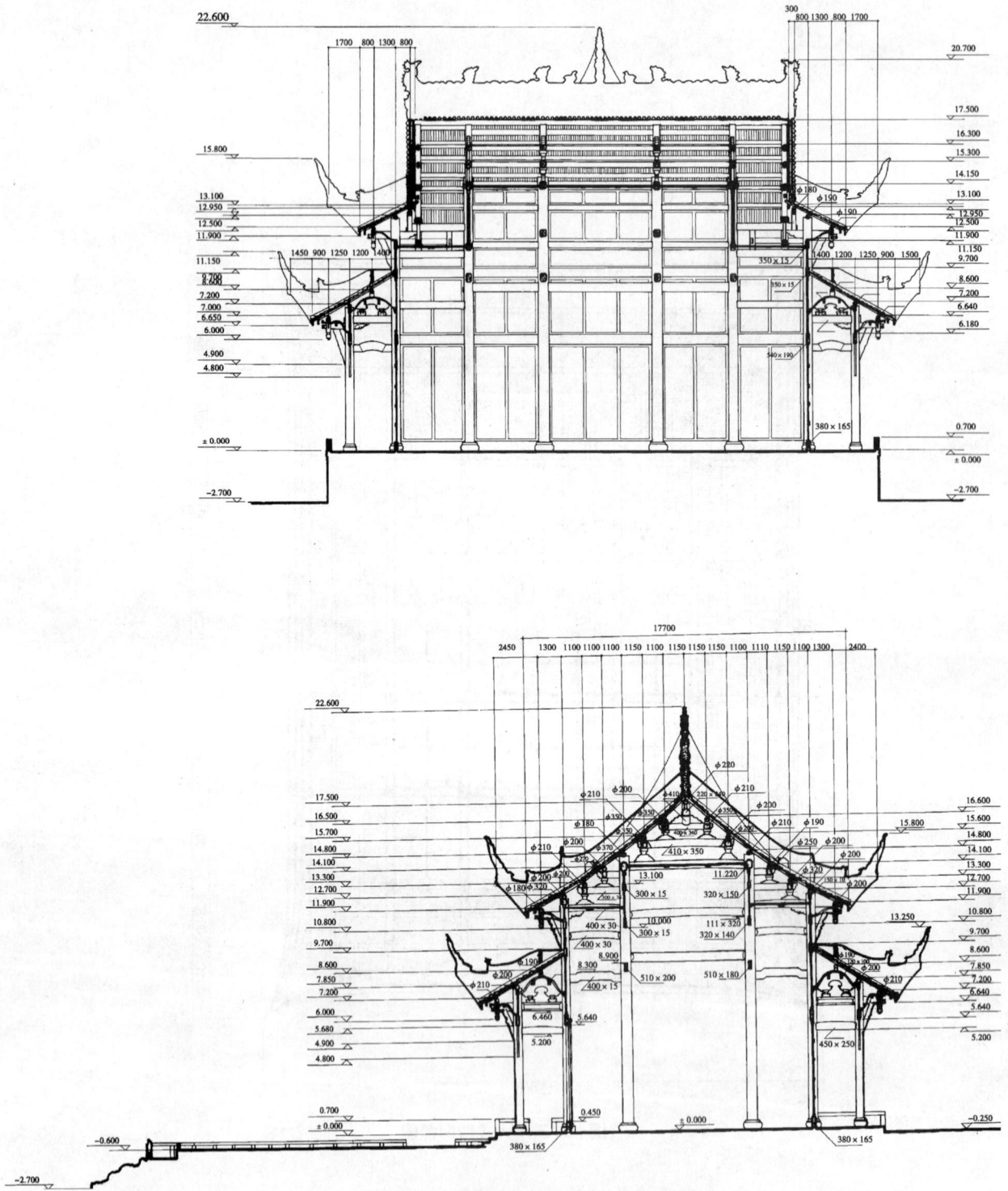

图一二四 大成殿纵剖面、明间横剖面图

大成殿内现仿照山东曲阜孔庙塑像,有孔子、"四配"、"十二哲"塑像。殿内原有御书三巨匾:"万世师表"(康熙二十五年)、"生民未有"(雍正元年)、"为天地参"(乾隆三年),均金朱涂绘,熠熠生辉。

大成殿东、西两侧各有廊与东庑和西庑相通(图一二五)。

11. 东、西两庑

东庑、西庑结构相同。面阔五间,通面阔24.5米,进深一间,通进深8米,前廊深2.8米,北连庑廊可通大成殿的台阶两角。由于富顺文庙中轴线两侧的次要建筑彼此相连,因此在屋面的处理上有所区别:南与更衣祭器所相连,为保持与其的一致性,南面为悬山式,同时又为了显示该建筑的等级,北面又采用歇山式,类似的做法也见于犍为县文庙戟门(图一二六)。明间面阔5.4米,次间面阔4.25米,稍间面阔4.2米,次间与稍间面阔基本相等(图一二七)。

东庑、西庑为平面减柱、彻上露明造,穿斗式梁架结构。明间与次间减去中间两柱,仅存前、后檐柱,形成相对宽敞的空间以满足陈设先贤、先儒的牌位及供器。前廊为双步(图一二八、一二九)。

前檐施隔扇门,中槛上施棱形横风窗,上槛施走马板(现该建筑有人为改造)。后檐墙砖砌封护。前檐单挑撑栱挑檐(硬挑)构造。

东庑、西庑为黄色琉璃瓦顶。正脊和戗脊上、下瓦条平嵌青花瓷片,陡板全部灰塑而不作嵌瓷。正脊上塑四条九曲琉璃走龙行于云中,两两相向正中三重琉璃宝顶。宝顶左右或置羊,或置狮。两端置琉璃鱼龙正吻。歇山垂脊前置靠背花瓶,脊上施一草龙,龙首,蔓草身,翼角置一昂首龙头(彩图二七七)。

12、崇圣祠

崇圣祠是第三进院落中的主体建筑。为带回廊的重檐歇山式建筑,前面有月台(彩图二七八)。月台长5.9、宽3.43米。正面正中为中整石高浮雕和圆雕的正面四爪云龙丹陛石:龙首圆雕,龙身与云、山为浮雕。丹陛石嵌于石条框内(彩图二七九)。月台的陡板用石柱分割,正面分为三部分,中间用石砌筑,两侧嵌一雕出盘子的整砂岩石。两侧面亦分割为三部分。角柱埋头及短柱柱身当均施减地浮雕。月台阶条石正面及踏道的垂带均施剔地浮雕,题材有"喜上眉梢"、"四艺"、"螭龙"(垂带)等(彩图二八〇、二八一、图一三〇)。

崇圣祠台基为石砌,台沿施镂空的几何形石护栏。栏板以石短柱分隔,各单元的主体装饰置于几何形框内,装饰题材有博古、植物等,多对称出现。

崇圣祠面阔三间,通面阔20米,进深一间,通进深16.6米。前后廊宽4米,左右廊宽3米。明间面阔5.8米,次间面阔4.2米,明、次间面阔比为1:0.7(图一三一)。前檐施六抹隔扇,后檐及山墙用木板封护(图一三二、一三三)。

崇圣祠为穿斗式、抬梁式混合梁架结构,重檐歇山式屋面。金柱间施两重穿枋和一重抬梁枋,抬梁枋上立蜀柱和梁,形成五步架。中间一重枋延长出挑,撑托重檐的前、后屋檐。除雷公柱施角背以加固柱外,余均不施。

金柱与廊柱间施两重穿插枋,上层枋上施一大一小座斗两个,大座斗上立重檐的檐柱,为了稳固,与金柱间又施两重穿枋。檐柱间以承椽枋,枋上施横风窗。小斗上施蜀柱,柱上为下檐的后部檐桁,该桁即承屋面的围脊。挑檐枋与挑檐桁相交处施垂花柱,垂花柱间施挂落。挑檐枋与廊(檐)柱间施雕刻的扁平撑栱。檐部施鹤胫龙骨(两侧的重檐未施)(图一三四)。

崇圣祠东、西两侧设廊与会馔厅相连(图一三五)。

崇圣祠的屋面是整个主体建筑中唯一的覆绿色琉璃瓦者。脊的结构和装饰技法均与大成门、大成殿相似,保持着整个建筑的统一风格。有意思的是,三重亭阁式宝顶的底部正中置一裸体男童俑。男童俑高约28厘米,黄色琉璃质。童人背北面南,着肚兜,下体赤裸,面带微笑,右手指天,左手示地。男童制作细腻,造型生动。何以在神圣庄严的崇圣祠宝顶中出现如此不严肃的裸体男童,男童又是何人? 从1986年11月发现以来,就引起学术界和新闻媒体的极大关注[1]。类似的情形在渠县涌泉镇的贾氏节孝坊也有发现,坊心正中高浮雕一男裸体童。

围脊瓦条用彩瓷平嵌,陡板内灰塑、浮嵌"麒麟吐书"、"三阳(羊)开泰"、"大狮小狮"、"四艺"、博古及富有生活气息的双兔白菜等题材(彩图二八二)。

13. 东、西会馔厅

会馔厅位于崇圣祠前的东、西两侧。在现存四川文庙中,将会馔厅作为次要建筑置于大成殿与崇圣祠之间还是孤例。一般来说,崇圣祠前两侧当为东、西配殿,是祭拜宋代朱熹等五大名儒之父的场所,而富顺文庙何以无东、西配殿而设会馔厅?

从明初到明末,文庙经多次修葺、重建。考相关史料记载,天顺年间知县孙璛修葺学宫时,包括大成殿、两庑、仪门(戟门)、棂星门、明伦堂、会馔厅,从描述的史实看,则似乎担负教学功能的明伦堂还在祭祀区内(大成殿后),没有形成独立的院落,会馔厅位于明伦堂的南面即前面[2]。直到清嘉庆六年(1801年)可能由于原明伦堂过于狭小,知县曾自柏将才明伦堂迁于殿大成殿侧,原明伦堂改建为崇圣祠,形成现在的基本格局。而位于明伦堂前的会馔厅则多经修葺,但位置似乎没有动过,故曾自柏改建后,会馔厅就位于崇圣祠之前了。道光时期萧永昇修葺文庙时从北端的崇圣祠向南按顺序描述时,未提及会馔厅[3],可能与修葺未涉及会馔厅有关,亦或与萧仅修葺文庙建筑有关。总之,自嘉庆以来,文庙建筑即一直保持了这种格局。但何以富顺文庙崇圣祠前无配殿而设会馔厅,史载不详,无从确知。还有一个不争的史实就是常见于"学"区的建筑敬一亭也位于文庙建筑前的最后,也就是说,富顺学宫在很长的一段时期内都是学在庙中,后来明伦堂从文庙建筑群中移出重建,而还有些相关教学功能的建筑仍保持了原来的格局。权算作富顺文庙之一谜吧。

会馔厅减柱造,面阔面阔,通面阔13.45米,明间4.65米,次间4米。进深一间,通进深4.4米,廊深3米。北有廊可达崇圣祠(图一三六)。

会馔厅为穿斗式构架,彻上露明(现会馔厅为后经改建者,后檐又增加一间)(图一三七)。单檐悬山式屋面,覆盖褐色筒瓦,脊上有灰塑龙和花草。

14. 敬一亭

敬一亭位于崇圣祠后条石砌筑的高3.5米保坎上,为文庙建筑群中位置最高者。敬一亭建于元代,现敬

---

[1] 关于"裸男"主要有以下几种解释:一、明代中期以后,资本主义开始在中国萌芽,文庙里的裸体人像可能是西方文化冲击东方文化的表现,是东西方文化的完美结合;二、2000多年封建礼教对"性"的禁锢是后代对孔子思想的曲解,裸体童人的出现是对儒学思想的全新诠释;三、是生殖器崇拜的产物或表现;四、这个塑像为明代文物,它可能和当时出现的哲学思想"童心说"有关;五、它是"三教合一"的产物;六、是神化了的孔子降生像;还有一些人认为是匠人的一种"恶作剧"。也有人认为这是表示希望孔氏家族绵延不绝,希望儒家发扬光大的,并称这符合孔子对"天"、"孝"的看法。参见《富顺文庙》宣传册。

[2] 孙璛修学记:"大成殿视旧则加以层檐,而高广增三分之一。两庑、仪门则撤腐换新。棂星门则别为改造。明伦堂、会馔厅则仍前制而加修葺"。见清·王麟祥修、邱晋成等纂:《光绪叙州府志·学校志》,光绪二十一年(1895年)刻本。

[3] 秦树庥修学记:"自崇圣祠、大成殿、月台、两庑、戟门、更衣祭器所,下至棂星门、乡贤、名宦祠、礼门、义路、泮池、桥栏、宫墙外贤关、圣域门,皆高广坚缜。"见《光绪叙州府志·学校》,光绪二十一年(1895年)刻本。

一亭为新修重建者。面阔三间,明间面阔4.6米,次间面阔2.4米;进深两间。通宽9.4米、深5米(图一三八)。

穿斗式梁架。中柱通柱直达脊檩,中施一穿枋,枋上施走马板,枋下施挂落。中柱与角檐柱间施斜穿枋,枋上施柱,柱上架梁,形成亭的歇山山面构架(图一三九)。象、狮、龟等兽形柱础,雕刻粗犷。

单檐歇山顶,屋面陡峻,覆黄色琉璃瓦。明间内有高2.5米、宽1.25米的石碑,线刻孔子像,刀法遒劲,飘逸有神。据《县志》记载为唐代吴道子画,南宋绍兴十五年秋八月余杭成均石刻。于元代转刻竖立于此。惜其面部稍残。

15、龙池

龙池位于崇圣祠的西北角,建于明嘉靖二十四年(1545年)的龙池,"相传应龙曾飞处"。崇祯年间,贡其志修葺文庙时,由于久无人治理,龙池接近于死水池,成为蛙的乐园。贡其志用石栏围砌,池用石砌筑,池为之大为改观,"山漏莹中,绁来清冷,生人肌栗。试一凭栏,奋然有蛟龙得雨[1]"解放初,石栏被拆除,后经恢复(彩图二八三)。崇圣祠东端原有凤穴,与龙池相对,今不存。

富顺文庙依山就势而建,整个建筑群的布局由南向北而逐层抬高,形成视觉上的一种通视效果;但主体建筑的地位的并没有因此而减弱,而是通过建筑本身的体量、建筑结构、装修和装饰等方面强烈地对比出来。整个建筑多为琉璃瓦覆盖,光泽璀璨,宏伟壮观。除崇圣祠为绿色琉璃筒瓦之外,其它的主要建筑均为黄色琉璃筒瓦,其中还包括廊庑等次要建筑,与光绪末年升祭孔为大祀后的历史事实相吻合。

从富顺文庙建筑群的格局看,富顺文庙南北长151米,东西宽约45米,为纵狭长形。在建筑个体的设计上均较高,即纵向上加高,以从立体上减弱这种平面上的狭长视觉比例差。这种情况几乎在主体建筑中都存在。如棂星门为三座独立的四柱三间牌坊式建筑,中间一座明间的柱高12.7米,为四川现存同类建筑中最高。戟门、大成殿、崇圣祠及东西两庑,在屋顶的脊部多加一层,即在陡板上又加一层花瓦装饰,其上再置烧制的琉璃砖的装饰,大成殿的正脊高达3米多,宝顶高近2米。次要建筑中两庑的脊部亦是如此。戟门的隔扇高4.45米,因此中槛以上以枋代横风窗。同时为了保持各建筑间的协调又用廊道相连。通过上述处理,富顺文庙平面虽狭,建筑虽多,但拥而不挤。

从富顺文庙的建筑构架和装修、装饰等方面,可以看出其建筑文化的多元因素。首先,从建筑的整体风格看,建筑构架的做法、夸张的翼角、屋顶的装饰(脊)等方面具有典型的南方建筑的风格;其二,从单体建筑的结构看,主体建筑,包括大成门、大成殿、崇圣祠等廊的装修具有苏式建筑的特色。其三,建筑屋顶装饰上使用嵌瓷工艺,明显是吸收了明清以来广东潮、汕地区工艺技术。

作为一种模式化的建筑群,富顺文庙在建筑布局上特点不鲜明,而其建筑装饰的技法和题材内容具有自己鲜明的特色,为四川省内其它同类建筑中所少见。在建筑装饰工艺上,采用了浮雕、透雕、圆雕、灰塑、嵌瓷等工艺,有的木雕还在雕刻后进行了绘彩处理,而不同的工艺、技法产生不同的装饰效果。

装饰题材和内容上,包括龙凤、博古、花卉、瑞兽和寓意祝福、吉祥的图案题材等,即使是同一题材,在不同的装饰题材中具有不同的形象,如使用最多的龙题材,在大成殿的装饰中,无论月台的石雕还是撑栱、檐枋和隔扇门裙板上的木雕,除龙的神态各异外,龙的形象以五爪居多,是真龙;而见于棂星门、月台、大成殿柱础石、檐枋等处的"鱼化龙"雕刻,龙的形象为四爪,为草龙,以此表现跳过龙门的鱼虽化为龙,但是草龙,不会也不可能成为真龙。另外,同样是"鱼化龙"题材,构图并不雷同。

---

[1]　清陈盟为贡其志所作修学记,《光绪叙州府志·学校》,光绪二十一年(1895年)刻本。

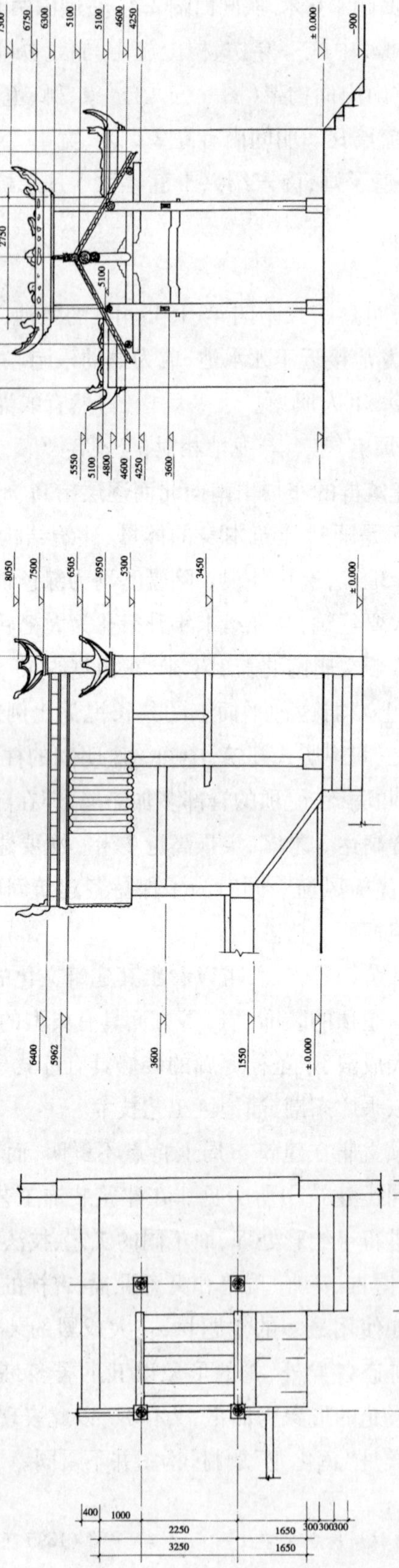

图一二五 大成殿东侧廊平面、立面、剖面图

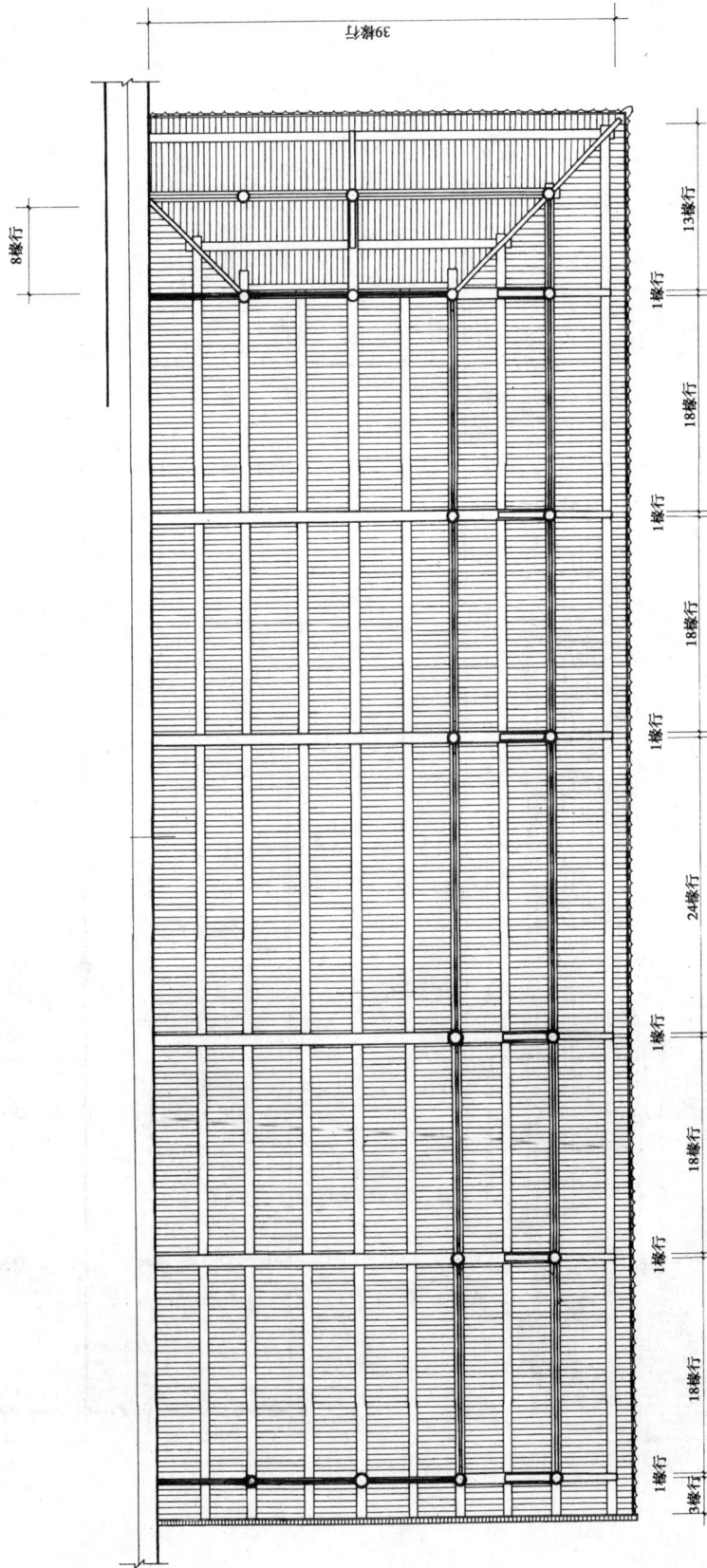

图一二六　西庑仰视图

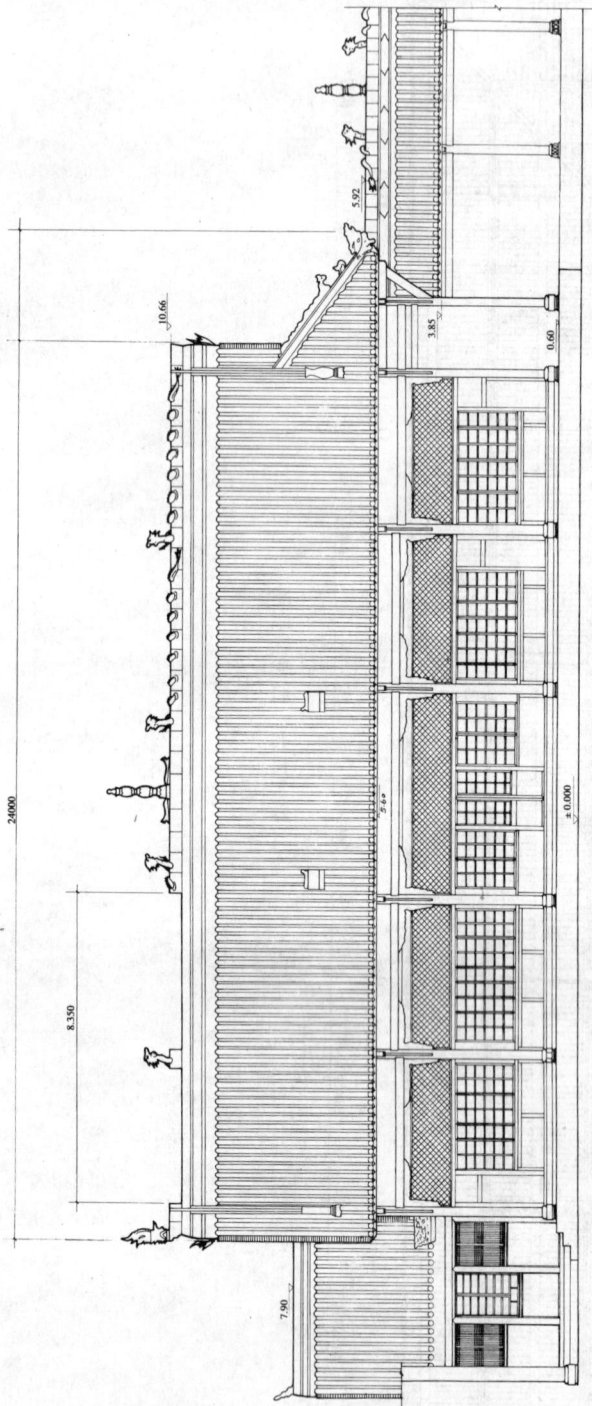

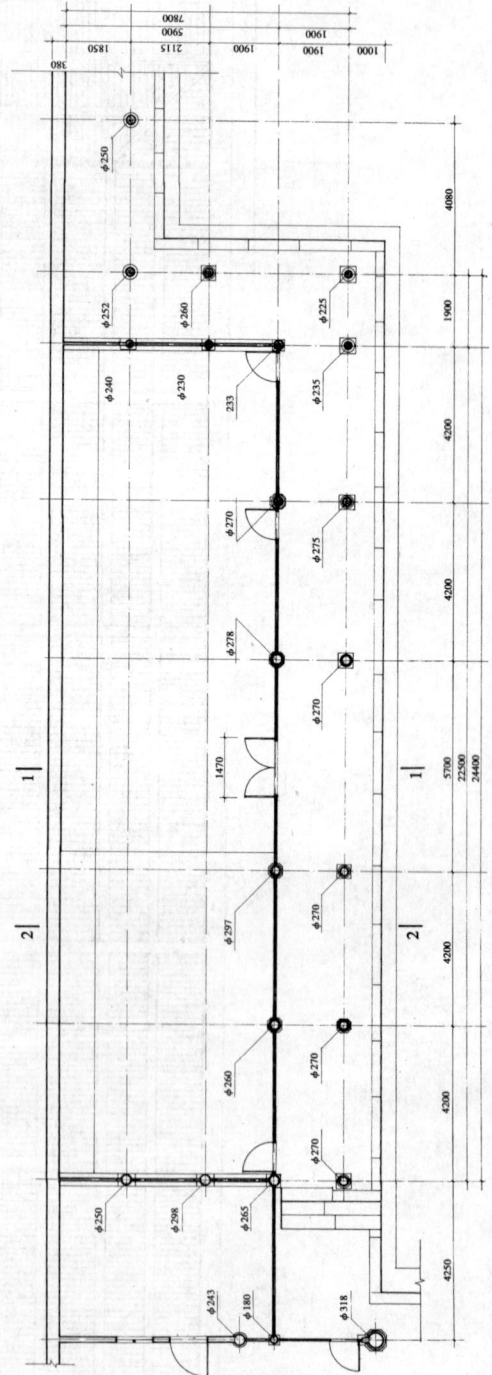

图一二七　西房平面、正立面图

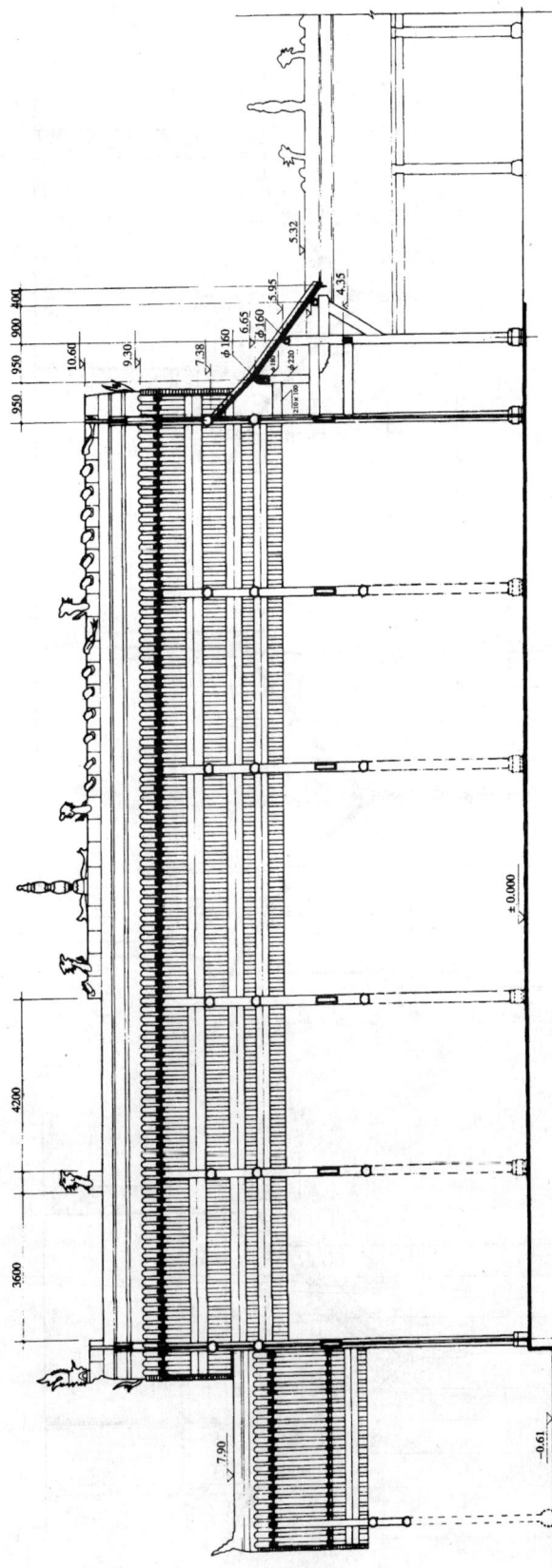

图一二八　西庑纵剖面图

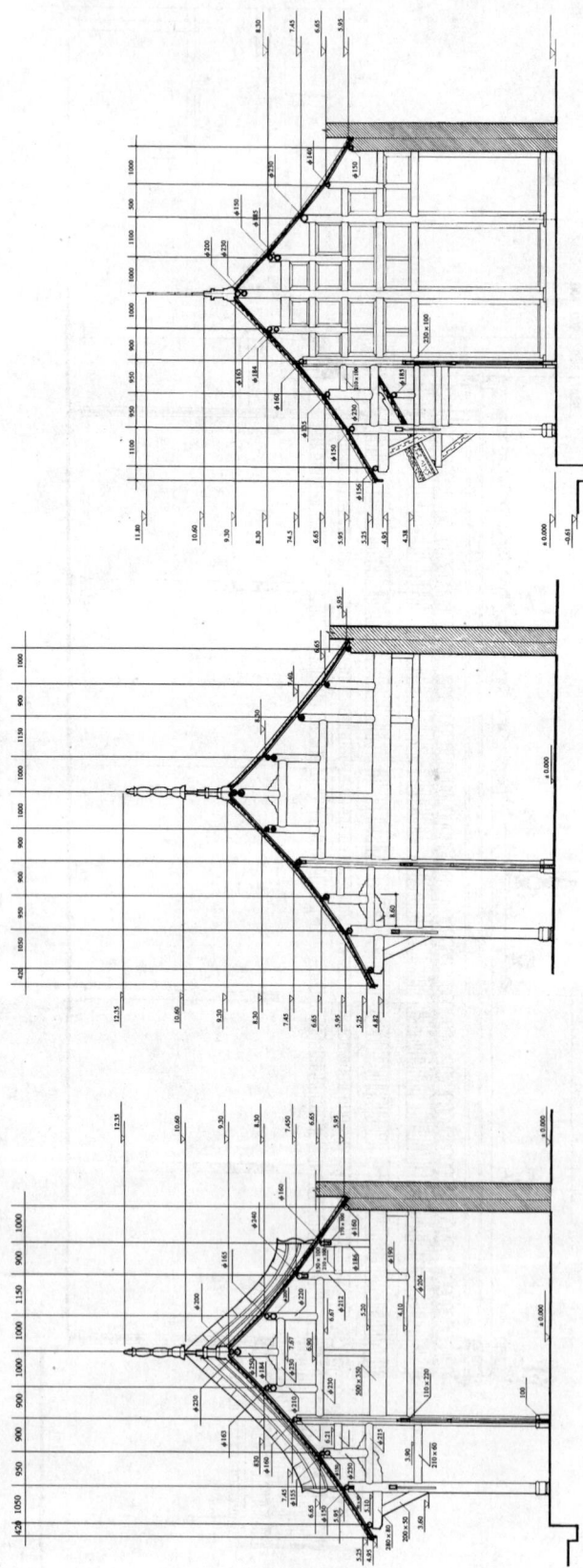

图一二九　西庑明间、次间、稍间横剖面图

1040

1530

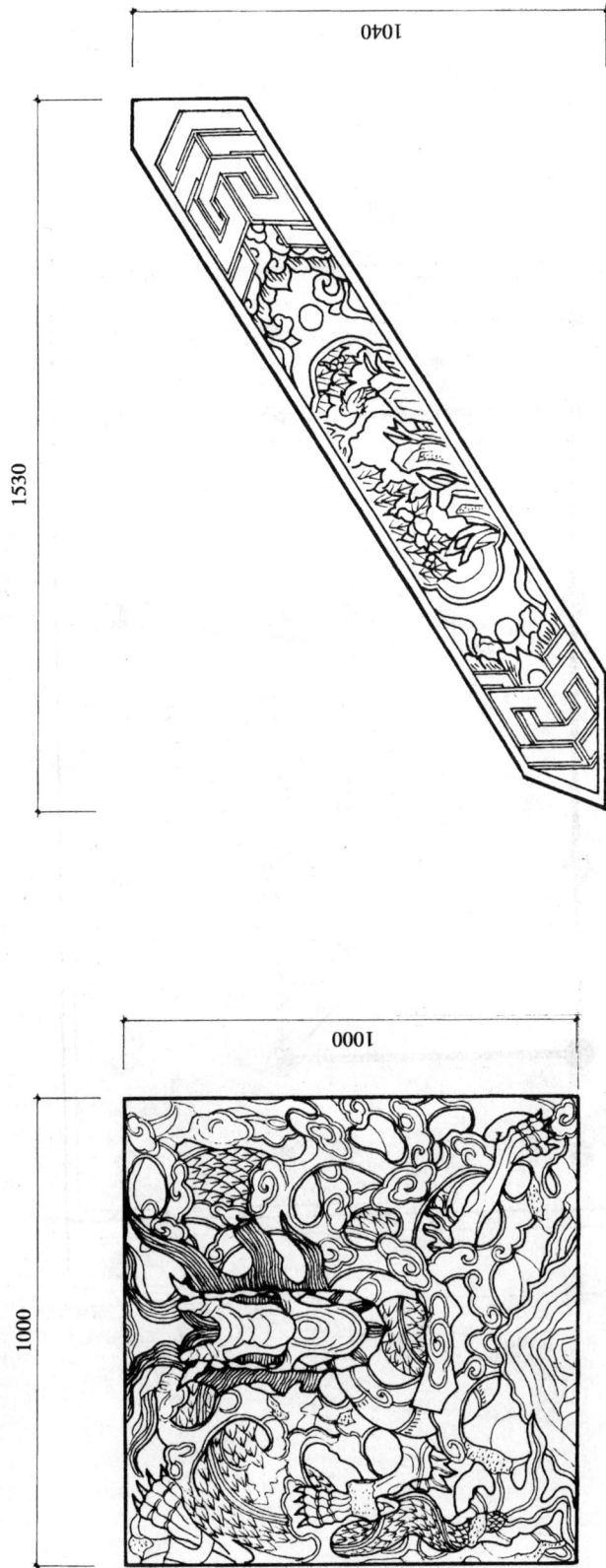

图一三〇　崇圣祠御路、垂带侧面雕刻

1000

1000

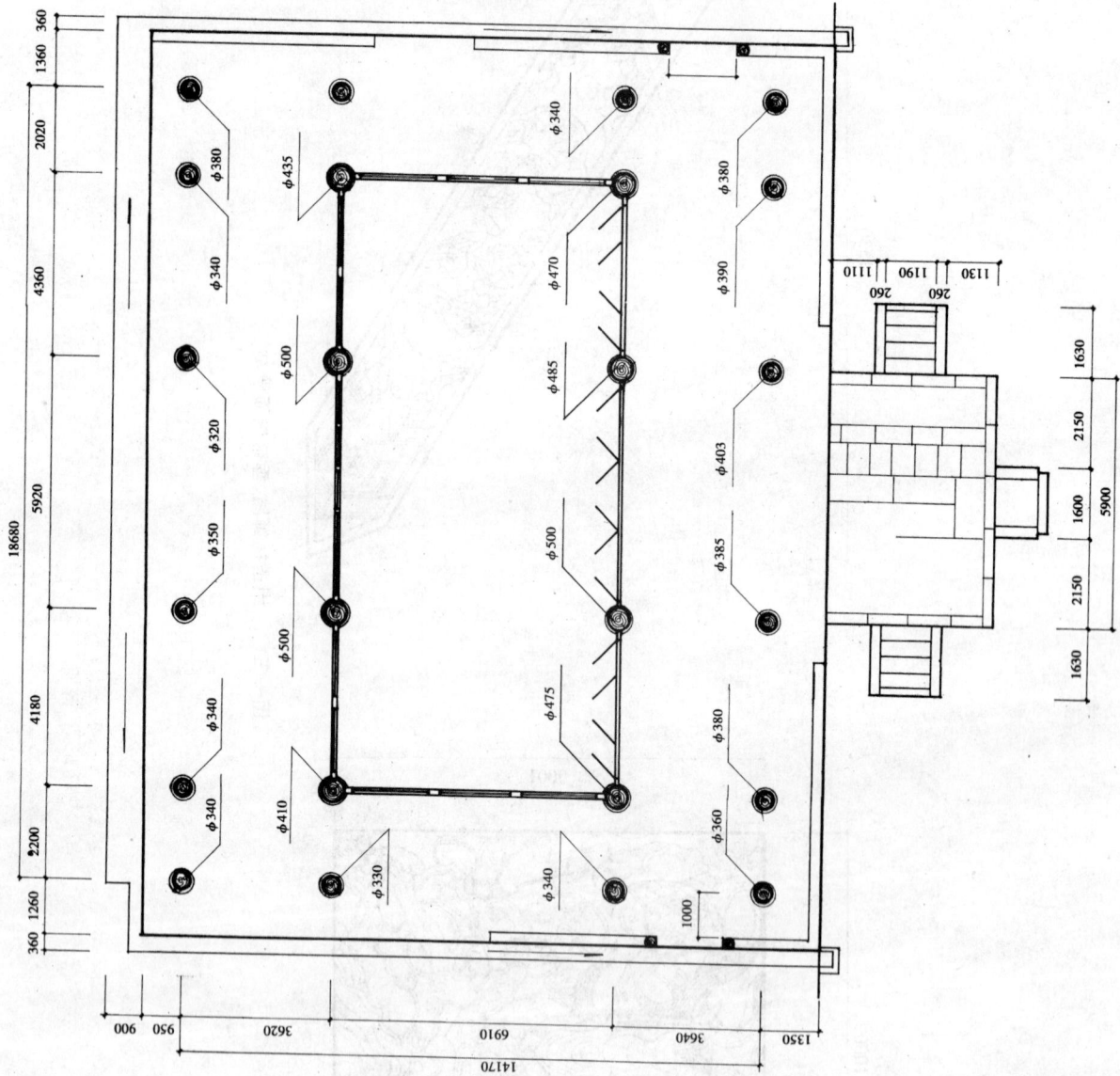

图一三一 崇圣祠平面图

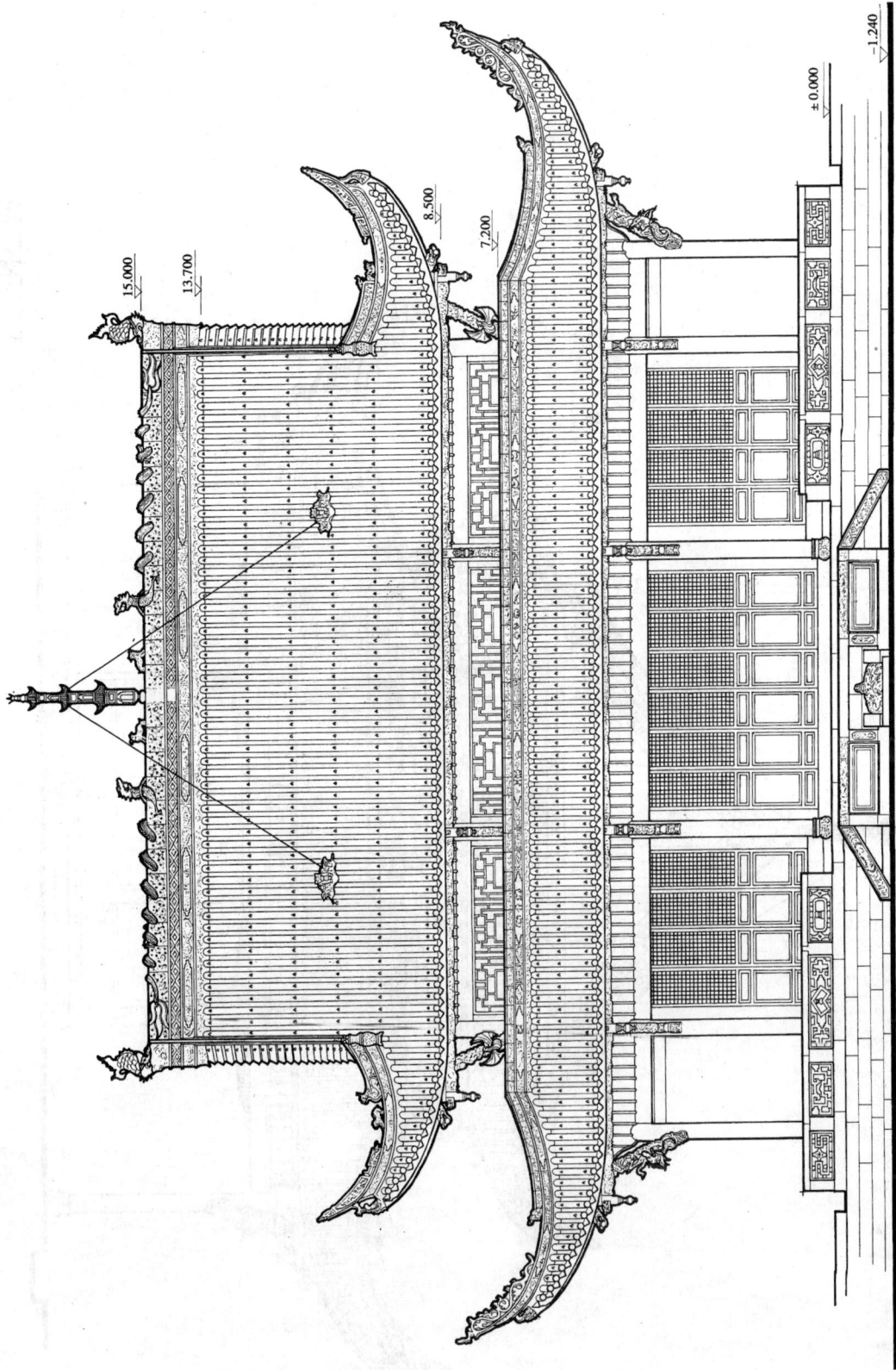

图一三三　崇圣祠正立面图

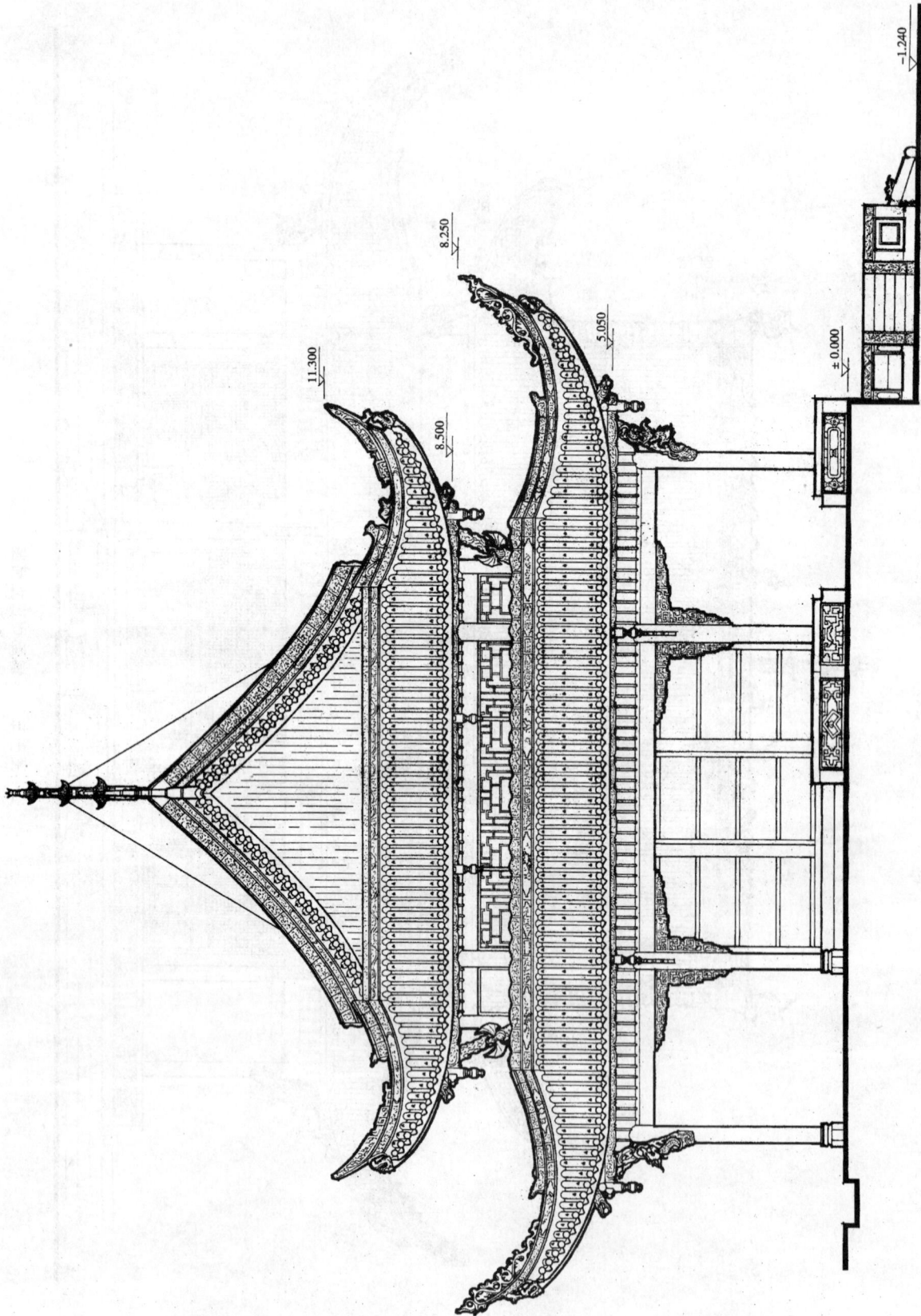

图三三一　崇圣祠西侧立面图

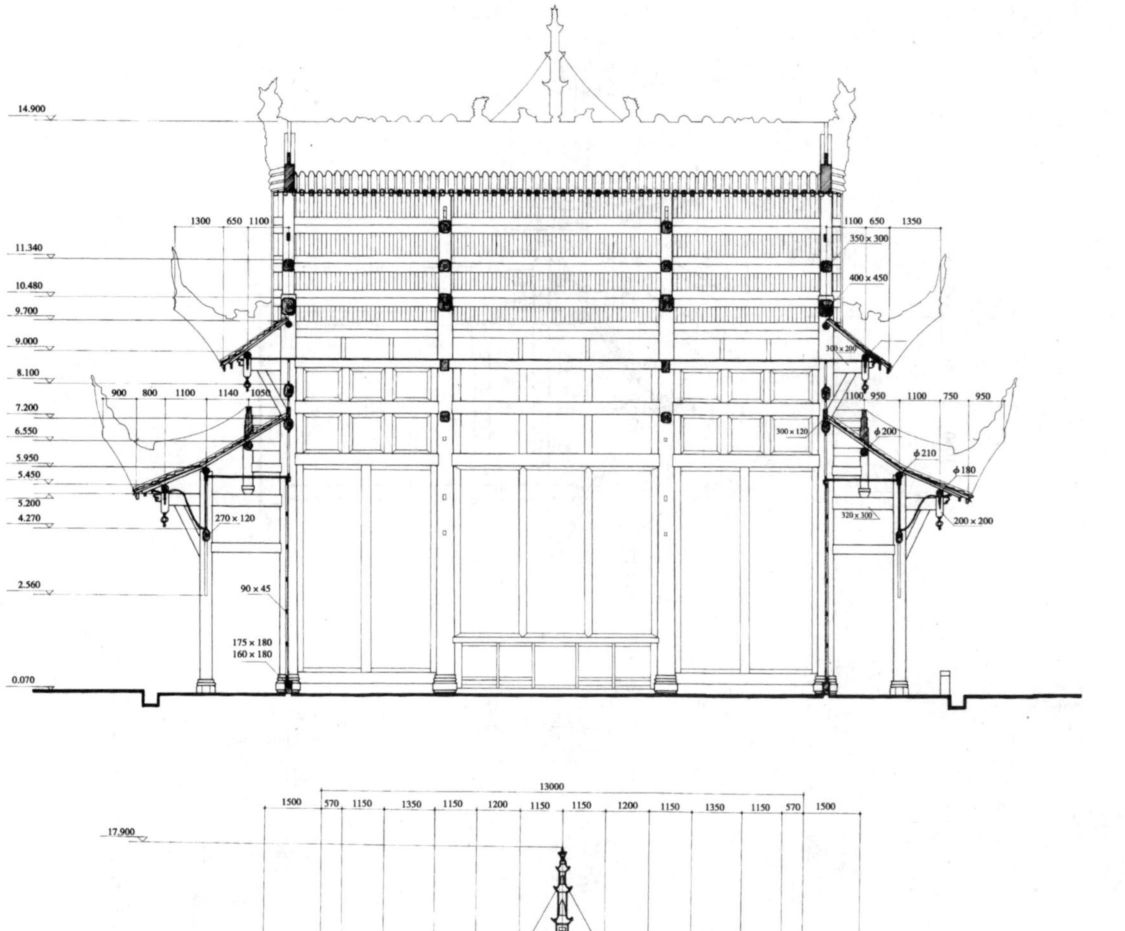

图一三四　崇圣祠纵剖面、明间横剖面图

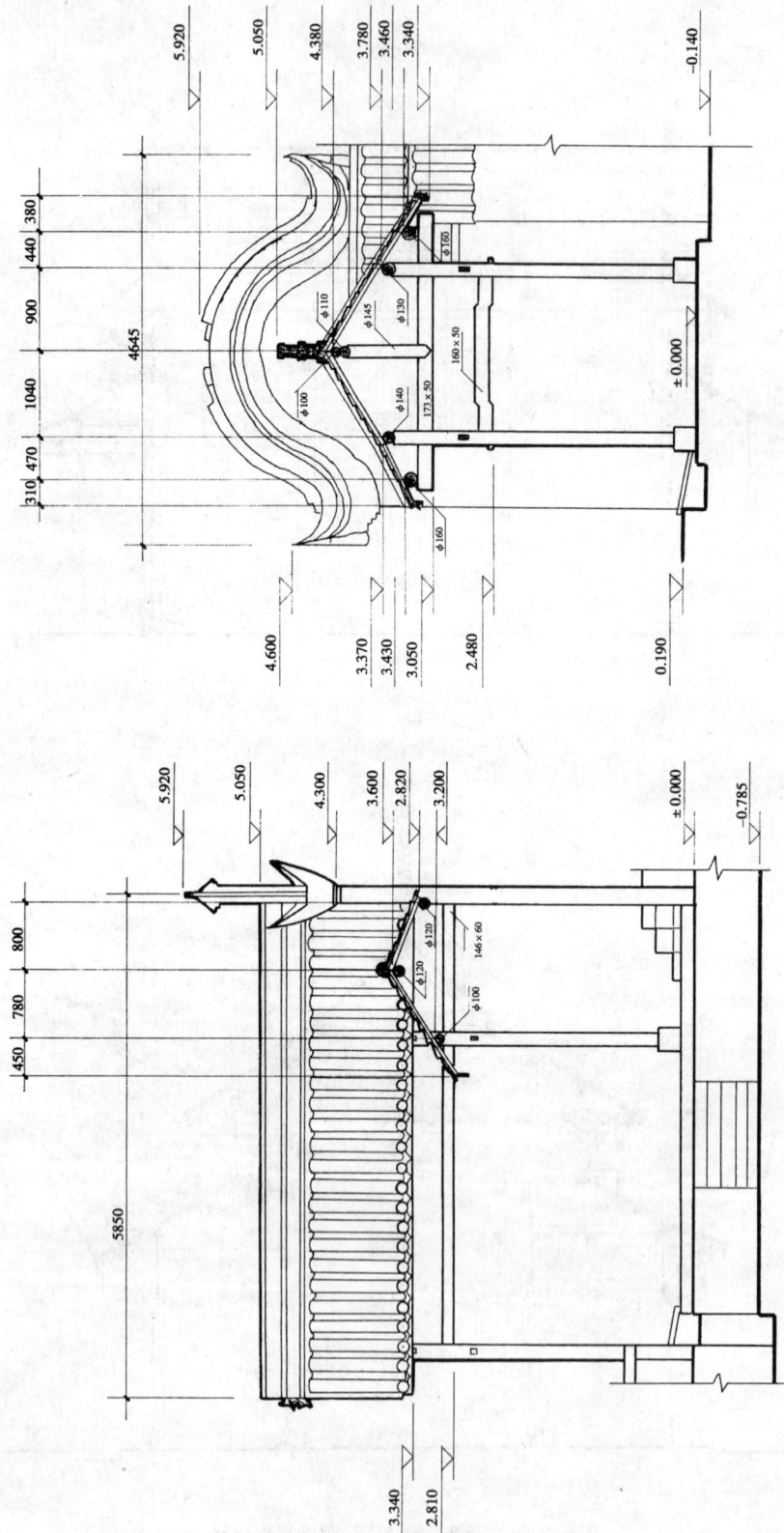

图一三五 崇圣祠东侧廊平面、立面、剖面图

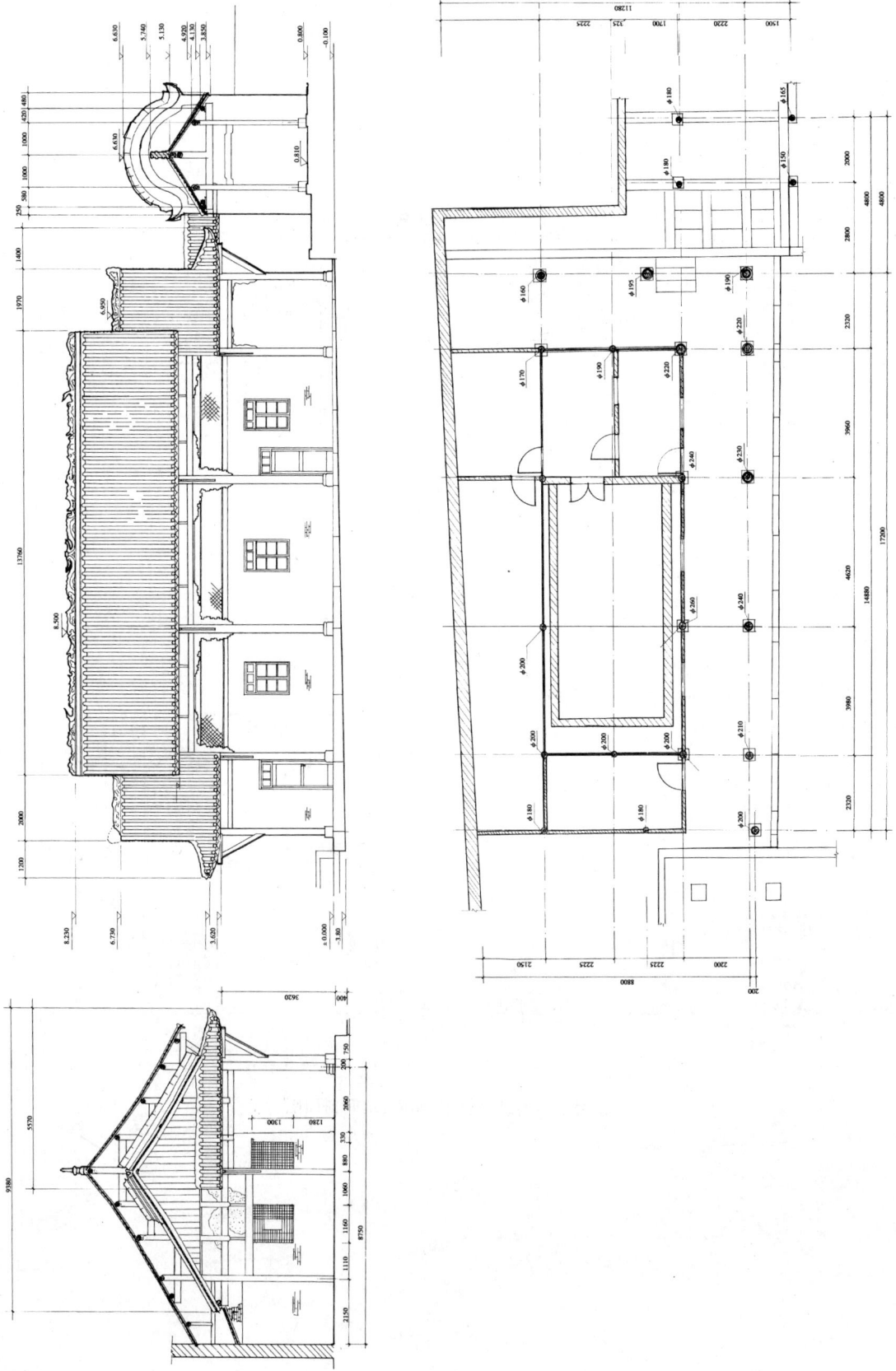

图一三六　西会馆厅平面、正立面、南侧立面图

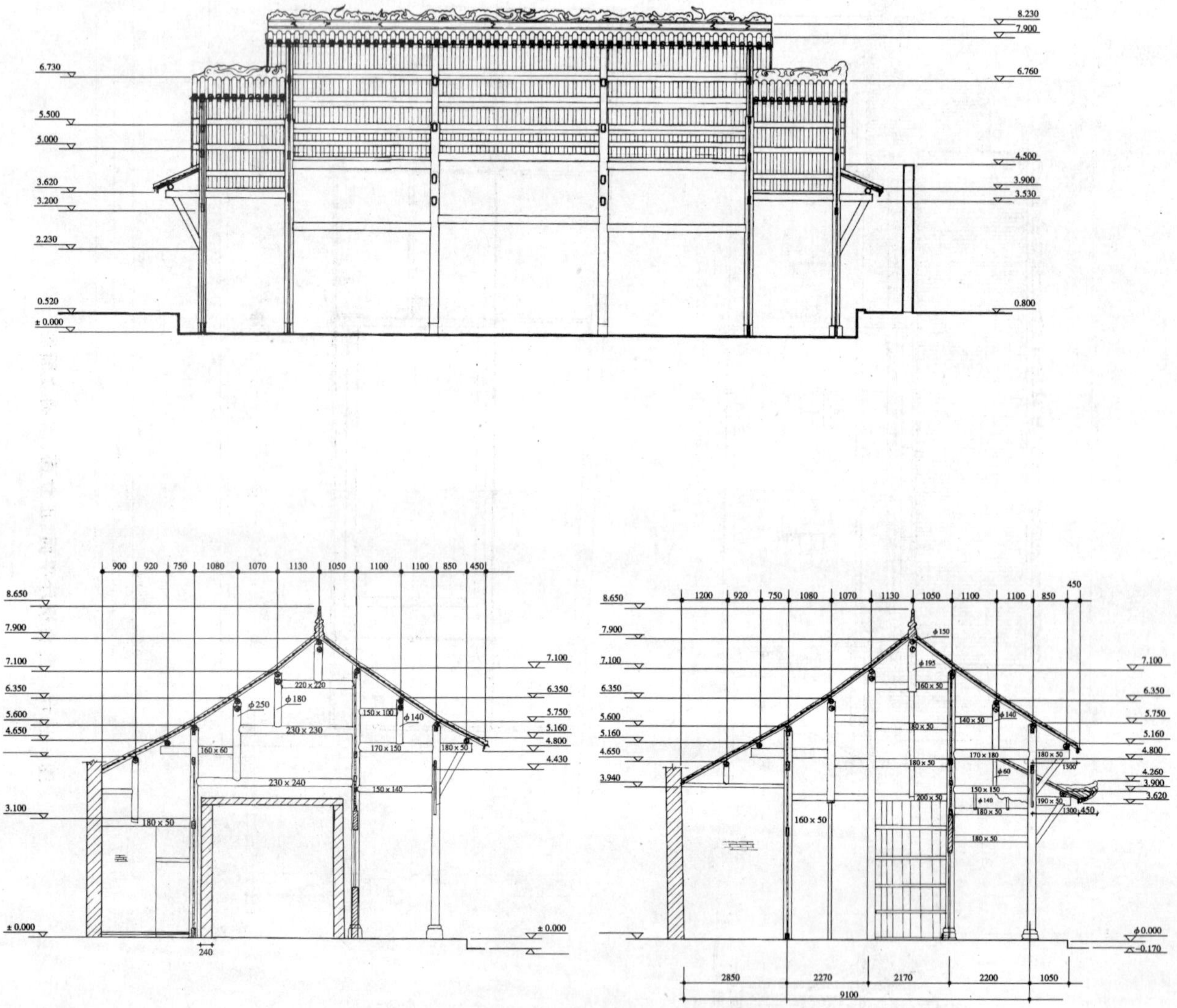

图一三七　西会馔厅纵剖、明间、次间剖面图

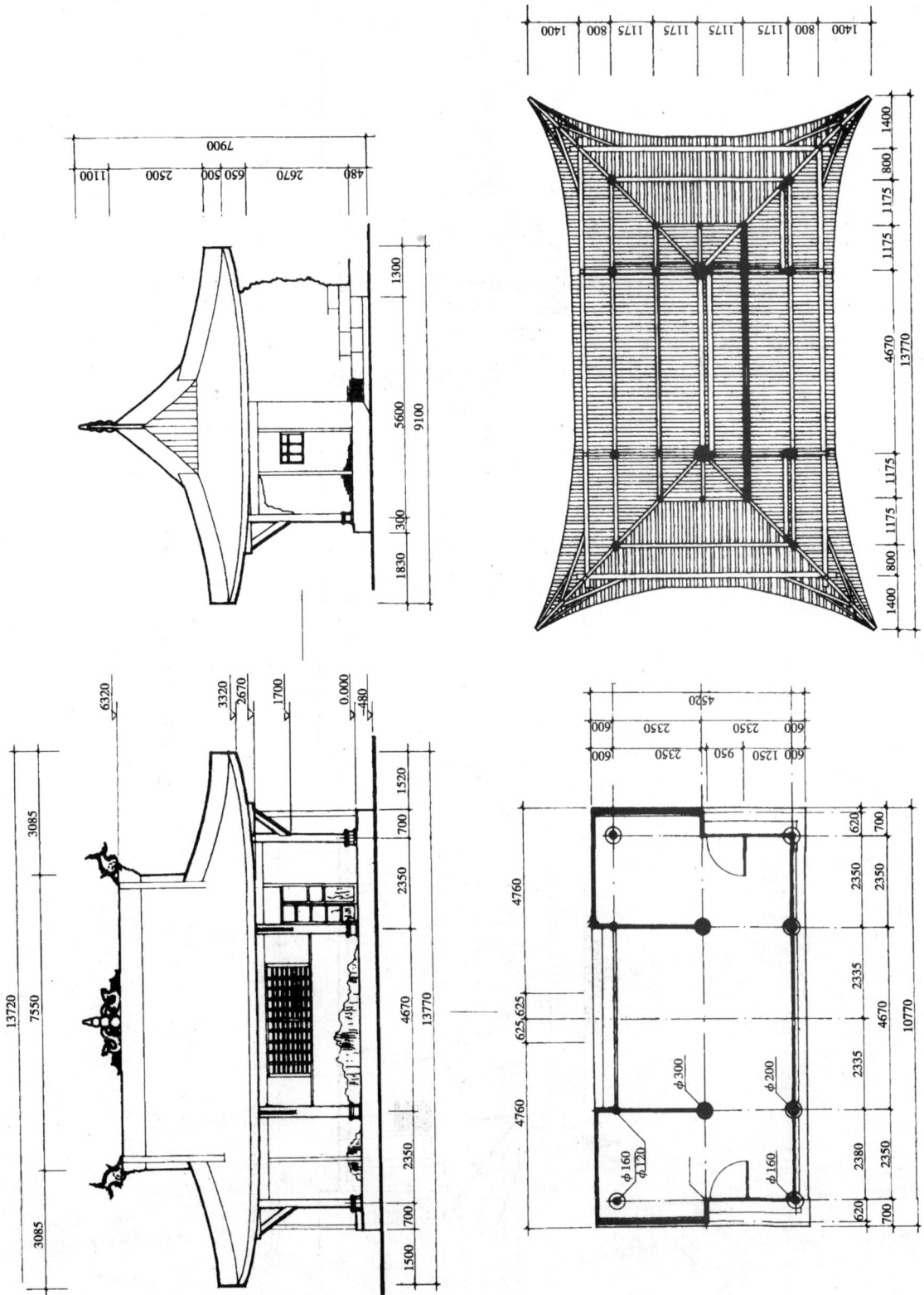

图一三八　敬一亭平面、正立面、侧立面、仰视图

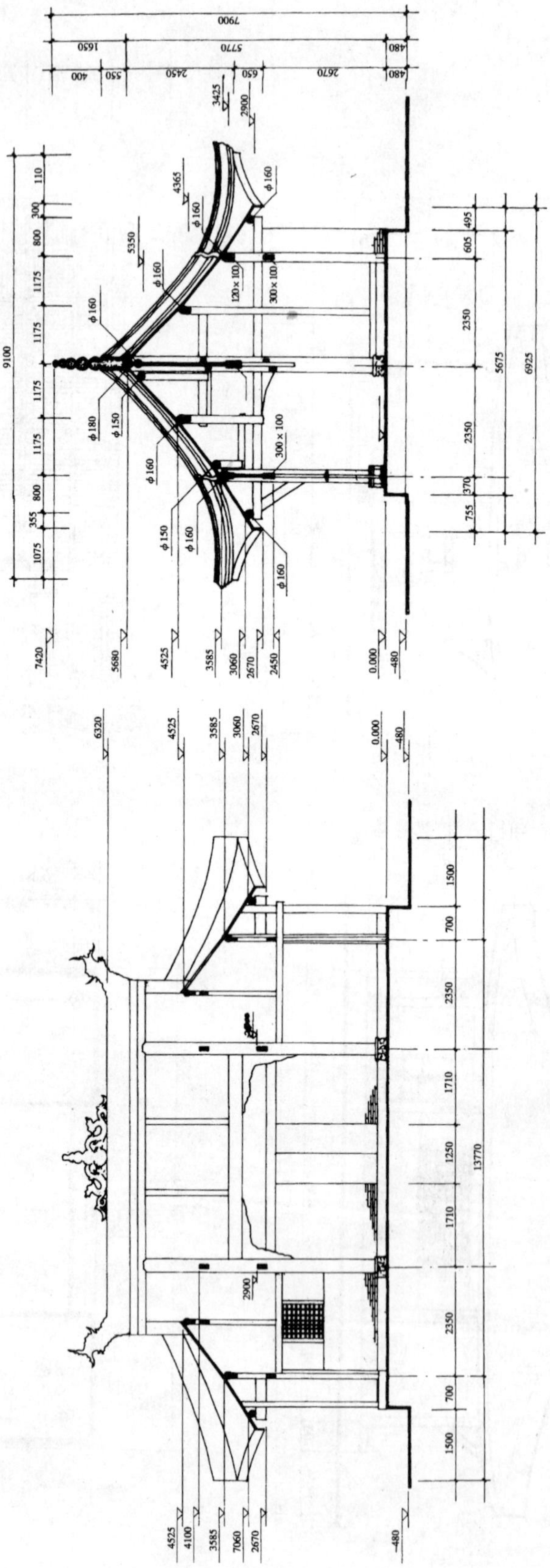

图一三九 敬一亭纵剖、横剖面图

　　需要注意的是，装饰题材上采用明清以来流行的装饰题材，即以人物、动物、植物、瑞兽、器物和花字体等形象，以吉祥语、民间谚语、神话故事等为题材，用借喻、比拟、双关、象征及谐音等表现手法，将图案与吉祥语完美结合，赋予其一定的含义，寄托人们对福、寿、喜、庆等的美好祝福和愿望。富顺文庙的这些装饰题材都围绕着"学"与"仕"的中心，学的内容有"六艺"、"四艺"，而"学"的目的则为"入仕"。"学"的内容见于大成殿月台和大成殿挂落、主要建筑的脊部等处，或单独、或与博古图组合出现。后者即"入仕"很普遍，石雕、木雕、灰塑、嵌瓷都可以以其为装饰技法。这类题材有：

　　鱼化龙，即"鲤鱼跳龙门"。富顺文庙的石雕、木雕还是建筑脊部的灰塑装饰中都有"鱼化龙"题材。但表现手法不尽雷同，或作鱼身龙首，表现鲤鱼跳过龙门后正化作龙的情形；或作龙在上，鲤鱼正奋力跳跃的情形；或作龙作吸水状，水中鲤鱼正跃向龙口，但龙为四爪，寓意鲤鱼化作龙后但仍然是草龙（彩图二八四）。

　　麒麟吐书。麒麟吐书和麒麟送子一样，都喻杰出人物的诞生。麒麟吐书在富顺文庙的装饰中，以麒麟口吐玉书多见，还有就是麒麟背负玉书的形象（彩图二八五～二八八）。

　　太师少师。在富顺文庙的装饰中，可见一大一小两只狮子，以"狮"谐"师"，"太"与"大"通义，此即寓意官位显赫、地位崇高。这也是中国传统中应用较为广泛的题材。

　　更多的题材通过以谐音、通义的方式寓意。以猴子向枫树上挂印寓意封（枫）侯（猴）挂印，以一只喜雀落于梅花枝头闹梅寓意"喜上眉梢"，以一只喜雀和一只豹子寓意"报喜（豹喜）"、以三只羊寓意"三阳开泰"，以一只鹭鸶、莲花和荷叶组成的图案寓意"一路（鹭）连（莲）科（荷谐科）"（彩图二八九），等等。

　　另外，富顺文庙各主要建筑装饰虽繁，但主体还是明确。也就是说，装饰的部位、题材内容等没有超过大成殿。大成殿的挂落装饰内容有花草、瑞兽、博古及寓意吉祥、喜庆的图案，花草以牡丹、荷、梅、兰等寓意富贵和高雅的植物为主。廊柱檐枋雕刻以龙为主，廊间檐枋雕刻为丹凤朝阳，相向；稍间雕刻"鱼化龙"和"苍龙教子"，次间为两条走龙，明间为三条走龙。龙为金龙，五爪，穿行于云间（彩图二九〇～二九三）。

　　隔扇裙板和绦环板上施装饰仅见于大成殿。绦环板装饰平面浮雕博古图案，裙板用平面浮雕技法，雕刻寓意吉祥的图案。明间为六扇每扇裙板雕刻一龙，中间两扇为正面龙，两边分别为升、降龙。次间、稍间隔扇裙板雕刻的题材有"报喜"、"一路连科"、"大狮小狮"、"白象献瑞"、"麒麟吐书"、"封侯挂印"等（彩图二九四）。

　　其他如围脊、正脊等处的装饰也具有同样的特点，同一内容题材但在不同的建筑上风格就有所区别，以突出大成殿的主体位置。

渠县文庙

　　"古者帝王建极,首重立学"[1]。渠县为四川东北重地,建学历史较早。龚鼎臣知渠州时,"渠故僻陋无学者。鼎臣建庙学",使渠县"始有登科者",故此龚鼎臣作为渠州名宦而"郡人绘像祀之"[2]。渠县文庙建于宋嘉定年间这一说法,相关史料记载基本一致。但对于文庙初建何地,即渠县文庙初创时的地理位置,文献中却有不同的记载。检相关文献,大约有以下几条:

　　1.《明一统志》卷六十八"顺庆府·学校":渠县学,在县治西石子冈。宋嘉定间建,元大德中重建[3]。

　　2. 清康熙四年傅天乙之《重修圣庙碑文》:渠学宫,旧在石子冈顶。前明隆庆己巳迁于南郊,天启辛酉复自南郊迁今址,未及百年而学已再修矣!癸未重九之变,贼由西隅毁堞而入,学宫毁焉[4]。

　　3. 清康熙五年之李鹤汀《增修文庙碑文》:既成学宫于石子冈之原,虽堂构垂成,而丹垩未施。位次草创,先后拉杂,其于备仪尽制之义盖阙如也[5]。

　　4. 清·李成林修、罗承顺等纂:《康熙顺庆府志·学校》:渠县儒学,旧在南门外饮虹亭侧,宋嘉定间知县邸正居迁入治西石子岗,乱后灰烬。国朝知县雷鸣鲁重建。康熙二十四年知县董钜补修[6]。

　　5.《大清一统志·顺庆府·学校》:渠县学,在县治西。明万历二年迁建。本朝康熙初重修[7]。

　　6.《四川通志·学校》:渠县儒学,在县西石子冈。宋嘉定间建,元大德中重修,兵燹后毁。国朝知县雷鸣鲁重建,知县董巨补修。扁额碑祠与府制同。

　　7. 清道光知县黄之澜《重修学宫碑记》:渠学据旧志在南关外里许,明天启间迁立于城内西隅石子冈前。国初邑令仍旧址重建,遂定厥基[8]。

　　8. 杨维中等修、钟正懋等纂、郭奎铨续纂:《民国渠县志·礼俗志中》:渠县旧文庙在县城西石子冈,宋嘉定中建。元大德中重修。明洪武中知县梁从义徙建南门外西岩侧。万历中知县唐世斌、训导刘象瑶重建,王德完有记。天启中知县邸正居详情仍建县西石子冈,明末毁[9]。

　　综合以上记载,渠县文庙有三个不同的位置:

〔1〕 清·黄之澜:《重修学宫碑记》,杨维中等修、钟正懋等纂、郭奎铨续纂:《民国渠县志·文徵志》,民国二十一年(1932 年)铅印本。

〔2〕 明·李贤等:《明一统志》"顺庆府·名宦",四库全书本。

〔3〕 明·李贤等:《明一统志》卷六十八"顺庆府·学校",四库全书本。

〔4〕 杨维中等修、钟正懋等纂、郭奎铨续纂:《民国渠县志·文徵志》,民国二十一年(1932 年)铅印本。

〔5〕 杨维中等修、钟正懋等纂、郭奎铨续纂:《民国渠县志·文徵志》,民国二十一年(1932 年)铅印本。

〔6〕 清·李成林修、罗承顺等纂,康熙二十五年(1686 年)刻、四十六年(1707 年)增补、嘉庆二十年(1815 年)补刻本。

〔7〕 清·黄廷桂:《四川通志·学校》,四库全书本。

〔8〕 杨维中等修、钟正懋等纂、郭奎铨续纂:《民国渠县志·文徵志》,民国二十一年(1932 年)铅印本。

〔9〕 杨维中等修、钟正懋等纂、郭奎铨续纂:《民国渠县志·礼俗志》,民国二十一年(1932 年)铅印本。

其一是"在南门外虹饮亭侧"。见《康熙顺庆府志》。从记载看，渠县文庙在虹饮亭，大约是明初梁从义所迁，"宋嘉定间知县邸正居迁入治西石子岗"，原文有脱讹。邸正居明天启时任渠县知县。关于虹饮亭，宋人祝穆《方舆胜览》载："虹饮亭，在西岩"，虹饮亭的相对位置在"圣泉"的后面："圣泉，在州西七十步西岩院。其后有虹饮亭"[1]。《清一统志》沿引其说，又云"水自岩石中出，不竭，尝有虹饮焉，因筑亭其上，名虹饮亭。"[2]民国年间编修的《渠县志》亦沿袭是说[3]。此亦为"虹饮亭"得名之一说。关于虹饮岩，《明一统志》明确指出，"虹饮岩，在渠县治西，其形类亭，上有滴水，下有石臼，大如杯盂盛之，日出时有虹影映岩下，因名。"[4]《四川通志》沿其说，"虹饮岩，在县西石岩下。水自岩石中出，尝有虹饮，因筑亭其上名'虹饮亭'。《旧志》：岩上有滴水下，有石臼大如杯盂，盛之，日出时每有虹影映岩下，因名。"[5]《旧志》当指乾隆版《四川通志》。此说中"虹饮亭"因岩而得名。

据此，"虹饮亭"、"虹饮岩"的位置就有两说，即县南和县西。民国间编修的《渠县志》也有同样的记载：《卷一·地理志六》载，"虹饮岩，在县西"。《卷十一·别录志三》又载，"虹饮亭，县南一里西岩下，今圮。"[6]但实际上是一个地点，下文有说明。

其二是"旧在石子冈"。见《明一统志》、傅天乙《重修圣庙碑文》、《四川通志》，这也是主要的说法。关于石子冈，《四川通志》"石子冈，在县西三百余步"[7]；同治《渠县志·山川》："石子冈，在治西四百余步，即今学宫主山"[8]，明确指出了学宫的靠山为石子冈。另外，《四川通志》中对石子冈和学宫的相对位置有记载："宝珠峰，在县西学宫前二百余步"，因山顶"状若圆珠，故名"。"玉蟾山，在县西三里，峯峦耸翠，形如新月，因名。"[9]《民国渠县志·地理志》"山"："宝珠山，在城内学宫前二百余步，顶圆特立，状如宝珠，故名。"注云"山麓旧建关壮缪（穆）祠，左为吕祖殿。[10]"又，文昌庙在治城西石子冈上，真武庙在治城东关外风洞子山上[11]，可见，依山而建祠庙在渠县是通常的做法，也就是说，学宫背靠石子冈，学宫前三百余步为宝珠峰，宝珠峰又与玉蟾山相并峙。

另外《大清一统志》所载"渠县学，在县治西"[12]，当也指此地。

第三说为"旧在南关外里许"。见黄之澜《重修学宫碑记》所引《县志》。按，黄知县所说的《县志》可能指清嘉庆四年（1799 年）任渠县典史的陶泳参与编修的嘉庆本渠县志[13]，而黄引用了旧说。

〔1〕　宋·祝穆：《方舆胜览》卷六十四"渠州·亭榭"、"圣泉"，中华书局，2003 年，1126 页。

〔2〕　《清一统志》卷二百九十九"顺庆府·山川"。

〔3〕　杨维中等修、钟正楙等纂、郭奎铨续纂：《民国渠县志·地理志》，民国二十一年（1932 年）铅印本。

〔4〕　明·李贤等：《明一统志》卷六十八"顺庆府·山川"。

〔5〕　清·黄廷桂等：《四川通志》卷二十四"山川·渠县"，四库全书本。

〔6〕　清·李成林修、罗承顺等纂：《康熙顺庆府志》，康熙二十五年（1686 年）刻、四十六年（1707 年）增补、嘉庆二十年（1815 年）补刻本。

〔7〕　清·黄廷桂等：《四川通志》卷 24"山川"，四库全书本。

〔8〕　清·何庆恩：《渠县志》。

〔9〕　清·黄廷桂等：《四川通志》卷 24"山川"，四库全书本。

〔10〕　杨维中等修、钟正楙等纂、郭奎铨续纂：《民国渠县志·地理志》"山"，民国二十一年（1932 年）铅印本。其记载与同治《渠县志·山川》之"宝珠山"相同。民国时当沿用旧说。

〔11〕　杨维中等修、钟正楙等纂、郭奎铨续纂：《民国渠县志·礼俗志》"山"，民国二十一年（1932 年）铅印本。

〔12〕　《清一统志》卷二百九十九"顺庆府·学校"。

〔13〕　陶泳，江苏吴县人，嘉庆四年任渠县典史。参见清·何庆恩：《同治渠县志·职官志》"典史"。

　　分析以上史料记载,大致有以下的结论:文庙建于宋嘉定间,时在石子冈,但史料缺乏或记载过于简略;明洪武年间知县梁从义迁建[1]至南门外西岩侧即虹饮亭侧,亦即南郊。天启辛酉(1621年)又迁回城内西隅石子冈前。此后文庙再也没有离开石子冈,都在原址进行重建、修茸、扩建。

　　之所以出现这些看似迷乱的记载,既有渠县县城的历史变迁的原因,亦有对"旧"的时间的界定不同的原因。

　　渠县筑城垣始于明成化间,由当时的知县朱凤主持,城为土城,"阻水倚山,垒石为门,编木为栅,取足启闭而已",可见是依山而建的。明正德八年(1513年),鄢蓝之乱,县令甘泽"度形势,筑墉垣:周围广四里二分,长五百四十丈零八寸七分、高一丈五尺。置城门五,各覆以城,城守粗备"[2],可以说基本具备了作为城的要素。明末崇祯年间,渠县亦为张献忠农民起义军的影响所波及,城"三毁于贼",致使城再次荒芜,城内杂草丛生,虎豹横行,"十八年旷无居人","官民均寨居"。鉴于以上情况,"清初移治县北八十里岩峰场之周家砦","历成弘辅、熊焯、黄伉三令"。康熙二年(1663年),第四任知县雷鸣鲁时,始又"奉檄修治城垣,建官署",历时两年而成。直至雍正三年(1725年),知县尹诰最后完成了渠县城墙的修筑,"因山为城,女堞稚墙,屹然完固",但是由于渠县近江,多次遭受水患[3]。

　　渠县文庙"旧在石子冈"最早见于《明一统志》,该志由李贤等奉勅撰,成书于英宗天顺五年(1461年)。时渠县城尚无垣墙,故以"石子冈"定其地点。则至少在天顺五年《明一统志》成书时,文庙已不在石子冈了。傅天乙所云"前明隆庆己巳(1569年)迁于南郊"则可能有误,洪武初迁至虹饮亭当可信。故从洪武初至天启辛酉,文庙当在南郊。其间是否还有变迁,史载不详,但从"天启辛酉(1621年)复自南郊迁今址,未及百年而学已再修"[4]看,是没有再变迁的。因此也就有在记述文庙建置时将天启辛酉(天启元年,1621年)迁文庙至城内石子冈作为时间参考,以前的时间称"旧",也就有了文庙"旧在南关外"之说,加上清代渠县城稍有北移,作为方位参照的官署也可能不在原址[5],因此原来在县西的虹饮岩也就成了"县南一里西岩下"了。按,罗承顺为康熙己酉科(1669年)举人,南充县人[6],其参与编修《康熙顺庆府志》当晚于此,其时渠县城已北移,故有在南门虹饮亭侧之说。清道光时知县黄之澜《重修学宫碑记》中"旧在南关外里许"之"旧"即指隆庆己巳(1569年)至天启辛酉(1621年)间文庙在南郊事。

　　明末张献忠陷成都,渠县等地罹姚黄十三家之乱,居民匿于山泽间,学宫也于崇祯癸未(1643年)九月九日毁于兵火。此后二十年间,学宫之地满目荆棘,瓦砾遍地[7]。到了清代康熙时期,知县雷鸣鲁始修治渠县

〔1〕　杨维中等修、钟正懋等纂、郭奎铨续纂:《民国渠县志·礼俗志》,民国二十一年(1932年)铅印本。
〔2〕　杨维中等修、钟正懋等纂、郭奎铨续纂:《民国渠县志·城池》,民国二十一年(1932年)铅印本。雍正版《四川通志·城池》谓"门四,各覆以楼,外环以壕",误。巴蜀书社影印本,1984年。
〔3〕　杨维中等修、钟正懋等纂、郭奎铨续纂:《民国渠县志·城池》,民国二十一年(1932年)铅印本。
〔4〕　清·傅惟清:《重修圣庙碑》,清·何庆恩:《同治渠县志·学校志》。傅惟清,字天乙,明末廪生。参见清·何庆恩:《同治渠县志·隐逸志》。该文亦收《民国渠县志·文徵志》,作傅天乙:《重修圣庙碑》,民国二十一年(1932年)铅印本。
〔5〕　关于类似的情况在四川其它地方仍有存在。如灌县学雍正时在县治东,到嘉庆重修一统志时,就位于县治西北了,主要是县治(官署)发生变化所致。参见《大清一统志·成都府·学校》,《四库全书》本和《嘉庆重修一统志·成都府·学校》,《四部丛刊》本。
〔6〕　清·黄廷桂等:《四川通志·选举》,四库全书本。
〔7〕　清·傅惟清:《重修圣庙碑》:"癸未重九之变,贼由西隅毁堞而入,学宫燬焉。自此以后,橑枪耀彩,奎壁沈光,青黄赤碧之气化为夜月。"参见杨维中等修、钟正懋等纂、郭奎铨续纂《民国渠县志·文徵志》,民国二十一年(1932年)铅印本。

城垣,建官署。由于知县雷鸣鲁于张献忠之乱后督修城邑,使四民安业,因此被祀于文庙之名宦祠。雷鸣鲁在督修城邑的同时,募役、备材,在石子冈之原文庙旧址重建大成殿,历时三月方成。雷所建大成殿"重门洞开,复檐高峙,规制宏敞,视旧日无少异焉。"[1]但雷鸣鲁所为,"堂构垂成,而丹垩未施。位次草创,先后拉杂。其于备仪尽制之义,盖阙如也。"[2]雷离任后继任知县刘梦饶于次年即康熙五年(1666年)捐俸金倡议对文庙进行逐步完善,对大成殿进行髹漆、彩画,"遂使丹艧争辉,榱题焕彩",以至"煌煌然不知前此有灰劫烽燧之日也!"接着又筹资于大成殿后之崇圣祠旧址建修启圣祠,在大成殿前两旁培修各面阔五间的东、西两庑。工程从夏季开始,至冬季结束,历时半年[3]。此后康熙一朝,历任知县对学宫进行修缮,先后修建明伦堂(1686年知县董钜修)、重建两庑(1691年知县孙叔诒重建),至康熙四十一年(1702年)由知县侯成埰改建完备。并遵明代制度,设置教谕、训导。

雍正三年(1725年)知县尹诰补修明伦堂,雍正八年(1730年)知县徐兆麟建忠孝、节义祠。

乾隆二年(1737年),知县萧鈜对文庙建筑重新进行修葺。乾隆四年(1739年),知县李云骕建尊经阁于学宫后,但规模不大。四十八年(1783年),知县赵立忠修泮池,五十九年(1794年),知县张鸣彝修墙、坊。嘉庆十四年(1809年),典史陶泳补修东庑坍塌的基址。但直到道光初年,文庙规制仍"未为尽善"。嘉庆二十五年(1820年,同年八月道光皇帝即位),知县黄之澜赴渠任知县。道光三年(1823年),黄之澜遵旨拜谒学宫时,"周览学宫形势,爽垲规制未为尽善。兼之日久渐圮",除了文庙规制"未为尽善"外,且由于日久而部分建筑有倒塌之虞,于是合当地士绅筹划更修。黄之澜的此次更修,奠定了今日渠县文庙的基础。

黄之澜的修理,"经始于庚辰岁季,告成于辛巳之秋",计棂星门三楹,戟门三楹,名宦祠、乡贤祠、贤良祠、忠孝祠、节义祠各三楹。大成殿五楹,东、西庑各三楹[4]。崇圣殿三楹。"自圣人及诸子暨乡贤、名宦例得从祀者,咸以类举。而附昭忠祠于西隅。其庙中堂、庑、门、阶、池、垣之制俱如度。"[5]

据清同治三年(1864年)何庆恩编纂的《渠县志》"学宫图"看,渠县学宫位于城内西部,学署在学宫之西。文庙的建筑包括照墙及两侧的圣域门、贤关门,泮池,泮池两侧分别为贤良祠、忠孝祠,两祠后各有一坊。棂星门,棂星门前两侧各有一碑亭,棂星门两侧为乡贤祠和名宦祠。棂星门后为曲尺形台基,正中设带栏杆的垂带御路踏道,两侧各设垂带踏道,大成门三间。大成门后为大成殿和东、西两庑,最后为崇圣祠。四周围墙环绕,照墙前的台基周施栏杆(图一四〇)。到民国时期仍基本保持了这个布局[6]。此外,文庙建筑中还有尊经阁,位于学宫后,高二层。

道光九年(1829年),知县王椿源于文庙宫墙外建考棚。可见历清一代,渠县教育一直受到重视。

建国以来,文庙几经培修。上世纪六十年代,戟门与位于戟门前两侧的名宦祠、乡贤祠、昭忠祠、节孝祠四祠被毁,名宦祠、乡贤祠基址尚存。渠县文庙现辟为渠县人民文化宫,县历史博物馆亦设于此。

---

[1]　同上。

[2]　清·李珪:《增修文庙碑》,何庆恩:《同治渠县志》卷十五"学校志"。李珪,字公执,号鹤汀,顺治丁酉举人。亦见杨维中等修、钟正懋等纂、郭奎铨续纂:《民国渠县志·文微志》李鹤汀:《增修文庙碑》,民国二十一年(1932年)铅印本。

[3]　同上。

[4]　杨维中等修、钟正懋等纂、郭奎铨续纂:《民国渠县志·礼俗志》,民国二十一年(1932年)铅印本。

[5]　清·黄之澜:《重修学宫碑记》,何庆恩:《同治渠县志》卷十五《学校志》。杨维中等修、钟正懋等纂、郭奎铨续纂:《民国渠县志·文微志》亦收录,民国二十一年(1932年)铅印本。

[6]　杨维中等修、钟正懋等纂、郭奎铨续纂:《民国渠县志·礼俗志》,民国二十一年(1932年)铅印本。

渠县文庙现为达州市市级文物保护单位。2003 年对文庙进行维修,在原址恢复了戟门。

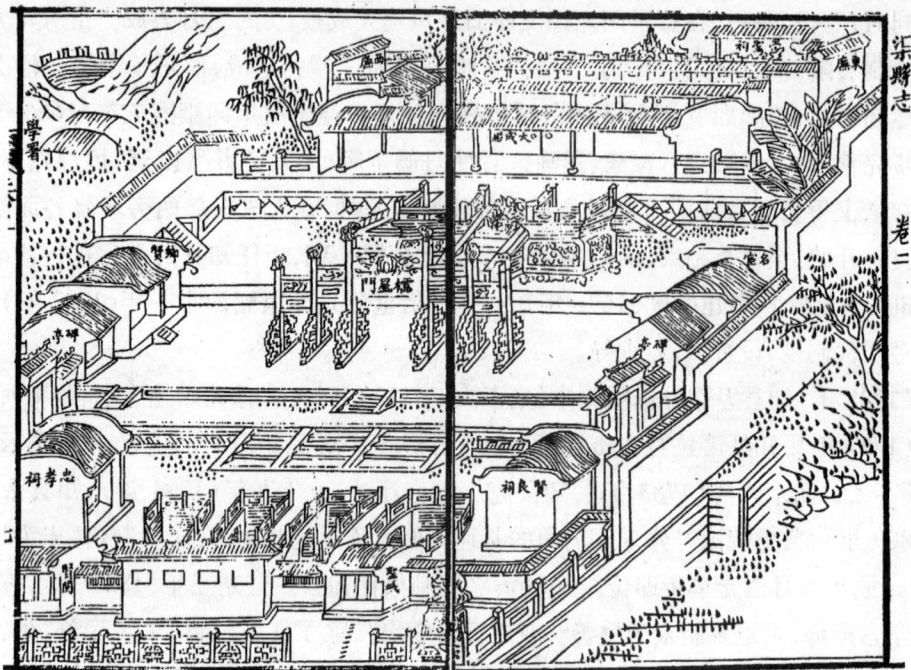

图一四〇　同治时期学宫图

现渠县文庙位于县城西边的石子冈南侧,坐北朝南。除大成门已毁外,文庙的主体建筑完整,整体布局气势宏大。主体建筑分布于中轴线上,两侧建筑左右对称,布局谨严。

渠县地处低山丘陵,渠县文庙又依山而建,因此在布局、规划上,借助于山势,由南向北而逐级升高。由于建筑的基础部分是平整的山体,因此建筑一般不用台基,而直接建于山体基础之上。位于中轴线上的每一座建筑,建筑的台基高差悬殊,分布于两侧的次要建筑,其台基又低于主体建筑台基。这样形成一种由下向上可以通视,由上而下可以俯瞰全局的视觉效果(图一四一)。

渠县文庙平面为长方形,纵长 143.04 米,宽 32～39 米。台基前有长 3.9 米的九级踏道,台基与街面高差 1.95 米。最前端的建筑"宫墙万仞"距台基前缘 8.92 米,文庙的主体建筑,从万仞宫墙至最后的崇圣祠,台基高差为 23.7 米,如果加上与前面街道的高差,则高差达到 26.65 米,并且中轴线上的主体建筑从泮池到崇圣祠,每座建筑前面都有较长的踏道,这个踏道,既是对地形、地势的一个巧妙处理,同时又是前一个建筑到后一个建筑的一个过渡。因此,渠县文庙在依山形、山势布局、规划上,具有其特点(图一四二)。

渠县文庙由前、中、后三进院落组成,但在各进院落所占的比重上却有明显的不同,第一进院落约占一半,当与地形、地势有关。第一进院落从万仞宫墙至戟门,除戟门与位于戟门前两侧祀奉的视为忠、孝、节、义的名宦祠、乡贤祠、昭忠祠、节孝祠四祠毁于上世纪六十年代外,现存建筑还有万仞宫墙,圣域、贤关两坊,泮池,棂星门。

1. "宫墙万仞"照墙

为一字式照壁,庑殿顶。下碱为黄砂岩砌简易须弥座式,宽 1.47 米、高 0.8 米。上身为石砌,宽 10.3 米,厚 1.35 米,墙高 6 米。整个墙面不做影壁心、撞头,全部刷红,唯墙身上部两面皆镌书"宫墙万仞"四金字,占墙身的四分之一。墙身与瓦顶间为冰盘檐。瓦顶为筒瓦,脊上置透雕装饰,无吻兽(图一四三)。

照墙两侧为圣域、贤关坊。两座建筑大小、结构相同,对称分布于照墙的两侧。距照墙2.3米,照墙与两坊门间以墙身有透雕花窗的矮墙相连。

圣域、贤关两坊面阔一间,两柱六檩,面阔4.9米,高4.85米。穿斗式梁架结构,硬山顶,筒瓦屋面,小式元宝正脊(又叫过垄脊),垂脊上饰花瓦。山墙无下碱,仅在其位置刷黑以示意,上身刷红。盘头做法简单,戗檐未做雕饰(图一四四)。

门前一石井,曾立有"文武官员到此下马"石碑。

2. 泮池

泮池位于照墙的北面。泮池平面呈半月形,弦长21.7米,弓高12.9米,池上架设三座三孔石桥(图一四五)。池帮为石砌,池周及桥两侧均设望柱、栏板。望柱柱身未做雕饰,莲瓣柱头。栏板上原有雕刻,题材内容有文房四宝、花鸟虫鱼、祥云灵兽等,惜多已漫漶(彩图二九五)。

与德阳等文庙泮池圜桥不同的是,渠县文庙泮池的圜桥桥面比较平坦,略呈拱形。正中桥长12.9米,宽1.8米,桥面均用石条铺筑,两端桥头为一整石,分别浮雕正面四爪坐龙和升龙(彩图二九六、二九七)。桥南头与北头的桥面高差仅0.15米。两侧桥面均为素面石条铺砌。由于渠县文庙系倚山而建,前面与后面的地势高差悬殊,因此在宫墙万仞照墙至棂星门前面相对平缓之处,不宜有跨度较大的拱桥,避免形成大起大落之感。

泮池后为一宽敞的平台,与泮池两侧圜桥正对,台前各设一踏道。台东、西两边各砌筑一长方形高台,台长14.35米,高1.08米,台上各建一六角攒尖顶亭,结构、形制相同。从照墙到此平台长22.57米的距离,地势仅增高0.69米。

3. 棂星门

棂星门所在的台基距泮池18.35米,与前面的平台的高差3.8米。由于距离较长且高差悬殊,因此从泮池经平台至棂星门,设立两重台基。台帮均用青砂岩砌筑。第一重台基与平台高差2.4米,台前设连三踏道,垂带施望柱、栏杆,柱身未做雕饰,石榴柱头。台缘施石条砌筑的护栏。第二重台基宽4米,台前正中设垂带踏道,垂带施望柱、栏杆,柱身素饰,石榴柱头。台缘施石条砌筑的护栏(彩图二九八)。

棂星门为六柱五间牌坊式。据史料记载,道光三年(1823年),知县黄之澜重修文庙时,棂星门为三楹,现棂星门与文献记载有异。按,棂星门的三门"以上天帝座前三星曰'灵星',王者之居象之,故以名门。先圣为万世绝尊,古今通祀,衮冕南面用王者礼乐,庙门之制悉如之。"[1]独此棂星门与广汉棂星门为六柱五间。"三楹"是记载附会,还是后来改建,目前尚无明确的可资证明的资料。但其"拣选石材美而巨,雕镂尤绝",为川内其他地方所不见[2]。相传修建棂星门所用石料采自渠县三江小山峡,用大船从渠江水运过来。棂星门的石质构件全用榫卯衔接,至今基本完好,没有走形。

棂星门通面阔14.57米。明间面阔4.2米,次间宽2.78米,稍间宽2.35米。六根冲天方柱,柱头置圆雕昂首蟠龙,柱边长0.635米。柱立于长3.35米、宽0.79米的石础上,柱两侧抱鼓石满雕汉纹、夔龙、蝙蝠等图案,雕工精湛。中柱高11.3米,边柱高8.75米。柱与下额枋间施透雕拐子龙雀替(图一四六)。

---

[1] 元·鲜瑴:《庙学门记》,明·杨慎编:《全蜀艺文志》卷三十六,线装书局,2003年,1026页。

[2] 杨维中等修、钟正懋等纂、郭奎铨续纂:《民国渠县志·礼俗志》,民国二十一年(1932年)铅印本。

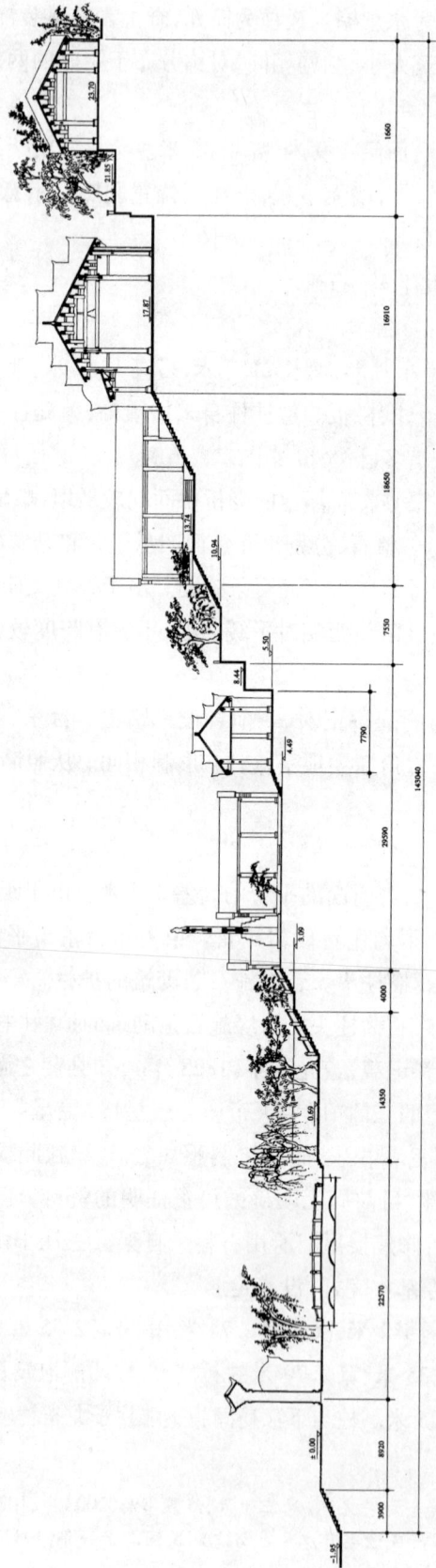

图—四— 文庙纵剖面图

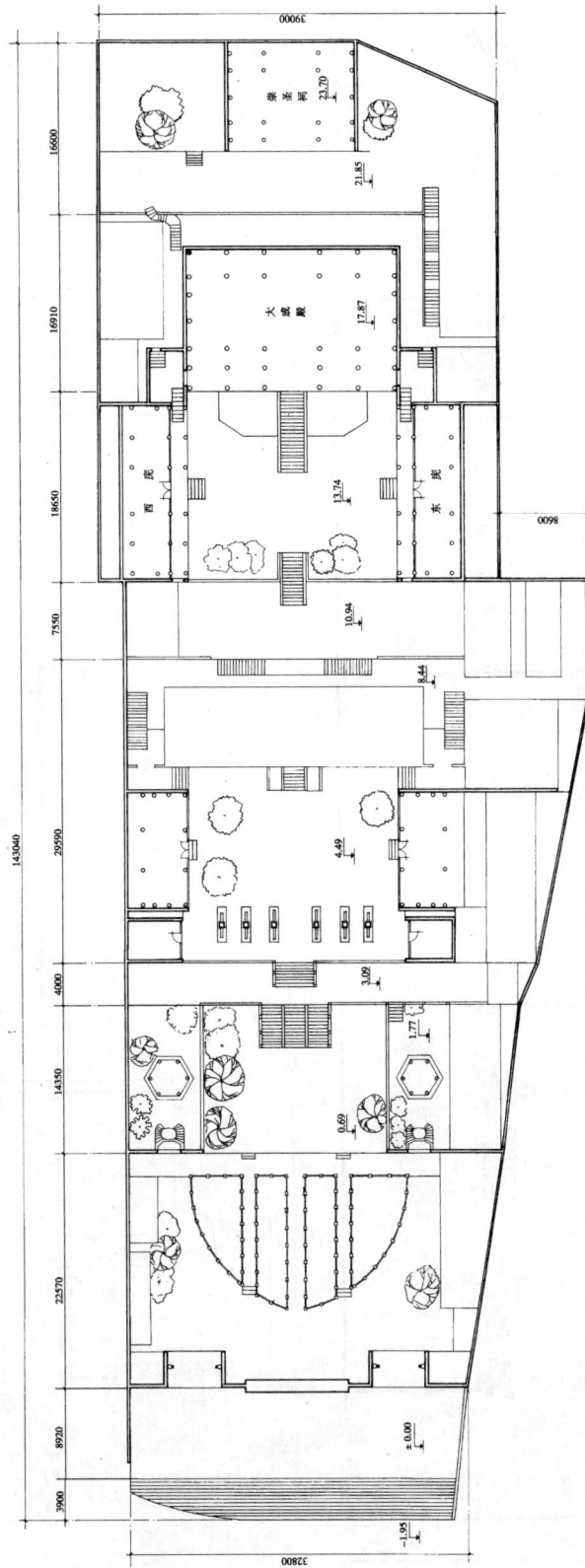

图一四二 文庙总平面图

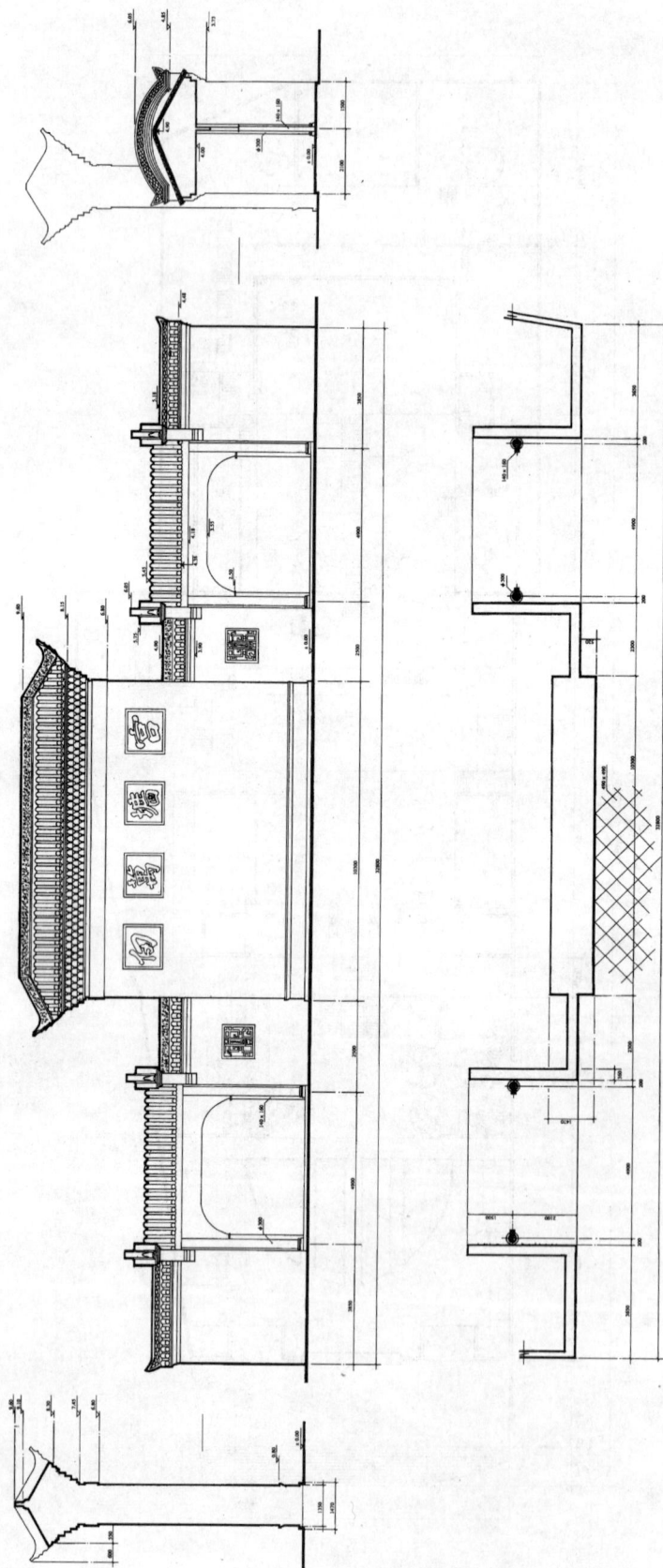

图一四三　万仞宫墙、圣域、贤关平面、立面、侧视图

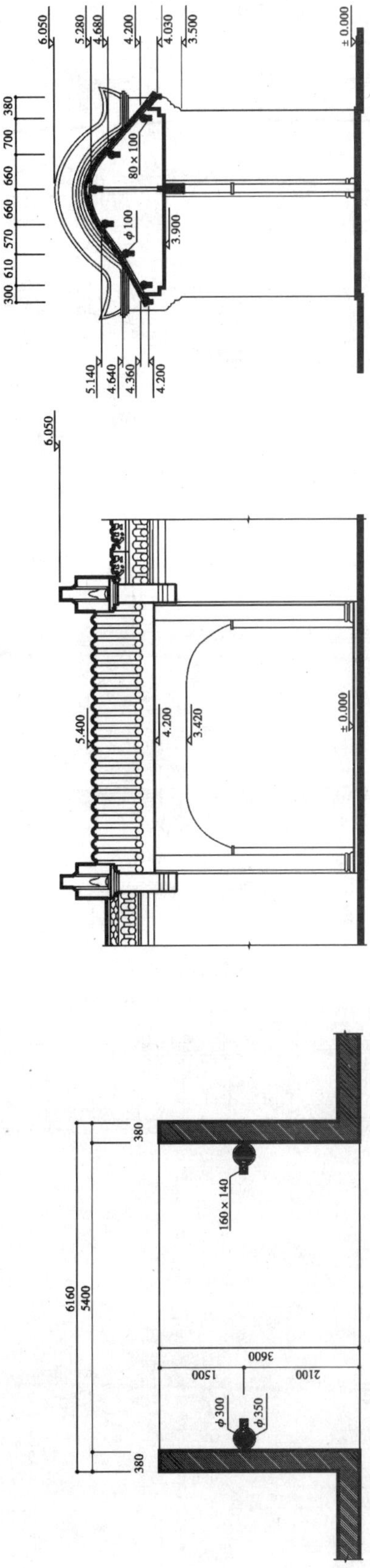

图一四四　圣域（贤夫）平面、立面、剖面图

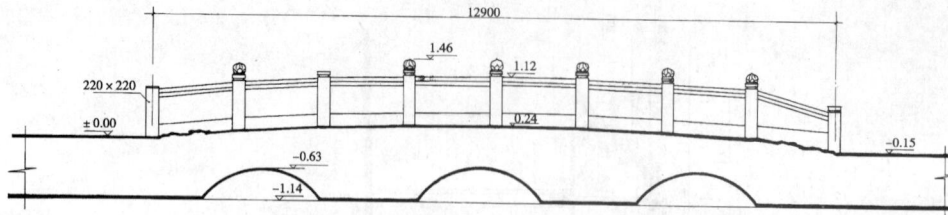

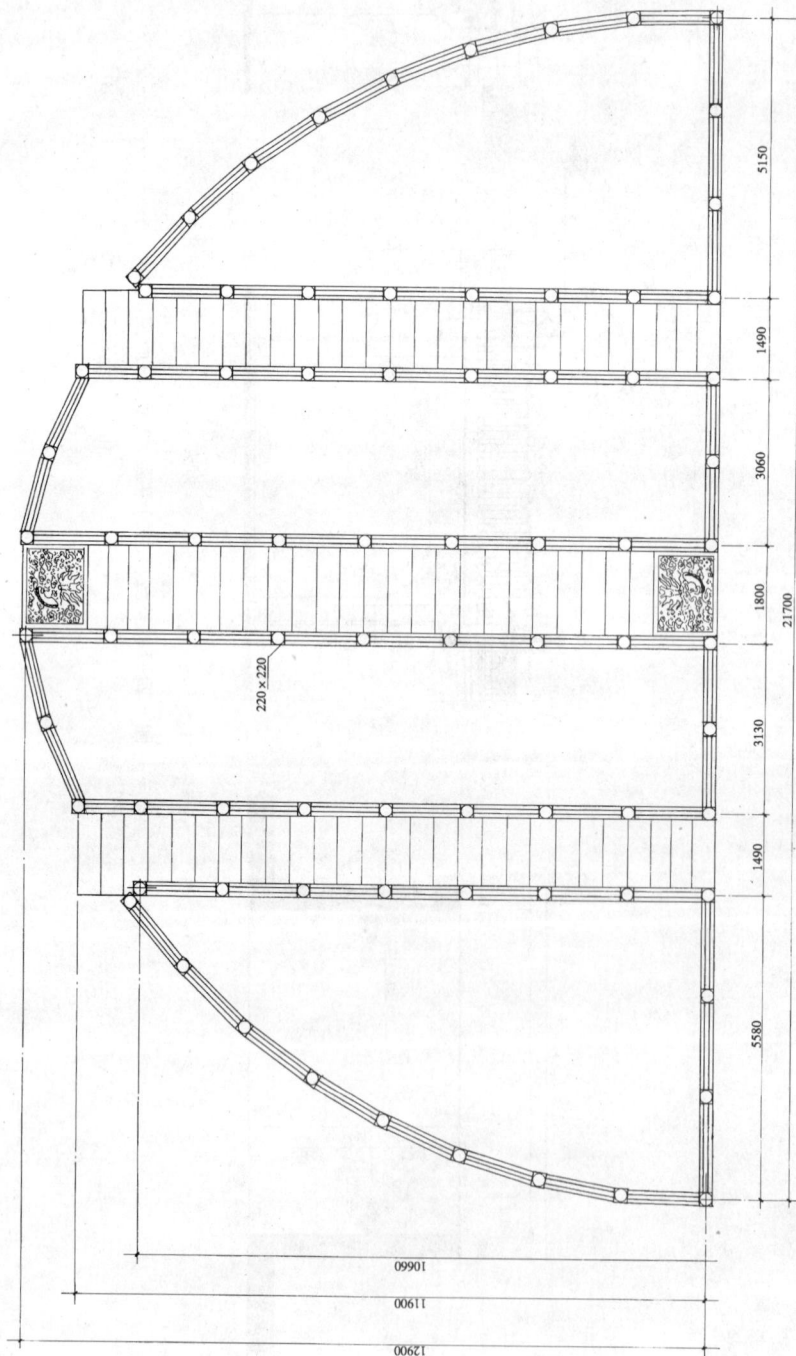

图一四五 半池立面、剖面图

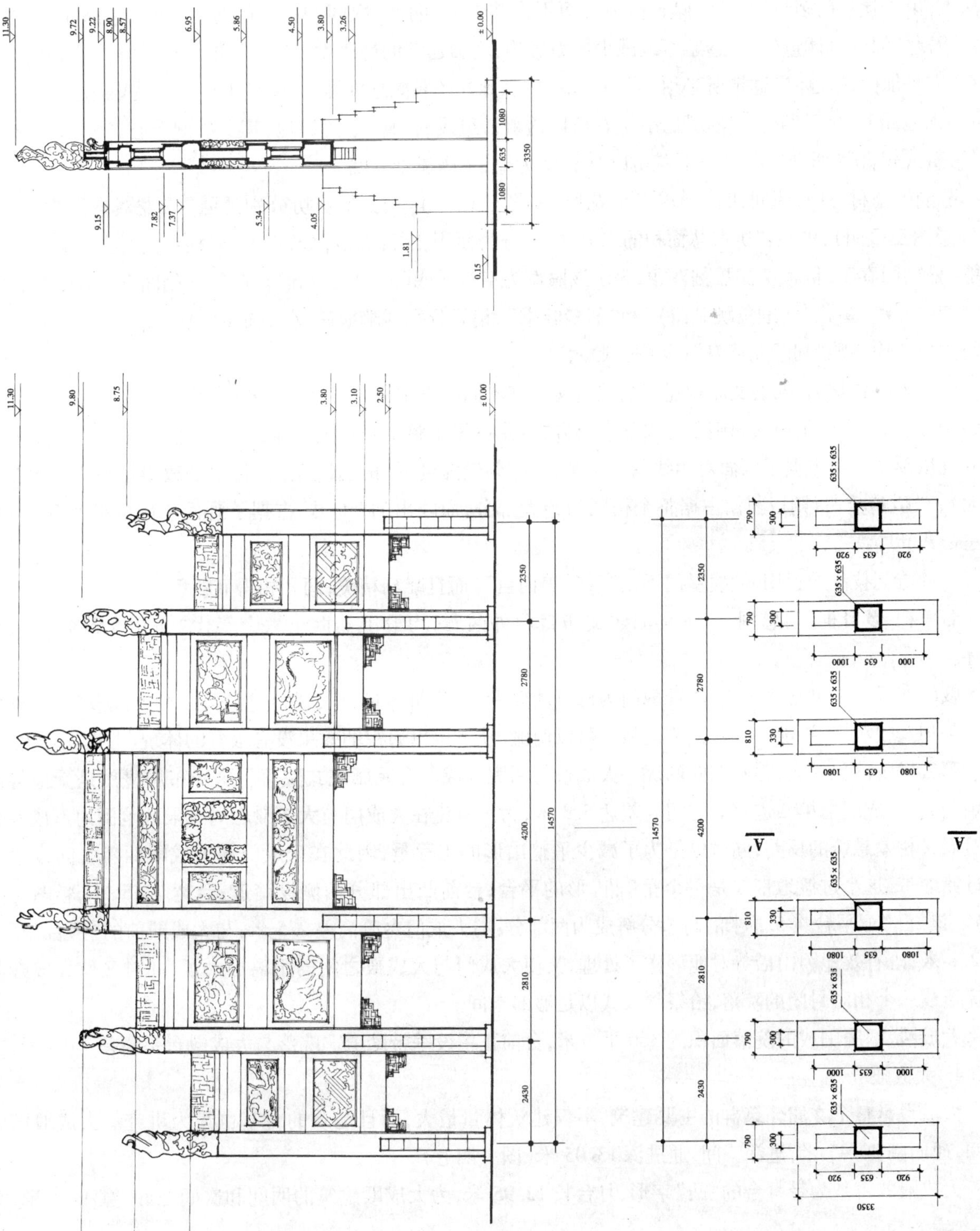

图一四六　棂星门平面、立面、侧视图

渠县文庙棂星门不仅体量大，而且雕刻精美。除柱身及石枋不施雕刻外，其它地方均施雕刻。在雕刻技法上，渠县棂星门多运用透雕，除石枋为素面不作装饰外，明间、次间和稍间的坊心、花坊等都如此，主要是由于棂星门建筑体量较大，透雕可以减少风力影响，增加建筑的稳固性（彩图二九九）。柱前、后硕大的抱鼓石，亦是加固该大体量建筑所必须（彩图三〇〇）。此外还有减地浮雕，主要见于抱鼓石的雕刻（彩图三〇一）。锦地浮雕，见于稍间的花坊雕刻：上花坊以透雕云组成的"喜"字为锦地，其上雕刻形态各异的三鹤，寓意"喜贺或贺喜"（彩图三〇二）；下花坊以"卐"字为地，主题雕刻五蝠。

雕刻的题材方面，明间四枋形成三个花坊（彩图三〇三）。上、下花坊分别透雕"二龙戏珠"、"双凤朝阳"（彩图三〇四）；中间花坊占总面积的二分之一，分为面积相等的三部分，正中为"棂星门"匾额，两侧分别透雕"松鹤同春"。匾额两侧雕刻双龙，表示该匾额为皇帝所赐（彩图三〇五）。次间和稍间各三枋、两花坊。次间花坊透雕"鱼化龙（鲤鱼跳龙门）"和"麒麟吐书"，稍间分别透雕松鹤及"五福（蝠）归真"。明间、次间和稍间的枋顶均浮雕"拐子龙捧寿"（彩图三〇六）。

同一内容题材上，渠县文庙棂星门的雕刻又有其不同的表现方式。如"鱼化龙"是文庙建筑中较为常见的题材，渠县文庙棂星门次间则以透雕的布局方式：龙占据了整个画面的一半，而正接收从龙口中吐出的宝珠的鲤鱼及龙门则占据了画面对角线的另一半，其雕刻最为接近"鲤鱼跳龙门"传说的故事情节[1]（彩图三〇七）。"麒麟吐书"则以麒麟占据整个构图的绝大部分，而吐出的"玉书"占据了画面构图的极小部分（彩图三〇八）。

多种雕刻技法的运用，使棂星门不仅"石材美而巨"，而且雕刻精美，两者相得而益彰。

名宦祠、乡贤祠、昭忠祠、节孝祠旧建文庙戟门外两廊，均毁于上世纪六十年代"文化大革命"中，今不存。

戟门亦毁于上世纪六十年代，现戟门为修复新建者，但建筑体量过大，防止视线，站在大成殿门首，难以下视各祠及棂星门、泮池、宫墙，使文庙从上可以俯瞰、从下可以通视的效果没有很好的体现（彩图三〇九）。

第二进院落包括大成殿、东西两庑。大成殿与两庑围成三合院廊院式院落。这种布局显然是受地势的影响较大，大成门与第二进院落之间高差达5.3米，为了避免在大成门与大成殿之间有限的范围内形成一个突然而又相差悬殊的反差，同时也是为了减少平整山形的工程量，因此在大成门与大成殿两者之间设了一个过渡地带，这个过渡地带亦是一个呈"凸"形的平台，台前凸出部分两侧设踏道；台宽7.55米（彩图三一〇）。该"凸"形平台将5.3米的高差分解成为两部分：与大成门台阶高差2.5米，与大成殿前的"拜台"高差为2.8米，既有效地因山借势对地形作了处理，又使大成门与大成殿之间的距离加大了，同时又使大成殿与两庑形成一个相对封闭的院落，给祭拜仪式以足够的空间。

大成殿、两庑围成的院落面积约360平方米，台前正中设垂带踏道。院落与大成殿台基高差4.13米。

4. 大成殿

大成殿是整个文庙建筑群的主要建筑，不仅建筑体量最大，而且建筑的台基也最为讲究。大成殿面阔五间，通面阔20.45米，进深三间，通进深13.05米（图一四七）。

大成殿的台基为带月台的"凸"字形，月台长12.95米，为大成殿建筑的明间和次间之和，宽4.75米，高

---

〔1〕　汉·辛巳纂清张澍编辑《三秦记》："黄河经山西河津一段称龙门，水险不通，鱼鳖之属莫能上。海江大鱼汇集龙门下数千，上者为龙，不上者点额爆腮。"刘庆柱《三秦记辑注·关中记辑注》，三秦出版社，2006年，94－95页。

3.33 米,与大成殿台基高差约 0.8 米。月台前端抹角,正中设垂带踏道;踏道宽 2.85 米,通长 8.25 米——踏道直达大成殿的明间,并将月台从中分为对称的两部分,两边的雕刻图案也相同(彩图三一一)。月台台帮为青砂岩砌筑,由上、下两部分构成(图一四八)。下部为用多块浮雕有纹饰的石块砌筑,这些雕刻成柱、角柱,上部雕荷叶,侧面及正面纹饰为拐子龙,抹角部分雕"正搭斜交卐字"(彩图三一二)。上部由地栿、望柱及栏板构成。地栿未作雕刻装饰,望柱仅有柱身,而无柱头,柱身浅雕博古、云龙等图案。侧面、抹角均为一整块栏板,正面一般由三块石板组成通栏板,但雕刻分为两部分,不是一个整体。题材有凤凰及多种物体组合的寓意图案,如"一品富贵(瓶内插牡丹)"、"麒麟吐玉书"等。望柱、栏板上置寻杖,正面雕刻双勾连续 T 形纹(彩图三一三)。

大成殿台基长 21.3 米,宽 13.5 米,台帮为砂岩砌筑。大成殿为带前廊的单檐硬山式建筑,柱网采用减柱,正中两排柱子减去,形成一个相对宽敞的空间。前金柱四柱粗大,柱径 0.42 米,鼓形柱础,鼓身高浮雕"双龙抢珠"(彩图三一四)。前、后金柱的柱础有大小之别,前金柱柱础为圆形,鼓身雕成荷叶形。后金柱为八边形。柱高也不等,前金柱较后金柱高约 0.8 米。檐柱、廊柱柱径 0.28 米,唯明间廊柱柱础为圆雕石狮(彩图三一五);余多为八角形,每面均施雕刻。山柱共七柱,两山面及后檐用砖墙封护,山墙做"五岳朝山"封火墙,廊两端及后檐墙各开设拱形券门。

大成殿通高 9.64 米,梁架采用穿斗、抬梁混合式,金柱间施两重抬梁枋,上、下重抬梁枋间正中施驼峰,驼峰两面雕刻卷云,枋端出头。上枋形成抬梁,其余部分使用穿斗。整个梁架前后不对称,如以脊瓜柱为轴线,建筑断面前短后长,前面五檩,后面八檩,且前金柱高,后金柱低,檩下多使用随檩。后部多用双穿,包括檐步,前部则为单穿(图一四九~一五一);此外明间顶部使用了藻井,为川内同类建筑中仅见(彩图三一六)。

大成殿带前廊。从正立面看为重檐,但实为前檐下所加副檐而形成前廊。廊深 1.9 米,双步,顶施龙骨。从梁架断面看,前檐高 6.595 米,后檐高 5.597 米,高差约 1 米。副檐及廊可有效地解决这个不平衡。此外,整座建筑为彻上露明造,但在明间抬梁枋,施藻井,藻井系在正方形内抹去四角,做成八边形,渐次向上抹角,十六根角梁与随瓣枋相交处均施吊踯,各瓣间施背板。顶部仍为八边形,地刷红,"明镜"正中墨绘太极图(彩图三一七)。藻井的做法可能为地方的一种做法。

大成殿的门、窗已不存。装饰较为简单,前檐及廊顶部施捲骨;明间廊柱与挑檐枋间施圆雕凤凰撑栱外,其他各柱均不施撑栱(彩图三一八)。另外,廊枋上施透空卐字横披,廊柱间施透雕拐子龙挂落。

大成殿的屋顶较陡峻,屋面覆绿色琉璃瓦,披檐脊施彩塑双凤朝阳及卷草。正脊为烧制的可拼接彩色琉璃砖,宝顶已失;宝顶正面两侧为云龙,背面为蔓枝宝相花。山面封火墙高出大殿屋面,十分突出。山墙为青砖砌筑,顶部两层刷青,贴饰白色的组合图案装饰。根据山墙的长度,正中为三个"博古团"图案,其它均为一个图案,组合内容丰富(图一五二)。如东山墙北面第二级山墙的图案包括戟、磬、鱼、柿、如意、琴、博古等组成一幅"博古团",寓意"吉(戟)庆(磬)有余(鱼)"、"事事(柿)如意"等。图案的白色与装饰的地色青色对比明显,装饰效果极强(彩图三一九)。刷青部分以下又顺着山墙形状刷白一层砖厚度,侧面也刷白,岔角贴饰拐子花草。墙檐为较为讲究的檐子——冰盘檐,但为最简单的一种,直檐(头层檐)素面,小圆混雕刻,枭部各面均有贴饰,题材有花草、蝙蝠、寿字等。墙帽为筒瓦顶,正中为黄色琉璃瓦顶,两侧为青筒瓦顶,但脊部被毁严重(彩图三二〇)。

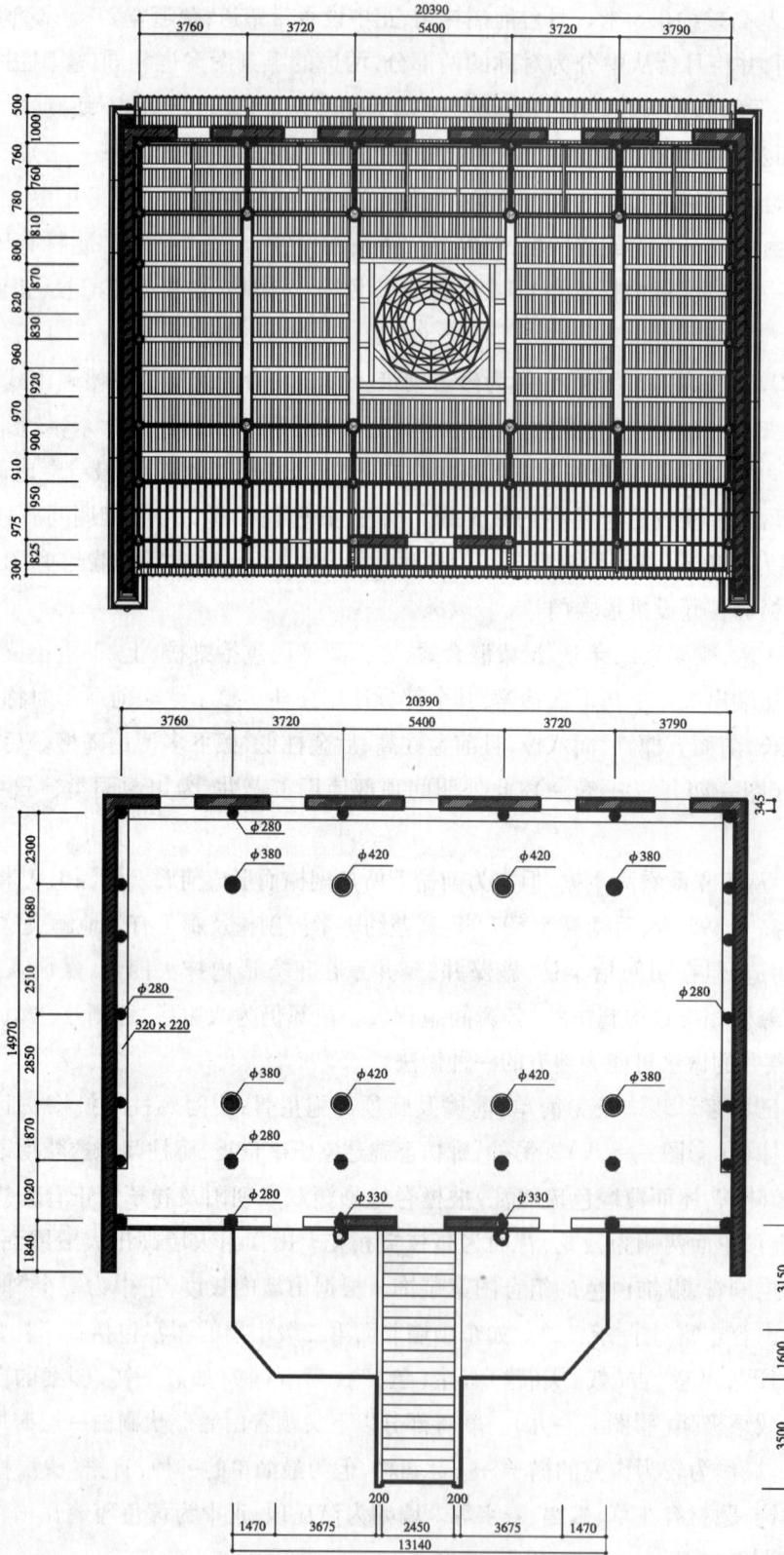

图一四七　大成殿平面仰视图

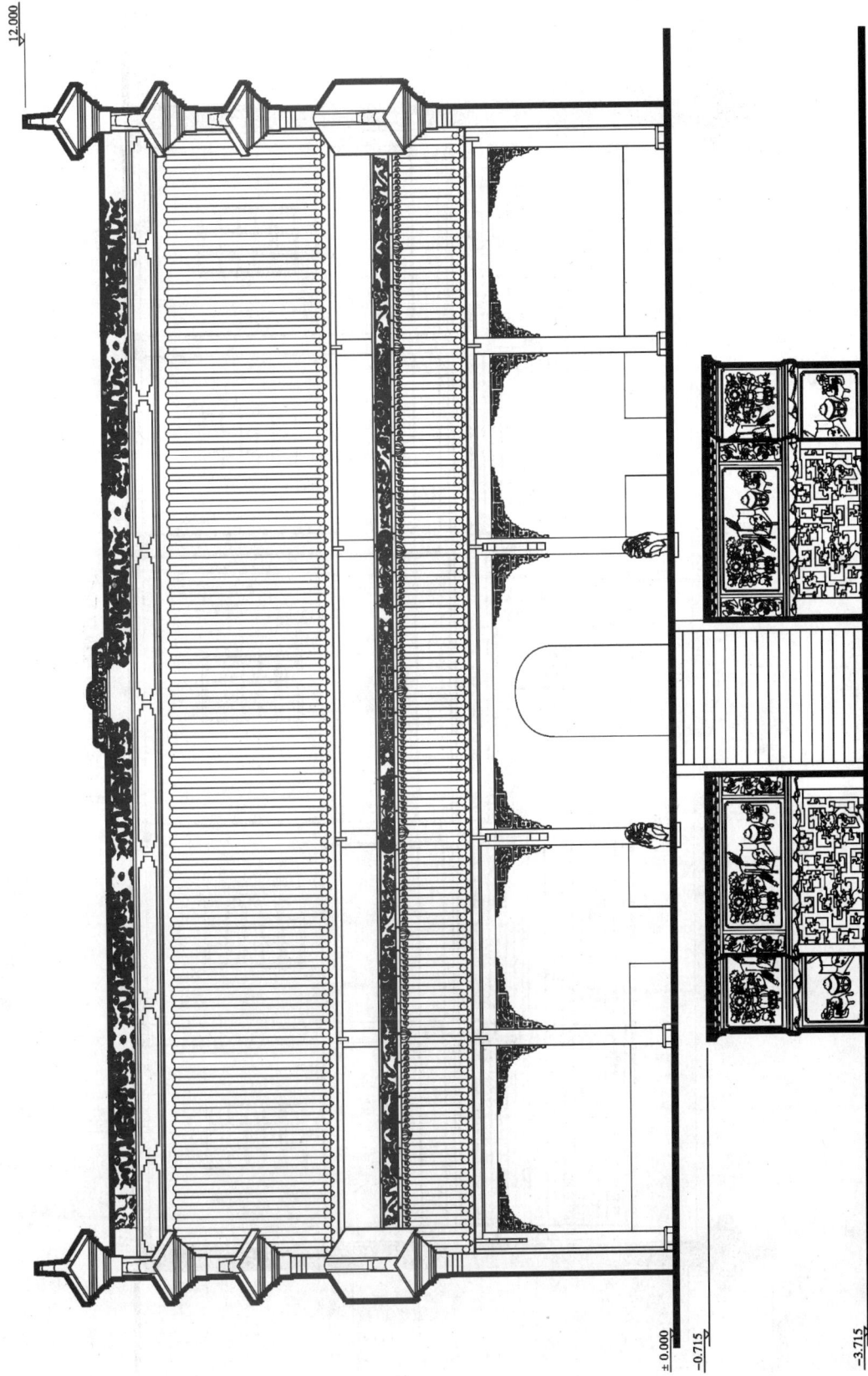

图一四八　大成殿正立面图

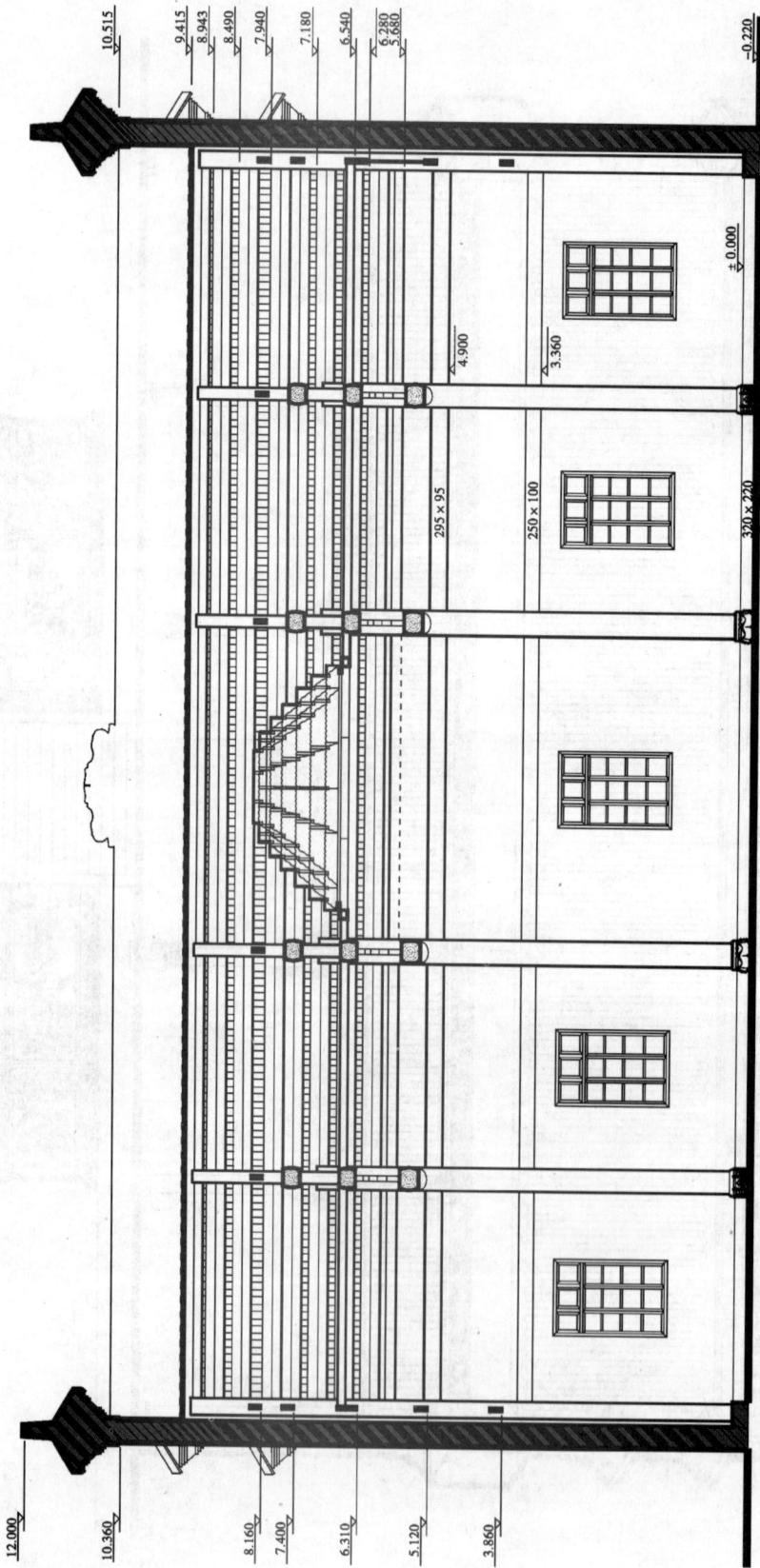

图一四九 大成殿纵剖面图

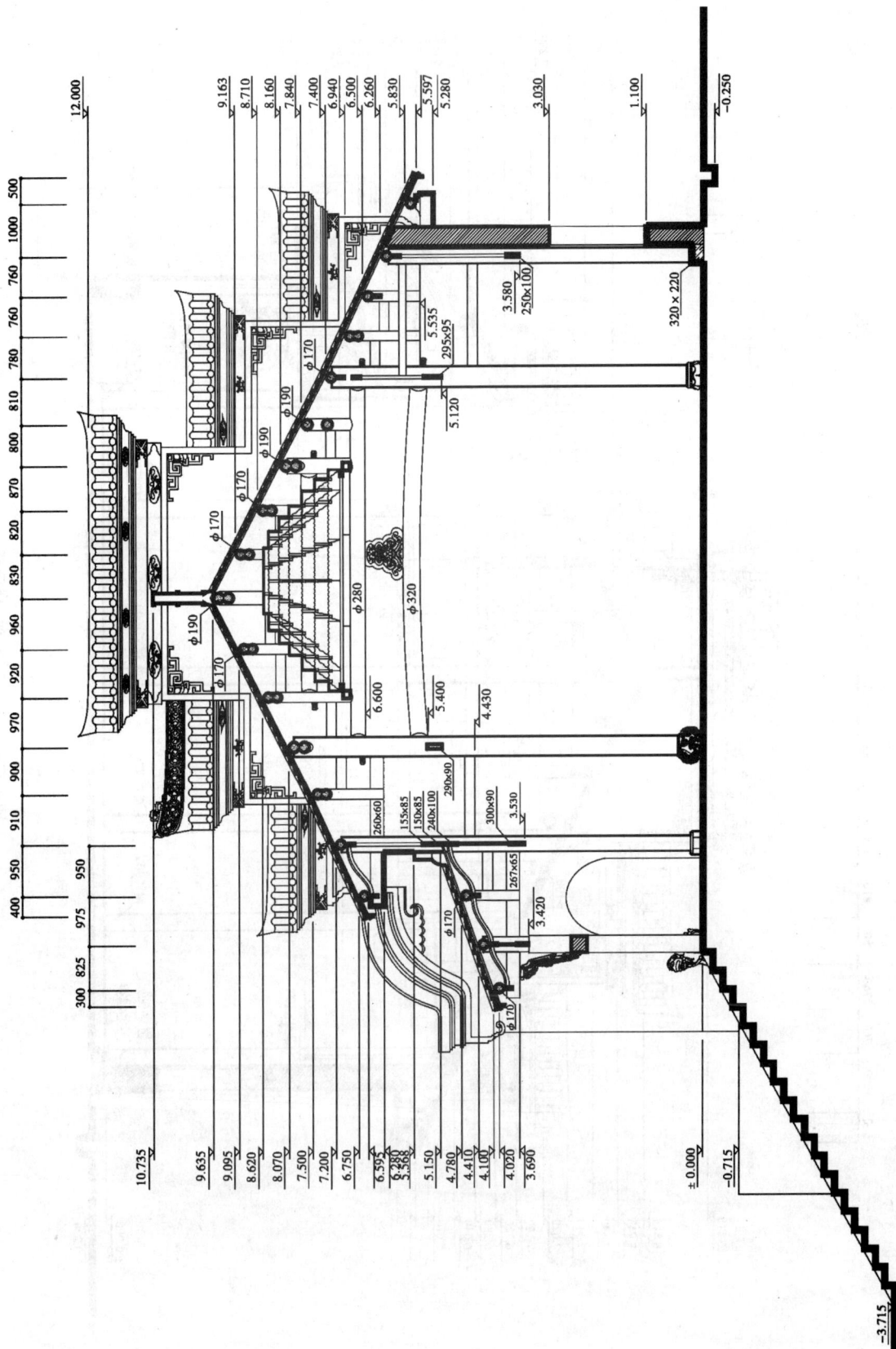

图一五〇　大成殿明间横剖面图

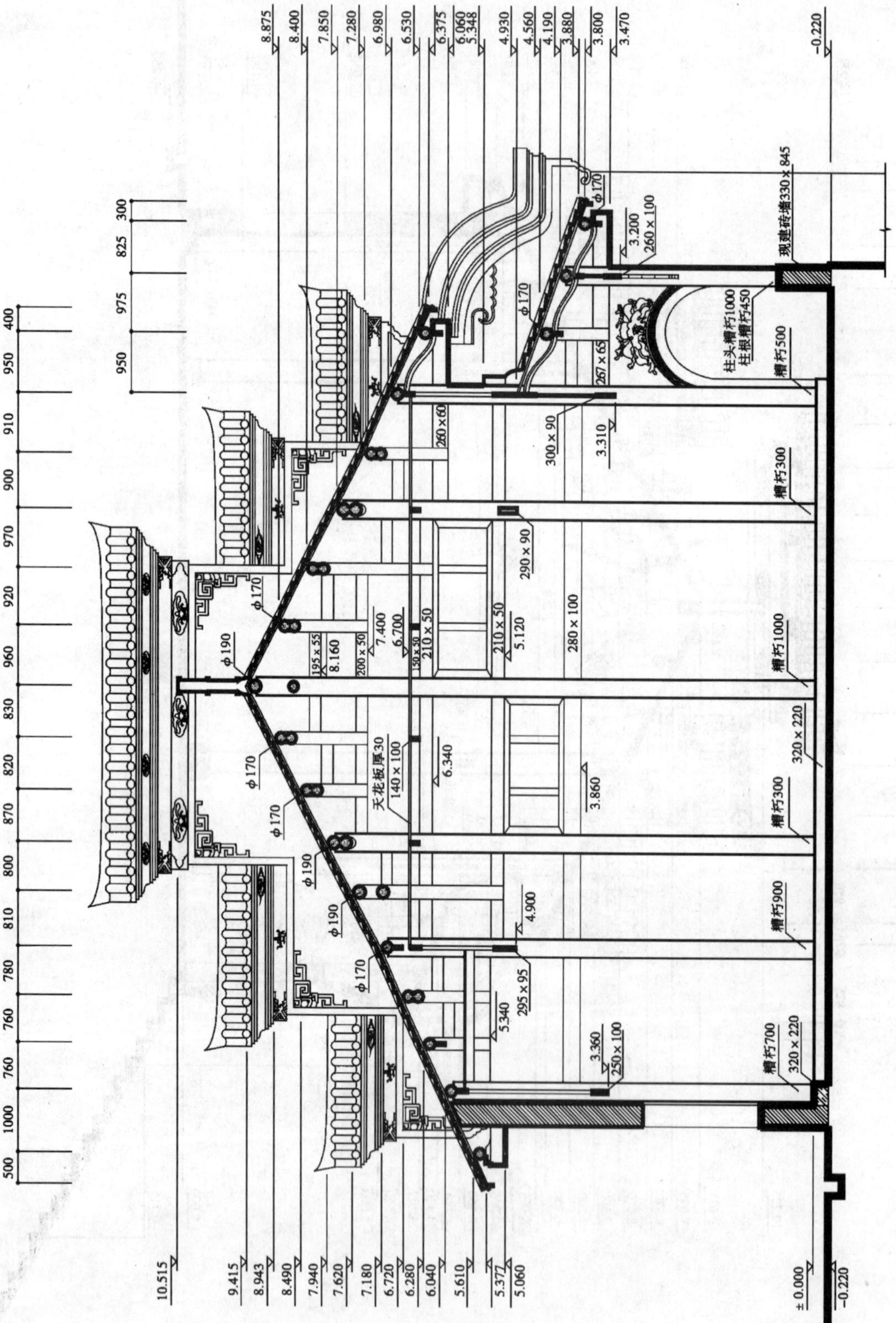

图一五一　大成殿次间横剖面图

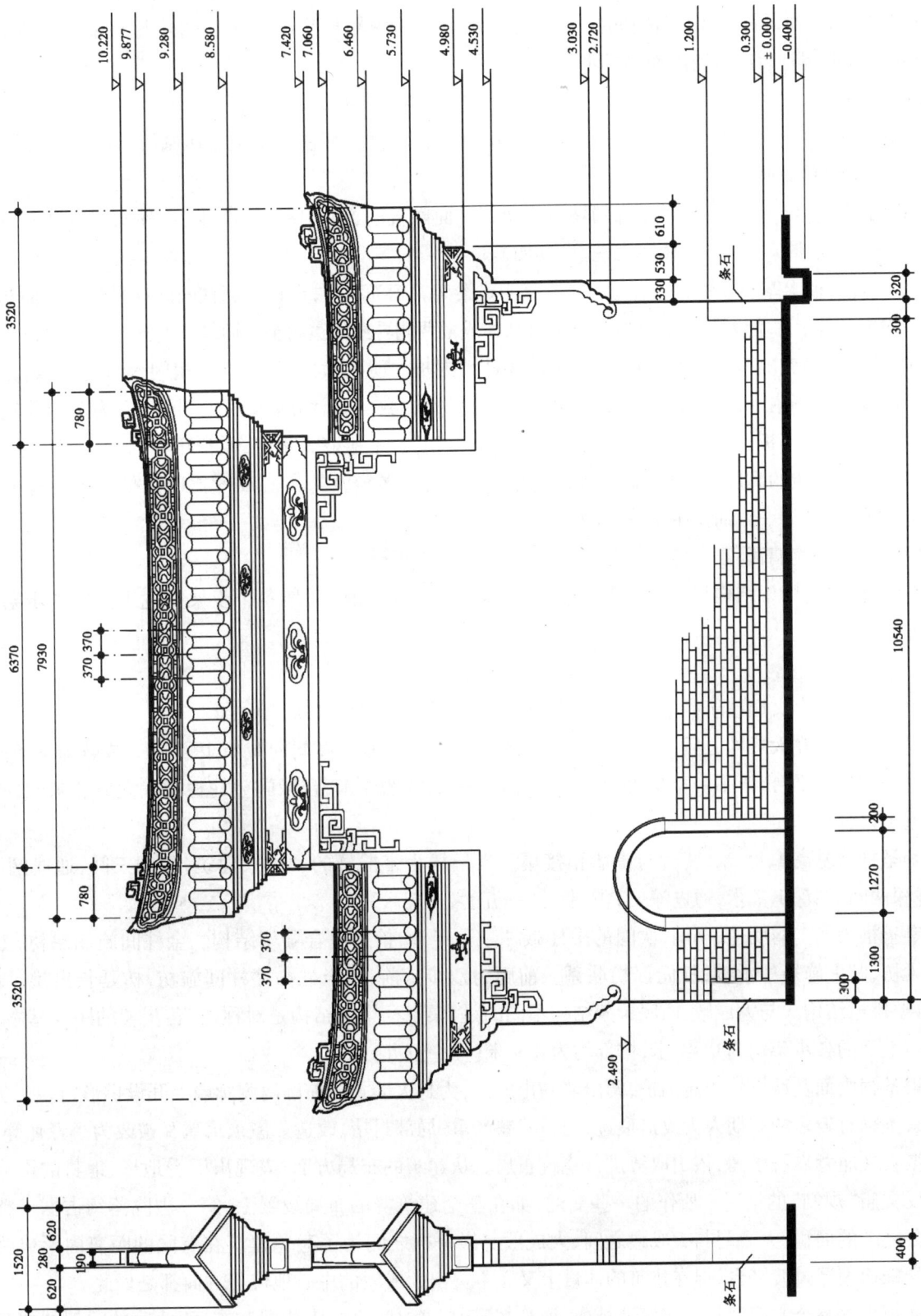

图一五二 大成殿封火山墙图

由于地形的影响,大成殿是在平整的山岩上并以其为"台基"而构筑的,除了正面与拜台及东、西两庑形成明显的"台基"外,后面是没有台基的。大成殿后坡上出檐略大于下出檐,下出檐外开凿深0.25米的排水沟,显然是因地制宜解决后坡屋面的排水问题。

5、东、西庑

东、西庑坐落于大成殿前左、右两侧,台高0.92米,石砌台帮,廊柱直接施于压阑石上,因此建筑的出檐较浅;台正中设踏普通踏道。

东、西庑建筑结构相同,为带前廊的硬山式建筑。面阔五间,通面阔15.99米,进深两间,进深4.47米,廊深1.56米,通进深6.03米(图一五三、一五四)。

东、西庑为彻上露明减柱造(图一五五)。穿斗式梁架。廊为双步,金柱与廊柱间施扁平月形穿插枋,廊顶及檐部均施龙骨。廊墙设拱形门,北端设踏道可从大成殿两侧再经踏道而至后面的崇圣祠(图一五六)。

东、西庑正面施隔扇和槛窗,山面及后檐均用砖墙封护。明间额枋高于次间、稍间,额枋上施斜方长窗。明间中间施两扇隔扇,两侧为槛窗。槛窗与隔扇装修风格一致,上槛均施冰裂纹。隔扇心为双交菱花格纹,裙板为素面,无绦环板。两侧槛窗宽度与明间隔扇宽度相同,木槛墙为素面,槛窗可开启。次间和稍间长窗高度较明间多中槛的高度,槛窗和槛墙高度与明间同,因此槛窗及格扇心高度比明间低一个中槛的高度。在视觉效果上,风格一致而又主次分明(彩图三二一)。

屋顶铺绿色琉璃瓦,正脊装饰已毁。山墙高出屋面,与正脊相交。

东、西两庑的梁架结构与明间梁架结构一样,也是前后不对称,后坡各个步架要宽于前坡的步架,可能是地方的做法。

6、崇圣祠

崇圣祠是现存文庙建筑群中的最后一座建筑,其所处的位置也最高。

崇圣祠座落在大成殿之后,大成殿的台基与崇圣祠台基的垂直高差约6米,因此在大成殿与崇圣祠之间以设立一个过渡平台,该平台宽5.05米,与大成殿台基高差约4米,台缘施望柱栏板。大成殿东、西两侧均有踏道可以到达。

崇圣祠台基高1.85米,其后与围墙相接壤。崇圣祠为带前廊的硬山式建筑,面阔三间,通面阔11.87米,进深两间,廊深1.7米,通进深11.08米(图一五七、一五八)。

崇圣祠为彻上露明造,明间、次间的中柱减柱。为穿斗、抬梁混合梁架结构。金柱间施双层枋,上层枋为抬梁枋,其上施短柱承檩,柱间以枋联系。前廊为双步。前、后金柱与檐柱间施枋,枋延长出挑,以承屋檐,属硬挑檐结构。与大成殿、两庑梁架结构不同的是,崇圣祠梁架结构是对称的,各步架的距离基本相等,抬梁枋上面的各步架均为0.84米,檐部均为0.9米(图一五九)。

崇圣祠山面及后檐均用砖围护,两山墙高出屋顶,为封火墙式。前廊两侧廊墙上开设拱形门。

崇圣祠有较多的后期人为改造痕迹,门窗残缺严重,局部封堵、改造。屋顶琉璃瓦被改为小青瓦等。

渠县文庙背靠石子冈,依山取势进行建筑布局。从建筑的布局方面,表现出因受地形、地势的影响而在不违反文庙"规制"的情况下所作的一些变通,如在整个建筑群的布局设置上,第一进院落约占据了整个文庙三分之二的面积;大成门与大成殿之间、大成殿与崇圣祠之间为了避免建筑在有限的距离内形成明显的高低悬殊而设置过渡平台,但在建筑的体量上又无不突出大成殿的中心地位等方面都是如此。

通观现存整个文庙建筑的布局及结构,渠县文庙现存的建筑中,大成殿和东、西两庑的梁架结构存在不对称的现象,而崇圣祠的梁架结构又与前两者不同的是,其结构是对称的,甚至于前、后对应的步架宽度一样或接近。是否可以推测渠县文庙的建造是经过多次的"重修"后的结果? 还有一点,作为文庙建筑群最后一进院落的建筑,现仅存崇圣祠,而东、西配殿则没有,从崇圣祠范围看,东边的围墙为抹角状,西边较为宽敞,加之崇圣祠台基前的平台范围宽仅 5 米左右,与大成殿高差约 4 米,东、西配殿应该是在该平台上是无法建造的,且崇圣祠的踏道也不在明间,而是位于崇圣祠的西侧,这又似乎说明崇圣祠两侧没有配殿,这又与孔庙的"礼"制似乎不符。

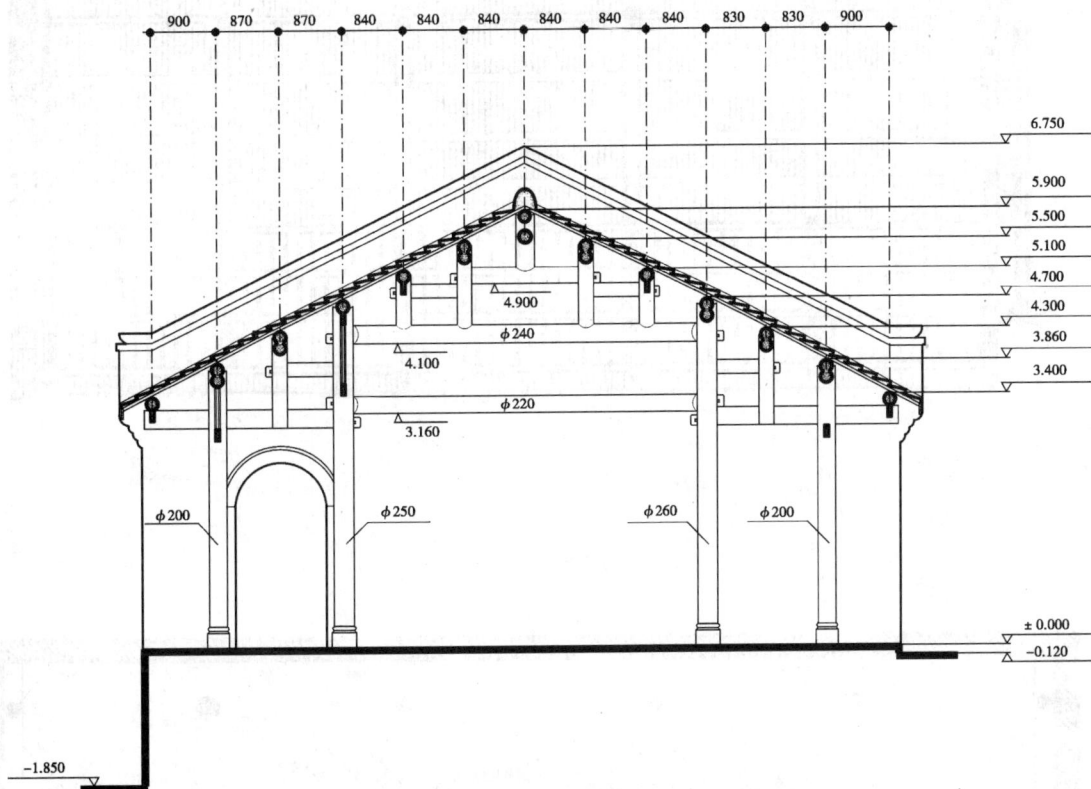

图一五九　崇圣祠横剖面图

　　渠县文庙在建筑的做法上,如大成殿和东、西两庑的大木做法上,表现出明显的地方特点,如建筑前后不对称的梁架结构、突出的封火山墙等都是川东北建筑常见的做法。而大成殿明间的藻井又是其它同类建筑中所不见的。

　　建筑装饰方面,雕刻是较为常用的技法,此外还有灰塑贴饰。前者有透空雕,见于棂星门花枋和平面浮雕,见于泮池中路圜桥两端、棂星门抱鼓石及枋顶部、大成殿前拜台的台帮等,也有圆雕,但较少,如大成殿明间廊柱的柱础石为圆蹲狮。后者则见于大成殿封火山墙。

　　关于大成殿的藻井问题。大成殿明间的藻井装修为川内同类建筑中仅有,其顶部为八边形,"明镜"内涂红,用墨绘制太极图,显然寓意太极、八卦,在文庙建筑中使用太极、八卦,还见于其它同类建筑,主要绘于脊桁中间。一般地,藻井的使用与殿内的高大的造像有关,也就是说大成殿内可能曾经供有高大的孔子塑像。但是,太极、八卦又何以出现在孔子像的头顶? 其中个案值得注意。

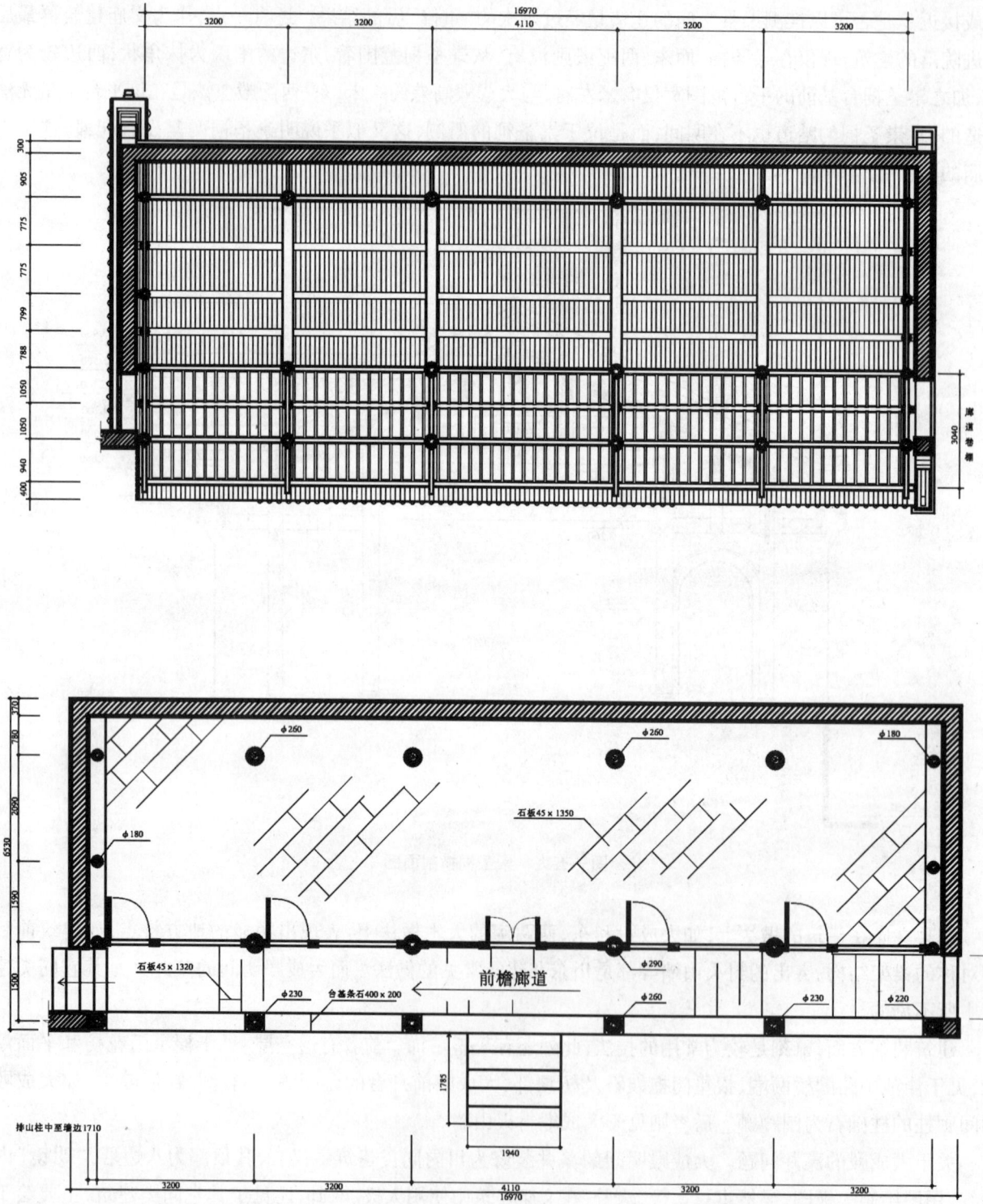

图一五三　东(西)庑平面、仰视图

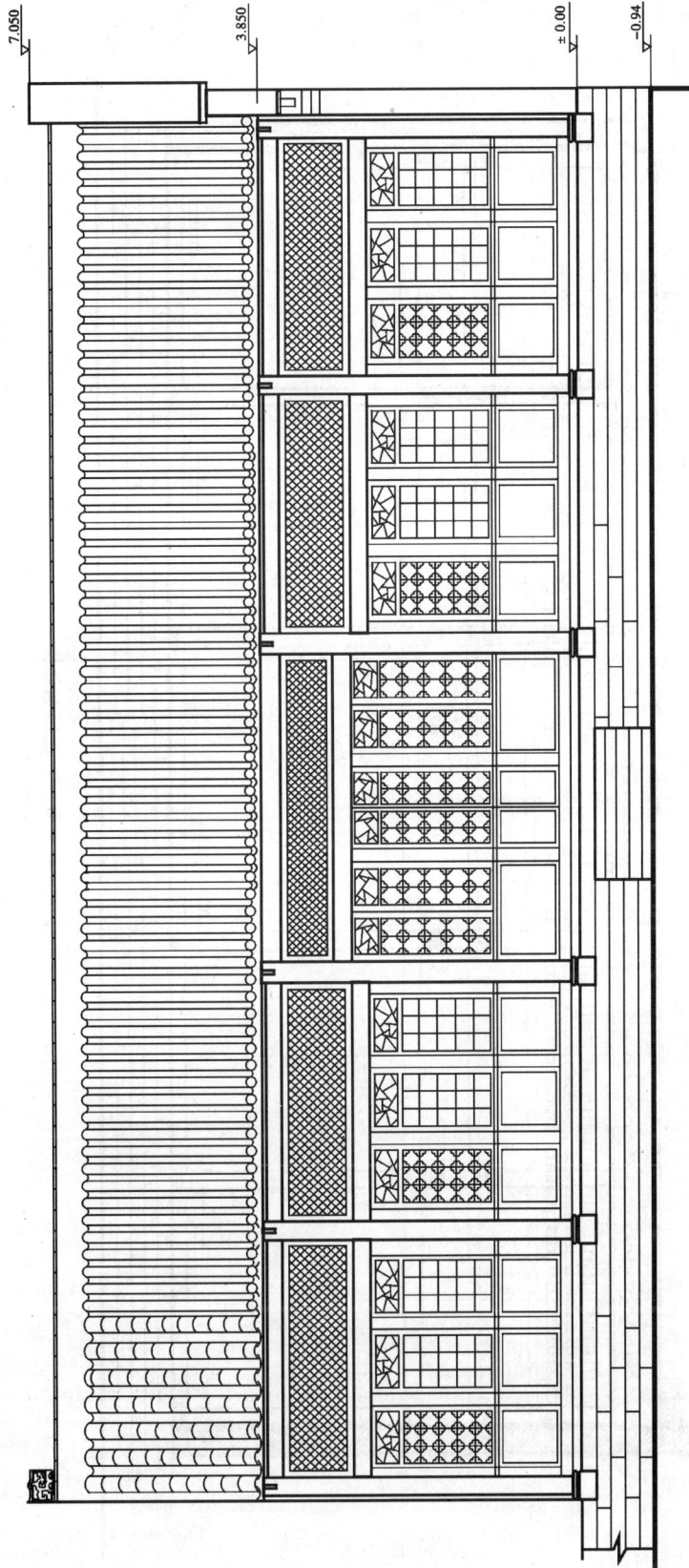

图一五四　东(西)房正立面图

7.050

3.200

±0.00

-0.94

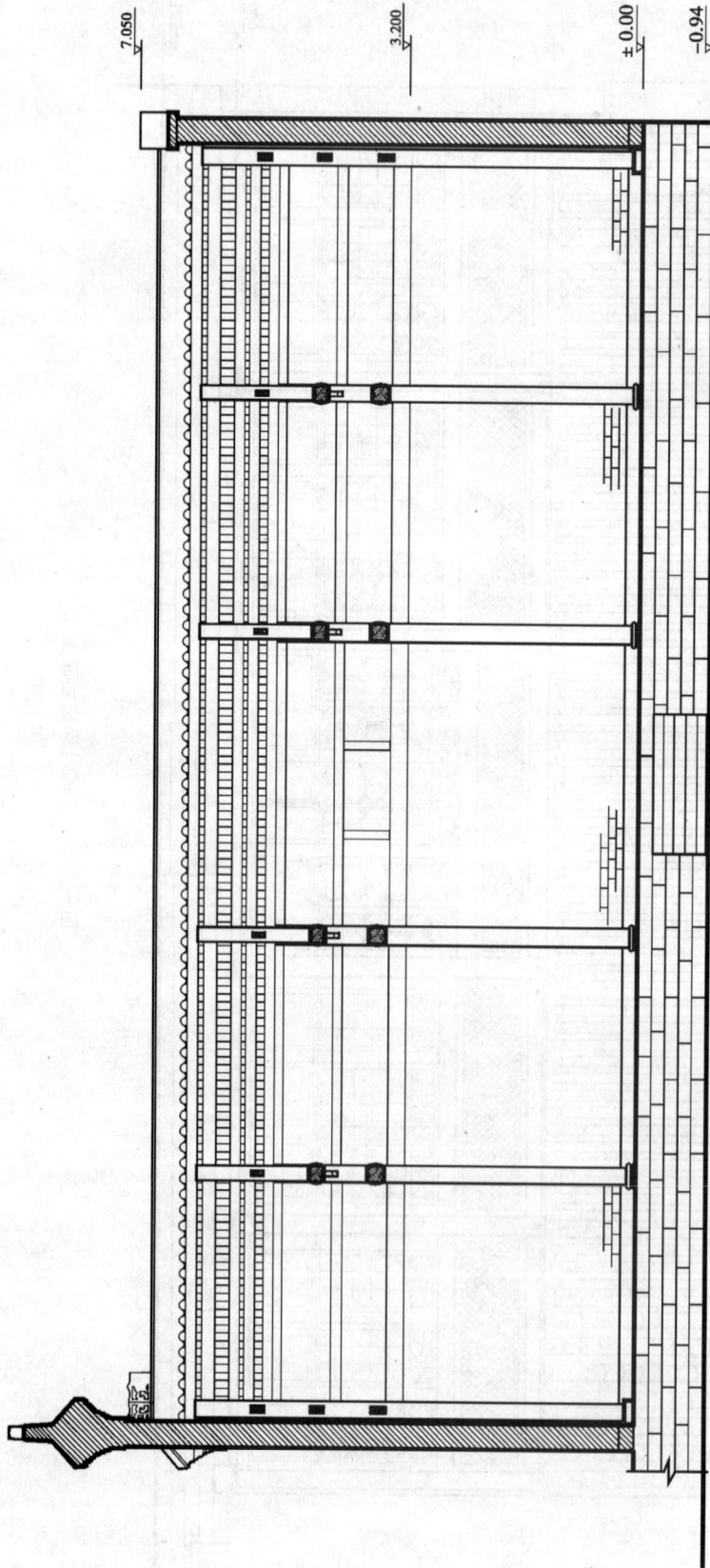

图一五五　东（西）庑纵剖面图

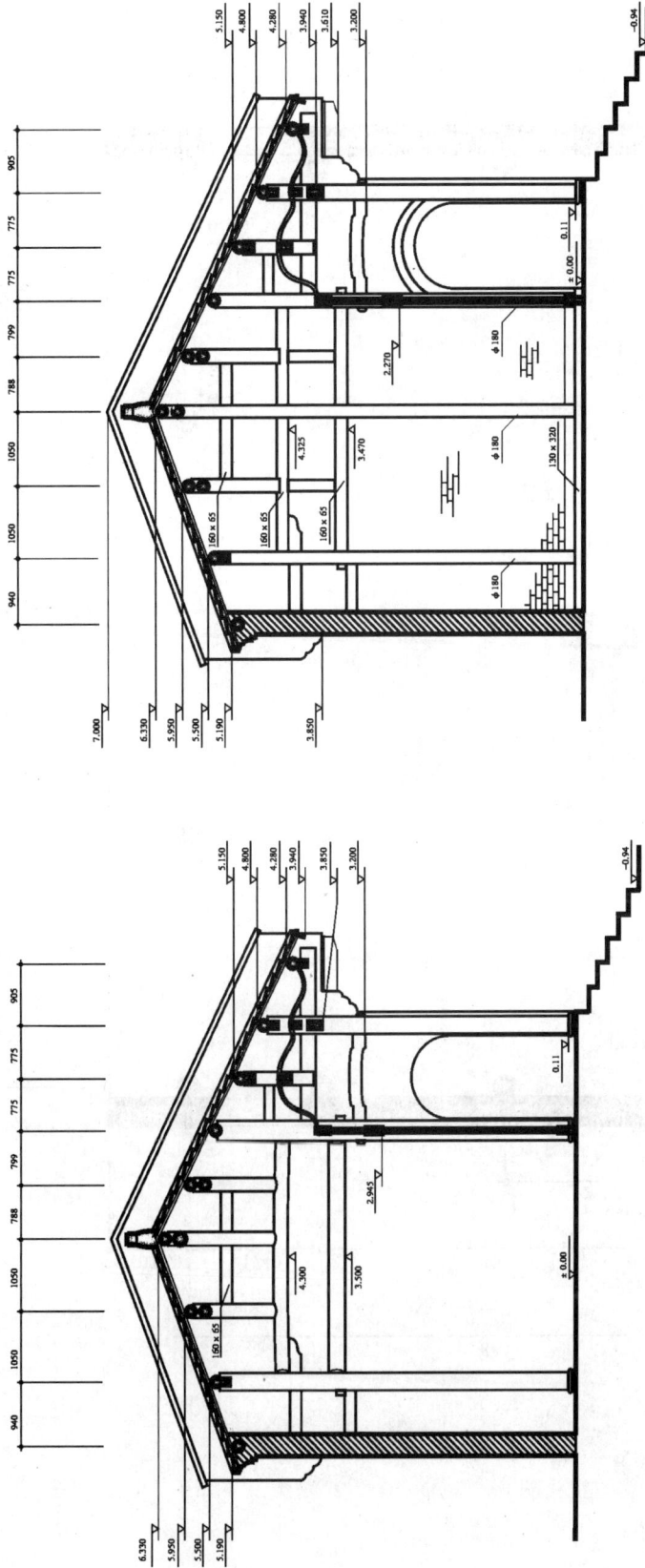

图一五六　东（西）庑明间、次间横剖面图

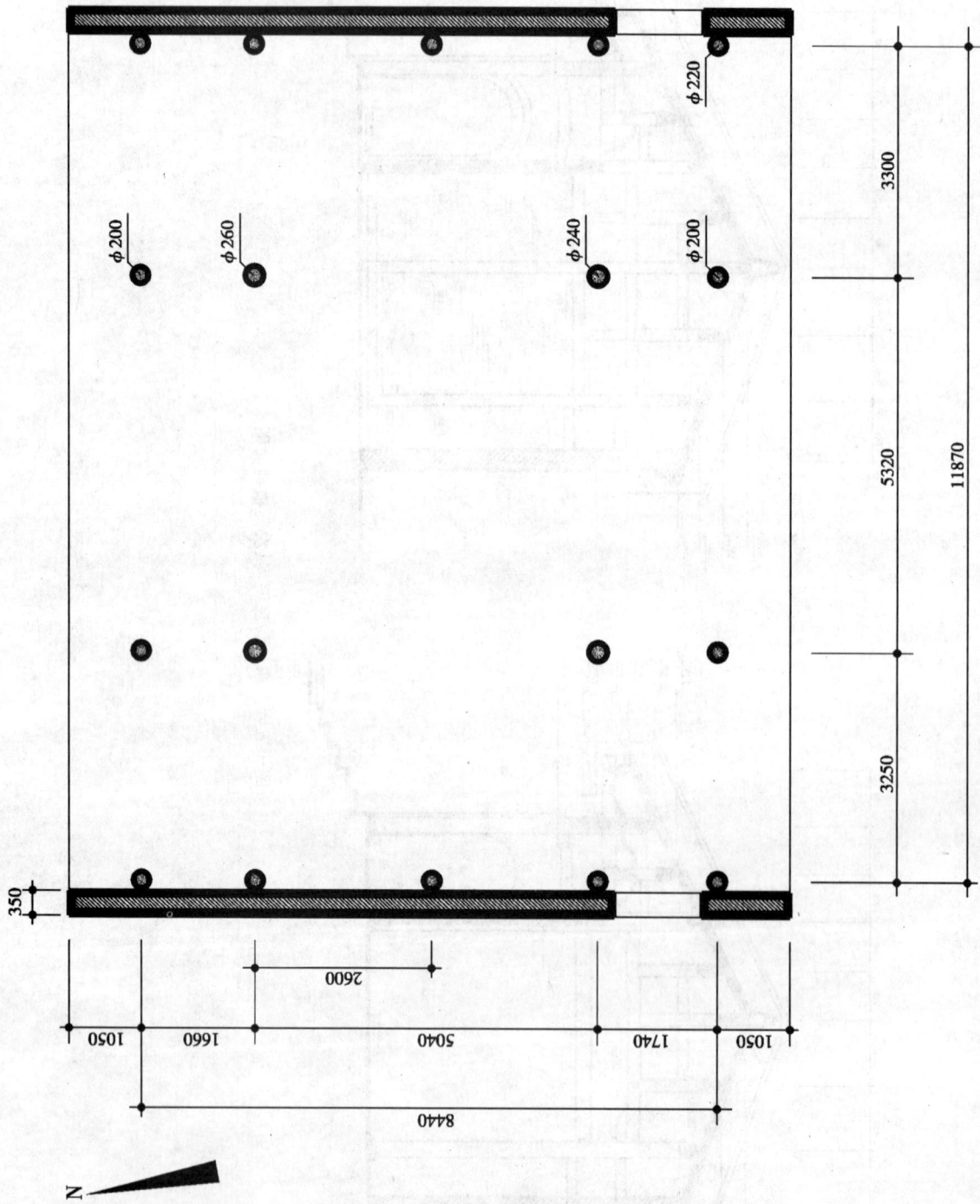

图一五七 崇圣祠平面图

6.100

3.160

± 0.00

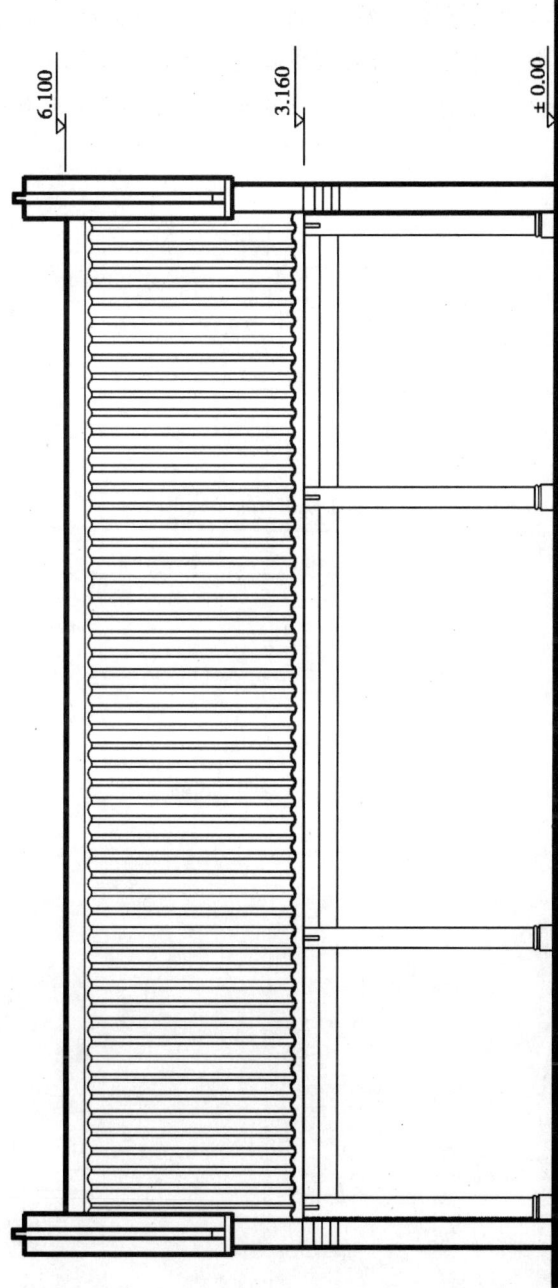

图一五八　崇圣祠正立面图

　　此外,大成殿藻井残破处的脊檩上可见"(大清)嘉庆""五年"等文字,当为嘉庆二十五年知县黄之澜奉文重修时的墨记。《民国渠县志》载,黄之澜重修文庙时"遵依旧制","计大成殿五楹",也就是说黄在修文庙时对原有建筑没有进行改造。重修后的文庙建筑,计"大成殿五楹,崇圣殿三楹,东、西庑各三楹,戟门三楹,棂星门三楹,名宦祠三楹,乡贤祠三楹,贤良祠三楹,忠孝祠三楹,节义祠三楹。"这些建筑中除了大成殿和崇圣殿仍为面阔五间和三间,与县志记载相符,戟门、名宦、乡贤祠、贤良祠、忠孝祠、节义祠毁于上个世纪六十年代外,棂星门和两庑(现为面阔五间)的规格与黄重修后的规格是不同的,这似乎说明棂星门在嘉庆二十五年后经过改修,还是记载错误? 如果是改修,那么这是否暗示藻井也为后来改造所致?

附 录

附录一

四川省现存文庙一览表

序号	名 称	地理位置	现存状况	时代	保护级别	备 注
1	成都文庙	成都大科甲巷	大成殿	清	市保(1981年)	迁至金堂县赵镇十里大道北侧
2	崇庆文庙	崇州崇阳镇文庙街罨画池公园内	三进院落,布局完整	清	省保(2001年)	与罨画池一起申报
3	金堂文庙	成都青白江区城厢镇下北街	戟门、大成殿、崇圣祠	清	省保(1981年)	位于今成都市青白江区
4	灌县文庙	都江堰市灌口镇都江堰市中学内	万仞宫墙、泮池、大成殿	清	市保(1988年)	
5	温江文庙	成都市温江区文庙街	泮池、戟门、两亭、两庑、大成殿	清	省保(2007年)	大成殿毁于火,87年恢复
6	郫县文庙	唐昌镇西街唐昌中学内	泮池、大成殿	清	市保(2007年)	
7	蒲江文庙	鹤山镇大北街	大成殿	清	省保(2007年)	
8	富顺文庙	城关镇解放街大南门	布局完整,分三庭院	清	国保(2001年)	
9	德阳文庙	旌阳区文庙街133号	布局结构完整	清	国保(2001年)	
10	汉州文庙	广汉市雒城镇房湖公园内	棂星门、名宦祠、戟门、两庑、大成殿	清	省保(1991年)	
11	中江文庙	凯江镇下南街	布局完整,戟门保存较好	清	市保(1991年)	
12	三台文庙	潼川镇三台外国语实验学校内	大成殿、泮池	清	县保(1981年)	
13	剑州文庙	剑阁县普安镇剑阁中学校园内	戟门、两庑、大成殿	明	县保(1988年)	
14	射洪文庙	金华镇金华中学内	尊经阁	清	县保(1987年)	
15	资州文庙	资中县重龙镇文庙街1号	布局结构完整	清迁建	省保(1991年)	

序号	名称	地理位置	现存状况	时代	保护级别	备注
16	安岳文庙	岳阳镇海慧路紫竹公园前	保存完好	清	省保（2007年）	
17	嘉定府文庙	乐山市中区田家炳实验中学内	布局结构完好	清	省保（1991年）	
18	犍为文庙	玉津镇南街	布局完整	清	国保（2006年）	
19	夹江文庙	千佛村千佛崖	大成殿	清	县保（1986年）	迁建
20	洪雅文庙	洪川镇洪雅县教师进修学校内	洋池、棂星门、大成殿	清	市保（1984年,1985年）	大成殿迁至苦竹冈村三组
21	青神文庙	瑞峰镇中岩	大成殿	清	县保（1986年）	1988年迁今址
22	仪陇文庙	金城镇县粮食局	洋池、棂星门、大成殿、两庑、崇圣祠	清	县保（1983年）	
23	西充文庙	晋城镇纪信广场侧	棂星门、洋池、大成门、大成殿	清	省保（2007年）	迁建今址。大成殿形制有改变
24	蓬州文庙	蓬安县锦屏镇蓬安县监狱内	大成门、大成殿、东西两庑	清	省保（2007年）	
25	南部文庙	县委大院西侧、蓓蕾幼儿园内	照墙、洋池、两庑、大成殿	清	省保（2007年）	照墙迁移大成殿侧
26	南江文庙	南江镇南江县委党校内	大成殿	清	县保（1981年）	
27	叙州府文庙	翠屏区宜宾市八中校内	大成殿	清	市保（2002年）	
28	长宁文庙	双河镇中心小学内	大成殿	清	县保（1985年）	
29	建武厅文庙	兴文县九丝城镇龙泉村十一组	棂星门	明、清重修	县保（2002年）	仅存棂星门为明代遗物
30	屏山文庙	中都镇实利村二组	大成殿	清	省保（1982年）	故马湖府文庙
31	名山文庙	蒙阳镇北名山中学	四合院布局,保存完好	道光重建	省保（2007年）	
32	广安文庙	广安市广安区浓洄镇西	大成殿、崇圣祠	清	省保（2007年）	
33	岳池文庙	九龙镇中南街	四合院布局,保存完整	清	省保（2007年）	
34	武胜文庙	中心镇	戟门、两庑、大成殿	清	市保（2006年）	
35	通江文庙	诺江镇广场	大成门、两庑、大成殿	清	国保（1988年）	
36	渠县文庙	渠江镇文庙街	四合院布局,保存较好	清	省保（2007年）	戟门新建
37	清溪文庙	汉源县清溪镇新黎村	四合院布局。保存较好	清	省保（2002年）	崇圣祠已不存

附录二

《明一统志》四川儒学资料辑录[1]

成都府（卷六十七）

成都府学，在府治南。汉守文翁建。本朝永乐间重建。

简州学，在州治北。唐建。本朝洪武七年重建。

崇庆州学，在州治西。宋至和间建。本朝洪武五年重建。

汉州学，在州治南。宋嘉泰间建。本朝洪武六年重建。

绵州学，在州治东。唐建。本朝洪武中重建。

茂州学，在州治南。洪武八年建。

威州学，在州治东。洪武十五年建。

成都县学，在县治北。宋政和间建。本朝洪武初重建。

华阳县学，在县东南六里。宋以孟蜀太学为之。本朝洪武初重建。

双流县学，在县治西南。汉建。本朝洪武初重建。

温江县学，在县治东。宋咸平间建。本朝洪武初重建。

新繁县学，在县治东。汉建。本朝洪武初重建。

新都县学，在县治南。宋建。本朝洪武初重建。

金堂县学，在县治东北。宋建。在县南。元徙于此。本朝洪武中重修。

仁寿县学，在县治东。宋淳化间建。本朝正统三年重修。

井研县学，在县治南。宋建。本朝洪武初重建

郫县学，在县治西北。汉建。宋徙于县南。本朝洪武初又徙建今所。

资县学，在县治东。宋建。本朝洪武七年重建。

内江县学，在县治西。宋建。本朝洪武六年增修。

灌县学，在县治东。五代时建。本朝洪武中重修。

彭县学，在县治东南。宋建。旧在县东。本朝洪武中徙建于此。

崇宁县学，在县治西。宋建。本朝洪武初重建。

安县学，在县治西。宋建。元毁。本朝洪武八年重建。

资县学，在县治南。本朝建。

新津县学，在县治东。宋明道初建。本朝洪武八年重建。

什邡县学，在县治东。宋祥符间建。本朝洪武十四年重建。

绵竹县学，在县治南。宋景德间建。本朝洪武十四年重建。

德阳县学，在县治南。宋开禧间建。本朝洪武十四年重建。

---

[1]　明·李贤等撰：《明一统志·学校》，《四库全书》本。

彰明县学,在县治南。唐大中间建。本朝洪武十五年重建。

汶川县学,在县治东。本朝建。

保宁府(卷六十八)

保宁府学,在府治西南。宋大观四年建。本朝洪武四年重建。

巴州学,在州治东。隋开皇中建。本朝洪武十七年重建。

剑州学,在州治东。宋庆历中建。本朝洪武五年重建。

阆中县学,在府治前。宋建。本朝洪武八年重建。

南部县学,在县治南。隋开皇元年建。本朝洪武十五年重建。

苍溪县学,在县治北。宋绍兴中建。本朝洪武十六年重建。

广元县学,在府治前。宋建。本朝洪武七年重建。

昭化县学,在县治西南。宋庆历中建。本朝洪武十七年重建。

通江县学,在县治西北。宋嘉祐中建。本朝洪武十四年重建。

南江县学,在县治东。本朝建。

梓潼县学,在县治东南。宋淳熙中建。本朝洪武五年重建。

顺庆府(卷六十八)

顺庆府学,在府治南三里。宋庆历间建。本朝洪武九年重建。

蓬州学,在州治北。宋淳祐间建于云山,元至正间迁此。本朝因之。

广安州学,在州治东。旧在秀屏山下,宋嘉祐间迁南冈。本朝建于此。

南充县学,在县治西北津渡。

西充县学,在县治南。宋淳祐间建。本朝洪武二十年重建。

营山县学,在县治西。元至顺间建。本朝宣德九年重建。

仪陇县学,在县治北金城山。宋嘉定间建。本朝景泰四年重建。

渠县学,在县治西石子冈。宋嘉定间建。元大德中重建。

大竹县学,在县治南。宋嘉定间建。元至元初重修。

岳池县学,在县治南。宋太平兴国间建。本朝洪武七年重建。

邻水县学,在县治南。宋建,元废。本朝成化中重建。

叙州府(卷六十九)

叙州府学,在府治南。宋庆历间建。本朝永乐七年重建。

宜宾县学,在府治西南。宋庆历间建。本朝洪武八年重建。

庆符县学,在县治东。元大德初建。本朝洪武三十四年重建。

富顺县学,在县治东。宋庆历间建。本朝洪武三十二年重建。

南溪县学,在县治西。宋熙宁间建。本朝永乐十年重建。

长宁县学,在县治南。宋淳祐间建。本朝洪武六年重建。

高县学,在县治东。洪武八年建。

筠连县学,在县治西。洪武七年建。

珙县学,在县治南。元建。本朝洪武二十二年重建。

兴文县学,在县治北。元至元间建。本朝洪武八年重建。

隆昌县学,在县治东。本朝建。

马湖府(卷七十)

马湖府学,在府治东北。元至元建。本朝永乐十年重建。

龙安府(卷七十)

龙安府学,在府治东。宋大中祥符间建,为州学。元毁。本朝洪武三十一年重建,今改为府学。

江油县学,在县治东。元至元中建。本朝洪武五年重建。

石泉县学,在县治南。本朝洪武初重建;宣德四年重修。

潼川州(卷七十一)

潼川州学,在州治东南。宋熙宁间建。本朝永乐十四年重修。

射洪县学,在县治西。宋元符间建。

盐亭县学,在县治南。唐贞观间建。本朝洪武九年重建。

中江县学,在县治南。晋时建。本朝洪武七年重建。

遂宁县学,在县治西南。唐贞元间建。本朝洪武七年重建。

蓬溪县学,在县治北。唐开元间建。本朝洪武十四年重建。

安岳县学,在县治东南。宋元祐间建。本朝洪武九年重建。

乐至县学,在县治东。

眉州(卷七十一)

眉州学,在州治南。宋建。本朝洪武初重建。

彭山县学,在县治南。元天历二年建。本朝洪武十四年重建。

丹棱县学,在县治南。宋绍兴十二年建。本朝洪武六年重建。

青神县学,在县治南。元至元二年建。本朝洪武七年重建。

嘉定州(卷七十二)

嘉定州学,在州治西。唐武德初建于州治南。本朝洪武二十七年徙建于此。

峨眉县学,在县治西。宋庆历二年建。本朝洪武七年重建。

夹江县学,在县治东。隋开皇间建。本朝洪武七年重建。

洪雅县学,在县治南。唐建。元废。本朝复建。

犍为县学,在县治南。汉建。本朝洪武四年重建。

荣县学,在县治东。唐武德间建。本朝洪武九年重建。

威远县学,在县治东。隋开皇间建。本朝洪武十四年重建。

泸州(卷七十二)

泸州学,在州治南。唐咸亨间建于州治北。宋元祐六年徙今所。本朝洪武八年重建。

纳溪县学,在县治西北。元至正间建本。朝洪武九年重建。

合江县学,在县北。宋元祐间建。后毁。本朝洪武初重建。

江安县学,在县治南。宋大观间建。本朝洪武八年重建。

雅州(卷七十二)

雅州学,在州治东南。宋绍兴间建。本朝洪武八年重建。

名山县学,在县治西南。宋绍兴间建。本朝洪武八年重建。

荣经县学,在县治南。唐武德二年建。本朝洪武八年重建。

芦山县学,在县治东。宋宝元间建。本朝永乐五年重建。

邛州(卷七十二)

邛州学,在县治南。唐武德间建。本朝洪武九年重建。

大邑县学,在县治南。唐咸亨间建。本朝洪武十七年重建。

蒲江县学,在县治南。隋建。本朝洪武十七年重建。

乌撒卫学,在卫治西。正统八年建。旧有乌撒府学,永乐十四年省,今止存卫学。

迭溪守御军民千户所等(卷七十三)

迭溪守御军民千户所学,在所治东。景泰三年建。

建昌卫学,在都司治西南隅。元建。本朝洪武十九年重修。

盐井卫学,在卫治南。洪武二十九年建。

会川卫学,在卫治西北。洪武二十九年建。

宁番卫学,在卫治东北。洪武二十九年建。

越嶲卫学,在卫治北。洪武二十八年建。

松潘学,在司城内东。景泰三年建。

附录三

万历《四川总志》四川儒学资料辑录

卷五《成都府·学校》

府学,府治南汉守文翁讲堂遗址。宋初建。本朝永乐间重建。

成都县学,布政司东,宋政和间建。本朝永乐间重建。

华阳县学,县东南六里。宋以孟蜀大学故址为之。本朝永乐间重建。

双流县学,治西南,汉建。洪武中重建,正德重修。

温江县学,治西南。宋咸平元年建。本朝正统二年重修,弘治五年增修。

新繁县学,治东。汉永平初年建。本朝天顺元年重修,正德九年增修。

新都县学,治东。宋乾德二年建。本朝天顺四年重修,正德元年增修。

金堂县学,治东北。宋嘉祐二年建。本朝洪武元年重建,正德六年知县郑忠增修。

仁寿县学,治东。宋淳化二年建。本朝洪武二年重修,正统三年增修。

井研县学,治东南。宋乾德元年初建。本朝天顺元年重修,正德六年提学金事刘节增修。

郫县学,旧治西。汉元和初年建。宋淳化三年徙于县治南。本朝弘治五年御史萧柯徙于县治西南,隆庆改元初年迁建县城东外汉扬子云读书处。

简州学,治东北。宋开宝初年建。本朝洪武五年复建,正统十一年相继增修。

资县学,治东。宋雍熙二年建。本朝正统二年徙于今所,天顺六年重修。

资阳县学,治东。宋景元年建。本朝成化初年重修,正德十年知县方向增修。

内江县学,治西南。宋乾德元年初建。本朝洪武六年重修,正德初年增修。

灌县学,治北。五代时建。本朝洪武三年迁于今所,正德五年提学金事刘节、六年知县胡光相继增修。

彭县学,治东南。宋天圣元年建。本朝洪武元年徙今所,六年知县胡子祺重修。弘治五年增修。

崇宁县学,治西。宋元祐二年建。本朝洪武初年徙今所,弘治五年增修。

安县学,宋熙宁二年建。元初年毁。本朝正统十一年复建,徙今所。正德五年增修。

崇庆州学,在州东南。本朝洪武三年初建,六年知州杨浩增修,正德十一年重修。

新津县学,治东。宋明道初年建。本朝洪武八年重建。成化九年、弘治元年相继增修。

汉州学,治南。宋嘉泰二年建。本朝洪武六年重建,天顺五年知州李鼎增修。

什邡县学,治东。宋祥符二年建。本朝洪武元年重建,正德一年增修。

绵竹县学,治东南。宋景德元年建。本朝洪武六年重修,正统二年提学金事唐振增修。

德阳县学,治南。宋开禧五年建。本朝洪武元年重建,宣德初年相继增修,成化二年知县吴淑重修。

绵州学,治东。唐贞观三年建。本朝洪武初年重建,天顺二年知州江洪增修,正德十二年知州刘灿复增修。

彰明县学,治东南。唐大中十三年建。本朝天顺五年徙今所,成化三年县丞丘顗增修。正德九年重修。

罗江县学,县治东。宋熙宁二年建。本朝成化六年迁至今所,弘治二年增修:正德三年知县盛众增修,十一年知县罗纶相继重修。

茂州学,州治南。本朝洪武八年建,知州刘坚增修。

汶川县学,县治南。国初未设,至本朝嘉靖二年提学副使张邦奇奏立,设官如制。

威州学,州治西。以前未设。本朝洪武中始建,正德初年知州崔哲重修,后知州范渊相继增修。

卷十《顺庆府·学校》

府学,治南二里。宋庆历间建。本朝洪武间修。

蓬州学,治北。宋淳祐间建于云山,元至正间迁此。本朝因之。

广安州学,在治东。旧在秀屏山下,宋嘉祐间迁南。本朝建于此。

南充县学,治西北津渡。

西充县学,治南。宋淳祐间建。

营山县学,治西。元至顺间建。本朝宣德间重修。

仪陇县学,治北金城山。宋嘉定间建。本朝景泰间重建。

渠县学,治西。宋嘉定间建。元大德中重修。万历三年改作城南。

大竹县学,治南。宋嘉定间建。至元重修。

岳池县学,治南。宋太平兴国间建。本朝洪武间重修。

邻水县学,治南。宋崇宁初创。元并入,成化初知县朱莹重修,万历四年重建。

卷十一《保宁府·学校》

府学,在治西南。宋大观四年建。本朝洪武重建,知府陈益民、李直也增修。

阆中学,在治北。宋建。本朝洪武重修,弘治中迁。

苍溪学,宋建。本朝洪武重建,正德中迁县治西。

南部学,在治西。隋建。本朝洪武中重建,通判熊杰重立大成殿及两庑、戟门,铸祭器。

广元学,在治东。唐建。本朝洪武重建,同知贾讷重修,隆庆中改迁怀羌门外。万历中知县丁求晓改复旧址。

巴州学,在治西。洪武中知州成斌建,正德间同知赵宗继、知府张应奎重修。

昭化学,在治西。宋建。本朝永乐重建。

通江学,在治西北。宋建。本朝洪武建,知县周南、杨贤、张贡修。

剑州学,在治东。宋建。本朝洪武重建,县丞董养性、知州宋诚修。嘉靖中知州陈叔美迁修。

梓潼学,在治东。宋建。本朝洪武建,知县张试、知府李正方重修。

南江学,在治南。知县沈镛建。

卷十一《潼川州·学校》

州学,治东南。宋大观初建,绍兴中节度判官马整重修。本朝宣德中知州赵显宗、天顺初知州谭道立、成化中知州蒋零先后修治。

射洪县学,治西。宋元符间建。

盐亭县学,治南。唐贞观间建。本朝洪武九年重修。

中江县学,治南。晋时建。洪武中重修。

遂宁县学,治西南。唐贞元间建。洪武七年重修。

蓬溪县学,治北。唐开元间建。洪武十四年重修。

安岳县学,治东南。宋元祐间建。洪武九年重修,嘉靖中知县李胡迁于岳阳山曲,遂宁杨名记。

乐至县学,治南。正德间迁今所,御史熊相重修。

卷十二《叙州府·学校》

府学,旧在府治南。宋庆历间建。本朝永乐间重建,万历间知府广陵陈大壮、庐陵曾可耕相继为郡,以学址湫隘改建于府治东旧藩府基。宜宾县学附焉。

宜宾县学,旧在府治东南。宋庆历间建。本朝洪武间重建,万历间改建,附于府学之右。

庆符县学,县治东。元大德初建。本朝洪武三十四年重建。

富顺县学,县治东。宋庆历间建。本朝洪武三十二年重建。

南溪县学,旧在县治西。宋熙宁间建。本朝永乐间重建,万历三年知县陈忠改建于凤凰山即杨□书院故址。

长宁县学,县治西。洪武七年建。

髙县学,县治东。洪武八年建。

筠连县学,县治西。洪武七年建。

珙县学,治南。元建。本朝洪武一十二年重建。

兴文县学,旧在县治南。元至元间建。本朝洪武间重建,万历初知县王慎、从事凌亮相继改建于县治北。

隆昌县学,隆庆初建。

建武所学,万历初建。

卷十三《马湖府·学校》

府学,府治东北。元末建。本朝永乐十年重建。

卷十三《泸州·学校》

州学,州治南。唐咸亨间建于州治北,宋元祐间徙今所。本朝洪武八年间知州许世德建。万历初知州赵大信重建。

纳溪县学,县治西北。元至正间建。本朝洪武九年重修。

合江县学,县治北。宋元祐间建。本朝洪武九年重修。

江安县学,县治南。宋大观间建。本朝洪武间重修。

卷十四《夔州府·学校》

达州学,治东南。本朝洪武四年建。

新宁县学,治东。本朝洪武二年建。

东乡县学,治东。洪武中建,万历初知县陶□重修。

太平县学,治东。正德中建。

卷十四《龙安府·学校》

府学,宋祥符中郡守吴济始建,乾道七年郡守史祈重修。元毁。洪武三十一年土官薛继贤建于乐平镇北山之下。隆庆四年知府龙庆云改建今地。

江油县学,元至正间知县李彦文建于高堂里,兵燹。洪武初知县周伯文重建。正统间教谕饶旭、成化中知县张澄先后重修,有记。

石泉县学,宋绍兴中魏禧建。洪武初主薄卢于亨、宣德中知县康惟政、正德中知县萧昺重修。万历初知县陈邦谟、李茂元相继建于望崇山麓。

青川所学,洪武初刘玥奏建,嘉靖中迁于北街。万历四年高有功重修。

卷十五《嘉定州·学校》

州学,先在治南,洪武中徙治西。天顺间徙高标山。嘉靖中知州陈嘉言相继增修,郡人御史程启充重修,视旧颇坚固弘丽。泮池,学前,周回四百丈,御史王璟砌以石栏。人文成化坊、道德统宗坊,俱在学前,旧为文献渊薮、风化本原,御史熊相建,后为提学陈瓒改书。聚□坊,马湖同知廖森建。金声玉振坊,知州魏瀚建修。

峨眉县学,旧在治西。洪武初建。嘉靖间迁治南。

夹江县学,治东。洪武中建。嘉靖丙辰知县陈松增修,万历初知县杨可贤于庙门竖石墙。

犍为县学,治南。洪武间县丞陈兴立。

荣县学,治东。洪武初判官马甫修。

威远县学,治东。洪武中知县陈本立建。正统末知县王纳修。

洪雅县学,治南。成化末知县王让建,正德中知县杨麒增修,万历初知县闻道立重修。

卷十五《眉州·学校》

州学,州治南。宋仁宗时建,宋末兵毁。元初再建。本朝洪武四年知州张伯纲建,正统中学正林惟盛、景泰初知州李宁、成化中知州林敷、许仁先后重修。

彭山县学,治南。元天历中知县雍熙建。洪武中知县□亨、正统中知县黎颢、成化中知县樊瑾重修。嘉靖丙申知县周良弼改建南城内西市。

丹棱县学,治南。宋绍兴中奏议郎杨总修。本朝洪武中县丞李斌、天顺中知县杨铎、邓知相重修。后甲辰知县陈镜改今学。

青神县学,治南。元至元二年建。本朝洪武七年知县从善改建,正统中教谕卢祐移复旧址之西十步即今学也。

卷十六《邛州·学校》

州学,州治南一里。洪武初同知张郁建。永乐中知县罗质重修,成化中知县罗纲、知州陶端补修。弘治中知州罗杰先后补修。

　　蒲江县学,治南。洪武中建。万历初改治西。

　　大邑县学,正统间知县冯泰建。

卷十六《雅州·学校》

本州学,州治南一里。洪武初建。

　　名山县学,县治西南。洪武中知县杨矩建,正统间迁今址。

　　荥经县学,县治西。洪武中建。

　　芦山县学,县治东。永乐间建,嘉靖间知县周裴迁武东街,复加增修。

卷十七《乌撒军民府·学校》

乌撒卫学,卫治西。正统八年建。旧有乌撒府学,永乐十四年省,今止存卫学。

卷十七《镇雄军民府·学校》

府学,治南。万历元年土官陇安申请创建。

卷十七《播州宣慰使司·学校》

宣慰司学,司治北,本朝洪武三十三年建播州长官司学,永乐四年升为宣慰使司学。

卷十七《永宁宣抚司·学校》

宣抚司学,司治西南。洪武初土官禄□迁今址。

　　九姓长官司学,司治西南。洪武初金事何英建。

卷十八《松潘等处军民指挥使司·学校》

松潘卫学,司治东。景泰三年重建。

卷十八《四川行都司·学校》

建昌卫学,都司治南。元至元间建。本朝洪武十九年重建。

　　宁番卫学,卫治东北。洪武二十九年建。

　　越巂卫学,卫治北。洪武二十九年建。

　　盐井卫学,卫治南。洪武二十九年建。

　　会川卫学,卫治西北。洪武二十九年建。

附录四

清代及民国时期各府（州）、县文庙资料[1]

成都府

成都府

明·冯任修、张世雍等纂：《天启新修成都府志》，1962 年熊承显抄本

按：卷一附图：（府）文庙，在府学右，周有垣墙，三进院落，图上仅标棂星门、大成殿，乡贤、名宦祠在文庙左。明伦堂在府学后、大成殿之右。

清·黄廷桂等监修：《四川通志·学校志》（雍正版），四库全书本

成都府儒学，在治南汉文翁讲堂遗址。宋初建，明永乐间重修。国朝康熙元年巡抚佟彩凤捐葺，八年巡抚张德地增修殿宇、墙垣，焕然大备；二十三年钦颁御书"万世师表"扁额；四十二年钦颁御制"训饬士子"碑文；四十五年敕建"平定朔漠"碑于殿左。雍正元年奉旨创建崇圣祠，恭设五代王牌位；四年，钦颁御书"生民未有"匾额，八年敕建"平定青海碑"于殿右。

《祠庙志》：文庙，在府城南。详见《学校·祀典》，各州、县制同。

崇圣祠，在文庙东，祀孔子五代。各州、县制同。

名宦祠，在文庙门东。乡贤祠，在文庙门西。忠义祠，在明伦堂东。节孝祠，在明伦堂西。以上四祠各州、县俱有之。

清·吴巩、董淳纂修：《嘉庆华阳县志》，清嘉庆二十一年（1816 年）刻本

卷十五《学校》：府学，治南，汉太守文翁讲堂遗址。永初间毁，兴平元年（一作初平元年）太守高联增修。宋初重建。绍兴六年御书"大成殿"额。淳熙二年置制使范成大重修，二十九年置制使王刚中重修。明永乐间重修。宏治十九年督学曹楼等重修。国朝康熙元年巡抚佟彩凤捐葺，八年巡抚张德地增修，二十二年巡抚杭爱等重修，四十九年布政使吴存礼重修。嘉庆二十一年总督常明等重修，张俞有颂，席益、杨甲、张明彩等有记，王骘、董新策、吴省钦等有碑记，俱见《艺文》（续增）。

卷十七《祠庙》：府圣庙，治南城内文庙街，详见《学校》、《祀典》（续增）。崇圣祠，府圣庙东。祀孔子五代（续增）。名宦祠，府圣庙门东（续增）。乡贤祠，府圣庙门西（续增）。忠义祠，府学明伦堂东（续增）。节孝祠，府学明伦堂西（续增）。

清·常明、杨方灿纂修：《四川通志·学校志》，影印清嘉庆二十一年（1816 年）刻本，巴蜀书社，1984 年

成都府儒学，在府治南汉文翁讲堂故址。景帝时文党为蜀郡守，修起学宫，为礼殿以舍孔子，并绘七十二子像殿右庑。作石室，招下县子弟以为学官弟子。光武帝建武十年甲午，益州太守文参增造吏舍二百余间。后学宫焚。灵帝初平五年甲戌，太守高联修复，殿柱皆正方，上狭下阔，宋时尚存。晋太康中刺史张收

---

[1]　本附录以清嘉庆时期的行政区划为主，同时考虑到光绪时期及民国时期部分行政区划的变化。在编排上以成书、镌刻的时间先后为序。为忠实于原文，文中涉及侮辱性的称呼均照录。

增绘后贤像于壁间。齐永明十年,刺史钱悛益以礼家器服制度,刘填更为图。唐永徽元年修学馆、庙堂,贺公亮撰碑记。神龙二年修州学庙堂,有颂刻石,开元中周灏撰《孔子庙堂碑》。会昌五年修文宣王庙,裴坦撰碣。成都县令颜有意《益州学馆庙堂记》列衔石刻,今尚存。孟蜀广政七年,相毋昭裔按太和旧刻九经摩刻庙堂石壁。宋仁宗时知府蒋堂建西学,广诸生斋舍,迄成,堂去,蜀转运使某毁之,以增廨舍。皇祐中知府田况增刻石经,吕陶撰《经史阁记》。嘉祐中知府宋祁就西学废址建文翁祠,知府王素摹殿壁图像为七卷一百五十五人。治平中知府韩绛修讲堂,撰《讲堂箴》,张俞作颂。绍兴六年,兼知府事席益因蜀帅胡宗愈作石经堂,贮图籍,撰记;教授范忠爰请御书大成殿额,席益撰记;二十八年制置使王刚中修殿、庑、斋、舍四百楹,深广精邃,冯时行撰记。蜀帅陈某修四斋于崇宁废址二十八楹,李焘撰记。淳熙二年蜀帅范成大修礼殿右石室学官讲堂、斋舍,杨甲撰记。元元贞初教授鲜瑨修庙学门,撰记。泰定中节使赵世延置瞻学田,罗寿撰记。明洪武间重修。宏治十三年修学,碑尚存。嘉靖御书程子"四箴"尚在尊经阁废址。万历六年知府耿定力重修殿、庑、门、堂、阶、垣、斋、舍如制,提学曹楼撰记,提学郭子章刻唐吴道子所绘圣像于石,撰记尚存。明末古制尽毁。国朝顺治十八年巡抚佟彩凤捐建大成殿五楹,东西庑各五间,戟门五间,棂星、启圣宫、明伦堂、敬一亭、左右学舍、坊垣,悉具撰记,司事张明彩亦有记。康熙八年巡抚张德地增修,四十九年知府殷道正重修。乾隆三十九年总督文绶、布政使钱鋆、署按察使顾光旭重修,提学吴省撰记。

成都县

清·黄廷桂等监修:《四川通志·学校志》(雍正版),《四库全书》本

成都县儒学,在县东,宋政和间建。明永乐间重修。国朝初增修。扁额、碑、祠与府制同。

清·常明、杨方灿纂修:《四川通志·学校志》,影印清嘉庆二十一年(1816年)刻本,巴蜀书社,1984年

成都县儒学,在县治东,孟蜀广政中建,宋政和间重建。明永乐中重修。国朝康熙初年知县张行增修。嘉庆四年重修殿、庑、门、祠、堂、斋如制。

清·李玉宣等修、衷兴鉴等纂:《同治重修成都县志》,清同治十二年(1873年)刻本

卷三《学校志》:学宫,治北文盛街。国朝康熙初年知县张行建,雍正四年布政使罗殷泰重修,嗣知县鲍(失名)、知府王(失名)历有补茸。嘉庆四年知县张相复修,十三年始扩泮池。道光十二年筑垣墙,拓基址,改照墙,前直巷使曲。二十三年换用石柱。咸丰五年毕修殿、庑、门、阶、悉,如制。按旧《志》云孟蜀广政中建,宋政和间改,崇祯末毁。其地今不可考。

华阳县

清·黄廷桂等监修:《四川通志·学校志》(雍正版),《四库全书》本

华阳县儒学,在县西南、成都府儒学之右。旧学在县南宋明相传故址。国朝康熙九年学裁,雍正五年复设,九年改建今所。扁额、碑、祠与府制同。

清·吴巩、董淳纂修:《嘉庆华阳县志》,清嘉庆二十一年(1816年)镌刻本

卷十五《学校》:县学,治西南,府学之右。旧学在治南宋明相传故址。国朝康熙九年学裁,遂废。雍正五年复设,九年改建今所(原采)。乾隆四十一年邑令蒋兆奎重修。嘉庆七年署邑令张敏树重修,张俞有记,顾汝修有引,俱见《艺文》(续增)。

卷十七《祠庙》:县圣庙,治西南城内文庙街、府圣庙西。详见《学校》、《祀典》(续增)。崇圣祠,县圣庙东。祀孔子五代(原采)。名宦祠,县圣庙门东(原采)。乡贤祠,县圣庙门西(原采)。忠义祠,县学明伦堂东(原采)。节孝祠,治南城内陕西街。成都境每岁两邑同祭(续增)。

清·常明、杨方灿纂修:《四川通志·学校志》,影印清嘉庆二十一年(1816年)刻本,巴蜀书社,1984年

华阳县儒学,在县治西南、成都府儒学之右。旧学在治南。孟蜀广政十二年建,宋庆历四年知县杨安之、五年知县沈扶来相继重修正殿圣像、庑、门、斋、舍,张俞撰记。明学因故址。国朝康熙九年学裁,雍正五年复设,九年知县高尚志改建今所。殿、庑、门、祠、堂、斋如制。

双流县

清·黄廷桂等监修:《四川通志·学校志》(雍正版),《四库全书》本

双流县儒学,在县西南,汉时建。明洪武中重修,正统中增修。国朝康熙元年学裁,雍正五年复设,九年重建。扁额、碑、祠与府制同。

清·汪士侃纂修:《嘉庆双流县志》,清嘉庆十九年(1814年)刻本

卷一《祠庙》:文庙,在县治西南。乾隆四十四年知县冯丹香倡建正殿五间、丹墀、石阑、石陛,东西庑各五间,戟门五间,石灵星门、宫墙、桥泮、圣域、贤关,砖铺如制,积十年工始竣。崇圣祠,在正殿后。乾隆四十八年知县石作瑞承建。名宦祠,在戟门左翼;乡贤祠,在戟门右翼,各三间,乾隆四十九年署县龚际美承建。忠义祠,在名宦祠南;节孝祠,在乡贤祠南,各三间,嘉庆十八年知县汪士侃补建。

卷二《学校》:儒学,在县治西南,汉广都故有学,唐立孔圣专庙,宋设儒学官,皆失考。明洪武初知县程新因元遗址重葺;永乐间知县孔友谅重建。正统间增修。万历九年知县汪守廉重建大成殿、东西两庑、名宦祠、乡贤祠、崇圣祠、敬一亭、明伦堂,翼以两斋,棂星门、戟门、泮池及桥,修葺学廨、斋、厨、文昌阁,成都桂嘉孝有记;四十四年知县薛应期重修正殿、两庑、匾额、明伦堂、东斋、西厨、器椟,重建敬一亭于明伦堂左,创立屏墙数仞,左右建崇圣学、育贤才二坊,撤去围墙,对列栅栏,直抵城下,华阳王景撰记。明末兵毁。国朝康熙六年学裁,雍正七年复设,十一年知县庄大椿领帑重建大成殿、两庑、崇圣祠、戟门、棂星门、屏墙、圣域门、贤关门、明伦堂,庄大椿有记;十一年知县吴烜创建忠义祠。乾隆五年知县黄锷建魁楼于圣域门之前,四十四年知县冯丹香、训导杨珑倡捐重建大成殿五间、月台石墀;四十八年知县石作瑞等承建崇圣祠三间,两庑、戟门各五间;四十九年署县龚际美、李映阁建灵星门、宫墙、桥泮、圣域、贤关、名宦祠、乡贤祠;五十二年署县李重福、训导刘德勋建奎阁、丹墀、甬道。嘉庆二年建奎阁风火两墙,十七年知县汪士侃谕邑绅建宫墙外砖垣,修明伦堂成,建忠义祠、节孝祠,有记。

清·常明、杨方灿纂修:《四川通志·学校志》,影印清嘉庆二十一年(1816年)刻本,巴蜀书社,1984年

双流县儒学,在县治西南,汉广都故有学,唐立孔圣专庙,宋设儒学官,皆失考。明洪武初知县程新因元遗址重葺,永乐间知县孔友谅重建。正统间增修。万历九年知县汪守廉重建殿、庑、门、祠、堂、斋、阁、泮如制,成都桂嘉孝撰记。四十四年知县薛应期重修,王景撰记。明末兵毁。国朝康熙六年学裁,雍正五年复设,十一年知县庄大椿领帑重建大成殿、两庑、崇圣祠、戟门、棂星门、屏墙、明伦堂,有记,知县吴烜建忠义祠。乾隆五年知县黄锷建奎阁,四十四年知县冯丹香重建,规制大备。嘉庆二年门祠坊泮奎阁工竣,十七年知县汪士侃谕邑绅建宫墙,修明伦堂成,建忠义祠、节孝祠。

清·江怀廷、彭琬纂修:《光绪续修双流县志》,清光绪三年(1877年)刻本

卷一《祠庙》:文庙,在县治西南。乾隆四十四年知县冯丹香倡建正殿五间、丹墀、石阑、石陛,东西庑各五间,戟门五间,石灵星门、宫墙、桥泮、圣域、贤关,砖铺如制,积十年工始竣。

崇圣祠,在正殿后。乾隆四十八年知县石作瑞承建。名宦祠,在戟门左翼;乡贤祠,在戟门右翼。各三间,乾隆四十九年署县龚际美承建。忠义祠,在名宦祠南。节孝祠,在乡贤祠南。各三间,嘉庆十八年知县汪士侃补建。

温江县

清·黄廷桂等监修:《四川通志·学校志》(雍正版),《四库全书》本

温江县儒学,在县西南,宋咸平初建。明正统中重修。国朝康熙八年知县萧永苪捐修,二十五年知县王瑚补葺。扁额、碑、祠与府制同。

清·常明、杨方灿纂修:《四川通志·学校志》,影印清嘉庆二十一年(1816年)刻本,巴蜀书社,1984年

温江县儒学,在县治西南,宋咸平初建。明正统中重修。国朝康熙八年知县萧永苪捐修,二十五年知县王瑚补葺。雍正十年知县王者聘增修崇圣祠。乾隆十年知县冯中存增葺。嘉庆十七年知县李绍祖募修殿、庑、祠、阁、门、泮如制。

清·李绍祖:《嘉庆温江县志》,清嘉庆二十年(1815年)刻本

卷十八《祠庙》:圣庙,自隋置万春县始建学,故址不可考。今庙在邑治南,宋咸平初建,元、明因之。明末毁。国朝邑令萧永苪于康熙八年修建大成殿三间、戟门三间。雍正十年知县王者聘、教谕苏良儒踵修崇圣祠三间,在文庙左。乾隆十年邑令冯中存复加修葺。大成殿上恭悬……嘉庆十七年邑令李绍祖,教谕杨珊、孙超然,训导杨发枝、胡文璀,庠生程汉章等捐募重修大成殿、东西两庑四间、忠义祠一间、尊经阁一间、棂星门一座、泮池一区、戟门三间。

名宦祠,在文庙前左。乾隆十二年邑令冯中存修,嘉庆十五年邑令李绍祖、教谕黄树本、训导杨发枝、武庠陈宗楷等捐募重修。

乡贤祠,在文庙前右。乾隆十二年邑令冯中存修,嘉庆十五年邑令李绍祖督绅士捐募重修。

张骥等修、曾学传等纂:《民国温江县志》,民国十年(1921)刻本

卷四《风教·学校》:邑文庙,在南城古文明街,宋咸平初建,元、明因之,明末被寇毁。清康熙八年知县萧永苪兴学建大成殿、东西两庑及仪门,规制未能大备。雍正十年知县王者聘、教谕苏良儒踵修,增建崇圣祠三楹。乾隆十年知县冯中存修补大成殿,于学宫外左右增建名宦、乡贤、忠义、孝弟、节孝等祠。嘉庆十七年知县李绍祖重修大成殿及东、西两庑,而尊经阁、棂星门、泮池、戟门规制悉备。道光二十九年知县章燮就旧庙改修,后令刘维岳、薛廉、潘铭监踵成之,至是规模宏伟,阅十三年始藏。大成殿栋木适中天产,文成太极图,左右二龙绕之,论者以为吾邑文化大昌之兆云。

名宦祠在文庙西,乡贤祠在文庙西,忠义孝弟祠在文庙西。节孝祠在文庙东。

新繁县

清·黄廷桂等监修:《四川通志·学校志》(雍正版),《四库全书》本

新繁县儒学,在县东,宋乾德二年建。明正德元年增修,明末毁。国朝知县张人瑞重修;康熙四十二年知县欧阳方曜补修戟门;五十五年知县王理捐修崇圣祠;六十年知县刘廷锡捐修东、西两庑;雍正四年知县王霖重修礼门、义路坊。扁额、碑、祠与府制同。

清·顾德昌、吕兆堂、王陛元纂修:《嘉庆新繁县志》,清嘉庆十九年(1814年)刻本

卷十七《祠庙志》:圣庙,在县东南。《明一统志》:"汉建,故址无存"。宋乾德三年建。明洪武初重建。天顺四年重修。正德元年增修。嘉靖四十二年知县刘体仁辟棂星门。万历二十四年知县牛维驿修泮池、桥、路、奎阁。明末毁。国初知县张人瑞重建。康熙四十二年知县欧阳方曜立戟门,六十年知县刘廷锡修东西两庑。雍正四年知县王霖修义路、礼门坊。乾隆五年知县郑方城、教谕齐骙倡修大成殿及甬道;乾隆三十四年知县邓孝至重建,历知县李作梅、徐瓒、教谕陈维忠及邑绅士踵修,自大成殿、崇圣祠、两庑、戟门、棂星门、頖池、名宦、乡贤、忠义孝弟、节孝祠、魁星阁、明伦堂、学廨以次修举,至四十一年知县高上桂增修墙垣。

崇圣祠,康熙五十五年知县王礼建,乾隆八年知县郑方城重修。名宦祠,在戟门左。康熙四十五年知县欧阳方曜建。乡贤祠,在戟门右。康熙四十五年知县欧阳方曜建。忠义孝弟祠,在棂星门内,坐西向东。雍正九年知县赵宏煐承建。节孝祠,在学宫西,坐北向南。雍正九年知县赵宏煐承建。

清·常明、杨方灿纂修:《四川通志·学校志》,影印清嘉庆二十一年(1816年)刻本,巴蜀书社,1984年

新繁县儒学,在县治东南,宋乾德三年建。明洪武初重建,天顺四年重修。正德元年增修,嘉靖四十三年知县刘体仁辟棂星门。万历二十四年知县牛维驿修泮池、桥、路、奎阁。明末毁。国朝康熙初知县张人瑞重建;四十二年知县欧阳方曜补修门、祠,五十五年知县王礼建崇圣祠,六十年知县刘廷锡建两庑。雍正四年知县王霖修义路、礼门坊,九年知县赵宏煐建忠义祠、节孝祠。乾隆元年署县庄大椿修奎阁,二年教谕齐骙修尊经阁,五年知县郑方城倡修大成殿、甬道、崇圣祠。

清·张文珍、李应观纂修:《同治新繁县志》,清同治十二年(1873年)刻本

卷六《祀典》:圣庙,在城东南隅。《明一统志》:汉建,故址无存。宋乾德三年建。明洪武初重建。天顺四年重修。正德元年增修。嘉靖四十二年知县刘体仁辟棂星门。万历二十四年知县牛维驿修学宫桥、路。明末毁。康熙初年知县张人瑞重建;四十二年知县欧阳方曜立戟门,五十五年知县王礼建崇圣祠,六十年知县刘廷锡修东西两庑。雍正四年知县王霖修义路、礼门坊。乾隆五年知县郑方城、教谕齐骙率邑绅粮等倡修大成殿及甬道,八年重修崇圣祠。乾隆三十四年知县邓孝至、历后任县李作梅、徐瓒,教谕陈维忠及邑绅粮等自大成殿、崇圣祠、两庑、戟门、棂星门、頖池、名宦、乡贤、忠义孝弟、节孝祠、魁星阁、明伦堂、学廨以次修举,至四十一年知县高上桂增修。道光二十八年知县朱有章升棂星门,浚頖池。同治六年知县吴齐源、教谕谢时康及邑绅等培修大成殿,换盖黄琉璃筒瓦,压绿琉璃脊甬,重新龛座,清写两庑神主,改序位次,鼎新宫墙及圣域、贤关、义路、礼门等坊,外竖端魁星阁,淘浚月池,卷砌东、西砖桥两座,朱楹丹艧,金壁辉煌,至今焕然完固。

卷六《祠庙》:圣庙,见前《祀典志》。名宦祠,在戟门左侧。康熙四十五年知县欧阳方曜建,乾隆三十四年知县邓孝至、历后任县李作梅、徐瓒等重建。乡贤祠,在戟门右侧,与名宦祠同建。忠义祠,在棂星门内,坐东向西。与名宦祠同建。孝弟祠,在棂星门内,坐西向东。与名宦祠同建。节孝祠,在学宫西,坐北向南。雍正九年知县赵宏煐承建。道光二十一年知县曹嗣音改建卫湖侧,并建贞烈节孝总坊于祠前。嗣于同治二年知县程祥栋又建贞烈节孝总坊于南门外。

侯俊德等修、刘复等撰:《民国新繁县志》,民国三十六年(1947年)铅印本

卷四《祀典》:孔庙,在治城东南。宋乾德三年建,明洪武初重建,天顺四年重修,正德元年增修,嘉靖四十二年知县刘体仁辟棂星门,万历二十四年知县牛维驿修学宫桥路,明末毁。清初知县张人瑞重建。康熙四十二年知县欧阳方曜立戟门,六十年知县刘廷锡修东西两庑。雍正四年知县王霖修义路、礼门坊。乾隆五年知县郑方城等修复大成殿及甬道,三十四年知县邓孝至重建,其后知县李作梅等先后增修大成殿、两庑、戟门、棂星门、泮池等,四十一年年知县高上桂增筑墙垣而规模大备矣。大成殿正中奉至圣先师孔子位,南向。

金堂县

清·黄廷桂等监修:《四川通志·学校志》(雍正版),《四库全书》本

金堂县儒学,在县东北,宋嘉祐初建。明洪武元年重建。国朝知县董煜补葺,康熙六十一年知县陈舜明增修。扁额、碑、祠与府制同。

清·常明、杨方灿纂修:《四川通志·学校志》,影印清嘉庆二十一年(1816年)刻本,巴蜀书社,1984年

金堂县儒学,在县治东北,倚城,宋嘉祐初建。大中祥符后金堂旧县圮于水,县迁治白牟故城,学随之。明洪武初知县朱景哲重修。成化间增造寖大。崇祯末毁于兵,仅存灵星门、泮池及天德、王道二石坊。国朝康熙初知县董煜重修,二十八年知县李光宸重建明伦堂,六十一年知县陈舜明增葺完备。乾隆五年知县田多稼倡修,有记;十六年知县张南瑛重修;二十八年知县饶学曦倡修圣殿、两庑、泮、墙、崇圣祠、明伦堂,有记。嘉庆十四年知县谢惟杰倡修圣域、贤关二坊。

清·谢惟杰修、陈一津、黄烈纂:《嘉庆金堂县志》,清道光二十四年(1844年)杨得质补刻本

卷七《学校志·学宫》:金堂学宫在治东北,倚城。按《通志》内载,宋嘉祐初建,盖大中祥符以后旧城址被水冲,移治古城镇,遂徙建庙学于此,然碑碣无存,其详不可考。明洪武元年知县朱景哲重修,成化中又加营葺,而规制大备,及崇祯末年流贼入川,遂为焚毁,仅存棂星、泮池及天德、王道二石坊,余具破瓦颓垣,平芜弥望而已。国朝康熙天下底定,偃武修文,知县董煜乃捐俸倡修,培残补阙,略具规模;六十一年壬寅知县陈舜明始增其所未备。乾隆五年庚申知县田多稼又因栋宇摧折,倡绅士修葺之;十六年辛未知县张南瑛重修;二十八年癸未知县饶学曦及阖邑绅士公捐大修庙学,各有增辟,种植松柏,视旧制倍宏敞矣。初,天德、王道二坊为春秋上丁文武官员出入之门,在宫墙外,至是遂徙墙临渠岸焉。嘉庆十四年己巳知县谢惟杰复倡绅士重修,别立圣域、贤关二坊于棂星门左右,仍照初制徙宫墙于坊内,而以旧有二坊为墙外通衢,边砌石为堤,障水为池,植垂柳于夹岸。正殿凡三楹,东、西庑各五楹。殿前为月台,台下为拜次。前为戟门,门左为名宦祠,右为乡贤祠,各三楹。前为泮池,池外为棂星门,门外左为圣域,右为贤关坊,中有荷沼,沼外则屏墙缭焉。殿后为崇圣祠。

清·王树桐、徐璞玉修、米绘裳等纂:《同治续金堂县志》,清同治六年(1867年)刻本

卷一《土地部上·建置·坛庙》:忠孝节义祠,前在学宫棂星门内,道光辛丑年监生萧明宗捐资移建文昌宫内两廊。规模较前壮阔。

王暨英等修、曾茂林等纂:《民国金堂县续志》,民国十年(1921)刻本

卷二《建置·坛庙》:圣庙,在县治东北,倚城。宋嘉祐初移县治于古城镇,即徙建庙祀。明洪武元年知县朱景哲重修,成化中加修葺。明末毁于兵燹,仅存棂星、泮池及天德、王道二石坊。清康熙初知县董煜捐俸倡修,六十一年知县陈舜明增修。乾隆五年知县田多稼倡捐修葺,十六年知县张南瑛重修,二十八年知县饶学曦增修。嘉庆十四年知县谢惟杰倡捐重修,规模大备,正殿三楹,东、西庑各五楹。殿前为月台,台下为拜次。前为戟门,戟门外为泮池,池外为棂星门,门外左为圣域坊,右为贤关坊,中有荷沼,沼外则屏墙缭焉。殿后为崇圣祠。戟门左为名宦祠,右为乡贤祠,各三楹。光绪十七年知县王用绥倡众募捐重修。民国二年名宦倾圮,复加修补。

忠义孝弟祠,原在学宫左,雍正元年奉敕建,乾隆中补葺。嘉庆十三年知县谢惟杰重修,道光辛丑年监生萧明宗捐资移建于文昌宫大门内左,光绪中补修。

节孝祠原在学宫左,雍正元年奉敕建,乾隆中补葺。嘉庆十三年知县谢惟杰重修,道光辛丑年监生萧明宗捐资移建于文昌宫大门内右,光绪中补修。

新都县

清·黄廷桂等监修:《四川通志·学校志》(雍正版),《四库全书》本

新都县儒学,在县东,明初建,贼毁未修。国朝康熙二十六年知县王祇台捐建。扁额、碑、祠与府制同。

清·常明、杨方灿纂修:《四川通志·学校志》,影印清嘉庆二十一年(1816年)刻本,巴蜀书社,1984年

新都县儒学,在县治东。唐旧址在县东二十里,咸亨间长史来恒、守司马宇文纯、县令郑元嘉奉诏建先师庙堂,杨炯撰碑文。明天顺十八年知县杨敷徙建今址。宏治十七年重修,嘉靖五年主薄薛海、教谕尹任、训导刘士充、孙鹍重建,杨慎撰记。明未毁。国朝康熙二十六年知县王祇台捐建大成殿、崇圣祠,四十四年知县秦天赐重建两庑、明伦堂。雍正二年知县高尚志创建忠义祠、节孝祠。乾隆二年教谕权怀泗增修宫墙。

清·张奉书纂修:《道光新都县志》,清道光二十四年(1844年)刻本

卷五《学校志》:学宫,旧在县西南。唐咸亨元年建,见杨炯《新都夫子庙堂碑》,其迹不可考。明洪武初建造,正统五年重修,天顺十八年知县杨敷改建县南,即今所。历中知县刘文征、李应龙、教谕邱嵩相继培修,明季毁。国朝康熙二十六年知县王祇台承建正殿、两庑、戟门、棂星门、崇圣祠,四十四年知县秦天赐重建两庑。雍正八年知县高尚志重建。乾隆三十二年知县仲纯信重建。嘉庆十一年教谕权怀仕增修宫墙。道光十七年知县张奉书重修正殿、崇圣祠、两庑。

陈习删等修、闵昌术等纂:《民国新都县志》,民国十八年(1929年)铅印本

第二编《政纪·教育》:尊经阁,在文庙正殿后,清道光十七年新建。

第三编《礼俗·享祀》:文庙,原在城内县署东。明洪武初建,正统六年、天顺二年、嘉靖三十二年、万历十二年、四十一年先后重修。兵燹。清康熙二十六年遵诏建大成殿、启圣祠、棂星门,四十四年增建两庑。乾隆三十二年、道光十七年经仲纯信、张奉书两次增修。光绪三十四年知县邓隆遵升孔子大祀,诏庙升高五尺,覆黄瓦,备文德武功舞。综计历次建置,共大成殿五间、东庑七间、西庑七间、尊经阁一座、御碑亭一座、启圣宫一座、戟门五间。门三道:中曰大成门,泮池外为棂星门,左右致斋所、更衣所各三间,神库、神厨各一间,外宫墙一道,东圣域门、西贤关门,宰牲所二处,在忠义孝弟祠前。奎星阁,在学宫前,明万历时建。

郫县

清·黄廷桂等监修:《四川通志·学校志》(雍正版),《四库全书》本

郫县儒学,在县城西,汉元和初建。明隆庆中迁县城东门外扬子云读书楼处,明末圮。国朝康熙五十六年复迁建城内旧址。扁额、碑、祠与府制同。

清·常明、杨方灿纂修:《四川通志·学校志》,影印清嘉庆二十一年(1816年)刻本,巴蜀书社,1984年

郫县儒学,在县城西,汉元和初建。明隆庆中迁县城东门外扬子云读书台旧址,明末圮。国朝康熙五十五年知县刘契复迁建城内旧址。乾隆十年知县李馨增建门坊,二十九年知县沈芝、教谕张㬚复迁建城东南隅。殿、庑、祠、门[宫墙]坊、泮、明伦堂、斋、署如制。嘉庆六年教谕彭国玺移建明伦堂后,有记。

清·陈庆熙纂修:《同治郫县志》,清同治八年(1869年)刻本

卷十五《学校》:学宫,在县城西,汉元和初建。明隆庆中迁县城东门外扬子云读书处,明末圮。国朝康熙五十六年复迁城内西北隅(《通志》)。乾隆二十九年知县沈芝、教谕张暎倡绅士重建城之东南隅。嘉庆六年教谕彭国玺移修于明伦堂之后,九年有乡民刘廷枢捐施田十六亩,载粮三钱,每年收租以作培补文庙之资。

李之青等修、戴朝纪等纂:《民国郫县志》,民国三十七年(1948年)铅印本

卷二《学校》:学宫,在县城西,汉元和初建。明隆庆中迁县城东门外扬子云读书处,明末圮。清康熙五十六年复迁城内西北隅《通志》。乾隆二十九年知县沈芝、教谕张熙倡绅士重建于城之东南隅。嘉庆六年教谕彭国玺移修于明伦堂之后,九年乡民刘廷枢捐施田十六亩,载粮三钱,每年收租以作培补之资。

卷二《祠庙》:文庙,在县城东南。大成殿五间,丹墀一座,乐舞台一座,石栏一周,东庑五间,上塞门一道,下塞门一道;西庑五间,上塞门一道,下塞门一道。戟门三间,东曰礼门,西曰义路,泮池一区。棂星门一座,东曰腾蛟,西曰起凤。戟门外东名宦祠三间、忠孝祠三间,西乡贤祠三间、节孝祠三间;东圣域门一座,西贤关门一座,照墙一座,红墙一座。

清乾隆二十九年邑令沈芝重修,嘉庆十四年邑令李宝曾补修,光绪三十二年升为大祀,黄墙黄瓦,增饰有加,更于名宦、乡贤祠之南建祭器、致斋两所。大成殿设大成至圣先师木主,正位南向。

崇宁县

清·黄廷桂等监修:《四川通志·学校志》(雍正版),《四库全书》本

崇宁县儒学,在县西,宋元祐初建,明洪武中徙今所,弘治中重修,兵燹后毁。国朝康熙七年学裁,雍正八年复设,九年重建。扁额、碑、祠与府制同。

清·常明、杨方灿纂修:《四川通志·学校志》,影印清嘉庆二十一年(1816年)刻本,巴蜀书社,1984年

崇宁县儒学,在县治西。宋元祐初建,明洪武中迁建今所,弘治中重修,明末毁。国朝康熙七年学裁,雍正八年复设,九年知县陈世润重建,十六年知县陈士隽重修。嘉庆三年知县陈文绂增高,重葺殿、庑、门、祠。

清·刘坛、张大锌、李自超纂修:《嘉庆崇宁县志》,嘉庆二十一年(1816年)刻本

卷一《学校》:国朝康熙七年学裁,雍正八年复设,九年重建文庙、儒学、衙署。

卷一《祠庙志》:文庙,在县西城内。宋元祐初建,明洪武中徙今所,宏治中重修,兵燹后毁。国朝康熙七年归并郫县,有庙无祀,殿庑仅存。雍正七年设县,置官重建学宫,九年知县陈世润重修。乾隆十六年知县陈士隽再修。崇圣祠三间,在大成殿后。大成殿三间,乾隆十六年知县陈士隽同绅民等捐募重修。嘉庆三年知县陈文绂同绅民禀请移陞旧基一丈,下接两庑,内天井,外甬道,俱筑灰石。东庑三间,乾隆五十七年绅民等捐募重建。西庑三间。戟门三间。右承祭厅一间。左执事厅一间。以上俱绅民捐募重建。名宦祠三间。乡贤祠三间。以上二祠明嘉靖知县刘守德建,乾隆五十七年绅民等重修。忠义祠,三间。节孝祠,三间。俱乾隆五十七年重建。

陈邦倬修、易象乾、田树勋等纂:《民国崇宁县志》,民国十四年(1925年)刻本

卷四《礼俗门·祀典》:大成殿。两庑。启圣祠,在大成殿后。名宦祠,在文庙内。乡贤祠,在文庙内。

灌县

清·黄廷桂等监修:《四川通志·学校志》(雍正版),《四库全书》本

灌县儒学,在县北,五代时建。明洪武初重修,正德中提学金事刘节、知县胡光增修。明末毁。国朝康熙元年知县马玑建正殿。雍正四年知县谭琏建东西两庑、戟门。扁额、碑、祠与府制同。

清·常明、杨方灿纂修:《四川通志·学校志》,影印清嘉庆二十一年(1816年)刻本,巴蜀书社,1984年

灌县儒学,在县治北,五代时建。明洪武初重修,正德中提学金事刘节、知县胡光增修。明末毁。国朝康熙元年知县马玑建正殿。雍正四年知县谭琏重建。康熙四十三年知县孙天宁增修,二十五年摄县事李滨重修。

清·孙天宁纂修:《光绪增修灌县志》,清光绪十二年(1886年)刻本

卷三《祠庙》:文庙,在城西北金龟山麓,系五代时旧址。明洪武初改建城东,即今文昌宫。国朝康熙二十七年知县聂有吾仍迁还旧址,建大成殿一楹。嗣经雍正四年知县谭琏、九年知县陈涞增修崇圣祠、两庑、戟门、宫墙等处。乾隆四十三年知县孙天宁重建大成殿。同治二年知县李天植奉上谕集绅筹款移向新建,迄光绪七年始行完工:大成殿五间,周围走廊;崇圣祠三间,东西庑各七间,戟门五间,棂星门三间。殿左祭器库,连下排楼与金声亭名(各)一,右尊经阁,连下排楼与玉振亭各一,以及露台、宫墙、圣域、贤关二门、泮池,均依制建修完备。戟门外左附斋宿所,右附宰牲所。庙址西北直抵城垣为界,西南至山岭中分与城隍庙连界,南抱类鼓坪,东下山岭中分直抵山嘴,下至学署,俱埋灰窖石为界;东北于山脚埋灰窖石为界,其平地三界,前抵街路墙脚为界,左倚老牌坊外水井侧墙脚直下抵万寿宫墙脚为界,右倚副学署外西边土墙直下抵街路为界。

名宦祠,附庙左。节孝祠,附庙左。

忠义祠,附庙右。乡贤祠,附庙右。

叶大锵等修、罗骏声纂:《民国灌县志》,民国二十二年(1933年)铅印本

卷二《营缮书》:孔子庙,即前文庙,在城西北金龟山右,相传为五代遗址,明洪武初改建城东,今文昌宫即其地。清康熙二十七年知县聂有吾迁还旧址,建大成殿。雍正四年知县谭琏、九年知县陈涞相继增建崇圣祠、两庑、戟门、宫墙。乾隆四十三年知县孙天宁重建大成殿。同治二年知县李天植移建,迄光绪七年竣事,有崇圣祠、大成殿、东西庑、戟门、棂星门、祭器库、左右排楼、金声亭、玉振亭、尊经阁、露台、宫墙、圣域、贤关、泮池、斋宿所、宰牲所、更衣亭。民国葺修,复建斋宿室及楼房,十八年乔置初级中学,于内庙附庙左者为名宦祠、节孝祠,右为忠义祠、乡贤祠,今节孝祠已圮,余三祠。民国二十年复修四祠于庙左,合为一室。

彭县

清·黄廷桂等监修:《四川通志·学校志》(雍正版),《四库全书》本

彭县儒学,在县东南,宋天圣元年建。明洪武元年知县胡子祺重修,弘治五年增修。国朝康熙七年学裁,雍正八年复设重建。扁额、碑、祠与府制同。

清·王钟钫纂修:《嘉庆彭县志》,清嘉庆十八年(1813年)刻本

卷十七《祠庙》:文庙,在县治南,宋天圣元年建。洪武元年知县胡子祺重修,宏治五年增修大成殿。国朝康熙六年并入新繁,雍正五年知县王霖重修,八年复设,知县沈天成重修东西两庑。乾隆四十四年知县朱琦培修,五十五年知县谢生晋重修两庑共十间,戟门一座五间,棂星门一座,礼门、义路、下马碑、照墙、泮池、焚祝帛炉,俱极整饬。宫墙计一百六十丈。崇圣祠,在文庙后。雍正八年知县沈天成建,乾隆五十五年知县谢生晋重修。名宦祠,在文庙戟门外左侧,雍正八年知县沈天成建,乾隆五十五年知县谢生晋重修。乡贤祠,在文庙南。乾隆五十五年知县谢生晋修建。忠义孝弟祠,在文庙南。乾隆五十五年知县谢生晋修建。节孝祠,在文庙南。乾隆五十五年知县谢生晋修建。

清·常明、杨方灿纂修:《四川通志·学校志》,影印清嘉庆二十一年(1816 年)刻本,巴蜀书社,1984 年

彭县儒学,在县治东南,宋天圣元年建。明洪武初年知县胡子祺重修,宏治五年增修。国朝康熙七年学裁,雍正八年复设,署县沈天成重建。乾隆四十四年知县朱琦增修,五十五年知县谢生晋重建殿、庑、祠、门、泮、墙、祭器如制。

清·张龙甲修、吕调阳等纂:《光绪重修彭县志》,清光绪四年(1878 年)刻本

卷二《坛庙志》:文庙,在南门内。本宋天圣间旧址,明洪武元年知县胡子祺重修,宏治五年增修大成殿。国朝康熙六年并入新繁。雍正五年知县王霖重修,八年复设,知县沈天成增修东西两庑。乾隆四十四年知县朱琦、五十五年知县谢生晋皆尝培修。道光十三年前县毓禀准借粜社谷,获价银一万八百三十两,于七月兴工改修,并移置书院,拓地广二十丈七尺,纵五十三丈,二十六年因讼停止。二十七年署县郭别举首事经理,先后劝捐共钱万有五千九百五十一贯余,一律修竣,详委勘报。计共建启圣殿五间,东、西崇圣祠各三间,崇圣门三间。大成殿一座,长七间,高五丈一尺,广十丈,深五丈,内悬国朝康熙二十三年颁钦御书“万世师表”匾额,雍正四年颁钦御书“生民未有”匾额,乾隆五年颁钦御书“与天地参”匾额,嘉庆五年颁钦御书“圣集大成”匾额,道光二年颁钦御书“圣协时中”匾额,咸丰元年颁钦御书“德齐帱载”匾额,同治元年颁钦御书“圣神天极”匾额,光绪元年颁钦御书“斯文在兹”匾额。东、西庑各七间,戟门五间,尊经阁一座,御碑亭一座,东、西走廊各十三间,更衣所各五间。光绪四年县令张一体重加髹漆。斋宿所在西廊后,一井,八间,又新增三间。泮池一口,棂星门三座,礼门、义路两道,照墙一壁,墙外月池一口,同治八年凿。

名宦祠、乡贤祠、忠义祠、节孝祠四祠均附文庙之西,乾隆五十五年知县谢生晋建。道光二十七年知县郭彬图重修文庙,并将四祠移建,各正室三间,东向,正门各一座,共建总祠门颜曰“名宦、乡贤、忠义、节孝”(案:四祠之次当遵《会典》,题为忠孝、节孝、名宦、乡贤,重三纲也)。

简州

清·黄廷桂等监修:《四川通志·学校志》(雍正版),《四库全书》本

简州儒学,在州旧城东北,宋开宝初建。明正德八年迁州移新城。明末毁。国朝知州王孙盛重建,康熙九年知州杨登山复迁旧城东北故址。扁额、碑、祠与府制同。

清·常明、杨方灿纂修:《四川通志·学校志》,影印清嘉庆二十一年(1816 年)刻本,巴蜀书社,1984 年

简州儒学,在州治旧城东北,宋开宝初建,绍兴中立高宗御制孔子像赞碑。嘉定中知州赵伯豪摹圣像于石,撰跋。明正德八年迁州移新城。天启五年迁建新城南关外。崇祯九年复迁新城,甲申兵燹,惟存大成殿。国朝康熙四年知州王孙盛补修,九年知州杨登山复建今所,殿、庑、门、祠、泮、坊、堂、斋如制,学正林中麟撰记。乾隆四十四年知州王启焜倡修戟门,有记。

清·陈治安、黄朴等纂:《咸丰重修简州志》,清咸丰三年(1853 年)新刻本

卷十一《学校志》:学宫,在旧城。宋太祖开宝初建,明正德八年迁于新城。天启五年徙新城南关外。崇祯九年复迁新城。甲申兵燹,惟存正殿。国朝康熙四年知州王孙盛补修正殿,康熙九年知州杨登山复迁旧城,建大成殿、崇圣祠、左右两庑、戟门、名宦、乡贤祠、泮池、圣域、贤关门、棂星门、腾蛟、起凤坊、明伦堂、宫墙四周,学正林中麟撰记。乾隆四十四年知州王启焜复率绅士补修,见戟门碑志。道光十七年知州宫思晋率绅粮重修,有记,载《艺文》。

崇庆州

清·黄廷桂等监修:《四川通志·学校志》(雍正七年版本),四库全书本

崇庆州儒学,在州治东南,明洪武初建。正德十一年重修。明末毁。国朝康熙六年重建,二十一年增修。扁额、碑、祠与府制同。

清·常明、杨方灿纂修:《四川通志·学校志》,影印清嘉庆二十一年(1816年)刻本,巴蜀书社,1984年

崇庆州儒学,在州东南,明洪武初建,正德十一年重修。明末毁。国朝康熙六年知州蔺开禧重建,二十二年知州吴倡荫倡修殿、庑、门、祠、泮池、宫墙、两坊如制。雍正元年建孝弟忠义祠,九年知州田锡重修,复修节孝祠。乾隆五十年知州王嘉猷重修,复葺明伦堂,州人吴璋于明伦堂后尊经阁殿址筑基,以培风脉。

谢汝霖等修、罗元黼等纂:《民国崇庆县志》,民国十五年(1926年)铅印本

《礼俗第五》:孔子庙,在县城正中。明洪武初建,正德十一年重修,崇祯末毁于贼。清顺治十六年知州王毓贤始建。康熙九年知州万文麟、二十一年知州吴昌荫相继补葺;四十年知州张象文重葺,增建棂星门、戟门、启圣宫、尊经阁。乾隆、嘉、道间历有修葺。光绪十三年知州孙开嘉重建,规模式廓逾于他邑,兼备置祭器、乐器如制,罔或缺。

名宦、乡贤、孝友、忠义祠。名宦、乡贤旧在孔庙右。孝友旧在尊经阁下。清光绪中知州孙开嘉立昭忠祠于罨画池旁,为驻军蹂躏,与孝友神牌百无一存。民国十三年始合奉孔庙右。

新津县

清·黄廷桂等监修:《四川通志·学校志》(雍正版),《四库全书》本

新津县儒学,在县东,宋明道初建。明洪武八年重建,成化、弘治中继修,明末毁。国朝康熙二十五年知县伦可大复建。扁额、碑、祠与府制同。

清·常明、杨方灿纂修:《四川通志·学校志》,影印清嘉庆二十一年(1816年)刻本,巴蜀书社,1984年

新津县儒学,在县治东,宋明道初建。明洪武八年重建,成化、宏治中继修,明末毁。国朝康熙二十五年知县伦可大重建,四十六年知县王汝骧重修殿、庑、门、祠。乾隆四十三年署县曾自修重葺。

清·王梦庚原稿、陈霁学修、叶方模、童宗沛纂:《道光新津县志》,民国十一年(1922年)铅印本

卷十一《祠庙》:文庙,在县治东。康熙二十二年知县伦可大建,四十六年知县王汝骧重修万仞宫墙一道,东、西下马碑石各一,左圣域、右贤关二门;次棂星门三间,各石柱二;次泮池,周围十六丈八尺,上跨石梁三道,周围石栏五十八堵;次戟门五间,东西两阶,中列甬道,阶九级,栏以石。大成殿五间,重檐崇基,体势如制。崇圣祠三间,在大成殿后,康熙二十二年知县伦可大建,四十六年知县王汝骧重修。乾隆四十三年署知县曾自伊重均修葺。东西庑各五间。名宦祠在戟门左,乡贤祠在戟门左名宦祠之次。忠义祠在戟门左,乡贤祠之次。

卷二十三《学校·学宫》:儒学,在县治东,宋明道初建。明洪武八年重建,成化九年、宏治元年继修,明末毁。国朝康熙二十五年知县伦可大建。

汉州

清·黄廷桂等监修:《四川通志·学校志》(雍正版),《四库全书》本

汉州儒学,在州南,宋嘉泰中建。明洪武中重修,天顺五年知州李鼎增修。国朝初重修。扁(匾)额、碑、祠与府制同。

清·常明、杨方灿纂修:《四川通志·学校志》,影印清嘉庆二十一年(1816年)刻本,巴蜀书社,1984年

汉州儒学,在州治南,宋嘉祐中刺史聂有众建,制度宏敞。治平间州判文同因讲堂巨石为之铭始。庆历间刺史程珦雅意兴学,再请宇文中允典学,书载《伊川集》中。明洪武中重修,正统七年知州章瓒倡修,提学康振撰记。天顺五年知州李鼎增修。成化元年知州柴广重修,学正李槩立碑题名。嘉靖二十七年知州刘琮重修,周满撰记。天启六年署州王从先、苗裔昌续修。崇祯二年知州徐允聘重葺。明末毁。

国朝康熙元年知州张万寿重建如制;五十七年知州陆景龙增修。雍正九年王如珽增修各祠。嘉庆十七年知州刘长庚倡绅士捐建,规模宏丽。

清·刘长庚修、侯肇元、张怀泗纂:《嘉庆汉州志》,清嘉庆二十二年(1817)刻本

卷十二《学校志》:儒学,在州署南。前明成化三年知州柴广建修,嘉靖三十七年知州刘琮补葺。天启六年府丞摄州事苗裔昌、七年署州事王从先重修。国朝康熙中学正何现璋、训导李正辂承建,乾隆三十四年学正李缃培修,恭刊卧碑于明伦堂。顺治九年二月初九日奉……

卷十四《祠庙志》:文庙,在州南,宋嘉泰中建,明洪武中重修,宣德中知州章瓒、天顺五年知州李鼎增修,成化中知州柴广、嘉靖中知州刘琮、天启中知州苗裔昌、王从先、崇祯中知州徐允、聘梦次培修。明季毁之,余渐就倾圮。国朝康熙元年知州张万受承建,嗣后知州徐元衡补修,乾隆十一年知州张珽、周际昌、周来邰重修,嘉庆三年胡延璠补修,十七年知州刘长庚重修,视旧制倍为宏敞,正殿五间,东西两庑各五间,殿前为露台,台下为拜次,戟门五楹,礼器库、乐器库各一间,官绅更衣亭各一间,左为名宦祠,右为乡贤祠,前为泮池,池外为棂星门,门东为圣域门、西为贤关门,外屏一座,绕以朱垣,垣前为外泮池,又东为德配天地坊,又西为道冠古今坊。殿后为崇圣祠。殿上恭悬康熙二十三年御书"万世师表"匾额,楹间恭刊四十二年"御制训饬士子碑文",四十五年敕建"平定朔漠碑"于殿左。雍正四年御书"生民未有"匾额,八年敕建"平定青海碑"于殿右。乾隆五年御书"与天地参"匾额。嘉庆六年御书"圣大集成"匾额,俱悬正殿。内龛先师像,乃治北前明万历时乡人所祀者,乾隆四十九年知州徐德元迎祀,外龛恭设至圣先师孔子木主,北位南向。

什邡县

清·黄廷桂等监修:《四川通志·学校志》(雍正版),《四库全书》本

什邡县儒学,在县东,宋祥符二年建。明洪武元年重建;正德二年增修;明末毁。国朝康熙二十一年知县刘国玺详请具题重建。扁额、碑、祠与府制同。

清·纪大奎、林时春等纂修:《嘉庆什邡县志》,清嘉庆十八年(1813年)刻本

卷十五《学校志》:文庙,在县治东。汉州旧志:宋祥符二年建。明洪武二年重修,正德二年增修。明末贼毁。国朝康熙二十一年知县刘国玺倡绅士捐修正殿,二十五年知县胡之鸿因殿宇卑狭,捐俸首倡,率绅耆重加改修,续及两庑、戟门、黉门、照墙次第整齐;建明伦堂,始如旧制;四十九年知县李允符增修礼门、义路。乾隆七年知县史进爵偕教谕赵栐、训导余锡恩建竖围房二十一间,修垫甬道,改砌泮池,培植紫荆、桂、柏、桃、李诸树,又于棂星门内东隅建尊经阁;四十二年知县任思正以旧制湫隘、楹柱将圮,集邑中绅耆捐募重修,增其基址,高其垣墉,凡一切门、堂、庑、序灿然大备;又于崇圣祠后建尊经阁,藏储书籍。华阳顾汝修、常丰、徐如澍俱有记。

卷十七《祠庙志》:圣庙,修建年代详见《学校》。名宦祠,在戟门左,西向。乾隆十二年知县史进爵、教谕赵梾、训导余锡恩同建,四十六年知县任思正重建。乡贤祠,在戟门右,东向。乾隆十二年知县史进爵、教谕赵梾、训导余锡恩同建,四十六年知县任思正重建。忠孝义祠,在乡贤祠南,雍正九年知县管胪传承建。乾隆十二年知县史进爵、教谕赵梾、训导余锡恩移修,四十六年知县任思正重修。

清·常明、杨方灿纂修:《四川通志·学校志》,影印清嘉庆二十一年(1816 年)刻本,巴蜀书社,1984 年

什邡县儒学,在县治东,宋祥符二年建。明洪武初重建,正德二年增修。明末毁。国朝康熙二十一年知县刘国玺倡绅士捐修正殿,二十五年知县胡之鸿捐修,有记;四十九年知县李允符增修。雍正九年知县管胪传建诸祠,知县程雯建节孝祠。乾隆七年知县史进爵偕教谕赵梾、训导余锡恩建围房,筑甬道,砌泮池,培植列树,增建尊经阁;十二年知县史进爵倡建诸祠;四十二年知县任思正倡修,增高基址,殿、庑、门、堂,规制宏备;建尊经阁于崇圣祠后,藏书若干卷,顾汝修撰记。

王文照修、曾庆奎、吴江纂:《民国重修什邡县志》,民国十八年(1929 年)铅印本

卷七《礼俗》:什邑文庙在治东,宋祥符二年建,明洪武二年重修,正德二年增修,明末贼毁(见汉州旧志)。清康熙二十一年知县刘国玺率绅士捐修正殿,二十五年知县胡之鸿因殿宇卑狭,捐俸倡率绅耆重加改修,续及两庑、戟门、黉门、照墙,次第整齐;又建明伦堂,始如旧制。四十九年知县李允符增修礼门、义路。乾隆七年知县史进爵偕教谕赵梾、训导余锡恩建竖围房二十一间,修垫甬道,改砌泮池,植紫荆、桂、柏、桃、李诸树,又于棂星门内东隅建尊经阁;四十二年知县任思正以旧制湫隘,楹柱将圮,集邑绅耆捐募重修,增其基址,高其垣墉,凡一切门堂庑序,灿然大备,又于崇圣祠后改建尊经阁,藏贮书籍(纪志)。道光十二年知县黄鲁溪复培修棂星门、泮池、礼门、义路及四围宫墙(传续志)。几次修建俱有记。

清·傅华桂等修:《同治续增什邡县志》,同治四年(1865 年)刻本

卷十七《祠庙志》:文庙戟门外棂星门、泮池、礼门、义路及四围宫墙,道光十二年前任黄鲁溪培修。

保宁府

保宁府

清·黄廷桂等监修:《四川通志·学校志》(雍正版),《四库全书》本

保宁府儒学,在府西南,宋大观四年建。明洪武间知府陈益民、李直史增修;明末毁。国朝知府柯臣、薛柱斗先后建修;康熙二十三年御书"万世师表"扁额;四十二年钦颁御制"训饬士子"碑文;四十五年勅建"平定朔漠"碑于殿左;雍正元年奉旨创建崇圣祠,恭设五代王牌位;四年钦颁御书"生民未有"扁额;八年勅建"平定青海"碑于殿右。

《祠庙》:文庙,在府城南,详见《学校》、《祀典》,各州县制同。崇圣祠,在明伦堂东。名宦祠,在文庙东。乡贤祠,在文庙西。忠义祠,在大成门外东。节孝祠,在大成门外西。以上五祠各州、县俱有之。

清·常明、杨方灿纂修:《四川通志·学校志》,影印清嘉庆二十一年(1816 年)刻本,巴蜀书社,1984 年

保宁府儒学,在府治西南,宋大观四年建,明洪武间知府陈益民、李直史增修,明末毁。国朝知府柯臣、薛柱斗先后建大成殿、两庑、戟门、灵星门、崇圣祠、泮池、宫墙。嘉庆十二年署县康泞建明伦堂及诸祠。

清·黎学锦、徐双桂等修、史观等纂:《道光保宁府志》,道光元年(1821年)刻二十三年(1843年)补刻本

卷二十四《学校志》:保宁府儒学,在府治西南,宋大观四年建,明洪武间知府陈益民、李直、史(书)增修,明末毁。国朝知府柯臣、薛柱斗先后建大成殿、两庑、戟门、棂星门、崇圣祠、泮池、宫墙;道光元年川北道黎学锦重修(旧设至圣并四配神位较小,今各高尺许,盘以金龙),增建杏坛亭(在棂星门左)。

清·徐继辅纂修:《咸丰阆中县志》,清咸丰元年(1851年)

卷二《祠庙志》:府文庙,在城西南隅,宋大观四年建,明洪武间知府陈益民、李直、史书增修(府志,李直史增修,脱一书字,而不知其为二人也。盖沿《通志》之谬)。国朝顺治八年知府柯臣、知县汤鼎新建。康熙年间知县薛柱斗及高镛续修。道光元年川北道黎学锦重修。

府名宦祠,在府文庙右。昭忠祠,在府文庙左。节孝祠,在府文庙后。

岳永武修、郑钟灵等纂:《民国阆中县志》,民国十五年(1926年)石印本

卷八《祠庙志》:(保宁)府文庙在城西南隅,宋大观四年建,明洪武中重建,知府陈益民、李直、史书增修。顺治八年知府柯臣、知县汤鼎新建,康熙间知府薛柱斗及高镛续修,道光元年川北道黎学锦重修。

府名宦祠在府文庙街右。昭忠祠在府文庙街右府署西。节孝祠在府文庙街右府署西,因与府名宦祠毗连,亦归并团练局。

阆中县

清·黄廷桂等监修:《四川通志·学校志》(雍正版),《四库全书》本

阆中县儒学,在县东门外,旧在府治北。明崇祯间始迁今所,明末毁。国朝康熙三年知县高人秀重建;二十七年知县潘云贵增修。扁额、碑、祠与府制同。

清·常明、杨方灿纂修:《四川通志·学校志》,影印清嘉庆二十一年(1816年)刻本,巴蜀书社,1984年

阆中县儒学,在县治东门外,旧在府治北。明崇祯间迁今所。明末毁。国朝康熙三年知县高人秀重建,二十七年知县潘云桂增修。嘉庆十四知县黄泰重修,增建诸祠及明伦堂。

清·黎学锦、徐双桂等修、史观等纂:《道光保宁府志》,清道光元年(1821年)刻二十三年(1843年)补刻本

卷十二《舆地·祠庙》:(阆中县)文庙,在府城西南,一在东门外。崇圣祠在大成殿后。明伦堂在大成殿西。名宦祠在文庙东,乡贤祠在文庙后,忠义祠在文庙后,节孝祠在文庙后。

卷二十四《学校志》:阆中县儒学,在县治东门外,旧在府治北,明崇祯间迁今所,明末毁。康熙三年知县高人秀重建,二十七年知县潘云桂增修,嘉定十四年知县黄泰重修,增建诸祠及明伦堂。

清·徐继辅纂修:《咸丰阆中县志》,清咸丰元年(1851年)

卷二《祠庙志》:县文庙,旧在县北,明宏治中迁,崇祯末再迁。国朝清康熙三年知县高人秀即崇祯年间旧址重建,二十七年知县潘云桂增修。嘉庆十四年知县黄泰重修。至咸丰元年知县徐继镛始从城东门外移建城北门内(按明通志称"县学在治北,宋建。本朝洪武中重修,宏治中迁"。合诸志考之,乃宏治时之所以迁者,因寿藩而迁也,第未详所迁何地。今武庙前有一圆池,传即当日泮池。想崇祯年间既迁文庙,因以此地改为武庙,即其半而圆之,未可知也。文庙迁城东门外,而其迁之时则在崇祯戊寅、己卯之交,国势已危,贼分正炽,戎马扰攘中何以有此兴作?殊不可解。至其初之在治北者,以形势度之,当在今府署后,以凤凰山双峰为□山,既为寿藩所削,而宋时学宫故处遂无可考矣。旧《通志》称寿王府第方四里,易军民居室千余家,徙县学、寺观、庙宇、公署数十区为之。新《通志》删却"县学"二字而《府志》因而仍之,亦乌知"县学"二字不可删耶?)。

县名宦祠在县文庙左。乡贤祠在县文庙右。忠义孝悌祠附乡贤祠内。

岳永武修、郑钟灵等纂:《民国阆中县志》,民国十五年(1926年)石印本

卷八《祠庙志》:县文庙,旧在县北,明宏治中迁,崇祯末再迁,清康熙三年知县高人秀即崇祯间旧址重建。二十七年知县潘云桂增修,嘉庆十四年知县黄泰重修,至咸丰元年知县徐继镛始从城东门外(即桂香阁地址)移建城北门内。先后建大成殿、崇圣祠、两庑、戟门、棂星门、泮池,以次告成,宫墙四臣,栋宇一新。

县名宦祠在县文庙街左。乡贤祠在县文庙街右。忠义孝悌祠(附乡贤祠内)。

苍溪县

清·黄廷桂等监修:《四川通志·学校志》(雍正版),《四库全书》本

苍溪县儒学,在县西,旧在城外东北隅。明洪武间建,正德中改迁今所,明末毁。国朝修葺。扁额、碑、祠与府制同。

清·常明、杨方灿纂修:《四川通志·学校志》,影印清嘉庆二十一年(1816年)刻本,巴蜀书社,1984年

苍溪县儒学,在县治西北,旧庙在北郭,学署在城外东北。明正德七年知县刘鸿迁建今所,知县李辅、沈国相继重修。国朝康熙三年知县杨引祚改向东南,止存正殿;五十五年知县杜士秀仍复旧制,五十九年知县孙毓珫增建门、祠。雍正十三年知县淇渭建两庑、诸祠及明伦堂。乾隆四十八年知县丁映奎倡修殿堂,改建奎阁于南岸锦屏山。

清·黎学锦、徐双桂等修、史观等纂:《道光保宁府志》,道光元年(1821年)刻二十三年(1843年)补刻本

卷二十四《学校志》:(苍溪县)儒学,在县治西北。旧庙在北郭,学署在城外东北。明正德七年知县刘鸿迁建今所,知县李辅、沈国相继重修。国朝康熙三年知县杨引祚改向东南,止存正殿;五十五年知县杜士秀仍复旧制,五十九年知县孙毓江增建门祠。雍正十三年知县洪渭建两庑、诸祠及明伦堂。乾隆四十八年知县丁映奎倡修殿堂,改建奎阁于南岸小锦屏山。

熊道琛、钟俊等修、李灵椿等纂:《民国苍溪县志》,民国十七年(1928年)铅印本

卷三《庙坛一》:孔子庙,旧址在城外东北隅。明正德七年县令刘鸿徙于城内西北,坐西向,取震卦文□之象;已卯年邑令李补建坊。崇祯十一年县令沈国重修学宫。甲申年县令顾为霖复捐俸修葺。清康熙间邑令钱斾创学舍三楹。甲寅年邑令洪渭建明伦堂,捐置文庙祭器并修葺名宦、乡贤、忠义、节孝各祠。乾隆四十八年邑令丁映奎重修,有记入《艺文志》。民国以来历经兵燹,门墙毁折。至十一年,邑绅筹款重修,焕然一新。

庙制:正中为大成殿,殿下为墀,墀左右列东西阶,阶下左右列东西庑,前为戟门,左右为主祭、陪祭各官更衣所,下设钟鼓室,戟门外竖石为棂星门,下为泮池,附于左右者为名宦、乡贤、忠义、节孝四祠,再下左右为圣域、贤关二门,前为万仞宫墙,外竖下马碑一座。后殿为崇圣祠,旧为启圣祠,清雍正元年改。

南部县

清·黄廷桂等监修:《四川通志·学校志》(雍正版),《四库全书》本

南部县儒学,在县西,创于隋。明洪武间重修,通判熊杰增修,铸祭器,明末毁。国朝知县裘龙重修,扁额、碑、祠与府制同。

清·常明、杨方灿纂修:《四川通志·学校志》,影印清嘉庆二十一年(1816年)刻本,巴蜀书社,1984年

南部县儒学,在县治西隋旧址。明洪武间重建,通判熊杰增修,铸祭器。明末毁。国朝知县裘龙重修。

清·黎学锦、徐双桂等修、史观等纂:《道光保宁府志》,清道光元年(1821年)刻二十三年(1843年)补刻本

卷二十四《学校志》:(南部县)儒学,在县治西隋旧址。明洪武间重建,通判熊杰增修。明末毁。国朝知县裘龙重修。

清·王瑞庆等修、徐畅达等纂修:《道光南部县志》,清道光二十九年(1849年)刻本

卷二《舆地·祠庙》:文庙在学街。崇圣祠在文庙后,名宦祠在文庙东,乡贤祠在文庙西,忠义祠在明伦堂东,节孝祠在明伦堂东。

广元县

清·黄廷桂等监修:《四川通志·学校志》(雍正版),《四库全书》本

广元县儒学,在县东,唐颜鲁公建。明洪武中同知贾纳重修,隆庆中迁怀羌门外。万历时知县丁求晓迁于鼓楼东街。天启二年同知周宪章迁于允山之麓。明末毁,止存正殿。国朝康熙五年知县林晃重修;十九年知县李光宸补葺;二十三年知县龙灿增修。扁额、碑、祠与府制同。

清·常明、杨方灿纂修:《四川通志·学校志》,影印清嘉庆二十一年(1816年)刻本,巴蜀书社,1984年

广元县儒学,在县治东南唐时旧址。明洪武中同知贾纳重修。隆庆中迁怀羌门外。万历中知县丁求晓迁建鼓楼东街旧址。天启二年同知署县事周宪章迁凤凰山麓即今址。明末毁,止存正殿。国朝康熙五年知县林晃重修,十九年知县李光宸补葺,二十三年知县龙灿增修,三十三年知县沈士禄重修殿、庑、门、祠及明伦堂,署县刘之纾有记。

清·黎学锦、徐双桂等修、史观等纂:《道光保宁府志》,道光元年(1821年)刻二十三年(1843年)补刻本

卷二十四《学校志》:(广元县)儒学,在县治东南唐时旧址。明洪武中同知贾纳重修。隆庆中迁怀羌门外,万历中知县丁求晓迁建鼓楼东街旧址。天启二年同知署县事张宪章迁凤凰山麓,即今址。明末毁,仅存正殿。国朝康熙五年知县林晃重修,十九年知县李光宸补葺,二十三年知县龙灿增修,三十三年知县沈士禄重修殿庑门祠及明伦堂。

谢开来等修、王克礼、罗映湘纂:《民国重修广元县志稿》,民国二十九年(1940年)铅印本。

第二编第五卷《建置》:学宫,《旧志》云,"广元学宫,唐颜鲁公建。明洪武中同知贾纳重修,隆庆中迁怀羌门外。万历中知县丁永晓迁鼓楼东街。天启二年,同知周宪章迁凤凰山麓。明末毁,止存正殿。康熙五年,知县林晃重修,十九年知县李允宸补葺,二十三年知县龙灿,及二十二年知县沈士禄增修。"《旧志》成后约二百年,间有修葺,皆不著,府志成时亦略之,成亦无殊异也。清末,降旨升天下学宫为大祀,时覆黄瓦,有司遵治之,迄至民国,详□沸腾,□复为治哉。九年政争以后,经驻军残毁,四配十二哲木主无存,祀典犹举,十九年废祀典为□念,大殿仅存。今两庑充他用,于时县初中校已改两庑为教室,各木主亦早弃而不复,碑志亦因建校而颓。

宫制(大成殿,两□,正中龛供木主及塑像各一,左右四配木主,东西序分供先□木主十二。两庑各三间，供先贤、先儒木主，殿前设坛，横广称之，高三尺余有制，中设陛，下陈鼎，旁树望燎，中建戟门，左右设钟鼓，戟门外南，斋戒所、名宦、乡贤祠；戟门外北，忠义祠。前立棂星门，外筑泮池，当池竖宫墙，左右辟礼门各一，前后东西阶皆左右登，中道禁行止。礼门左外设下马碣）。大成殿，清末升大祀，瓦覆黄甓，民国十九年，令改纪念堂，适办初中校，即假为礼堂，仅存孔子像，四配、十二哲木主俱废。戟门，户损门存，左斋戒所，右名宦、乡贤两祠，先为中校办公处所，后为驻军官居。棂星门，石质，未损。泮池，久淤未浚。东、西两庑，设初中校改建教师，后驻军充兵士寝室，木主早毁。宫墙，昔制红色，嵌万仞宫墙四大字，升祀后黄色，左右礼门折毁。下马碣，毁。明伦堂，原设学署、教谕宅，院署折毁。崇圣祠，立大成殿后，先两庑毁。名宦祠、乡贤祠。以上二祠文庙戟门外右。现废。忠义祠，文庙戟门外左。现废。

昭化县

清·黄廷桂等监修：《四川通志·学校志》（雍正版），《四库全书》本

昭化县儒学，在县西一里，宋时建。明永乐中重修，仅存大成殿三间。国朝增修。扁额、碑、祠与府制同。

清·常明、杨方灿纂修：《四川通志·学校志》，影印清嘉庆二十一年（1816年）刻本，巴蜀书社，1984年

昭化县儒学，在县治西一里宋时旧址。明永乐中重修，止存正殿。国朝乾隆十九年迁建北门外。

清·黎学锦、徐双桂等修、史观等纂：《道光保宁府志》，道光元年（1821年）刻二十三年（1843年）补刻本

卷二十四《学校志》：（昭化县）儒学，在县治西一里宋时旧址。明永乐中重修，止存正殿。国朝乾隆十九年迁建北门外。

清·张绍龄等纂修：《道光重修昭化县志》，据清道光二十五年（1845年）刻同治三年（1864年）曾寅光补修重印本

卷二十三《学校志》：文庙之建在城内西北隅宋时旧址。洪武初邑令郝信甫重建，隆庆五年邑令李仲宝改建北门外，明季乱后仅存大殿三间。顺治十年诸生张岱撤归城内旧基，独力捐修。康熙三十一年邑令孔毓德为建戟门、棂星门。乾隆十九年九月十九日邑令吴邦熉改迁北关外，邑绅王克隆、杜克正等为之鸠工……其建庙之地，面睨白水，背倚山。乾隆五十年复修。嘉庆二十一年邑令曾逢吉以捐募书院膏火余资仍移建城内西北隅。道光十五年署令夏文臻修照墙一座，邑绅马玉瓖劝捐以成。岁春秋仲月上丁日致祭。

巴州

清·黄廷桂等监修：《四川通志·学校志》（雍正版），《四库全书》本

巴州儒学，在州治河北，元时改迁于城西。明洪武中知州成斌重建；正德间知府张应奎、同知赵宗继重修。国朝康熙二十九年知州周元勋仍移今址。扁额、碑、祠与府制同。

清·常明、杨方灿纂修：《四川通志·学校志》，影印清嘉庆二十一年（1816年）刻本，巴蜀书社，1984年

巴州儒学，在州治河北，元时迁建城西，明洪武中知州成斌重建。正德中知辅张应奎、同知赵宗继重修。国朝康熙二十九年知州周元勋复建今所。

清·黎学锦、徐双桂等修、史观等纂：《道光保宁府志》，道光元年（1821年）刻二十三年（1843年）补刻本

卷二十四《学校志》：（巴州）儒学，在州治河北，元时迁建城西。明洪武中知州成斌重建。正德中知府张应奎、同知赵宗继重修。国朝康熙二十九年知州周元勋复建今所。

清·朱锡谷修、陈一津等纂：《道光巴州志》，清道光十三年（1833年）刻本

卷二《建置志·祠庙》：文庙，在州城内东北文星街，《志稿》云旧在州治河北，元时改建入城。明洪武中知县成斌重建。正德中知州章应奎复建。国朝康熙三十年知州周元勋仍移河之旧址，建大成殿、启圣宫、东西两庑、戟门；四十二年知州沈五杲建棂星门，雍正元年建崇圣祠。乾隆五十八年州人复移修城内。嘉庆二年毁于兵燹；十三年知州李天培重修正殿、两庑、戟门、棂星门、圣域、贤关、万仞宫墙照壁；十五年知州王文炳增修泮池、圜桥。按《名胜志》有唐乔琳《巴州化成县新移文宣王庙颂》，新旧址俱无考。今新城西门外有明成华十二年提学佥事吴智《重建巴县文庙碑记》，遗迹尚存，二古碑赑屃穹窿，其一碑字迹漫灭不可辨，形式颇胜，或即唐宋之旧基矣，每年春、秋二祭及山川社稷各坛祭祀银一十六两，于地丁项下存留支给。

崇圣祠，在文庙正殿后，嘉庆十三年重建。

张仲孝等修、马文灿等纂、余震等续纂：《民国巴中县志》，民国十六年（1927 年）石印本

第三编《坛庙》：孔子庙，旧在河之北岸。清乾隆五十八年移修城内东北文星街。嘉庆二年毁于兵燹。十三年知州李天培重修正殿、两庑、戟门、棂星门、圣域、贤关、万仞宫墙照壁；十五年知州王文炳增修泮池、圜桥。原名文庙，民国三年改今名。

大成殿。两庑。崇圣祠在大成殿后。

通江县

清·黄廷桂等监修：《四川通志·学校志》（雍正版），《四库全书》本

通江县儒学，在县西北。宋时建。明洪武中知县周南、杨贤、张贡继修。国朝康熙二十三年知县陆士炳重建；四十七年知县陈书补修；雍正元年知县姚廷和增修。扁额、碑、祠与府制同。

清·常明、杨方灿纂修：《四川通志·学校志》，影印清嘉庆二十一年（1816 年）刻本，巴蜀书社，1984 年

通江县儒学，在县治西北，宋壁州旧学。明洪武中周南、杨贤、张贡继修。国朝康熙二十三年知县陆士炳重建，四十七年知县陈旧补修。雍正元年知县姚廷和增修。

清·黎学锦、徐双桂等修、史观等纂：《道光保宁府志》，道光元年（1821 年）刻二十三年（1843 年）补刻本

卷二十四《学校志》：（通江县）儒学，在县治西北，宋壁州旧学。明洪武中周南、杨贤、张贡继修。清康熙二十三年知县陆士炳重建，四十七年知县陈书补修。雍正元年知县姚廷和增修。

清·锡檀修、陈瑞生、邓范之纂：《道光通江县志》，清道光二十八年（1848 年）刻本

卷二《舆地志·坛庙》：文庙，在治后，每年春秋仲月用上丁致祭。

奎文阁在学宫后，系同州监生张云衢、张云飞捐修。名宦祠在学宫前，邑令王公保釐建，今圮。忠义祠在乡贤祠左，节孝祠在名宦祠左。乡贤祠在名宦祠右，邑令王保釐重建。今圮。

卷四《学校志》：通江县学，在治西北，古壁州学也，宋嘉祐中皮弼建。明洪武（太祖）十四年重建，知县周南、杨贤、张贡继修。清嘉庆三年教匪焚毁，十五年知县洪运开重建。

庙制：大成殿，在北门稍南。启圣祠在殿左。东庑西庑在殿前。东西各三间。戟门在殿前。棂星门在戟门前。泮池在棂星门前。

学制：明伦堂在殿左，申明亭在明伦堂右，宣讲圣谕传基申明亭。射圃在县署左。学店在治东南，今废。尊经阁在学宫后，（今圮）。敬一亭在尊经阁左，（今圮）。教谕署在明伦堂后，训导署在明伦堂左。

南江县

清·黄廷桂等监修:《四川通志·学校志》(雍正版),《四库全书》本

南江县儒学,在县城东一里,旧在县南。明正德中知县沈镛建。国朝顺治十七年迁建今所。扁额、碑、祠与府制同。

清·常明、杨芳灿纂修:《四川通志·学校志》,影印清嘉庆二十一年(1816年)刻本,巴蜀书社,1984年

南江县儒学,在县城东一里,旧在县南。明正德中知县沈镛建。国朝顺治十七年迁建今所。

清·黎学锦、徐双桂等修、史观等纂:《道光保宁府志》,道光元年(1821年)刻二十三年(1843年)补刻本

卷二十四《学校志》:儒学,在县城东一里,旧在县南,明正德中知县沈镛建,顺治十七年迁至今所。

董珩修、岳永武等纂:《民国南江县志》,民国十一年(1922年)铅印本。

第二编《祠庙志》:孔子庙,在县城东儿水外一里。清文庙嘉庆戊午年为教匪所毁,道光丁亥知县胡炳重建。民国三年改今名。大成殿内至圣先师正位南向。

剑州

清·黄廷桂等监修:《四川通志·学校志》(雍正版),《四库全书》本

剑州儒学,在州城东门外隔溪。宋时建。明洪武间重修。嘉靖中知州陈叙美增修,明末毁。国朝知州徐恭、乔钵相继补修。扁额、碑、祠与府制同。

清·常明、杨芳灿纂修:《四川通志·学校志》,影印清嘉庆二十一年(1816年)刻本,巴蜀书社,1984年

剑州儒学,宋庆历中迁于州治西。淳熙六年知州张渊迁于卧龙山之麓,十四年知州杨为楫重建大成殿,于炗撰记。绍熙元年知隆庆府费少南重修,郭光选撰记。庆元间郡文学赵大全辟室于堂东,绘先贤像,又勒石西序,记进士名,有记。元末兵毁。明洪武五年署州事昭化县董养性即旧址重建。正统十四年知州宋诚迁于旧址之右,刘俊有记。景泰三年知州王玘修葺。成化间知州张明即旧址改建堂、斋。宏治七年知州禹祥建号舍及门坊。正德十二年知州李璧加葺,立科第题名碑,有记。嘉靖二十四年知州刘焞迁建今所,提学易宽撰记;三十二年知州陈叔美重建,胡汝霖有记。万历四十六年署州何出图补修,朱绿有记;知州张嗣谟重建奎楼,梁之栋有记。明末毁。国朝顺治十六年知州徐恭重修。康熙二十三年署州阎允吉重修,二十五年学正邹瑄重修并建戟门及诸祠,五十一年学正杨鹏羽修灵星门,五十七年知州杨滋尧迁崇圣祠。雍正四年知州李梅宾重修,乾隆四十六年知州李荐高重修,五十八年李荐高重修奎楼、崇圣祠。

清·黎学锦、徐双桂等修、史观等纂:《道光保宁府志》,道光元年(1821年)刻、二十三年(1843年)补刻本

卷二十四《学校志》:剑州儒学,宋庆历中迁于州治西,淳熙六年知州张渊迁于卧龙山之麓,十四年知州杨为楫重建大成殿,绍熙元年知隆庆府费少南重修。元末兵燹。明洪武五年署州事昭化县董养性即旧址重建。正统十四年知州宋诚迁于旧址之右。景泰三年知州王玘修葺。成化间知州张明即旧址改建堂斋。弘治七年知州禹祥建号舍及门坊。正德十二年知州李璧加葺,立科第题名碑。嘉靖二十四年知州刘焞迁建今所,三十二年知州陈叔美重建。万历四十六年署州何出图补修,知州张嗣谟重建奎楼,明末毁。顺治十六年知州徐恭重修。康熙二十三年署州阎允吉重修,二十五年学正邹瑄重修并建戟门及诸祠,五十一年学正杨鹏羽修棂星门,五十七年知州杨滋尧迁崇圣祠。雍正四年知州李梅宾重修。乾隆四十六年知州李荐高重修,五十八年李荐高重修奎楼、崇圣祠。

清·李溶、余文焕修、李榕等纂：《同治剑州志》，清同治十二年（1873 年）刻本

卷三《建置》：学宫，宋庆历中建于城内州署西，淳熙六年知州事张渊徙于闻溪东岩卧龙山之麓。绍熙元年知隆庆府费少南重修。元末毁于兵。明洪武五年署州事昭化县丞董养性即旧址重建。正统十四年知州宋诚徙于旧址之右。景泰三年知州王玘修葺。成化中张明即旧址改建堂斋。宏治七年知州禹祥建号舍二十余间，外建义路、儒林二坊。正德十四年知州李璧修葺，嘉靖二十四年知州刘焯复迁于西即今之学宫也，嘉靖三十二年知州陈叔美重修。万历四十六年署州事保宁别驾何出图修葺。顺治十六年知州徐恭重修。康熙二十三年署州事成都司马阎允吉重修，二十九年学正邹瑄增修，外建戟门三间，名宦、乡贤祠各三间，东、西两庑共十间。

启圣祠，旧在正殿之西，康熙五十七年知州杨滋尧始迁今所。棂星门，康熙五十一年学正杨鹏羽修，雍正四年知州李梅宾重修。泮池，雍正四年李梅宾凿。钟楼，在正殿前东隅，鼓楼在正殿前西隅，雍正四年知州李梅宾修。尊经阁，在学宫东，明知州宋诚建，今圮。奎楼，在明伦堂前，明知州张嗣谟建。

卷四《祠庙志》：文庙，在州城东学街。

张政等纂修：《民国剑阁县续志》，民国十六年（1927 年）铅印本

卷四《祠庙》：文庙，在县城外东卧龙山下。

剑（阁）文庙创始及历代增修备载前志，厥后则有康熙五十七年知州杨滋尧培修。雍正五年知州李梅宾、学正杨鹏羽重修。乾隆十八年知州蒋文祚、六十年知州杨开泰先后增修。道光二十八年知州魏煜重建名宦乡贤二祠，补葺忠义、节孝二祠，并置备祭器。同治九年知州王燕琼培修。光绪二十八年大成殿灾，知州茹汉章委绅重修。

顺庆府

顺庆府

清·李成林修、罗承顺等纂：《康熙顺庆府志·学志》，康熙二十五年（1686 年）刻、四十六年（1707 年）增补、嘉庆二十年（1815 年）补刻本

《学校》：顺庆府儒学，府治南，宋庆历间建，明洪武九年重修，乱后灰烬。康熙九年知府李民圣重修。

清·黄廷桂等监修：《四川通志·学校志》（雍正版），《四库全书》本

顺庆府儒学，在府南。宋庆历间建。明洪武九年重修，明末毁。国朝康熙九年知府李民圣重修；二十三年钦颁御书"万世师表"扁额；四十二年钦颁御制"训饬士子"碑文；四十五年勅建"平定朔漠"碑于殿左；雍正元年奉旨创建崇圣祠，恭设五代王牌位；四年钦颁御书"生民未有"扁（匾）额；八年勅建"平定青海碑"于殿右。

《祠庙》：文庙，在府治南，详见《学校》、《祀典》。各州县制同。崇圣祠，在文庙东。名宦祠，在明伦堂东。乡贤祠，在文庙西。忠义祠，在大成门外东。节孝祠，在大成门外西。以上五祠各州县俱有之。

清·袁凤孙总纂，《嘉庆南充县志》，清嘉庆十八年（1813 年）刻本、咸丰七年（1857 年）补刻本

府儒学，在府南。宋庆历间建。明洪武九年重修，明末毁。国朝康熙九年知府李民圣重修；二十三年钦颁御书"万世师表"扁额；四十二年钦颁御制"训饬士子"碑文；四十五年勅建"平定朔漠"碑于殿左；雍正元年奉旨创建崇圣祠,恭设五代王牌位;四年钦颁御书"生民未有"扁额;八年敕建"平定青海碑"于殿右。

清·常明、杨方灿纂修:《四川通志·学校志》,影印清嘉庆二十一年(1816年)刻本,巴蜀书社,1984年

卷二《建置志·学校》:府学宫,在城南,宋庆历间建。明洪武九年重修。嘉靖二十二年知府朱篁补修。天启四年知府杨呈秀重修。明末毁。国朝康熙十年知府李民圣重修;三十年知府李成林补修。乾隆四十四年知府韩莱曾补修。

李良俊修、王全善等纂:《民国新修南充县志》,民国十八年(1929年)刻本

卷五《舆地志》:孔庙,旧称文庙,一曰圣庙,一曰学宫。清代有府、县二庙。府庙,宋庆历中创建,明洪武九年重修,在旧县署西首。嘉靖二十二年知府朱篁补修。天启四年知府杨呈秀重修,后毁。清康熙十年知府李民圣重修。其后知府利工程侵润屡经培修。民国初与府同废。

南充县

清·李成林修、罗承顺等纂:《康熙顺庆府志·学志》,康熙二十五年(1686年)刻、四十六年(1707年)增补、嘉庆二十年(1815年)补刻本

《学校》:南充县儒学,县治西南,旧在北门外,明弘治中迁入城,万历中重修,乱后灰烬。康熙六年知县汤裔振重修,十九年知县张宿焜补修。

清·黄廷桂等监修:《四川通志·学校志》(雍正版),《四库全书》本

南充县儒学,在县西南,旧在北门外。明洪武初始迁今所,万历中知县吴亮嗣重修。明末毁。国朝康熙三年知县汤裔振重修;十九年知县张宿琨补修。扁额、碑、祠与府制同。

清·袁凤孙总纂:《嘉庆南充县志》,清嘉庆十八年(1813年)刻本、咸丰七年(1857年)补刻本

卷二《建置志·学校》:县学宫,旧在城北门外五里。明洪武初建,成化五年移城西。万历中知县吴嗣亮重修。明末毁。国朝康熙三年知县汤裔振重修。嘉庆元年知县刘清募邑士民置买同知旧署基地重修,在今县治北。大成殿五间,东西庑各十间,戟门九间,泮池居中,竖桥三座,棂星门建石坊一,外左圣域门、右贤关门。

清·常明、杨方灿纂修:《四川通志·学校志》,影印清嘉庆二十一年(1816年)刻本,巴蜀书社,1984年

南充县儒学,在城西北,旧在城北门外五里。明洪武初迁今县团西南,天顺四年教谕孙胜重修,陈良弼撰记。成化五年移城西。万历中知县吴嗣亮重修。明末毁。国朝康熙三年知县汤裔振重修;十九年知县张宿焜补修。嘉庆元年知县刘清购同知署基创建今所,宏整如制;十二年知县王衍庆建奎光阁、节季嗣,陈榕有记。

李良俊修、王全善等纂:《民国新修南充县志》,民国十八年(1929年)刻本

卷五《舆地志》:县庙,旧在治北五里故城内,明成化五年移建治西,万历中重修,明末毁。清康熙三年知县汤振裔重修,嘉庆元年知县刘清募邑士民购买同知旧署基地重修,在府署东。民国九年移祀于废府文庙,以故县文庙为果山公园。庙内正殿五间,东西庑各十间,戟门九间,泮池居中,贤桥三座,桥外棂星门,外左圣域门、右贤关门,绕以红墙。正殿有清历世帝王书颁匾额、碑文三通。附置崇圣祠(在大成殿后)、名宦祠(在戟门左)、乡贤祠(在戟门右)、忠义祠(在乡贤祠右)。

西充县

清·黄廷桂等监修:《四川通志·学校志》(雍正版),《四库全书》本

西充县儒学,在县南门外,宋淳祐间建。明洪武二十年重建,明末毁。国朝知县王葵锡重修,知县戴民凯补修。扁额、碑、祠与府制同。

清·常明、杨方灿纂修:《四川通志·学校志》,影印清嘉庆二十一年(1816年)刻本,巴蜀书社,1984年

西充县儒学,在县南门外。宋淳祐间建。明洪武二十年重建。嘉间同知朱某迁城学,遂置城外。万历知县黄嘉祚建石坊,黄辉撰记。明末圮。国朝康熙二十四年知县戴民凯补修。殿、庑、门、祠、斋、亭,有记。邑绅赵心抃捐树雁塔,有记。乾隆三十五年知县常纪补修。嘉庆四年教谕高汝仪补培殿基,改建崇圣祠、庑、阁、坊如制,杜伯宣有记。

清·李成林修、罗承顺等纂:《康熙顺庆府志·学校》,康熙二十五年(1686年)刻、四十六年(1707年)增补、嘉庆二十年(1815年)补刻本

西充县儒学,治南城外,宋淳祐间建,明洪武二十年重修,乱后灰烬。清知县王葵锡重修,知县戴明凯补修。

清·高培谷修、刘藻纂:《光绪西充县志》,清光绪元年(1875年)刻本

卷四《学校》:学宫,宋淳祐时建,明嘉靖间郡倅朱君改旧城,割学于城外,而以明伦堂作分司署。国朝康熙二十四年知县戴民凯重建。乾隆三十五年知县常纪、嘉庆四年教谕高汝仪、道光十四年知县罗煜皆递次补修。咸丰三年溪溢,毁,邑人士重建正殿三楹,后殿三楹,东、西庑各五楹,戟门五楹,以溪作泮池,桥其上。前灵星门,又前黉墙,墙外石坊二:左圣域、右贤关。

名宦祠,在文庙戟门外。乡贤祠,在文庙戟门外。忠孝义祠,在明伦堂外。节孝祠,在明伦堂外。

蓬州

清·黄廷桂等监修:《四川通志·学校志》(雍正版),《四库全书》本

蓬州儒学,在州北,旧在州东云山。宋淳祐间建,元至正中改迁今所,明因之。国朝重修。扁额、碑、祠与府制同。

清·常明、杨方灿纂修:《四川通志·学校志》,影印清嘉庆二十一年(1816年)刻本,巴蜀书社,1984年

蓬州儒学,在州城北。宋淳祐间随州治建于今城东南二十里云山。元至正中随州治迁此,明初因之,后迁北隅。万历三十四年知州李闻之复迁今所,朱绂有记;四十六年知州曹震重修奎阁,王德完撰记。天启六年知州陈汝德重修,撰记。国朝乾隆三十七年知州周天柱重修。

清·李成林修、罗承顺等纂:《康熙顺庆府志·学校》,康熙二十五年(1686年)刻、四十六年(1707年)增补、嘉庆二十年(1815年)补刻本

蓬州儒学,治北,宋淳祐间建于云山,元至正中迁此,明因之。

清·方旭修、张礼杰等纂:《光绪蓬州志》,清光绪二十三年(1897年)刻本

《学校篇第七》:州之有学旧矣,宋保云山亦尝侨置。此邦建学在前元定治之初,明初移于北隅,迨万历三十四年李闻之复迁于旧即今州学也。旧学之址得田二十四垴,计丈六百八十五,至今为学田;四十六年曹宸重修,王德完记之。天启六年陈汝德因学宫圮,复修之,规模多阙。崇祯八年知州某修之,朱绂为之记。国朝乾隆三十七年、道光七年知州周天柱、洪运开相继修葺,益昭崇、严运开有文记之。诸生习礼于是乎在。

定制蓬州额设廪生三十二名……

《艺文篇第十五》：文庙，在城内州治北玉环之平冈。创建于唐，重修于明万历甲辰年。国朝雍正三年移建东北隅，乾隆五年复建于旧址。

忠孝祠，在文庙东。节义祠，在文庙东。

营山县

清·黄廷桂等监修：《四川通志·学校志》（雍正版），《四库全书》本

营山县儒学，在县西，元至顺间建，明万历间重修，明末毁。国朝知县毛鸣岐重修。扁额、碑、祠与府制同。

清·常明、杨方灿纂修：《四川通志·学校志》，影印清嘉庆二十一年（1816年）刻本，巴蜀书社，1984年

营山县儒学，在县治西太白山，元至顺间建。明洪武初南向，成化间东向，宏治中知县任重复修，南向。正德五年毁于蓝鄢之变，知县严杰请帑修复，东向。万历四十二年知县王三聘又改南向，四十六年知县马中豸仍改东向。明末毁。国朝康熙六年知县胡印瑞重修，七年知县毛鸣岐续修，三十一年知县张玉璘补修殿、庑、门、祠、斋、廨如制。雍正九年知县李文煊重修。乾隆七年知县李榕重修，嘉庆七年署县戴三锡重修完整，有记。

清·李成林修、罗承顺等纂：《康熙顺庆府志·学校》，康熙二十五年（1686年）刻、四十六年（1707年）增补、嘉庆二十年（1815年）补刻本

营山县儒学，治西，元至顺间建，明万历间重修，乱后灰烬。康熙年间知县毛鸣岐重修。

清·翁道均修、熊毓藩等纂：《同治营山县志》，清同治九年（1870年）刻、光绪十五年（1889年）增刻本

卷十六《学校志》：学宫，在县治西太白山，即元时旧址，明洪武初面南，成化间东向，宏治中知县任重仍归面南，正德五年毁于贼。后知县严杰同阖学公议请公帑修建，复东向，苦工费浩繁，物力维艰，历官捐助竟未告成。至隆庆壬申知县王廷稷始报竣。万历甲寅知县王三聘又改南向，戊午知县马中豸有学识，以南向不利于士，一时人心踊跃，乡官侯文才、陈鹤、举人王崇诰合学诸生、善士梅安桉等争相劝输，协心修理，仍东向，至明末尽遭兵燹。国朝知县胡印瑞于康熙丁未复城，建明伦堂一座、启圣一祠。戊申知县毛鸣岐到任，以学宫蓁莠，俎豆弗戒、声教否戾，庀材修理，于梓于陶，上绚下革，冠盖尽制。自甲寅滇中事起，郡邑俱空，学宫渐次倾圮。知县张玉璘壬午到任，廉干精勤，照旧补葺，围以土垣，堂廊内外，焕然复新。岁月既深，致多渗漏损坍。雍正九年知县李文煊倡率重修，增忠孝、节义二祠。乾隆壬戌知县李榕率士绅重修石屏一座，土垣数十丈。共计大成殿五楹（知县毛鸣岐建）、崇圣殿三楹（知县胡印瑞建）、东西庑各五间（知县毛建）、戟门三楹、棂星石牌门三间（知县毛建）、石屏墙一座（知县李榕重建）、左德配天地坊、右道冠古今坊。神库，戟门右；神厨，戟门左。名宦祠，在戟门外。乡贤祠，在戟门外。

仪陇县

清·黄廷桂等监修：《四川通志·学校志》（雍正版），《四库全书》本

仪陇县儒学，在县北金城山。旧在县南图山，宋嘉定间改迁今所。明景泰间重修，明末毁。国朝知县刘在宸重建。康熙三年知县柳天植改建，二十三年知县陆贾捐俸复建于金城旧址。扁额、碑、祠与府制同。

清·常明、杨方灿纂修：《四川通志·学校志》，影印清嘉庆二十一年（1816年）刻本，巴蜀书社，1984年

仪陇县儒学,在县治东。旧在县南图山,嘉定间迁县北金城山。明景泰间重修,明末毁。国朝顺治间知县刘在宸重建正殿于金城山。康熙三年知县柳天植改建西门外;二十三年知县陆会迁金城旧址;三十四年知县包太隆重修。乾隆三十二年知县吴映白重修。嘉庆四年署县王变重修,十四年署县陆成本续葺。

清·李成林修、罗承顺等纂:《康熙顺庆府志·学校》,康熙二十五年(1686年)刻、四十六年(1707年)增补、嘉庆二十年(1815年)补刻本

仪陇县儒学,旧在南图山,宋嘉定间迁城东北,倚金城山,俱毁。清顺治间刘在宸署居金城山,就上建庙三间,康熙甲辰知县柳天植于西门外改建至圣庙,二十二年知县陆鲁捐资复于城东旧地。

清·曹绍樾、胡晋熙修、胡辑瑞等纂:《同治仪陇县志》,清同治十年(1871年)刻、光绪三十三年(1907年)重刻本

卷十《舆地志·祠庙》:文庙,在治东,旧在县南南图山。宋嘉定间迁县北金城山顶,明景泰间重修。崇祯末毁于贼。国朝顺治间知县刘在岩建正殿于金城山顶,康熙三年知县柳天植改建西门外,二十三年知县陆曾迁于金城旧址,三十四年知县包太隆重修。乾隆三十二年知县吴映白补修。嘉庆四年知县王燮、十四年署知县陆成本相继修葺,前后屡经兵燹,荒歉频仍,议修不果。道光二十一年知县彭以增募修,规模宏敞,焕然一新,并捐置祭器若干。

文昌庙在文庙右,康熙三十四年知县包太隆经始,……同治四年乙丑,署知县吴崇阶新建前庭、两廊,卫以石垣。

崇圣祠在文庙大成殿后。乡贤祠在文庙东庑前。名宦祠附文庙西庑前。

广安州

清·李成林修、罗承顺等纂:《康熙顺庆府志·学校》,康熙二十五年(1686年)刻、四十六年(1707年)增补、嘉庆二十年(1815年)补刻本

广安州儒学,治东,旧在秀屏山下,宋嘉祐间迁南岗,明建治城西,乱后灰烬。康熙年间州守黄标重修。

清·黄廷桂等监修:《四川通志·学校志》(雍正版),《四库全书》本

广安州儒学,在州东。旧在州西秀屏山下。宋嘉祐间建于南冈,明改迁今所,兵燹后毁。国朝知州黄标重修。扁额、碑、祠与府制同。

清·常明、杨方灿纂修:《四川通志·学校志》,影印清嘉庆二十一年(1816年)刻本,巴蜀书社,1984年

广安州儒学,旧在北城凤凰山。宋嘉祐间迁建南冈。元邑绅陈继贤捐置礼器,官书姚登孙撰记,汤先韩记碑阴。明初改建东门,患河淹没,宏治间复迁南冈。明末毁。

国朝康熙二年知州黄标重建,七年知州张柟重修,十八年知州李萃秀建崇圣祠,四十一年知州邵仲礼迁建大成殿及两庑戟门。雍正八年知州曹蕴锦倡捐补修完备;五十年知州阮和重修。嘉庆十二年署州沈瓖倡修,十六年知州刘有仪成之(己巳知州赵来震改奎阁)。

清·周克堃等修、蒲怀瑾等纂:《光绪广安州新志》,光绪十三年(1887年)刻本

卷五《祠祀志·祠庙》:文庙,旧在凤凰山。宋嘉祐间迁建南冈。明初改迁东门,地近江流,岁苦浸漫。宏治间复迁南冈,蟠龙窟掘地得古碑,以为奇验。明末毁。国朝康熙二年知州黄标即其地建庙焉,七年知州张柟、十八年知州李萃秀先后建正殿、两庑、戟门并崇圣祠;四十一年知州邵仲礼移明伦堂于殿右,旋迁殿左,拓其基改建大成殿五楹,其两庑、戟门俱经改修,嗣因岁久渐圮。雍正八年知州曹蕴锦重加修葺,饰华盖、增两庑,更崇圣祠为明伦堂,缭以垣墙,释以丹雘,焕然改观。乾隆三十四年知州陆良瑜迁崇圣祠于文昌庙右;五十年知州阮和拨学租公项补修完备,有重修碑记。嘉庆十三年知州沈瓖捐俸倡募重修,知州赵来震、刘有义续成之,凡计:大成殿五楹,东、西两庑各六楹,左右钟、鼓亭、经史、祭器库各一。元陈继贤捐置祭器并置经史万余卷,遂宁姚登孙有记。戟门五楹,前为泮池,名宦祠三楹,乡贤祠三楹,明伦堂三楹,神厨二楹,棂星门三楹,左圣域、右贤关,尊经阁、文明阁各一,博文斋、约礼斋各一,省牲所,监宰所一,雁塔碑一通,天坊一,腾蛟、起凤门各一。移建奎星阁于庙右,经始于嘉庆十五年十二月,落成于嘉庆二十一年六月。同治十二年以大成殿壁柱将颓,知州姜凤宜详请大宪劝民输费加修,庙貌益崇焕焉。

清·周克堃等纂:《宣统广安州新志》,民国十六年(1920年)铅印本

卷十八《祠庙志》:名宦祠附学宫戟门左。乡贤祠附学宫戟门右。

卷二十《学校志》:宋广安军始有学宫,在凤凰山,嘉祐间迁南冈,大学士安丙重修。元因之为府学。明初改迁东门,地近江流,岁苦浸漫。宏治间复迁南冈,蟠龙窟掘地得"广安军重修学记碑",以为奇验。明末毁。国朝康熙三年知州黄标即其地建庙焉,七年知州张枏、十八年知州李萃秀先后建正殿、两庑、戟门并崇圣祠;四十一年知州邵仲礼移明伦堂于殿右,旋迁殿左,拓其基改建大成殿五楹,其两庑、戟门俱经改修,嗣因岁久渐圮。雍正八年知州曹蕴锦重加修葺,饰华盖、增两庑,更崇圣祠为明伦堂,缭以垣墙,释以丹雘,焕然改观。乾隆二十四年知州陆良瑜迁崇圣祠于文昌庙右;五十年知州阮和拨学租公项补修完备,有重修碑记。嘉庆十三年知州沈瓖捐俸倡募重修,知州赵来震、刘有宜续成之,凡计大成殿五楹,东、西两庑各六楹,左右钟、鼓亭、经史祭器库各一。元陈继贤捐置祭器并置经史万余卷,遂宁姚登孙有记。戟门五楹,门内左为名宦祠三楹,右为乡贤祠三楹,前为泮池,池之左右官厅各三间,左厅之上为明伦堂三楹,左厅之下为尊经阁,右厅之下为文明阁,均高明爽朗。大成门右为神厨二楹,棂星门三楹,左圣域、右贤关。尊经阁、文明阁各一,博文斋、约礼斋各一,右阁之下为省牲所一,左阁之下为监宰所一。棂星门之前为雁塔碑一,通天坊一,腾蛟、起凤门各一。大门外有文武官员至此下马碑各一。移建奎星阁于庙右,经始于嘉庆十五年,十二月落成,于嘉庆二十一年六月又有卧碑亭,嘉庆二十五年建列明伦堂后,用治十二年知州姜凤宜详请劝民输费加修,庙貌益崇焕焉。光绪元年墙外刊"宫墙万仞"四字,州廪生傅汝舟书。光绪十四年移建奎星阁,立于慈筇岩,三十四年升为大祀。

岳池县

清·李成林修、罗承顺等纂:《康熙顺庆府志·学校》,康熙二十五年(1686年)刻、四十六年(1707年)增补、嘉庆二十年(1815年)补刻本

岳池县儒学,治南,宋太平兴国间建,明洪武七年重建。

清·黄廷桂等监修:《四川通志·学校志》(雍正版),《四库全书》本

岳池县儒学,在县南。宋太平兴国间建。明洪武七年重葺。国朝康熙七年学裁,六十年复设修葺。扁额、碑、祠与府制同。

清·常明、杨芳灿纂修:《四川通志·学校志》,影印清嘉庆二十一年(1816年)刻本,巴蜀书社,1984年

岳池县儒学,旧在县治南。北宋太平兴国中建。明洪武七年重葺。景泰间知县梁谷才重建。正德五年迁治东。万历二十四年知县刘之澜重修。明末毁。国朝顺治十八年复建治东旧址。康熙七年学裁;六十年复设,知县孙玘、孙汉威先后修建殿庑诸祠。雍正八年知县杨树烈重修。乾隆元年知县吕宪会、训导杨榆新继修;十六年知县孔传正、十八年知县黄克显先后捐修;五十三年知县李荐高、训导高大彰移建南门内。

清·何其泰等修、吴新德纂:《光绪岳池县志》,清光绪元年(1875年)刻本

卷七《学校》:岳池县儒学,治南,宋太平兴国间建,明洪武七年重葺(卷八为十年)。正德庚子岁迁治东,鼎革兵燹。顺治十八年仍建治东之左,南向。康熙七年归并广安,大成殿仅存;六十年复置,岳池县知县孙玘、孙汉威先后奉文修葺大成殿暨东西两庑、名宦、乡贤两祠。雍正八年,知县杨树烈、乾隆元年知县吕宪曾、训导杨榆新、十六年知县孔传正、十八年知县黄克显俱节次捐俸重修,五十二年知县李荐高、训导高大章移建南门内半边街。道光十二年知县余福谦补修。卷八云"匾额、碑、祠与府治同,依《通志》参载:乾隆五十三年因圣庙迁此,移建庙右今所。"

崇圣祠,在学宫大成殿后,乾隆五十二年移建。名宦祠,在学宫戟门外右旁,乾隆五十二年移建。乡贤祠,在学宫戟门外左旁,乾隆五十二年移建。

武胜县

罗兴志等修、杨葆田、孙国藩等纂:《民国新修武胜县志》,民国二十年(1931年)铅印本

卷三《建置》:孔子庙,在县署右,明嘉庆三十年迁县,知县胡濂建。乾隆初知县朱纲、屈大伸、胡芝相继重修(邑进士李朴有记)。万历四十三年知县伯承恩增修泮池。明之季年逆张毒屠城,社烬煨,庙已无存(语见罗学旦碑记)。清雍正十三年知县吴作霖得武生张星拱捐楠木四株(见王镛续修县志),始于旧址重建,规制略具。乾隆十三年知县罗学旦复捐俸金修之,有记刻石。其制为大成殿一楹,殿前月台,月台下丹墀,丹墀旁为东西两庑,两庑上有碑亭及游廊,上为屈大伸所建之二雁塔,至此则达崇圣祠矣。丹墀南为戟门,空洞三间,左右两门外,东为名宦祠及忠义祠,下为执事斋宿所,西为乡贤祠及节孝祠,下为执事省牲所,再南为泮池,外为棂星门,又其外为宫墙,左右为黉门。嘉庆元年知事孙熙于泮池中建桥三弓,桥上石栏杆刻古孝子像极精工。道光元年知县吴庭辉以大成殿稍平且前甚狭,乃鸠工材,选期兴作,因其旧制扩而大之,又以棂星门在泮池南,逼近市廓,移建泮池并北增修礼器、乐器库各一,复于宫墙之外别修市屋十间,岁取赁资供以祭品。由是制度大备。至同治七年知县觉博启复补葺之,益壮观瞻(罗凤冈有记)。

旧制谓我邑文庙自宫墙达崇圣祠,规模宏敞,材大壮丽,甲于东川,非虚语也。民国六年庙因年久风雨剥蚀,不无颓败。知事李诚委邑视学庞鑫镕出学款数百金补偏□敝,兼施丹垩,甫三匝月,遂焕然一新(有碑记)。十六年秋,县人成立初级中学校设斯庙内,其间之改造变迁另详细《学校志》。

卷六《礼俗志》:吾县文庙明季毁于献贼,自清雍正十三年修复,后遵用春秋二仲月上丁日致祭,仪文器数悉具如制,光绪三十二年升列大祀,愈加隆重。

邻水县

清·李成林修、罗承顺等纂:《康熙顺庆府志·学校》,康熙二十五年(1686年)刻、四十六年(1707年)增补、嘉庆二十年(1815年)补刻本

邻水县儒学,治东,宋崇宁初建,明万历中重修,兵燹。清初修。

清·黄廷桂等监修:《四川通志·学校志》(雍正版),《四库全书》本

邻水县儒学,在县东,宋崇宁初建。明万历中重修,兵毁。国朝知县蒋擢复修。扁额、碑、祠与府制同。

清·常明、杨方灿纂修:《四川通志·学校志》,影印清嘉庆二十一年(1816年)刻本,巴蜀书社,1984年

邻水县儒学,在县城东一里。宋崇宁初建。明嘉靖五年知县蔡珀重建,江万撰记;九年知县冯灿重修。万历三十六年知县尹愉重修。明末毁。国朝康熙元年知县李时亨重修,殿、庑、祠、门有记;二十三年知县蒋攉重修,有记;四十四年知县徐枝芳重修。雍正八年知县王洪勋建节孝祠。乾隆十三年知县陶以敬增修,十四年知县程英铭置学田地若干亩,十五年教谕高继允补修,十八年署县唐绍元置锡祭器,四十五年署县魏守曾重修,四十六年知县江有本补修。嘉庆二年匪毁,教谕唐学聪补修;十五年教谕安壆重修。

清·曾灿奎、刘光第修、甘家斌等纂:《道光邻水县志》,清道光十五年(1835年)刻本

卷三《祀典》:圣庙在治东一里怀仁山下,宋崇宁初建,其创无考。明万历戊申知县尹愉重修,末年为流寇所毁,仅有戟门下石坊。康熙元年知县李时亨创修大殿三楹、崇圣祠三间,三十二年知县蒋攉复修,四十四年知县徐枝芳重修,并增两庑、乡贤、名宦、节孝各祠。乾隆十三年知县陶以敬增修屏墙,涂以丹艧,十五年教谕高继允始于正殿内修置至圣、四配、十哲龛座,又照部文设立各木主;十八年知县席绍元捐置祭器,四十五年知县魏守曾重修,四十六年知县江有本捐募修补,并案拨张家沟、殷家观、回龙寺三处每年各佃户上鲜米。嘉庆二年启圣祠为贼所毁,教谕唐学聪捐募修补,十八年知县吴秀良大加修建,于二十年落成,规模宏然,焕然一新矣。计大成殿三间,东西庑各五间,乡贤、名宦祠各二间,忠义祠三间,棂星门石坊一间,圣域、贤关大槽门各一道,石坊各一座,明伦堂三间,内有卧碑一座,两壁刻朱考亭夫子忠孝廉洁四大字,斋房一间,节孝祠三间,外槽门一座,周围黉墙数十雉,崇圣祠三间,在正殿后,居黉宫内,道光五年阖邑绅士因正殿板壁、枋、柱白蚁丛蚀,系展拓出外为风所侵,捐资将正殿依旧制重新改修,十一年知县余绍元以公顷余资照前式补葺海坝、泮池。

叙州府

叙州府

清·黄廷桂等监修:《四川通志·学校志》(雍正版),《四库全书》本

叙州府儒学,在府城东,旧在府南。明永乐间建;万历中知府陈大壮始迁今所;知府曾可耕继修。国朝康熙二十三年钦颁御书"万世师表"扁额;四十二年钦颁御制"训饬士子"碑文;四十五年勒建"平定朔漠"碑于殿左;雍正元年奉旨创建崇圣祠,恭设五代王牌位;四年钦颁御书"生民未有"扁额;八年勒建"平定青海碑"于殿右。

《祠庙》。文庙,在府治东。详见《学校》、《祀典》。各厅县制同。崇圣祠,在明伦堂东。名宦祠,在文庙东。乡贤祠,在文庙西。忠义祠,在文庙门东。节孝祠,在文庙门西。以上五祠各厅、县俱有之。

清·常明、杨方灿纂修:《四川通志·学校志》,影印清嘉庆二十一年(1816年)刻本,巴蜀书社,1984年

叙州府儒学,在府治东申王藩府址。旧在府治南。明永乐间建。万历中知府陈大壮迁今所,知府曾可耕续修。明末圮。国朝康熙二十四年知府颜敩、马湖知府何源浚重建。乾隆十八年教授高文芳重修;四十八年知府叶体仁重修。

清·刘元熙修、李世芳等纂:《嘉庆宜宾县志》,民国二十一年(1932年)铅印本

卷十五《学校志》:叙州府儒学,府治东,明申王藩府。万历中知府陈大壮改建,明末倾废。国朝康熙二十四年知府颜敩补修,乾隆四十八年知府叶体仁重修。

清·王麟祥修、邱晋成等纂:《光绪叙州府志》,清光绪二十一年(1895年)刻本

卷十《坛庙》:文庙建置详《学校》,各厅县皆同。庙制:正中为大成殿,殿外为丹墀,墀左右列东西阶,阶下左右列东西庑。前为大成门,左右为各官官更衣所,前筑石柱为棂星门,门外为泮池,左右为圣域、贤关二门,门外各立下马石一,缭以红墙(各厅县皆同)。

崇圣祠旧称启圣祠,皇朝雍正元年易为崇圣祠。

卷二十四《学校》:叙州府学宫(庙制、祀典并详《坛庙》),在府治东申王藩府址。旧在府治南,明永乐间建,万历中知府陈大壮迁今所,知府曾可耕续修。明末圮。皇朝康熙二十四年知府颜敩、马湖知府何源浚重建。乾隆十八年教授高文芳重修,四十八年知府叶体仁重修(通志)。

明伦堂(在学宫右)。

宜宾县

清·黄廷桂等监修:《四川通志·学校志》(雍正版),《四库全书》本

宜宾县儒学,在府城南,旧学在府东。宋庆历间建。明洪武间重建,万历中改迁今所。国朝重修。扁额、碑、祠与府制同。

清·常明、杨方灿纂修:《四川通志·学校志》,影印清嘉庆二十一年(1816年)刻本,巴蜀书社,1984年

宜宾县儒学,在县治东南。宋庆历间建。明洪武间附于府学。万历三年知府陈大壮移建藩府故基;十七年知府唐守钦复故址建今所,樊垣、尹伸有记;二十二年知府胡宗洵、知县莫与京重建,李文续有记。明末毁。国朝康熙二十五年知县平廷鼎重修;四十四年知县焦湘重修,有记;五十六年知县杨定重修。嘉庆十一年知县吴巩重修,殿、庑、门、墀、泮祠毕具,有记。

清·刘元熙修,李世芳等纂:《嘉庆宜宾县志》,民国二十一年(1932年)铅印本

卷十五《学校志》:宜宾县儒学,旧在治东南,宋庆历间建。明洪武时附于府学,万历中迁府学之南。国朝康熙二十五年知县平廷鼎捐修,五十六年知县杨定增修。嘉庆十一年知县吴巩重修。学田三十六亩,租入两斋。乾隆五十年邑人曾元兴捐治西五十里黄土坎田……

大成殿。两庑。名宦祠,大成门左。乡贤祠,大成门右。忠义祠,贤关门内。节孝祠,在学院街。

清·王麟祥修、邱晋成等纂:《光绪叙州府志》,清光绪二十一年(1895年)刻本

卷二十四《学校》,宜宾县学宫,在县治东南。宋庆历间建,明洪武间附于府学。万历三年知府陈大壮移建藩府故基,十七年知府唐守钦复故址建今所,樊垣、尹伸有记;二十二年知府胡宗洵、知县莫与今重建,李文续有记。明末毁。皇朝康熙二十五年知县平延鼎重修,四十四年知县焦湘重修,有记;五十六年知县杨定重修。嘉庆十一年知县吴巩重修,殿、庑、门、墀、泮池毕具,有记(通志)。

庆符县

清·黄廷桂等监修:《四川通志·学校志》(雍正版),《四库全书》本

庆符县儒学,在县东,元大德间建。明建文三年重建,兵燹后毁。国朝知县陈亮采重建,知县王如珽增修。扁额、碑、祠与府制同。

清·常明、杨方灿纂修:《四川通志·学校志》,影印清嘉庆二十一年(1816年)刻本,巴蜀书社,1984年

庆符县儒学,在县治后,旧在县东。元大德间建。明洪武三十一年移建今所。建文三年重修,兵焚后毁。隆庆五年巡道崔栋、知府余良翰、知县张化美复建,有记。崇祯六年知县殷逢世增修。国朝康熙二十五年知县丁林声重修;五十七年知县陈亮采增修。雍正二年知县王如珽复修;十年邑进士李华松等倡修。乾隆六年知县诸葛永龄、沈绳祖相继扩修殿、祠、门、庑、堂、泮,李华松有记。嘉庆三年知县时晨天增修;十一年知县何应驹修忠义祠、节孝祠;十五年署县沈学诗、知县色卜星额相继筑宫墙百丈。

清·王麟祥修、邱晋成等纂:《光绪叙州府志》,清光绪二十一年(1895 年)刻本

卷二十四《学校》:(庆符县)学宫,在县治后。旧在县东,元大德间建。明洪武三十一年移建今所。建文三年重修。兵燹后毁。隆庆五年巡道崔栋、知府余良翰、知县张化美复建,有记。崇祯六年知县殷逢世增修。皇朝康熙二十五年知县丁林声重修,五十七年知县陈亮采增修。雍正二年知县王如珽复修,十年邑进士李华松等倡修。乾隆六年知县诸葛永岭、沈绳祖相继扩修殿祠门庑堂泮,李华松有记。嘉庆三年知县时晨天增修;十一年知县何应驹修忠义祠、节孝祠;十五年署县沈学诗、知县色卜星额相继筑宫墙百丈(通志)。二十二年知县杨佩芝改建。道光三十年知县佐元烺培修(县志)。

清·孙道光仰修、胡锡祜等纂:《光绪庆符县志》,清光绪二年(1876 年)刻本

卷十五《学校志》:庆符县儒学,旧在县东,元大德间建。明洪武三十二年移建县署后,建文三年重修,兵燹后毁。隆庆辛未,观察崔栋太守余良翰、知县张化美复建。崇祯六年知县段逢世增修。国朝康熙二十五年知县丁林声重修,五十七年知县陈良采增修。雍正二年知县王如珽复修,十年邑进士李华松、恩贡、颜元春等倡建重修。乾隆间知县诸葛永龄、沈绳祖前后重修。嘉庆三年知县时晨天率邑贡生胡明远等重修大成殿、崇圣祠并东、西两庑各牌位,新增钟、鼓房二间;十一年知县何应驹偕儒学增修两庑、忠义、节孝祠及更衣所。十五年署知县色卜星额偕儒学砖砌垣墙,周围一百丈。嘉庆二十二年知县杨佩芝改建。道光三十年知县佐元烺培修,先后致立捐输租息。

崇圣祠。名宦祠,乡贤祠。忠义孝弟祠。昭忠祠。节孝祠。

富顺县

清·黄廷桂等监修:《四川通志·学校志》(雍正版),《四库全书》本

富顺县儒学,在县东,宋庆历四年建。明洪武中重建;弘治中增修;明末圮。国朝康熙二十一年知县钱绍隆重建。扁额、碑、祠与府制同。

清·常明、杨芳灿纂修:《四川通志·学校志》,影印清嘉庆二十一年(1816 年)刻本,巴蜀书社,1984 年

富顺县儒学,在县治东。宋庆历四年建。乾道元年知监史全建题名塔,李觊撰记。绍兴中知监蒲津癖修。宝庆中知监赵希益重修。元至大四年知州任显忠补修。至治元年判官王速纳增修,赵祖全有记;十一年知州蒲善继增修。明洪武六年知县钟铉修庙学坛墠。正统八年知县李真重修,汪回显有记。天顺三年知县孙瑞复修殿、庑、门、堂有记。成化八年知县李嵩修泮池,有记;末年知县梁文增修,周淇谟有记。嘉靖二年知县周爽增建,曾玙有泮池颂;二十四年知县严清修名宦祠、乡贤祠;三十八年教谕韩彦清加修,曾省吾有记。崇祯四年知县贡其志重修,陈盟撰记,后毁。国朝康熙二十一年知县钱绍隆重建,徐乾学有记;四十四年知县满云鹈修复两庑,有记。四十八年知县钱经绅修名宦祠、乡贤祠,有记。雍正六年知县俞起运修补殿、庑。乾隆二十年知县熊葵向重修,有记。四十一年知县段玉裁修明伦堂,江文炅有记。嘉庆六年署县曾自柏迁明伦堂于殿侧,堂基改建崇圣祠。

清·王麟祥修、邱晋成等纂:《光绪叙州府志》,清光绪二十一年(1895年)刻本

卷二十四《学校》:(富顺县)学宫,在县治东,宋庆历四年建,乾道元年知监史全建题名塔,李睨撰记。绍兴中知监蒲津辟修。宝庆中知监赵希益重修。元至大四年知州任显忠补修,至治元年判官王速纳增修,赵祖全有记;十一年知州蒲善继增修。明洪武六年知县钟铉修庙学坛壝。正统八年知县李真重修,汪回显有记。天顺三年知县孙璃复修殿、庑、门、堂,有记。成化八年知县李嵩修泮池,有记;末年知县梁文增修,周洪谟有记。嘉靖二年知县周夔增建,曾玙有《泮池颂》;二十四年知县严清修名宦祠、乡贤祠;三十八年教谕韩彦清加修,曾省吴有记。崇祯四年知县贡其志重修,陈盟撰记。后毁。皇朝康熙二十一年知县钱绍基重建,徐乾学有记;四十四年知县满云鹄修复两庑,有记;四十八年知县钱经绅修名宦祠、乡贤祠,有记。雍正六年知县俞起运补修殿、庑。乾隆二十年知县熊葵向重修,有记;四十一年知县段玉裁修明伦堂,江文曜有记。嘉庆六年知县曾自柏迁建明伦堂于殿侧,堂基改建崇圣祠(通志);道光十六年知县邓仁堃重建,秦树庠记(新县志)。

彭文治、李永成修、卢庆家、高光照纂:《民国富顺县志》,民国二十一年(1932年)刻本

卷四《坛庙》:至圣先师庙,在县治东,正向大南门。宋三次修建,元三次,明九次,清六次。宫墙对翠屏山如展榜然,县中科甲相承,咸以为是山之胜。

宋庆历四年建(见《四川通志》),乾道元年知监史全建题名塔。高宗绍兴中知监蒲津辟修,理宗宝庆中知监赵希益重修。元武宗至大四年知州任显忠盖补大成殿,立戟门,置礼器笾豆,壬子又修两庑三门。英宗至治元年县佐王纳速建碑亭,植两庑栏楯,构讲堂。顺帝至正己丑知州李奉元制礼器、配位。至正十一年知州蒲善继修建大成殿(以上二条自高宗以下皆段《志》)

案:段《志》载元赵祖全记称,元自至元辛卯郡守蒲善继构正殿,至大辛亥武略将军任显忠谓正殿渗漏,戟门未建,遂计材鼎新涂盖,是蒲建正殿在任显忠前无疑。段《志》于顺帝至正乙丑后书,至正十一年蒲善继建大成殿则误矣,《通志》因之,《叙州府志》又沿之,并于至治元年判官王纳速增修,下继以十一年知州蒲善继增修云云,而去至正字,玩其文义,一似至治十一年,顺帝后至元六年,至元辛卯为世祖二十八年,顺帝辛卯为至正十一年。段系蒲善继于至正十一年,或者以后之辛卯当前之辛卯,而至元、至正则未尝详辨与?(新增)

明洪武六年知县钟铉修庙学及坛壝。正统八年知县李真修大成殿及两庑二十四楹,增备祭器,又同教谕曾衡于明伦堂南创建抱厅三间,堂之内外皆甃以石,戟门外泮池架石为梁,环以栏楯。宣德七年县丞李孟谦重建明伦堂。天顺三年知县孙璃复修大成殿及两庑、戟门、棂星门、明伦堂、会馔厅。成化八年知县李嵩修学宫泮池,成化末年知县梁文修明伦堂,展学地十丈,造石香炉等器。嘉靖二年知县周夔建明伦堂,铸立钟鼓,戟门外并见泮池;二十四年知县严清修名宦祠、乡贤祠。崇祯十年知县贡其志修复文庙两庑及明伦堂、文昌阁、名宦祠、乡贤祠、奎星楼、射圃、鲤门、泮池、龙池(段《志》)。

案:《四川通志》"嘉靖二十四年知县严清增修",下有"二十八年教谕韩彦清加修曾省吾有记"十六字,为段《志》所无,彦清传亦不载此事。今考段《志》所载曾省吾《儒学题名记》文,自始至末均叙教职一官关系綦重与勒石题名之意,并无一语及韩修茸之事。《通志》改作四年,亦误。

清康熙二十一年知县钱绍隆修大成殿、明伦堂;四十四年知县满云鹄修复两庑;四十八年知县钱经绅修名宦、乡贤祠。雍正六年知县俞起运修补大成殿、两庑。乾隆二十年知县熊葵向修砌围墙,重建大成殿并砌月台、圣道,规制增旧(段《志》)。

道光十六年知县邓仁堃劝谕改建,例贡生萧永昇独肩其任,历四载始成,费制钱三万二千余缗。自崇圣祠、大成殿、月台、两庑、戟门、更衣、祭器所下棂星门、名宦乡贤祠、礼门、义路、泮池、桥栏、宫墙外贤关、圣域门,皆高广坚致,逾旧数倍(据吕(友芝)志)。光绪中邑绅刘宣、刘绍祖等醵资筹置乐器,又倡设乐器,岁修会并置田业。二十二年知县江仁葆同邑绅陈渊等重葺,三十三年升孔子为大祀,诏殿、庑、墙、垣通用黄瓦,崇圣祠亦一例办理。先是乾隆三年诏文庙大成殿、大成门均易黄瓦,余尚覆绿瓦。邑绅张崇仁、刘绍祖等募金更易,兼拓露台,至宣统初始岁事。又二十二年,邑绅张世芳、萧煜等禀县通详上宪,将两姓先世所捐小学田业二处,提出永备圣庙岁修,他项不得挪用。

庙制。正中为大成殿,殿外为丹墀,墀左、右列东、西阶,阶下左右列东、西庑,前为大成门(即戟门),门外左右为更衣、祭器所,所之下为名宦、乡贤祠(明洪武二年始诏文庙祔祀名宦、乡贤),前筑石柱为棂星门,门外为泮池(段《志》,泮池地在棂星门内,盖时尚沿明旧),池外缭以红墙,墙左右列圣域、贤关二门,池左右为礼门、义路,各下马碑一(上新增)。

至圣先师孔子神位居中南向,木主旧用朱地金书,光绪末升大祀,改用金地青书(木主尺寸定式载《四川通志》。新增)。至圣像石刻在崇圣祠后,唐吴道子写,后改木刻(段《志》,元赵祖全有记,谓系南宋绍兴十五年秋八月辛巳余杭成均石刻)。

崇圣祠,在大成殿后,旧称启圣祠,雍正元年改称(段《志》)。

崇圣祠壁(嵌明尚书甘为霖富顺十五景五律十首。刻石由城南朝圣楼壁移植)。

棂星门,旧用木,宏治中知县梁文始易以石。

卷六《学校·学宫》:至圣先师庙(庙地庙号庙制君详"庙坛类")。

明伦堂,在大成殿后(段《志》)。嘉庆九年改为崇圣祠,另建明伦堂于圣庙左,前为奎星阁,左为教谕署,后为训导署(黄志)。教谕署在明伦堂左(段《志》),嘉庆时改建(据黄志,见上)。道光十六年改修(据吕志)。

卧碑,在明伦堂内左方(清顺治九年刊置。《明史·选举志·学校考》均载洪武十五年镌卧碑置明伦堂左方,则卧碑明代已有)。

雁塔,在明伦堂前,宋乾道元年知监史全建,教授李睨撰记(今佚)。续雁塔明正统中知县李真、教谕李皓、景泰中教谕王绘、正德中教谕董璧俱重立(黄志云嘉庆七年署县曾自柏、教谕宋杰移至大成殿侧)。

题名榜,在明伦堂两壁,左科第右岁贡(黄志云历代科名、仕宦、忠孝、节义匾,嘉庆十七年教谕杜礼、训导杜源琳奉学院赵佩湘文录成八匾,悬明伦堂左右壁。

博文斋、约礼斋,俱在明伦堂左右,今废。

会馔厅(即尚书周洪谟记所称"予为学制,讲道有堂,肄业有斋,会膳有房。"明天顺三年知县孙璘加修,见所作记文。周、孙二记并载"庙坛类")。

泮池,在棂星门内(泸州进士曾玙有《泮池颂》,载"庙坛类")。

射圃,在文庙东,今废。

鲤门,在明伦堂左、学署之前,今废。

奎星楼,今废。

育才坊、丛桂坊,俱成化末年知县梁文建,今废。

清康熙二十一年知县钱绍隆修大成殿、明伦堂。

南溪县

清·黄廷桂等监修:《四川通志·学校志》(雍正版),《四库全书》本

南溪县儒学,在县西凤凰山,旧学在县西二里。宋熙宁间建。明永乐间重建,万历三年改迁今所。国朝康熙二十四年增修。扁额、碑、祠与府制同。

清·常明、杨方灿纂修:《四川通志·学校志》,影印清嘉庆二十一年(1816年)刻本,巴蜀书社,1984年

南溪县儒学,在县治西凤凰山。旧学在治西二里。宋熙宁间建。明永乐间重建。万历间改建今所。国朝康熙二十四年增修。乾隆四十四年教谕胡元勋、训导赵锦增修。

清·胡之富纂修:《嘉庆南溪县志》,清嘉庆十八年(1813年)刻本

卷五《学校》:圣庙旧在县西二里,始建于宋熙宁,重建于明永乐。万历三年知县陈忠改建县北凤凰山麓,明末毁。国朝康熙年间改建城中,历久渐圮。嘉庆十五年知县胡之富商于绅士仍移建凤凰山。以复古制,捐廉为倡,士庶咸乐输之,经营相度,又籍诸士僝功,历三载而告竣。大成殿三楹位正中,南向。东、西庑各七楹,东庑下又两楹为祭器库。西庑下又两楹为乐器库。前戟门三楹阶下向西三间为更衣所,向西三间为斋宿所,再前中为棂星门坊三间,左"德配天地",右"道冠古今"。又泮池一桥三洞,池广数亩,悉种荷花,外环以宫墙,左为圣域坊,右为贤关坊。

崇圣祠,在大成殿后,嘉庆十五年新建。名宦祠,在圣庙戟门左。乡贤祠,在圣庙戟门右。忠义孝弟祠,在圣庙戟门左。

清·福伦总纂、胡元翔、唐毓彤纂修:《同治南溪县志》,清同治十三年(1874年)刻本

卷四《学校志》:文庙,旧在县西二里,宋熙宁建。明永乐年重修,万历三年知县陈忠改建县北凤凰山麓,明末毁。国朝康熙年间改建城中,历久渐圮。嘉庆十五年知县胡之富及绅士仍移建凤凰山,以复古制,捐廉为倡,士庶乐输,经营相度,历三载告竣建。大成殿三楹,东、西庑各七楹。道光十八年,知县翁绍海谨遵大清会典移东庑下之礼器库、西庑下之乐器库于戟门外。阶前东三间为名宦祠,为更衣所;西三间为乡贤祠,为忠义孝弟祠。名宦祠原供栗主非奉旨入祠者移供遗爱祠。戟门阶下为棂星门坊三间,左"德配天地",右"道冠古今"。又泮池一桥三洞,池广数亩,悉种荷花,环以宫墙,左为圣域坊,右为贤关坊。

名宦祠,在戟门左。乡贤祠,在戟门右。

忠义孝弟祠,在戟门外左厢。

清·王麟祥修、邱晋成等纂:《光绪叙州府志》,清光绪二十一年(1895年)刻本

卷二十四《学校》:(南溪县)学宫,治西凤凰山。旧学在治西二里,宋熙宁间建。明永乐间重建。万历间改建今所。皇朝康熙二十四年增修。乾隆四十四年教谕胡元勋、训导赵锦增修(《通志》)。嘉庆十五年知县胡之富及绅士仍建凤凰山,以复古制。捐廉为倡,士庶乐输,经营相度,历三载告竣(《县志》)。

李凌霄等修,钟朝煦纂:《民国南溪县志》,民国二十六年(1937年)铅印本

卷一《舆地·坛庙寺观》:孔子庙,旧称文庙,宋熙宁间创建于李庄,元丰三年徙仙源坝,元初复迁李庄。仁宗延祐初迁城西二里许,明永乐、正统、景泰、嘉靖间继修。万历四年知县陈忠移建凤凰山麓。天启元年会崇明乱,破县城,据学宫为驻兵之所;五年重修。明末毁。清康熙二十四年改建城中。嘉庆十四年知县胡之富商于邑绅,仍移凤凰山,以复古制。捐廉为倡,士庶乐输,经营相度,三载告竣。建大成殿三楹,位正中南向,东、西庑各七楹,东庑下又二楹为礼器库,西庑下又二楹为乐器库。前为戟门三楹。阶下向西三间为更衣所,向东三间为斋宿所。再前中为棂星门,坊三间,左"德配天地",右"道冠古今"。又泮池一楹三洞,池广数亩,悉种荷花。外环以宫墙,左为圣域坊,右为贤关坊。道光十八年知县翁绍海遵《会典》移礼器库、乐器库,于戟门外建屋六间,东三间为名宦祠,为更衣所;西三间为乡贤祠,为忠义孝弟祠;又移乡贤祠原供栗主非奉旨入祠者移供忠义孝弟祠。名宦祠原供栗主非奉旨入祠者移供遗爱祠。同治四年知县雷尔卿葺而新之,建歌、诗亭二座。宣统元年升列大祀,改用黄瓦;三年同志军驻其中,宫墙倾圮。民国四年修复。

崇圣祠,在孔子庙大成殿后,清雍正间以前称启圣祠,嘉庆十四年知县胡之富建。

名宦祠、乡贤祠、忠义孝弟祠均在孔子庙戟门外左右。

长宁县

清·黄廷桂等监修:《四川通志·学校志》(雍正版),《四库全书》本

长宁县儒学,在县西南,宋淳祐间建。明洪武七年重建。成化中知县李昂增修,明末圮。国朝雍正五年知县李岑升、教谕马廷徽,七年知县耿寿平、教谕尹从源先后增修。扁额、碑、祠与府制同。

清·常明、杨方灿纂修:《四川通志·学校志》,影印清嘉庆二十一年(1816年)刻本,巴蜀书社,1984年

长宁县儒学,在县治西南。宋改长宁军,建设无考。元泰定四年知州蓝濬重建。至顺、元统、至正间知州支渭、李杲、刘昭德先后增修。明洪武七年重建。成化十八年知县李昂增修,周洪谟有记。正德十六年知县刘镐、教谕周佽训导彭楚善增修。侯启忠有《棂星门辨》。嘉靖二十八年知县武元建启圣祠;二十九年知县李时芳增修;四十三年知县吴师洙重修石灵星门,并川南道、萧九成讲大学圣经碑,明末圮。国朝康熙七年知县常绍先重修;二十五年知县宋让增修。雍正五年知县李岑陞、教谕马廷徽增修;七年知县耿寿平、教谕尹从源增修。乾隆十九年知县唐光云增修,黄基有记;五十二年署县叶世倬增修,有记。嘉庆十二年知县曹秉让增置。

清·杨庚、曹秉让等纂修:《嘉庆长宁县志》,民国八年(1919年)印本

卷三《学校》:圣庙,在县治内,南向。儒学二署附其左。宋改长宁军,建设无考。元泰定四年因(之),至元乙酉年燹于夷,太守蓝昭重建;以后支渭、李杲、刘昭德来守是州,皆捐奉增修。明洪武七年重建。成化十八年知县李昂增修。宏治十年遵洪武十年太祖训刻竖卧碑于明伦堂。正德十六年知县刘镐建石棂星门。嘉靖七年奉制建敬一亭,九年奉制易"大成至圣文宣王"封号,并去肖像用木主,题"至圣先师孔子",改大成殿为先师庙,门人凡四配以下俱去旧号题木主;二十八年知县吴元建启圣祠于明伦堂东;二十九年知县李时芳增修;四十二年知县吴师洙重修石棂星门。国清康熙七年知县常绍先重修正殿。

崇圣祠。两庑(在正殿东西)。名宦祠(在戟门东)。乡贤祠(在戟门西)。忠义祠(在泮池东)。节孝祠(在泮池西)。

清·王麟祥修、邱晋成等纂:《光绪叙州府志》,清光绪二十一年(1895年)刻本

卷二十四《学校》:(长宁县)学宫,在治西南。宋改长宁军,建设无考。元泰定四年知州蓝浚重建。至顺、元统、至正间知州支渭、李杲、刘昭德先后增修。明洪武七年重建。成化十八年知县李昂增修,周洪谟有记。正德十六年知县刘镐、教谕周佽、训导彭楚善增修,侯启忠有《棂星门辨》。嘉靖二十八年知县吴元建启圣祠;二十九年知县李时芳增修;四十三年知县吴师洙重修石棂星门并川南道萧九成讲大学圣经碑。明末圮。皇朝康熙七年知县常绍先重修,二十五年知县宋让增修。雍正五年知县李岑陞、教谕马廷徽增修,七年知县耿寿平、教谕尹从源增修。乾隆十九年知县唐光云增修,黄基有记;五十二年署县叶世倬增修,有记。嘉庆十二年知县曹秉让增修(通志)。

高县

清·黄廷桂等监修:《四川通志·学校志》(雍正版),《四库全书》本

高县儒学,在县东,明洪武八年建。国朝重修。扁额、碑、祠与府制同。

清·常明、杨方灿纂修:《四川通志·学校志》,影印清嘉庆二十一年(1816年)刻本,巴蜀书社,1984年

高县儒学,在县治东。旧在县治西社堡街。明洪武八年建。国朝康熙五十六年知县石如金、教谕舒登华、训导易大壮改建今所,樊泽达有记。乾隆七年知县路以周修补,胡赢有记;十二年署县鲁克让修改门路;二十六年知县李鸿楷重修殿、庑、祠、亭、祭器,有记;五十九年大水及戟门,知县周谦培筑基址,改建完备。

清·王麟祥修、邱晋成等纂:《光绪叙州府志》,清光绪二十一年(1895年)刻本

卷二十四《学校》:(高县)学宫,在县治东。旧在县治西社堡街。明洪武八年建。皇朝康熙五十六年知县石如金、教谕舒登华、训导易大壮改建今所,樊泽达有记。乾隆七年知县路以周修补,胡濂有记;十二年署县鲁克让修改门路;二十六年知县李鸿楷重修殿、庑、祠、亭、祭器,有记;五十九年大水及戟门,知县周谦培筑基址,改建完备(《通志》)。

清·敖立榜等修、曾毓佐等纂:《同治高县志》,清同治五年(1866)刻本

卷十七《祠庙志》:文庙,在县署东。康熙五十六年知县石如金创建。乾隆乙卯知县周谦拓地重修。乾隆七年知县路以周因戟门倾圮劝捐修复;十二年署邑令鲁克让补修崇圣祠砖壁,改造义路、礼门;二十六年知县李洪楷倡捐修葺,自大成殿及两庑、各祠、更衣亭、祭器库,周围墙垣加砖石。道光十八年知县孟毓勋复加修理,手书配哲、两庑各神牌。

忠义孝弟祠。名宦祠。乡贤祠。大成殿右。

节孝祠。前在明伦堂左,今移西门内北街。

筠连县

清·黄廷桂等监修:《四川通志·学校志》(雍正版),《四库全书》本

筠连县儒学,在县西。明洪武七年建。国朝康熙五十四年知县余铦、孙如芝先后增修。扁额、碑、祠与府制同。

清·常明、杨方灿纂修:《四川通志·学校志》,影印清嘉庆二十一年(1816年)刻本,巴蜀书社,1984年

筠连县儒学,在县治西。明洪武七年建。国朝康熙五十四年知县余铦重建,孙如芝增修。雍正九年知县萧昌、陈善纲先后修尊经阁。乾隆十六年知县沈世基重建大成坊;二十三年知县郑录勋承修。嘉庆十二年知县叶文英重修明伦堂。

清·程熙春修、文尔炘等纂:《同治筠连县志》,清同治十二年(1873年)刻本

卷五《学校志》:学宫,在县西,明洪武七年建,兵燹后毁。国朝康熙六年知县孙如芝重建,复圮。道光十四年知县梁如纲、诚斌同建。

大成坊,乾隆十六年知县沈世基重建。

尊经阁,雍正九年知县萧昌、陈善纲先后捐俸重建。

明伦堂,知县孙如芝重建。棂星门,在戟门前,道光十四年知县诚斌、梁如纲同建。更衣所,在戟门前右。宰牲亭,在戟门前左。泮池,在戟门前。

名宦、乡贤、忠孝、节孝四祠。

清·王麟祥修、邱晋成等纂:《光绪叙州府志》,清光绪二十一年(1895 年)刻本

卷二十四《学校》:(筠连县)学宫,在县治西。明洪武七年建。皇朝康熙五十四年知县余铦重建,孙如芝增修。雍正九年署县萧昌、陈善纲先后修尊经阁。乾隆十六年知县沈士基重建大成坊;二十三年知县郑禄勋承修。嘉庆十二年,知县叶文英重修明伦堂(《通志》),道光十四年知县梁如纲、诚斌同建(《县志》)。

祝世德纂修:《民国续修筠连县志》,民国三十七年(1948 年)铅印本重新排印本

《学宫》,在县西,明洪武七年建,兵燹后毁。清康熙六年知县孙如芝重建。复圮。康熙五十四年知县余镤鼎新重建。乾隆三十二年丁亥,培修泮池。乾隆五十五年七月,崇圣祠几毁于雷,县人惑之,固不识雷电之无知也。嘉庆中,复建学舍。道光间,知县梁如纲、诚斌均有例葺。

大成坊,乾隆十六年知县沈世基重建。尊经阁,雍正九年知县萧昌、陈善纲先后捐俸重建。明伦堂,知县孙如芝重建。棂星门,在戟门前,道光十四年知县诚斌、梁如纲同建。更衣所,在戟门前右。宰牲亭,在戟门前左。泮池,在戟门前。

珙县

清·黄廷桂等监修:《四川通志·学校志》(雍正版),《四库全书》本

珙县儒学,在县南。元时建。明洪武二十二年重建。国朝增修。扁额、碑、祠与府制同。

清·常明、杨方灿纂修:《四川通志·学校志》,影印清嘉庆二十一年(1816 年)刻本,巴蜀书社,1984 年

珙县儒学,在县治东南元时旧址。明洪武二十二重建,后毁。国朝康熙初草创南门外;二十八年知县陈翼圣改建今所,知县钱金森补葺。乾隆四年知县吴蕙重修;六年知县陈九亩竣工;十四年知县陈名俭补建崇圣祠,三十六年知县王聿修建门、祠、泮、阁,教谕袁汪儒竣工。

清·冉瑞桐、郭肇林等纂修:《光绪珙县志》,清光绪九年(1883 年)刻本

卷六《学校志》:学宫,圣庙旧在县治东南。康熙初年自上罗计迁来,暂于南门河外竖草堂数椽;二十八年知县陈翼圣因仲秋丁祭阻水难度,改建城内,创立大成殿、东西庑、戟门、规制略备。嗣后知县钱金森、吴蕙、陈九龄、陈名俭补葺,惟泮池、棂星门、文昌阁、奎星楼、名宦、乡贤、忠义、节孝诸祠及两博士学署尚多缺略。乾隆三十六年知县王聿修渐次增至,犹未完备。

崇圣祠,乾隆十四年知县陈名俭修建,三间,在大成殿西,三十六年移至殿北正位之上。

明伦堂,乾隆四年知县吴蕙、六年知县陈九龄相继建立正房三间,在大成殿之西南,儒学教谕居之。乾隆三十六年城工方竣,议另起建,并至斋署,尚未及咸行,教谕袁汪坛重修葺之。

清·王麟祥修、邱晋成等纂:《光绪叙州府志》,清光绪二十一年(1895 年)刻本

卷二十四《学校》:(珙县)学宫,在县治东南元时旧址。明洪武二十二年重建。后毁。皇朝康熙初草创南门外,二十八年知县陈翼圣改建今所,知县钱金森补葺。乾隆四年知县吴蕙重修,六年知县陈九龄竣工,十四年知县陈名俭补建崇圣祠;三十六年知县王聿修建门祠泮阁,教谕袁汪坛竣工(《通志》)。

兴文县

清·黄廷桂等监修:《四川通志·学校志》(雍正版),《四库全书》本

兴文县儒学,在县南。元至元间建。明洪武中重修;万历初知县王慎、凌亮相继改建于县北。国朝康熙十年知县王兴贤复建今所。扁额、碑、祠与府制同。

清·常明、杨方灿纂修:《四川通志·学校志》,影印清嘉庆二十一年(1816年)刻本,巴蜀书社,1984年

兴文县儒学,在县治南。元至元间建。明洪武间重修。万历初知县王慎、凌亮相继改建于治北。国朝康熙十年知县王兴贤迁建南门外柏香坝,贡生石鸿儁鸠工;五十八年知县郑长济复建今所。乾隆三十年知县郑廷烈修两庑诸祠;五十八年知县杨在韶、教谕杨冕增修。嘉庆十七年教谕李联洪重葺殿、庑、祠、垣毕备。

清·江亦显、赵焕、郭天章纂修:《光绪兴文县志》,清光绪十三年(1887年)镌刻本

卷二《学校》:学宫,昔在县南,元至元间建。明洪武间重修。万历初知县王慎、凌亮相继改建于城北县署后。国朝康熙十年知县王兴贤建于南门外柏香坝,贡生石鸿儁鸠工;五十八年知县郑长济复建于旧址。乾隆三十年知县郑廷烈重修两庑,五十八年知县杨在韶、署教谕杨冕重建大成殿,增修圣域、贤关。嘉庆十七年教谕李联洪复葺之。道光八年戊子岁又新竖大成殿,二十八年知县陆为柄、教谕旺式勋因楹圮培葺。逮咸丰、同治间迭经兵燹,栋宇倾颓。光绪十二年知县江公亦显、教谕何公子方募修大成殿,培两庑及万仞宫墙,庙貌为之一新。

清·王麟祥修,邱晋成等纂:《光绪叙州府志》,清光绪二十一年(1895年)刻本

卷二十四《学校》:学宫,在治南。元至元间建,明洪武间重修。万历初知县王慎、凌亮相继改建于城北县署后。皇朝康熙十年知县王兴贤建于南门外柏香坝,贡生石鸿儁鸠工;五十八年知县郑长济复建于旧址。乾隆三十年知县郑廷烈重修两庑;五十八年知县杨在韶、署教谕杨冕重建大成殿,增修圣域、贤关。嘉庆十七年署教谕李联洪复葺。道光八年戊子又新竖大成殿,二十八年知县陆为柄、教谕汪式勋因楹圮培葺。逮咸丰、同治间迭经兵燹,栋宇倾颓。光绪十二年知县江亦显、教谕何子芳募修大成殿,培两庑及宫墙(《县志》)。

李仲阳等修、何鸿亮纂:《民国兴文县志》,民国二十二年(1943)铅印本

卷三《祀典》:名宦祠,在戟门左。乾隆五十八年署教谕杨冕重修。嘉庆十八年知县余炳虎因建武学久已归并兴文,始将诸名宦乡贤祀于祠,以便官祭。乡贤祠,乾隆五十八年署教谕杨冕重修。忠义孝弟祠,在戟门左,向西。节烈祠,在圣庙西内。乾隆二十一年知县郑廷烈建,嘉庆十八年知县余炳虎移于训导旧署,兹在黉门内。

卷三《学宫》:昔在县南,元至元间建,明洪武间重修。万历间知县王慎、凌亮相继改建于城北县署后。清康熙十年知县王兴贤改南门外柏香坝;五十八年知县郑长济复建于旧址。乾隆三十年知县郑廷烈重修两庑,三十一年重修名宦、乡贤、节孝等祠,五十八年知县杨在韶、教谕杨冕重葺大成殿,创修圣域、贤关。嘉庆十五年署教谕李联洪重葺,十八年知县余炳虎移节孝祠于裁汰训导署,修忠义孝弟祠于戟门右。道光八年戊子又新竖大成殿;三十八年知县陆为柄、教谕汪式勋因楹圮培葺。咸丰、同治迭经兵燹,栋宇倾颓。光绪十二年知县江亦显、教谕何子芳募修大成殿、两庑,培及宫墙。

附建武

清·常明、杨方灿纂修:《四川通志·学校志》,影印清嘉庆二十一年(1816年)刻本,巴蜀书社,1984年

建武所学,明万历四年建,在城东北隅。国朝乾隆元年学裁,并入兴文。

清·江亦显、赵焕、郭天章纂修:《光绪兴文县志》,光绪十三年(1887年)刻本

卷二《学校》:旧建武厅学宫,明万历二年建,先在城东北隅。国朝康熙五十五年郡庠生张行义改建于城西南隅。乾隆元年裁建武厅学归并兴文,祀遂寝。建之绅士另置祭田,春秋修荐如故;二十五年国学欧全修培砌台基,募修东西庑八间,戟门三间,棂星石坊一座,功未竣;三十六年邑庠生张廷荣移大成殿于前,建崇圣祠于后,装修门壁;四十二年修泮池于戟门外,越一年工始竣。嘉庆十六年庠生欧阳春等以祭田存金新建圣域、贤关,制度乃备。

清·王麟祥修、邱晋成等纂:《光绪叙州府志》,清光绪二十一年(1895年)刻本

卷二十四《学校》:建武厅学宫。明万历二年建,先在城东北隅。皇朝康熙五十五年郡庠生张行义改建于城西南隅。乾隆元年裁建武厅,学归并兴文,祀遂寝。建之绅士另置祭田,春秋修荐如故;二十五年国学欧全修培砌台基,募修东西庑八间,戟门三间,棂星石坊一座,功未竣;三十六年邑庠生张廷荣移大成殿于前,建崇圣祠于后,装修门壁;四十二年修泮池于戟门外,越一年功始竣。嘉庆十六年庠生欧阳春等以祭田存金新建圣域、贤关,制度乃备(《县志》)。

古宋县

佚名纂:《民国古宋县志初稿》,民国二十四年(1935)石印本

卷三《坛庙》:孔庙,在九姓场。明洪武六年傅友德题请建庙于九姓司城大东门内建立圣庙。嘉靖年间旧学颓废,巡按颜懋卿准阅司绅士呈词移文于分臬姚如同重修大成殿、两庑、大成门、崇圣祠,增修棂星门、明伦堂、学署,总各如制,巡按喻时为序碑。明末兵燹倾圮。国朝顺治九年礼部题奉钦颁卧碑文并教条刊立于明伦堂之左(今无考)。康熙二十一年钦颁御书"万世师表"匾额;三十五年钦颁御制"孔子赞"、颜、曾、思、孟赞并序,刊碑于殿右(今无考);四十二年钦颁"御制训饬士子"碑文;四十三年安抚使任嗣业增修大成殿、戟门、黉墙,四十五年敕建"平定朔漠碑"于殿左。八年敕建"平定青海碑"于殿右(今无考)。乾隆九年任启烈与贡生车帝载、任仪、生员易符濂重修大成殿、戟门、贤关、圣域、崇圣、乡贤、名宦、忠孝节义等祠,越三十年任启秀护理司纂修明祀典,与贡生任仪、监生车凤鸣、生员李如梅等勒筮契蔡迁移数武,立卯酉向,更造正殿五间、泮池、雁塔、天井、石工。同治辛酉壬戌张逆发逆,先后窜扰蹂躏地方,将文庙墙垣、戟门、窗壁、神碑、神座一切损坏,经训导钟世标募捐培修。

崇圣祠。大成殿。两庑。名宦祠。乡贤祠。忠义祠。节孝祠。文昌宫(一在九姓东,乾隆二十九年任启烈等迁建,一在县城)。

隆昌县

清·黄廷桂等监修:《四川通志·学校志》(雍正版),《四库全书》本

隆昌县儒学,在县西,明隆庆初建。国朝康熙二十五年知县钱振龙重修,五十八年知县刘琨增修。匾额、碑、祠府制同。

清·常明、杨芳灿纂修:《四川通志·学校志》,影印清嘉庆二十一年(1816年)刻本,巴蜀书社,1984年

隆昌县儒学,在县治西。明隆庆初建。国朝康熙二十五年知县钱振龙重修;五十八年知县刘琨增修。嘉庆六年知县盛世绮增修。

清·魏元燮、花映均修、耿光祜纂：《咸丰隆昌县志》,清同治元年(1862 年)刻、十三年(1874 年)续刻本

卷十四《学校》:学宫,在县西,明隆庆初建。国朝康熙二十五年知县钱振龙重修,五十八年知县刘琨增修。嘉庆六年知县盛世绮辟署地修莲峰书院,移正斋于文庙左,副斋于文庙右。学旧无田,乾隆四十七年邑民沈九韶尚义以自置田土一分、捐八载征银一钱三分、收租谷八石,又学宫左右地土收租银二十八千,为两学署培补之资。

卷十六《祠庙》:文庙,在县署右,隆庆三年知县王宠建。崇祯三年知县朱治隆重修,有记。康熙二十五年知县钱振龙重修,四十八年知县刘琨重修,有记。雍正十年知县王锡光凿泮池,建忠义节孝祠。乾隆二十八年知县黄文理重修,有记。嘉庆十八年知县刘傅经重修,有记。俱见《艺文》。咸丰九年知县肃庆、教谕王裕绪、训导刘黼赓整修。

崇圣祠,在文庙后,国朝康熙四十八年知县刘琨重修,咸丰九年知县肃庆、教谕王裕绪、训导刘黼赓整修。

名宦祠,在文庙戟门外。乡贤祠,在文庙戟门外右。

忠义祠。节孝祠。

清·王麟祥修、邱晋成等纂：《光绪叙州府志》,清光绪二十一年(1895 年)刻本

卷二十四(隆昌县)《学校》:学宫,在治西。明隆庆初建。皇朝康熙二十五年知县钱振龙重修,五十八年知县刘琨增修。嘉庆六年知县盛世绮增修(《县志》)。

屏山县

清·张曾敏修、陈琦纂：《乾隆屏山县志》,民国二十年(1931 年)铅印本

卷三《学校志》:儒学,屏邑旧未建学。国朝雍正五年裁马湖府,以府治为县治,今之县学即旧府学也。在县治东北,建于元末,修于明永乐十五年。国朝康熙八年推官管知府事史允庚重建,颓于兵燹,二十三年知府何源浚、知县蔡琨捐俸重修。岁久倾圮。雍正十二年知县冯又兴崇大而更新之。

先师庙五楹,旧曰大成殿,嘉靖十年诏易改之。两庑各三间,在庙前两旁。庙门五间。泮池在庙门南,跨池为桥。棂星门在泮池南。崇圣祠在明伦堂后,原名启圣祠。

明伦堂在庙后,有双桂甚古。

名宦祠在庙门东。乡贤祠在庙门西。

忠孝、节义祠在明伦堂左、右。

东、西关:东曰圣域,西曰贤关。雍正十二年知县冯又兴建。

双桂亭在明伦堂前,乾隆二十四年教谕余承志建,今圮。

清·黄廷桂等监修：《四川通志·学校志》(雍正版),《四库全书》本

屏山县儒学,在县城内东北。元时建。明永乐十年重修。国朝康熙八年马湖府知府史允庚重建;二十三年知府何源浚、知县蔡琨重修。扁额、碑、祠与府制同。

清·常明、杨方灿纂修：《四川通志·学校志》,影印清嘉庆二十一年(1816 年)刻本,巴蜀书社,1984 年

屏山县儒学,在县治东北。旧为马湖府学,元马湖总管任翔建。明永乐十年重修。国朝康熙八年推官管马湖知府事史允庚重建。甲寅兵毁。二十三年知府何源浚、知县蔡琨捐建;五十四年署府吴玉藻增修。雍正五年裁府改县,十二年知县冯又兴重建。嘉庆五年知县金维熙修庑、墙、门、路。十三年署县陈作琴培修。

清·王麟祥修、邱晋成等纂：《光绪叙州府志》，清光绪二十一年（1895 年）刻本

卷二十四《学校》：学宫，在治东北。旧为马湖府学。元马湖总管任翔建，明永乐十年重修。皇朝康熙八年推官管知府事史允庚重建，甲寅兵毁；二十三年知府何源浚、知县蔡琨捐建；五十四年署府吴玉藻增修。雍正五年裁府改县，十二年知县冯又兴重建。嘉庆五年知县金维熙修庑、墙、门、路，十三年署县陈作琴培修（《通志》）。

清·张九章修、陈藩垣等纂：《光绪屏山县续志》，民国二十年（1931 年）铅印本

卷下《祠祀志》：先师庙，亦曰文庙，嘉庆五年知县金维熙修庑、路、墙、门，十三年署知县陈作琴、光绪十六年知县谭酉庆培修。

马边厅

清·常明、杨方灿纂修：《四川通志·学校志》，影印清嘉庆二十一年（1816 年）刻本，巴蜀书社，1984 年

马边厅儒学，在厅治南。明万历十七年同知汪京建。国朝乾隆二年重修；二十九年改设厅治；四十五年题准兴学，通判魏廷观修灵星门；五十年通判鲁华祝修戟门；五十六年通判富森保重修殿庑如制。

清·周斯才纂修：《嘉庆马边厅志略》，1954 年熊承显抄本

卷二《坛庙》：文庙在城内县署右，万历十七年建。乾隆五十六年署任富重修。

卷三《学校》：前明旧志有学舍，自胜国兵燹废绝无存，乾隆二十九年改设厅治后，荒土日辟，舆图日广，人烟凑集……四十五年奏查改厅，距屏山县五百里，县考童每以跋涉……而改学教官，远在县治……

按《靖边录》载有记载，学宫四亩，碑称前马湖府清军厅管理安边同知宋曾捐出俸金买卖房间田亩以供祭祀，并捐置祭器等项，系崇祯二年，今废无存。

卷三《地理志二·学校》：大成殿。两庑。崇圣祠。

清·王麟祥修、邱晋成等纂：《光绪叙州府志》，清光绪二十一年（1895 年）刻本

卷二十四《学校》：学宫，在治南。明万历十七年同知汪京建。皇朝乾隆二年重修；二十九年改设厅治；四十五年题准兴学，通判魏廷觐修棂星门；五十年通判鲁华祝修戟门，五十六年通判富森保重修殿庑如制（《通志》）。

雷波厅

清·黄廷桂等监修：《四川通志·学校志》（雍正版），《四库全书》本

直隶雷波卫儒学，未设。

清·常明、杨方灿纂修：《四川通志·学校志》，影印清嘉庆二十一年（1816 年）刻本，巴蜀书社，1984 年

雷波厅儒学，在厅治西。明万历十七年初设社学。国朝雍正七年底定。乾隆二十六年改卫为厅。嘉庆三年建学宫；九年总督勒保奏准，裁冕宁训导归雷波厅学。

清·秦云龙修、万科进纂：《光绪雷波厅志》，清光绪十九年（1893 年）刻本

卷十六《学校》：雷波旧为夷地，前明万历十七年平安兴后始隶版图，于雷波、黄螂两乡各建社学一所，训迪儒童。至国朝雍正七年改土归流，设雷波卫，乾隆二十六年升卫为厅，均未建学。嘉庆三年通判方怀萱见厅民向学有年，文风日盛，乃修明典礼，崇启学宫，相地于城南，圌筑宫墙，建正殿一楹，奉祀至圣先师孔子神主；东西两庑各五间，奉祀从祀诸贤，南为戟门，又南为棂星门，又南为泮池，左礼门、右义路，照墙一座，墙外立下马碑。复建崇圣祠于殿后,工完详请开学。嘉庆九年总督勒保、学政钱杙合词具题接奉部覆准裁冕宁县训导,移设雷波厅,通判李铎始建学署于厅署之左。道光二十二年署毁于火,复移建于城南学宫之右署内建明伦堂,堂左立御制卧碑,载御制"训饬士子"文于上。光绪十八年通判秦云龙建名宦祠、乡贤祠于棂星门外。

名宦祠。乡贤祠。忠义祠。节孝祠。

清·王麟祥修、邱晋成等纂:《光绪叙州府志》,清光绪二十一年(1895 年)刻本

卷二十四《学校》:雷波厅学宫,明万历十七年平安兴后始隶版图,于雷波、黄螂两乡各建社学一所。至皇朝雍正七年改土归流,设雷波卫。乾隆二十六年升卫为厅,均未建学。嘉庆三年通判方怀萱乃相地于城南,环筑宫墙,建正殿一楹,奉祀至圣先师孔子神主;东、西两庑各五间,奉祀从祀诸贤。南为戟门,又南为棂星门,又南为泮池,左礼门、右义路,照墙一座,墙外立下马碑。复建崇圣祠于殿后,工完详请开学。道光十八年通判秦云龙建名宦祠、乡贤祠棂星门外。

龙安府

龙安府

清·黄廷桂等监修:《四川通志·学校志》(雍正版),《四库全书》本

龙安府儒学,在府南。宋祥符间知府吴济始建,元末毁。明洪武间土官薛继贤迁建乐平镇北山下,隆庆间知府龙庆云仍迁今所。国朝知府翁佶重葺。康熙二十三年钦颁御书"万世师表"匾额,四十二年钦颁御制"训饬士子"碑文,四十五年勅建"平定朔漠碑"于殿左。雍正元年奉旨创建崇圣祠,恭设五代王牌位;四年钦颁御书"生民未有"匾额,八年勅建"平定青海碑"于殿右。

《祠庙》。文庙,在府治北。详见《学校》《祀典》,各属县、卫制同。

崇圣祠,在明伦堂东。名宦祠,在文庙东。乡贤祠,在文庙西。忠义祠,在文庙门东。节孝祠,在文庙门西。以上五祠各属县、卫俱有之。

清·常明、杨方灿纂修:《四川通志·学校志》,影印清嘉庆二十一年(1816 年)刻本,巴蜀书社,1984 年

龙安府儒学,在府治南。宋祥符间知府吴济建,元末毁。明洪武间土官薛继贤迁建乐平镇北山下。隆庆间知府龙庆云仍迁今所。国朝知府翁佶重葺。康熙二十年知府陈于朝偕平武县知县朱补修。嘉庆十一年知府倪鼎铨、平武知县乔弈约补修。

平武县

清·黄廷桂等监修:《四川通志·学校志》(雍正版),《四库全书》本

平武县儒学,在县治左。明万历间建。国朝增修。

清·常明、杨方灿纂修:《四川通志·学校志》,影印清嘉庆二十一年(1816 年)刻本,巴蜀书社,1984 年

平武县儒学,在县治左。明万历间建。国朝康熙二十二年知府陈于朝、知县朱镕重修。嘉庆十一年知府倪鼎铨、知县乔弈约补修。

清·邓存咏等纂修:《道光龙安府志》,清道光二十一年(1841 年)刻本

卷二《舆地志·祠庙》：文庙，在府城西北。崇圣祠在明伦堂东。名宦祠在文庙东，乡贤祠在文庙西。忠义祠在文庙门东，节孝祠在文庙门西。

江油县

清·黄廷桂等监修：《四川通志·学校志》（雍正版），《四库全书》本

江油县儒学，在县东南三里，元至正间知县李彦文建于高堂里。明洪武初知县周伯汶重建，明末圮。国朝知县陈图、训导赵晋改建今所。

清·常明、杨方灿纂修：《四川通志·学校志》，影印清嘉庆二十一年（1816年）刻本，巴蜀书社，1984年

江油县儒学，在县治西南。元至正间知县李彦文建于高堂里。明洪武初知县周伯汶迁建城内。正统间教谕饶旭重修。成化间知县张澄增修。明末毁。国朝顺治间知县陈图、训导赵晋移建城东三里。雍正二年知县彭阯增修。乾隆十六年知县杨辅相迁建今所。嘉庆元年知县陈庆嵩重修。

清·邓存咏等纂修：《道光龙安府志》，清道光二十一年（1841年）刻本

卷二《舆地志·祠庙》：（江油县）文庙，在城内西南。崇圣祠在文庙北。名宦祠在文庙东，乡贤祠在文庙西，节孝祠在文庙戟门外（道光二十年移建文庙之北）。

清·桂星纂修：《道光江油县志》，清道光二十年（1840年）刻本

卷二《学校》：学宫，元至正间知县李彦文建于高堂里，明洪武初知县周伯汶建城内。正统时教谕饶旭、成化时知县张澄继修，明末遭寇毁。皇清顺治年间移建之东关外三里。……雍正元年奉旨创建崇圣祠，恭设五代王牌位；二年知县彭阯继修。……乾隆十六年知县杨辅相移建城内之西南。嘉庆元年知县陈庆嵩重修。……道光二十年因雨水连绵，庙宇倾圮，且地势向置失宜，知县桂星移建城西学道街。

卷二《祠庙》：文庙，在城内西南，详见《学校》。

崇圣祠，在文庙北，详见《学校》。

名宦祠，在文庙东。嘉庆元年知县陈庆嵩重修。道光二十年移建文庙之左。

乡贤祠，在文庙西。嘉庆元年知县陈庆嵩重修。道光二十年移建文庙之右。

忠孝义祠，在文庙西。嘉庆元年知县陈庆嵩重修。道光二十年移建文庙之右。

清·武丕文修、欧培槐等纂：《光绪江油县志》，光绪二十九年（1903年）刻本

卷十二《学校志》：文庙在县治西。元至正间知县李彦文建于高堂里，明洪武初知县周伯汶建于城内，正统时教谕饶旭、成化时知县张澄继修，明末寇毁。清顺治元年移建东关外三里。乾隆十六年知县杨辅相移建城内之西南。嘉庆元年知县陈庆嵩重修。道光二十年雨水连绵，庙宇倾圮，地势山向失宜，知县桂星移建城西学道街，改为座西向东。光绪二十六年知府吴佐、知县陈国珩、教谕冯景文、训导刘宣会集士绅筹款培修大成殿，重修两庑、戟门、泮池、月台、圣域、贤关坊，知府李嘉瑞踵其成，添置祭器……二十九年知县武丕文捐制乐、舞各器，教谕冯景文、训导刘宣赞襄厥事，庙貌、典礼焕然一新。

崇圣祠旧在正殿东偏，光绪二十六年改建殿后。明伦堂在教谕署前，御制卧碑在明伦堂内。

名宦祠在戟门左，光绪二十六年重建，祠后周以来名宦二十二人。乡贤祠在戟门右，光绪二十六年重建，祠李白、清国子监学政御举人陈代芝。

石泉县

清·黄廷桂等监修:《四川通志·学校志》(雍正版),《四库全书》本

石泉县儒学,在县东望崇山麓,宋绍兴中建。明洪武、正德、万历中先后增修,明末圮。国朝初迁建城内,康熙五十七年知县林逢春复建于望崇山麓。

清·常明、杨方灿纂修:《四川通志·学校志》,影印清嘉庆二十一年(1816年)刻本,巴蜀书社,1984年

石泉县儒学,在县东一里望崇山麓。宋绍兴中知石泉军事魏禧建。淳祐三年知军事张贵重建。宝祐五年知军事赵顺重修。元时毁。明洪武四年主簿卢子亨重修。宣德四年知县康维政重修。成化七年教谕(缺)景重修。宏治十六年知县林贵重修训,导朱琳魁有记。正德间知县萧重修。嘉靖复毁于兵。副使戴繄、知县路宏、守备何定重建。国朝康熙二十二年知县朱点迁建城内;五十四年知县林逢春复迁于望崇山故址,有记。乾隆十七年知县崔重建,署县吴世纪落成,李玶有记。

清·赵德林等修、张沆等纂:《道光石泉县志》,清道光十四年(1834年)刻本

卷二《舆地·祠庙》:文庙,在县东一里,道光十一年令赵德林补修。崇圣祠在文庙大成殿之北。名宦祠在文庙戟门之左,乡贤祠在文庙戟门之右。昭忠祠距文庙百步。

节孝旧祠乾隆间改为昭忠祠。道光十年令赵德林捐建于文庙戟门外乡贤祠右。

清·邓存咏等纂修:《道光龙安府志》,清道光二十一年(1841年)刻本

卷二《祠庙》:(石泉县)文庙,在县东一里。崇圣祠,在文庙北。乡贤祠,在文庙西。昭忠祠,距文庙百步。节孝祠,在文庙乡贤祠祠右。

彰明县

清·黄廷桂等监修:《四川通志·学校志》(雍正版),《四库全书》本

彰明县儒学,在县东南,唐大中十三年建。明天顺五年重修。成化初县丞邱颛增修,正德九年补葺。国朝顺治十六年并入绵州,雍正八年复设,仍属绵州,九年改隶龙安府。

清·常明、杨方灿纂修:《四川通志·学校志》,影印清嘉庆二十一年(1816年)刻本,巴蜀书社,1984年

彰明县儒学,在县城西北。旧在县城东。南唐大中十三年建。明天顺五年重修。成化初县丞邱禹增修。正德九年补葺。明末圮。国朝顺治十六年裁并绵州学。雍正八年复设,仍属绵州;九年改隶龙安府。乾隆三十三年知县廖方、训导邓在珩迁建今所。

清·邓存咏等纂修:《道光龙安府志》,清道光二十一年(1841年)刻本

卷二《舆地志·祠庙》:文庙,在县东南。崇圣祠,在文庙北。名宦祠,在文庙东,乡贤祠,在文庙西。昭忠祠,在城北。节义祠,在文庙侧。

清·牛树梅原本、何庆恩、韩树屏增修、李朝栋等增纂:《同治彰明县志》,清同治十三年(1874年)刻本

卷十五《学校志》:学宫,在县城西北,旧在东南隅。唐大中十三年建。明天顺五年移县署东偏。成化初增修,正德九年补葺,明末倾圮。清顺治十六年裁并绵州学;雍正八年复设,仍属绵州,九年改隶龙安,学宫仍在东;乾隆三十三年迁建今所。殿、庑、门、祠、台、序、阶、池如制。嘉庆初邑侯韩揩重建。道光十四年邑侯徐凤翔重修崇圣殿、泮池、学署、明伦堂;十八年邑侯达衡重修灵星门、泮池、宫墙暨漆□各殿庑;二十七年前杲司牛公莅彰时增置各殿、庑、祠祭器。同治八年邑侯何庆恩、广文、谢恩鸿培修殿、庑、门、祠、泮池、宫墙,并新制簠、簋、鐏、爵、釦、鼎、俎豆。

大成殿五楹,邑侯廖方皋建。崇圣殿三楹,邑侯廖方皋建,徐凤翔重建。东、西庑各五楹,邑侯廖方皋建。戟门三楹,邑侯廖方皋建。灵星门三楹,邑侯廖方皋建,达衡重建。名宦祠一楹,邑侯廖方皋建。乡贤祠一楹,邑侯廖方皋建。明伦堂在学宫左,上、下各三楹,邑侯廖方皋建。尊经阁在名宦祠左,二楹,邑侯廖方皋建邑侯徐凤翔培修。

宁远府

宁远府

清·黄廷桂等监修:《四川通志·学校志》(雍正版),《四库全书》本

宁远府儒学,未设。

《祠庙》:文庙,在府治南,详见《学校》、《祀典》,各州县卫制同。

崇圣祠,在明伦堂东。名宦祠,在文庙东。乡贤祠,在文庙西。忠义祠,在文庙门东。节孝祠,在文庙门西。以上五祠各州、县、卫、所俱有之。

清·常明、杨方灿纂修:《四川通志·学校志》,影印清嘉庆二十一年(1816年)刻本,巴蜀书社,1984年

宁远府儒学,在府治西门内。国朝嘉庆十四年新设训导一员,教授由越嶲厅改归。

清·何东铭纂:《咸丰邛嶲野录》,1964年传抄本

卷十八《营建类·学校》:儒学,嘉庆十四年新设至圣先师孔子庙,大成殿三楹,东西庑各五间,戟门五间,棂星门一座,泮池一,坊二,宫墙一。

名宦祠。乡贤祠。忠义祠。节孝祠。

正殿均为木主。

(不著时代、撰人)《宁远府志》,西安古旧书店1960年抄印本

卷十五《学校》:儒学,嘉庆十四年新设,在府城西南,西越嶲厅教授改撰宁远府教授。

卷十七《祠庙志》:文庙,在西门内,原系西昌县文庙。嘉庆十四年添设府学改为府文庙,十六年重修。大成殿正中恭奉至圣先师孔子神位。

名宦祠,在戟门东。乡贤祠,在西,戟门西。

节孝祠,在文庙东。

西昌县

清·黄廷桂等监修:《四川通志·学校志》(雍正版),《四库全书》本

西昌县儒学,在府城西门内,明末毁。国朝重建。

清·常明、杨方灿纂修:《四川通志·学校志》,影印清嘉庆二十一年(1816年)刻本,巴蜀书社,1984年

西昌县儒学,在府城西门内。明建昌卫学,后毁。国朝雍正六年卫裁,为西昌县学;八年知县李倬重建,殿、庑、门、祠如制。

清·何东铭纂:《咸丰邛嶲野录》,1964年传抄本

卷十八《营建类·学校》:学宫,旧《通志》,在府城西门内,明末毁,国朝重建。新《通志》,在府城西门内,明建昌卫学,后毁。国朝雍正六年卫裁为西昌县学,八年知县重建殿、庑、门、祠如制。

名宦祠。乡贤祠。忠孝义祠。节孝祠。明伦堂。教谕署。训导署。

郑少成等修、杨肇基等撰:《民国西昌县志》,民国三十一年(1942 年)铅印本

卷六《祠祀志》:……故西昌建庙,亦始于唐,昔中遭有宋,……记事中辍,逮元设儒学教授,及……乃复建庙。……后二百余年,庙宇倾废,门都指挥金事昌捐重修,成化己丑八月落成。成化丙申按察司金事李公廷璋来按是邦,协同布政使……建戟门、棂星门,补茸廊庑,树立碑石。崇祯六年,建昌道参议沈公翘楚相旧日东皇及西阔庙基,皆不吉,乃鼎新革故,就城□为奎阁,下隙地为射圃。清代士绅与邑侯杨公重修正殿,丹漆两庑、戟门,宏竣宫墙,阔深泮池,筹香□费,俾奉祀延长,厚又兴岁修会,以时补茸。民国三年二月壬寅日,东庑灾回禄,延及正殿廊檐。士绅倡捐,缮复旧观。

考明嘉靖九年尊孔子为至圣先师,撤塑像设木主,罢封爵。西昌当时祷祀白铜像,后废。

冕宁县

清·黄廷桂等监修:《四川通志·学校志》(雍正版),《四库全书》本

冕宁县儒学,在县西,明时建。后毁。国朝康熙二十六年重建。

清·常明、杨方灿纂修:《四川通志·学校志》,影印清嘉庆二十一年(1816 年)刻本,巴蜀书社,1984 年

冕宁县儒学,在县治西。明宁番卫学,后圮。国朝康熙二十六年重建。雍正六年卫裁为冕宁县学。嘉庆九年裁训导归雷波厅学。

清·李英粲修、李昭纂:《咸丰冕宁县志》,清咸丰七年(1857 年)刻本

卷四《庙坛》:至圣先师庙,在城内东南,旧在今城隍庙地,乾隆二十四年知县贾天禄因绅士等肯请与城隍庙互相移建(旧志,庙基不吉改,建东南旺地)。道光十四年知县鲍煜增修。咸丰五年知县宋恒山、教谕李昭等重加修茸。

大成殿三间,东西庑各四间,戟门三间,致斋所东西各两间,棂星门一座,泮池三桥,东西角门各一间。崇圣祠在大成殿后,三间。

名宦祠在戟门左,乡贤祠在戟门右,节孝祠在西角门外。

清·何东铭纂:《咸丰邛嶲野录》,1964 年传抄本

卷十八《营建类·学校》:学宫,《旧通志》,在县西,明时建,后圮。国朝康熙二十六年重建。《新通志》,在县治西。明宁番卫学,后圮。国朝康熙二十六年重建。雍正六年裁卫为冕宁县学。

《冕宁县志》,圣庙在城内东南,旧在今城隍庙地。乾隆二十四年知县贾天禄等谒庙基,不由请与城隍庙互相移建。道光十四年知县鲍煜增修。咸丰五年知县宋恒山教谕李照率众加重修茸大成殿三间,东西庑各四间,戟门三间,致斋所东西各两间,棂星门一座,□□三门。泮池三桥,东西角门各一间。崇圣祠,在大成殿后,三间。名宦祠(《县志》在戟门左)。乡贤祠(《县志》在戟门右)。忠义孝祠。节孝祠(《县志》在西角门外)。明伦堂(《县志》在教谕署二门内)。教谕署(《县志》在县城内东南文庙之东头,门三间,二门一座。明伦堂三间,二堂一间,三堂三间,东西廊房各二间)。训导署(《新通志》嘉庆九年裁训导归雷波厅学)。

盐源县

清·黄廷桂等监修:《四川通志·学校志》(雍正版),《四库全书》本

盐源县儒学,在县城东门外。雍正五年修建。

清·常明、杨方灿纂修:《四川通志·学校志》,影印清嘉庆二十一年(1816 年)刻本,巴蜀书社,1984 年

盐源县儒学,在县治西门内。旧在县城东门外。明盐井卫。国朝雍正六年卫裁为盐源县学,新建殿、庑、门、祠、泮、墙、廨如制。

清·何东铭纂:《咸丰邛巂野录》,1964 年传抄本

卷十八《营建类·学校》:学宫,旧《通志》,在县城东门外,国朝雍正五年修建。新《通志》,在县治西门内,旧在县城东门外,明盐井卫学。国朝雍正六年卫裁为盐源县,学新建。殿、庑、门、祠、泮、墙如制。

《县志略》,在县城西门内。

名宦祠。乡贤祠。忠孝义祠。节孝祠。明伦堂。教谕署。训导署。

清·辜培源等修、曹永贤等纂:《光绪盐源县志》,清光绪二十年(1894 年)刻本

《陵墓》:孔子像墓,在县北三里,考元明学宫皆塑像,后以像亵易为木主。

邑文庙,旧在城东门外华岩严寺侧,后迁城内。故宫风雨飘摇而像露居祀之,非例毁之,不恭,乃仿瘗主意葬之,为马鬣封焉,今逾二百年,坟土若继长增高也者,文教其昌乎?是亦人之葬圣人也。……

大成殿。两庑。崇圣祠。名宦祠。乡贤祠。忠义孝弟祠。节孝祠。

《营建志·坛庙》:文庙旧在卫东门外,国朝雍正六年裁卫为县,始移建城内西街。大成殿三间。东、西庑各三间。藏书所、祭器库各一间。戟门三楹。名宦、乡贤、忠义、节孝祠各一间(连戟门左右)。更衣所、斋戒厅各一间。棂星门一座石瓮三间。泮池一区,圜桥三洞。宫墙一座。圣域、贤关门两道。礼门、义路门两道。

崇圣祠三间。元至顺元年加封圣父叔梁公为启圣王,明嘉靖十年诏国子监并天下学校建启圣公祠,题启圣公孔氏神位。

会理州

清·黄廷桂等监修:《四川通志·学校志》(雍正版),《四库全书》本

会理州儒学,在州西北,明洪武二十九年建。嘉靖中重建。国朝增修。

清·常明、杨方灿纂修:《四川通志·学校志》,影印清嘉庆二十一年(1816 年)刻本,巴蜀书社,1984 年

会理州儒学,在州治西北。明洪武中为会川卫;二十八年设训导,胡文通,齐印来卫,偕指挥孙禧迁学今所,未就。宏治五年副史陈某重修,因地窊患水,副使胡东请帑,委指挥撒和迁建城隍庙遗址,嘉靖三年毕工。国朝康熙二十九年分会川卫地,置会理州于苦竹坝。雍正六年卫裁,移建州治,重修殿庑。嘉庆十六年知州德勋倡绅士马适等重修。

清·邓仁垣等修、吴忠嵝等纂:《同治会理州志》,清同治十三年(1874 年)刻本

卷二《祠庙》:文庙,古基在治北,明洪武二十八年设官赐印,训导胡文通、齐印率卫,偕指挥同知迁于西北,未就。宏治壬子副使陈公委官重修,因地势卑浸,副使胡东皋见城隍庙遗址高阔,力请帑金,委指挥撒和移建。嘉靖甲申告成。

崇圣祠三间。胡东皋建,国朝礼生王经章等重修,学正王启晋捐俸制神主、悬匾。大成殿三间,胡东皋建。东、西庑各五间,胡东皋建。戟门三楹,胡东皋建,国朝学正启晋悬匾。泮池一区,胡东皋建,国朝生员严世道等重修。圜桥三洞,东名宦祠三间,西乡贤祠三间、节孝祠三间。棂星门一座,胡东皋建,国朝生员王问仁重修。圣域、贤关门二道,照墙一座。

国朝康熙四十五年学正林健行培修正殿四隅、两庑、围墙。乾隆三十九年大成殿梁栋摧折,经州人胡嘉谟等培修。又自嘉庆十八年经知州刘德铨等倡率合州士民捐资,武举马适等彻底新修大成殿三间,东西庑各五间,崇圣祠三间,东西走廊各三楹,戟门三楹,东名宦祠三间,西乡贤祠三间,东西更衣所各一间,棂星门三楹,东忠义祠三间,西节孝祠三间,泮池一区,圜桥三洞,圣域、贤关门二座,数仞宫墙一座,至道光辛巳告竣。

清·何东铭纂:《咸丰邛嶲野录》,1964 年传抄本

卷十八《营建类·学校》:学宫,《会川卫志》:先师殿三楹,东西庑十楹,戟门三楹,祭器、乐器库各一楹,灵星门三楹,泮池、石桥一,左建明伦堂三楹,正心戏台、二斋室各三楹,启圣祠一所,教授庙所一所。

旧《通志》,在州西北,明洪武二十九年建,嘉靖中重建,国朝增修。

《会理州志》,古基在治北,明洪武二十八年设官赐印,训导胡文通、齐印来卫,偕指挥孙禧建学于治西北,未就。宏治壬子副使陈某委官重修,因地卑水浸。建昌道副使胡东皋见城隍庙遗址高阔,力请帑金,委指挥撒和移建,嘉靖甲申告成。国朝重修大成殿三间,内悬御赐匾额。东、西庑各五间,戟门三间,泮池一区,圜桥三洞,东名宦祠三间,西乡贤祠三间、节孝祠三间,棂星门一座,圣域、贤关门各一道,照墙一座。崇圣祠三间。

《新通志》,在州治西北,明洪武中为会川卫,二十八年设。训导胡文通、齐印来卫,使指挥孙禧建学今所,未就。宏治五年副使陈某重修,因地低患水,副使胡东皋请帑,委指挥撒和迁建城隍庙遗址,嘉靖三年毕工。国朝康熙二十九年分会川卫地,置会理州于苦竹坝。雍正六年卫裁移建州治,重修殿庑。嘉庆十六年知州德勋倡绅士马适等重修。按德勋倡修未成,卸事去,署知州刘德隆派捐合州士民新修,改旧制,阔大宏敞,殿庑辉煌巍然矣。

越嶲厅

清·黄廷桂等监修:《四川通志·学校志》(雍正版),《四库全书》本

越嶲卫儒学,在卫城西南。旧在治南,明末圮。国朝康熙三十年改迁东门内,复毁。后仍迁建城内西南。

清·常明、杨方灿纂修:《四川通志·学校志》,影印清嘉庆二十一年(1816 年)刻本,巴蜀书社,1984 年

越嶲厅儒学,在厅治西南。旧在治南。明越嶲卫学,后圮。国朝康熙二十四年越嶲卫毛𦘕建;三十年迁建东门内,复毁,仍迁建城内西南。嘉庆十四年改作训导。

清·何东铭纂:《咸丰邛嶲野录》,1964 年传抄本

卷十八《营建类·学校》:学宫。旧《通志》,在卫城西南,旧在治南,明末圮。国朝康熙三十年改建东门内,复毁。后仍建城内西南。新《通志》,在厅治西南,旧在治南,明越嶲卫学,后圮。国朝康熙二十四年越嶲卫毛𦘕建,三十年迁建东门内,复毁。仍迁建城内西南。

名宦祠。乡贤祠。忠孝义祠。节孝祠。明伦堂。教授署。训导署。

清·马忠良修、马湘等纂、孙锵等续修:《光绪越嶲厅全志》,清光绪三十二年(1906 年)铅印本

卷五《祠庙志》:文庙,旧建城西南,明万历四年建,昌道周国雍改卜西山之阳,倡建(碑载《艺文志》。案志稿无此文)。国朝康熙二十四年卫守备毛𦘕徙修城西南。乾隆二十六年通判李东来复迁南关外。嘉庆八年通判马如龙改迁城东南文庙街,从新修葺大成殿五楹,左为东配哲,右为西配哲,两廊各五楹,为东西庑。

嘉庆十四年通判吕伟仪建戟门三楹,左右各一楹,左为名宦乡贤祠,右为节孝祠;中石柱坊为棂星门,正中为泮池,龙门三桥,外为宫墙,东为圣域、西为贤关;后三楹为崇圣祠。道光二十八年同知缪荣吉建左右朝房各三间。光绪八年同知寒诜督同绅士募修魁星阁于东南巽方(以上原纂);二十六年署同知袁启琨督修崇圣祠,徙民房,环筑祠后围墙,二十八年同知孙锵倡捐募修大成殿暨两庑,升高戟门,迁节孝主于西城专祠,戟门左专祀名宦,戟门右改祀乡贤;又辟圣门于魁星阁旁,容广泮池,撤圮桥,伐翳木,并添设宋先儒吕子大临位于西庑(以上新增)。

名宦祠,文庙戟门之左。乡贤祠,旧在文庙戟门左,与名宦祠合,今改移置门右。节孝祠,旧祀文庙戟门右,光绪十六年同知傅廉捐修专祠于城西北隅王孝女祠旁,东邹唐晋徽题额,二十八年迁戟门右,各主祀于祠。

昭觉县

清·徐怀璋纂修:《宣统昭觉县志稿》,民国九年(1920 年)铅印本

卷二《建置》:文庙在县治西北。劝学所在文庙后。开化学堂在文庙。

按:附图说明,文庙在县治西北,三间一座,附祀祭神,间作学堂。劝学所(驭夷局附)在文庙后,三间一座。

雅州府

雅州府

清·黄廷桂等监修:《四川通志·学校志》(雍正版),《四库全书》本

雅州府儒学,在府西一里。明洪武初建于月心山中,明末毁。国朝改建今所。康熙二十三年钦颁御书"万世师表"匾额,四十二年钦颁御制"训饬士子"碑文,四十五年勅建"平定朔漠碑"于殿左。雍正元年奉旨创建崇圣祠,恭设五代王牌位;四年钦颁御书"生民未有"匾额,八年勅建"平定青海碑"于殿右。

《祠庙》。文庙,在府治南,详见《学校》、《祀典》,各州县、制同。

崇圣祠,在明伦堂东。名宦祠,在文庙东。乡贤祠,在文庙西。忠义祠,在明伦堂东。节孝祠,在明伦堂西。以上五祠各州、县俱有之。

清·曹抡彬等修、曹抡翰等纂:《乾隆雅州府志》,清乾隆刻、光绪十三年(1887 年)补刻本

卷七《学校志》:(雅州府)儒学,府治西,明洪武初建于月心山左麓,后迁之江北,以隔江诣学不便。嘉靖十年巡按邱道隆因诸生呈请迁学,会同分守道赵渊、督粮道郑浙、摄提学刘偶、分巡道戴亢属、知州裴相、守备田大有助之,遂迁于月心山之中。明末毁。

国朝康熙五年督学道张光祖、知州韩范改建于南城楼,未几火灾,仍移建旧址,久渐倾圮;三十五年知州范成龙重修;五十七年知州李容之重修大成殿及启圣祠;六十一年知州杨文彩增修庙庑、宫墙、堂斋、门祠,灿然一新。

清·常明、杨方灿纂修:《四川通志·学校志》,影印清嘉庆二十一年(1816 年)刻本,巴蜀书社,1984 年

雅州府儒学,在府治西。明洪武初建于月心山左麓。宏治间知州陈经重修,学迁江北。嘉靖十年巡按邱道隆、檄分守道赵渊、督粮道郑浙、摄提学刘隅、分巡道戴属、知州裴相、守备田大有迁于月心山之中。明末毁。国朝康熙五年提学道张光祖、知州韩范改建于南城楼，未几火灾，仍移建今所；三十五年知州范成龙重修；五十七年知州李容之重修大成殿及启圣祠；六十一年知州杨文彩增修完备。

胡荣湛修、余良选等纂：《民国雅安县志》，民国十七年（1928 年）石印本

卷二《祠祀志第四》：府学文庙，在县署东月心山麓，北向，旧为州文庙，洪武初即建于此。自明历清四迁，仍建于此。民国因之。岁春秋二仲上丁军政学界遵照新典恪行祀事（谨按：雅州学宫，明洪武初建于月心山左麓，后迁江北，以隔江请学不便。嘉靖十年迁于月心山中，明末毁。清康熙五年改建于南楼，未几火灾，仍移建今地，三十五年重修，五十七年重培大成殿、启圣祠，六十一年增修完备）。

雅安县

清·黄廷桂等监修：《四川通志·学校志》（雍正版），《四库全书》本

雅安县儒学，未设。

清·曹抡彬等修、曹抡翰等纂：《乾隆雅州府志》，清乾隆刻、光绪十三年（1887 年）补刻本

卷七《学校志》：因县经新设，人文未盛，暂附府学。乾隆三年知州曹抡彬、知县董元会详请设学，现候具题。

清·常明、杨方灿纂修：《四川通志·学校志》，影印清嘉庆二十一年（1816 年）刻本，巴蜀书社，1984 年

雅安县儒学，嘉庆三年新设，附府文庙；十四年总督勒保请旨议准裁名山学，教谕拔为雅安县教谕。

胡荣湛修、余良选等纂：《民国雅安县志》，民国十七年（1928 年）石印本

卷二《祠祀志第四》：县学文庙，在县署前，南向。清道光乙巳建，光绪癸未知县祝士芬培葺之。中为大成殿，外为两庑，为戟门，为泮池，为棂星门，为圣域、贤关，为万仞宫墙。殿左为崇圣祠，戟门东为名宦祠，西为乡贤祠。

名山县

清·黄廷桂等监修：《四川通志·学校志》（雍正版），《四库全书》本

名山县儒学，在县西。明洪武中知县杨矩建。正统间迁于县城东门外，嘉靖中知县范元恺复建于旧址。国朝康熙四十年知县丁杰重修，六十年知县徐元禧增修。

清·曹抡彬等修、曹抡翰等纂：《乾隆雅州府志》，清乾隆刻、光绪十三年（1887 年）补刻本

卷七《学校志》：（名山县）儒学，在治西月山下，明洪武中知县杨矩建。正统间迁于东城外。嘉靖四十二年知县范元恺复建于旧址，旋毁于兵。国朝康熙三十年知县韩弋建正殿；四十年署知县丁杰捐修，寻圮；六十一年知县徐元禧增正殿、崇圣祠、两庑。雍正元年重建大成门、明伦堂。乾隆元年知县高第重建大殿、两庑、戟门、明伦堂。

清·常明、杨方灿纂修：《四川通志·学校志》，影印清嘉庆二十一年（1816 年）刻本，巴蜀书社，1984 年

名山县儒学，在县治西月山下。明洪武中知县杨矩建。正统间迁城东门外。嘉靖四十二年知县范元恺复建于旧址。明末毁。国朝康熙三十年知县韩弋重建正殿；四十年署县丁杰重修；六十一年知县徐元禧增修殿、祠、门、庑。雍正元年重建大成门、明伦堂。乾隆元年知县高第重修两庑、戟门、明伦堂。至道光二十一年知县王宝华始移建于山上，即古罗汉寺址也，掘地得断碣三片，有"孔子庙堂记"、"邛州军"等字，知为唐宋时文庙遗址。

庙制：正中为大成殿，殿外为丹墀，墀左右列东西两阶，阶下左右列东西两庑，庑前为大成门，左右为各官更夜所，下为泮池，池前竖石柱为棂星门，又下左右为圣域、贤关二门，门外各下马石碑一，缭以红墙，殿后□。崇圣祠旧为启圣祠，雍正元年奉诏更改。

清·周振琼、张华奎、崔志道、熊绍璜修、萧怡、赵懿纂辑：《光绪名山县志》，清光绪十八年（1892年）刻本

卷四《学校》：儒学，在治西月华山上。明洪武中知县杨炬建于山麓。正统间迁城东门外。嘉靖四十二年知县范元恺复建于旧址，旋毁于兵燹。国朝康熙三十年知县韩弋重建正殿；四十年署县丁杰捐修寻圮；六十一年知县徐元禧增修正殿、崇圣祠、两庑。雍正元年重建大成门、明伦堂。乾隆元年知县高第重修。

胡存琼、赵正和等纂修：《民国名山县新志》，民国十九年（1930年）刻本

卷二《建置》：孔子庙，今在月华山顶。明初庙附学宫。学宫所在之地庙即在焉。正德九年诏尊孔子，另建生徒肄业之所，学宫始专为庙有，是时建于月华山麓（址几三迁，详载《学校》）。明末清初毁于兵。康熙三十年执事韩弋重建正殿，四十年知县丁杰培补，未数年圮；六十一年知县徐元禧修复并增修崇圣祠及两庑。雍正元年建大成门。乾隆元年知县高第重建大殿、两庑。道光二十一年知县王宝华始移建于山顶，掘得古庙残碑，知为隋唐遗址。民国七年略事培修，规模宏大，甲于上南。

卷十一《学校·学宫》：学宫者，国立学校也。明洪武二年诏府县立学，其时蜀犹未平也，翌年平蜀，知县杨矩追奉前诏，立学城南。……县有两学，增筑一宫于城东外（其地现为禹王宫），师曰教谕，惟教谕一。宫不久迁附（何时迁附无考，府志疑为嘉靖时，亦无考）城南。学宫背城面山，规模湫隘。成化十年迁于月心山下，地势较爽，建筑不牢，不数稔圮。弘治十年知县吴钦建议重修，孙纶踵其志，县人刘章又新举进士，以故人乐从事，阅六年工落成；殿庑之外建设六经阁，正德元年改为名贤亭，明时学制从此略备。嘉靖九年尊孔生徒肄业之所改称书院。按明初孔庙在学宫内，至是以宫为庙，另建书院，训课诸生。万历八年诏改书院为公廨，天启五年诏毁并禁讲学，惟名以军兴获存，直至明亡崇文如故。张献忠由楚据蜀，诏试诸生，至辄见杀，蜀士几无噍类，名山则以驻雅将军郝孟旋讬故追还，幸免于难。雍正元年知事徐元禧重建明伦堂。光绪二十九年诏停科举，学宫旧制遂革新而为学堂。

荥经县

清·黄廷桂等监修：《四川通志·学校志》（雍正版），《四库全书》本

荥经县儒学，在县西。宋淳熙间建。元末毁。明洪武八年重建于县南，后因水患，景泰八年仍迁故址。万历三十二年改建于小坪山，四十四年复建于县东。国朝康熙七年仍建于小坪山，二十六年复迁今所。

清·曹抡彬等修、曹抡翰等纂：《乾隆雅州府志》，清乾隆刻、光绪十三年（1887年）补刻本

卷七《学校志》：（荥经县）儒学，在治西，唐武德元年设学，宋淳熙间建，元末毁。明洪武八年知县杨矩重修于县南。后因水患，景泰八年学官何士英、周秩仍迁故址。成化间知县陈经重修周垣。万历三十二年知县罗万理改建于城外小坪山，四十四年知县张克俭复建于县东。国朝康熙七年知县蒋尔敬仍迁于小坪山，三十六年知县吴中和、教谕晏士杰复迁今所。乾隆元年知县徐玮重修西庑。

清·常明、杨芳灿纂修：《四川通志·学校志》，影印清嘉庆二十一年（1816年）刻本，巴蜀书社，1984年

荥经县儒学，在县治西。唐武德元年设。宋淳熙间建。元末毁。明洪武八年知县杨矩重建于县南，后因水患。景泰八年教谕何士云、周秩仍迁故址。成化间知县陈经重修。万历三十二年知县罗万里改建城外小坪山；四十四年知县张克俭重建县南。崇祯三年知县张维斗重修。国朝康熙七年知县蒋尔敬复迁小坪山；三十六年知县吴中和教谕晏士杰复迁今所。乾隆元年知县徐玮重修两庑。

贺泽等修、张赵才等纂：《民国荥经县志》，民国四年（1915 年）刻本

卷五《学校志·学宫沿革》：《旧志》学宫，在县西，唐武德元年设学，宋淳熙中建，元末毁。明洪武八年知县杨矩重建于县南，后因水患，景泰八年教谕何士云、周秩仍迁故址。成化间知县陈经重修周垣。万历三十二年知县罗万理改建于城外小坪山，四十四年知县张克俭复建于县东。康熙七年知县蒋尔敬仍迁于小坪山，三十六年知县吴中和、教谕晏士杰复迁今所。

芦山县

清·黄廷桂等监修：《四川通志·学校志》（雍正版），《四库全书》本

芦山县儒学，在县东，明永乐间建。嘉靖中知县周斐重修，万历中增修。国朝知县张启鼎补修。

清·曹抡彬等修、曹抡翰等纂：《乾隆雅州府志》，清乾隆刻、光绪十三年（1887 年）补刻本

卷七《学校志》：儒学，在县东，明永乐中建，本南向，嘉靖庚戌年知县周菱改东向。万历丁巳泰政竹密致任归，捐金改，仍南向。值奢酋之变，规制未全，丁卯始建完备。左右建腾蛟、起凤坊，明伦堂左右建博文、约礼二斋。国朝康熙初知县张启鼎重修。

清·常明、杨方灿纂修：《四川通志·学校志》，影印清嘉庆二十一年（1816 年）刻本，巴蜀书社，1984 年

芦山县儒学，在县治东，宋绍兴中县令宇文仕设立学规。明永乐中重建，南向。嘉靖二十九年知县周斐改东向。万历四十五年邑绅竹密改南向，值奢酋变未竣。天启七年知县杨某增建。国朝康熙初知县张启鼎重修；三十年教谕段朝伟重修明伦堂；四十五年教谕罗廷瑞重修明伦堂。国朝乾隆十八年知州萧惟耀建；五十八年知府沈连、知州陈登龙请题准设训导一员、增学一名。

天全州

清·黄廷桂等监修：《四川通志·学校志》（雍正版），《四库全书》本

天全州儒学，未设，附雅州府学，加额取进。

清·曹抡彬等修、曹抡翰等纂：《乾隆雅州府志》，清乾隆刻、光绪十三年（1887 年）补刻本

卷七《学校》：州经新设（天全州），人文未盛，暂附府学，加额取进。乾隆时知府曹抡彬、知州胡琏详请设学校。现候具题。

清·常明、杨方灿纂修：《四川通志·学校志》，影印清嘉庆二十一年（1816 年）刻本，巴蜀书社，1984 年

天全州儒学，在州治左古废司旧基。国朝乾隆十八年知州萧惟耀建，五十八年知府沈连、知州陈登龙请题准设训导一员、增学一名。

清·陈松龄纂修：《咸丰天全州志》，民国传抄本

卷二《祠庙》：文庙，在州署左侧，乾隆十八年知州萧惟耀建。

崇圣祠，大成殿后。

名宦祠，与乡贤祠俱在文庙棂星门侧。名宦祠在左，乡贤祠在右。

节孝祠，在文庙棂星门外泮池右。

清溪县

清·黄廷桂等监修:《四川通志·学校志》(雍正版),《四库全书》本

清溪县儒学,在县北门外。宋绍圣二十年建,久废。国朝雍正七年重建。

清·曹抡彬等修,曹抡翰等纂:《乾隆雅州府志》,清乾隆刻、光绪十三年(1887年)补刻本

卷七《学校》:(青溪县)儒学,在北门外,宋绍兴二十年建,久废。国朝雍正七年知县杨重光重建。

清·刘传经纂辑:《嘉庆清溪县志》,嘉庆五年(1800年)刻本

卷三《学校》:文庙,旧无。雍正七年改县后设学,八年训导王允实募修于北关外。乾隆四十二年邑令元时详请迁修城南门内。嘉庆四年(刘传)经同训导杨楫详请迁修于县署后左。

清·常明、杨方灿纂修:《四川通志·学校志》,影印清嘉庆二十一年(1816年)刻本,巴蜀书社,1984年

清溪县儒学,在县治后。宋明道间刺史萧定基兴设。绍圣间建,久废。国朝雍正七年改县后设学;八年训导王允实募建北关外。乾隆四十二年署县元时迁建南门内。嘉庆四年署县刘传经、训导杨楫迁建今所,题准於府学内拔增士司学额一名。

刘裕常修、王琢等纂:《民国汉源县志》,民国三十年(1941年)铅印本

《寺庙志》:文庙,在县东北隅。同治十年全体重修详见《学校》。

邑文庙,前无考,自清雍正七年改所设县始设专学,八年训导王允实募修于北关外。乾隆四十二年知县元时、训导郭崇隆详请迁修城南门内。嘉庆四年知县刘传经、训导杨楫详请迁修于城东北隅,当都司署城隍庙之后(附孔庙图)。

打箭炉厅

清·常明、杨方灿纂修:《四川通志·学校志》,影印清嘉庆二十一年(1816年)刻本,巴蜀书社,1984年

打箭炉厅,未立学校。

嘉定府

嘉定府

清·黄廷桂等监修:《四川通志·学校志》(雍正版),《四库全书》本

嘉定州儒学,在州西南。明洪武初建,仍宋元旧址。同知杨励重修。后因水患,知州杨重钦、学正李敏迁建于方响洞上。正统十一年同知柳芳、学正黎浩迁明伦堂于后山。天顺八年训导曾智详请具本题迁今所。国朝康熙二十三年钦颁御书"万世师表"匾额,四十二年钦颁御制"训饬士子"碑文,四十五年勅建"平定朔漠碑"于殿左。雍正元年奉旨创建崇圣祠,恭设五代王牌位;四年钦颁御书"生民未有"匾额,八年勅建"平定青海碑"于殿右。

《祠庙》:文庙,在高幖山,详见《学校》、《祀典》,各属县制同。

崇圣祠,在文庙东。名宦祠,在文庙东。乡贤祠,在文庙西。忠义祠,在明伦堂东。节孝祠,在明伦堂西。以上五祠各属县俱有之。

清·常明、杨方灿纂修:《四川通志·学校志》,影印清嘉庆二十一年(1816年)刻本,巴蜀书社,1984年

嘉定府儒学,在府治西北。唐武德初建于旧州治南。明洪武初州同知杨励重修。二十七年毁于水,知州杨仲钦、学正李敏迁方响洞之上。天顺八年训导曾智迁建今所。成化十三年知州魏瀚重修。宏治初州同知张楫重修。嘉靖二十一年邑绅程启允增修。嘉靖二十四年按察佥事乔世宁捐购经史子集存学。明末毁。国朝康熙四年上川南道张能鳞重建。

清·文良、朱庆镛等修、陈尧采等纂:《同治嘉定府志》,清同治三年(1864年)刻本

卷十《营建志·学校》:嘉定府学(乐山县系新设,未另建,附设于此)。学宫,唐武德初建于旧州治南,明洪武初州同知杨励重修,二十七年毁于水,知州杨仲钦、学正李敏迁于方响洞之上。天顺八年训导曾智具奏迁今地,在府治西北。国朝上川南道张能鳞重修。九峰屏峙,二水环流,一郡之胜也。正殿三间,东、西庑各五间,戟门、棂星门各三间,棂星门外坊二:左江汉秋阳,右金声玉振。泮池一,居中,广可十亩,悉种荷花。

崇圣祠,在文庙后。名宦祠,在戟门左。乡贤祠,在戟门右。

节孝祠,旧在北门外,嘉庆七年知府事宋鸣坷移建文庙右。

明伦堂,旧志在学宫左,道光八年重修文庙移府县学于右,各修明伦堂于署之前。

教授署,学宫右。训导署,学宫右。

乐山县

清·常明、杨方灿纂修:《四川通志·学校志》,影印清嘉庆二十一年(1816年)刻本,巴蜀书社,1984年

乐山县儒学,新设未建,附祀府学。

清·龚传黻、刘铭簠纂修:《嘉庆乐山县志》,清嘉庆十七年(1812年)刻本

卷三《建置志·学校》:学宫,唐武德初建于旧州治南。明洪武初州同知杨励重修,二十七年毁于水,知州杨仲钦、学正李敏迁于方响洞之上。天顺八年训导曾智具奏迁今地,在府治西北。皇清上川南道张能麟重修(按,学宫从前为州学,雍正十二年升府为府学,县系新设,未另建,附祀于此)。正殿三间,东西庑各五间,戟门、棂星门各三间。棂星门外坊二:左江汉秋阳,右金声玉振。泮池一,居中,广可十亩,悉种荷花。

崇圣祠,在文庙后。

名宦祠,在戟门左。乡贤祠,在戟门右。

忠孝义祠,在文庙右,嘉庆七年知府宋鸣琦建。

唐受潘修、黄镕、谢世瑄等纂、王畏岩补正:《民国乐山县志》,据民国二十三年(1934年)铅印本

卷五《建置·学校》:文庙(旧名学宫),唐武德初建于旧州治南(今育贤门外有坝名育贤坝)。宋元间有变更。明洪武初州同杨励重修,二十七年毁于水,知州杨重钦、学正李敏迁于方响洞上。正统中同知柳芳、学正黎灏迁明伦堂于后山,再迁北原。天顺八年训导曾智请迁今地。成化中魏瀚葺之。宏治中张楫之、嘉靖中御史程启充改建。明末袁韬驻兵毁其两庑,而大成殿无恙,岿然鲁灵光也。清顺治中张能麟重修。嘉庆末知府宋鸣琦又改建之。道光中又重新改建,无记。

按旧志学宫从前为州学,雍正十二年升为府学。县系新设,未令建,附祀于此,今府省文庙属于县。

正殿三间。东、西庑各五间。戟门三间。棂星门六柱。棂星门外坊二:左圣域、右贤关。泮池一,居中。

峨眉县

清·黄廷桂等监修:《四川通志·学校志》(雍正版),《四库全书》本

峨眉县儒学,在县城北门外,距县半里。旧在县西南。宋庆历元年修建。明成化间迁县西,弘治三年迁县南,嘉靖间迁城南门外。国朝康熙四年仍迁今所。

清·常明、杨方灿纂修:《四川通志·学校志》,影印清嘉庆二十一年(1816年)刻本,巴蜀书社,1984年

峨眉县儒学,在县治南。旧在城西南隅。宋庆历元年建。元至正中重修。明成化二十三年知县李桢迁建治西。宏治十三年知县任伯进迁治南。嘉靖四十三年迁城南马寨山。万历二十年迁治东南。天启二年知县董继舒复迁治南。明末毁。国朝顺治间以旧察院废廨重建。康熙四年知县李庄年迁治西北白鹤潭。雍正十年闰五月蛟变,知县文曙迁城西桐子山,寻改迁今所。

清·王燮修、张希绍、张希翊纂:《嘉庆峨眉县志》,清嘉庆十八年(1813年)刻本

卷二《建置》:学校,在县城育贤街学宫之右,峨邑儒学历来皆在学宫旁,因学宫迁徙不常,故儒学随之更改。

卷二《建置·祠庙》:文庙,旧在城内西南,宋庆历元年建。元至正中重修,明成化二十二年知县李桢迁治西,去古学一舍。宏治十三年知县任伯进迁治南街。嘉靖四十三年迁南门外马寨山。万历二十九年迁治东街。天启二年署县事董继舒复迁马寨山。甲申之变废毁。国朝癸巳年取旧察院废廨,仍于城内之南街粗置正殿。康熙乙巳知县李壮年迁县治西北白鹤潭。雍正十二年知县文曙迁西关外桐子山。乾隆壬申年知县唐善应又迁县南城外马寨山,甲辰年知县宁琦建迁城内育贤街。

大成殿。东西庑。

崇圣祠,雍正二年知县文曙初建于桐子山,在文庙之后。壬申年知县唐善应迁县南城外马寨山,甲辰年知县宁琦建迁城内育贤街

名宦祠,历来皆在戟门之东,甲辰年同文庙迁建。

乡贤祠,历来皆在戟门之西,甲辰年同文庙迁建。

节孝祠,历来皆在戟门之右,甲辰年同文庙迁建。

清·文良、朱庆镛等修、陈尧采等纂:《同治嘉定府志》,清同治三年(1846年)刻本

卷十《营建志·学校》:学宫,宋庆历元年建,在县西南隅。元至正中重修。成化二十三年知县李桢迁于治西。宏治十三年知县任伯进迁于治南。嘉靖四十三年迁于治南马寨山。万历二十九年迁于治东南。天启二年知县董继舒复迁治南。明末毁于火。国朝顺治中以旧察院废廨重建。康熙中知县李壮年迁治西北对峰白鹤潭。雍正十年闰五月蛟变倾圮,迁于城西桐子山,寻改迁今地,在县治之南。

正殿一间,东西庑二楹,棂星门一间,泮池一,坊二。

崇圣祠,在学宫后。名宦祠,在戟门左;乡贤祠,在戟门右;节孝祠,在戟门右。

明伦堂,学宫左。教谕宅,在学宫右。训导宅,学宫右。

洪雅县

清·黄廷桂等监修:《四川通志·学校志》(雍正版),《四库全书》本

洪雅县儒学,在县东,旧在县西,宋绍兴元年知县孙诏迁建今所。嘉泰四年重修。明成化十九年重建,国朝康熙三年补葺,雍正五年重修。

清·常明、杨方灿纂修:《四川通志·学校志》,影印清嘉庆二十一年(1816年)刻本,巴蜀书社,1984年

洪雅县儒学,在县治东。隋时旧址在城西。宋绍兴元年知县孙诏迁建今所。嘉泰四年重修。明成化十

九年知县王让重建。正德十年知县杨琪重修。天启四年知县嗣宗增葺。明末毁。国朝康熙三年知县李果重建。雍正十一年知县劳世沅重修。乾隆四十五年知县潘士名补修。

清·文良、朱庆镛等修,陈尧采等纂:《同治嘉定府志》,清同治三年(1846年)刻本

卷十《营建志·学校》:学宫,隋时旧址在城西,宋绍兴元年邑令孙诏迁今地,在县治南。嘉泰四年重修。明成化十九年知县王让、正德十年知县杨琪、天启四年知县陕嗣宗增修,明末毁。国朝康熙三年知县李果重建。雍正十一年知县劳世沅、乾隆四十五年知县潘士名补修。

正殿五间,东、西庑各五间,棂星门三间,泮池一,坊二:左圣域、右贤关。

崇圣祠,在学宫后。名宦祠,戟门右。乡贤祠,戟门左。忠孝祠,戟门左。节孝祠,戟门右。

明伦堂,学宫右。尊经阁,崇圣祠后。

教谕署,文庙右。训导署,文庙后。

清·王好音修、张柱等纂:《嘉庆洪雅县志》,清嘉庆十八年(1813年)刻本

卷五《营建·学校》:学宫,城东南。唐时旧址在城西,宋绍兴元年邑令孙诏迁今地。嘉泰四年重修。明成化十九年知县王让、正德十年知县杨麒、天启四年知县陕嗣宗增修,明末毁。国朝康熙三年知县李果、雍正十一年知县劳世沅、乾隆四十五年知县潘士名重建。正殿五间,东、西庑各五间,戟门五间,棂星门三间,泮池一,坊二:左圣域、右贤关。

正殿圣像金身,木主墨书,位中正南面。

崇圣祠,在正殿后。名宦祠,戟门左。乡贤祠,戟门右。忠孝祠,戟门左。节孝祠,戟门右。

明伦堂,在学宫右。尊经阁,崇圣祠后。

教谕署,明伦堂后,今废。训导署,明伦堂右,今废。

清·郭世棻纂修:《光绪洪雅续志》,清光绪十年(1884年)刻本

卷一《祠庙》:圣庙,道光二十三年知县张锡路重建,因正殿之与戟门俱无定向,一律改正、拆修,有记,载《艺文志》。

夹江县

清·黄廷桂等监修:《四川通志·学校志》(雍正版),《四库全书》本

夹江县儒学,在县东南。明洪武中建,兵燹后毁。国朝康熙十一年重建。

清·常明、杨芳灿纂修:《四川通志·学校志》,影印清嘉庆二十一年(1816年)刻本,巴蜀书社,1984年

夹江县儒学,在县治东南。隋开皇中建。明洪武中重建。天顺元年知县彭某重修。嘉靖中知县陈松增修,十年知县杨后僎、十七年邑绅张庭相继增置学田。万历间知县杨可贤增修。明末毁。国朝康熙十一年知县乔振翼重建,二十三年知县孙调鼎增修。乾隆三十三年训导张元鼎增修。

清·王佐纂修:《嘉庆夹江县志》,嘉庆十八年(1813年)刻本

《建设志·学校》:文庙,在县治东南,隋开皇中建。明洪武中重建。嘉靖中知县陈松、万历间知县杨可贤次第增修。明末毁。国朝康熙十一年知县乔振翼重建,康熙二十二年知县孙调鼎增修。乾隆三十一年知县刘希周重葺,计正殿三间,东西庑各四间,戟门、棂星门、泮池各一,东西坊各一,泮池外宫墙万仞,坊一。

崇圣祠,在文庙后。名宦祠,在戟门左。乡贤祠。忠孝义祠。

清·文良、朱庆镛等修、陈尧采等纂:《同治嘉定府志》,清同治三年(1846)刻本

卷十《营建志·学校》:学宫,在县治东南,隋开皇中建。明洪武中重建。嘉靖中知县陈松、万历间知县杨可贤次第增修。明末毁。国朝康熙十一年知县乔振翼重建,二十二年知县孙调鼎增修之。

正殿三间,东、西庑各四间,戟门、棂星门、泮池各一,东西坊各一。

崇圣祠,在学宫后。名宦祠、乡贤祠、忠孝祠、孝弟祠、节烈祠俱近学宫。

明伦堂,崇圣祠后。

教谕署、训导署,俱在学宫后。

罗国钧修、刘作铭、薛志清纂:《民国夹江县志》,民国二十四年(1935 年)铅印本

卷三《学宫》:文庙,在县治东南,隋开皇中建。明洪武中重建。嘉靖中知县陈松、万历间知县杨可贤次第增修。明末毁。清康熙十一年知县乔振翼重建,二十二年知县孙调鼎增修。乾隆三十一年知县刘希周重葺。计正殿三间,东西庑各四间,戟门、棂星门、泮池各一,东、西坊各一,泮池外宫墙万仞坊一。

崇圣祠,在文庙后。

奎星阁原在学宫旁,因毁改建宫墙右侧,清光绪三年迁南难关外。

棂星门外左建碑亭(存储石刻古碑),右建更衣所(清代祭祀各官斋集之地)。学宫后有先圣塚,云像埋于中,立碑三尺许祀之,至今犹存,不知何谓? 或曰元时诏毁圣像,当是此时埋之也(见蜀故)。

圣塚,在文庙后百余步,清咸丰七年建有石坊并竖石碑题“至圣先师遗像之墓”民国初年变卖官产,除圣墓周围尽行变卖。民国十四年县视学万凯等呈请县执事温炳勘明圣墓地址,重筑围墙。虽经允准,迄未实行,中央政府屡颁训令,饬各县厉行培修。孔庙勿再损毁,永示尊崇。

名宦祠,在戟门左。乡贤祠,在戟门左。忠孝义祠、在戟门右。节孝祠,在戟门右。

犍为县

清·黄廷桂等监修:《四川通志·学校志》(雍正版),四库全书本

犍为县儒学,在县南。明万历间知县吴道美复建。国朝增修。

清·常明、杨方灿纂修:《四川通志·学校志》,影印清嘉庆二十一年(1816 年)刻本,巴蜀书社,1984 年

犍为县儒学,旧在沉犀山东。宋大中祥符间知县左震迁城南。明洪主簿陈兴重建。成化间知县钱承德重修。万历三十九年知县陈懋功迁城南外一里;四十六年知县吴道美复迁旧址。崇祯八年知县胡学戴、教谕何孟鳞重修。明末毁。国朝康熙九年知县刘靖寰重建,知县王仪陛、董世德、宜思荣、教谕杨栋荣相继增修。六十年知县何源溥重修。乾隆三年知县宋锦、教谕杨思清增扩旧制,四十五年知县张官五建奎星阁。

清·吕朝恩、王梦庚纂修:《嘉庆犍为县志》,清嘉庆十九年

卷三《建置志·祠庙》:文庙,唐以前无考,宋祥符间旧在沉犀东,邑令左震迁之城南。元末火于兵。明洪武初县佐陈兴重建。成化间知县钱承德重修。万历三十九年知县陈懋功迁于城南外一里,四十六年知县吴道美复迁旧址。木植多朽腐,渐就倾圮。崇祯乙亥知县胡学戴、教谕何孟鳞重修。明末灰烬,存明伦堂。国朝康熙九年知县刘靖寰督诸生复建,权奉先师于内,二十四年知县王仪陛、训导吴之彦补修;三十九年知县董世德、训导赵模补修,四十五年教谕杨栋荣始督诸生鼎建正殿于旧基,规制全新;五十二年知县宜思荣捐俸修葺;六十一年知县何源溥率同儒学绅士捐俸补葺。岁久渐圮。乾隆三年知县知县宋锦、教谕杨思溥率同僚属绅士捐修,邑人李拔有记。嗣嘉庆九年知县程尚濂建议重修,功兴未几旋即去任;知县徐士林、金科豫、张熙赓、吕朝恩相继劝捐督修,十八年知县王梦庚建修万仞宫墙照壁,功乃告竣,有记,详《艺文》。

崇圣祠,明万历四十六年知县吴道美建在明伦堂之东,崇祯乙亥教谕何孟麟改建于明伦堂后。国朝康熙九年知县王仪陛(注,此处误,当为二十四年)、训导吴之彦重修。乾隆三年知县知县宋锦、教谕杨思溥改造于正殿后。嘉庆九年知县程尚濂、教谕蔡汝瑶、训导程学澄集绅士重修。

名宦祠,戟门左,嘉庆九年重修。

乡贤祠,戟门右,嘉庆九年重修。

忠义孝弟祠,戟门外,东向。乾隆十八年知县林瑞泉建,嘉庆九年重修。

节孝祠,旧在油榨街,嘉庆十七年知县吕朝恩移建学宫左侧。

清·文良、朱庆镛等修、陈尧采等纂:《同治嘉定府志》,清同治三年(1846年)刻本

卷十《营建志·学校》:学宫,旧在沉犀之东,宋大中祥符间邑令左震迁于县城南。明洪武初县佐陈兴重建。成化间知县钱承德重修。万历三十九年知县陈懋功迁于南城外一里,四十六年知县吴道美复迁旧址。崇祯乙亥知县胡学戴、教谕何孟麟重修。明末毁。国朝康熙中知县刘靖寰、王仪陛、董世德、宜思荣、何源溥、教谕杨栋荣、乾隆中知县宋锦、教谕杨思溥先后增修。

正殿三间,东西庑各三间,更衣所三间,斋室各一间,戟门三间,棂星门三间,泮池一,坊二:圣域、贤关。名宦祠,戟门左。乡贤祠,戟门右。忠义孝弟祠,近乡贤祠,乾隆十八年知县林瑞泉建。节孝祠,近学宫。明伦堂,大成殿西。教谕署,明伦堂后。

陈谦、陈世虞修、罗绶香、印焕门等纂:《民国犍为县志》,民国二十六年(1937年)铅印本

《建置·学校》:孔子庙,宋祥符间建,在沉犀山东,邑令左震迁于县城南。元末火于兵。明初主薄陈兴再建。成化丙午间钱令承德重修。万历三十九年陈令懋功又迁城南门外半里许之罗盘坝,嗣勘舆家议非正脉,四十六年吴令道美迁还旧址。崇祯乙亥胡令学戴及教谕何孟麟重修。明末灰烬,仅存明伦堂。康熙九年刘令靖寰督诸生复建,二十四年王令仪陛、吴训导之彦、三十九年董令世德、赵训导谟先后补修,四十五年杨教谕栋荣始督诸生更建正殿于旧基,规模渐备;五十二年宜令思荣捐俸修葺;六十一年何令源溥率同儒学绅士捐资补葺。乾隆三年宋令锦、杨教谕思溥复率僚属绅士捐修,四十一年年张令官五募修。嘉庆九年程令尚濂更建重修之议,未几去任,继经余士林等诸令劝捐修。十八年王令梦庚复建万仞宫墙照壁,功及告竣。至道、咸间杨令炳锃复同绅士杨恒裕等大修。宣统中宝令震、谢令汝霖先后募款培修,换盖黄瓦。

《建置·庙类》:孔子庙,旧为文庙,在城内魁星街,建筑宏丽。

荣县

清·黄廷桂等监修:《四川通志·学校志》(雍正版),《四库全书》本

荣县儒学,在县东。唐武德元年建于桂林山,元末毁。明洪武四年重建,天顺八年迁建于莲宇山之麓。国朝改迁于今所。

清·常明、杨方灿纂修:《四川通志·学校志》,影印清嘉庆二十一年(1816年)刻本,巴蜀书社,1984年

荣县儒学,唐武德元年建于县城东北桂林山。宋乾德三年移近兴贤门。绍兴十三年迁建连宇山。元末毁。明洪武六年判官马公、辅学正张朝祖仍建桂林山。天顺元年邑绅龚汇复建莲宇山麓。国朝康熙二十三年知县荆乔蕃、韩荩光重建;三十六年知县陈士献重修。乾隆十二年知县徐德隆重修;十九年知县黄大本重修;五十二年知县张兆星重修。

清·王培荀纂修:《道光荣县志》,清道光二十五年(1845年)刻本

卷八《舆地志·庙坛祀典》:圣庙(旧称文庙,嘉庆六年特旨崇为圣庙),城北莲宇山麓。万仞宫墙一座,东、西下马石碑各一,左圣域、右贤关门各一。"斯文在兹""德配天地""道贯古今"坊各一,泮池一,棂星门六柱,戟门一。大成殿五间(神库、神厨附殿外左、右),东、西庑各三间,崇圣祠三间。

名宦祠。乡贤祠。忠孝祠。节孝祠。

按旧《志》,唐时庙在城东桂林山,宋乾德三年移近兴贤门。绍兴十三年知州孟(失名)迁今处。观开禧二年知荣州军袁桂所立雁塔题进士名至一百五十五人之多,则教授刘道成记云凡三迁始得胜地非虚语也。元末毁。明初仍建桂林山。至天顺元年邑举人龚汇奉奏请复建今处,而庙乃永定四年按察使佥事汪浩、知县刘清,成化十七年佥事余泽署、判官戴中,正德十四年佥事王秀、知县毛秀,万历四十五年知县张接武相继修建,制差备焉。我朝因明之旧,至康熙二十六年庙圮,举人刘世璋集同人谋诸知县荆乔蕃、接任知县韩荩光,百端区画,三十三年冬告成,而制尤未备;三十六年知县陈士献始建两庑、戟门及名宦、乡贤等祠。乾隆十二年知县徐德龙、十九年知县黄大本、五十二年知县张兆星次第修葺。嘉庆十二年知县许源于棂星门外浚泮池,移"斯文在兹"坊于泮池前,旁建"德配天地"、"道贯古今"二坊,障以龙屏照壁。道光十七年士民重修,略有变更,而大致如故。仿《会典》例绘图于左,俾阅者一目了然。

清·文良、朱庆镛等修、陈尧采等纂:《同治嘉定府志》,清同治三年(1846年)刻本

卷十《营建志·学校》:文庙,唐武德元年建于桂林山,宋乾德三年移近兴贤门。绍兴十三年迁于莲宇山,元末毁。明洪武六年判官马公辅、学正张朝祖仍建于桂林山。天顺元年邑举人龚汇奏请复建于莲宇山。康熙二十三年知县荆乔蕃、韩荩光先后重建。三十六年知县陈大献、乾隆十二年知县徐德隆、十九年知县黄大本、五十二年知县张兆星次第修葺。

正殿三间,东西庑六间,棂星门三间,泮池一,坊二:礼门、义路。

崇圣祠,在文庙后。名宦祠,在戟门左。乡贤祠,戟门右。忠孝祠,戟门左。崇仁祠,戟门右。

节孝祠,近学宫前。明伦堂,学宫右。教谕署,明伦堂后。

廖世英等修、赵熙等纂:《民国荣县志》,民国十八年(1929年)刻本

《社祀第十一》:孔子庙,在城北莲宇山。唐建桂林山,宋乾德三年移于南门,绍兴十三年知州孟某迁今所。元末兵燹。明初仍建桂林山。天顺元年举人龚汇请复今处,以三年兴工,四年成明伦堂、居仁、由义斋。成化四年成大成殿五间,五年作孔子、四贤像,八年成东西庑,九年作十哲像,十一年按察使佥宪、江陵、戴宾以工役未毕,命训导原源、典史周志荣、县人赵升、袁景徽董其事,十二年,戟门、棂星门、厨库成,凡十八年始具。嘉靖中,张璁议易木主,称先师,而成像不可毁。……百五十余庙毁。万历二十二年,县人给事杨镕、知县程梯等修治之。明伦堂迁殿侧,启圣祠列左,名宦、乡贤列右。寻建堂下书楼,补砌两庑,知县马应泰综其成。……主簿杨进忠于泮池前为屏,典史赵文臣修泮池石栏杆,知县朱万元重葺尊经阁,皆自出俸金;二十八年知县乐继国改建明伦堂、启圣宫、两庑,寻建奎星楼(在旧礼门文昌祠南);三十四年尊经阁修复。崇祯八年,殿倾墙圮,知县杨崇忠等改易椽栋,筑墙八十六丈。刘起鸣、曹天相募治两斋,一年竣工。明季之乱,庙事不治。康熙二十一年六月六日庙圮,举人刘世璋以知县荆乔蕃韩荩光先后之力于二十三年成大成殿,规制未备;三十六年知现陈大献建戟门、两庑及名宦、乡贤祠;四十四年知县王泽修明伦堂(旧学署临西街)。乾隆十二年知县徐德龙移明伦堂于庙右,奎星阁棂星门左。十九年知县黄大本捐俸三百余金,旧观始复;五十二年知县张兆星等新之,时池外有屏甚远,屏外为圣门坊,坊外突出为复墙数十丈,东西建礼门、义路二门,荆棘生焉,两翼又为民居所扼。嘉庆十三年知县许源募金千余,移圣门坊于泮池前旁,辟门出入,礼门、义路二门亦上移于圣门坊前,左右障以云龙石屏,如宫墙式。又绘孔子、四子、十八哲像,浚泮池,新大成殿、戟门、棂星门,时称焕然。道光十八年以形家言改癸丁为子午,接移崇圣门、棂星门、奎星阁;十九年,移大成殿、大成门、两庑及宫墙、泮池、甬道。又于明伦堂建寝,东西斋、大门、甬道以次毕举。光绪二十六年,知县唐选皋修斋宿更衣所;三十年置乐器。光绪末,西人标庙之址立教堂,禀生钟星庆等争之,乃移清富山。孔子向列中祀,宣统元年升大祀,墙瓦以黄故事。

威远县

清·黄廷桂等监修:《四川通志·学校志》(雍正版),《四库全书》本

威远县儒学,在县西南。隋开皇时建。明洪武中改建县城东北,成化间水患冲颓,复迁城西。国朝康熙七年学裁,雍正八年复设,九年重建。

清·宋鸣琦、陈汝秋等纂修:《嘉庆威远县志》,清嘉庆十八年(1813年)刻本

卷二《建置志·学校》:隋开皇中儒学旧址在县东。明洪武四年重建。崇祯年毁。国朝雍正六年知县陈讷改建于县西紫金山前。

卷二《建置志·坛庙》:文庙,在县西紫金山前,雍正八年知县陈讷建,王枟芳、童宏中、陈履长先后补修。历久倾颓。嘉庆十七年知县陈汝秋、训导贾开第、典史姜耀会率士民重建宫墙、围墙、泮池圜桥、棂星门三间、戟门三间、大成殿三间。康熙康熙二十五年钦奉御书"万世师表"、雍正四年钦奉御书"生民未有"、乾隆二年钦奉御书"与天地参"、嘉庆四年钦奉御书"圣集大成"匾额恭悬殿前。东庑三间,西庑三间,每岁仲春仲秋上丁日致祭…

五王殿,在大成殿后。正殿三间。贤良祠,旧缺,今增建在戟门左。忠义孝弟祠,旧缺,今增建在戟门右。节孝祠,在学宫东南,正祠三间。

清·常明、杨方灿纂修:《四川通志·学校志》,影印清嘉庆二十一年(1816年)刻本,巴蜀书社,1984年

威远县儒学,在县治西紫金山旧县治东、隋开皇中旧址。明洪武四年改建城东北。成化间水圮,复迁城西。国朝康熙七年学裁。雍正八年知县陈讷重建今所。乾隆十六年知县陈履长、童宗宏、王枟芳先后增修。嘉庆十七年十月知县陈汝秋增修,署县陈启接修,于十八年九月竣工。

清·文良、朱庆镛等修、陈尧采等纂:《同治嘉定府志》,清同治三年(1846年)刻本

卷十《营建志·学校》:文庙,隋开皇中旧址在县东,明洪武四年重建。崇祯中毁。国朝雍正八年知县陈讷改建于县治西紫金山前,嗣知县王枟芳、童宏宗、陈履长先后增修。嘉庆六年知县陈汝秋补增。

正殿三间,东西庑、戟门、棂星门各三间,泮池一。

崇圣祠,在文庙后。名宦祠、乡贤祠阙。忠孝祠,文庙前右。节孝祠,文庙前左。

明伦堂,学宫左。教谕署,明伦堂后。

清·吴增辉修、吴容纂:《光绪威远县志》,清光绪三年(1877年)刻民国二十六年(1937年)石印补版本

卷一《建置志·坛庙》:圣庙(自昔称孔庙为文庙,嘉庆六年议祀文昌,崇称孔庙为圣庙,意以文昌为文庙,与武庙匹也,志虽远溯前朝,标目则据今目而言,故崇称谨遵定制),明洪治十三年陈达改建文庙于紫金山(旧在县治东南隅今三清观地,至是达与紫金之嵩祝易,颇得地灵)。国朝雍正八年陈讷仍建文庙于紫金山,殿、庑、门、墙如制(紫金文庙鼎革之际毁于兵,雍正十一年陈公讷始建,因明基址而草创之,故置油草塘学租以为补修之费)。嘉庆十七年陈汝秋重修圣庙。道光二十六年孟毓勋捐廉补修圣庙(崇圣祠右,至于西庑、砖壁、泮池、三桥石栏,共费三百金)。钦颁匾额七道……恭悬大成殿(圣庙应有尊经阁,戟门外德配天地、道冠古今,题名雁塔诸制,邑未能备,地狭故也,尤无甚碍;至门墙邪曲,似非大中至正之理,不识当日别有何说)。

名宦祠(以下四祠陈志置之不论矣。李公仲晦以忠孝、节孝二祠与圣庙各列一卷,似未喻《会典》顿置门祠之意,今易置圣庙后,具祠应附宫墙外左右地也),李南晖曰阙、陈汝秋易以贤良祠,增建于戟门右,李书燿复其旧称。

乡贤祠,李南晖曰阙、陈汝秋易以忠义孝弟祠,增建于戟门左,李书燿复其旧称(三子者李公仲晦是也,李怀庭知宜旧称,惜未改正,其左右陈公,误认省会贤良为州县名宦,忠义孝弟为乡贤,不知四等人物,殊有优劣,贤良优于名宦,乡贤愈于忠义孝弟。邑名宦祠五百年来惟入仲晦先生。查旧《志》,明之陈达、习孔言均已入祠,应一例请入。至乡贤,虽无其人,祠似应备,惜宫墙右无余地耳)。

忠义孝弟祠,乾隆十五年陈履长建忠义孝弟祠于宫墙外左(后不知何人移于罗家塘角,李志时犹存,年久无人,祠毁为店。今官绅军民忠魂已奉旨入祠,盍筹之。)

节孝祠,乾隆十五年陈履长建节孝祠于宫墙外右(后不知何人移于左,与街坊、居民杂处,幽闲贞静之德,似不宜然)。道光三十年沙芹生移节孝祠于明伦堂照墙后(以旧址与文昌宫业易,事颇得宜,但狭隘极矣,今议改修其焚献。同治五年倪曹氏捐钱壹佰柒拾缗支用)。

峨边厅

清·常明、杨方灿纂修:《四川通志·学校志》,影印清嘉庆二十一年(1816年)刻本,巴蜀书社,1984年

峨边厅,新从峨眉县裁设,未立学校。

李宗锽等修、李仙根等纂:《民国峨边县志》,民国四年(1915年)铅印本

卷二《建置志·祠庙》:文庙。按县治设于前清嘉庆十三年,学宫、儒学均在峨眉,故城内无文庙。名宦祠附入东门外武侯祠内。昭忠祠在北郊,接官厅前,清咸丰七年建,光绪二十七年重建。节孝祠附入北郊昭忠祠内。

文庙,在县北七十里沙坪场。

文庙,在县西南一百六十里□水场。

卷二《礼俗志》:文冒宫,厅治向无文庙,清时以文昌庙代,且无学宫,所有文物童试附于峨眉,送考无定。

潼川府

潼川府

清·黄廷桂等监修:《四川通志·学校志》(雍正版),《四库全书》本

潼川州儒学,在州东南。宋大观初建。明宣德、成化崇祯间先后增修,兵燹后仅存大成殿。国朝初增修。康熙二十三年钦颁御书"万世师表"匾额,四十二年钦颁御制"训饬士子"碑文,四十五年敕建"平定朔漠碑"于殿左。雍正元年奉旨创建崇圣祠,恭设五代王牌位,四年钦颁御书"生民未有"匾额,八年敕建"平定青海碑"于殿右。

《祠庙》:文庙,在州治东南,详见《学校》、《祀典》。各属县制同。

崇圣祠,在文庙东。名宦祠,在文庙东。乡贤祠,在文庙西。忠义祠,在明伦堂东。节孝祠,在明伦堂西。以上五祠各属县俱有之。

清·沈昭兴纂修:《嘉庆三台县志》,嘉庆十九年(1814年)刻本

卷二《建置·学校志》:三台一邑于雍正十二年改潼川州为府,添设附郭三台县之后,未谋另建县学而增设训导一员,每岁释典释菜,春秋合学,二丁祭祀之奠,仍率循旧章举行无阙也。学在县东南,宋大观初建,嘉泰四年重修,明宣德、成化崇祯间先后增修。兵燹后仅存大成殿……先是乾隆二年前郡守武宏绪建修尊经阁六间,四十三年前郡守沈清任重修明伦堂三间,皆有碑,详载郡志。后张公松孙来守潼川,首谒圣庙,见殿壁倾颓,堂庑欲圮,谋于属邑,首先捐封并劝谕八邑应试生童共相输助,集腋成裘,计费缗钱百余万,越岁竣工。自大成殿、两庑、戟门、宫墙、泮池皆次第修整,美轮美奂,殿宇辉煌,更念祭器、乐器向多未备,无以将诚敬而肃祀典。太常寺颁发图式,远购江南;挑选与考文童内俊秀文雅者为侑生,刊发乐舞歌图,令其演习娴熟以襄祭祀典。

清·常明、杨方灿纂修:《四川通志·学校志》,影印清嘉庆二十一年(1816年)刻本,巴蜀书社,1984年

潼川府儒学,在府治东南。宋大观初建。嘉泰四年重修。明宣德间重修。天顺三年知州谭道生建题名墙二,有记。成化间州判黄道显、学正萧光甫重修。国朝康熙初重葺。雍正四年知州程之璋重修,题名增有记;十二年升州为府,置三台县州学,改为县学。乾隆六年仍改为府学;二十六年三台知县林涛重修,有记。四十三年知府沈清任修明伦堂,有记;五十年知府张松孙重修大成殿、两庑、戟门、泮桥、宫墙、遵太常图式购制祭器、乐器,有记。

清·阿麟修、王龙勋等纂:《光绪新修潼川府志》,清光绪二十三年(1897)刻本

卷五《舆地志·祠庙》:文庙(详《学校志》)。名宦祠、乡贤祠在戟门外,忠义孝弟祠、节孝祠在文昌宫内。文昌宫在文庙东,奎星阁在文昌宫内。

卷十三《学校志》:潼川府文庙(三台县附郭未别立县文庙)在府治东南,宋庆历中建,自嘉祐至嘉泰凡百五十余年七经增修。嘉定六年显谟阁直学士旧甲重修。明宣德间知州高谊重修,有记。天顺七年重修。成化四年节判黄道显重修,有记。乾隆五十年知府张松孙重修,有记。嘉庆五年知府鲁华祝重修,二十三年三台县知县沈昭兴重修。明伦堂之建自康熙五十三年知州王以丰始,乾隆四十二年知府沈清任重修,皆有记。尊经阁之建自乾隆二年始,有记;四十二年知府沈清任重修。嘉庆十九年沈昭兴重建,有记。光绪二年邦人士集资培修。

林志茂、斜勤等纂修:《民国三台县志》,民国二十年(1931年)铅印本

卷三《舆地志·祠庙》:文庙,在学街(详《学校志》,内附名宦祠、乡贤祠)。崇圣祠在明伦堂后,雍正元年建。名宦祠在文庙戟门外东。

卷十七《学校志》:文庙(即府文庙,清雍正十二年改潼川州为府,添设附郭三台县之后未别立文庙),在城东南,宋庆历中建,自嘉祐至嘉泰凡百五十余年,七经增修。天顺七年重修。成化四年节判黄道显重修;明末经兵燹,仅存大成殿。清初增修完备,乾隆五十年知府张松孙集款重修,自大成殿、两庑、戟门、宫墙、泮池皆次第修整,更念祭器、乐器尚多未备,尊太常寺颁发图式,远购江南;挑选侑生演习乐舞,以襄祀典。嘉庆五年知府鲁华祝重修,二十三年三台县知县沈昭兴重修。光绪二年邦人士集资培修。宣统元年知府吴保龄换盖黄瓦,墙壁均绘黄色,祭器、乐器添置益备。

明伦堂,在大成殿后,康熙五十三年知州王以丰建,乾隆四十二年知府沈清任重修。

尊经阁,在崇圣祠后,乾隆二年知府武宏绪建,四十二年沈清任重修,嘉庆十九年沈昭兴重建。

嘉庆十九年《重建尊经阁碑记》:县学即附于府学焉,前为大成殿,后则明伦堂,最后为尊经阁,而崇圣祠则在东北隅,规制殊草草。

三台县

清·常明、杨方灿纂修:《四川通志·学校志》,影印清嘉庆二十一年(1816年)刻本,巴蜀书社,1984年

三台县儒学,附府学内。乾隆六年改府学后县学未建。

清·阿麟修、王龙勋等纂:《光绪新修潼川府志》,光绪二十三年(1897年)刻本

卷五《舆地志·祠庙》:文庙(详《学校志》)。名宦祠、乡贤祠,在戟门外。

射洪县

清·黄廷桂等监修:《四川通志·学校志》(雍正版),《四库全书》本

射洪县儒学,在县南。宋元符间建,明景泰六年重修,明末毁。国朝知县孟宪孔重建。

清·常明、杨方灿纂修:《四川通志·学校志》,影印清嘉庆二十一年(1816年)刻本,巴蜀书社,1984年

射洪县儒学,在县治南,旧在治东南。宋熙宁间邑人李蕃建,有记。元符元年知县韩晞重修。元延祐四年知县岳尧咨重修。明洪武七年主簿张麟修葺。景泰六年移建今所。成化十三年知县张暹修葺;二十二年知县郭铠重修完整,复建乡贤陈伯玉祠。国朝康熙六年知县孟宪孔修葺,殿、庑、门、祠、堂、阁、亭、垣如制,邑人杨鼎有记;三十四年知县喻维新重修,教谕杨令极有记;四十八年知县李瑞重修毕备,巡抚能泰有记。

清·阿麟修、王龙勋等纂:《光绪新修潼川府志》,清光绪二十三年(1897年)刻本

卷五《舆地志·祠庙》:文庙(详《学校志》)。名宦祠、乡贤祠在戟门左右,忠孝祠、节孝祠在泮池左右。

卷十三《学校志》:文庙,在县治南,旧在治东南,宋熙宁间建,元符元年知县韩晞重修,元祐四年知县岳尧咨重修,明洪武七年主薄张麟修葺,景泰六年移建今所,成化十三年修葺,二十三年知县郭铠重修。清康熙六年知县孟宪孔修葺殿庑门祠堂阁亭垣如制,乾隆五十八年知县张位中增修石墙。

清·黄允钦等修、罗锦城等纂:《光绪射洪县志》,清光绪十年(1884年)刻本

卷七《学校》:文庙,在县城内西南,宋熙宁九年知县韩晞建,元延祐四年知县岳尧咨重修,至正十三年伪夏明氏僭据而学废。明洪武七年主薄张麟仍于旧址修葺,景泰六年重修,增建馔堂三楹于西斋之南,左、右修书舍各三楹,以授生徒,东舍之下修厨一楹,以便供膳,建乡贤子昂祠一所,百废俱举,焕然一新。国朝康熙六年知县孟宪孔重修,三十四年喻维新重修,四十八年李瑞重修。乾隆五十八年知县张位中募修石墙一周,殿前旧有古柏,状若虬龙,五十八年教谕墙士进复于宫墙内植柏树一百二十三株,渐次成林,蔚然深秀,遂为黉宫壮观云。崇圣祠在文庙后,康熙四十八年知县李瑞重修。尊经阁在崇圣祠后,康熙五十七年知县潘录建。明伦堂旧在大成殿后,乾隆五十九年知县张位中移至殿后稍左。泮池在戟门前。馔堂在西斋右,成化二十二年知县郭铠建,今废。泮池清暇堂在明伦堂后,成化二十二年教谕刘煜立,今废。国朝康熙中重修,在戟门前,今废。宰牲所在东斋南,知县张暹立,今废。棂星门在戟门前,知县华崇建,国朝嘉庆十六年知县陈启泰补修。名宦祠在戟门左,康熙四十八年知县李瑞建。乡贤祠在戟门右,知县李瑞建。忠孝祠在泮池左,节孝祠在泮池右。

盐亭县

清·张松孙等修、雷懋德、胡光琦纂:《乾隆盐亭县志》,乾隆五十二年(1787)刻本

《卷七·政事部·学校志》:盐亭旧有学在城西隅,肇始于唐贞观中,历宋、元、明迁移、改建、续加修葺者皆有碑志堪考。自乾隆二十四年己卯以后盖未修焉。予尝谒庙庭,见夫垣墙栋宇规模宏备……

盐邑文庙屡经迁移。按旧学自唐贞观建。在城内东隅,自宋大观四年戊子邑令林栋新建于西隅,县尉刘千之有记。元延祐己未邑令成世荣等重修。至明成化二十二年丙午因学宫弗堪,邑令冯瓒移于县南八十步,南面而鼎新之。嘉靖三年甲申以其地湫隘,前□江水,每尝盛夏水涨弥漫、冲突,拍马崔峦时署县事,议迁于负戴山下,四川学道四明张邦奇有记。嗣是邑令陈杰、雷轟等相继迁之,至六年丁亥告竣,直隶巡按东川王完有记。其后学中生徒有罹灾祸者金云此乃严太保墓所,山势□恶、幽隐,非立学地,且系东向。嘉靖十七年戊戌邑令陈宪等乃相旧址复迁之,二十四年乙巳邑令刘演重修。万历三十三年甲辰又重修,即今学宫也。自此以至本朝屡经修葺。乾隆年间瀰江涨水,学宫遭淹,殿庑间有塌圮,虽经修葺,然限于经费未复旧观,犹有待也。

文庙,在治西水巷内。照壁一座。东、西门各一间。棂星门三间。戟门三间。正殿三间。东西庑各三间。崇圣祠,正殿后,三间。明伦堂,县署右、学署前,五间,久圮。乾隆三十三年邑令赵朝栋重修。

清·黄廷桂等监修:《四川通志·学校志》(雍正版),《四库全书》本

盐亭县儒学,在县西北,唐贞观中建于县南。明洪武九年迁建今所。国朝知县江昆涞重修。

清·常明、杨方灿纂修:《四川通志·学校志》,影印清嘉庆二十一年(1816年)刻本,巴蜀书社,1984年

盐亭县儒学,在县城西北。旧在城东隅。唐贞观中建。宋大观四年知县林栋迁城西隅,主簿刘千之有记。元延祐六年知县成世荣重修,府学教授冯元杰有记。明成化二十二年知县冯瓒迁建县南八十步,修撰太和会彦有记。嘉靖三年训导崔峦、署县事迁城西负戴山,提学四明张邦奇有记。知县陈杰雷竣工,广安王德完有记;十七年知县陈宪复迁今所,成教王阁有记;二十四年知县刘演重修。万历三十二年重修。国朝康熙六年知县高钋重建。乾隆二年知县史步高重修完整,教谕郑知言有记。十五年知县赵朝栋、教谕王前、训导蒲怀仁重建;二十四年知县凌英倡修,有记;四十七年水涨及学宫,署县徐世经、知县胡光琦相继修葺殿、庑祠垣。嘉庆十二年知县毋尔信重修完整。

清·邢锡晋修、赵宗藩等纂:《光绪盐亭县志续编》,清光绪八年(1882年)刻本

卷四《学校》:盐之文庙,唐宋时屡经迁徙。嘉靖十七年建于城之西北。熙朝时屡更新之。但地势卑下,殿宇湫隘,历年来每议重修,不果。同治癸亥移建城西北隅,卑者增之,狭者阔之,规模旧制,焕然改观。新建崇圣祠三间。两庑东西各一。正殿共七间,高三丈六尺,栋梁殿柱俱采古柏,大约五六尺围。东、西庑各五间。大成门五间,两厦左祀名宦,右祀乡贤。东、西钟楼、鼓楼接连官亭、茶亭、神厨、礼器、沐浴更衣诸所室共有八,以外棂星门、上峻阁、凌霄、泮壁池前舆桥跨水,自是而贤关而圣域而宫墙,制度无不毕俱。左右墙垣各二十丈,地基宽十丈,庙向奎阁。

乡贤祠在文庙侧,名宦祠在文庙侧。

昭忠祠在小南街,节孝祠在南城根。

清·阿麟修、王龙勋等纂:《光绪新修潼川府志》,清光绪二十三年(1897年)刻本

卷五《舆地志·祠庙》:文庙(详《学校志》)。名宦祠、乡贤祠在东庑之南,忠孝祠在乡贤祠右,节孝祠在城内小东街。

卷十三《学校志》：文庙，在今县治西北，旧在城东隅。唐贞观中建，宋大观四年知县林栋迁城西隅。元延祐六年知县成世荣重修。明成化二十二年知县冯瓒迁建县南八十步。嘉靖三年训导崔峦署县事迁城西负戴山，十七年知县陈宪等复迁今所，二十四年知县刘演重修。万历三十二年重修，即今学宫也。自此以至本朝屡经修。康熙六年知县高钐重建。乾隆二年知县史步高重修完整，十五年重建，二十四年知县昌修，四十七年水涨至学宫，署知县徐世经等相继修葺殿、庑、祠、垣。嘉庆十二年知县毋尔信重修。同治癸亥知县钱涛重修。

中江县

清·黄廷桂等监修：《四川通志·学校志》（雍正版），《四库全书》本

中江县儒学，在县南。明洪武中知县高通至建，天顺间知县胡叔宝、正德中知县涂祺、万历中知县安正孝、崇祯中知县任之堂先后增修。国朝知县李延春补葺。康熙三十四年知县谢旻禧、四十七年知县李来仪相继重修。

清·常明、杨芳灿纂修：《四川通志·学校志》，影印清嘉庆二十一年（1816年）刻本，巴蜀书社，1984年

中江县儒学，在县治东南门，宋嘉定十三年酒正宇文峒重修，度正有记。明洪武中知县高通重建。正统四年典史胡叔宝重建。天顺二年知县胡叔宝修葺，江朝宗有记，续修阶、墀，黎铤有记。正德十六年知县余祯建祠、阁。万历十五年知县安正孝重葺。崇祯九年知县任之望补修，十一年知县王国栋重建名宦、乡贤祠。国朝康熙初知县李延春补葺，三十四年知县谢旻禧重修，四十四年潼川州张应诏葺名宦祠，四十七年知县李维翰建两庑，修泮墙；四十九年重建堂、祠，王一贞有记；五十四年知县李来仪建启圣祠，有记。乾隆三十六年署县王尔昌移建崇圣祠，五十七年知县李元、五十九年知县毛大瀛前后补修殿、庑、门、祠、泮池。嘉庆五年知县王遐龄补修门、坊。

清·杨霈修、李福源、樊泰衡纂：《道光中江县志》，清道光十九年（1839年）刻本

卷二《建制志·祠庙》：圣庙，在南门内，创建无考。旧《志》：宋嘉定十三年酒正宇文峒重修，又建堂祀濂溪诸子。明洪武中知县高通重建。正统四年典史胡叔宝建大成殿。天顺二年知县胡叔宝修葺殿、堂、门、庑、斋、厨，四年续修阶墀。正德十六年知县余祺重建名宦、乡贤祠。万历十五年知县安正孝重加补葺，建万仞墙，徙正泮池。崇祯九年知县任之望补修；十一年署知县王国栋重建名宦、乡贤祠。

国朝康熙初知县李延春补葺，二十四年知县谢旻禧重修正殿，建戟门五楹；四十四年潼川知州张应诏摄县事，葺名宦祠；四十七年知县李维翰重建两庑，共十楹，并补修泮池、桥、万仞宫墙；五十四年知县李来仪重建启圣祠三楹。雍正元年奉旨创建崇圣祠，恭设五代王牌位。乾隆四十九年署知县王尔昌以崇圣祠在殿东，规模狭隘，谋诸绅士，改原建之明伦堂为崇圣祠；五十七年知县李元、五十九年知县毛大瀛前后补修大成殿、两庑、戟门、名宦、乡贤祠、泮池。嘉庆五年知县王遐龄补修棂星门外两坊，自后悉就倾圮。道光十年知县林振荣与绅士协谋，陆续鼎新重建，前后七载，规模宏壮，体制具备，详列于后。

大成殿，旧制三楹，中奉至圣先师像，两序奉四配、十哲像。创始无考。康熙旧《志》，宗圣曾子像颓，邑民冷灿重塑，今惟有子朱子木主。道光十六年士民捐资改修。高四丈四尺、深五丈六尺，宽六丈六尺，坚固宏敞，盖用琉璃黄瓦。

崇圣祠，在大成殿后，旧制三楹。道光十六年文生王去非、缉武、缉武兄弟捐资新建。高三丈，深四尺，宽六丈。

两庑,旧制共十楹。道光十六年士民捐资改建,东西各二楹。高二丈四尺,深二丈二尺。上各一楹:一为钟亭,一为鼓亭,盖用琉璃绿瓦。

大成门,旧制五楹,即戟门。道光十六年邑人刘运九、运三、运清、晦明兄弟捐资新建。高二丈八尺、深二丈八尺,宽八丈四尺,中三楹,开三门。左楹为更衣所,右楹为执事厅。

阶墀,正殿、两庑、大成门四周皆有走廊,檐下皆竖以栏杆,阶下上为露台,下为天池,皆镶以平石。道光十六年士民新建。

名宦祠,在大成门前左方,祀隋李直之,宋勾士良、宇文峒,明胡叔宝、王杲,余祺、杨廷幹,见康熙旧《志》。嗣后并祀国朝全省名宦大员。乡贤祠,在大成门前右方,祀宋苏易简、苏伯起、吴涌、吴昌裔,明徐英、王惟贤、江桂,见康熙旧《志》。国朝道光十一年,奉旨以林欲蕃入祠崇祀。

以上二祠旧制各三楹。道光十六年邑人唐祥恭、际隆、际醇捐资新建。高二丈八尺、深二丈五尺、长四丈四尺。

泮池,在大成门前。旧制池有三桥。道光十六年邑人唐文范、文治兄弟捐资新建。深二丈,长六尺一尺,宽二丈一尺。十九年从九、刘宗瀚复造石底,塞石缝,使池水不涸。

棂星门,在泮池前。旧制以木为栅。道光十一年监生胡志大、志昂、志昌、志强捐资易木为石,体制详后碑记。

关门,在棂星门外,左右各以一,坊有门。康熙年间举人李藻捐建。道光十六年其嗣孙李簳、李笰捐资易木为石。高二丈四尺、宽一丈五尺。

万仞宫墙旧制矮小,道光十六年士民捐资新建,并修茸周围墙垣。高二丈二尺、长五丈二尺。

宰牲亭,在棂星门外左方,高一丈五尺。办胙亭,在棂星门外右方,高一丈五尺。

碑亭二,名宦祠、乡贤祠下各一。高一丈六尺,深一丈四尺,宽一丈八尺。

神厨,在大城门外左。供给房,在大城门右。

以上六处旧制俱无。道光十六年士民捐资刱建。

清·阿麟修、王龙勋等纂:《光绪新修潼川府志》,清光绪二十三年(1897年)刻本

卷五《舆地志·祠庙》:(中江县)文庙(详《学校志》),名宦祠在大成门左。乡贤祠在大成门右。忠义孝友祠、节孝祠在宫墙左。昭忠祠在明伦堂前。

卷十三《学校志》:文庙,在县治东南隅,宋嘉定十年酒正宇文峒修,明洪武中知县高通重建。正统四年典史胡叔宝重建。天顺二年知县胡叔宝修茸,续修阶墀。万历十五年知县安正孝重茸。崇祯九年知县任之望补修。康熙初知县李延春补茸,三十四年知县谢旻禧重修,四十七年知县李维翰建两庑,修泮墙,四十九年重建堂祠,五十四年知县李来仪建启圣祠。乾隆三十六年署县王尔昌移建崇圣祠,五十七年、五十九年知县李元、毛大瀛前后补修殿、庑、门、祠、泮池。嘉庆五年知县王遐龄补门外两坊。道光十年知县林振荣重修,规模宏壮,体制具备。

谭毅武修、陈品全等纂:《民国中江县志》,民国十九年(1930年)铅印本

卷四《建置二·祠庙》:圣庙在南门内。轫始无考,宋宁宗嘉定十三年酒正兼县事宇文峒重修。明洪武中知县高通重建。天顺二年知县胡叔宝修茸殿庭、两庑、门堂、斋、序、库、庚、庖、溷,四年续修阶墀。万历十五年知县安正孝重加补茸,建万仞宫墙,徙正泮池。崇祯九年知县任之望补修。康熙初知县李延春补茸,三十四年知县谢旻禧重修正殿,建戟门五楹,四十七年知县李维翰重建两庑十楹,补修桥、墙。乾隆五十七年知县李元、五十九年知县毛大瀛前后补修大成殿、两庑、戟门、泮池。嘉庆五年知县王遐龄补修棂星门外两坊。道光十六年知县林振棻重建大成殿,旧制三楹,改修高四丈二尺、深五丈六尺、宽六丈六尺,中奉至圣先师像,两序奉四配十哲像木主;殿外阶墀竖以栏杆,阶级前为露台,下为天池,皆镶平石,盖用琉璃黄瓦。东西两庑旧制十楹改为四楹,高二丈四尺、深二丈二尺,左右二楹,一为钟亭,一为鼓亭,盖用琉璃绿瓦,中奉历代先贤、先儒。大成门旧制五楹改为三楹,高深各二丈八尺、广八丈四尺,辟三门。左楹为更衣所,右楹为执事厅。泮池沿旧制,三桥,凿深二丈长六丈一尺宽二丈一尺。棂星门旧制以木为栅改立石柱六,中高三丈二尺阔七丈四尺,刻石为棂星状,兽首鸟足有鳞。易阙门木坊为石坊,高二丈四尺,宽一丈五尺。连阙门者为万仞宫墙,旧制卑陋,改建高二丈二尺,又于棂星门左建宰牲亭,右建办胙亭,均高一丈五尺。名宦、乡贤祠下新建竖碑亭二,各高一丈六尺、深一丈四尺、宽一丈八尺,大成门左建神厨、右建供给房,皆旧制所无。同治八年知县白广棣募捐补葺大成殿、两庑丹墀,大成门暨棂星门、阙门、省牲、办胙各所、宫墙一周。新修祭器库一座,同时修建附祠三。崇圣祠,在大成殿后,康熙五十四年知县李来仪重建启圣祠三楹,雍正元年奉旨创建崇圣祠。乾隆四十九年以祠在殿东、规模狭隘,改原建之明伦堂为崇圣祠,道光十六年改建,高三丈、深四丈三尺、宽六丈。同治八年补葺。名宦祠在大成门左,明正德十六年重建,崇祯十一年重修,康熙初补葺,四十四年重葺,乾隆五十七年、五十九年相继补修。旧制三楹,道光十六年捐资改建高二丈八尺、深二丈五尺、长四丈四尺。乡贤祠在大成门右,始建于宋宁宗嘉定十三年,初建堂祀濂溪诸子,明定庙制,以宋五子入祀两庑。正德十六年重建乡贤祠。崇祯十一年重修,康熙初补修,乾隆时相继补修。旧制三楹,道光十六年捐资改建,高深与名宦祠同。尊经阁在圣庙东北隅,明正德十六年创修,道光十六年以修圣庙余资补葺并筑阁下长墙一道,十七年查儒学旧存书籍,大半遗失,后购而补之,今存学校中。

遂宁县

清·黄廷桂等监修:《四川通志·学校志》(雍正版),《四库全书》本

遂宁县儒学,在县西南。唐贞元间建,明洪武七年重修,明末圮。国朝康熙六年知县刘学翰重修。

清·常明、杨方灿纂修:《四川通志·学校志》,影印清嘉庆二十一年(1816年)刻本,巴蜀书社,1984年

遂宁县儒学,唐贞元间刺史乔琳建于州城南,宋庆历四年改建州城东。嘉泰初转运使王勋、知府赵善宣迁建书台山下。元州判官史天泽重修。明洪武四年知州钱恕、州同知陈善重修。景泰七年佥事刘福橄、典史吴让重修。宏治十二年知县丁护重修,杨廷和、席书有记。正德九年知县范府重修,席书有记。嘉靖二十一年佥事杨瞻橄、主簿李守维增修,知县杨泰建尊经阁,陈讲、黄华均有记。明末毁。国朝康熙六年知县刘学瀚重修,三十年邑绅张烺、知县陈愚重建完备,张鹏翮有记。乾隆间知县刘桐、李培恒踵修。

清·田秀栗、孙海等修、李星根纂:《光绪遂宁县志》,清光绪三年(1877年)刻本

卷二《学校》:至圣先师庙,在南门外。

名宦祠,在戟门左。乡贤祠,在戟门右。

尊经阁,在崇圣祠后。邑人张懋宗有诗。

稽古阁,旧《志》:在两庑前,久圮。

龙翔凤翥坊,为张文端公建,在学宫前大路旁。

清·阿麟修、王龙勋等纂:《光绪新修潼川府志》,清光绪二十三年(1897年)刻本

卷五《舆地志·祠庙》:遂宁县文庙(详《学校志》)。名宦祠在大成门左。乡贤祠在大成门右。忠义孝友祠、节孝祠在宫墙左。昭忠祠在明伦堂前。

卷十三《学校志》：遂宁县文庙,在南门外,唐贞元间刺史乔琳建于州城南,宋庆历四年改建州城东,嘉泰初转运使王勋等迁建书台山下。元州判官史天泽重修。明洪武四年知州钱恕等重修,景泰七年刘福等重修,宏治十二年知县丁护重修,正德九年知县范府重修,嘉靖二十一年增修,知县杨泰建尊经阁(旧无),明末毁。康熙六年知县刘学瀚重修,三十年邑绅张烺、知县陈愚重建完备,乾隆间知县刘桐、李培恒重修。

甘焘等修、王懋昭等纂：《民国遂宁县志》,据民国十八年(1929年)刻本

卷七《学校》：遂宁县学,唐贞元间刺史乔琳创于郡城南,后废于五代孟知祥之乱,宋庆历四年改建郡城东,复为江水冲圮。嘉泰初徙置建书台山下。历代增修多有碑记。其地为唐张九宗书院旧址。先师庙三间,旧名大成殿,设像封王,明嘉靖八年改称先师庙,撤像易主,去爵称至圣先师。清顺治二年谥大成至圣文宣先师,十四年改谥至圣先师孔子,历代颁有匾额。……正殿至圣先师神位,正中南向。名宦祠、乡贤祠。

蓬溪县

清·黄廷桂等监修：《四川通志·学校志》(雍正版),《四库全书》本

蓬溪县儒学,在县北。唐开元间建,明洪武中重修,后毁。国朝康熙六年知县潘之亮重建,二十年知县周甲征重修。

清·常明、杨方灿纂修：《四川通志·学校志》,影印清嘉庆二十一年(1816年)刻本,巴蜀书社,1984年

蓬溪县儒学,在县城北跪象山,宋祥符十七年徙此。元至元三十一年知县蒲如璋重建。明宣德二年知县凌崇贵重修。成化十八年知县李芳增建,教谕张遇有记。正德五年知县李相重建。嘉靖十年知县欧阳霄立题名碑,谭缵有记;四十五年知县张希范重修,胡直俱有记。万历十三年知县王艮谟置学田数十亩,杨文举有记;二十年知县胡连重修,教谕严现有记;三十二年知县赵端益建坊、增田,黄辉有记;三十八年知县张养性增置学田,训导饶首有记;四十三年知县冯思问重修,杨作楫有记。明末毁。国朝顺治间知县梁泰来创建。康熙十一年知县潘之彪重建,二十年知县周甲征重建庑、堂、祠如制。雍正八年知县彭涉建二祠。乾隆十五年知县国栋修灵星门。嘉庆四年署县李炘重修,蒲心浩有记。

清·吴章祁等纂、陈儒等修：《道光蓬溪县志》,清道光二十五年(1845年)刻本

卷四《祠庙》：文庙,县北门外跪象山麓(详见《学校》、《祀典》)。

卷七《学校》：至圣先师庙,县北跪象山麓。宋绍兴间曾费直上章建祠;祥符十七年徙此。元至元三十一年知县蒲如璋重建大成殿、两庑、戟门、棂星门,厥后兵燹。明宣德二年知县凌崇贵重修。成化十八年知县李芳增建,教谕张遇有记。正德五年知县李相重建。嘉靖十年知县欧阳霄立题名碑,谭缵有记;四十五年知县张希范重修,南充中丞相张鉴、学使胡直邑、进士王庭俱有记。万历十三年知县王良谟置学田数十亩,杨文举有记;二十年知县胡琏重修,教谕师岩有记;三十二年知县赵端益建坊、增田,南充太史黄辉书"梓东邹鲁金声玉振"八字,并有记;四十三年知县冯思问重修,杨作楫有记。明末毁。国朝顺治间知县梁泰来创建。康熙十一年知县潘之彪重建,二十年知县周甲徵重建庑、堂、祠如制。雍正八年知县彭陟建二祠。乾隆十九年知县国栋修棂星门,教谕陈朝易有记。嘉庆四年署县李炘重修,蒲新浩有记;嘉庆六年以前知县敬大科、署县李炘两次培修,陈汝珍补记,嘉庆二十年教谕凌之鸶培修,自为记。

崇圣祠,文庙后。名宦祠,文庙门东。乡贤祠,文庙门西。

清·阿麟修、王龙勋等纂：《光绪新修潼川府志》,清光绪二十三年(1897年)刻本

卷五《舆地志·祠庙》:(蓬溪县)文庙(详《学校志》)。名宦祠在文庙门东,乡贤祠在文庙门西。

卷十三《学校志》:(蓬溪县)文庙,在城北跪象山,宋祥符十七年徙此。元至元三十一年知县蒲如璋重建。明宣德二年重修。成化十八年增建。正德五年重建,四十五年重修。万历二十年重修,四十三年重修,明末毁。顺治间知县梁泰来创建。康熙十一年重建,二十年重建庑、堂、祠如制。乾隆十五年知县国栋修棂星门。嘉庆四年重修,二十年教谕凌之骜培修,自为记。

清·周学铭等纂、熊祥谦等辑:《光绪续修蓬溪县志》,光绪二十五年(1899年)刻本

卷三《学校》:县之学宫,昔频缮修,已具前志。道光二十七年徐杨、文保倡捐培修,越七年落成。文保为之记。

卷四《坛庙》:道光二十五年,前知县徐杨、文保修先师孔子庙,既竣,乃建乡贤、名宦之祠。

清·伍彝章等修、曾世礼、庄喜泉等纂:《民国蓬溪县近志》,据民国二十四年(1935年)刻本

卷七《风土篇·祀典遗迹》:民国十八年,边防军总司令李家钰令县政府提卖共得价五千余元、拨银一千二百元交教育局作培修孔庙基金。

孔庙附乡贤、名宦、节孝、忠义四祠,自民国十八年孔祀停废后,此四祠亦随废祀。女学校遂将孔庙殿宇扩充为教室……

安岳县

清·黄廷桂等监修:《四川通志·学校志》(雍正版),《四库全书》本

安岳县儒学,在县城东门外龙泉山麓,旧在县东南。宋元祐间建。明洪武中重修,嘉靖中知县李朝选改迁今所。国朝康熙五年学裁,雍正六年复设、重建。

清·常明、杨芳灿纂修:《四川通志·学校志》,影印清嘉庆二十一年(1816年)刻本,巴蜀书社,1984年

安岳县儒学,在县城南龙泉山,旧在县东南。宋元祐间邑人冯山从建,庆元二年重修,景宜之有记。嘉定七年修雁塔,李仲熊有记。元至正间儒士晏道升重葺,主簿苟日新重修。明洪武中知县黄朝佐重修。正德元年教谕孙璲、训导曹伦立题名碑,苏葵有记。嘉靖七年训导李寅修大成乐,汤绍恩有记;十八年知县李湖及主簿陈瑛、教谕杨思震迁建今所;二十年知县董性增建。万历三十年知县雷春行、县丞叶可大、主簿杨凤鸣、典史向锦重修,教谕刘一周有记。后建泮壁、山池,徐慎有记。崇祯九年知县何国瑾重修,张任学有记。明末兵燹。国朝康熙五年学附遂宁,十年学附乐至,三十四年署县事陈愚修补,张鹏翮有记;三十六年乐至知县张邦垣增修,五十一年乐至知县郑吉士补修。雍正六年县复设。乾隆四十一年摄县事徐观海、署训导李绳武重修完整,徐观海有记。

清·濮瑗修、周国颐纂:《道光安岳县志》,清道光十六年(1836年)刻本

卷三《学校》:学宫,在治南龙泉山隈,唐以前在治北岳山下。宋元祐间邑人冯山移建于龙泉山麓,绍兴间知普州何援上请修举。元延祐兵火后寓儒晏道升因遗址在草莽中构成殿庑,至正间主簿苟日新重修庙象。明洪武初知县黄朝佐建明伦堂、斋房于文庙之西。宣德间主簿王祥重修大成殿,蒋夔有记。嘉泰三年知县牒开重修,教谕许黯有记。天顺六年教谕颜公辅增修,教谕陈元振有记。嘉靖七年训导李寅修大成乐,汤绍恩有记,十八年知县李湖等迁建于今山隈,杨思震有记。二十年知县董性增建,万历三十年知县雷春行等重修,教谕刘一周有记。后建泮壁山池,徐慎有记。崇祯九年知县何国瑾重修,张任学有记。明末兵燹后学宫、两庑、斋坊、堂舍尽毁,惟大成殿尚存,有先师像刻于石。康熙三十四年遂宁县令陈愚署邑事,仍旧制修补,张鹏翮有记。三十六年知县张邦垣增修两庑、戟门、左右廊。五十一年知县郑吉士制木主,为外栏及左右门道。乾隆四十三年同知摄县事徐观海等移崇圣祠于大成殿之后,复移明伦堂于学署之东,两庑、斋舍并加修整。嘉庆九年知州摄县事刘有仪率阖邑绅庶更改旧制,建崇圣祠、大成殿、东西两庑、戟门、棂星门、圣域、贤关门、礼乐楼、露台、崇阶丹墀、甬道、泮池、圜桥、乡贤、名宦、忠义、节孝祠,周围宫墙,又掘得先贤石像五十余尊,残碑十余版,安置后殿、两庑。宏模壮规称美伦焉。刘有仪有记。道光元年邑令龚聊辉补修棂星门路道,掘得古井一口,其建修岁月古今碑记录以备考。

清·陈其宽修、邹宗垣等纂:《光绪续修安岳县志》,清光绪二十三年(1897 年)刻本

按:据附《圣庙图》,文庙布局为:万仞宫墙,泮池,泮池左右为圣域、贤关坊,门外各有一下马碑。泮池后为棂星门,五间。棂星门后为泮池,池上三孔桥,左右为碑亭;其后为戟门,五间,三阶。后左右为东西庑,其后为大成殿。崇圣祠在大成殿后。

清·阿麟修、王龙勋等纂:《光绪新修潼川府志》,清光绪二十三年(1897 年)刻本

卷五《舆地志·祠庙》:文庙(详《学校志》)。名宦祠、乡贤祠、忠义祠、节孝祠四祠在文庙内。文昌宫在学宫右。

卷十三《学校志》:文庙在城南龙泉山,旧在县东南,宋元祐间邑人冯山移建,庆元二年重修。元至正间重葺,主薄苟日新重修。明洪武中知县黄朝佐重修,嘉靖七年训导李寅修大成乐,汤绍恩有记,十八年知县李湖等迁建今所,二十年知县董性增建。万历三十年知县雷春行等重修。崇祯九年知县何国瑾重修,明末燹于兵。康熙五年学附遂宁,十年学附乐至,三十四年署知县陈愚修补,三十六年乐至知县张邦垣增修,五十一年乐至知县郑吉士补修。雍正六年县复设,乾隆四十三年摄县事徐观海等重修。嘉庆九年署知县刘有仪重修。道光元年知县龚聊辉补修。

乐至县

清·黄廷桂等监修:《四川通志·学校志》(雍正版),《四库全书》本

乐至县儒学,在县西。明正德间建,崇祯中知县宋统镇迁于东南,明末圮。国朝康熙四十五年重修,六十年仍迁今所。

清·常明、杨方灿纂修:《四川通志·学校志》,影印清嘉庆二十一年(1816 年)刻本,巴蜀书社,1984 年

乐至县儒学,在县城北象鼻山,明正德间建,万历三十一年迁县东北三里山,天启六年知县张仁声迁县东灵龟山,有记。崇祯间知县朱统镇迁城内。明末毁。国朝康熙十九年复建城内西岩,四十五年知县白云麟重修,五十年知县程燧迁南门外西岩。雍正三年知县杨佐龙重修。乾隆二十二年摄县王承燨、知县黄斌、训导余之璲复迁今所,有记;三十八年知县叶宽增修。

清·裴显忠修、刘硕辅纂:《道光乐至县志》,清道光二十年(1840 年)同治八年(1869 年)胡书云补刻本

卷六《建置·祠庙》:乐邑文庙,元以前莫闻,《通志》谓旧在县城北象鼻山,明正德间建,万历三十一年迁县东北三里山,天启六年知县张仁声迁县东灵龟山,崇祯间知县朱统镇迁城内,明末毁。国朝康熙十九年复建城内西崖,四十五年知县白云麟重修,五十年知县程燧迁南门外西崖。雍正三年知县杨佐龙重修。乾隆二十二年摄县王承燨、知县黄斌、训导余之燧复迁象鼻山,大加营缮,备如程式;三十八年知县叶宽增修,每年春秋二祭,谨遵会典。

崇圣祠在文庙殿后,乾隆二十二年知县黄斌建,殿三楹,其右名宦、乡贤二祠,建立戟门外。

清·胡书云、翁在玥等修：《光绪续增乐至县志》，清光绪七年(1881年)刻本

卷一《祠庙》：乐至文庙由来备载前志。咸丰十年滇逆毁殿宇，知县刘毓棠寄祀砚山之麓，向位不称。同治四年邑人请改建于学署旧址，署县王树桐督理建修，而移学署置庙右隙地，并置围房三十余间，岁收房租以资后来补修之费。前临天池，构爱荷轩一所。

清·阿麟修、王龙勋等纂：《光绪新修潼川府志》，清光绪二十三年(1897年)刻本

卷五《舆地志·祠庙》：(乐志县)文庙(详《学校志》)。名宦、乡贤祠在戟门外，忠孝、节孝祠在城西。

卷十三《学校志》：(乐志县)文庙在学署旧址，在县城北象鼻山。明正德建，万历三十一年迁县东北三里孤悬山巅，天启六年知县张仁声迁县东灵龟山，崇祯间知县朱统镇迁城内，明末毁。康熙十九年复建城内西岩，四十五年知县白云麟修，五十年知县程璲迁南门外西岩，雍正三年知县杨佐龙重修，乾隆二十二年复迁今所，三十八年知县叶宽增修，咸丰十年滇逆毁坏殿宇，知县刘毓棠寄祀砚山之麓，同治四年邑人请改建于学署旧址。

绥定府

绥定府

清·陈庆门纂修、宋名立续纂：《乾隆直隶达州志》，乾隆七年(1742年)刻、十年(1747年)增刻本

卷二《建置》：(州)文庙，大成殿一座，两庑十间，棂星门五间，乡贤祠三间，名宦祠三间，戟门五间，启圣祠三间。

先师庙匾额三道：万世师表、生民未有，与天地参。

东……江汉秋阳、金声玉振

西……德配天地、道冠古今

明伦堂二间。

清·黄廷桂等监修：《四川通志·学校志》(雍正版)，《四库全书》本

达州儒学，在州东南。明洪武四年知州魏子忠建，永乐中知州瞿锐、嘉靖中知州赵鸣凤、吴升重修。国朝康熙二十四年知州董守义捐修，二十三年钦颁御书"万世师表"匾额，四十二年钦颁御制"训饬士子"碑文，四十五年敕建"平定朔漠碑"于殿左。雍正元年奉旨创建崇圣祠，恭设五代王牌位；四年钦颁御书"生民未有"匾额，八年敕建"平定青海碑"于殿右。

《祠庙》。文庙，在州治东。详见《学校》、《祀典》，各属县制同。崇圣祠，在文庙东。名宦祠，在文庙东。乡贤祠，在文庙西。忠义祠，在明伦堂东。节孝祠，在明伦堂西。以上五祠各属县俱有之。

清·鲁凤辉等纂：《嘉庆达县志》，清嘉庆二十年(1815年)刻本

卷十七《祠庙志》：文庙，在府署东。

崇圣祠，在文庙后，旧制狭小，乾隆元年署州事李文烜辟而大之。

名宦祠，在泮池左，中祀十九人。乡贤祠，在泮池右，中祀十八人。

孝义祠，在学宫东。节孝祠，在学宫东。

清·常明、杨方灿纂修：《四川通志·学校志》，影印清嘉庆二十一年(1816年)刻本，巴蜀书社，1984年

绥定府儒学,在府城东北,嘉庆七年裁州改府,永宁道陈预、知府刘佳琦、知县余永宁建设,训导裁自茂州。

达县

清·常明、杨方灿纂修:《四川通志·学校志》,影印清嘉庆二十一年(1816年)刻本,巴蜀书社,1984年

达县儒学,旧达州学,在城东南。明洪武四年知州魏子忠建。永乐中知县瞿锐重修。嘉靖中知州赵鸣凤、吴升重修。国朝康熙二十四年知州董守义捐修。嘉庆七年改府,设县学附府,重建。

蓝炳奎等修、吴德华、王文熙、朱炳灵纂:《民国达县志》,民国二十七年(1938)铅印本

卷十三《学校》:学宫,……达县孔庙遗像□□,为他州县所无,则此庙之建立古矣。考旧志,知州宋名立《重修学宫记云》,州学初建于乐行□之地,知州董公移置署左,旋遭兵燹,残毁殆尽。清康熙乙卯年知州为□□仍其地建修,缔造伊始,粗具规模,泮池周不过二三丈,棂星、戟门未合规制,历有年所,日就倾圮。乾隆丁卯年知州宋名立集绅尝议培修,增崇门棂廊□芹注,复添建陈设所、更衣所,花墙甬壁,焕然改观。嘉庆七年达州改县设府,二十四年,知府长白瑞生来任,观礼之余,以为未尽美备,召县绅李温贤、王政、蒲文章、王珠等集资重修,自春徂冬,凡十阅月工竣;于是大成殿、东西两庑及戟门、棂星门、宫墙乃无不如制。计大成殿一间,崇隆轩敞,殿外砌露台,围以石栏;东西两庑各五间,为长□;戟门三间,巨梁驾空,左为更衣所,右为陈设所,各二间。戟门外左为名宦祠,右为乡贤祠,各三间。中为甬道。棂星门系石坊,五洞。前为泮池,半月形;左为忠义孝弟祠,右为节烈祠。池左、右辟圣域、贤关两门,门外有下马碑,缭以黉垣。外刊"万仞宫墙"四字,内刊"玉振金声"四字,系乾隆六十年太平知县闽进士钟莲书,刊于太平圣庙,县得摩而刊之。殿上有清代历朝所颁匾额九道。

东乡县

清·陈庆门纂修、宋名立续纂:《乾隆直隶达州志》,乾隆七年(1742年)刻、十年(1747年)增刻本

卷二《建置》:东乡县文庙,大成殿一座,两庑,棂星门,戟门,启圣祠,乡贤祠,名宦祠,泮池,忠孝祠,节烈祠。

清·黄廷桂等监修:《四川通志·学校志》(雍正版),《四库全书》本

东乡县儒学,在县东。明洪武中建。成化十一年迁于河北明月坝,万历元年知县陶之肖仍迁今所,明末毁。国朝康熙二十四年知县李太濩重修,雍正三年达州知州孙廷正补葺。

清·徐陈谟纂辑、如柏增修,《嘉庆东乡县志》,清光绪二十七年(1901年)(1815年)补刻本

卷三《典祀志》:文庙,在县治东南,旧系坐东向西,今改建坐北向南。大成殿一坐(座),两庑、棂星门、戟门、泮池。

崇圣祠,在文庙后。

名宦祠,在文庙东。乡贤祠,在文庙西。

忠义祠,在棂星门外左。按忠义旧祠系乾隆五年署知县孙钌捐修,筑有围墙。嘉庆元年城陷被毁。

节孝祠,在棂星门外右。按节孝旧祠系乾隆五年署知县孙钌捐修,筑有围墙。嘉庆元年城陷被毁。

卷六《学校志》:儒学,在治东。明洪武中建。成化十一年知县吴新迁建河北明月坝。万历元年知县陶之肖仍迁治东。明末毁。国朝康熙二十四年知县李大护重修。雍正三年达州知州孙廷正补葺。乾隆六年署县孙犷筑墙于大门外,以石为之。嘉庆元年教匪陷城,悉被焚毁;十九年知县徐陈谟董率阖邑城绅民捐修,与汛署掉易。附近城垣,仍在治东,高广特倍于前。

清·常明、杨方灿纂修:《四川通志·学校志》,影印清嘉庆二十一年(1816年)刻本,巴蜀书社,1984年

东乡县儒学,在县治东。明洪武中建。成化十一年知县吴新迁建河北明月坝。万历元年知县陶之肖迁复治东。明末毁。国朝康熙二十四年知县李大渡重建。雍正三年达州知州孙廷正补葺,四年知县钱青修明伦堂。乾隆六年署县孙镰增建周垣。嘉庆二年为教匪所毁,县移大成寨,学未建。

汪承烈修、邓方达等纂:《民国宣汉县志》,民国二十年(1931年)石印本

卷三《祠祀》:圣庙,在城东,坐东向西,周以墙垣,后抵城根,前抵学坝街,左抵东街店房,右抵冉氏宗祠(即旧儒署)。嘉庆十七年知县徐陈谟创建,正中大成殿,后则崇圣祠也,东、西两庑各三间。前为戟门,门之左右室为藏储礼器及祭时憩息之所。门前为泮池,三石梁架之。又前为棂星门,门外左为名宦祠,右为乡贤祠。棂星门外左为忠义祠,右为节孝祠。

新宁县

清·陈庆门纂修、宋名立续纂:《乾隆直隶达州志》,乾隆七年(1742年)刻、十年(1747年)增刻本

卷二《建置》:新宁县文庙,大成殿,两庑,棂星门,戟门,崇圣祠,乡贤祠,名宦祠,泮池,忠孝祠,节烈祠。

清·常明、杨方灿纂修:《四川通志·学校志》,影印清嘉庆二十一年(1816年)刻本,巴蜀书社,1984年

新宁县儒学,在县治东。明洪武十年知县陈秉彝建。正统间知县叶铭重修。宏治间知县王良谟重修。嘉靖间知县石尚宝重修,十七年知县胡明书改修。明末圮。国朝康熙七年裁并梁山学。雍正十二年复设,啄县宝容邃重修。嘉庆元年匪毁,五年训导杨调元重修。

清·复成修、周绍銮、胡元翔纂:《同治新宁县志》,清同治八年(1869年)刻本

卷二《祠庙》:文庙在县城北(详见《学校》)。崇圣祠在文庙正殿后。名宦祠在文庙戟门外左。乡贤祠在文庙戟门外右。忠孝义祠在文庙贤关门外,道光二年与文庙同建。

卷四《学校志》:文庙,旧在本城东,明洪武十五年知县陈秉彝建,正统间知县叶铭、宏治间知县田信、正德间知县王良、嘉靖初知县石尚宝先后重修;十七年胡明书知县事改迁西向。万历二年兵巡范副使(失名)议复旧基,檄知县王完会计详允改建讫。

国朝康熙七年归并梁山,基址久废,及复设县治,士民输资乐修,知县沈绳祖以未经详明被劾。雍正十二年知县窦容邃承领公帑,遵照旧址修建完竣。乾隆、嘉庆中经知县周金绅、赵华两次补葺。至道光元年益渐倾颓,盖因地势低洼,值大雨时行,辄被水浸,且自建庙后士举不利,虽科名关乎学力……时开中进士谢玉珩,省墓假归权邑篆邑人孙世济官定远县训导偕衿士吁请愿,乐捐改修。大府儒学陈凤廷复赞成之,议始定。世济寻以假满之官,委其事于贡生潘正谟等,督工料量,移建城北。经始于是年十二月,至二年十月功成。……正竖棂星门……其规模甚宏敞,壮丽有加,计为大成殿三楹,上盖琉璃瓦,中奉……前为歌舞台,台下为丹墀,皆瓮石。墀之两旁为东庑五间,右为西庑五间。中为戟门五间,洞敞三间,以左一间为更衣所,右一间为斋宿所。门之外旁列两祠:左为名宦祠,右为乡贤祠。前为泮池,去池数武为棂星门。又前为宫墙,左右为黉门,俱砖石间用,惟泮池及棂星门则纯用石。崇圣祠在正殿后,一室三间,因限于地未建两庑,只与东西墙隔各置碑亭一,竖石碑各二。

渠县

清·李成林修、罗承顺等纂:《康熙顺庆府志》,康熙二十五年(1686 年)刻、四十六年(1707 年)增补、嘉庆二十年(1815 年)补刻本

《学校》:渠县儒学,旧在南门外饮虹亭侧,宋嘉定间知县邸居正迁入治西石子岗,乱后灰烬。国朝知县雷鸣鲁重建。康熙二十四年知县董钜补修。康熙二十五年奉颁御书"万世师表"。

清·黄廷桂等监修:《四川通志·学校志》(雍正版),《四库全书》本

渠县儒学,在县西石子冈,宋嘉定间建,元大德中重修。兵燹后毁。国朝知县雷鸣鲁重建,知县董钜补修。扁额、碑、祠与府制同。

清·常明、杨方灿纂修:《四川通志·学校志》,影印清嘉庆二十一年(1816 年)刻本,巴蜀书社,1984 年

渠县儒学,在县城西石子冈。宋嘉定中建。元大德中重修。明洪武中知县梁从义徙建南门外西岩。万历中知县唐世斌、训导刘象瑶重建,王德完有记。天启中知县邸居正复建今所。明末毁。国朝唐熙二年知县雷鸣鲁重建,五年知县刘梦饶重建,李珪有记;二十五年知县董钜修明伦堂,三十年知县孙叔诏重建两庑,四十一年知县侯承垿改建完备。雍正三年知县尹浩建明伦堂,八年知县徐兆麟建忠孝节义祠。乾隆二年知县萧铉重修殿、庑、门、祠、台、序、阶、墀如制,四年知县李云绣建尊经阁,四十八年知县赵立忠修泮池,五十九年知县张鸣彝修墙坊。

清·何庆恩纂修:《同治渠县志》,清同治三年(1864 年)刻本

卷十五《学校志》:学宫,旧在县城西石子冈,宋嘉定中建。元大德中重修。明洪武中邑侯梁从义徙建南门外西岩侧。万历中邑侯唐世斌、训导刘象瑶重建,王德完有记。天启中邑侯邸居正详请仍建县西石子冈,明末毁。国朝康熙二年邑侯雷鸣鲁重建,五年邑侯刘梦饶遵旧制重建,李珪有记。康熙二十五年邑侯董钜修明伦堂,三十年邑侯孙叔诒重建两庑,四十一年邑侯侯成垿改建完备。雍正三年邑侯尹浩补修明伦堂,八年邑侯徐兆麟建忠孝、节义祠。乾隆二年邑侯萧铉重修殿、庑、门、祠、台、序、阶、池如制,四年邑侯李云绣建尊经阁,四十八年邑侯赵立忠修泮池,五十九年邑侯张鸣彝修墙坊。嘉庆十四年典史陶泳补修东庑基址,坍塌;二十五年邑侯黄之澜遵依旧制奉文重修,著有碑记。共有:

大成殿五楹,邑侯侯成垿建。崇圣殿三楹,邑侯侯成垿建。东西庑各三楹,邑侯孙叔诒建。戟门三楹,邑侯萧铉建。棂星门三楹,邑侯萧铉建。名宦祠三楹,邑侯侯成垿建。乡贤祠三英,邑侯侯成垿建。贤良祠三楹,邑侯萧铉建。忠孝祠三楹,邑侯徐兆麟建。节义祠三楹,邑侯徐兆麟建。明伦堂,在学宫右,上下各三楹。邑侯尹浩建。尊经阁,在学宫后,楼二层。邑侯李云绣建。昭忠祠,在学宫墙外右,邑侯王衍庆建,有碑记。

杨维中等修、钟正懋等纂、郭奎铨续纂:《民国渠县志》,民国二十一年(1932 年)铅印本

卷五《礼俗志中》:渠县旧文庙在县城西石子冈,宋嘉定中建。元大德中重修。明洪武中知县梁从义徙建南门外西岩侧。万历中知县唐世斌、训导刘象瑶重建,王德完有记。天启中知县邸居正详情仍建县西石子冈,明末毁。康熙二年知县雷鸣鲁创修,五年知县刘梦饶遵旧制重建,李珪有记。康熙二十五年知县董钜修明伦堂,三十年知县孙叔诒重建两庑,四十一年知县侯成垿改建完备。雍正三年知县尹浩补修明伦堂,八年知县徐兆麟建忠孝、节义祠。乾隆二年知县萧铉重修殿、庑、门、祠、台、序、阶、池如制,四年知县李云绣建尊经阁,四十八年知县赵立忠修泮池,五十九年知县张鸣彝修墙坊。嘉庆十四年典史陶泳补修东庑,基址坍塌;二十五年知县黄之澜遵依旧制奉文重修,著有碑记。通计大成殿五楹、崇圣殿三楹、东西庑各三楹、戟门三楹、棂星门三楹、名宦祠三楹、乡贤祠三楹、贤良祠三楹、忠孝祠三楹、节义祠三楹。其明伦堂在学宫右,上下各三楹。尊经阁在学宫后,楼二层。昭忠祠在学宫墙外。棂星门拣选石材美而巨,雕镂尤绝,川中得未曾有云。

名宦祠、乡贤祠、昭忠祠、节孝祠,右四祠旧建文庙戟门外两廊,其祭典例于文庙丁祭日随同举行,民国因之。

大竹县

清·黄廷桂等监修:《四川通志·学校志》(雍正版),《四库全书》本

大竹县儒学,在县南,宋嘉定间建。元至正中重建,明末圮。国朝知县高文浍重修。匾额、碑、祠与府制同。

清·常明、杨方灿纂修:《四川通志·学校志》,影印清嘉庆二十一年(1816年)刻本,巴蜀书社,1984年

大竹县儒学,在县治南。宋嘉定中建。元至正中重建。明宏治中知县刘永成重建。明末毁。国朝康熙九年知县俞宣烺重建,二十八年知县高文浍重修,复建堂、祠;三十年知县杨务补修,六十年知县胡廷琦重修殿、庑、门、坊、泮、宫墙,王以曜有记。嘉庆十四年知县袁士绣重修门、泮、宫墙。

清·李成林修、罗承顺等纂:《康熙顺庆府志》,康熙二十五年(1686年)刻、四十六年(1707年)增补、嘉庆二十年(1815年)补刻本

《学校》:大竹县儒学,治南,宋嘉定中建,元至正初重建,乱后灰烬。清初重修。

清·翟瑺纂修:《道光大竹县志》,清道光二年(1822年)刻本

卷十五《学校》:圣庙,在县南。元至元初建,至明末倾毁无存。国朝康熙九年知县俞宣琅重建,辛未年知县杨务补修,五十年知县胡廷琦重建东西两庑、戟门、棂星门、泮池、宫墙。嘉庆十四年知县袁士绣重修棂星门、泮池、宫墙。道光元年知县蔡以修重加丹垩,易中阶为云陛,易戟门为大成门,规制始合。大成殿三间,两庑各五间,大成门三间,棂星门系石坊。下马牌、泮池,俱在棂星门外。

崇圣祠,国朝康熙二十八年知县高文浍建,五十九年知县胡廷琦重修。殿一间,在大成殿后。原名启圣宫祠,雍正元年奉文更今名。名宦祠,在文庙戟门左,康熙五十九年知县胡廷琦建。乡贤祠,在文庙戟门右,康熙五十九年知县胡廷琦建。节孝祠,正祠三楹,在城南文庙左侧。

郑国翰、曾瀛藻修、陈步武、江三乘纂:《民国大竹县志》,民国十七年(1928年)铅印本

卷三《祠祀志》:戟门外名宦、乡贤、忠孝、节孝四祠。

卷五《学校志》:学宫即圣庙,在正南街,元至元初建,明末倾毁无存。清康熙九年知县俞宣琅重建,辛未年知县杨务补修,五十年知县胡廷琦重建东西两庑、戟门、棂星门、泮池、宫墙。嘉庆十四年知县袁士绣复修棂星门、泮池、宫墙。道光元年知县蔡以修重加丹垩,易中阶为云陛,易戟门为大成门,规制始合。道光十四年重新改作,二十四年复加工建筑,以求坚完,计:大成殿三间,左、右为祭器库,后为崇圣祠三间,正殿下东、西两庑各五间,大成门三间,左、右官亭各一间,大成门下左为名宦、乡贤、忠义祠,右为节孝祠。棂星门系石坊,左为斋厨,右为盥浴所,前为泮池,有石桥三洞,左右辟圣域、贤关两门,门外有下马碑,绕以崇墉,外刊"万仞宫墙"四字。同、光中遇有旧敝,叠经修补,右官亭后隙地筑屋三间,为斋宿之所;左官厅刊有同治十年知县刘铣禁碑。

眉州直隶州

眉州

清·黄廷桂等监修:《四川通志·学校志》(雍正版),《四库全书》本

眉州儒学,在州南。宋仁宗时建。明洪武四年知州张伯纲重建,景泰初知州李宁、成化中知州林敷、许仁先后重修。国朝康熙二年知州赵蕙芽重建,知州姚哲、宋著增修;二十三年钦颁御书"万世师表"匾额,四十二年钦颁御制"训饬士子"碑文,四十五年勅建"平定朔漠碑"于殿左,四十六年知州金一凤补葺。雍正元年奉旨创建崇圣祠,恭设五代王牌位;三年知州马世焻补葺,四年钦颁御书"生民未有"匾额,八年勅建"平定青海碑"于殿右。

《祠庙》。文庙,在州南,详见《学校》、《祀典》。各属县制同。

崇圣祠,在文庙东。名宦祠,在文庙东。乡贤祠,在文庙西。忠义祠,在明伦堂东。节孝祠,在明伦堂西。以上五祠各属县俱有之。

清·涂长发修、王昌年纂:《嘉庆眉州属志》,清嘉庆五年(1800年)刻本

卷四《学校志》:学宫,在治南,宋仁宗时建,明洪武四年知州张伯刚重建,景泰初知州李宁、成化中知州林敷、许仁先后重修。嘉靖十八年知州方端鼎建金声玉振宫墙、在望坊。国朝康熙二年知州赵蕙芽重建;二十三年知州董永荃补葺,知州姚哲重修正殿及明伦堂;三十六年知州宋著复修两庑,建乡贤、名宦两祠;四十六年知州金一凤补葺明伦堂,重建棂星门、名宦、乡贤各祠、雁塔亭,并置祭器;五十四年知州刘植相继修建,焕然可观;五十六年知州张汉重建经书楼并折桂楼。雍正元年奉旨更名启圣祠为崇圣祠,恭设五代王爵牌位;三年知州马世焻补葺。乾隆三十年署知州林瑞泉重新正殿,知州任履素重修经书楼,四十三年知州蔡宗建重修崇圣祠,五十三年知州赵秉渊、署州孙镐重立大成门匾额并重新棂星门。

清·常明、杨方灿纂修:《四川通志·学校志》,影印清嘉庆二十一年(1816年)刻本,巴蜀书社,1984年

眉州儒学,在州治南。宋庆历间建,明洪武四年知州张伯纲重建。景泰初知州李宁修。成化中知州林敷踵修。嘉靖十八年知州方端建二坊,蒋信有记。明末毁。国朝康熙二年知州赵蕙芽重建,张象翀有记;二十三年知州董永荃、三十一年知州姚哲、三十六年知州宋著踵修;四十六年知州金一凤重修,伊任有记;五十四年知州刘植增修,五十六年知州张汉建经楼。雍正三年知州马世焻修。乾隆三十年署州林瑞泉增修,知州任履素修经楼,四十三年知州赵秉渊增修,徐长发有记。

王铭新等修、杨卫星、郭庆琳纂:《民国眉山县志》,民国十二年(1923年)铅印本

卷四《典礼志上·祀典》"学宫营建始末"(见旧志):宋仁宗时建,明洪武四年知州张伯刚重建,景泰初知州李宁、成化中知州林敷、许仁先后重修。嘉靖十八年知州方端鼎建金声玉振宫墙、在望坊。国朝康熙二年知州赵蕙芽重建;二十五年知州董永荃补葺,知州姚哲重修正殿及明伦堂;三十六年知州宋著复修两庑,建乡贤、名宦两祠;四十六年知州金一凤补葺明伦堂,重建棂星门、名宦、乡贤各祠、雁塔亭,并置祭器;五十四年知州刘植相修称备,焕然可观;五十六年知州张汉重建经书楼。雍正元年奉旨更名启圣祠为崇圣祠,恭设五代王爵牌位;三年知州马世焻补葺。乾隆三十年署知州林瑞泉重新正殿,知州任履素重修经书楼,今圮;四十三年知州蔡宗建重修崇圣祠,五十三年知州赵秉渊、署州孙镐重立大成门、棂星门。嘉庆十六年浚宫墙外泮池,深三尺,砌石岸五十余丈。光绪十三年知州毛隆恩培修宫墙。

雁塔亭二,在棂星门外左、右,宋乾道间建,二苏及州之士登科者题名于上。景泰四年作亭覆之。见《明统志》。

名宦祠附学宫左庑下。忠义孝弟祠附学宫右庑下。

丹棱县

清·黄廷桂等监修:《四川通志·学校志》(雍正版),《四库全书》本

丹棱县儒学,在县南。宋绍兴十二年建。明洪武十六年重修,成化间建于县东北,明末毁。国朝知县张廷秀复建今所。

清·涂长发修、王昌年纂:《嘉庆眉州属志》,清嘉庆五年(1800)刻本

卷四《学校志》:学宫,旧在治南,创自宋绍兴间,明洪武中县丞李斌重修。天顺戊寅知县杨铎、成化戊戌知县邓智先后修葺,其后知县陈镜以地势卑隘迁于城东北隅,即白鹤寺旧基也。凡庙制一切更造如法。宏治中知县江谦修棂星门及露台、泮池、馔堂、宫墙毕备,主薄黄雅明、典史王昭协力成之;十八年州牧章爵按邑,以学基狭隘,揆附近宅址扩阔之,更新正殿、两庑及祭器、乐具,并建二斋于明伦堂侧。正德乙卯知县袁琼复为增饰,建会文堂、萃秀亭二所。崇祯末悉毁。我朝康熙三年知县张廷秀修正殿三楹、东西两庑;三十五年知县卢帝臣重修;五十年知县王志鼎等合谋通学增修之。雍正四年训导周簠复疏凿泮池。乾隆十一年知县黄云、教谕陈所修逐一修整,较前壮观矣;五十三年知县吕文俊、教谕彭家(香实)捐俸补葺正殿、两庑,重修崇圣祠、明伦堂,并移建节孝祠于戟门内。

清·常明、杨方灿纂修:《四川通志·学校志》,影印清嘉庆二十一年(1816年)刻本,巴蜀书社,1984年

丹棱县儒学,在县东北白鹤寺址,旧在治南,宋治平四年迁建,绍兴间奏议郎杨总重建。明洪武十六年县丞李斌重修。天顺二年知县杨铎、成化十四年知县邓智踵修,后知县陈镜以卑隘迁建今所。宏治中知县江谦修整,十八年知州章爵扩建。正德十年知县袁琼增修,张鹏、赵良华有记。明末毁。国朝康熙三年知县张廷秀重建,三十五年知县卢帝臣重修,五十年知县王志鼎、乾隆十一年知县黄云踵修完整,二十八年教谕杨显仁重修,彭肇洙有记;五十三年知县吕文俊重修。

清·顾汝萼、袁桂方修:《光绪丹棱县志》,光绪十八年(1892年)刻本

卷三《祠祀志》:文庙,邑文庙建自宋绍兴间,奏议郎杨总接,疑有脱文,昔在县南,元燹于兵。明洪武中县丞李斌重修。天顺戊寅杨令铎继之。成化时邓令智增饰焉,其后陈令镜以地势卑隘迁城东北隅,为白鹤寺遗址,故曰白鹤儒林。宏治时江令谦修棂星门、露台、泮池、馔堂、墙垣四固,主薄黄雅明、典史王昭协成之;十八年州牧章爵按邑,见基址偏狭,拨换乡官何贯、生员邱崇近址三间,督令江谦、杨谕英、聂训郁增建大门,修大成殿、两庑、器皿具备,建进德、修业二斋、公廨三所、卧碑一通。迁文昌祠于戟门左。正德时袁令琼复加修葺,建会文堂、萃秀亭二所。明末悉毁于贼。

国朝康熙时张令廷秀重建,卢令帝臣、王令志鼎、冯尉光宅第次补葺。雍正时周训簠疏凿泮池。乾隆时黄令云、陈谕所修。嘉庆时刘令端铨、道光时高令士魁递加培修。咸丰十年悉被贼毁,仅存大成殿三间。同治十年庄令定域重修两庑、戟门、名宦、乡贤、武庙界墙,改修两径,周围石栏,神龛、木主逐一整饰,较前颇备。光绪十七年大成殿柱桷朽蠹倾斜,顾令汝萼饬斋长贡生黄焕然、廪生吴澍、增生骆应选等培修如旧。

大成殿三间。启圣祠三间,雍正四年加封五代,更名崇圣祠。戟门东为名宦、忠孝,西为乡贤、节孝四祠。前棂星门。

彭山县

清·黄廷桂等监修:《四川通志·学校志》(雍正版),《四库全书》本

彭山县儒学,在县西南。康熙元年并入眉州学。雍正七年复设,八年重建。

清·涂长发修、王昌年纂:《嘉庆眉州属志》,清嘉庆五年(1800年)刻本

卷四《学校志》:学宫,在治南。雍正八年复设,创修正殿三楹,戟门五间,左右义路、礼门,并棂星门各一座,崇圣祠三间,明伦堂三间。乾隆二十年邑令张凤翥恭建,御书各匾额;三十六年邑令徐德元劝捐重修正殿、两庑。

清·史钦义、陈作琴纂修:《嘉庆彭山县志》,清嘉庆十九年(1814年)刻本

《祠庙志》:文庙,在县治南,雍正八年县复设,邑令刘占魁辟荆榛建大成殿三楹,戟门五间,左右义路、礼门,棂星门一座。乾隆二十五年邑令张凤翥、四十年邑令张京鲤相继培修。年久将圮,嘉庆二十年邑令饶觐光捐俸募资计二千缗,自宫殿、门、庑、圜桥、泮池、宫墙、垣墉之属,焕然重新。

崇圣祠,在文庙北邑令张京鲤建。名宦祠,在文庙戟门外东,乾隆四十年邑令张京鲤建。乡贤祠,在文庙戟门外西,乾隆四十年邑令张京鲤建。忠义祠,在文庙戟门外东,乾隆二十五年邑令张凤翥建。节孝祠,在文庙戟门外西,乾隆二十五年邑令张凤翥建。

清·常明、杨芳灿纂修:《四川通志·学校志》,影印清嘉庆二十一年(1816年)刻本,巴蜀书社,1984年

彭山县儒学,在县治南。明正德十四年筑城缩其半,学宫遂悬城里许,嘉靖十五年知县周良弼、教谕高节易城南地迁建,朱征有记。国朝康熙元年学并眉州,雍正八年复设,知县刘占魁重建完备。乾隆二十年知县张凤翥增建,三十六年知县徐德元重修。

青神县

清·黄廷桂等监修:《四川通志·学校志》(雍正版),《四库全书》本

青神县儒学,在县西南。国朝康熙六年学裁,雍正七年复设、重建。

清·涂长发修,王昌年纂:《嘉庆眉州属志》,清嘉庆五年(1800年)刻本

卷四《学校志》:学宫,在治南,创自唐宋,明燹于兵,只存棂星门。雍正八年复设县治,知县程正度详请新建正殿及两庑、乡贤、名宦、忠孝、节烈等祠。乾隆二年知县刘公渭重加修整,疏凿泮池;十六年知县林鸿更加补葺,置诸祭器;二十九年知县王承燨复捐置经史各书籍存贮。

清·常明、杨芳灿纂修:《四川通志·学校志》,影印清嘉庆二十一年(1816年)刻本,巴蜀书社,1984年

青神县儒学,在县治南唐时旧址。明末兵燹,止存棂星门。国朝康熙六年学裁,雍正八年复设,知县程正度重建。乾隆二年知县刘公渭重修,十六年知县林鸿置祭器,二十九年知县王承燨捐置经史诸籍。

清·郭世荣修:《光绪青神县志》,清光绪三年(1877年)重刊本

卷十五《学校志》:儒学,在县西南,明末兵燹后仅存一棂星门与泮池外之笔架山。康熙六年县治并入眉州,学裁,雍正八年复设县治,知县程正度详动国帑新建正殿、两庑、乡贤、名宦祠、忠孝、节烈等祠。乾隆二年知县刘公渭修凿泮池。乾隆十六年知县林鸿又加修葺,并建康熙二十三年钦颁御书"万世师表"匾额,又镌四十二年……

卷十七《祠庙志》:文庙,在县城内西街。雍正八年知县程正度新建。乾隆十六年知县林鸿培修,四十九年知县冯廷鋆、会首、兰五桂、帅良益等重修。

崇圣祠,在文庙北。雍正八年知县程正度新建。乾隆四十九年知县冯廷鋈重修。名宦祠,在庙东。雍正八年知县程正度新建。乾隆四十九年知县冯廷鋈重修。乡贤祠,在庙西。雍正八年知县程正度新建。乾隆四十九年知县冯廷鋈重修。

邛州直隶州

邛州

清·黄廷桂等监修:《四川通志·学校志》(雍正版),《四库全书》本

邛州儒学,在州南一里。明洪武初同知张郁建,永乐中知州罗质重修,成化、弘治间相继增修。国朝知州萧恒、朱衣荣、戚延裔先后修葺。雍正元年奉旨创建崇圣祠,恭设五代王牌位;四年钦颁御书"生民未有"匾额,八年勅建"平定青海碑"于殿右。

《祠庙》。文庙,在州治南,详见《学校》、《祀典》,各属县制同。

崇圣祠,在文庙东。名宦祠,在文庙东。乡贤祠,在文庙西。忠义祠,在明伦堂东。节孝祠,在明伦堂西。以上五祠各属县俱有之。

清·常明、杨方灿纂修:《四川通志·学校志》,影印清嘉庆二十一年(1816年)刻本,巴蜀书社,1984年

邛州儒学,在州治南,唐武德间建。元成宗文庙加号碑立庙左。明洪武十七年知县张郁重建。永乐十年知县罗质重修。成化十六年知县罗纲、宏治三年知州罗杰踵修。万历五年知州鞠以正重建完备;三十六年知州谭天相重修。明末毁。国朝康熙四年署州温廷枟、六年知州萧恒重建;二十三年知州傅爕调、二十九年知州朱衣荣、三十三年知州戚延裔先后修建。乾隆二十二年知州段以信、四十一年知州叶体仁、四十七年署州潘成栋先后修建。嘉庆六年知州胡廷璋修节孝祠。

清·吴巩修、王来遴纂:《嘉庆邛州直隶州志》,清嘉庆二十三年(1818年)刻本

卷九《学校》:圣庙,在州治南,唐武德年间建。明洪武甲子年知县张郁重建。永乐壬辰年知县罗质重修戟门。成化庚子年知县罗纲修棂星门;成化庚戌年知州罗杰重修两庑。万历五年知州鞠以正修造正殿三间、左右神厨、库房,祭器俱全;万历三十六年知州谭天相重修两庑及敬一亭,并置炉、瓶、羹器簠簋笾豆牲厘崇祯甲申年尽毁。棂星坊,宏治辛亥署州事萧杰建,今存。国朝康熙四年州判署州牧温廷枟重修两庑,六年知州萧恒补葺正殿、两庑,二十九年知州朱衣荣重建两庑,三十二年知州戚延裔重修两庑并补筑周围墙垣。乾隆二十二年知州段以信重建,四十一年知州叶体仁培修完备。崇圣祠,在圣庙后。

刘夔等修、宁缃等纂:《民国邛崃县志》,民国十一年(1922年)铅印本

卷二《建置志·庙祀篇》:治南学署。学宫旧志皆谓为唐武德年间建。……邛州学宫在治南小南门内,一望而知。文庙之建,盖在明中叶,其年月亦不可考。庙前华表,庙之左右兴贤、育才二石坊,建在明正德年间修筑石城以后。华表之前有池,形如半月,内衡外规,圈以石栏,谓之泮池,围径十亩,文脉堰水灌注此池。池之东有隙地,池之西为一体堂,池之前有宫墙,墙内池上有道,墙外道旁有田,号称学田。民国三年学田变卖民间。宫墙之上嵌有"重道崇儒"石刻,相传为淘汰泮池所出。庙内有三石桥,庙基方十亩有余,其后园柏树参天。……清雍正……初园中犁地时有先贤石刻形象,知为宋元旧物,自明宋濂改像为木主始无存者,亦难据以证。宋元学宫州、县官之建修、培修知名者约十余人,而启圣宫、大成殿、东西两庑、丹墀、戟门、棂星门并乡贤、名宦诸祠、圣域、贤关及"文武官员至此下马"之禁石不敢稍有增损,至于重檐四阿、朱门黄瓦、祭品、乐器、春秋丁祭、省牲视涤、歌舞仪文皆为典制。四配、十哲、两庑先贤载在《礼书志》,皆从略。

　　忠孝节义祠在文庙之左。

大邑县

清·黄廷桂等监修:《四川通志·学校志》(雍正版),《四库全书》本

大邑县儒学,在县南。明正统中知县冯泰建,后毁。国朝知县李德耀、训导彭辉祖捐建。

清·常明、杨方灿纂修:《四川通志·学校志》,影印清嘉庆二十一年(1816年)刻本,巴蜀书社,1984年

大邑县儒学,在县治南。明正统中知县冯泰建,后毁。国朝康熙间知县李德耀、训导彭辉祖建殿、庑、门、祠如制。

清·吴巩修、王来遴纂:《嘉庆邛州直隶州志》,清嘉庆二十三年(1818年)刻本

卷九《学校》:(大邑县)学宫,县治正南,正殿三楹,东庑五楹,西庑五楹,戟门三楹,棂星门、泮池、宫墙、左义路、右礼门。明正统中知县冯泰建,万历中知县刘腾生重修。国朝知县李德耀、训导彭辉祖捐廉重修崇圣祠三间。名宦祠(在戟门外左)、乡贤祠(在戟门外右)、忠义祠(在戟门内右)、节孝祠(在棂星门外右)。明伦堂三间。

清·赵霖纂修、林嘉澍、余上富增修:《同治大邑县志》,清同治六年(1867年)刻本,光绪二年(1876年)增刻本

卷九《学校》:文庙,在县城南门,明洪武初建。正殿三楹,东、西庑各五楹,戟门、棂星门各三楹,泮池、宫墙、左义路、右礼门、启圣宫、明伦堂悉具。正统中知县冯泰重建。万历三十年被水淹垫,知县刘腾生、杨启荣陆续培修。国朝康熙四年知县李德耀、训导彭辉祖重修;康熙二十二年知县金鳞、三十五年知县周永祚、五十三年知县因可方、祁琮相继增修。雍正三年知县徐坦捐修棂星门石柱,重建明伦堂五间、学舍三间。乾隆十二年知县宋载复捐俸修筑四周墙垣,挑浚泮池,将正殿、戟门内外、明伦堂土基易砌方砖,又植桂树于丹墀,并刊置卧碑一座;乾隆四十年知县杨靖重修。至道光年间渐就倾圮,邑举人刘升谦建议呈请署知县朱才煌捐修理。知县张如海接任,遴派邑绅肃腾蛟等董理工作,修整大成殿、两庑及戟门、棂星门,并建乡贤、名宦、忠义、节孝四祠。

王铭新、解汝襄等修、钟毓灵、龚维琦等纂:《民国大邑县志》,民国十九年(1930年)铅印本

卷四《学校·祀孔》:文庙,在县城南门,明洪武初建。正殿三楹,东、西庑各五楹,戟门、棂星门各三楹,泮池、宫墙、左义路、右礼门、启圣宫、明伦堂悉具。正统中知县冯泰重建。万历三十年被水淹垫,知县刘腾生、杨启荣陆续培修。清朝康熙四年知县李德耀、训导彭辉祖重修,二十二年知县金鳞、三十五年知县周永祚、五十三年知县因可方、祁琮相继增修。雍正三年知县徐坦捐修棂星门石柱,重建明伦堂五间、学舍三间。乾隆十二年知县宋载复捐俸修筑四周墙垣,挑浚泮池,植桂树于丹墀,并刊置卧碑一座;四十年知县杨靖重修。至道光年间渐就倾圮,邑举人刘升谦建议呈请署知县朱才煌募捐修理。知县张如海接任,遴派邑绅肃腾蛟等董理工作,修整大成殿、两庑及戟门、棂星门,并建乡贤、名宦、忠义、节孝四祠。

蒲江县

清·黄廷桂等监修:《四川通志·学校志》(雍正版),《四库全书》本

蒲江县儒学,在县西,旧在县南。明洪武中建,万历初改建今所。国朝知县朱士英重修。

清·常明、杨方灿纂修:《四川通志·学校志》,影印清嘉庆二十一年(1816 年)刻本,巴蜀书社,1984 年

蒲江县儒学,在县治东,旧在县南。明洪武中建,万历初迁建治西。国朝康熙初知县朱士英重茸,三十四年知县李绅文迁建今所。乾隆十九年知县詹能绂重修。

清·吴巩修、王来遴纂:《嘉庆邛州直隶州志》,清嘉庆二十三年(1818 年)刻本

卷九《学校》:学宫宋时在治西,即今文昌宫地,明洪武中改建治南,万历初复设治西。国朝康熙四年邑令朱士英重修,十九年邑令张晓迁治东南隅。三十四年邑令李绅文迁治北西殿。三楹,东、西庑各三楹,戟门五间,前竖棂星门、礼门、义路坊、照墙、泮池、云路如制。年久就圮。乾隆十九年邑令侯能绂重修。崇圣祠三间。名宦祠(在戟门东)、乡贤祠(在戟门西),忠义祠(明伦堂之右)、节孝祠(明伦堂之左)。明伦堂三间。

清·孙清士修、解璜、徐元善纂:《光绪蒲江县志》,清光绪四年(1878 年)刻本

卷一《建置》:名宦祠在戟门东。乡贤祠在戟门西。忠义祠在明伦堂右。节孝祠在明伦堂左。

卷二《学校》:邑学宫,宋设治西,即今文昌宫地,明洪武中改设治南,万历初复改治西。国朝康熙四年邑令朱士英重修,十九年邑令张晓迁治东南隅。三十四年邑令李绅文迁治北,训导迷子昌勷其事,修正殿五间,东西庑各三间,戟门五间,名宦、乡贤祠二间,前竖棂星门、礼门、义路坊,照墙一壁,石笋二株,泮池、云路如制。殿后为启圣祠,距祠有敬一亭,亭前为明伦堂,斋、馆、门、序廪不备焉。年久倾圮。乾隆十九年邑令詹能绂重修,教谕王昂、训导王椿共成之。修正殿转阁五楹,匾额……东庑五间、西庑五间。殿东设崇圣祠三间,戟门如旧制。左右名宦、乡贤祠,棂星门三间,义路、礼门各一座,学署设义路,东明伦堂三间,置卧碑一通。过厅三楹,书办房列左右。仪门三间,头门一座,堂之右教谕内室三间,厨房两间,前为忠义祠,堂之左训导内室三间,厨房两间。前为节孝祠,奎阁改置。

崇圣祠左,乾隆四十四年邑令纪曾荫建,教谕张祚丰董其事。层楼高耸,与学宫相扶助,规模愈宏远,而气象灿然矣。

泸州直隶州

泸州

清·黄廷桂等监修:《四川通志·学校志》(雍正版),《四库全书》本

泸州儒学,在州北。唐咸亨间建。宋开禧中魏了翁重茸。明弘治中知州许世德改迁治南,向东。万历间知州赵大倍、岳具仰先后增修,置学田。国朝顺治十八年巡道纪耀、知州何起鹏补茸。康熙二十三年知州陈五典复迁今所,钦颁御书"万世帅表"扁额;四十二年钦颁御制"训饬士子"碑文,四十五年勅建"平定朔漠碑"于殿左,四十七年知州张士浩增修。雍正元年奉旨创建崇圣祠,恭设五代王牌位,四年钦颁御书"生民未有"匾额,八年勅建"平定青海碑"于殿右。

《祠庙》。文庙,在州治南,详见《学校》、《祀典》,各属县制同。

崇圣祠,在文庙东。名宦祠,在文庙东。乡贤祠,在文庙西。忠义祠,在明伦堂东。节孝祠,在明伦堂西。以上五祠各属县俱有之。

清·常明、杨方灿纂修：《四川通志·学校志》，影印清嘉庆二十一年（1816 年）刻本，巴蜀书社，1984 年

泸州儒学，在州治南，旧在州治北。唐咸亨间建，宋元祐中迁建，开禧中知州魏了翁修葺。明洪武初知州许世德改建州南鹤山书院旧址。万历初知州赵大佶、四十二年知州岳具仰增修，置学田。崇祯初学使何闳中、知州李长年增建完整。寻毁于兵，佥事吴登启、知州刘兆鼎草建。国朝顺治十八年副使纪耀、知州何起鹏、余继益重葺。康熙二十一年知州陈五典迁今所；三十八年知州张宏毅重建，四十三年署州李维钧、学正高之传、四十七年知州张士浩、乾隆十三年署州胡观海增建；二十一年知州夏诏新修葺完备。嘉庆十一年署州徐廷钰增修奎星阁。

清·田秀栗等修、华国清、施泽久纂：《光绪泸州直隶州志》，清光绪八年（1882 年）刻本

卷三《学校》：泸州直隶州学宫，唐咸亨间建州北。宋元祐六年迁建，开禧中知州魏了翁先后修葺。明洪武八年知州许世德改建州南鹤山书院旧址，东向。万历初知州赵大佶重葺，四十二年知州岳具仰增修，置学田。崇祯初学使何闳中、知州李长年增建，规模大备，寻毁于兵。佥事吴登启、知州刘兆鼎草建。国朝顺治二十八年副使纪耀、知州何起鹏、余继益等重葺。康熙二十一年知州陈五典改建州南仓街，殿南向，门东出；三十八年知州张宏毅重建；四十三年署牧李继钧、学正高之传增建；四十七年知州张士浩增修。乾隆十三年参政樊天游、署牧胡观海增建，改门南向；二十一年知州夏诏新遍加修葺。道光九年知州吴友篪迁建今所，制更崇闳。

崇圣祠，共三楹，在大成殿后。大成殿。东庑、西庑。东西各五楹。尊经阁。戟门，共三楹。名宦祠，在戟门右。乡贤祠，在戟门左。泮池，圜桥。棂星门。德配天地坊，道冠古今坊。宫墙。明伦堂。卧碑亭。雁塔题名碑，共两座，分树泮池左右。

卷四《祀典》：大成殿。东、西庑。御碑亭。尊经阁。戟门。名宦祠。乡贤祠（在戟门左右）。棂星门。泮池。圜桥。德配天地坊。道冠古今坊。宫墙。

雁塔题名碑（共两座，分树泮池左右，乾隆二十一年知州夏诏新建）。

王昌禄、高觐光纂修：《民国泸县志》，民国二十七年（1938 年）铅印本

卷一《舆地志·坛庙》：孔子庙，泸故有孔子庙在州郭之北，唐咸亨中建，宋元祐五年徙州南。景泰及开禧初，知州魏了翁先后修葺。明万历初知州赵大佶重葺，四十二年知州岳具仰增修。崇祯初，学使何闳中、知州李长年增建，规模大备，寻毁于兵。佥事吴登启、知州刘兆鼎草建。清顺治十八年副使纪耀、知州何起鹏、余继益等重葺。康熙三十八年知州张宏毅改建州南大街，殿南向，门东出；四十三年署牧李继钧、学正高之传增建；四十七年知州张士浩增修。乾隆十三年参政樊天游、署牧胡观海增建，改门南向；二十一年知州夏诏新复加修葺。道光九年知州吴友篪迁建今所，后建崇圣祠，旁建东西两庑及乡贤祠、名宦祠，前建戟门、泮池、圜桥、棂星门、德配天地坊、道冠古今坊，制更崇闳。民国八年及二十三年均加修葺。

纳溪县

清·黄廷桂等监修：《四川通志·学校志》（雍正版），《四库全书》本

纳溪县儒学，在县西北。元至正间建。明洪武初重修，明末圮。国朝康熙二十四年知县王帝臣建，三十八年知县赵之鹤重修。

清·常明、杨方灿纂修：《四川通志·学校志》，影印清嘉庆二十一年（1816 年）刻本，巴蜀书社，1984 年

纳溪县儒学，在县治西。元至正间建。明洪武初重修。明末圮。国朝康熙二十四年知县王帝臣建于来鹤馆旧址;三十八年知县赵之鹤迁建今所;五十五年知县蔡琏增修。乾隆十五年知县张麟瑛增修,五十七年教谕侯于青增建。嘉庆四年署县张熙广修泮,九年署县徐永锡修戟门。

清·赵炳然、陈廷钰纂修:《嘉庆纳溪县志》,清嘉庆十八年(1813年)刻本

卷二《建置志》:文庙,在县署右,元至正间建,明洪武初重修。国朝康熙二十四年知县王帝臣建于来鹤馆之旧址,三十八年知县赵之鹤改建,故学基即今所;五十年知县蔡琏重修。乾隆十七年知县张麟瑛修建泮池,四十六年知县石峰修葺正殿。嘉庆四年知县张熙赓率邑绅黄道孚等补修东西庑、戟门、棂星门,并改建泮池、宫墙;十七年知县陈廷钰培修大殿,庭楹棹案,皆饰丹漆,各龛制造布帐,障蔽灰埃,其东、西庑先贤先儒牌位从新修饰,赤地金字,安奉整肃,经理极为详尽。

崇圣祠,在文庙后,雍正元年奉旨敕建,更名启圣祠为崇圣祠,乾隆五十七年教谕侯于青重修。

名宦祠,在戟门外左,明嘉靖十七年诏附文庙侧,清因之。康熙五十年知县蔡琏建。

卷五《学校志》:圣庙,在县署右,元至正间建,明洪武初重修,明末圮。国朝康熙二十四年知县王帝臣、三十八年知县赵之鹤、五十年知县蔡琏、乾隆十五年知县张麟瑛先后增修,规模宏敞。前为宫墙、泮池,左为圣域门、右为贤关门,中上为戟门,门内名宦祠、忠义祠、乡贤祠分列两旁,中上为棂星门,内则东庑三间,西庑三间。上则正殿三楹,前双桂扶疏,老柏苍幽。

清·田秀栗等修、华国清、施泽久纂:《光绪泸州直隶州志》,清光绪八年(1882年)刻本

卷三《学校》:纳溪县学宫,在县署之右。元至正间建,明洪武初重修,后毁于兵。国朝康熙二十四年知县王帝臣捐建于来鹤馆之旧址,三十八年知县赵之鹤改建,故学基即今所,五十年知县蔡琏重修。乾隆十五年知县张麟瑛倡捐增修,四十六年知县石峰修葺。嘉庆四年知县张熙赓、十七年知县陈廷钰先后培修。

崇圣祠,乾隆五十七年教谕侯于青重修。

大成殿,共三楹。棂星门(上俱康熙三十八年知县赵之鹤建)。

东庑,西庑。名宦祠。乡贤祠。上俱康熙五十年知县蔡琏建。

戟门。明伦堂(在学宫右)。泮池。

忠义祠,雍正九年知县黄正缘建,乾隆五十二年知县刘申重修。节孝祠,雍正七年建,乾隆四十二年署令吴祝重修。

合江县

清·黄廷桂等监修:《四川通志·学校志》(雍正版),《四库全书》本

合江县儒学,在县北。宋元祐间建。明洪武九年重修,明末毁。国朝康熙六年知县赖曰铎重建,十一年知县谢旗增修,十九年知县陈台斗补葺,四十二年知县连青、训导高天培增修。

清·常明、杨芳灿纂修:《四川通志·学校志》,影印清嘉庆二十一年(1816年)刻本,巴蜀书社,1984年

合江县儒学,在县治西。宋元祐间建,明洪武九年重建。天启初知县周梦可、邑绅董翼重建。明末毁。国朝康熙六年知县赖曰铎重构,十一年知县谢旗竣工,十九年知县陈台斗重葺,四十二年知县连青改建,四十四年知县朱焘重葺。乾隆十二年知县李显祖改建,二十六年知县叶体仁重建,六十年署县张金铭重建,规模宏敞。

清·田秀栗等修、华国清、施泽久纂:《光绪泸州直隶州志》,清光绪八年(1882年)刻本

卷三《学校》:合江县学宫,在县西,宋元祐间建,明洪武九年重修。天启初宫墙颓圮,知县周梦可偕县人、御史董翼倡修,寻遭乱残废。国朝康熙六年知县赖曰铎重建,十一年知县谢旗增修,十九年知县陈台斗、四十二年知县连青、训导高天培、四十四年知县朱焘俱先后修葺。乾隆十二年知县李显祖、教谕姚开祚倡捐改建,二十六年知县叶体仁重建,六十年知县张金铭、教谕洪晟、训导袁修文重修。

崇圣祠,康熙十九年知县陈台斗建,乾隆十二年、二十六年知县李显祖、叶体仁、张金铭先后增修。

大成殿。东庑、西庑。戟门。泮池。棂星门。明伦堂。上俱康熙十一年知县谢旗增修。

名宦祠。乡贤祠。上俱康熙四十四年知县朱焘建。忠义祠。节孝祠。上俱乾隆十二年知县李显祖倡建。

清·秦湘修、杨致道、郑国楣纂、瞿权阴等增修、罗增植等增纂《同治合江县志》,同治十年(1871年)增刻本

卷十五《学校》:学宫,在县城西,宋元祐间建,明洪武九年重修。天启初宫墙颓圮,知县周梦可偕邑人御史董翼共倡捐造,兵燹后俱多残废,旧制无复存者。国朝康熙六年知县赖曰铎续建,工未竣;十一年知县谢旗重构之,是时体制朧备;十九年知县陈台斗又重茸之,殿基徙后数丈;四十二年知县连青、训导高天培率生徒扩旧址改建,典史沈昌督工,至次年落成;四十四年知县朱焘复行修葺。乾隆十二年知县李显祖、教谕姚开祚倡捐改建;乾隆二十六年知县叶休仁重建逐处已称完备。乾隆六十年知县张金铭同教谕洪晟、训导袁秀文又复改建、重修,规模宏敞廠,较美于前。

王玉璋修、刘天锡、张开文等纂:《民国合江县志》,民国十八年(1929年)铅印本

卷一《舆地·坛庙》:孔子庙,旧称文庙,在县城西门内凤仪山。宋元祐间建,明洪武九年重修。天启初宫墙颓圮,知县周梦可偕邑人御史董翼倡捐建修,后遭兵燹。旧制无复存者。清康熙初年,蜀既大定,知县陈洪谟、学谕张□乃徙荒莽中度故址而营之,以次有大成殿、启圣祠,有东、西庑,有明伦堂,有门栅垣墉,规模具矣;六年知县赖曰铎续建,工未竣;十一年知县谢旗重构之,是时体制齐备;十九年知县陈台斗又重茸之,殿基徙后数丈;四十二年知县连青捐俸倡首改建,教谕陈正揆、训导高天培左右之,典史沈昌督工,于次年八月落成,高广视前稍扩;四十四年知县朱焘复行修葺。乾隆十二年知县李显祖、教谕姚开祚以柱朽椽坏倡捐改建;二十六年知县叶体仁复建,逐处已称完备;六十年知县张金铭同教谕洪晟等又复改建,规模宏敞,较美于前。光绪六年知县刘枢之奉邑人颜椿铭等募众培修宫墙及更衣、盥洗等所;十七年知县张兆奭率邑人洪永椿培修棂星门、戟门。民国八年县知事孙树猷、视学张开文以护法靖国两役客军叠驻,不无毁损,复议补茸,楣栋梁桷窗槛之腐朽者新之,鳞瓦级砖之毁破者完之,丹垩之漫漶剥落者鲜之,以九月经始,阅三月而竣事。

崇圣祠,在孔子庙大成殿后,清雍正以前称启圣祠康熙初知县陈洪谟、学谕张质从荒莽中修复,十九年知县陈台斗拓地重建。乾隆十二年知县李显祖、二十六年知县叶体仁、六十年知县张金铭等相继增修。嘉庆十五年知县秦湘增修拜厅。

名宦祠,在孔子庙大成门左,清康熙四十四年知县朱焘建。乡贤祠,在孔子庙大成门右,清康熙四十四年知县朱焘建。

忠义祠,旧在教谕署内明伦堂左,同治七年教谕向志伊、沈云裳,训导刘锡畴倡捐募建。民国二年署改为女校,祠废。十一年县视学刘天锡移设于孔子庙大成门外右厢(旧更衣所),新制牌位。

节孝祠,在孔子庙右旧两学署之间。始建年月无考,今祠内有清乾隆十六年袁罗氏捐节孝祠祀田碑记,是乾隆以前即有此祠。嘉庆十年教谕刘超元、训导胡世荣补修。道光十四年邑人重修。光绪三十年教谕刘镕等率邑绅曾祥麟等重建前厅。

江安县

清·黄廷桂等监修:《四川通志·学校志》(雍正版),《四库全书》本

江安县儒学,在县南。宋大观间建,明洪武间重修。国朝康熙三十年补葺,雍正六年知县李秀会增修。

清·常明、杨方灿纂修:《四川通志·学校志》,影印清嘉庆二十一年(1816年)刻本,巴蜀书社,1984年

江安县儒学,在县治南门外。宋大观间建。明洪武间重修,万历三十三年知县郭文盛置泥溪学田二十五亩。后改建治西,又迁治东。国朝康熙五年改建治东城外;三十三年知县周泰生复建今所。五十六年知县段永持、雍正五年署县徐遵义、七年署县李秀会增修。乾隆十五年知县贝怀聘、十七年教谕刁大绳、二十八年到周颂增葺;五十一年知县陈铮重修。嘉庆元年署县吕肇堂修泮,十年知县马维岳修甬道。

清·赵模纂修:《嘉庆江安县志》,清嘉庆十七年(1812年)刻本

卷二《坛庙》。文庙,在县南门外,康熙三十三年知县周泰生自东郊改建今所,五十六年知县段允持增修。雍正五年署令徐遵义、乾隆十五年知县贝怀聘、二十八年知县周颂、嘉庆初知县吕肇堂、马维岳先后重修。前为泮池、宫墙,左圣域坊、右贤关坊。其上中为棂星门,门内左名宦、乡贤祠,右忠义祠。又上中为戟门,门外左斋宿所,右祭器库。又上中为先师庙五楹,东西两庑各三楹。周砌以石。

崇圣祠在文庙后,雍正元年修,乾隆五十一年重修。名宦祠,在戟门外左,明嘉靖十七年诏附文庙侧,国朝因之。乾隆十七年修,今圮。乡贤祠,在戟门外左,明嘉靖九年诏附文庙侧,国朝因之。乾隆五十年重修。忠义祠,在戟门外右,雍正二年奉建学宫侧。乾隆五十年重修。节孝祠,在县东,雍正二年奉建学宫侧,十七年知县李秀会修,今圮。

清·高学濂纂修:《道光江安县志》,清道光十年(1830年)本

学宫,在县治南门外,宋大观间建,明洪武间重修。嘉靖七年建敬一亭。万历三十三年知县郭文盛置泥溪学田,其后迁于县西后街,又改建于县东正街。国朝康熙五年又改建于县城之极东,三十三年知县周泰生复改建县南故址即今所。五十一年知县吴正心详设官庄学田,五十六年知县段允持重修两庑。雍正元年奉旨更名启圣祠为崇圣祠,恭设五代王木主;五年署令徐遵义移旧基石柱建棂星门;七年知县李秀会建明伦堂、节孝祠,设官庄学地。九年知县刘庶植建忠义祠。乾隆十五年知县贝怀聘补修戟门,十七年教谕刁大纯帅绅耆雷伊、郑涣等修葺宫墙、两庑、明伦堂、名宦、乡贤二祠;二十五年知县补修正殿及腾蛟、起凤坊,置书院田;四十五年知县七宝重修宫墙;五十一年知县陈铮改修大成殿,补葺门、庑,改腾蛟、起凤坊东曰圣域,西曰贤关。嘉庆元年知县吕肇堂率绅士谢赐元、郑存仁、杨维钧等凿泮池,十年知县马维岳修甬道。道光七年署令汪澍率邑人新之;八年知县高学濂建名宦祠于龙门书院之东偏,议叙八品衔邑人刘亿捐建节孝祠于龙神祠之右。

明伦堂,在大成殿东。教谕署在明伦堂后,训导署在学宫西。

清·田秀栗等修、华国清、施泽久纂:《光绪泸州直隶州志》,清光绪八年(1882年)刻本

卷三《学校》:江安县学宫,在县南门外,宋大观间建。明洪武八年重修。其后改建于县西后街,又改建于县东正街。国朝康熙五年又改建于县城之东门街,三十三年知县周泰生复改建故址即今所。雍正七年署令李秀会先后增修。乾隆二十五年、二十八年知县周颂、四十五年七宝、五十一年知县陈铮、嘉庆十年知县马维岳先后重修。

崇圣祠,共三楹,康熙五十六年知县吴正心重修,雍正元年年重修,乾隆五十一年知县陈铮重修。大成殿,共五楹。东庑、西庑。上俱康熙五十六年、乾隆十七年先后补修,东西各五楹。戟门,共三楹,乾隆十五年补修。棂星门,雍正七年署令徐遵义建,柱、额俱石为之。腾蛟坊、起凤坊。上俱不详修建年月。乾隆二十八年知县周颂补修。泮池,宫墙,上俱乾隆十七年教谕刁大纯等修建。名宦祠,在戟门外左,今圮。乡贤祠,在戟门外右,今圮。上俱乾隆十七年修,五十年重修。忠义祠,在戟门外右,雍正十年知县刘庶植建,乾隆五十年重修。节孝祠,在县东门外,雍正二年建学宫侧;七年李秀会修。今圮。明伦堂,在宫墙东侧,雍正七年署令李秀会、乾隆十七年教谕刁大纯等修葺。尊经阁,在县小南门内。雁塔,在南井监凤凰山。《名胜志》云宋时建,刻唐五代以来进士题名于上。今为废迹。

严希慎修、陈天锡纂:《民国江安县志》,民国十一年(1922 年)铅印本

卷二《学校》:江安学宫,前在南门外,毁于火。同治中创建城内西南隅,左为教谕署,其前为明伦堂。顺便治九年颁发卧碑教条凡八,置明伦堂左。康熙四十一年御制"训饬士子"文颁行各学,清末教谕缺,裁。堂署均废,今葺为劝学所。

卷二《庙祀》:孔子庙,在西南城垣内,其制南面前为数仞宫墙,左圣域坊,右贤关坊,中为泮池,稍上中为棂星门,左右为两斋宿所,升阶中为戟门,左乡贤祠、右忠义祠。从戟门进中为大成殿,五楹,东、西两庑各三楹。周砌以石。殿后为崇圣祠,清同治三年知县贾鑫创建,规模宏敞,总经理候选教谕蒋绍堂、吴吉堂、陈世椿……新建学宫两学署……江安文庙旧在东关外,康熙年间改迁为南关外学署,在左右。崇圣祠后与南城之尊经阁近接。咸丰九年滇逆倡乱,蔓延叙泸间。辛酉冬,予由部选宰是邑,时城贼氛正炽,……拟择善地以妥先师诸贤儒之灵,而以祀典隆重不敢发。壬戌夏,逆匪数千直扑城之西南两门尤险者,醵大成殿后,俯瞰城中,火炮如雨云,……兵燹之余……以滇黔围靖,度地于城内之西南隅,亦邑中形胜地也,鸠工庀材,堂庑如其制,黝垩丹漆举以法,两旁仍以学署翼之,始于癸亥之冬,成于甲子之秋。

名宦祠,明嘉靖十七年诏附文庙侧,清因之。旧在戟门外左,已毁。道光八年知县高学濂建名宦祠于龙门书院之东偏,令书院改为中校,牌位仅存,拟仍迁附。

节孝祠,旧在县东郭,清雍正七年知县李秀会修,已圮。道光八年邑人刘亿捐建于龙神祠之右。

九姓司

清·黄廷桂等监修:《四川通志·学校志》(雍正版),《四库全书》本

九姓司儒学,在司西南。明洪武时傅有德建。

清·常明、杨方灿纂修:《四川通志·学校志》,影印清嘉庆二十一年(1816 年)刻本,巴蜀书社,1984 年

九姓长官司儒学,在司治东。明洪武六年傅友德、佥金使金英建,二十五年设学。嘉靖间金事姚如同重修如制,巡按喻时有记。明末毁。朝康熙四十三年长官司任嗣业增修正殿、戟门、簧墙。乾隆九年长官司任启烈重修毕备。

清·田秀栗等修、华国清、施泽久纂:《光绪泸州直隶州志》,清光绪八年(1882 年)刻本

卷三《学校》:九姓长官司学宫,在司治大东门内。《旧通志》云明洪武初金事何英建。《司志》云明洪武初颍川侯傅友德建。嘉靖间颓废,巡按鄢茂卿以阖司绅士呈请移文,分臬姚如同重加修建,俱如制。后毁于兵。国朝康熙四十三年长官司任嗣业重建,乾隆九年,长官司任启烈增修。

大成殿。宫墙。上俱康熙四十三年长官司任嗣业重建,乾隆九年,长官司任启烈增修。大成殿、戟门改旧殿作崇圣祠。

　　崇圣祠。东庑。西庑。名宦祠。乡贤祠。忠义祠。节孝祠。上俱乾隆九年长官司任启烈捐建。

资州直隶州

资州

清·黄廷桂等监修:《四川通志·学校志》(雍正版),《四库全书》本

　　资州儒学,在州城东门内正街。宋雍熙中建。明正统天顺中重修,兵燹后毁。国朝康熙二十三年改迁十字街,钦颁御书"万世师表"匾额。四十二年钦颁御制"训饬士子"碑文,四十五年勅建"平定朔漠碑"于殿左。雍正元年奉旨创建崇圣祠,恭设五代王牌位,二年仍迁今所;四年钦颁御书"生民未有"匾额,八年勅建"平定青海碑"于殿右。

　　《祠庙》。文庙,在州东正街,详见《学校》、《祀典》,各属县制同。

　　崇圣祠,在文庙东。名宦祠,在文庙东。乡贤祠,在文庙西。忠义祠,在明伦堂东。节孝祠,在明伦堂西。以上五祠各属县俱有之。

清·常明、杨方灿纂修:《四川通志·学校志》,影印清嘉庆二十一年(1816 年)刻本,巴蜀书社,1984 年

　　资州儒学,在州治城隍祠东,旧在东门。宋雍熙中建。明正统、天顺中重修。兵燹后毁。国朝因明为资县学。康熙二十五年知县朴怀德迁建今所。雍正五年升为直隶州学。乾隆元年知州何文薰修。

清·刘炯原本、罗廷权续修、何衮等续纂:《光绪资州直隶州志》,清嘉清刻光绪二年(1876 年)增刻本

　　卷九《学校志》:学宫,宋雍熙中建于州东大街。明正统、天顺间重修。嘉靖壬寅毁于水,县令孙之谋复修。明末圮。我朝康熙二十三年县令朴怀德改迁十字街,至雍正五年仍迁今所。乾隆元年州牧何文薰补修,辛亥州牧淡士灏复加修葺。正殿三间,东西庑各五间,戟门、棂星门各三间,泮池在棂星门内。

　　崇圣祠在大成殿后。名宦祠在戟门西。乡贤祠在戟门东。忠孝祠在文庙西。节孝祠在文庙东。昭忠祠附忠义祠内。明伦堂在学宫左,前有宋、明雁塔四。

吴鸿仁等修、黄清亮等纂:《民国资中县续修资州志》,民国十八年(1929 年)铅印本

　　卷二《建置志·坛庙》:文庙在县北□外,旧在县大东街。宋雍熙中建,明正统、天顺间重修,嘉靖壬寅毁于水,县令孙之谋复修,明末圮。清康熙二十三年县令朴怀德改迁十字街,至雍正五年仍迁东大街。乾隆元年州牧何文薰补修,辛亥州牧淡士灏复加修葺。道光九年移建北关外洗墨池。同治十二年因风雨剥蚀,半就糜朽,士绅集议,禀官培补,又将□□更换,外池淘浚,加增阁,围石栏,丹艧楹桷,焕然一新。

资阳县

清·黄廷桂等监修:《四川通志·学校志》(雍正版),《四库全书》本

　　资阳县儒学,在县南宣化街。宋嘉祐初建。明成化、正德间相继增修,兵燹后仅存大殿。国朝雍正三年补修。

清·常明、杨方灿纂修:《四川通志·学校志》,影印清嘉庆二十一年(1816 年)刻本,巴蜀书社,1984 年

　　资阳县儒学,在县治南宣化街。宋嘉祐初建。明成化、正德间相继增修。兵燹后仅存正殿。国朝雍正三年知县靳光祚重修。乾隆三十六年知县张德源重修明伦堂。嘉庆三年知县袁传箕增葺。

清·范涞清等修、何华元等纂:《咸丰资阳县志》,清咸丰十一年(1861年)刻本

卷八《学校考·学宫》:文庙,在城南门内宣化街。宋景祐初建,嘉定元年知县杜孝岩重建。明成化六年知县郭方重建,越十四年改修并建雁塔二,志甲、乙科姓氏;二十年知县王澄复修。正德间重葺。万历间夏绍虞改阡。国朝康熙二十九年知县朱廷源建大成殿、两庑,余工未竣;三十六年知县王士冠续修。雍正三年知县靳光祚重修未蒇事,署知县李旭、赵曰睿、训导范藻相继竣工。乾隆八年知县刘炽补修,三十六年知县张德源先后增修。嘉庆十四年知县袁传箕改建大成殿,二十年知县宋润续修。道光二十年知县鲁途重葺,敬置祭器,移学署收贮。咸丰五年知县范涞清内外均加修葺。

名宦祠,《会典》:古今圣贤、忠臣、烈士、名宦、乡贤载在祀典者,令有司岁时致祭,定制设祠于学宫内,亦具上丁致祭。

清·刘炯原本、罗廷权续修、何衮等续纂:《光绪资州直隶州志》,清嘉清刻光绪二年(1876年)增刻本

卷九《学校志》:学宫,在城内宣化街。宋景祐初建,明成化、正德间增修,并火后倾圮。我朝知县王士冠、靳光祚、李旭、赵曰睿、训导范藻相继修葺。乾隆八年知县赵炽、二十九年知县张德源先后重修。

大成殿三间,东、西庑各五间,戟门三间,棂星门三间,祭器库、神厨各一间,泮池一,德配天地、道冠古今坊二。棂星门有雁塔二,志甲、乙科姓氏。

崇圣祠在大成殿后。名宦祠在戟门外左。乡贤祠在戟门外右。忠孝祠在明伦堂左。节孝祠在明伦堂右。

内江县

清·黄廷桂等监修:《四川通志·学校志》(雍正版),《四库全书》本

内江县儒学,在县西南。宋乾德初建。明洪武、正德间相继增修,后毁。国朝康熙三年知县习全史重建。

清·常明、杨方灿纂修:《四川通志·学校志》,影印清嘉庆二十一年(1816年)刻本,巴蜀书社,1984年

内江县儒学,在县西门外。宋乾德中建。绍兴初邑今邓棐重修,嘉定间邑今李正炎增修。元县学裁,明洪武六年复设,知县齐伯良、吴山、张泳先后重修。永乐中知县湛礼重修,嗣是知县谢熙、王舆、刘廷策、潘棠、贺爵、陈经先后修葺。嘉靖间知县胡川楫重修,教谕张惠修祭器,张叔安有记。明末毁。国朝康熙三年知县习全史重建,二十五年知县徐嘉霖重修,五十年知县吴遵锁重修;乾隆二十年知县韩莱曾增置祭器、乐器,五十四年知县柴蓁、教谕朱胜敬补修;嘉庆二年增葺,俱有记。

清·刘炯原本、罗廷权续修、何衮等续纂:《光绪资州直隶州志》,清嘉庆刻、光绪二年(1876年)增刻本

卷九《学校志》:学宫,在西关外。宋乾德初建,绍兴、嘉定间县令邓棐、李正炎相继修治,其中毁复不一。明知县齐伯良、吴山、张泳、湛礼、谢熙、王舆、刘廷策等诸人先后修治,有雁塔二,志甲、乙科姓氏,右有敬一亭,后为望江楼。明季毁。我朝康熙二十五年知县徐嘉霖谕众捐修前门、两庑,补葺正殿、崇圣祠;知县吴遵锁、韩莱曾、柴蓁屡有补葺。

大成殿三间,两庑各五间,戟门三间,棂星门三间。泮池在棂星门外。崇圣祠在大成殿后。

名宦祠,在文庙左。乡贤祠,在文庙左。忠孝祠,在文庙右。节孝祠,在文庙右。

明伦堂,在学宫左。

清·彭泰士修、朱相虞、曾庆昌等续纂:《光绪内江县志》,光绪三十一年(1905年)修、民国三年(1914

年)增修本

卷一《舆地志·祠庙》：圣庙，县西关外，祀先师孔子暨四配、十哲。两庑祀先贤、先儒。悬御书匾额五道。

崇圣祠，在大成殿后，祀孔子五代。嘉庆八年署令张轩议培修学宫，举人苏鸣鹤独任其事，极费经营。名宦祠，乡贤祠，俱在学宫左。忠义祠，节孝祠，俱在学宫右。

曾庆昌原本、易元明修、朱寿朋、伍应奎纂：《民国内江县志》，民国三十四年（1945年）石印本

卷之一《学宫》：学宫，在西关外，宋乾德初建，绍兴、嘉定间邑令邓棐、李正炎相继修治。明洪武六年开设，仍之，中间毁复不一。邑令齐伯良、吴山、张泳、湛礼、谢熙、王舆、刘廷策等诸人先后修治，时有塔二，见存泮池上，志甲、乙科姓氏。右有敬一亭，置明世□敬一箴碑，后有望江楼。甲申之变就倾。国朝康熙二十宗（接，疑衍）年知县徐霖谕众捐修前门、两庑，补葺大成殿、崇圣祠五祠；五十年知县吴宗锁重修，丹垩陛茨。乾隆二十年间知县韩莱曾增置乐器、笾、豆、诸典，五十四年教谕朱胜敬请于知县柴秦谕众补修。嘉庆二年续葺。俱立石记其事。后恭悬御书匾三道、卧碑一通，具学署书院已载公署中。

仁寿县

清·黄廷桂等监修：《四川通志·学校志》（雍正版），《四库全书》本

仁寿县儒学，在县东。宋淳化初建。明洪武、正统间相继增修，兵燹后毁。国朝康熙六年知县唐缵辛重修。

清·常明、杨方灿纂修：《四川通志·学校志》，影印清嘉庆二十一年（1816年）刻本，巴蜀书社，1984年

仁寿县儒学，在县治东南。宋淳化二年建。明洪武、正统间相继重修。正德中提学佥事刘节重修。天启二年知县翟文简重修。明末毁。国朝康熙三年知县王配京重修，六年知县唐缵辛增修。乾隆十七年教谕汤辉道重修，有记。嘉庆六年署县李勋重修，七年邑绅重修诸祠。

清·刘炯原本、罗廷权续修、何裒等续纂：《光绪资州直隶州志》，清嘉清刻光绪二年（1876年）增刻本

卷九《学校》：学宫，在县东南隅。宋淳化初建，明洪武、正统间相继增修。嗣经兵燹。至天启二年邑令翟文简复修。我朝康熙六年知县唐缵辛、乾隆十七年教谕汤辉道、嘉庆十五年训导刘维旎先后补修。

大成殿三间，东、西庑各五间，戟门、棂星门各三间，泮池一，东西坊各一。

崇圣祠，在大成殿左。名宦祠，在文庙右。乡贤祠，在文庙右。忠孝祠在文庙右。节孝祠在文庙右。

明伦堂在城东南隅。

清·翁植等修、陈韶湘纂：《光绪补纂仁寿县原志》，清光绪七年（1881年）刻本

卷三《学校》：文庙，在治东南，宋乾德初建，明正德中提学佥事刘节修。国朝康熙三年知县王配京修（《通志》）。宋淳化二年建，明天启二年邑令翟文简修。国朝康熙六年邑令唐缵辛修，乾隆十七年教谕汤辉道修（原纂）。嘉庆六年署令李勋修（类纂）。

名宦祠、乡贤祠、孝友忠谊祠、节孝祠在文庙之左（原纂），嘉庆七年邑绅士重修（类纂）。

井研县

清·黄廷桂等监修：《四川通志·学校志》（雍正版），《四库全书》本

井研县儒学，在县东南。宋乾德初建。明天顺间重修，正德中提学佥事刘节复增修。国朝康熙三年知县王配京补葺。

清·常明、杨方灿纂修：《四川通志·学校志》，影印清嘉庆二十一年（1816年）刻本，巴蜀书社，1984年

井研县儒学，在县治东南。宋乾德初建。明天顺间重修。正德中提学佥事刘节增修。国朝康熙三年知县王配京补葺殿、庑、门、祠如制。

清·刘炯原本、罗廷权续修、何衮等续纂：《光绪资州直隶州志》，清嘉清刻光绪二年（1876年）增刻本

《卷九·学校》：（井研县）学宫，在县署东。宋乾德元年初建。元至正三年重修。明洪武十年并入仁寿县，十四年复置县，知县严孟端定于龟山之下，知县忽世英、冯让相继重修。正德八年，知县张文锦改建于凤山。嘉靖间知县阎士麟以旧制狭小拓而新之，立科贡题名碑。嗣知县周希贵、杜如桂又增修，明末毁。我朝康熙元年知县王配京重修，十一年知县张轩儒、五十三年知县赵璿、雍正十二年黄光璨、教谕郑三俊、训导刘起昌先后补葺。

大成殿，五楹。东、西庑各三间。戟门、棂星门各三间。戟门外有井，天旱不涸，井边掘泮池一。东、西坊各一。崇圣祠在大成殿后。名宦祠在戟门左。乡贤祠在戟门右。忠义祠在戟门左。节孝祠在戟门右。尊经阁在文庙后。明伦堂在文庙左。

清·高承瀛等修、吴嘉谟、龚煦春纂辑：《光绪井盐县志》，清光绪二十六年（1900年）刻本

卷九《学校》：据明《志》云宋建德元年始建学宫，元至正初重修，旋毁于兵，故址无考。明洪武十四年知县严孟端莅事，当分县之初，首崇文教，拓地城西龟山，草创未竟；二十年知县忽世英、天顺元年知县冯让先后修葺之。正德初提学佥事刘节复檄饬培护，七年知县张文锦学车视学，叹其卑陋，埋郁不称明祀，亟思迁建之。会鄢倡乱，川北邑城昼闭，议乃中止。明年，鄢贼平，改卜地于凤山秀岩，斥天王寺浮屠之所居为孔子庙庭。教谕黄昂、训导李宣、诸生吴泰等监督之。嘉靖九年诏加孔子封号，撤肖像用木主，添其庙曰先师庙，门曰庙门。二十二年，知县阎士麟以旧制未宏，增建启圣祠及两庑，别建聚奎堂于明伦堂左以翼之，竖斋门，疏泮水以藏役。隆庆元年知县周希贵输俸金建敬一亭及学门、屏墙。万历十八年知县杜如桂愍邑学不昌，踅形家言谓地络为释氏所掘毁，乃实土平之，葺尊经阁其上，移射圃于西庑之右，并于学宫外增建名宦、乡贤二祠。国初顺治二年流贼张献忠寇蜀，研城被屠，学宫黉舍沦于瓦砾。康熙元年知县王配京首尹兹土，乃循旧址修复之。维时天造草昧，百废待举，经营攻位，取蔽风雨而已，自是知县事者，康熙十一年知县张轩儒、五十三年赵璿、雍正十二年黄光璨、教谕郑三俊、训导刘起昌相继施丹艧，树戟门，疏泮池，作棂星门。缭以红墙，规制略备。其尊经阁、敬一亭以费绌不复再构矣。乾隆八年知县万咸燕扩殿庑之制，凡崇圣殿三楹、东西庑各五楹，庑前为大成门，门外为泮池，桥凡三洞，池左右为圣域、贤关二门，门外下马碑一，隙地有碑，禁开垦。嘉庆二十年知县蔡天藻从县人雷轼等请按粮派捐，集资四千有奇，增拓旧制，至二十二年署具沈鸿逵始毕役。咸丰十年遭滇匪李永和乱，栋楹渐就倾圮，又邑士科举积年报罢，形家皆归咎学宫非其地。同治五年知县王凤翥、采邑绅士王鸿训等议谋改作。皆橐捐谷以兴事，不足则募金佽之，明年八月毕役，正殿及戟门、棂星门皆移置而易其向，至今黉序之士气倍于前焉，祭田礼乐器代有增置，别条附载。

崇圣祠，……明万历十八年知县杜如桂始建于明伦堂右。……乾隆八年与庙同时重修，移祠于正殿后，凡三楹。……同治间改大成殿正向，祠亦同时改作。

尊经阁，明万历十八年知县杜如桂建，在今聚魁门内凤山上。国朝康熙三十四年知县许国即旧址重建。雍正间废不更建。

名宦祠在大成门左，与乡贤、忠义、节孝三祠并，同楹异室。

绵州直隶州

绵州

清·黄廷桂等监修:《四川通志·学校志》(雍正版),《四库全书》本

绵州儒学,在州东。唐贞观三年建。明洪武、正德间继修,明末圮。国朝初重建。康熙二十三年钦颁御书"万世师表"匾额,四十二年钦颁御制"训饬士子"碑文,四十五年勅建"平定朔漠碑"于殿左。雍正元年奉旨创建崇圣祠,恭设五代王牌位;四年钦颁御书"生民未有"匾额,八年勅建"平定青海碑"于殿右。

《祠庙》。文庙,在州治东。详见《学校》、《祀典》,各属县制同。

崇圣祠,在文庙东。名宦祠,在文庙东。乡贤祠,在文庙西。忠义祠,在明伦堂东。节孝祠,在明伦堂西。以上五祠各属县俱有之。

清·俞廷樟、李在文纂辑、范绍泗厘订:《嘉庆直隶绵州志》,清嘉庆十九年(1814年)刻本

卷十五《学校》:左绵学宫,旧在今城东门外沙渚中,始建自唐贞观三年,明末毁于兵燹。国朝顺治十年知州李世泰就旧址草创正殿三楹,权设先圣及四配十哲木主。康熙二十四年知州卜永吉、王埏改建城西南隅安绵兵备道废署基上,次第创修;三十一年涪水冲城,割东、北二门为水国,圣庙仅岿然独存。雍正二年知州王立宪重葺,略称完善。乾隆三十五年州移罗江县治,岁祀不举者三十载。嘉庆五年教匪扰及潼、绵,士民拓旧址修石城,屹然巩固,上游奏准州复旧治,宫墙内外丹艧一新,而殿材半仍旧料,不十年渐就朽蠹。嘉庆十七年州守李在文改修戟门三楹,补葺大成殿三间,旧有东、西庑各三间;直南为戟门,中榜曰大成,东曰居仁,西曰由义。又前为灵星门,东曰养正,西曰连茹,屏墙一座,东、西角门各一。崇圣祠在大成殿后。名宦祠(戟门东夹室)。乡贤祠(戟门西夹室)。忠义祠(养正门内)。节孝祠(明伦堂西侧)。

清·常明、杨方灿纂修:《四川通志·学校志》,影印清嘉庆二十一年(1816年)刻本,巴蜀书社,1984年

绵州儒学,在州城西南隅故安绵道署址,旧在城东门外。唐贞观三年建。明洪武中重建,正德中重修。明末毁。国朝顺治十年知州李世泰重葺。康熙二十四年知州卜永吉、王埏改建今所;三十一年城东、北圮于水,圣庙独存。雍正二年知州王立宪重葺。乾隆三十五年州移罗江县治,嘉庆五年州复旧治重葺,十七年知州李在文重修。

清·文棨、董贻清修、伍肇龄、何天祥纂:《同治直隶绵州志》,清同治十二年(1873年)刻本

卷十六《学校》:左绵学宫,旧在今城东门外沙渚中,始建自唐贞观三年,明末毁于兵燹。国朝顺治十年知州李世泰就旧址草创正殿三楹,权设先圣及四配、十哲木主。康熙二十四年知州卜永吉、王埏改建城西南隅安绵兵备道废署基上,次第创修;三十一年涪水冲城,割东、北二门为水国,圣庙仅岿然独存。雍正二年知州王立宪重葺,略称完善。乾隆三十五年州移罗江县治,岁祀不举者三十载。嘉庆五年教匪扰及潼、绵,士民拓旧址修石城,屹然巩固,上游奏准州复旧治,宫墙内外丹艧一新,而殿材半仍旧料,不十年渐就朽蠹。嘉庆十七年州守李在文改修戟门三楹,补葺大成殿三间,旧有东、西庑各三间;直南为戟门,中榜曰大成,东曰居仁,西曰由义。又前为灵星门,东曰养正,西曰连茹,屏墙一座,东西角门各一。崇圣祠在大成殿后。名宦祠(戟门东夹室)。乡贤祠(戟门西夹室)。忠义祠(养正门内)。节孝祠(明伦堂西侧)。道光十三年州守陈耀庚自大成殿、崇圣祠以及两庑、台阶、泮池、墙垣、门阅暨乡贤、名宦二祠皆从新营建,刊碑存庙。至同治十一年殿宇倾圮,州牧文棨倡众培修,焕然一新。

清·文棨、董贻清修、伍肇龄、何天祥纂:《同治直隶绵州志》,清同治十二年(1873)刻本

卷十八《祠庙》:崇圣祠。名宦祠。乡贤祠。节孝祠,在明伦堂右侧,同治六年州牧文棨重建。余俱详《学校志》。

蒲殿钦、袁钧等修,崔映棠等纂:《民国绵阳县志》,民国二十三年(1933)刻本

《卷五·学宫》:孔子庙,唐贞观中诏天下学各立周公、孔子庙一所,旋停周公祀,专祀孔子,县立庙始此。明末毁于兵。清顺治十年知州李世泰就旧址草创正殿三楹,权设先圣及四配、十哲木主。当时学宫旧址经水淹后人于东门外沙渚中得宋祥符加封孔子庙碑,置文昌宫内。康熙二十四年知州卜永吉、王埏改建城西南隅安绵兵备道废署。三十一年涪水冲城,割东、北二门为水国,孔圣庙岿然独存。乾、嘉以来历有修葺,为正殿一,后殿三,东、西庑各立,戟门三,旁附名宦、乡贤、忠义祠各一,储藏祭品室二。棂星门牌坊一座,内泮池一,左更衣室、右官厅。宫墙两旁圣域、贤关门,外有栏楯,皆旧式也。光绪二十一年知州冯会更葺而新之,就宫墙外增凿外泮池,横广约十丈,凿池时见故道署桅杆石二,相峙宛然,今存池内。池底及上短垣均瓮以折东塔塔砖,较前壮阔。国禅后绵当冲要驻军往来,学宫毁坏。民国十四年二十九军驻绵,就绵开办军事学校,东、西两庑及各祠俱改住室;二十年修沿街马路,圣域、贤关尽拆,唯宫墙外泮池及池上短垣无恙。

德阳县

清·黄廷桂等监修:《四川通志·学校志》(雍正版),《四库全书》本

德阳县儒学,在县东南。宋开禧五年建。明洪武元年重建,成化十二年知县吴淑重修,明末圮。国朝知县余国揭补葺。

清·俞廷樟、李在文纂辑、范绍泗厘订:《嘉庆直隶绵州志》,清嘉庆十九年(1814年)刻本

(德阳县)学宫,在城南。宋开禧五年建。明洪武元年重建。成化十二年提学唐振增修。宏治元年知县吴淑重修。万历三年知县付顺孙补修。明末圮。国朝顺治年间知县李如梃重建,知县余国揭续修。康熙四十四年知县孙复兴重葺;五十三年知县丛方涵补修。乾隆五年知县阚昌言、教谕周礼补葺。匾额、碑、祠与州制同。

名宦祠,在文庙大城门东。乡贤祠,在文庙大城门西。

忠孝节义祠。

清·常明、杨方灿纂修:《四川通志·学校志》,影印清嘉庆二十一年(1816年)刻本,巴蜀书社,1984年

德阳县儒学,在县城南。宋开禧五年建,范执中撰"经楼记"。明洪武中重建。成化十二年提学唐震增修。宏治元年知县吴淑重修,樊鼎遇复建经楼,有记。万历三年知县傅顺孙补修。明末毁。国朝顺治间知县李中梃重建,余国揭续修。康熙四十四年知县孙复兴重葺;五十三年知县丛方涵补修。乾隆五年知县阚昌言、教谕周礼补葺。

清·文棨、董贻清修、伍肇龄、何天祥纂:《同治直隶绵州志》,清同治十二年(1873年)刻本

卷十六《学校》:(德阳县)学宫,在城南,宋开禧五年建。明洪武元年重建。成化十二年提学唐振增修。弘治元年知县吴淑重修。万历三年知县傅顺孙补修。明末圮。清顺治年间知县李如梃重葺,知县余国揭继修。康熙四十四年知县孙复兴重葺,五十三年知县丛方涌补修。乾隆五年知县阚昌言、教谕周礼补葺。嘉庆七年知县彭永芬重修。年久倾圮。道光二十八年知县盛昺率邑绅田瀛等倡募建修大成殿及崇圣祠、东西两庑,至咸丰五年工竣。匾额、碑、祠与州制同。川省通祀名宦详细载州志五,属同。名宦祠,在文庙大成殿门东,本县专祠。乡贤祠,在文庙大成殿门西,旧祠十人,今增入张上行。忠孝义祠。

卷十八《祠庙》:文庙在城南,宋开禧五年建。节次重修、补葺,俱详县志。崇圣祠在文庙东北。名宦祠。乡贤祠。忠孝义祠。节孝祠。

清·何庆恩等:《同治德阳县志》,清同治十三年(1874 年)刻本

卷十七《祠庙》:文庙,在县城南街左。《蜀志》宋开禧五年建,在治东(见提学刘谦《重修县儒学记》)。明洪武元年知县文温建治南。成化十二年提学唐振增修。宏治元年知县吴淑重修。万历三年知县傅顺孙补修。又鼎建戟门、名宦祠(有碑,详《艺文》)。崇祯末遭烽燹毁。国朝顺治年间知县李如梃重葺。康熙间知县余国揩继修,四十四年知县孙复兴大加修葺,更新启圣祠(有提学刘谦碑记,见《艺文》);五十二年知县吴双重修启圣祠,五十三年知县丛方涵补修。雍正十年知县王理修补启圣祠。乾隆二年知县崔浴德鼎修明伦堂,五年知县阚昌言、教谕周礼重修正殿,二十二年知县周际虞续修,四十年知县刘逢泰补修,五十四年知县知县王学濂增修。嘉庆七年知县彭永芬、教谕王绘声重修。道光二十八年知县盛昺倡修,奉力劝捐,二十九年知县张行忠接踵劝筹,邑绅田瀛等悉心监理,越三年工藏,视旧制倍加宏丽。大成殿七间,飞檐二重,崇基石阑,三出陛:正面十级,东、西各七级。殿东回廊九十二间。两庑各七间,东西向。西北瘗坎一,西庑南燎炉一。大成门五间,崇基,石阑,中三间,前后三出陛,阶五级。御碑亭八。大成门外居中为内泮池,圜桥三。下为棂星门一座,崇基,纯用石筑,门三迤。东为神厨五间,宰牲亭一迤;西为神库五间,更衣亭一,承祭官致斋所三间,绅士斋宿所一院七间。凡正殿、正门、碑亭皆覆黄色琉璃,余屋皆筒瓦,楹柱门扉均丹饰,梁栋五彩。屏墙一座,缭以朱垣,垣前为外泮池。左德配天地坊,右道冠古今坊。庙门外东、西下马碑各一(金明昌二年置。康熙二十九年议准学宫关系文教,凡官民等经过者皆下车马,并禁于学宫猪羊污践)。御书大成殿门。康熙二十三年恭悬御书"万世师表"匾额,恭刊御制先师孔子及四子赞。敕建"平定溯漠碑"文于殿左亭。雍正四年悬御书"生民未有"匾额,八年敕建"平定青海碑"文于殿右亭。乾隆五年恭悬御书"与天地参"匾额,十四年敕建"平定金川碑"于中左一亭,二十二年敕建"平定准喀尔碑"于中左二亭,二十四年敕建"平定回疆碑"文于中右一亭,四十一年敕建"平定两金川碑"于中右二亭,五十五年敕建"平定廓尔喀碑"于金声门左碑亭。嘉庆四年恭悬御书"圣集大成"匾额。道光四年恭悬御书"圣协时中"匾额,九年敕建重定回疆碑文于玉振门右碑亭。咸丰四年恭悬御书"德齐帱载"匾额。同治三年恭悬御书"圣神天纵"匾额。

崇圣祠在庙正殿后。明万历三年知县傅顺孙始创。国朝康熙四十四年知县孙复兴增修,提学刘谦撰记(载《艺文》),五十二年知县吴双重修。雍正二年知县王理修补。嘉庆七年知县彭永芬更新。道光二十八年知县盛昺倡修,三十年知县张行忠续倡,越四年落成,视旧为壮观:正殿五间,东、西庑各三间,燎炉一。东西启圣、崇圣门牌坊各一。正殿俱覆绿色琉璃瓦,门楹丹艧。两庑筒瓦,门楹同。

名宦祠在戟门前左墙外,明万历三年知县傅顺孙建。国朝康熙四十四年知县孙复兴葺修,五十三年知县丛方涵补修。嘉庆七年彭永芬更修。道光二十八年与文庙同新。乡贤祠在戟门左墙外,创建更新与名宦祠同。忠孝义祠在戟门前左墙外,创建更新与名宦、乡贤同,各三楹。

节孝祠在戟门前墙外,道光十六年知县裴显忠移建北关外文昌宫左,二十八年复移附宫墙右。创建、更新与名宦、乡贤、忠孝义节祠同,为屋七楹。

庙内右隅有昭忠祠一所,祀阵亡兵丁。

熊卿云、汪仲夔修、洪烈森等纂:《民国德阳县志》,民国二十八年(1939 年)铅印兼石印本

《祠庙》:孔子庙,在县城南街左。崇宏壮丽为全蜀冠。大成殿正中奉祀至圣先师孔子木主……东庑、西庑。崇圣殿在大成殿后,正中供奉肇圣王……名宦祠、乡贤祠、忠义祠,在戟门前左墙外,各三楹;节孝祠在戟门前右墙外,屋七楹。

安县

清·黄廷桂等监修:《四川通志·学校志》(雍正版),《四库全书》本

安县儒学,在县北门外,旧在城内。宋熙宁初建。明洪武八年重建。嘉靖中知县杜廉迁今所,明末毁。国朝顺治十八年知县吴英光重建。康熙三十八年知县谢加恩增修。雍正四年知县吕功重修。

清·俞廷樟、李在文纂辑、范绍泗厘订:《嘉庆直隶绵州志》,清嘉庆十九年(1814年)刻本

(安县)学宫,旧在城内。宋熙宁初建。明洪武八年重建。明嘉靖中知县杜廉迁建北城外。崇祯二年知县朱长芳重修,明末圮。国朝顺治十八年知县吴英光重建。康熙三十八年知县谢加恩增修;五十九年知县郑羽逵重修。雍正四年知县吕功补葺。乾隆五十四年知县张仲芳重葺。匾额、碑、祠与州制同。

名宦祠,在文庙棂星门东,本县专祠。乡贤祠,在文庙棂星门西。忠孝义祠,按旧志安邑无此祠,忠孝义并祀乡贤。节孝祠。

清·杨英燦纂修、余天鹏续修、陈嘉绣续纂:《嘉庆安县志》,清嘉庆十七年(1812年)刻本

卷十八《祠庙》:圣庙,宋熙宁初建,在安县城内;明嘉靖中知县杜荐移建于北门外;崇祯二年知县朱长芳捐俸修理,明末毁。清顺治十八年知县吴英光重建。康熙四十二年知县谢加恩增修,五十二年知县郑羽逵重修。雍正四年知县吕功重修。乾隆五十一年署令汤健业改建正殿,加倍高厚,至五十四年,知县张仲芳修葺完竣。崇圣祠三间(西首增建一间封放祭器)。大成殿五间。丹墀一座、石栏一周、石陛二座。东庑五间、上塞门一道、下塞门一道,西庑五间、上塞门一道、下塞门一道。泮池一区、圜桥三洞。戟门三间,东斋室一间、西斋室一间;东名宦祠三间,塞门一道(附祀二十九人),西乡贤祠三间、塞门一道(附祀十八人),牌坊一座(崇祀十四人)。崇圣祠中设五木主,赤地墨书,南向;配享四贤东西向,从祀五儒东西向。大成殿中设至圣先师木主,朱地金字,南向,配享四圣东西向,升配十二哲东西向,东庑先贤三十九位、先儒二十三位,西庑先贤三十九位、先儒二十二位,以上配享从祀,祔祀木主皆赤地墨书,名宦、乡贤、节孝同。

清·常明、杨方灿纂修:《四川通志·学校志》,影印清嘉庆二十一年(1816年)刻本,巴蜀书社,1984年

安县儒学,在县北门外,旧在城内。宋熙宁初建。明洪武八年重建。嘉靖中知县杜康迁建今所。崇祯二年知县朱长芳增修,明末圮。国朝顺治十八年知县吴英光重建。康熙三十八年知县谢加恩增修;五十九年知县郑羽逵重修。雍正四年知县吕功补葺。乾隆五十四年知县张仲芳、署县汤健业修建完整。

清·陈嘉绣、刘炳纂修:《同治安县志》,同治三年(1864年)刻本

卷十八《祠庙》:圣庙,宋熙宁初建,在安县城内。明嘉靖中知县杜廉移建于北门外。崇祯二年知县朱长芳捐俸修理。明末毁。国朝顺治十八年知县吴英光重建。康熙四十二年知县谢加恩增修,五十二年知县郑羽逵重修。雍正四年知县吕功重修。乾隆五十一年署令汤健业改建正殿,加倍高厚。至五十四年知县张仲芳修葺完竣。崇圣祠三间(西首增建一间,封异祭器)。大成殿五间。丹墀一座,石栏一周,石陛二座。东庑五间,上塞门一道,下塞门一道。西庑五间,上塞门一道,下塞门一道。泮池一区,圜桥三洞。戟门三间,东斋室一间,西斋室一间。东名宦祠三间,塞门一道(附祀二十九人)。西乡贤祠三间,塞门一道(附祀十八人)。牌坊一座(崇祀十四人)。

清·文棨、董贻清修、伍肇龄、何天祥纂:《同治直隶绵州志》,清同治十二年(1873)刻本

《卷十六·学校》:(安县)学宫,旧在城内。宋熙宁初建,明嘉靖中迁建北城外。崇祯二年重修,明末圮。

清顺治十八年知县吴英光重建。康熙二十八年知县谢加恩增修,五十九年知县郑羽逵重修。雍正四年知县吕功补葺。乾隆五十四年知县张仲芳重葺。同治六年知县沈起骏培修。匾额、碑、祠与州制同。名宦祠,在文庙棂星门东,本县专祠。乡贤祠,在文庙棂星门西。忠孝义祠,按旧《志》安邑无此祠,忠孝义并祀乡贤。节孝祠。

《卷十八·祠庙》:文庙在北门外学署之左。崇圣祠在大成殿后。名宦祠。乡贤祠。忠孝义祠。节孝祠。

成云章修、陈绍钦纂:《民国安县续志》,民国二十七年(1938年)石印本

卷二《建置》:文庙,县城北门外。文庙自民国十五年修复大成殿后将及十稔,赤匪窜扰擂曲茶三场县境,大军云集,文庙被军屯驻;及兵退后,茂北一带难民麕集,其间毁去四配、十哲神龛暨两庑及启圣宫、名宦、乡贤祠木龛牌位,并庙墙、庙门荡然无存。二十五年一月设法培修,补置龛座、门墙,费去洋五百八十余元,唯大成殿、戟门、棂星门诸格门因经费问题尚付缺如。

绵竹县

清·黄廷桂等监修:《四川通志·学校志》(雍正版),《四库全书》本

绵竹县儒学,在县东。宋景德初建于县南,明洪武六年始迁今所。正统二年提学唐振增修。国朝康熙四年内知县李如梃补葺。

清·俞廷樟、李在文纂辑、范绍泗厘订:《嘉庆直隶绵州志》,清嘉庆十九年(1814年)刻本

(绵竹县)学宫,在治南,宋真宗景德元年建,明洪武六年知县陶文斌迁建于治东,十四年知县张鹏翼重修。宣德羌寇陷县被火。四年,知县杨宗辅复建,以后增修补葺则提学金事唐振、兵宪戴鳌、知县邢大经、张文奎、陆经术也。国朝康熙年间知县李如梃、翟容黻、徐世法、祖维耀、王谦言、陆箕永先后修葺。匾额、碑、祠与州制同。

名宦祠,在文庙戟门之左。乡贤祠,在文庙戟门之右。忠孝义祠,按旧志忠义就祀乡贤祠,孝弟祠在文庙之右。节孝祠。

清·常明、杨方灿纂修:《四川通志·学校志》,影印清嘉庆二十一年(1816年)刻本,巴蜀书社,1984年

绵竹县儒学,在县治东,旧在县治南。宋景德元年建。明洪武六年知县陶文斌迁建今所;十四年知县张鹏翼重修。宣德初羌寇陷被火;四年知县杨宗辅重修。正统中提学金事康振、嘉靖中巡抚戴鳌、知县邢大经、张文奎、陆经术先后重修。国朝康熙间知县李如梃补葺,知县翟容徽、徐世法、祖维耀、王谦言、陆箕永先后修葺。

清·文棨、董贻清修、伍肇龄、何天祥纂:《同治直隶绵州志》,清同治十二年(1873年)刻本

卷十六《学校》:(绵竹县)学宫,在治南。宋真宗景德元年建。明洪武六年知县陶文斌迁建于治东,十四年知县重修。宣德间羌寇陷县被火,四年知县杨宗辅复建,以后增修补葺。康熙年间知县李如梃等先后修葺。道光中知县谢玉珩、杨上容、咸丰中知县吕华宾先后培修。同治三年知县周晷奎添修泮池两旁雨棚,换书戟门匾额。余与州制同。名宦祠在文庙戟门之左。乡贤祠,在文庙戟门之右。忠孝义祠,按旧《志》忠义就祀乡贤,孝弟祠在文庙之右。节孝祠。

卷十八《祠庙》:(绵竹县)文庙,在县署东。明崇祯知县陆经术建,节次补修,年分姓氏俱详县《志》。崇圣祠在大成殿后。名宦祠、乡贤祠,康熙三十八年知县王谦言建修,乾隆六年知县安洪德重修。忠孝义祠雍正七年知县二格建修。节孝祠旧无屋宇,各牌位附于真武宫廊房,嘉庆十其年知县沈环建祠于真武宫右。

清·刘庆远修、沈心如等纂:《道光绵竹县志》,清道光二十九年(1849 年)刻本

卷十六《学校志》:绵竹县儒学,在县城之东。宋真宗景德元年建于城南。明洪武六年知县陶文斌始迁建城东。正统二年提学会事唐振增修。国朝康熙四年间知县李如梃补修,五十六知县陆箕永重修,后因房屋倾圮,至乾隆六年知县安洪德重修明伦堂三间,教谕王慧建修学署官舍三间于明伦堂后。乾隆五十八年教谕都唐建修头门三间。嘉庆十年又同训导熊梦孚重修明伦堂。道光六年重修圣庙,因训导署在崇圣祠北,出入必由戟门,于礼制不合,首事唐张扶等禀请于署东城隍祠右购地,另建头门三间,二门三间大堂,三间科房,三间作为西学,以便于出入,由东门而北而南仍与教谕旧署、明伦堂相通,其木石砖瓦等费出自修理黉宫捐资羡余,通计用钱三百三十四千有奇。

卷十八《祠庙》:文庙,在县署东,明崇正戊寅知县陆经术建修大成殿,康熙二十七年知县徐世德建修东庑七间,三十四年知县祖维耀修西庑七间,三十八年知县王谦言建修戟门三间。乾隆六年知县安洪德、教谕王慧重修大成殿、东、西两庑、戟门、棂星门。乾隆十年知县吴一璜捐修泮池、圜桥。嘉庆八年知县李霖、教谕都唐、训导熊梦孚捐廉补葺。嘉庆十一年教谕都唐重修泮池、圜桥。道光五年知县谢玉珩据邑绅苏希三等禀请培修,于是年五月兴工建造大成殿,旋即卸篆;知县杨上容接任办理,悉仍其旧。其山向,旧系壬丙,因与来龙不合,改定壬丙兼亥巳向。时因经费不足,所有两庑、戟门、灵星门、礼门、义路等处难于完工。七年五月,知县杨上容复传集原首事,募资修竣,焕然一新,备极壮丽崇宏之制。共计工费钱一万零五百余缗。

崇圣祠,在圣庙之后。康熙四年知县李如梃建修。乾隆六年知县安洪德重修。名宦祠,在圣庙戟门之左,康熙三十八年知县王谦言建修。乾隆六年知县安洪德重修。乡贤祠,在圣庙戟门之右,康熙三十八年知县王谦言建修。乾隆六年知县安洪德重修。

孝弟祠,附圣庙之右,雍正七年知县知县二格建修。

王佐、文显谟修、黄尚毅等纂:《民国绵竹县志》,民国九年(1920 年)刻本

卷十二《典礼》:圣庙,在县城西街,谨列创修、续修年代姓名工程表。

孔庙	年代	官绅	工程
大成殿	崇祯戊寅	知县陆经术、刘宇亮等	建修
崇圣祠	康熙四年	知县李如梃	同上
西庑	二十七年	知县徐世德	同上
东庑	三十四年	知县祖维耀	同上
戟门	三十八年	知县王谦言	同上
灵星门	乾隆六年	知县安洪德、教谕王慧	同上
泮池	九年	知县吴一璜	同上
圜桥	十年	知县李霖、教谕都棠等	补葺
殿、庑、戟、门	道光五年	知县谢玉珩、苏希三等四十七人	培修
灵星、礼门、义路	七年	知县杨上容、金仪等十九人	建修
大成殿	光绪元年	知县杨恺、陈良策、杨泽等	重修
万仞宫墙	十一年	知县凤全、胡绪儒、杨曦等八人	培修
外泮池、华表	二十五年	知县文纬、金奎章等	建修

梓潼县

清·黄廷桂等监修:《四川通志·学校志》(雍正版),《四库全书》本

梓潼县儒学,在县东。宋时建。明洪武中知县张斌重修。国朝增修。

清·俞廷樟、李在文纂辑、范绍泗厘订:《嘉庆直隶绵州志》,清嘉庆十九年(1814 年)刻本

(梓潼县)学宫,在县署东,宋时建。明万历中知府李正芳、知县张斌重修。明末圮。国朝初知县方树程修。康熙三十三年知县袁还朴重建;四十四年知县姚锐补修;五十七年知县刘应鼎重葺。乾隆八年知县张凤诏重修,三十二年知县程立本、四十三年知县朱廉补修。匾额、碑、祠与州制同。名宦祠,在文庙正殿之后。乡贤祠,在文庙之右。忠孝义祠,明伦堂右,乡贤同祀。节孝祠。

清·常明、杨方灿纂修:《四川通志·学校志》,影印清嘉庆二十一年(1816 年)刻本,巴蜀书社,1984 年

梓潼县儒学,在县治东。宋时建。明万历中知县张斌重修,明末圮。国朝顺治初知县方树程重葺。康熙三十三年知县袁还朴重建;四十四年知县姚锐补修;五十七年知县刘应鼎重葺。乾隆八年知县张凤诏重修;三十二年知县程立本、四十三年知县朱簾补修。

清·张香海修、杨曦等纂:《咸丰重修梓潼县志》,清咸丰八年(1858 年)刻本

卷二《学校》:学宫,在县署东,宋时创建。明洪武中知府李正芳、知县张斌重修。明末毁。顺治十八年知县方树程草创,仅蔽风雨。康熙二十年知县袁还朴重建大成殿、两庑、戟门;四十四年知县姚锐补修;五十七年知县刘应鼎重修。乾隆十八年知县张凤昭重修庙门;二十二年程立木补修;四十三年知县朱廉重修礼门、义路、屏墙、外围墙。咸丰八年知县张香海重修两庑、影壁。崇圣祠在正殿后,康熙五十七年知县刘应昇重建。名宦祠在庙门左,乾隆十八年知县张凤鸣重修。乡贤祠在庙门右,乾隆十八年知县张凤鸣重修。忠义祠在庙门西。节孝祠在北门外,雍正七年知县梁拱辰重修。教谕署在南,今移文庙西。训导署在庙西、明伦堂左,卧碑乾隆四十三年知县朱簾刊立。

清·文棨、董贻清修、伍肇龄、何天祥纂:《同治直隶绵州志》,清同治十二年(1873 年)刻本

卷十六《学校》:(梓潼县)学宫,在县署东。宋时建。明万历(与咸丰志异)中知府李正芳、知县张斌重修。明末圮。清初知县方树程修。康熙三十三年知县袁还朴重建;四十四年知县姚锐补修;五十七年知县刘应鼎重葺。乾隆八年知县张凤诏重修,三十二年程立木、四十三年知县朱廉、咸丰八年知县张香海先后补修。匾额、碑、祠与州制同。名宦祠,在文庙正殿之后。乡贤祠,在文庙之右。忠孝义祠,明伦堂右,乡贤同祀。节孝祠。文昌书院在圣庙东。

卷十八《祠庙》:文庙在县治东。崇圣祠在大成殿后。名宦祠、乡贤祠、忠孝义祠,节孝祠(俱详《学校》)。

罗江县

清·黄廷桂等监修:《四川通志·学校志》(雍正版),《四库全书》本

罗江县儒学,在县东。宋熙宁二年建。明成化六年重修。正德中知县盛昶、罗纶相继增修。明末圮。国朝顺治十六年学裁,雍正八年复设,九年重建。

清·俞廷樟、李在文纂辑、范绍泗厘订:《嘉庆直隶绵州志》,清嘉庆十九年(1814 年)刻本

(罗江县)学宫,旧在治东,宋熙宁三年建。元末毁于兵燹。明洪武十六年县令仍旧址创建。成化六年重修,十八年知县汪永、训导徐浩迁建西南隅。正德中知县盛昶、罗纶相继增修。万历三十一年移城东,明末圮。国朝顺治十六年学裁,雍正八年复设,奉文新建。嘉庆十一年重修。匾额、碑、祠与州制同。名宦祠。乡贤祠。忠孝义祠(缺)。节孝祠。

清·常明、杨方灿纂修:《四川通志·学校志》,影印清嘉庆二十一年(1816 年)刻本,巴蜀书社,1984 年

罗江县儒学,旧在治东。宋熙宁三年建。明洪武十六年重建。成化六年重修;十八年知县盛昶、十二年知县罗纶增修。万历三十二年署县都事张道振、训导吴可美迁建城东,有记。明末圮。国朝顺治十六年学裁,雍正八年复设重建。乾隆十年训导韩文范修明伦堂,李化楠有记;三十四年绵州移治罗江。嘉庆七年县复设;十一年重修,殿、庑、门、堂如制。

清·文棨、董贻清修、伍肇龄、何天祥纂:《同治直隶绵州志》,清同治十二年(1873 年)刻本

卷十六《学校》:(罗江县)学宫,旧在治东。宋熙宁三年建。元末兵燹。明洪武十六年县令仍旧址创建。成化六年重修,十八年知县汪永、训导徐浩迁建西南隅。正德中知县盛昶、罗纶相继增修。万历三十一年移城东,明末圮。顺治十六年学裁,雍正八年复设,奉文新建。嘉庆十一年重修。匾额碑祠与州制同。名宦祠。乡贤祠。忠孝义祠(缺)。节孝祠。

卷十八《祠庙》:文庙,在治东。宋熙宁二年建。嘉庆十一年重修。崇圣祠在大成殿后,名宦祠、乡贤祠、忠孝义祠,同治二年重建。节孝祠。

清·李桂林等纂修:《嘉庆罗江县志》,清同治四年(1865 年)刻本

卷十四《学校志》:学宫,在治东。宋熙宁三年建。元末燹于兵。明洪武十六年县令仍旧址创建。成化六年重修,十八年知县汪永、训导徐浩迁西南隅。正德中知县盛昶、罗纶相继增修。万历三十一年署任张道振改迁城东。明末圮。顺治十六年学裁,雍正八年复设,奉文新建。嘉庆十一年士民重修。旧《志》学宫凡三迁,一即今学基,一迁于西南隅关帝庙左,有敬一箴碑;一迁于治东即今丰都庙,有明吴可美建修学宫碑文。

卷十六《祠庙》:圣庙,在县治东。宋熙宁二年建。元末燹于兵。明洪武十六年县令仍旧址创建。万历十八年迁城西南隅,三十二年署任张道振改迁城东,明末圮。雍正八年奉文新建。嘉庆十年知县来仑龄督士民捐修完竣,殿宇堂皇,周围宫墙皆砌以石,庙貌极其巍峨壮观。

大成殿,中设至圣先师木主,朱地金字,南向。配享四圣东西向、升配十二哲,东西向。

崇圣祠,中设木主,赤地墨书,南向。配享四贤东、西向,从祀五儒东、西向,以上配享、从祀、附祀木主皆赤地墨书。名宦(附祀学宫)、乡贤、节孝同。

北川县

杨钧衡等修、黄尚毅等纂:《民国北川县志》,民国三十一年(1932)石印本

中医庙坛祠观表:孔圣庙,县城外东面,四合三进,距城五十步。正殿祀孔子、四配、十二哲;东西两庑祀历代先贤牌位,咸丰元年建。

乡贤祠,附孔圣庙戟门左侧,南向,二楹。内供各乡贤牌位。

名宦祠,附孔圣庙戟门右侧,南向,二楹。内供历代名宦牌位。

按:据附图,文庙四周有围墙,坐北朝南,前为万仞宫墙,东侧为圣域,西侧为贤关,后依次为泮池。棂星门(四柱三间),东为昭忠祠、西为节孝祠。戟门,东为名宦祠、西为乡贤祠。两庑。大成殿。启圣宫及东西两庑。

茂州直隶州

茂州

清·黄廷桂等监修:《四川通志·学校志》(雍正版),《四库全书》本

茂州儒学,在州南。明洪武八年建。嘉靖三十年兵备胡鳌增修。明末毁。国朝康熙六年知州黄陛重建,二十三年钦颁御书"万世师表"匾额,四十二年钦颁御制"训饬士子"碑文,四十五年勅建"平定朔漠碑"于殿左。雍正元年奉旨创建崇圣祠,恭设五代王牌位,四年钦颁御书"生民未有"匾额,八年勅建"平定青海碑"于殿右。

《祠庙》:文庙,在州治南,详见《学校》、《祀典》,各属县制同。

崇圣祠,在文庙东。名宦祠,在文庙东。乡贤祠,在文庙西。忠义祠,在明伦堂东。节孝祠,在明伦堂西。以上五祠各属县俱有之。

清·常明、杨方灿纂修:《四川通志·学校志》,影印清嘉庆二十一年(1816年)刻本,巴蜀书社,1984年

茂州儒学,在州南门外。明永乐八年州人沈连请设学,知州刘坚、即指挥徐凯宅改建。宣德八年知州陈敏迁建今所。嘉靖二十年兵备胡鳌、知州王生贤重修,杨慎有记。万历三十八年知州段宜标迁建城内东南隅。崇祯八年副使史赞舜复建今所,明末毁。国朝顺治十六年署州赵廷祯重建。康熙六年知州黄陛、乾隆十年知州陈克绳、四十年知州娄星增修。雍正八年松茂道郑其储题准,羌民一体考试,原设学正训导二员。嘉庆七年裁训导归绥定府学。

清·杨迦怿等修,刘辅廷纂:《道光茂州志》,清道光十一年(1831年)刻本

卷二《祠祀志·祠庙》:文庙。崇圣祠。名宦祠、乡贤祠、忠孝节义各祠(并详《学校》)。

卷二《建置志·学校》:学宫,南明门外,明永乐八年州人沈连上封事请设学校,知州刘坚即指挥徐凯宅为之。宣德三年知州陈敏始建学于此。嘉靖中兵备胡鳌、知州王生贤重修。隆庆间署知州王乔华增建棂星门。万历庚戌知州段宜标改迁于内城。崇祯八年副使史赞舜复迁今处,明末毁。国朝顺治十六年署知州赵廷祯重建。康熙六年知州黄陛建学舍四楹。乾隆元年知州刘坼添建崇圣祠。嘉庆二十年学正聂元樟重修明伦堂及学署。道光三年署知州李绍祖、知州杨迦怿先后劝捐,委吏目刘辅廷督工改修正殿、崇圣祠、东西庑、名宦、乡贤各祠,并泮池、宫墙,木石坚固,规模宏敞,洵从古未有也。

汶川县

清·黄廷桂等监修:《四川通志·学校志》(雍正版),《四库全书》本

汶川县儒学,在县南。明嘉靖二年提学副使张邦奇奏立。国朝知县张耀祖重建。

清·常明、杨方灿纂修:《四川通志·学校志》,影印清嘉庆二十一年(1816年)刻本,巴蜀书社,1984年

汶川县儒学,在县治南。明嘉靖二年提学副使张邦奇奏立。国朝知县张耀祖重建。乾隆六十年至嘉庆五年重建。殿、庑、门、祠如制。

祝世德纂修:《民国汶川县志》,民国三十三年(1944年)铅印本重新排印。

《学校》:学宫,明嘉靖二年,提学副使张邦奇奏立。中为大殿,左右两庑,前戟门,棂星门,泮池东、西为义路、礼门。殿后启圣祠。年久损坏。顺治七年知县张耀祖重建正殿。康熙六年知县陆洽源始建两庑,后又损坏。乾隆六十年至嘉靖五年重修正殿、两庑、乡贤祠、名宦祠,新建节孝祠一所。嘉庆九年,新建明伦堂,又建学署三间,泮水、宫墙,于是备矣。

大成殿。崇圣祠。东西两庑。名宦祠。乡贤祠。节孝祠。明伦堂。

保县

清·黄廷桂等监修:《四川通志·学校志》(雍正版),《四库全书》本

保县儒学,在县南。旧在县西,明洪武中建。正德中知州崔哲、范渊相继增修。国朝康熙四十七年被水冲颓,雍正元年知州王国正迁建今所。雍正五年裁威州入保县。

叙永直隶厅

叙永厅

清·黄廷桂等监修:《四川通志·学校志》(雍正七年版本),四库全书本

叙永厅儒学,在叙永厅城西,旧在厅东。国朝康熙九年巡道黄龙建;二十三年刘德弘增修;钦颁御书"万世师表"扁额;四十二年钦颁御制"训饬士子"碑文;四十五年勑建"平定朔漠"碑于殿左;雍正元年奉旨创建崇圣祠,恭设五代王牌位;四年钦颁御书"生民未有"扁额;八年勑建"平定青海"碑于殿右。

《祠庙》:文庙,在厅西,详见《学校》、《祀典》。属县制同。崇圣祠,在文庙东。名宦祠,在文庙东。乡贤祠,在文庙西。忠义祠,在明伦堂东。节孝祠,在明伦堂西。以上五祠属县如厅制。

清·常明、杨方灿纂修:《四川通志·学校志》,影印清嘉庆二十一年(1816年)刻本,巴蜀书社,1984年

叙永厅儒学,在厅治西周甲山,旧在治东。明为四川宣抚司学。天启元年奢酋叛,崇圣祠祯六年削平,改为叙永厅,因永宁卫同城,遂令川、贵同学。国朝康熙七年分巡道杨应魁题准设学,九年巡道黄龙建治西城外,旋毁于兵;二十二年巡道刘德弘迁建今所;三十六年巡道马云龙重修。乾隆四十一年巡道刘组曾重修。俱有记。

赖佐唐等修、宋曙等纂:《民国叙永县志》,民国二十四年(1935年)铅印本

卷一《舆地·祠庙》:孔子庙,在县城南门内周家山。清康熙二十年巡道刘德宏建。乾隆四十一年同知刘组曾重修。道光二十一年同知葆符委举人郑嗣文等募款重修。内有石柱一十二株,经宋镇由南关外采办运入,屹立正殿,至今赖之。光绪二十年正殿雨渍梁坏,同知觉罗英溥委绅于宣、许鼎元、姚奉璋捐募培修,前后殿宇焕然一新。民国十年正殿柱坏,廪生安庆澜等募款培修,虽叠遭兵事,庙殿仍存。现于两庑设女子初级小学校。

名宦祠,在孔庙戟门左。乡贤祠,在孔庙戟门左。忠义祠,在孔庙戟门右。节孝祠,在孔庙戟门右。以上四祠均于清嘉庆十七年经同知周伟业捐募补修。

永宁县

清·黄廷桂等监修:《四川通志·学校志》(雍正版),《四库全书》本

永宁县儒学,在县城东门内。明正统八年建;天启间毁。国朝康熙二十五年卫守备刘国相、教授江人龙重修。扁额、碑、祠与厅制同。

清·常明、杨方灿纂修:《四川通志·学校志》,影印清嘉庆二十一年(1816 年)刻本,巴蜀书社,1984 年

永宁县儒学,在县治东,旧永宁卫学,在卫治东南。明正统八年建。奢酋变毁。崇祯元年指挥帅克壮重建。后兵毁。国朝顺治十七年永赤同知王家相、守备李祺麟、教授路之朝重修。康熙甲寅兵毁;二十五年守备刘国相、教授江人龙重修。雍正八年县改隶叙永厅,十三年将贵州毕节县居赤水河北之文武生童归永宁厅应试。

杂谷厅直隶厅

清·常明、杨方灿纂修:《四川通志·学校志》,影印清嘉庆二十一年(1816 年)刻本,巴蜀书社,1984 年

杂谷厅儒学,在厅治南,旧保县学。旧在治西,明洪武中建。正德中知州崔德、范渊相继增修。国朝康熙四十七年水圮。雍正元年知州王国正迁建今所。雍正五年裁威州入保县。嘉庆七年裁保县归杂谷厅,教谕一员如旧。

直隶理番厅

清·吴羹梅修、周祚峄纂:《同治直隶理番厅志》,清同治五年(1866 年)刻本

卷二《建置·祠庙》:文庙,在厅东关外。后殿为崇圣祠。名宦祠、乡贤祠、节孝祠、忠义祠,在戟门外。大成殿。东庑。西庑。

松潘直隶厅

清·黄廷桂等监修:《四川通志·学校志》(雍正版),《四库全书》本

松潘卫儒学,在卫城东。明景泰三年建。嘉靖、万历间重修。崇祯中副使史赞舜增修。后毁。国朝总兵卓策、周文英相继重修。

清·常明、杨方灿纂修:《四川通志·学校志》,影印清嘉庆二十一年(1816 年)刻本,巴蜀书社,1984 年

松潘厅儒学,在厅治东。明景泰三年建。嘉靖、万历间重修。崇祯间副使史赞舜增修后殿。国朝总兵卓策、周文英相继重修,曾王孙有记。

张典等修、徐湘等纂:《民国松潘县志》,民国十三年(1924 年)刻本

卷二《学校》:文庙,县城东街。明景泰三年侍郎罗绮建。嘉靖、万历间相继补修。崇祯八年副使史赞舜增修。后毁。清康熙中总兵卓策、周文英相继重修。咸丰庚申番变毁。

大成殿,同治甲子年同知邓友仁建。宣统辛亥毁,民国辛酉年官绅募资重建。

启圣祠,清同知周侪亮建。东、西两庑,清同知邓友仁建。棂星门,清同知王葆恒建。戟门,清同知周侪建亮。均于宣统辛亥毁。

名宦祠,文庙内戟门东,明景泰三年建,明末毁,清初重修,庚申番变毁。宣统二年重建,辛亥番变毁。乡贤祠,文庙内戟门西,其建、毁与名宦祠同。

忠义祠,在文庙内戟门东,其建、毁与名宦祠同。节孝祠,在文庙内戟门西,其建、毁与名宦祠同。

懋功直隶厅

清·常明、杨方灿纂修:《四川通志·学校志》,影印清嘉庆二十一年(1816 年)刻本,巴蜀书社,1984 年

懋功直隶厅及五屯俱未立学校。

太平直隶厅

太平厅

清·陈庆门纂修、宋名立续纂:《乾隆直隶达州志》,乾隆七年(1742 年)刻、十年(1747 年)增刻本

卷二《建置》:太平县文庙。大成殿一座,两庑,棂星门,戟门,启圣祠,乡贤祠,名宦祠,泮池,忠孝祠,节烈祠,明伦堂。

清·黄廷桂等监修:《四川通志·学校志》(雍正版),《四库全书》本

太平县儒学,在县东。明正德十年知县董璧建。嘉靖二十八年知县龚大有重修。明末毁。国朝康熙二十四年知县陈溥捐建,二十六年知县乔云名、五十九年知县刘嘉本、雍正六年知县张也明先后增修。

清·常明、杨方灿纂修:《四川通志·学校志》,影印清嘉庆二十一年(1816 年)刻本,巴蜀书社,1984 年

太平厅儒学,在厅治东,明正德十年知县董璧建。嘉靖二十八年知县龚大有重修。明末毁。国朝康熙二十四年知县陈溥重建,二十六年知县乔云名、五十九年知县刘嘉本先后重修。雍正六年知县张也明增修。

清·芬文庆等修娄道南等纂:《光绪太平县志》,清光绪八年(1885 年)刻本

卷三《学校》:文庙,在县治西北德化坊街。建自唐时。元至元八年主簿任兴嗣修(总管府判官王恽有记)。至正十八年毁于寇,十九年达鲁花赤安童复建大成殿,二十年县尹冯衡修门庑,缮诸贤像。元末复废。明洪武七年县丞毛煜缮完之,十七年知县沈士廉、景泰间知县岳嵩、宏治间知县尹球继修。正德间知县盛琛作石棂星门,凿泮池(曲沃李侍郎浩有记)。万历三年知县武成重修。国朝顺治十五年知县卢易重修(有劝输文)。康熙十七年知县吴轸增修,二十八年知县赵心忼增修栅栏,三十八年知县李清铠、教谕王之瑞大修,四十年教谕牛敬修相踵完工。雍正三年知县刘崇元捐俸重修。乾隆元年知县张若崒、教谕董全福、训导刘举督修。嘉庆十八年知县李实好、教谕张云乔、训导阎士骧率绅士修理,知县弟李允师多所经画(有碑记)。同治五年知县章寿嵩会邑绅重修,于文昌庙门楼上新建魁星楼(俱有碑记)。

崇圣祠,三楹,旧在正殿东南。明嘉靖十四年知县刘廷芝移殿后,御史李承华有记(详《艺文》)。万历三年知县武成移于殿东北,邑人王体复有记(详《艺文》)。旧为启圣祠,国朝雍正三年钦改为崇圣祠,追封孔子五代王爵。嘉庆十八年知县李实好率绅士大加修理,焕然一新。

名宦祠(在戟门东)。乡贤祠(在戟门西)。

忠义孝弟祠(在戟门外泮池西)。土地祠(在忠义孝弟祠后)。

戟门三间,角门两间(戟门内东西立二碑,刻文徵明诗字)。

泮池(在戟门外)。

棂星门(以石为之。按棂星,天田星,张晏所谓农祥也,禳事修教可施矣。圣人教化之尊王道所由成也)。

斋宿厅,三间,(在泮池东)。省牲所,三间。宰杀所,三间(在泮池西)。

围墙栅栏。东角门"德配天地",西角门"道冠古今"。左右各竖"文武官员军民人等至此下马"碑。

清·杨汝偕等纂修:《光绪太平县志》,清光绪十九年(1893 年)刻本

卷二《建置·祠庙》：文庙，城北隅，坐艮面坤，县署在其右。明正德时知县董璧建。嘉靖中知县龚大有重修。毁于兵乱。国朝知县程溥等先后建修，详见《职官》。

名宦祠，文庙戟门左。乡贤祠，文庙戟门右。节孝祠，黌墙左。

刘子敬修、贺维翰纂：《民国万源县志》，民国二十一年（1932）铅印本

卷二《营建门·祠庙》：文庙，在城东北隅，坐艮面坤，在县署之左。明正德时知县董璧建，嘉靖中知县龚大有重修，毁于兵乱。清知县程溥重建，历任知县乔云名、刘嘉本、林谷、邢士端、阮树、汤建业、钟莲等先后建修，具详碑记。民国十二年知事廖震、陈思孝等复加培修，并有碑记。

卷五《教育门·学宫》：名宦祠在戟门左。乡贤祠在戟门右。忠义祠（清时本县未设。明祀八人）。节孝祠，在学宫右。

后　记

　　这是一部由考古专业出身的学者写就的建筑专著。

　　四川省不仅是一个地下文物大省，而且地面文物也以其类型齐、数量多而名列全国地面文物大省之列。四川省的古建筑具有鲜明的地域因素，即使是官式建筑，在不违背"规制"的前提下，建筑本身又具有本地区的地域性特点，文庙即为其中较具有代表性的例子：在建筑群的规划、布局上无不符合中央颁发的"图式"，建筑显得中规中矩，主体建筑位于中轴线上，次要建筑对称分布于中轴线的两侧；但另一方面，建筑本身包括构架、装饰等，又具有其自身的特点，如抬梁、穿斗式混合构架，屋檐的出挑方式等。而民居建筑的地域性特点更无须赘言。

　　长期以来，四川省文物考古研究所（2004 年建院）对四川省（包括 1996 年前的重庆）地面建筑的保护、维修进行了大量的工作，积累了丰富的基础资料和经验，但于建筑的研究方面显得相对薄弱，主要是工作任务重，没有更多的时间、精力进行整理。

　　新世纪伊始院领导就有对四川地面建筑进行调查，在调查的基础上形成系列研究，编纂"四川古建筑大系"丛书的构想：从现存的地面建筑开始，积累到一定的程度后，再用考古学"类型学"的方法对四川古建筑史进行系统研究。这也算是把考古学方法应用到建筑学研究上的一种尝试吧。

　　从 2006 年春天开始，院领导将《四川古建筑大系》这一长期性课题付诸实施，并在院里设立"院青年研究基金"进行资助。由于基础资料中照片基本为空白，即使有照片，由于时间原因大多效果不佳，因此补充照片是第一要务。3 月，对文庙和牌坊的田野调查首先开始。应该说，这个过程，既是补充资料的过程，也是我们对这些建筑认识的一个过程。

　　随之，四川省文物管理局亦拨专项经费给予补助，这更使我们的工作得以顺利开展。

　　田野调查是艰苦的。许多文物点所在位置往往偏远，车辆难以到达，很多地方只有靠双腿，加上时间是四川最热的 7 至 9 月，头顶烈日，地面热浪扑面而来，经常是汗水如流水。为了抢时间，经常是早出晚归，把赶路的时间留到晚上；有时错过吃饭时间，而为了赶到下一地点，一天吃一顿饭是经常的；就近宿于乡、镇的"鸡毛店"，以便第二天有更充分的时间调查文物点是不止一次的事。到 2007 年 5 月，四川现存文庙的田野调查工作结束：调查文庙 37 处（大多仅存部分建筑甚至单体建筑），拍摄照片近万张，对各个调查点都进行了摄录和 GPS 测点。

　　撰写的过程也是很令我们头疼的。头疼首先来自于对建筑的认识。四川的建筑地域性特点比较强，既不同于北方的官式建筑，与苏式建筑也有差异，但不同的建筑个体或多或少又具有上述两者的特点，加之可资参考的资料的缺乏，对某一单体建筑的描述总是要翻阅大量的资料，因此撰写的过程就拉得很长，总是写了改，改了又写，撰写过程中出现的问题在下一次的调查中得到了解决，如此最后的结果就是同一文庙的建筑群在描述中前后文风上或多或少存在不统一的情况。其二就是历史文献资源的相对缺乏。因为相当一部分古籍文献被作为"善本"（相当一部分图书馆将清嘉庆作为"善本"版本之时间限定）被保管起来了，要利用是很困难的。为此四川省图书馆、成都市图书馆和四川大学图书馆都曾涉足，也曾请求在京的校友帮助，然均无功而返。

但不管如何，《四川文庙》书稿已"草成"。草成的工作是与诸位领导和师友、同事的帮助分不开的。

感谢四川省文物管理局徐荣旋局长、王琼副局长、朱小南处长及濮新、何振华等同志，拨付专项经费使得工作得以顺利进行，也才有今天的成果。

感谢四川省文物考古研究院高大伦院长和陈显丹副院长，正是在两位领导的关心和指导下，使我们的工作能够如期完成。陈显丹副院长对书稿的修改提出了宝贵的意见。

感谢王小灵、冯林所长和古建石窟研究所、文物保护中心的同事在业务上的无私指导，本书的所有插图都来自于他们的心血；感谢相关市、县文物保护管理机构的大力协助，没有他们的协助，我们的工作难以顺利进行，他们的大力协助为本书增色不少；感谢何国涛先生，虽已退休，但对本书非常关心，为我们提供了可资参考的图书资料和编著建议。

感谢清华大学建筑学院副院长吕舟教授在百忙之中为本书作序，使本书增色不少。

本书成稿，实赖领导的关心和众师友之力以成其事。然文中所有错误或不当之处，理应由我们负责。

本项目还得到四川师范大学巴蜀文化研究中心资助，特致谢忱。

田野调查唐飞、姚军，照片由姚军、唐飞拍摄，测绘：四川省文物考古研究院古建石窟研究所。文字由姚军、唐飞完成。附录内容由姚军、唐飞点校。

作 者

2007 年 8 月

Abstract

The temple of Confucius is the place for the worship of Confucius who was a great thinker and educator, and its main function is for prayer and worship. The worship and prayer for Confucius were original held up in the Que (阙). In the period of Northern Wei, the first temple for the worship of Confucius was set up in the capital. During the Tang Dynasty, there was a temple for worshiping Confucius in almost every prefecture and county all over the country, in addition the temple of Confucius was gradually connected to school buidings. In the Song Dynasty, the temple of confucius existed in everyewhere. In Qing Empire, in the 22 second year of Guangxu Empeor's reign, the sacrifice for Confucius became the Highest Sacrifice (held by emperor himself), and its size and rank were same as Jiao Miao (郊庙).

Temples for Confucius usually coexisted with educational bodies, either the temple was at the left side and educational bodies were at the right side, or temple was in the front and educational bodies were behind them.

The temple for Confucius was set up as early as the Tang Dynasty in Sichuan and all prefectures and counties had a Literary Temple (that is, the temple for Confucius), as late as the Song Dynasty. There are 37 Literary Temples in Sichuan Province, mainly dated from the Qing Dynasty.

In many cases the Literary Temples in Sichuan Province have a framework whose fronting part is facing the souht and its backgroung is facing the north, vary with different topography on which is situated. The general configuration of them is situated on the flat ground or is situated againt a hill. The ground composition looks like the traditinal Chinese courtyard, and gerenaly the temple is made up of three coutyards; The main buildings are on the axial line and the secondary buidings on the both sides of the axial line.

Judging from its architectual style, the architecture of Literary Temples in Sichuan belongs to the southern system. The beam and pilaster structure was mainly used the column – and – tie construction (穿斗式), post – and lintel construction (抬梁混合式). column – and – tie construction was mainly used in the secondary architecture, generally was the overhanging gable roof (悬山顶), the roof was more than often covered with little green tiles (小青瓦). Because there are a number of rain fall in Sichuan, the architecture of Literary Temples in Sichuan prefer to the flying upturned roof – ridge.

The Literary Temples of Sichuan have a colorful decorations. The Literary Temples of Sichuan are charaterised with lots of carvings, and in almost all Literary Temples the carvings are the indespensable decorations, and there are more and complicated carvings used by some Literary Temples and there are less and simple carvings used by other Literary Temple. Carvings are seen not only on the little wood works, but also on the foundation of steps, and doors etc. There are a variety of carvings made with different methods. The low relief carvings (浅浮雕), (透

雕), the round sculpture (圆雕) are used in one architecture. In addition, stucco sculpture and the inlaid porcelain decorations are also popular, which are not only used in the major architectures which are on the axial line such as the the main chapel (大成殿) and The Temple for the Sages (崇圣祠) and, but also used in the seconday architectures which are on the both sides of the axial line.

Therefore, in general the Literay Temples in Sichuan Province belong to the southern architectual system, for exemple, beam and pilaster system, the projecting, the flying upturned roof – ridge(翼角) and the fine sculptures, all these are the main characteristcis of them. As far as the buidlings of the Literay Temples concerned, the architectures of Literay Temples in Sichuan Province present the diversity varying with different ares, for example, the main chapel of Pengzhou Literary Temple(蓬州文庙大成殿) and the main chapel of the Literary Temple of Qu County are obviously different from those of Deyang Literary Temple(德阳文庙) and Jiangwei Pengzhou(犍为文庙)in the structure. Besides, there are some features of northern architecutre in some part of above – mentioned buidings, at the same time the dectoration of them adopts the crafts or techniques of "porcelain surface – decoration" which are popular in the areas of Chaozhou and Shantou in Canton, and all these show that the architecture of Sichuan Province, besides its distinctive local features, is aslo an open system.

四川文庙概述彩图

彩图一　孔子燕居像

彩图二　资中县文庙大成殿孔子牌位

彩图三　富顺县文庙孔子牌位

彩图四　德阳县文庙孔子牌位

彩图五　孔子帝王之像

彩图六　广汉县文庙孔子坐像

彩图七　资中县文庙石雕孔子像

彩图八　清溪县文庙万仞宫墙

彩图九　安岳县文庙万仞宫墙

彩图一〇　崇庆县文庙万仞宫墙

彩图一一　资州文庙万仞宫墙

彩图一二　德阳县文庙道冠古今

彩图一三　资州文庙圣域

彩图一四　竖带式坊心（安岳县文庙棂星门）

彩图一五　竖带式坊心（渠县文庙棂星门）

彩图一六　德阳县文庙棂星门坊额

彩图一七　富顺县文庙棂星门坊额

彩图一八　清溪县文庙棂星门坊额

彩图一九　嘉定府文庙棂星门坊额

彩图二〇　西充县文庙棂星门坊额

彩图二一　名山县文庙棂星门坊额

彩图二二　犍为县文庙棂星门坊额

彩图二三　汉州文庙棂星门坊额

彩图二四　建武厅文庙棂星门坊额

彩图二五　洪雅县文庙棂星门坊额

彩图二六　崇庆县文庙棂星门坊额

彩图二七　安岳县文庙棂星门

彩图二八　崇庆县文庙棂星门

彩图二九 汉州文庙棂星门

彩图三〇 渠县文庙棂星门

彩图三一　建武厅文庙棂星门

彩图三二　名山县文庙棂星门

彩图三三　嘉定府文庙棂星门

彩图三四　洪雅县文庙棂星门

彩图三五　德阳县文庙棂星门

彩图三六　富顺县文庙棂星门

彩图三七　乐山县文庙棂星门坊额雕刻

彩图三八　山西平遥文庙泮池

彩图三九 德阳县文庙泮桥

彩图四〇 中江县文庙泮桥

彩图四一　郫县文庙泮桥

彩图四二　崇庆县文庙泮桥

彩图四三　清溪县文庙泮桥

彩图四四　名山县文庙泮桥

彩图四五　资州文庙泮桥

彩图四六　富顺县文庙中路泮桥

彩图四七　犍为县文庙戟门（南－北）

彩图四八　崇庆县文庙大成殿拜台台基角兽

彩图四九　富顺县文庙大成殿拜台台基正面圆雕龙头

彩图五〇　犍为县文庙大成殿拜台台基角兽（东南角）

彩图五一　德阳县文庙大成殿台基石兽

彩图五二　屏山县文庙大成殿前檐斗栱

彩图五三　屏山县文庙大成殿后檐斗栱

彩图五四　汉州文庙大成殿脊饰

彩图五五　汉州文庙大成殿戗脊灰塑人物

彩图五六　蓬州县文庙大成殿

彩图五七　蓬州县文庙大成殿挑檐结构

彩图五八　蓬州县文庙大成殿挑檐结构

彩图五九　汉州文庙大成殿明间檐柱

彩图六○　汉州文庙大成殿金柱局部

彩图六一　犍为县文庙两庑新塑先贤先儒像

彩图六二　崇庆县文庙尊经阁

彩图六四　灌县文庙大成殿前檐撑栱

彩图六五 资州文庙东庑悬山局部

彩图六六　挑檐方式之一（南江县文庙大成殿）

彩图六七　挑檐方式之一（富顺县文庙名宦祠）

彩图六八　挑檐方式之一（南部县文庙两庑前檐）

彩图六九　挑檐方式之一（郫县文庙两庑前檐）

彩图七〇　挑檐方式之一（中江县文庙大成殿）

彩图七一　广安州文庙大成殿鎏金斗栱后尾

彩图七二　德阳县文庙崇圣祠屋面

彩图七三　崇庆县文庙大成殿正脊局部

彩图七四　富顺县文庙崇圣祠屋顶局部

彩图七五　崇庆县文庙大成殿宝顶

彩图七六　崇庆县文庙大成殿翼角

彩图七七　金堂县文庙大成殿正吻

彩图七八　德阳县文庙
　　　　启圣殿正吻

彩图七九　嘉定府文庙
　　　　大成殿正吻

彩图八〇　汉州文庙大成殿翼角

彩图八一　崇庆县文庙棂星门翼角装饰

彩图八二　资州文庙大成门翼角装饰

彩图八三　犍为县文庙崇圣祠翼角装饰

彩图八四　犍为县文庙大成殿翼角装饰

彩图八五　蒲江县文庙大成殿翼角装饰

彩图八六　蒲江县文庙大成殿前檐装修

彩图八七　德阳县文庙大成殿廊间挂落

彩图八八　犍为县文庙大成殿廊柱雀替

彩图八九　郫县文庙大成殿挂落

彩图九〇　富顺县文庙大成殿挂落

彩图九一　叙州府文庙大成殿明间天花

彩图九二　叙州府文庙大成殿次间天花

彩图九三　叙州府文庙大成殿次间天花

彩图九四　屏山县文庙大成殿后檐枋彩画

彩图九五　南部县文庙大成殿檐柱柱头彩画

彩图九六　蒲江县文庙大成殿廊柱柱头沥金彩画

彩图九七　中江县文庙大成殿撑栱雕刻

彩图九八　富顺县文庙大成殿隔扇雕刻

彩图一○○　清溪县文庙大成殿廊柱柱础

彩图一〇一　中江县文庙大成殿台基护栏雕刻

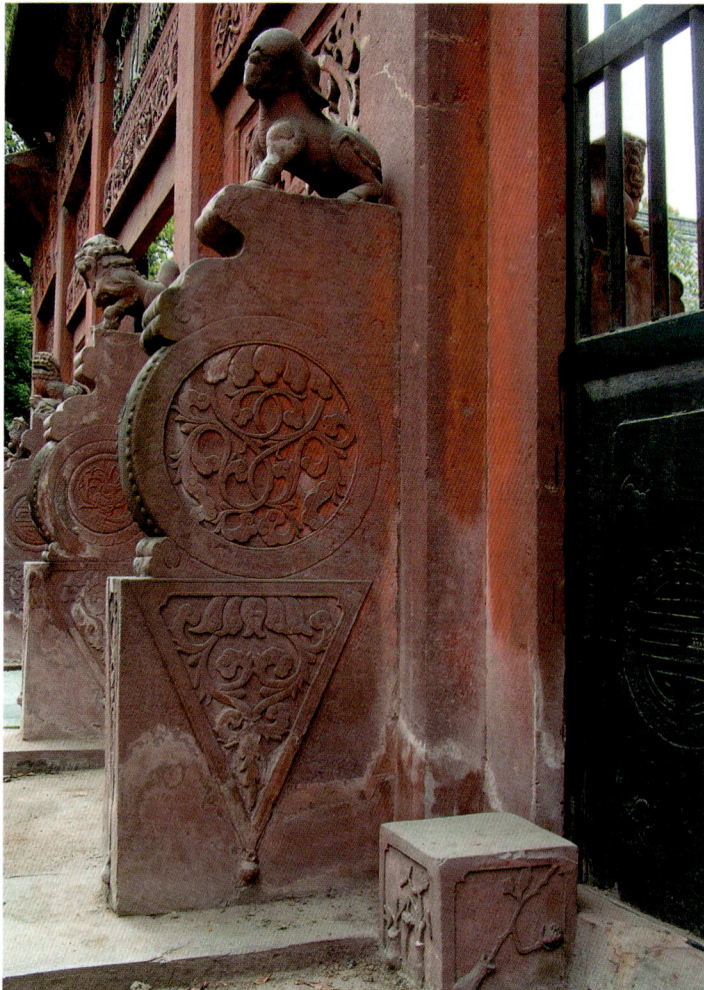

彩图一〇二　汉州文庙棂星门抱鼓石雕刻

彩图一〇三　富顺县文庙大成殿廊间挂落

彩图一〇四　郫县文庙大成殿角柱撑栱

彩图一〇五　资州文庙崇圣祠前檐撑栱

彩图一〇六　富顺县文庙大成殿廊柱撑栱

彩图一〇七　崇庆县文庙大成殿正脊陡板内灰塑

彩图一〇八　郫县文庙大成殿屋顶灰塑

彩图一〇九　富顺县文庙崇圣祠屋顶灰塑

彩图一一〇　中江县文庙大成殿屋顶灰塑

彩图一一一　中江县文庙大成殿垂脊、戗脊嵌瓷装饰

彩图一一二　崇庆县文庙大成殿围脊嵌瓷装饰

彩图一一三　富顺县文庙启圣祠围脊嵌瓷装饰

彩图一一四　崇庆县文庙
戟门垂脊靠
背嵌瓷装饰

彩图一一六　富顺县文庙大成殿屋面嵌瓷装饰

彩图一一七　犍为县文庙圣域门屋顶嵌瓷装饰

彩图一一八　富顺县文庙礼门遮椽板嵌瓷装饰

彩图一一九　富顺县文庙两庑屋顶嵌瓷装饰

彩图一二〇　崇庆县文庙大成殿后檐嵌瓷"寿"字窗

彩图一二一　安岳县文庙万仞宫墙鱼化龙雕刻

彩图一二二　德阳县文庙棂星门鱼化龙雕刻

彩图一二三　富顺县文庙大成殿檐枋鱼化龙雕刻

彩图一二四　富顺县文庙棂星门雀替鱼化龙雕刻

彩图一二五　清溪县文庙大成殿驮墩鱼化龙雕刻

彩图一二六　嘉州文庙棂星门明间枋顶鱼化龙雕刻

彩图一二七　汉州文庙棂星门石枋鱼化龙雕刻

彩图一二八　资州文庙大成殿台基栏板鱼化龙雕刻

彩图一二九　资州文庙大成殿垂带
　　　　　　踏道护栏鱼化龙雕刻

彩图一三〇　渠县文庙棂星门次
　　　　　　间枋心鱼化龙雕刻

彩图一三一　汉州文庙棂星门麒麟吐书雕刻

彩图一三二　渠县文庙棂星门次间枋心麒麟吐书雕刻

彩图一三三　富顺县文庙崇圣祠围脊陡板麒麟吐书灰塑

彩图一三四　富顺县文庙大
　　　　　　成殿隔扇裙板
　　　　　　麒麟吐书雕刻
彩图一三五　富顺县文庙大
　　　　　　成殿前檐撑栱
　　　　　　麒麟吐书雕刻

彩图一三六　崇庆县文庙万仞宫墙脊部麒麟吐书灰塑

彩图一三七　汉州文庙棂星门抱鼓石麒麟吐书雕刻

彩图一三八　汉州文庙棂星门大师小师雕刻

彩图一三九　资州文庙大成殿台基栏板大师小师雕刻

彩图一四〇　郫县文庙大成殿前檐撑栱
大师小师雕刻

彩图一四一　富顺县文庙崇圣祠围脊陡板大师小师灰塑

彩图一四二　崇庆县文庙万仞宫墙脊部喜上眉梢灰塑

彩图一四三　富顺县文庙崇圣祠台基阶条石喜上眉梢雕刻

彩图一四四　富顺县文庙大成殿隔扇裙板挂印封侯雕刻

彩图一四五　富顺县文庙大成殿隔扇裙板一路连科雕刻

德阳文庙彩图

彩图一四六　万仞宫墙

彩图一四七　万仞宫墙壁心贴饰

彩图一四八　万仞宫墙正面壁心
　　　　　　　左侧装饰

彩图一四九　万仞宫墙正面壁心
　　　　　　　右侧装饰

彩图一五〇　照墙墙心两侧装饰

彩图一五一　万仞宫墙背面（北－南）

彩图一五二　万仞宫墙墙脊细部

彩图一五三　万仞宫墙宝顶

彩图一五四　德配天地坊正面（东－西）

彩图一五五　德配天地坊正面上部装饰

彩图一五六　德配天地坊上部坊心
　　　　　　右侧嵌瓷花篮

彩图一五七　德配天地坊上部坊心
　　　　　　左侧嵌瓷花篮

彩图一五八　道冠古今坊明间上部坊心装饰

彩图一五九　德配天地坊正脊装饰

彩图一六〇　德配天地坊次间贴饰

彩图一六一　道冠古今坊背面（东－西）

彩图一六三　棂星门（南－北）

彩图一六四　棂星门双凤朝阳雕刻

彩图一六五　棂星门双龙戏珠雕刻

彩图一六六　棂星门鱼化龙雕刻

彩图一六七　棂星门门坊海屋添筹雕刻

彩图一六八　棂星门门坊麒麟吐书雕刻

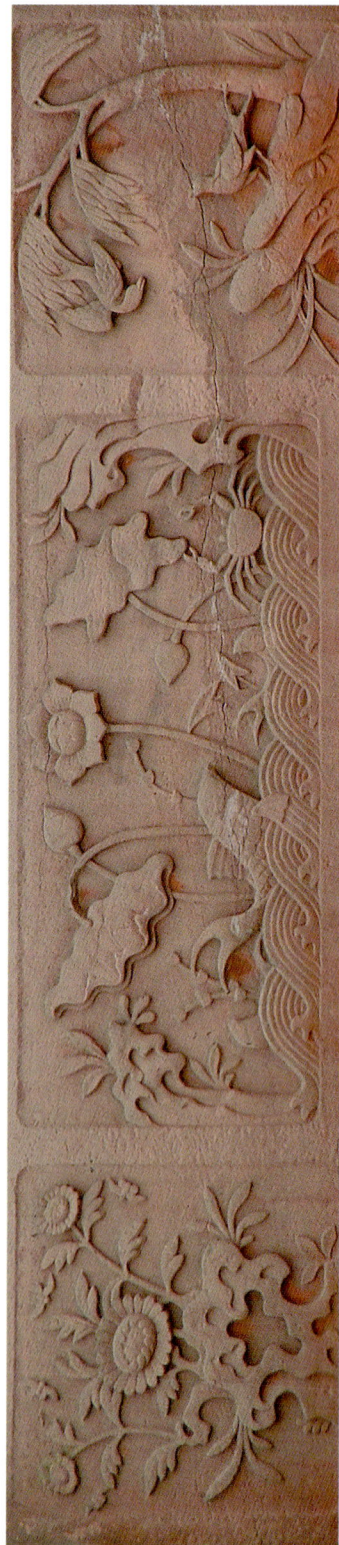

彩图一六九　棂星门门坊三鱼夺魁雕刻

彩图一七〇　泮池（南－北）

彩图一七一　戟门梁架结构

彩图一七二　戟门前檐结构及装饰

彩图一七三　戟门（南－北）

彩图一七五　戟门宝顶

彩图一七六　戟门垂脊靠背

彩图一七七　戟门排山

彩图一七八　大成门两侧
　　　　　　碑亭

彩图一七九　六角礼乐亭

彩图一八〇 大战殿东侧御碑亭（南－北）

彩图一八一 御碑亭屋顶

彩图一八二　大成殿（南－北）

彩图一八三　拜台御路石雕刻

彩图一八四　大成殿台基

彩图一八五　大成殿角梁头雕饰

彩图一八六　大成殿内部穿枋下挂落

彩图一八七　大成殿宝顶

彩图一八八　大成殿屋顶

彩图一八九　西庑

彩图一九〇　启圣殿

彩图一九一 启圣殿宝顶

彩图一九二 启圣殿正脊鱼龙吻、
垂脊靠背

彩图一九三　启圣殿正脊、垂脊、戗脊

犍为文庙彩图

彩图一九四　万仞宫墙

彩图一九五　万仞宫墙宝顶

彩图一九六　万仞宫墙围墙

彩图一九七　圣域

彩图一九八　圣域梁架结构

彩图一九九　圣域撑棋

彩图二〇〇　圣域屋脊

彩图二〇一　棂星门

彩图二〇二　棂星门明间坊心

彩图二〇三　棂星门次间
（德参天地）

彩图二〇四　棂星门次间
（道冠古今）

彩图二〇五　棂星门次间背面（金声玉振）

彩图二〇六　棂星门次间背面（江汉秋阳）

彩图二〇七　义路

彩图二〇八　泮池北望

彩图二〇九　戟门

彩图二一〇　戟门正面御路

彩图二一一　大成门后御路

彩图二一二　大成门前檐斗栱

彩图二一三　大成门屋顶正面

彩图二一四　大成门屋顶侧面

彩图二一五　大成门与乐器库

彩图二一六　大成门屋顶牌楼

彩图二一七　大成门屋顶侧视

彩图二一八　大成门柱础祥花瑞草雕刻

彩图二一九　大成门柱础瑞兽雕刻

彩图二二〇　大成门柱础组合彩图案雕刻

彩图二二一　大成门柱础四角兽头雕刻

彩图二二二　大成门柱础卧牛雕刻

彩图二二三　乐器库

彩图二二四　西庑

彩图二二五　西庑梁架

彩图二二六　东庑新塑先贤先儒

彩图二二七　两庑柱础

彩图二二八　东庑廊顶

彩图二二九　西庑隔扇

彩图二三〇　拜台局部

彩图二三一　拜台栏板

彩图二三二　拜台东南角兽及人物雕刻

彩图二三三　拜台西南角兽及人物雕刻

彩图二三四　大成殿御路石雕刻

彩图二三五　大成殿撑栱

彩图二三六　大成殿雀替

彩图二三七　大成殿隔扇

彩图二三八　大成殿石砌墙体

彩图二三九　大成殿背面

彩图二四〇　大成殿廊柱柱础

彩图二四一　大成殿金柱柱础

彩图二四二　大成殿金柱柱础

彩图二四三 大成殿

彩图二四四　大成殿宝顶

彩图二四五　大成殿翼角

彩图二四六　崇圣祠梁架

彩图二四七　崇圣祠隔扇

彩图二四八　崇圣祠宝顶

彩图二四九　崇圣祠翼角

彩图二五〇　奎阁

彩图二五一　奎阁门

彩图二五二　奎阁上部结构

富顺文庙彩图

彩图二五三　圣域门

彩图二五四　礼门出口屋顶

彩图二五五　中路圜桥局部

彩图二五六　泮池局部

彩图二五七　棂星门

彩图二五八　棂星门冲天柱柱头

彩图二五九　棂星门抱鼓石

彩图二六〇　十八学士及五老祝寿图

彩图二六一　棂星门雀替鱼化龙雕刻

彩图二六二　名宦祠前檐

彩图二六三　大成门御路石

彩图二六四　大成门脊部装饰

彩图二六五　大成殿

彩图二六六　拜台丹陛两侧龙首

彩图二六七　拜台丹陛石

彩图二六八　拜台鱼化龙雕刻

彩图二六九　拜台二龙戏珠雕刻

彩图二七〇　拜台四艺雕刻（局部）

彩图二七一　拜台二层台基上的笔架

彩图二七二　大成殿金柱柱石

彩图二七三　大成殿檐柱柱石

彩图二七四　大成殿侧廊廊顶结构

彩图二七五　大成殿宝顶

彩图二七六　大成殿屋面嵌瓷卧狮

彩图二七七　西庑歇山屋面（局部）

彩图二七八　崇圣祠

彩图二七九　崇圣祠丹陛石

彩图二八〇　月台阶条石喜上眉梢雕刻

彩图二八一　垂带螭龙雕刻

彩图二八二　崇圣祠围脊陡板灰塑装饰

1. 麒麟吐书　2. 博古　3. 双兔白菜

彩图二八三　龙池

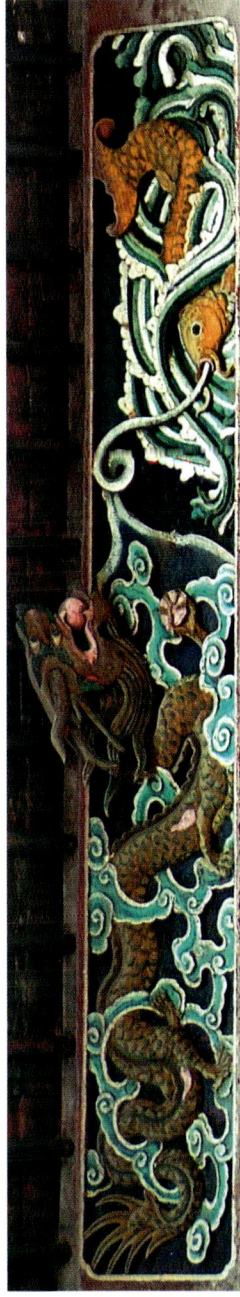

彩图二八四　鱼化龙装饰

1. 大成殿撑栱　2. 大成殿檐枋　3. 大成殿拜台　4. 棂星门门雀替

彩图二八六　崇圣祠围脊麒麟吐书灰塑

彩图二八五　大成殿撑栱麒
　　　麟吐书雕刻

彩图二八七　大成殿正脊麒麟吐书嵌瓷

彩图二八八　大成殿隔扇裙板麒麟吐书
　　　　　与三羊开泰雕刻

彩图二八九　大成殿隔扇裙板一路连科雕刻

彩图二九〇　大成殿稍间廊枋鱼化龙雕刻

彩图二九一　大成殿稍间廊枋苍龙教子雕刻

彩图二九二　大成殿次间廊枋双龙雕刻

彩图二九三　大成殿明间廊枋三龙雕刻

1. 喜上眉梢、大师小师雕刻

2. 报喜、松鹤同春雕刻

3. 挂印封侯雕刻

4. 太平有象雕刻

彩图二九四　大成殿隔扇裙板雕刻

渠县文庙彩图

彩图二九五　泮池（南－北）

彩图二九六　中路泮桥南端雕刻

彩图二九七　中路泮桥北端雕刻

彩图二九八　泮池北望棂星门

彩图二九九　棂星门（南－北）

彩图三〇〇　棂星门抱鼓石

彩图三〇一　棂星门抱鼓石雕刻

彩图三〇二　棂星门稍间上坊
云鹤雕刻

彩图三〇三　棂星门明间坊心

彩图三〇四　棂星门明间下坊双凤朝阳雕刻

彩图三〇五　棂星门匾额

彩图三〇六　棂星门次间上枋与枋顶雕刻

彩图三〇七　棂星门次间坊心鱼化龙雕刻

彩图三〇八　棂星门次间麒麟吐书雕刻

彩图三〇九　新建的戟门（南–北）

彩图三一〇　大成殿前凸字形月台

彩图三一一　大成殿月台（南－北）

彩图三一二　大成殿月台台帮（局部）

彩图三一三　大成殿月台台帮上部雕刻

彩图三一四　大成殿明间柱石

彩图三一五　大成殿明间廊柱石狮柱础正、背面

彩图三一六　大成殿梁架结构（西－东）

彩图三一七　大成殿藻井仰视

彩图三一八　大成殿前廊结构（西－东）

彩图三一九　东封火山墙第二级彩图案

彩图三二〇　封火山墙墙帽

网络与操作系统

程序设计语言（C/C++）

数字通信数据库技术

通信网基础

移动通信编程语言（JAVA）

手机应用程序开发（Java ME）

基于Symbian平台的嵌入式开发

移动通信网络技术

Java WEB移动开发技术

数据库高级编程（SQL SERVER）

□ 移动增值业务规范与流程

□ 移动增值业务开发技术

□ 手机游戏项目实践

□ Symbian平台项目实践

□ 企业级数据库开发Oracle

□ 第三代移动通信（3G）技术

■ Windows Mobile开发技术

□ 企业级开发Java EE

□ 移动增值业务项目实践

□ 职业素质培养

Windows Mobile开发技术

北京乐成职业教育研究院研发

乐成职教

LANDGENT CAREER EDUCATION